Donde no hay doctor para mujeres:

Un manual para la salud de la mujer

A. August Burns

Ronnie Lovich

Jane Maxwell

Katharine Shapiro

Editado por Sandy Niemann y Elena Metcalf

Traducción al español por Lisa de Ávila
con la colaboración de Lynn Gordon y Lupita Arce

hesperian
guías de salud
Berkeley, California, EE.UU.
www.español.hesperian.org

Hesperian y las personas que han contribuido a esta obra no asumen ninguna responsabilidad legal por el uso de la información aquí contenida. Este libro no debe reemplazar la capacitación práctica. Si usted no está segura de qué hacer en una emergencia, debe obtener el asesoramiento y la ayuda de otras personas con más experiencia, o de las autoridades locales de salud.

Este manual puede ser mejorado con su ayuda. Nos gustaría oír acerca de sus experiencias, tradiciones y prácticas. Si usted es partera, trabajadora de salud, doctora, enfermera, madre o cualquier otra persona que tenga sugerencias para adaptar o mejorar este libro, por favor escríbanos. Gracias por su ayuda.

Primera edición en español: octubre de 1999
Segunda actualización, primera re-impresión: enero de 2012
Impreso en los EE.UU., en papel reciclado

10%

ISBN: 978-0-942364-31-6

Para los textos más actualizados y otros recursos, vea al sitio web:
www.español.hesperian.org

hesperian
guías de salud
1919 Addison Street, #304
Berkeley, California 94704 EE.UU.

Desarrollo de la edición en español:

Coordinación del proyecto: Elena Metcalf
Coordinación del arte y diagramación:
Lora Santiago
Coordinación de producción: Susan McCallister
Diseño de la portada: Sara Boore
y Lora Santiago
Arte de la portada:
Paul Marcus, Shareen Harris
y Lora Santiago

Coordinación de la validación:
Elena Metcalf
Textos nuevos para la presente edición:
Hilary Abell, Aryn Faur, Elena Metcalf
y Sarah Shannon
Consejería médica: Melissa Smith
Investigaciones farmacéuticas:
Todd Jailer y Erika Leeman
Corrección de estilo: Ivonne del Valle
Índice: David Beardon

Las ilustraciones

Las dibujantes merecen una mención especial. La gracia, la habilidad y la sensibilidad reflejadas en sus ilustraciones han impartido a esta obra un carácter que esperamos incite en cada lectora sentimientos de enlace y de hermandad hacia todas las demás mujeres del mundo. Las dibujantes son:

Namrata Bali (India)
Silvia Barandier (Brasil)
Jennifer Barrios (EUA)
Sara Boore (EUA)
Mariah Boyd-Boffa (EUA)
Heidi Broner (EUA)
May Florence Cadiente (Filipinas)
Barbara Carter (EUA)
Yuni Cho (Corea)
Elizabeth Cox (Papuasia Nueva
Guínea)
Christine Eber (EUA)
Regina Faul-Doyle (EUA)
Sandy Frank (EUA)
Lianne Friesen (Canadá)
Jane Wambui Gikera (Kenia)
Susie Gunn (Guatemala)
May Haddad (Líbano)
Jane Hampton (Reino Unido)
Anna Kallis (Chipre)
Ceylan Karasapan-Crow (EUA)
Delphine Kenze (República
Centroafricana)
Susan Klein (EUA)
Joyce Knezevich (EUA)
Gina Lee (EUA)
Bekah Mandell (EUA)
June Mehra (Reino Unido)
Naoko Miyamoto (Japón)
Gabriela Núñez (Perú)
Sarah Odingo (Kenia)

Rose Okong'o Olendi (Kenia)
Rosa Oviedo (Nicaragua)
Kate Peatman (EUA)
Sara Reilly-Baldeschwieler
(Reino Unido)
Diana Reiss-Koncar (EUA)
Petra Röhr-Rouendaal
(Alemania)
Leilani Roosman (Reino
Unido)
Lora Santiago (EUA)
Lucy Sargeant (EUA)
Felicity Savage King (Reino
Unido)
Carolyn Shapiro (EUA)
Akiko Aoyagi Shurtleff (Japón)
Pat Siddiq (Afganistán)
Nisa Smiley (EUA)
Fatima Jubran Stengel
(Palestina)
Suma (India)
Dovile Tomkute-Veleckiene
(Lituania)
Andrea Triguba (EUA)
Anila Vadgama (India)
Lihua Wang (China)
Liliana Wilson (EUA)
Fawzi Yaqub (Turquía)

Fotografías de la portada:

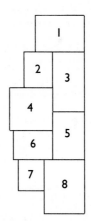

1. *Mauritania* de Lauren Goodsmith

2. *India* de Renée Burgard

3. *China* de Guo Hui Fen

4. *Uzbekistán* de Gilberte Vansintejan

5. *Papuasia Nueva Guinea* de
    Elizabeth Cox

6. *Marruecos* de Lauren Goodsmith

7. *República Democrática del Congo* de
    Gilberte Vansintejan

8. *México* de Suzanne C. Levine

Agradecimientos:

Es imposible expresar nuestro agradecimiento de una forma adecuada a todas las personas que ayudaron a convertir esta obra en una realidad. El libro comenzó siendo una buena idea en la mente de un pequeño grupo de mujeres y terminó siendo un proyecto internacional impulsado por la admirable colaboración de individuos de los cinco continentes del mundo. Nos gustaría dar las gracias a cada persona que nos ayudó pero la simple mención de sus nombres no hace justicia a la inmensidad y generosidad de sus contribuciones. Siempre estaremos en deuda con los grupos de mujeres que se reunieron a principios del proyecto, para hablar sobre diferentes temas relacionados con la salud de la mujer y, más tarde, para repasar capítulos que nosotras habíamos escrito en base a lo que ellas nos habían dicho; con aquellas personas que nos enviaron materiales originales o que repasaron (a veces varias veces) diferentes secciones del libro; con quienes escribieron las versiones iniciales de diferentes capítulos; con los especialistas que repasaron secciones del manuscrito, o el manuscrito entero; con las dibujantes—mujeres de 23 diferentes países—cuyas ilustraciones reflejan la inmensa diversidad de este proyecto. Expresamos a todos ellos nuestro más profundo agradecimiento.

Queremos extender nuestro sincero reconocimiento a los siguientes amigos de Hesperian que escribieron capítulos específicos o que nos brindaron las ideas y el tiempo necesarios para completarlos:

Aborto: Judith Winkler de IPAS y Judith Tyson

Dando pecho: Felicity Savage King, Helen Armstrong, Judy Canahuati y Nikki Lee

Mujeres con discapacidad: Judith Rogers, Pramila Balasundaram y Msindo Mwinyipembe

Salud mental: Carlos Beristain

Embarazo: Suellen Miller

Violación y violencia: Elizabeth Shrader Cox

Trabajadoras de sexo: Eka Esu-Williams

Mujeres que tienen los genitales cortados: Jane Kiragu, Leah Muuya, Joyce Ikiara, las mujeres de Mandaeleo Ya Wanawake, Nahid Toubia y Zeinab Eyega de Rainbo, Grace Ebun Delano, Abdel Hadi El-Tahir y Inman Abubakr Osman.

Coordinación de la actualización de 2012: Dorothy Tegeler.

Actualizada con el apoyo y consejo de: Maggie Bangser, Scilla Bennett, Alan Berkman, Susan Colowick, Kathy DeRiemer, Pam Fadem, Iñaki Fernández de Retana, Shu Ping Guan, Madelyn Hamilton, Erin Harr-Yee, Zena Herman, Ellen Israel, Todd Jailer, José Jerinomo, Jorge Lara y Góngora, Miriam Lara-Meloy, Brian Linde, Tara Mathur, Susan McCallister, Jonathan Mermin, Syema Muzaffar, Melanie Pena, Melody Segura, Jenny Shapiro, Tin Tin Sint, Melissa Smith, Linda Spangler, Susan Sykes, Kathleen Tandy, Fiona Thomson, Lorna Thornton, Elliot Trester, Denise Tukenmez, Kathleen Vickery, Marco Vitoria, Sarah Wallis, Curt Wands-Bourdoiseau, Beverly Winikoff, Julie Wright, Susan Yanow y las autoras.

Además, queremos extender nuestro caluroso agradecimiento a Deborah Bickel, Sara Boore, Heidi Broner, Regina Faul-Doyle, Susan Fawcus, Blanca Figueroa, Sadja Greenwood, May Haddad, Richard Laing, Lonny Shavelson, Richard Steen y Deborah Wachtel.

Todos ellos han dado desinteresadamente de sí y de sus capacidades en formas tan diversas y numerosas que es imposible mencionar todas sus contribuciones. No podemos imaginar cuál hubiera sido el resultado sin su ayuda.

Lisa de Ávila llevó a cabo la traducción al español de esta obra, con la colaboración de Lynn Gordon y Lupita Arce. Nuestro profundo agradecimiento a las tres por su excelente labor. Mil gracias también a la profesora Josefina de Ávila por su inestimable ayuda con la traducción y a las siguientes personas y grupos que con esmero han contribuido a la publicación y validación de esta obra en español: La Asociación de Mujeres "Flor de Piedra" (El Salvador); La Asociación de Servicios Comunitarios de Salud - ASECSA (Guatemala); Kari Butcher; Centro para el Desarollo Urbano y Rural - CEPDUR (Peru); Juana Flores y las Mujeres Unidas y Activas de San Francisco (EUA); Sarah Goldstein-Siegel; Adriana Gómez y Deobrah Meacham de la Red de Salud de las Mujeres Latinoamericanas y del Caribe (Chile); Eliane Gonçalves de Transas do Corpo (Brasil); Dorotea Granada y el Centro de Mujeres María Luisa Ortiz (Nicaragua); Susan Greenblatt; Carmen Guzmán; Siobhan Hayes; Janet Ikeda y el Instituto de Educación Integral para la Salud y el Desarrollo - IDEI (Guatemala); IPAS; Maternidad Sin Riesgos de Chiapas (México); Suellen Miller; Puntos de Encuentro (Nicaragua); Malu Rapacci; Patricia Restrepo; Barbara Nube Roose; Lysa Samuel y las Mujeres Aprendiendo a Promover la Autonomía por la Salud - MAPAS (México); Maya Shaw; Sí Mujer (Nicaragua); Janie Skinner y Kathleen Vickery.

Gracias también a los siguientes grupos de mujeres de diferentes países que dieron muchas horas de su tiempo para repasar esta obra. Sus corazones y sus mentes sin duda la han enriquecido: en Bangladesh: The Asia Foundation; en Botswana: Thuso Rehabilitation Centre, Maun; en Brasil: la Asociación de Trabajadores Comunitarios de Salud de Canal do Anil y los educadores especializados en salud de Itaguai; en Chipre, Egipto, Jordania, Líbano, Palestina, Siria y Yemen: los muchos grupos de mujeres que son miembros de la "Arab Resource Collective"; en El Salvador: las mujeres de Morazán y Chalatenango; en Etiopía: los grupos de mujeres que se reunieron en Addis Abeba; en Ghana: la Asociación de Mujeres Discapacitadas, Dorma Ahenkro, las alumnas de la escuela de Wa y las mujeres de Korle Bu; en Honduras: las mujeres del pueblo de Urraco; en la India: CHETNA, SEWA, Streehitikarini, las mujeres de Bilaspur, Madhya Pradech y las mujeres exiliadas del Tibet; en Kenia: Mandaeleo Ya Wanawake—de los distritos de Machakos, Kitui, Kerugoya and Murang'a—los Trabajadores Comunitarios de Salud de la Clínica Dagoretti, el Grupo de Autoayuda Mwakimai de Kisi, "Crescent Medical Aid", las mujeres de los Servicios de Población y Salubridad de Nairobi, y las mujeres de VOWRI, Nairobi; en México: las mujeres de Ajoya y los promotores comunitarios de salud de Oaxaca; en Nigeria: el "Nigeria Youth AIDS Programme"; en Papuasia Nueva Guínea: el Proyecto de Salud para Mujeres y Niños de East Sepik; en Filipinas: GABRIELA, HASIK, LIKKHAN, REACHOUT y el grupo "People's Organizations for Social Transformation"; en la República de Sierra Leona: las mujeres del pueblo de Matatie; en las Islas Salomón: las mujeres de Gizo; en Uganda: el Grupo de Mujeres Kyakabadiima y el grupo WARAIDS; y en Zimbabwe: la organización llamada "Women's Action Group".

También damos nuestro cordial agradecimiento a las innumerables personas que contribuyeron su tiempo y sus talentos a la realización de esta obra, y en especial a:

Jane Adair	Jennifer Alfaro	Leonida Atieno	Carola Beck	Edith Mukisa Bitwayiki
Niki Adams	Thomas Allen	Kathy Attawell	Rayhana Begum	Michael Blake
Christine Adebajo	Sandra Anderson	Elizabeth de Ávila	Medea Benjamin	Paulina Abrefa Boateng
Vida Affum	Susan Anderson	Enoch Kafi Awity	Marge Berer	Simone Bodemo
Stella Yaa Agyeiwaa	Nancy Aunapu	Marie Christine N. Bantug	Denise Bergez	Nancy Bolan
Baldreldeen Ahmed	Adrianne Aron	David Barabe	Stephen Bezruchka	Peter Boland
Felicia Aldrich	Fred Arradondo	Naomi Baumslag	Pushpa Bhatt	Bill Bower
Bhim Kumari Ale	Rosita Arvigo	Barbara Bayardo	Amie Bishop	Christine Bradley

Paula Brentlinger
Verna Brooks
Mary Ann Buckley
Sandra Tebben Buffington
Elizabeth Bukusi
Sharon Burnstien
Mary Ann Burris
Elliot Burg
May Florence Cadiente
Indu Capoor
Ward Cates
Mary Catlin
Denise Caudill
Barbara Chang
Amal Charles
Andrew Chetley
Casmir Chipere
Lynne Coen
Louise Cohen
Mark Connolly
Karen Cooke
Kristin Cooney
Chris Costa
Elizabeth Cox
Clark Craig
Betty Crase
Mitchell Creinin
Marjorie Cristol
Bonnie Cummings
George Curlin
Philip Darney
Sarah Davis
John Day
Grace Ebun Delano
David de Leeuw
Junice L. Demeterio-Melgar
Lorraine Dennerstein
Kathy DeReimer
Maggie Díaz
Gerri Dickson
Becky Dolhinow
Efua Dorkenoo
Brendon Doyle
Sunun Duangchan
Deborah Eade
Beth Easton
Christine Eber
Tammy Edet
Lorna Edwards
Abdel Hadi El-Tahir
Erika Elvander
Li Enlin

John Ensign
Nike Esiet
Steven A. Esrey
Clive Evian
Zeinib Eyega
Melissa Farley
Betty Farrell
Anibal Faundes
Sharon Fonn
Claudia Ford
Diane Jinto Forte
Daphne Fresle
Anita Gaind
Loren Galvão
Monica Gandhi
Sabry Khaill Ghobrial
Gayle Gibbons
Marta Ginebreda
Nora Groce
Gretchen Gross
Dora Gutiérrez
Ane Haaland
Kathleen Haley
Shirley Hamber
Janie Hampton
Joanne Handfield
Barbara Harrington
Richard Harvey
Fauzia Muthoni Hassan
Elizabeth Hayes
Lori Heise
N.S. Hema
Shobha Menon-Hiatt
Hans Hogerzeil
Jane Holdsworth
Nap Hosang
Douglas Huber
Ellen Israel
Genevieve Jackson
Jodi Jacobson
Carol Jenkins
Signy Judd
Margaret Kaita
Mustapha Kamara
Tom Kelly
Mary Kenny
Joyce Kiragu
Susan Klein
Ahoua Koné
Zoe Kopp
Anna Kretsinger
Diana Kuderna

Anuradha Kumar
Dyanne Ladine
Martín Lamarque
Joellen Lambiotte
Kathleen Lankasky
Lin Lap-Chew
Hannah Larbie
BA Laris
Laura Laski
Carolyn Lee
Jessica Lee
Pam Tau Lee
Susan Lee
Felicia Lester
Abby Levine
Cindy Lewis
Sun Li
Peter Linde
Betsy Liotus
Stephanie Lotane
Susan Lovich
Nellie Luchemo
NP Luo
Esther Galima Mabry
Martha Macintyre
Margaret Mackenzie
Rebecca Magalhães
Monica Maher
Fardos Mohamed Mahmoud
Lisa Maldonado
J. Regi Manimagala
Karin Manzone
Alan Margolis
Kathy Martínez
Rani Marx
Sitra Maunaguru
Danielle Mazza
Pat Mbetu
Dorothy Mbori-Ngacha
Gary Mcdonald
Sandy McGunegill
Katherine McLaughlin
Molly Melching
Tewabetch Mengistu
Tasibete Meone
Sharon Metcalf
Ann Miley
Jan Miller
Kathy Miller
Donald Minkler
Eric Mintz
Barbara Mintzes

Linda Mirabele
Nanette Miranda
David Modersbach
Rahmat Mohammad
Gail Montano
Maristela G. Monteiro
Mona Moore
David Morley
Sam Muziki
Arthur Naiman
Nancy Newton
Elizabeth Ngugi
Eunice Njovana
Folashade B. Okeshola
Peaches O'Reilly
Emma Ottolenghi
Mary Ellen Padorski
Lauri Paolinetti
Jung Eun Park
Sarah Parsons
Laddawan Passar
Palavi Patel
Jamel Patterson
Andrew Pearson
María Picos
Gita Pillai
Linda J. Poole
Malcolm Potts
Alice Purdy
Robert Quick
Zahida Qureshi
Lisa Raffel
Rita Raj-Hashim
Narmada Ranaweera
Rebecca Ratcliff
Augusta Rengill
Dawn Roberts
Kama Rogo
Nancy Russel
Carolyn Ryan
Mira Sadgopal
Valdete Sala
Estelle Schneider
Kimberly Schultz
Mirian N. Senkumba
Violet Senna
Shalini Shah
Nicolas Sheon
Mira Shiva
Kathy Simpson
Mohindra Singh
Elise Smith

Cathy Solter
Stephen Solter
Barbara de Souza
Judith Standly
Fatima Jubran Stengel
Kay Stone
Marianne Stone-Jiménez
Eleanor Sullivan
Susan Sykes
Michael Tan
Linda Teitjen
Judith Timyan
Susan Toft
Rikka Transgrud
Nhumey Tropp
Barbara Trott
Sandy Truex
Ilana Trumbull
Janis Tunder
Nanette Tver
Aruna Uprety
Gilberte Vansintejan
Sarah Verbiest
Carol Vlassoff
Bea Vuylsteke
Bela Wabi
Sandra Waldman
Martha Wambui
Judith Wasserheit
Ruth Waswa
Barbara Waxman
Jane Weaver
Vivienne Wee
Ellen Weis
Rachel West
Eve Whang
Kate White
Wil Whittington
Laura Wick
Pawana Wienrawee
Christine van Wijk
Everjoice Win
Kathryn Wirogura
Erin Harr Yee
Irene Yen
Rokeya Zaman
Marcie Zellner
Kaining Zhang
Lisa Ziebel
Margot Zimmerman

Las siguientes personas y organizaciones tuvieron la amabilidad de permitirnos usar sus ilustraciones: "Family Care International": varios dibujos realizados por Regina Faul-Doyle que aparecen en el libro *Healthy Women, Healthy Mothers: An Information Guide*; Macmillan Press Ltd.: el dibujo realizado por Janie Hampton de la pág. 60, tomado de *Healthy Living, Healthy Loving*; "The Environmental and Development Agency", New Town, Sudáfrica: la ilustración de la pág. 395, que viene de su revista *New Ground*; "Honto Press": la ilustración realizada por Akiko Aoyagi Shurtleff de la pág. 411, tomada de la obra *Culinary Treasures of Japan*; el "Movimento de Mulheres Trabalhadoras Rurais do Nordeste": el dibujo de la pág. 17, tomado de *O Que É Gênero?*; y el Colectivo de Mujeres de Matagalpa y el Centro de Mujeres de Masaya: la ilustración de la pág. 338, tomada de su manual *¡Más allá de las lágrimas!* La dinámica en la pág. 290 fue adaptada de Eugenia Flores Hernández y Emma María Reyes Rosas, *Construyendo el Poder de las Mujeres*. Gracias a la revista *Connexions* por el cuento que aparece en la página 339.

Extendemos nuestro sincero agradecimiento a las siguientes organizaciones por el apoyo financiero a la presente edición: Bread for the World; Ford Foundation; John D. and Catherine T. MacArthur Foundation; Moriah Fund y San Francisco Foundation (donador anónimo). También agradecemos a los siguientes grupos e individuos por el apoyo económico que nos brindaron en el desarrollo del proyecto: Catalyst Foundation; Conservation, Food and Health Foundation; C.S. Fund; Domitila Barrios de Chungara Fund; Greenville Foundation; Norwegian Agency for Development Cooperation; David and Lucile Packard Foundation; San Carlos Foundation; Swedish International Development Cooperation Agency; Kathryn y Robert Schauer; y Margaret Schink. Gracias también a todas las personas que hicieron aportaciones paralelas a una subvención que nos otorgó la Catalyst Foundation. Finalmente queremos extender un agradecimiento especial a Luella y Keith McFarland por el apoyo y el aliento que nos brindaron en las fases iniciales del proyecto y a Davida Coady por tener fe en esta obra, y por impulsarla durante los momentos más difíciles.

Algunos comentarios sobre este libro:

Este libro fue escrito para ayudar a las mujeres a cuidar de su propia salud, y para ayudar a los trabajadores de salud comunitarios y a otras personas a atender los problemas de salud de las mujeres. Hemos tratado de incluir información que será útil para las personas que no tienen ninguna capacitación médica formal, al igual que para aquéllas que sí tienen algo de capacitación.

Aunque este manual abarca muchos de los problemas médicos de la mujer, no habla de muchos de los problemas que comúnmente afectan a los hombres y a las mujeres, tales como el paludismo, los parásitos, los problemas intestinales y otras enfermedades. Para obtener información sobre esos tipos de problemas, vea *Donde no hay doctor* u otro libro de medicina general.

A veces, la información contenida en este libro no bastará para ayudarle a usted a resolver un problema médico. Cuando eso suceda, consiga más ayuda. Dependiendo del problema quizás le recomendaríamos que...

- **consulte a un trabajador de salud.** Eso quiere decir que un trabajador de salud deberá poder ayudarle a resolver el problema.
- **consiga ayuda médica.** Eso quiere decir que usted necesita acudir a una clínica que cuente con un doctor u otras personas con capacitación médica, o a un laboratorio donde puedan hacer pruebas básicas.
- **vaya a un hospital.** Eso quiere decir que usted necesita ver a un doctor en un hospital que cuente con equipo para atender emergencias, para hacer operaciones o para realizar pruebas especiales.

Si usted necesita conseguir ayuda de inmediato, también verá este dibujo:

¡TRANSPORTE!

Cómo usar este libro:

Formas de encontrar información en este libro

Para encontrar un tema que le interese, usted puede usar el Índice o la tabla del Contenido.

Contenido aparece al comienzo del libro y enumera los capítulos en el orden en que aparecen en el libro. Además hay una tabla del contenido al principio de cada capítulo, que enumera los encabezados principales de ese capítulo.

Índice (páginas amarillas) aparece al final del libro y enumera todos los temas importantes que el libro abarca, en orden alfabético (a, b, c, ch, d...).

Para encontrar información sobre las medicinas mencionadas en este libro, consulte las 'Páginas verdes' hacia el final del libro. La página 485 proporciona más información sobre el uso de las medicinas y sobre las 'Páginas verdes'.

Si usted no entiende lo que quieren decir algunas de las palabras usadas en este libro, puede que las encuentre en el **Vocabulario** que comienza en la página 548. Cada una de las palabras del Vocabulario aparece en *este tipo de letra* cuando se presenta por primera vez en un capítulo. Usted también puede buscar una palabra en el Índice para ver si hay una explicación de su significado en alguna otra parte del libro.

Al final de muchos de los capítulos aparece una sección titulada 'La lucha por el cambio'. Estas secciones presentan sugerencias para trabajar por mejorar la salud de la mujer en su comunidad.

Formas de encontrar información en una página

Para encontrar información en una página, primero mire la página entera. Usted notará que la página está dividida en dos secciones: la columna principal, que es la más ancha, y una columna más angosta, del lado de afuera de la página. La columna principal contiene la mayor parte de la información sobre un tema. La columna más angosta contiene información adicional que le puede ayudar a usted a entender mejor el tema en cuestión.

Siempre que usted vea un dibujito de un libro en la columna angosta, eso indica que hay más información sobre cierto tema en alguna otra parte del libro. Las palabras que aparecen debajo del dibujito indican cuál es el tema. El número de la página que aparece sobre el dibujito, indica dónde se halla la información. Si hay más de un tema, el dibujito aparece una sola vez, y los temas y los números de las páginas aparecen debajo de él.

alimentos ricos en proteína

Lo que significan los diferentes elementos de una página:

La mayoría de las páginas tienen varios encabezados. Los encabezados en la columna angosta indican el tema general que se trata en esa página. Los encabezados en la columna principal indican temas más específicos.

número de página → **74** El embarazo y el parto ← **título del capítulo**

tema general → Riesgos y señas de peligro durante el embarazo

Presión de la sangre alta, una seña de pre-eclampsia ← **tema específico**

Una presión de sangre de 140/90 ó más puede ser seña de una condición peligrosa, la pre-eclampsia (toxemia del embarazo). La pre-eclampsia puede causar ataques (eclampsia) y tanto usted como el bebé podrían morir.

esta palabra aparece explicada en el Glosario

Señas de pre-eclampsia
- presión de 140/90 ó más (vea página 532 para cómo medir la presión de la sangre)
- *proteína* en la orina
- dolor de cabeza muy fuerte
- hinchazón de cara o hinchazón cuando despierta en la mañana
- dolor fuerte y repentino en lo alto de estómago
- mareos
- visión borrosa

vea esta página . . .

. . . para mayor información sobre este tema

166

alimentos ricos en proteína

Qué hacer:
- Encuentre a alguien que pueda revisarle la presión o revisar la cantidad de proteína en la orina. Acuda a un centro médico o a un hospital de ser necesario.
- Descanse lo más posible, recostándose sobre su lado izquierdo.
- Trate de comer más alimentos ricos en proteína todos los días.
- Planee tener a su bebé en un centro médico u hospital.

información muy importante

¡consiga ayuda de inmediato! → **¡TRANSPORTE!**

IMPORTANTE *Si una mujer tiene presión de sangre alta y <u>cualquiera</u> otra seña de pre-eclampsia necesita ayuda médica rápidamente. Si ya está teniendo convulsiones, vea la página 87.*

Algunas páginas también contienen **cuadros de medicinas**, que se ven así: ⟶

Estos cuadros indican cuánta medicina dar, y con qué frecuencia y por cuánto tiempo darla. A veces recomendamos medicinas sin presentarlas en un cuadro. En cualquier caso, lea en las 'Páginas verdes' la información acerca de cada medicina que vaya a usar, antes de usarla.

Medicinas para infección de un pecho		
Medicinas	**Cuánto tomar**	**Cómo y cuándo tomarla**
Para infección tome:		
dicloxicilina	500 mg.	4 veces al día durante 7 días.
Si no puede encontrar esta medicina, o es alérgica a la penicilina, tome:		
eritromicina	500 mg.	4 veces al día durante 7 días.
Antes de tomar medicinas, vea las "Páginas verdes".		
Para la fiebre y el dolor, tome:		
acetaminofén (paracetamol) o aspirina hasta que el dolor se le quite (vea páginas 511 y 492 en las "Páginas verdes").		

Importante: *Si la infección en un pecho no se trata pronto, empeorará. La hinchazón dolorosa se sentirá como si estuviera llena de líquido (absceso). Si eso sucede, siga el tratamiento descrito aquí Y TAMBIÉN acuda a un trabajador de salud que sepa cómo drenar un absceso usando equipo esterilizado.*

Contenido:

Capítulo 1

La salud de la mujer es un asunto comunitario

¿Qué es la salud de la mujer?

Cuando una mujer está sana, ella tiene energía y fuerza para hacer su trabajo diario, para cumplir con todos sus papeles familiares y comunitarios, y para forjar relaciones placenteras con otras personas. En otras palabras, la salud de la mujer afecta todas las demás áreas de su vida. Sin embargo, durante muchos años, la atención médica para la mujer se ha definido simplemente en términos de los servicios de salud materna, como por ejemplo, los cuidados para el embarazo y el parto. Estos servicios son necesarios, pero sólo satisfacen las necesidades de la mujer como madre.

En este libro, consideramos la salud de la mujer desde otra perspectiva. Antes que nada, opinamos que toda mujer tiene derecho a recibir atención médica completa durante toda su vida. La atención que una mujer recibe debe ayudarle en todas las áreas de su vida, no sólo en su papel de esposa y madre. Además, opinamos que la salud de la mujer no sólo se ve afectada por las características de su cuerpo, sino también por las condiciones sociales, culturales y económicas en que ella vive.

Mientras que la salud del hombre también se ve afectada por estos factores, a la mujer se le trata de una manera diferente que al hombre. Por lo general, la mujer tiene menos poder y menos recursos, y ocupa un nivel más bajo que el hombre en la familia y en la comunidad. Como resultado de esta desigualdad...

- más mujeres que hombres viven en pobreza
- a más mujeres que hombres se les niega la educación y capacitación necesarias para ganarse la vida
- más mujeres que hombres carecen de *acceso* a información y servicios médicos importantes
- más mujeres que hombres carecen de control sobre las decisiones básicas que afectan su salud

Esta perspectiva más amplia nos ayuda a entender cuáles son las causas más básicas de la mala salud de la mujer. Para mejorar la salud de la mujer hay que atender sus problemas médicos, pero también es necesario cambiar las condiciones en que ella vive, para que ella pueda ejercer más control sobre su salud.

Cuando esto sucede, no sólo la mujer se beneficia, sino también su familia y la comunidad. Una mujer sana tiene la oportunidad de desarrollar sus capacidades. Además, ella tendrá bebés más sanos, podrá cuidar mejor a su familia, y podrá contribuir más a su comunidad. Esta perspectiva también nos permite ver que los problemas de salud de la mujer no son sólo problemas de ella. La salud de la mujer es un asunto comunitario.

> ➤ La buena salud es *más que la ausencia de enfermedades*. La buena salud se refiere al bienestar del cuerpo, la mente y el alma de la mujer.

Las mujeres se enferman más

Debido a que el cuerpo de la mujer es diferente al del hombre, y debido a las desigualdades básicas que existen entre la mujer y el hombre, la mujer corre un mayor riesgo de enfermarse y de tener mala salud. He aquí algunos de los problemas de salud que más afectan a la mujer:

Mala alimentación

La mala *alimentación* es el problema más común y que más discapacita a las mujeres que viven en países pobres. Muchas veces desde la niñez, a una niña se le da menos de comer que a un niño. Por lo tanto, puede que ella crezca más lentamente y que sus huesos no se desarrollen bien (lo cual después puede causarle dificultades durante el parto). El problema va empeorando a medida que ella se vuelve una jovencita, porque su necesidad de comer bien se vuelve mayor a medida que su trabajo aumenta y ella empieza a tener *reglas*, se embaraza y da pecho a sus bebés.

Si ella no come bien puede empezar a padecer de mala salud en general, y en particular de *agotamiento*, debilidad y *anemia*. Si una mujer que ya está *desnutrida* se embaraza, ella corre un mayor riesgo de tener *complicaciones* graves durante el parto, como por ejemplo: sangrado fuerte, una *infección*, o un bebé que nace cuando aún está demasiado pequeño.

➤ *Si una niña no recibe suficientes alimentos nutritivos, puede que ella no crezca bien y que tenga problemas de salud graves.*

la alimentación para la buena salud

El promotor de salud me dijo que debería tomar más leche y comer verduras de hojas verde oscuro. Pero yo guardo toda la leche para mi esposo y mi hijo, y el dinero no nos alcanza para comprar verduras.

La salud de una mujer no se puede separar de su condición social. En la mayoría de las áreas rurales de la India, las mujeres toman menos leche que sus maridos e hijos varones, y ellas sólo comen después de servirles a los hombres. Esto generalmente limita la dieta de las mujeres. Además es una indicación del valor que se le da a la mujer.
—CHETNA, Ahmedabad, India

Problemas relacionados con el sexo y la reproducción

El VIH y otras infecciones de transmisión sexual. Físicamente, las mujeres corren un mayor riesgo de contagiarse de infecciones de transmisión sexual incluyendo el VIH que los hombres. Esto es porque el semen del hombre se queda dentro de la mujer, y los microbios que lleva pueden atravesar la vagina y llegar a la sangre. Además, como muchas veces la mujer no tiene señas de estar infectada, puede que no obtenga tratamiento.

Pero el problema realmente es de tipo social. Las mujeres muchas veces tienen poco control sobre las decisiones relacionadas con el sexo, y no pueden rehusarse a tener relaciones sexuales sin protección. Como resultado, millones de mujeres se contagian de una infeccion de transmisión sexual cada año, más de 17 millones de mujeres tienen VIH. Sin tratamiento, estas infecciones pueden causar dolor debilitante, infecciones pélvicas graves, infertilidad y problemas durante el embarazo. También pueden aumentar el riesgo de la mujer de sufrir de cáncer cervical. Sin tratamiento, el VIH causa el SIDA, que es mortal.

Embarazos frecuentes. En muchas partes del mundo, entre la tercera parte y la mitad de las mujeres se convierten en madres antes de cumplir 20 años de edad. Sin poder evitar el embarazo, muchas mujeres no tendrán tiempo de reponer su fuerza entre uno y otro parto. Como resultado, será más probable que tengan mala salud y complicaciones durante el embarazo y el parto. Además, si una mujer tiene bebés con frecuencia, eso quiere decir que será menos posible que ella controle su propia vida, y que obtenga educación y capacitación.

Complicaciones del embarazo y el parto. En los últimos 40 años, se ha logrado reducir mucho el número de muertes de bebés. Sin embargo, no ha disminuido el número de mujeres que mueren por causas relacionadas con el embarazo y el parto. Cada minuto, una mujer muere de algún problema relacionado con el embarazo. Esto quiere decir que, con el tiempo, como una cuarta parte de las mujeres que viven en países pobres se verán gravemente afectadas por complicaciones del embarazo y del parto.

Abortos peligrosos. Una mujer arriesga su vida cuando trata de ponerle fin a un embarazo teniendo un aborto bajo condiciones peligrosas. Sin embargo, cada día como 60.000 mujeres y jovencitas tratan de ponerle fin a un embarazo de una manera peligrosa porque no tienen ningún modo de obtener un aborto seguro. Muchas terminan no pudiendo tener hijos, o con otros problemas médicos, como infecciones o dolor crónico.

Circuncisión femenina. La circuncisión femenina, que consiste en cortar el exterior de los genitales de una niña, puede causar problemas médicos graves. Éstos incluyen infecciones pélvicas y urinarias, problemas sexuales y emocionales, y dificultades durante el parto. Pero a pesar de estos problemas, la circuncisión femenina sigue siendo una práctica común en muchas partes del mundo. Cada año, como 3 millones de niñas son circuncidadas, principalmente en África, pero también en ciertas partes de la Asia y el Medio Oriente.

infecciones de transmisión sexual y otras infecciones de los genitales

➤ *Como muchas veces las mujeres tienen relaciones sexuales en contra de su voluntad y sin protegerse, las infecciones sexuales son un problema social.*

➤ *Cada minuto, una mujer muere de un problema relacionado con el embarazo.*

➤ *Cada año, 70.000 mujeres mueren de abortos mal hechos.*

➤ *Los hombres y las mujeres se ven afectados por muchas de las mismas enfermedades, pero los efectos sobre la mujer pueden ser diferentes.*

tuberculosis, 387
alcohol y otras drogas 435

el trabajo

➤ *El trabajo de la mujer, dentro y fuera del hogar, pone en peligro su salud. Las largas horas de trabajo pueden agotar su cuerpo e impedir que éste combata enfermedades.*

➤ *Los problemas de salud mental pueden ser tan graves como otros problemas médicos.*

la salud mental

Problemas médicos generales

Las mujeres corren un mayor riesgo de padecer de ciertos problemas médicos debido al trabajo que hacen, a la mala alimentación y al cansancio. Una enfermedad también puede perjudicar a una mujer de un modo diferente que a un hombre. Por ejemplo, una mujer que padezca de una enfermedad que la debilite o la deforme, podría verse rechazada por su marido.

Una vez que está enferma, es menos probable que una mujer busque y consiga tratamiento, sino hasta que ya esté grave. Por ejemplo, la tuberculosis (TB) se está propagando tanto entre los hombres como entre las mujeres, pero menos mujeres que hombres reciben tratamiento. Casi 3 mil mujeres mueren cada día de tuberculosis y por lo menos un tercio de ellas no recibió tratamiento apropiado o nunca se enteraron de que tenían la enfermedad. Otros problemas que antes afectaban principalmente a los hombres, ahora también presentan un riesgo para las mujeres. Por ejemplo, más mujeres ahora tienen problemas médicos por fumar o beber demasiado alcohol.

Peligros del trabajo

El trabajo diario de muchas mujeres pone en peligro su salud. En el hogar, las enfermedades de los pulmones causadas por el humo y las quemaduras con el fuego que se usa para cocinar son muy comunes. Tanto así que se les considera los principales problemas médicos de la mujer relacionados con el trabajo. Las enfermedades que se transmiten por el agua también son comunes, debido al tiempo que las mujeres pasan en contacto con el agua, ya sea atendiendo cultivos, lavando ropa o acarreando agua.

Millones de mujeres que trabajan fuera del hogar padecen de problemas médicos causados por condiciones peligrosas en el lugar de trabajo. Y cuando las mujeres regresan a su hogar de su empleo, generalmente siguen trabajando en casa, y por lo tanto terminan con el doble de trabajo. Esto les produce agotamiento y aumenta su riesgo de enfermarse.

Problemas de salud mental

Las mujeres y los hombres corren más o menos el mismo riesgo de padecer de un problema de salud mental. Sin embargo, la depresión grave afecta a más mujeres que hombres. Muchas veces afecta a mujeres que son pobres, que han perdido a un ser querido o han sufrido a manos de la violencia, o cuyas comunidades han pasado por grandes cambios o han sido destruidas. Pero, en comparación con un hombre, es menos probable que una mujer con un problema de salud mental solicite ayuda.

La violencia

Muchas veces no se considera que la violencia sea un problema que afecte la salud. Pero la violencia puede producir heridas graves, problemas de salud mental, *discapacidades* físicas e incluso la muerte. La *violación* y el *acoso sexual* son amenazas constantes para todas las mujeres. Muchas niñas sufren de abuso sexual a manos de parientes o amigos. Muchas mujeres tienen compañeros que las forzan a tener relaciones sexuales o las golpean. Las violaciones y agresiones sexuales, cada vez más violentas y dañinas, ahora representan una práctica común durante tiempos de guerra.

Aunque estos tipos de violencia en contra de las mujeres y niñas occuren en casi todo el mundo, la mayoría de los actos no son reportados. Esto se debe a que la policía y otras personas culpan a las mujeres, y no a los hombres, por el problema. Los hombres responsables de la violencia rara vez son castigados.

➤ *Las mujeres generalmente conocen a los hombres que las maltratan. Pero en la mayoría de los casos, ellas no reportan a los hombres y ellos no son castigados.*

la violencia, 313
la violación y el asalto
sexual, 327

Cómo las mujeres terminan padeciendo de mala salud

Aunque no todas las mujeres sufren de los problemas que hemos descrito, la mayoría de ellas sí padecen de 3 de ellos: mala alimentación, embarazos demasiado frecuentes y exceso de trabajo. Cada uno de estos problemas afecta la salud general de la mujer y le agota el cuerpo. Esto a su vez aumenta la probabilidad de que ella se enferme. El embarazo también empeora ciertos problemas médicos, como el paludismo (malaria), la hepatitis, la diabetes y la anemia, al mismo tiempo que estos males dificultan el embarazo. Todas estas cosas hacen que una mujer corra un mayor riesgo que un hombre de padecer de mala salud.

Causas de la mala salud de la mujer

Es fácil nombrar las causas directas de la mayoría de los problemas médicos de la mujer. Por ejemplo, podemos decir que las infecciones de transmisión sexual son causadas por diferentes microbios, que la mala alimentación viene de no comer suficiente y que los problemas durante el embarazo muchas veces se deben a la falta de atención antes del parto. Pero tras estas causas directas hay dos causas más profundas que contribuyen a muchos de los problemas médicos de la mujer: la pobreza y la condición baja de la mujer.

LA POBREZA

Dos de cada 3 mujeres en el mundo son pobres. En comparación con un hombre, es mucho más probable que una mujer sea pobre. Además, las mujeres muchas veces son las más pobres de los pobres.

Millones de mujeres se ven atrapadas en un ciclo de pobreza que empieza aún antes de que ellas nazcan. Los bebés de las mujeres que no pudieron comer lo suficiente durante el embarazo tienden a ser pequeños al nacer y a desarrollarse lentamente. En las familias pobres, muchas veces se les da menos comida a las niñas que a los niños, lo cual impide su crecimiento aún más. Las niñas muchas veces no reciben ninguna educación o reciben muy poca. Por esta razón, cuando ya son mujeres, necesitan hacer las labores más sencillas y recibir salarios más bajos que los hombres (y esto aunque hagan el mismo tipo de trabajo). En el hogar, nadie les paga por su trabajo. El agotamiento, la mala alimentación y la falta de buena atención durante el embarazo ponen en peligro la salud de la mujer y de sus hijos.

La pobreza forza a las mujeres a vivir en condiciones que causan muchos problemas físicos y mentales. Por ejemplo, las mujeres pobres muchas veces...

- viven en lugares donde no hay suficiente saneamiento ni agua limpia.
- no tienen suficiente comida, y tienen que gastar tiempo y energía valiosos buscando alimentos que puedan pagar.
- se ven forzadas a aceptar trabajos peligrosos o a trabajar por muchísimas horas.

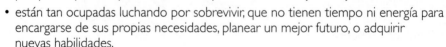

- no pueden obtener servicios médicos, aunque sean gratuitos, porque no pueden permitirse el tiempo fuera del trabajo o alejadas de sus familias.
- están tan ocupadas luchando por sobrevivir, que no tienen tiempo ni energía para encargarse de sus propias necesidades, planear un mejor futuro, o adquirir nuevas habilidades.
- tienen que aguantar que otros las culpen por su pobreza y las hagan sentirse menos importantes que la gente con más dinero.

La pobreza muchas veces obliga a las mujeres a entablar relaciones en que deben depender de los hombres para sobrevivir. Si una mujer necesita que un hombre la mantenga—o mantenga a sus hijos—ella puede verse forzada a hacer cosas que podrían poner en peligro su salud simplemente para complacer al hombre. Por ejemplo, para no perder el apoyo económico del hombre, la mujer podría dejar que él la golpeara o que tuviera relaciones sexuales con ella sin protección.

LA CONDICIÓN DESIGUAL DE LA MUJER

La condición de una persona depende de la importancia que se le da en la familia y en la comunidad. La condición de una mujer afecta cómo ella es tratada, el modo en que ella misma se valora, las actividades que a ella se le permite hacer y las decisiones que a ella se le permite tomar. En la mayoría de las comunidades del mundo, se valoriza menos a las mujeres que a los hombres. Cuando se les trata mal o se les niega cosas simplemente por ser mujeres, esto es discriminación. Puede ser diferente en diferentes comunidades, pero siempre afecta la salud de la mujer.

El querer hijos en vez de hijas. Muchas familias valoran más a los niños que a las niñas porque los niños pueden contribuir más a la riqueza de la familia, mantener a los padres en la vejez, llevar a cabo ciertas ceremonias y transmitir el apellido de la familia. Como resultado, muchas veces se da pecho a las niñas por menos tiempo y ellas reciben menos comida, menos atención médica y menos educación (si es que reciben una educación del todo).

La falta de derechos legales o de poder para tomar decisiones. En muchas comunidades, una mujer no puede poseer o heredar propiedad, ganar dinero u obtener crédito. Si ella se divorcia, puede perder a sus hijos y sus bienes. Aun si una mujer tiene derechos legales, puede que las tradiciones de su comunidad le permitan tener muy poco control sobre su vida. Muchas veces, una mujer no puede decidir cómo gastar el dinero de la familia ni cuándo obtener atención médica. Ella no puede viajar ni participar en decisiones comunitarias, a menos que su marido le dé permiso.

➤ *Las mujeres muchas veces no gozan de protecciones legales en el trabajo, porque mucha de su labor no se reconoce.*

Cuando a las mujeres se les niega el poder de estas maneras, ellas dependerán de los hombres para sobrevivir. Por lo tanto, no pueden exigir fácilmente las cosas que contribuyen a la buena salud, como por ejemplo, métodos de planificación familiar, suficientes alimentos, atención médica y protección contra infecciones de transmisión sexual y la violencia.

El tener demasiados hijos o el tenerlos demasiado juntos. La discriminación contra las mujeres también puede causar que ellas se embaracen con más frecuencia. Esto es porque a veces el tener hijos es la única manera en que una mujer puede elevar su condición o la de su compañero.

➤ *Las mujeres forman la mitad de la población mundial, pero llevan a cabo 2 de cada 3 de las horas de trabajo realizadas en el mundo, reciben sólo una décima parte de las ganancias mundiales y poseen sólo una centésima parte de la propiedad del mundo entero.*

Debido a todos estos factores, las mujeres viven vidas menos sanas y reciben menos atención médica. Además, muchas veces también aceptan su condición desigual, porque se les ha enseñado desde niñas a menospreciarse en comparación con los hombres. Puede que ellas acepten que la mala salud es su suerte en esta vida y que sólo traten de conseguir ayuda cuando sus problemas médicos sean muy graves o amenacen su vida.

El sistema médico no satisface las necesidades de la mujer

La pobreza y la discriminación dentro de la familia y la comunidad no sólo causan más problemas médicos para las mujeres; también reducen las probabilidades de que el sistema médico proporcione los servicios que las mujeres necesitan. Las políticas del gobierno y la economía mundial pueden empeorar el problema.

En los países pobres, muchas personas no tienen acceso a servicios médicos de ningún tipo. (El cuadro de abajo explica una razón por la cual este problema ha empeorado en los últimos años.) Y debido a la discriminación contra la mujer, el poco dinero que sí existe generalmente no se usa para atender las necesidades de las mujeres. Por lo tanto, es posible que una mujer no pueda obtener buena atención aunque pueda pagar por ella. Quizás la mujer sí consiga ciertos servicios, como por ejemplo, de planificación familiar o de maternidad, pero para satisfacer todas sus necesidades, es probable que tenga que viajar a la capital de su país, o incluso al extranjero.

En muchos países, se considera que las habilidades para atender a las mujeres son 'especiales', y por lo tanto, sólo los médicos proporcionan atención a la mujer. Sin embargo, muchos de estos servicios podrían ser proporcionados a bajo costo por promotores de salud comunitarios con el entrenamiento apropiado.

La deuda y los países pobres

Desde los años 70, cuando muchos países pobres fueron presionados a solicitar préstamos de los bancos de países ricos, las enormes deudas adquiridas han significado que los gobiernos aun tienen dificultades para satisfacer las necesidades básicas de su gente. Aunque ha habido mucha corrupción, muchos países han establecido nuevas escuelas, hospitales, clínicas y proyectos.

A medida que los bancos han ido exigiendo que los países pobres paguen esta deuda, éstos han tenido que cambiar o 'ajustar' sus economías de maneras que dificultan mucho la vida de la gente pobre. Los países en cuestión se han visto forzados a usar una gran parte de la riqueza que la gente produce para pagar a los bancos. Además han adoptado políticas que permiten que las compañías extranjeras se enriquezcan fácilmente usando los recursos y la mano de obra de los países pobres. Hasta los servicios básicos de agua, luz, comunicaciones y sistemas de pensión han sido vendidos a empresas estranjeras de lucro.

Así que, a pesar de que los pobres tienen que trabajar más que nunca, ellos no pueden satisfacer muchas de sus necesidades básicas. A los gobiernos les quedan muy pocos recursos para apoyar los programas que ayudan a los pobres, como escuelas, servicios médicos y subvenciones para alimentos y combustibles. Estos cambios perjudican la salud de toda la gente pobre, pero sobre todo la salud de las mujeres y los niños pobres.

Muchas clínicas de salud pública carecen incluso del equipo, las medicinas y los materiales más básicos.

La historia de Mira

Cuando Mira era pequeña, ella soñaba con vivir en una casa grande, con luz eléctrica y un piso de loza. Su marido sería guapo y amable, y ella podría hacer lo que quisiera. Pero la familia de Mira era pobre, y ella era la menor de 4 hijas. A veces, cuando su papá se emborrachaba, golpeaba a la mamá de Mira y se quejaba de la mala suerte de haber tenido tantas hijas.

Cuando Mira cumplió 14 años, y ya podía casarse, lloró cuando se enteró de que sus sueños nunca se realizarían. Ya todo estaba arreglado: su padre había escogido al hombre con quien ella se casaría. Él tenía algo de tierra, y el padre de Mira pensó que el casamiento beneficiaría a su familia. Mira no pudo decir nada.

Cuando Mira tuvo a su segundo hijo—un varón—su marido dejó de insistir en tener relaciones sexuales tan seguido. Alrededor de esa misma temporada, Mira empezó a oír rumores de que su marido estaba saliendo con otras mujeres. A Mira no le importó mucho, porque aunque él no la lastimaba, tenía verrugas en el pene que a ella le daban asco. Durante los próximos 20 años, Mira tuvo otros 6 hijos, incluyendo a una niñita que murió a los 3 años y a un varoncito que murió al nacer.

Un día, Mira estaba usando la letrina, cuando se dio cuenta de que le estaba saliendo un desecho sangriento de la vagina, aunque no le tocaba tener la regla. Ella nunca se había hecho un examen médico, pero ahora le preguntó a su marido si podía ir a ver a un trabajador de salud. Su marido le contestó que él no confiaba en los doctores, y que además no podía gastar dinero cada vez que a ella le preocupaba algo.

Mira tenía 40 años cuando empezó a padecer de dolor constante en la parte baja del vientre. El dolor la preocupaba, pero no tenía a quién decírselo. Unos cuantos meses después, Mira decidió que tenía que ignorar los deseos de su marido y conseguir ayuda médica. Ella temía por su vida y le pidió dinero prestado a una amiga.

En el centro médico, el trabajador de salud no examinó a Mira; simplemente le dio una medicina para el desecho vaginal. Mira regresó a su casa esa noche, agotada y molesta por haber desafiado a su marido y haber gastado los ahorros de su amiga. A medida que las semanas fueron pasando, la salud de Mira siguió empeorando, y ella se desanimó al darse cuenta de que algo seguía mal.

Por fin Mira se debilitó tanto que su marido pensó que de veras estaba muy enferma. Ellos consiguieron que alguien los llevara a un hospital en una ciudad grande muy lejana. Después de esperar varios días, un médico examinó a Mira. Él le dijo que tenía cáncer cervical avanzado. El médico le explicó que podía sacarle la matriz, pero que el cáncer ya se había extendido. El único tratamiento que podría salvarle la vida sólo se conseguía en otra área del país y era muy caro. El médico le preguntó—¿Por qué no se hizo la prueba de Pap regularmente? Si hubiéramos encontrado el problema antes, nos hubiéramos podido encargar de él fácilmente. Pero era demasiado tarde. Mira se fue a casa y, en menos de dos meses, falleció.

¿POR QUÉ MURIÓ MIRA?

He aquí algunas respuestas comunes a esta pregunta:

Una doctora
podría decir...

> *Mirá murió de cáncer cervical avanzado porque no recibió tratamiento a tiempo.*

O una maestra...

> *Mira murió porque no sabía que necesitaba hacerse un exámen visual del cérvix o la prueba de Pap.*

O un trabajador de salud...

> *Mira murió porque su marido la expuso a las verrugas genitales y otras enfermedades sexuales. Éstas aumentaron mucho su riesgo de padecer de cáncer cervical.*

➤ *Para mayor información sobre el cáncer cervical, vea la página 377.*

Todas estas respuestas son correctas. Las mujeres que empiezan a tener relaciones sexuales desde muy jóvenes y entran en contacto con las verrugas genitales, sí corren un mayor riesgo de padecer de cáncer cervical. Y si el cáncer es detectado en sus inicios (generalmente por medio de un exámen visual del cérvix o la prueba de Pap), casi siempre es curable.

Sin embargo estas respuestas denotan un entendimiento muy limitado del problema. Cada una de ellas culpa a una persona, ya sea Mira o su marido, y no pasa de allí. Mira corría un mayor riesgo de morir de cáncer cervical porque ella era una mujer pobre viviendo en un país pobre.

Cómo la pobreza y la condición desigual de la mujer causaron la muerte de Mira

Mira y su familia eran pobres. Por eso ella se vio forzada a casarse y a empezar a tener relaciones sexuales desde muy joven. Ya como mujer, ella no tenía poder en la relación con su marido. Ella no podía controlar cuántos hijos tener, ni cuándo tenerlos. Tampoco podía hacer nada en cuanto a las relaciones de su marido con otras mujeres. Debido a la pobreza de su familia, ella padeció de desnutrición toda su vida, lo cual la debilitó y aumentó su riesgo de enfermarse.

Aunque en **la comunidad de Mira** no había servicios de salud, el centro médico más cercano sí ofrecía algunos servicios para las mujeres, como métodos de planificación familiar e información sobre la prevención del VIH. Pero los trabajadores de salud no tenían la información ni el entrenamiento para atender otros problemas médicos de la mujer, incluso problemas graves como el cáncer cervical (o cáncer del cérvix). No sabían cómo hacer un examen pélvico (para revisar la vagina, el cérvix y otras partes del aparato reproductor) ni cómo hacer la prueba de Pap. Así que aunque Mira hubiera acudido allí antes, el promotor de salud no hubiera podido ayudarle.

Por lo tanto, Mira tuvo que viajar una gran distancia y gastar mucho dinero para ver a un doctor que pudiera decirle lo que tenía. Para entonces, ya era demasiado tarde.

Finalmente, **Mira vivía en un país** pobre, donde no había suficiente dinero para los servicios médicos. Al igual que los gobiernos de muchos países pobres, el gobierno de Mira decidió concentrarse en proporcionar otros servicios médicos importantes, pero no servicios para la mujer. El poco dinero que el gobierno sí gastó en los servicios para la mujer terminó en los hospitales caros de unas cuantas ciudades grandes, y no en los programas comunitarios dedicados a atender a mujeres como Mira. Como resultado, los servicios para encontrar y tratar a tiempo el cáncer cervical—y muchos otros problemas médicos de la mujer—no estaban disponibles.

La pobreza y la condición desigual de la mujer obraron en contra de Mira, tanto al nivel de su familia, como de su comunidad y de su país, para crear los problemas médicos que le causaron la muerte.

➤ *Usted puede explorar las causas básicas de la muerte de Mira o de otros problemas médicos usando el ejercicio llamado "Pero ¿por qué?" que aparece en la página 26.*

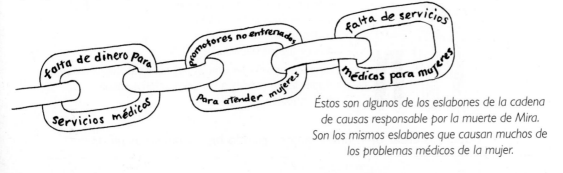

Éstos son algunos de los eslabones de la cadena de causas responsable por la muerte de Mira. Son los mismos eslabones que causan muchos de los problemas médicos de la mujer.

La lucha por el cambio

NO TIENE POR QUÉ SER ASÍ

El modo en que las sociedades están organizadas obliga a muchas mujeres a vivir en pobreza y a padecer de mala salud. Pero las sociedades podrían organizarse para favorecer la salud.

Dado que las causas de la mala salud existen a nivel familiar, comunitario y nacional, los cambios para mejorar la salud de la mujer necesitan llevarse a cabo en todos esos niveles.

La lucha por el cambio a nivel familiar

➤ *Para otras ideas sobre cómo puede ayudar su pareja, vea la página 14.*

Usted puede mejorar su salud aprendiendo todo lo que pueda acerca de los problemas médicos de la mujer y haciendo cambios en su propia vida y en su familia. Hable con su compañero sobre lo que cada uno de ustedes necesita para mejorar su salud, incluyendo una repartición más justa del trabajo y formas más sanas de tener relaciones sexuales. Usted también puede luchar por mejorar la salud y el futuro de sus hijos. He aquí algunas ideas:

Cómo criar a nuestros niños para tener un mundo mejor

La forma en que criamos a nuestros niños desde el momento en que nacen, afecta mucho las creencias que ellos terminan teniendo y los modos en que actúan como adultos.

Como madres, nosotras educamos a nuestros niños cada día de sus vidas:

- Cuando mandamos a nuestros hijos a la escuela, pero no a nuestras hijas, les enseñamos a todos ellos que las niñas no se merecen las oportunidades que brinda la educación.
- Cuando les enseñamos a nuestros hijos que el ser violento es ser muy macho, criamos hombres violentos.
- Cuando no protestamos contra la violencia que ocurre en el hogar de nuestros vecinos, les enseñamos a nuestros hijos que es aceptable que un hombre golpee a su mujer y a sus niños.

Como madres, tenemos el poder de cambiar a nuestros hijos:

- Podemos enseñarles a nuestros hijos varones a ser amables y compasivos para que al crecer se conviertan en maridos, padres y hermanos con esas mismas cualidades.
- Podemos enseñarles a nuestras hijas a valorarse a sí mismas, para que aprendan a esperar lo mismo de los demás.
- Podemos enseñarles a nuestros hijos varones a compartir con orgullo el trabajo de la casa, para que sus hermanas, sus esposas y sus hijas no sufran a causa del trabajo excesivo.

- Podemos enseñarles a nuestras hijas a ser más independientes, ayudándoles a terminar la escuela o a adquirir alguna habilidad.
- Podemos enseñarles a nuestros hijos varones a respetar a todas las mujeres y a ser compañeros sexuales responsables.

Podemos crear un mundo mejor criando bien a nuestros niños.

La lucha por el cambio a nivel comunitario

Usted puede mejorar su salud y la de otras mujeres en su comunidad, enseñándoles a ellas este libro y hablando con ellas sobre los problemas médicos de la mujer.

Puede ser difícil hablar con otras personas. A las mujeres muchas veces les da pena hablar (por ejemplo, si la conversación es sobre ciertas partes del cuerpo) o les da miedo lo que los demás vayan a pensar de ellas. Sin embargo, es necesario que ustedes hablen para aprender más acerca de los problemas de salud y para descubrir sus causas. Con frecuencia encontrarán que a muchas de ustedes les preocupan las mismas cosas y querrán discutirlas.

Reúna a un pequeño grupo de mujeres para que hablen juntas sobre los problemas médicos que existen en su comunidad. Trate de invitar a las amigas de sus amigas, a sus vecinas y a mujeres con quienes trabaja. Una vez que hayan encontrado un problema que afecte a muchas de ustedes, será útil que se vuelvan a reunir y que inviten a otras mujeres para discutir el problema y aprender más acerca de él. Cuando se reúnan, piensen en las causas más básicas del problema y planeen los cambios que quieran llevar a cabo en sus familias y en su comunidad. En las páginas 26 a 31 describimos algunas formas de trabajar con un grupo para planear y realizar cambios.

➤ *Como las condiciones sociales afectan de modos diferentes a mujeres y hombres, puede ser que se necesiten encontrar diferentes soluciones para los mismos problemas de salud.*

Últimamente me ha dolido mucho la espalda, porque tengo que subir la colina a mi casa cargando agua. El promotor me dijo que no debería cargar cosas pesadas porque estoy embarazada, y esto le causó a Mari su pérdida. ¿Pero si no, cómo va a tener agua mi familia?

Ése no es sólo problema de las mujeres embarazadas. A mí también siempre me duele la espalda. Por fin conseguí que mi marido me ayude a cargar el agua todos los días.

Yo fui a ver a mi hermana el otro día, y donde ella vive, la ciudad puso llaves de agua cerca de las casas. Es buenísimo porque ella sólo tiene que acarrear el agua un ratito. Todo el mundo está encantado.

Quizás podríamos juntar a suficiente gente para convencer a la ciudad de que haga lo mismo aquí. Pero vamos a necesitar mucha gente. Y también necesitamos saber con quién hablar y decidir dónde queremos que las pongan.

Bueno, pues podríamos hablar con José. Él es maestro, y todos lo respetan. Él podría ayudarnos.

Reuniéndose con un pequeño grupo de mujeres, usted puede aprender más acerca de un problema y de las maneras de resolverlo.

Piense en incluir a hombres, al igual que a mujeres, en sus discusiones acerca de la salud de la mujer. Quizás parezca difícil hablar con los hombres acerca de los problemas médicos de la mujer. Tal vez la gente sienta vergüenza u opine que ciertas cosas son secretos de la mujer. Pero como los hombres muchas veces se encuentran en posiciones de poder, su ayuda puede ser muy importante. Busque a hombres que apoyen a las mujeres, que las traten como iguales, o que sean un buen ejemplo para los niños.

Cómo pueden ayudar los hombres

Cualquier hombre puede ayudar a mejorar la salud de la mujer....

- enseñándoles a sus niños a respetar a las mujeres y tratando a los niños y a las niñas como iguales.
- pidiéndoles a las mujeres su opinión y escuchándolas. Un hombre puede tratar de entender las necesidades y las inquietudes de su compañera y sus hijas. Juntos pueden tratar de encontrar alguna forma de satisfacer las necesidades de todos los miembros de la familia.
- hablando con su compañera sobre el número de hijos que desean tener, y tomando la misma responsabilidad que ella por evitar los embarazos no deseados.
- animando a su compañera a que se haga exámenes médicos regularmente, y ayudándole a conseguir el dinero y el tiempo para hacérselos.
- turnándose para cuidar a los niños y hacer el trabajo de la casa.
- siéndole fiel a su compañera, o si no puede, siendo honesto con ella y protegiéndose bien al tener relaciones sexuales con otras personas. Si a un hombre alguna vez le da una enfermedad sexual, él debe avisarles a todas las personas con quienes tenga relaciones para que ellas obtengan tratamiento.
- animando a su compañera a tomar una porción justa de la comida que tengan, aunque a nadie le toque mucho de comer.
- animando a todos sus hijos a seguir estudiando en la escuela el mayor tiempo posible. Mientras más educación reciban, más opciones tendrán como adultos y mejor será su salud.

Un hombre también puede ser un buen ejemplo en su comunidad...

- animando a las mujeres a que acudan a las reuniones de la comunidad y asegurándose de que tengan oportunidades de hablar. O animando a las mujeres a que tengan sus propias reuniones, en que los hombres no hablen.
- animando a las mujeres a que ayuden a planear y dirigir proyectos de la comunidad.
- animando a las personas a limitar la cantidad de alcohol y drogas que usan—cosas que no contribuyen nada a la comunidad y sólo son un gasto de dinero y energía. Pueden planear festejos en que no hay alcohol.
- rehusándose a tolerar **cualquier tipo** de violencia contra las mujeres.
- enseñándoles a los niños cómo cuidar de su salud física, mental y sexual, y cómo evitar enfermedades comunes.
- ayudando a cambiar la idea de que para ser 'muy hombre' hay que tener sexo con muchas mujeres. **Para ser 'muy hombre' hay que ser un buen compañero.**

He aquí otras actividades que pueden ayudar a mejorar la salud en una comunidad:

- **Comparta información.** Encuentre maneras de pasarle a la gente información sobre los problemas de salud más comunes en la comunidad.

- **Forme grupos de apoyo.** Las mujeres que comparten los mismos problemas—como por ejemplo, las mujeres que han sobrevivido a la violación o al abuso, las mujeres con discapacidad o las trabajadoras del sexo—pueden formar grupos para apoyarse mutuamente y para luchar por superar sus problemas.

424

cómo iniciar un grupo de apoyo

En Zimbabwe, África, el proyecto Musasa fue creado para ayudar a las mujeres que eran víctimas de la violencia, sobre todo la violencia en el hogar y el asalto sexual. Musasa descubrió que la ley no protegía a las mujeres que eran golpeadas por sus maridos. Muchas personas dijeron que los hombres deberían controlar a las mujeres porque eso era tradicional. O porque eso era parte de las creencias de la gente de la comunidad. Esas mismas personas indicaron que las palizas mantenían a las mujeres 'en su lugar'.

La meta de Musasa es cambiar esa actitud educando a la gente y asesorando a quienes han sobrevivido a la violencia. De esta forma, las mujeres, los hombres, los maestros, los estudiantes, la policía y los promotores de salud están aprendiendo que la violencia es un abuso del poder. Musasa está planeando abrir una casa a donde puedan acudir las mujeres y los niños que estén en peligro.

- **Luche por una mayor independencia.** Los proyectos que ayudan a las mujeres a ganar dinero y a mejorar las condiciones en su trabajo también les ayudan a empezar a tomar sus propias decisiones y a valorarse más a sí mismas.

En un pueblito Maya en Guatemala, un grupo de mujeres formó una cooperativa de tejedoras. La cooperativa empezó a vender sus tejidos en una tienda de artesanías de mujeres en la capital. Ahora, las mujeres ganan más que la mayoría de los hombres en su pueblo. Como resultado, la condición de las mujeres en sus familias y en su comunidad ha mejorado, y ellas ahora tienen más oportunidades en la vida.

saneamiento de
la comunidad

• **Desarrolle proyectos comunitarios.** Por ejemplo, trate de encontrar maneras de que todas las familias en la comunidad tengan suficiente de comer, o formas de mejorar el *saneamiento* de la comunidad y el acceso al agua limpia.

En Kenya, África, muchas mujeres han ayudado a plantar y proteger árboles, los cuales evitan el desgaste de la tierra y proporcionan leña. El éxito que las mujeres han tenido protegiendo el ambiente y consiguiendo combustible para sus familias, les ha ayudado a ellas a ganarse la vida y a tener más confianza en sí mismas.

Un miembro del movimiento expresó su éxito así: —Nuestros bosques se estaban acabando porque siempre necesitábamos leña para hacer fuegos. Ahora nos reunimos una vez a la semana para juntar semillas y plantarlas, construir cercas y cuidar los árboles de nuestro vivero. También damos charlas sobre el ambiente a grupos y escuelas. Así, nuestro trabajo nos beneficia y beneficia también al ambiente.

Los esfuerzos comunitarios baratos y sencillos valen mucho

Cuando uno contempla un problema por primera vez, puede parecer muy difícil hacer cambios. Pero, de hecho, las comunidades pueden hacer muchas mejorías que no son muy caras. Por ejemplo, he aquí algunas de las sugerencias que damos en este libro para evitar o resolver problemas médicos de la mujer:

Muchos de los problemas médicos de la mujer podrían evitarse o tratarse en sus inicios, si más promotores de salud tuvieran la capacitación necesaria para atender dichos problemas.

• Cree un proyecto para mejorar las estufas de su comunidad. Muchas mujeres sufren de infecciones de los pulmones, de quemaduras y de problemas de la espalda. Hay estufas baratas que pueden evitar muchos de estos problemas, pues son más seguras, usan menos combustible y producen menos humo (vea pág. 394).

• Establezca un sistema de transporte de emergencia. Muchas mujeres mueren de complicaciones del embarazo, del parto o de un aborto mal hecho. Muchas de estas muertes se podrían evitar obteniendo servicios médicos a tiempo (vea pág. 101).

• La detección temprana del cáncer prodría evitar que muchas mujeres murieran de cáncer de los pechos o del cérvix (vea pág. 376).

• Asegúrese de que todas las mujeres tengan acceso a los servicios de planificación familiar y a la buena atención prenatal. Así podrán evitarse muchas muertes a causa de las complicaciones del embarazo, el parto y los abortos mal hechos.

• Enseñe a los promotores de salud a atender los problemas de la mujer. Los promotores pueden aprender a hacer exámenes pélvicos, pruebas de Pap o inspecciones visuales, exámenes de los pechos y aspiración manual. También deben aprender a dar asesoramiento y a usar medicinas para la salud de la mujer.

La lucha por el cambio en su país

Usted puede mejorar su salud, y la salud de muchas otras mujeres en su país, trabajando con otros grupos en diferentes partes de su país. Trabajando juntos, ustedes pueden lograr cambios importantes en la manera en que su gobierno trata a la mujer y se encarga de la salud de la mujer. Por ejemplo, los grupos comunitarios pueden presionar al gobierno para que castigue a los hombres que violan o golpean a las mujeres o para que promueva la disponibilidad de abortos hechos bajo condiciones sanas y seguras. También pueden pasar leyes que permitan que las mujeres posean o hereden propiedad, para que así las mujeres no se vean forzadas a depender de los hombres.

Muchos hombres y mujeres están luchando por lograr que sus gobiernos...

- proporcionen equipo para las clínicas rurales y entrenen a promotores de salud para atender los problemas de la mujer. Así las mujeres campesinas no tendrán que acudir a los hospitales de las ciudades para obtener servicios médicos.

- eviten que haya una escasez de promotores de salud bien entrenados, pagando por la capacitación de personas de áreas rurales o de áreas urbanas pobres, sobre todo mujeres.

- eviten que las compañías dañen el medio ambiente y promuevan productos que perjudican la salud.

- obliguen a las empresas a proporcionar condiciones de trabajo justas y salarios decentes para los hombres y las mujeres.

- hagan que sea más fácil para la gente producir alimentos para sus comunidades y no para exportación.

- repartan las tierras que no se están cultivando a las personas que han sido forzadas a abandonar sus tierras.

EL CONTROL SOBRE NUESTRA PROPIA SALUD

Como ya hemos indicado, la 'salud de la mujer' no sólo se refiere a la salud materna. Y tampoco se refiere únicamente al acceso a servicios médicos. Para gozar de una verdadera salud, las mujeres necesitan tener la oportunidad de tomar las decisiones necesarias para la buena salud. Y necesitan tener acceso a una parte justa de los recursos de su comunidad y del mundo entero.

Uniéndonos a otros hombres y mujeres en la lucha por la salud, podemos reclamar la oportunidad de vivir vidas sanas, plenas y felices—libres de enfermedades, miedo y dolor.

Capítulo 2

En este capítulo:

Cómo solucionar problemas médicos

Cuando una mujer tiene señas de un problema médico, necesita información para resolverlo. Ella necesita saber cuál es el problema, a qué se debe, qué se puede hacer para tratarlo y cómo evitar que vuelva a suceder.

En este capítulo relatamos la historia de una mujer llamada Juanita, y la forma en que ella resolvió un problema médico. Aunque los detalles sólo son pertinentes a la situación de Juanita, la manera en que ella piensa acerca del problema y actúa para resolverlo puede aplicarse a todos los problemas médicos. Una mujer puede usar este método para solucionar un problema médico ella misma o para decidir cuándo y cómo obtener buena atención.

Juanita descubrió que para solucionar su problema de una forma duradera, tenía que ver más allá de su propia situación. Ella también tenía que encontrar las causas más básicas del problema en su comunidad y su país, y luchar por hacer cambios. Al igual que Juanita, usted y su comunidad pueden usar este método para identificar todas las causas de la mala salud de la mujer—y para planear maneras de hacer de su comunidad un lugar más sano para las mujeres.

➤ Algunos problemas requieren de atención médica especial. Pero la mayoría de los problemas médicos se pueden atender en casa o se pueden evitar viviendo de manera sana.

La historia de Juanita

Juanita vive en un pueblito en las montañas del oeste de Honduras. Allí ella y su marido cultivan maíz en un pequeño terreno, pero su tierra no produce lo suficiente para alimentar a sus 3 hijos. Por eso, varias veces al año, Raúl, el esposo de Juanita, se va a la costa con otros hombres del pueblo, para trabajar en los campos de plátano.

Como 3 semanas después de la última vez que su marido regresó de la costa, Juanita notó que le estaba saliendo más fluido de lo usual de la vagina. Luego empezó a tener dolor al *orinar*. Juanita sabía que algo andaba mal, pero no sabía qué.

Juanita decidió pedirle ayuda a su amiga Suyapa. Suyapa le sugirió que tomara tés de barbas de maíz, porque eso le había ayudado a ella cuando tenía dolor al orinar. Así que Juanita se tomó los tés, pero el dolor y el desecho no se le quitaron. Suyapa entonces le recomendó el remedio que su amiga María del Carmen había usado para los dolores después del parto. La partera del pueblo le había dado a María del Carmen una bolsita de algodón, llena de plantas medicinales, para ponerse en el vientre. Cuando Juanita probó el remedio y no le dio resultado, pensó que quizás sería mejor ponerse las plantas dentro de la vagina. Pero eso tampoco le ayudó y ella siguió con las mismas molestias.

Por fin Juanita decidió ir a ver a Don Pedro, el promotor de salud. A ella le daba pena que un hombre la examinara, pero para entonces ya tenía miedo de que algo grave anduviera mal.

¿CUÁL ES EL PROBLEMA?

Don Pedro le dijo a Juanita que para ayudarle, él necesitaba saber lo más posible acerca de su problema. Así que le preguntó a Juanita estas cosas:

> *1er paso: Empiece dudando. Esto quiere decir que usted necesita admitir que aún no sabe la respuesta.*

> *2° paso: Averigüe lo más posible acerca del problema. Haga preguntas como éstas*

- ¿Cuándo notaste el problema por primera vez?
- ¿Qué señas te hicieron sospechar que algo andaba mal?
- ¿Qué tan seguido te dan esas señas? Descríbeme las señas.
- ¿Has tenido esas señas alguna vez antes, o las ha tenido alguien en tu familia o en tu comunidad?
- ¿Hay algo que haga que las señas mejoren o empeoren?

ALGUNAS ENFERMEDADES SON DIFÍCILES DE DIFERENCIAR

Después de escuchar con cuidado a Juanita, Don Pedro le explicó que las señas muchas veces indican el tipo general de problema que una persona tiene. Pero a veces diferentes enfermedades pueden causar las misma señas. Por ejemplo, un cambio en la cantidad, el color o el olor del *desecho* vaginal de una mujer puede deberse a:

> *3 er paso: Piense en todas las diferentes enfermedades que podrían estar causando el problema.*

* una *infección de transmisión sexual.*
* una infección de la vagina que no sea transmitida por el sexo.
* *infección pélvica,* una infección de la *matriz* y las *trompas,* muchas veces causada por una infección de transmisión sexual.
* *cáncer* del *cérvix.*

Para darse una mejor idea de cuál de estos problemas estaba causando las señas de Juanita, Don Pedro necesitaba saber si Juanita y su marido usaban *condones,* y si cualquiera de ellos tenía relaciones sexuales con otras personas. Juanita admitió que ella sospechaba que su marido tenía relaciones con otras mujeres, dado que se iba a trabajar por varios meses a la vez. Pero ellos nunca habían hablado de eso, así que ella no estaba segura. Sin embargo, la última vez que su marido había regresado a casa, se había quejado de tener dolor al orinar. Le había echado la culpa a lo que comía en la costa.

> *4° paso: Busque pistas que puedan indicarle cuál respuesta es la más probable.*

Con esta información adicional, Don Pedro dijo que él sospechaba que Juanita tenía una enfermedad sexual, probablemente gonorrea o clamidia. Como es difícil diferenciar entre estas dos enfermedades, lo mejor es tratar ambas.

> *5° paso: Decida cuál respuesta probablemente es la correcta.*

¿A QUÉ SE DEBE EL PROBLEMA?

Las enfermedades infecciosas son enfermedades transmitidas por *microbios* que pasan de una persona a otra. Se pueden transmitir mediante el contacto con personas u objetos infectados, o a través del agua y del aire. Don Pedro piensa que Juanita tiene un enfermedad causada por *microbios* que se transmiten mediante el contacto sexual. Pero no todas las enfermedades pasan de persona a persona.

Las enfermedades no infecciosas pueden deberse a:

* algo que deja de funcionar bien en el cuerpo; por ejemplo, los huesos se desgastan con la edad.
* algo que daña al cuerpo desde afuera; por ejemplo, alguien puede tener problemas de los pulmones si respira mucho polvo o humo.
* algo que le falta al cuerpo; por ejemplo, una persona se puede *desnutrir* si come muy poca comida buena.

Pero las enfermedades raras veces tienen una sola causa. (Para aprender más sobre cómo identificar otras causas, vea la página 26.) Diferentes factores pueden contribuir a la enfermedad tanto como a la salud, incluyendo las creencias y tradiciones de la gente, las condiciones del hogar y del área a su alrededor, y la manera en que la tierra, la riqueza y el poder se reparten.

¿Cuál es el mejor tratamiento?

¿ES ÚTIL O DAÑINO CIERTO TRATAMIENTO?

Aunque Don Pedro estaba seguro de que con medicinas se resolvería el problema, Juanita quería más información antes de decidir qué tratamiento usar. Ella sabía, por ejemplo, que los remedios caseros muchas veces habían ayudado a su madre y a su abuela cuando estaban enfermas. ¿Por qué entonces los remedios que ella había probado no le habían dado resultado?

Cada comunidad tiene remedios para resolver problemas médicos. Tanto los remedios caseros como las medicinas modernas pueden ser eficaces si se usan correctamente y con cuidado. Pero recuerda que tanto las medicinas modernas como los remedios caseros pueden ser útiles, inútiles pero inofensivos, o dañinos.

He aquí la explicación de Don Pedro:

Juanita, en su caso, había usado los 3 tipos de remedios:

El té de barbas de maíz hubiera sido muy **útil** si Juanita hubiera tenido una infección de las vías urinarias. Eso es porque el té de barbas de maíz hace que una persona orine más y así saca microbios del cuerpo. Pero los tés probablemente no ayudaron a Juanita porque su infección no era de las vías urinarias.

El ponerse plantas medicinales encima del vientre es un remedio **inofensivo.** No hará que un problema médico empeore, porque las medicinas no entran al cuerpo, pero tampoco servirá.

El ponerse plantas medicinales dentro de la vagina es **dañino** y nunca debe hacerse. Las plantas medicinales pueden irritar la vagina y causar infecciones peligrosas.

Don Pedro le dijo a Juanita que ella podía informarse acerca de cierto remedio y de su eficacia hablando con muchas personas que lo hubieran usado. Le sugirió que hiciera preguntas como éstas:

- ¿Por qué usa usted este método?
- ¿Cuándo lo usa?
- ¿Cómo lo usa?
- ¿Qué le sucede cuando lo usa?
- ¿Qué tan seguido ayuda a remediar el problema?
- ¿Alguna vez le ha causado problemas?

Piense con cuidado sobre lo que la gente le diga acerca de los remedios que han usado. Entonces, cuando usted misma pruebe un remedio, fíjese bien en lo que le sucede a sus señas para darse cuenta si el remedio le está ayudando. Tenga cuidado de no probar más de un solo remedio a la vez.

Esto le sirvió a María del Carmen, así que quizás también te sirva a ti.

Pero María del Carmen tenía dolores después del parto, no al orinar. Así que quizás este remedio no me sirva para nada.

Para decidir si un remedio será útil, inofensivo o dañino, primero aprenda todo lo posible acerca de él. Luego, si sigue sin poder decidir, considere estas cosas:

1. Mientras más remedios haya para una sola enfermedad, menos probable es que cualquiera de ellos funcione.

2. Lo más probable es que los remedios asquerosos no sirvan—y muchas veces son peligrosos.

3. Los remedios hechos con excremento de animales o de gente raras veces hacen provecho, y con frecuencia causan infecciones peligrosas. Nunca los use.

4. Mientras más se parezca el remedio a la enfermedad, más probable es que su poder curativo se deba sólo a la buena sugestión. Por ejemplo, una planta roja no necesariamente servirá para detener sangrados.

5. Los métodos que le prohiben a la gente comer, hacer ejercicio o descansar generalmente la debilitan, no le dan fuerza.

6. Los métodos que culpan a las personas por sus problemas, generalmente sólo les causan más dolor y sufrimiento.

> *6° paso: Decida cuál es el mejor tratamiento. Siempre acuérdese de pensar en los posibles riesgos y beneficios (vea abajo).*

Cuando Juanita se sintió satisfecha de que las medicinas modernas serían la mejor solución para su problema, Don Pedro le dio dos tipos de pastillas: doxiciclina y ciprofloxacina. También le dijo que regresara en una semana, después de tomarse todas las pastillas. Además le explicó que su esposo, que otra vez se había ido, también iba a tener que tomar las medicinas cuando regresara, y que ellos necesitaban empezar a usar protección cuando tuvieran relaciones sexuales.

> *7° paso: Vea si hay alguna mejoría. Si no se produce ningún resultado, empiece de nuevo.*

Cuando Juanita regresó a ver a Don Pedro la siguiente semana, le dijo que se había tomado todas las pastillas que él le había dado, pero que sus señas no se le habían quitado. También le dijo que su desecho había empeorado y se había vuelto amarillo. Así que Don Pedro le pidió ayuda a Valeria, una trabajadora de salud que tenía más preparación.

Valeria estuvo de acuerdo con que Juanita tenía una infección transmitida por el sexo. Pero como las medicinas no le habían ayudado, Valeria sospechó que Juanita tenía un tipo de gonorrea *resistente* a la ciprofloxacina. Valeria les explicó a Juanita y a Don Pedro que muchas formas resistentes de gonorrea provenían de los soldados extranjeros que se encontraban en la base militar de la costa. Ellos habían estado infectando a las mujeres de esa área, teniendo relaciones sexuales con ellas. Valeria recomendó que Juanita fuera a la ciudad, donde podían hacerle un examen más completo y pruebas para la gonorrea, la sífilis (otra enfermedad sexual) y el cáncer. De ser necesario, allí ella también podría conseguir medicinas más nuevas y eficaces.

RIESGOS Y BENEFICIOS

Juanita se fue a su casa para pensar en qué hacer. Ella iba a tener que gastar la mayoría de los ahorros de su familia para pagar por el viaje a la ciudad y la medicina. Además, no iba a estar en casa por lo menos durante dos días (el viaje tomaba casi 6 horas de ida y 6 de venida, en camión y a pie) y su marido todavía estaba en la costa, así que también iba a tener que encontrar a alguien que cuidara a sus hijos hasta que ella regresara.

Juanita tenía miedo de que su marido se fuera a enojar si regresaba y encontraba que ella había gastado tanto dinero para ir a ver a un doctor. Pero también temía que si no iba, se iba a poner peor. Valeria le dijo que, sin tratamiento, ella le podría pasar la enfermedad a un nuevo bebé, si se embarazaba. Con el tiempo, ella probablemente no podría tener más hijos, padecería de dolor muy fuerte en la parte baja del vientre, y tendría problemas con las vías urinarias y con la *regla*. Su marido también podría tener problemas médicos graves.

Juanita se sentía tan indecisa que fue a ver a Valeria otra vez. Cuando Juanita le explicó sus temores, Valeria le sugirió que pensara en el problema de esta forma:

Todo tratamiento lleva **riesgos** y **beneficios**. Un riesgo es la probabilidad de que algo cause daño. Un beneficio es el bien que algo puede traer. La mejor opción produce el mayor beneficio y lleva el menor riesgo.

Puede ser útil pensar en las balanzas que se usan para medir comida en el mercado. Algunas cosas pesan más que otras, y muchas cosas pequeñas pueden pesar más que una cosa grande. Los riesgos y beneficios son así. Si los riesgos 'pesan' más que los beneficios, entonces la acción no vale la pena.

Estos son los beneficios de ir a la ciudad:
- *Me sentiré mejor y podría seguir cuidando a mi familia.*
- *Podría tener más hijos.*
- *Si me embarazo no le pasaría la infección al bebé.*

Enfrentaría a estos riesgos si fuera a la ciudad:
- *Quizás mi marido se enoje cuando él se entere.*
- *Gastaré todos mis ahorros así que quizás no pueda comprar ropa para mis niños este año.*

Si fuera sólo para sentirme mejor, el tratamiento no valdría la pena. Pero si es cierto que me voy a enfermar mucho más y que no podría tener más hijos, entonces tengo que ir a la ciudad.

Así que Juanita fue a la ciudad. Allí los doctores le dijeron que era cierto que tenía gonorrea, y probablemente clamidia, pero ninguna seña de otra infección sexual u otros problemas. Le explicaron que la medicina que había tomado ya no era eficaz en su país. Le dieron a Juanita una medicina más nueva, tanto para ella como para su marido.

La lucha por el cambio

Cuando Juanita se había tomado la medicina y ya se sentía mejor, era muy tentador pensar que su problema se había resuelto. Pero ella sabía que eso no era cierto. Cuando su marido regresara de la costa, ella se volvería a infectar a menos que él tomara la medicina y usara condones. Ella fue a hablar de su problema con Suyapa y otras mujeres cuyos maridos también trabajaban en la costa. Juntas decidieron ir a consultar a Valeria.

CÓMO ENCONTRAR LAS CAUSAS MÁS BÁSICAS DE LOS PROBLEMAS MÉDICOS

> 8° paso: Busque las causas más básicas del problema.

Valeria estuvo de acuerdo con que el problema de Juanita todavía no estaba resuelto, porque muchas de las condiciones que lo habían causado aún existían. Ella sugirió que jugaran un juego llamado "Pero ¿por qué...?" para ayudar a las mujeres a identificar todas las causas que habían producido el problema.

Valeria reunió a las mujeres en un círculo y les pidió que trataran de responder a sus preguntas:

P: ¿Por qué se enfermó Juanita?

R: Porque le dio gonorrea y clamidia.

P: ¿PERO POR QUÉ le dio gonorrea y clamidia?

R: Porque su marido la infectó.

P: ¿PERO POR QUÉ tenía gonorrea y clamidia su marido?

R: Porque tenía relaciones sexuales con otras personas.

P: ¿PERO POR QUÉ tenía relaciones sexuales con otras personas?

R: Porque a los hombres se les enseña que no necesitan controlar su deseo sexual y él pasaba temporadas largas alejado de su esposa.

P: ¿PERO POR QUÉ tenía que estar alejado de su esposa por tanto tiempo?

R: Porque no tiene suficiente tierra para alimentar a su familia y necesita trabajar en la costa por varios meses a la vez.

P: ¿PERO POR QUÉ tiene tan poca tierra?

R: Porque la mayoría de la tierra es de los grandes terratenientes. (Esta respuesta lleva a una discusión más larga.)

P: ¿Por cuáles otras razones se infectó Juanita?

R: Porque su marido no quiere usar condones.

P: ¿PERO POR QUÉ no quiere usar condones el marido de Juanita?

R: Porque no sabe cómo se pasan las infecciones sexuales.

Ya que las mujeres habían nombrado una larga serie de causas, Valeria sugirió que las organizaran en grupos. Así es más fácil distinguir los diferentes tipos de condiciones que causan problemas médicos:

> **9° paso:** *Puede ser útil organizar las causas en grupos para pensar en lo que uno puede hacer para encargarse de ellas.*

Causas físicas: microbios o parásitos, o algo que deja de funcionar bien en el cuerpo o que le hace falta al cuerpo

Causas ambientales: condiciones en los alrededores que dañan el cuerpo, como el humo del fuego para cocinar, la falta de agua limpia, o las condiciones de vida atestadas

Causas sociales: la manera en que las personas se tratan unas a otras, incluyendo sus actitudes, costumbres y creencias

Causas políticas y económicas: causas relacionadas con el poder (¿quién ejerce el control? y ¿cómo?), el dinero, la tierra y los recursos (¿quién tiene estas cosas? y ¿quién no?)

Cuando las mujeres organizaron las causas del problema de Juanita en estos grupos, dieron con la siguiente lista:

FÍSICAS
- microbios de gonorrea
- los microbios están resistentes a las medicinas
- las mujeres son muy susceptibles a las infecciones sexuales

POLÍTICAS Y ECONÓMICAS
- los hombres tienen que ir lejos para trabajar
- los soldados extranjeros propagan los microbios resistentes
- el pueblo falta pruebas para detectar y medicinas para curar la gonorrea resistente

AMBIENTALES
- el pueblo está aislado y muy lejos de la ciudad
- el camino está feo

SOCIALES
- muchos hombres tienen amantes
- los hombres creen que usar condones no es macho
- falta de información sobre las infecciones sexuales
- los condones no se consiguen fácilmente

Esta lista se ve muy bien, pero ¿qué podemos hacer en cuanto a estas cosas?

Cómo resolver problemas médicos comunitarios

> **10° paso: Decida de cuáles causas pueden encargarse usted y su comunidad.**

El siguiente paso, según Valeria, era pensar en las diferentes causas y decidir de cuáles podrían encargarse. Luego tendrían que pensar en qué hacer para lograr su meta.

Después de hablar bastante, las mujeres decidieron que probablemente no podrían cambiar las razones por las cuales los hombres tenían que ausentarse—ni tampoco evitar que ellos tuvieran sexo con otras mujeres. Sin embargo, decidieron que probablemente sí podrían lograr que sus maridos usaran condones, si ellos entendieran mejor las infecciones de transmisión sexual y si los condones no fueran tan caros. Ellas decidieron hacer lo siguiente:

> **11° paso: Decida qué necesitan hacer para encargarse de esas causas.**

Vamos a pedirle a Don Pedro que hable con los hombres acerca de las enfermedades sexuales. Ellos lo respetan y lo escucharán.

Yo voy a ver si la clínica puede regalar condones.

Nosotras deberíamos reunirnos para practicar a hablar con nuestros maridos sobre el uso de condones.

Otras de las mujeres sugirieron lo siguiente:

- Organizar a un grupo para hablar sobre los problemas médicos, incluyendo las infecciones de transmisión sexual.
- Mientras las mujeres estuvieran lavando en el río, hablar con ellas acerca de las infecciones de transmisión sexual y las formas de evitarlas.
- Hablar con sus hijos varones acerca de las infecciones de transmisión sexual antes de que se vayan a la costa.

> **12° paso: Haga un plan para llevar a cabo lo que necesiten hacer.**

El último paso, dijo Valeria, es hacer un plan para llevar a cabo cada idea a la acción. El plan debe contestar las siguientes cuestiones:

- ¿Qué vamos a hacer? ¿Qué pasos daremos?
- ¿Cuándo vamos a hacer estas cosas?
- ¿Con quiénes las vamos a llevar a cabo?
- ¿Quién será responsable de que el plan se lleve a cabo?
- ¿Cómo juzgaremos si el plan está funcionando?

Causa: Los hombres no quieren usar condones.

Acción: Ayudar a los hombres a aprender cómo se transmiten las infecciones sexuales.

Quién/Cómo: Don Pedro hablará con los hombres sobre las infecciones sexuales y cómo los condones ayudan a evitar su transmisión.

Cuándo: Cuando los hombres regresen de la costa.

Materiales: Condones.

Responsable: Juanita hablará con Don Pedro.

Cómo juzgaremos: Si los hombres empiezan a usar condones.

Para ayudarle a usted a usar este método para resolver problemas médicos usted misma, he aquí un cuadro con la lista de todos los pasos. Del lado izquierdo aparecen todos los pasos, y del lado derecho las partes de la historia de Juanita que corresponden con cada paso. En cualquier ocasión en que usted tenga un problema médico, puede usar este cuadro para recordar esta forma de pensar y actuar para resolver el problema.

Los pasos	*La historia de Juanita*
1. Empiece dudando.	1. Don Pedro no sabía a qué se debía el problema. Necesita más información.
2. Averigüe lo más posible sobre el problema. Haga preguntas.	2. Don Pedro le hizo preguntas a Juanita acerca de su enfermedad.
3. Piense en todas las diferentes enfermedades que podrían estar causando el problema.	3. Don Pedro pensó en todas las enfermedades que podrían estar causando las señas que Juanita tenía: una infección sexual, otro tipo de infección vaginal o cáncer.
4. Busque pistas que puedan indicarle cuál respuesta es la más probable.	4. Don Pedro le hizo más preguntas a Juanita para ver si había alguna posibilidad de que ella se hubiera infectado con una infección sexual.
5. Decida cuál respuesta probablemente es la correcta.	5. Don Pedro decidió que Juanita probablemente sí tenía una infección sexual.
6. Decida cuál es el mejor tratamiento.	6. Como Don Pedro no sabía con qué microbios se había infectado Juanita, escogió un tratamiento que era eficaz contra varias infecciones sexuales.
7. Si no se produce ningún resultado, empiece de nuevo.	7. Juanita se tomó las pastillas, pero no le hicieron efecto y además a ella le dieron nuevas señas, así que Don Pedro fue a pedirle ayuda a Valeria.
8. Busque las causas más básicas del problema.	8. Juanita y las otras pensaron en las causas por las cuales había ese tipo de enfermedad en su comunidad, tales como la falta de tierra y dinero, las formas en que se espera que los hombres y las mujeres actúen, y la falta de información.
9. Organice las causas en grupos para pensar en cómo encargarse de ellas.	9. Las mujeres organizaron las causas bajo las siguientes categorías: físicas, ambientales, sociales, políticas y económicas.
10. Decida de cuáles causas pueden encargarse usted y su comunidad.	10. Las mujeres decidieron encargarse de las causas 'sociales'. Ellas opinaban que podrían lograr que sus compañeros usaran condones.
11. Decida qué necesitan hacer para encargarse de esas causas.	11. Las mujeres decidieron hablar con sus compañeros sobre los condones, ver si la clínca podía regalar condones, y pedirle a Don Pedro que hablara con los hombres sobre las infecciones sexuales.
12. Haga un plan para llevar a cabo lo que necesiten hacer.	12. Las mujeres hicieron un plan para llevar a cabo cada una de las cosas que habían decidido hacer.

Palabras a las promotoras de salud

Ayudando a las mujeres a ayudarse a sí mismas

En este capítulo, Don Pedro y Valeria jugaron un papel importante en la ayuda que les dieron a las mujeres de la comunidad de Juanita para resolver un problema médico. La razón por la cual Don Pedro y Valeria tuvieron tanto éxito fue porque no les dijeron a Juanita y a sus amigas qué hacer. En vez de eso, Don Pedro y Valeria ayudaron a las mujeres a aprender a ayudarse a sí mismas.

Usted también puede ayudar a las mujeres en su comunidad siguiendo el ejemplo de Don Pedro y Valeria:

- **Comparta sus conocimientos.** Para poder ayudarse a sí mismas, las mujeres necesitan información. Muchos problemas médicos se pueden evitar si la gente sabe cómo hacerlo. Pero recuerde que, para ayudar a la gente, usted no necesita tener todas las respuestas a sus preguntas. Muchas veces no hay respuestas fáciles. Es bueno admitir cuando uno no sabe algo. Las personas con quienes usted trabaje le agradecerán su honestidad.

➤ *Comparta sus conocimientos con otras mujeres, otros promotores y las personas que toman las decisiones en su comunidad.*

No estoy segura de eso, pero lo puedo averiguar.

- **Trate a las mujeres con respeto**. Cada persona debe ser tratada como alguien que puede entender su problema médico y tomar buenas decisiones con respecto a su tratamiento. Nunca culpe a una mujer por un problema, ni por decisiones que haya tomado antes.

- **Recuerde que los problemas médicos son privados.** Los problemas médicos no deben discutirse donde alguien pueda oír. Nunca hable con alguien sobre el problema de otra persona, a menos que esa persona le haya dado permiso de hacerlo.

- **Recuerde que es más importante escuchar a una persona que darle consejos.** Una mujer muchas veces necesita que alguien la escuche sin juzgarla. Escuchándola, usted le hace saber que ella es importante y le demuestra su interés. Y a medida que ella tenga una oportunidad de hablar, quizás se dé cuenta de que ya tiene algunas de las soluciones para su problema.

Lo que hemos discutido es privado. Yo no hablaré de esto con nadie.

• **Ayude a las personas a resolver sus problemas, no se los resuelva usted.** Aun cuando los problemas de una mujer son muy grandes y no se pueden resolver completamente, ella generalmente tiene opciones de lo que puede hacer. Como trabajadora de salud, puede ayudarle a darse cuenta de sus opciones y a obtener la información que ella necesita.

• **Aprenda de las personas a quienes ayude.** Si usted aprende cómo otras personas solucionan sus propios problemas, podrá ayudar mejor a otras personas más (y a veces ayudarse a sí misma también).

Aprenda de las personas a quienes ayuda, y esas personas pueden aprender de usted.

• **Respete las tradiciones y las ideas de la gente.** La ciencia moderna no puede resolver todo. Y muchas medicinas modernas provienen del estudio de las plantas medicinales y de los métodos curativos tradicionales. Por eso es importante respetar y usar lo bueno de cada método—y estar consciente de que ambos métodos pueden ser dañinos.

• **Averigüe lo que la gente realmente quiere aprender.** Es fácil dar información sin antes investigar si será útil, especialmente cuando da pláticas preparadas de antemano. Pero si averigua exactamente qué es lo que las personas quieren saber, ellas obtendrán conocimientos que les serán útiles. Además esto les ayudará a expandir sus propios conocimientos.

• **Ayude a las personas a hacer planes, no haga los planes por ellas.** Cuando planee su trabajo, asegúrese de hablar primero con las mujeres y los hombres de su comunidad. Averigüe cómo perciben el problema que usted está tratando de resolver. Pregúnteles a qué creen ellos que se deba el problema y cómo les gustaría resolverlo. ¡Los mejores resultados se dan cuando la gente trabaja unida!

Capítulo 3

En este capítulo:

El sistema médico

En la mayoría de los lugares del mundo, hay diferentes tipos de atención médica. Por ejemplo, hay promotores de salud comunitarios, parteras y curanderos tradicionales, enfermeras y doctores. Ellos pueden trabajar en las casas de los miembros de la comunidad, en los puestos o los centros de salud, o en los hospitales. Los diferentes trabajadores de salud pueden trabajar por cuenta propia y cobrar por sus servicios o pueden recibir el apoyo de su comunidad, del gobierno, de la iglesia o de otra organización. Algunos han recibido buena preparación y están bien equipados—otros no. En conjunto reciben el nombre de 'sistema médico'.

Por desgracia, para muchas mujeres es difícil obtener atención médica. Puede que no haya trabajadores de salud donde ellas viven, o que ellas no cuenten con los recursos para pagar por una consulta o para comprar medicinas. Aun cuando sí tratan de usar el sistema médico para conseguir ayuda, muchas veces ellas descubren que tienen dificultades para hablar con los trabajadores de salud sobre sus problemas. Otras veces encuentran que la clínica o el hospital no ofrece todos los servicios que ellas necesitan.

Este capítulo contiene algunas ideas para ayudar a las mujeres a obtener mejores consejos y mejor atención médica. También sugiere modos en que las mujeres pueden trabajar juntas para cambiar el sistema médico de forma que responda mejor a sus necesidades.

> ➤ *Cuando los servicios básicos de salud son proporcionados dentro de la comunidad por promotores bien preparados, todo el mundo puede recibir mejor atención por menos dinero.*

El sistema médico

promotor
de salud

promotores
y enfermeras

doctores y
enfermeras

doctores,
enfermeras y
especialistas

No todas las comunidades cuentan con todos los niveles de atención médica. Pero sin importar cuál combinación de servicios esté disponible, las mujeres, y toda persona enferma, recibirán mejor atención si existen buenos lazos entre los diferentes niveles.

SERVICIOS DE SALUD IMPORTANTES

El sistema médico ofrece muchos tipos diferentes de atención. Algunos servicios como la cirugía, las radiografías o los ultrasonidos (vea la página 37) generalmente sólo están disponibles en los hospitales. Pero muchos servicios que son importantes para la salud de la mujer se pueden ofrecer a bajo costo y al nivel comunitario. Los siguientes servicios deben estar disponibles:

- **Información médica** para que toda la gente pueda tomar mejores decisiones sobre cuestiones de salud.
- **Vacunas** para evitar muchas enfermedades, incluyendo el tétano, el sarampión, la difteria, la tos ferina (coqueluche), la polio, la tuberculosis, la rubéola y la hepatitis.
- **Atención durante el embarazo** que pueda ayudar a una mujer a encontrar y tratar problemas que puedan afectar a ella o a su bebé en desarrollo, antes de que se vuelvan graves.
- **Servicios y métodos de planificación familiar**. La planificación familiar ayuda a las mujeres a decidir cuántos hijos tener y cuánto tiempo esperar entre cada parto.
- **Exámenes médicos** para encontrar y tratar problemas tales como la sangre débil (anemia), la presión alta, y a veces el VIH y otras infecciones de transmisión sexual.

Las pruebas son otro servicio importante pues proporcionan más información sobre las posibles causas de un problema de salud. Algunas pruebas, por ejemplo la prueba de Pap, no son difíciles de hacer y sólo requieren de equipo que no cuesta mucho. Estas pruebas deben ofrecerse al nivel comunitario. Algunos centros de salud tienen laboratorios con el equipo necesario para obtener los resultados de diferentes pruebas. Sin embargo, muchas veces una persona necesitará ir a un hospital.

Otros servicios sólo se ofrecen en los hospitales. Si una mujer tiene una enfermedad grave, complicaciones del parto o de un aborto, o si necesita una operación, ella probablemente tendrá que acudir a un hospital.

Usted debe ser tratada con respeto en cualquier lugar donde obtenga atención médica.

Todas las personas que la atiendan deben hacer todo lo posible por proporcionarle:

1. **Acceso.** Toda persona que necesite atención médica debe poder obtenerla, sin importar dónde viva, cuánto dinero tenga, ni cuáles sean sus creencias políticas, su religión, su nivel en la comunidad, el color de su piel o su problema médico.

2. **Información.** A usted se le debe explicar cuál es su problema y lo que cada tratamiento podría significar para usted. La persona encargada de su atención debe asegurarse de que usted entienda lo que necesita hacer para mejorarse y para evitar que el problema se repita.

3. **Alternativas.** Usted debe poder decidir si desea ser atendida y cómo. Además debe poder decidir dónde obtener la atención que desee.

4. **Seguridad.** Usted debe recibir la información necesaria para evitar los resultados o efectos secundarios dañinos de un tratamiento. A usted también se le debe explicar cómo evitar problemas graves en el futuro.

5. **Respeto.** A usted siempre se le debe tratar con respeto y cortesía.

6. **Discreción.** Su doctor, su enfermera u otro trabajador de salud nunca deben hablar con usted donde alguien más pueda oírlos, ni deben repetir lo que ustedes digan a ninguna otra persona. Los exámenes deben hacerse de manera que otras personas no puedan ver su cuerpo. Si hay otras personas que necesiten estar en el mismo cuarto, a usted se le debe explicar quiénes son y por qué están allí. Usted tiene derecho a pedirles que se vayan si no quiere que estén presentes.

7. **Comodidad.** Quien la examine, debe ayudarle a sentirse tan cómoda como sea posible durante el examen. Usted también debe tener un buen lugar donde esperar y no tener que esperar demasiado.

8. **Tratamiento complementario.** Si usted necesita tratamiento adicional, debe poder acudir otra vez a la misma persona o recibir un expediente escrito sobre el tratamiento que haya recibido, para poder llevárselo a un nuevo médico, enfermera o trabajador de salud.

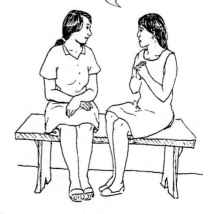

¿Puedo regresar si no me mejoro pronto?

Cómo obtener mejor atención

24

riesgos y beneficios
de tratamiento

Hay muchas decisiones que usted necesita tomar cuando tiene un problema médico. Una de las decisiones es si acudir o no a un trabajador de salud, y qué tipo de trabajador de salud piensa usted que necesita. Si hay más de una sola forma de tratar un problema, usted tendrá que considerar los riesgos y los beneficios de cada tipo de tratamiento antes de tomar una decisión. Usted podrá tomar las mejores decisiones—y obtener la mejor atención—si puede jugar un papel activo, junto con su médico, enfermera o trabajador de salud, en la resolución de su problema.

SEPA QUÉ ESPERAR

Si usted se prepara y sabe qué esperar cuando acude en busca de atención médica, tendrá las mejores posibilidades de jugar un papel activo en el cuidado de su salud.

Preguntas acerca de su salud

Lo mejor es aprender lo más posible acerca de su problema antes de usar el sistema médico. Quizás este libro le ayude a entender su problema y sus posibles causas. En el capítulo 2, "Cómo resolver problemas médicos", explicamos una forma de pensar en los problemas de salud.

El doctor, la enfermera o el trabajador de salud que la atienda, deberá hacerle preguntas sobre su problema actual y sobre su salud en el pasado. Trate de dar completa la información, aunque se sienta incómoda, para que la persona que le esté haciendo las preguntas pueda informarse lo más posible acerca de su salud. Siempre mencione cualquier medicina que esté usando, incluyendo la aspirina y los métodos de planificación familiar.

➤ *Muchas veces ayuda pensar en las preguntas que uno quiere hacer antes de buscar atención médica.*

Usted también deberá tener la oportunidad de hacer cualquier pregunta que tenga. Es muy importante que usted haga todas las preguntas que necesite para poder tomar una buena decisión sobre cómo resolver su problema. Puede que usted quiera hacer las siguientes preguntas, si todavía no ha recibido las respuestas a ellas:

- *¿Cuáles son los diferentes tratamientos para este problema?*
- *¿Qué resultados dan los tratamientos? ¿Hay peligros?*
- *¿Me curaré? ¿O volveré a tener el problema?*
- *¿Cuánto costarán las pruebas y el tratamiento?*
- *¿Cuándo me sentiré mejor?*
- *¿Por qué me dio este problema y cómo puedo evitar que me vuelva a dar?*

Puede que muchos doctores y enfermeras no estén acostumbrados a dar buena información, o puede que estén muy ocupados y no se tomen el tiempo para responder a sus preguntas. Sea respetuosa, pero insistente. Ellos deberán responder a sus preguntas hasta que usted esté satisfecha. Si usted no entiende algo, no es porque sea tonta, sino porque no se lo están explicando bien.

Exámenes

Para saber cuál es su problema, y qué tan grave es, tal vez sea necesario hacerle un examen. La mayoría de los exámenes consisten en ver, escuchar y sentir la parte afectada del cuerpo. Generalmente, sólo hay que destapar esa parte del cuerpo. Pídale a una amiga o a otra mujer que la acompañe durante el examen, si eso la hace sentirse más cómoda.

535

examen pélvico

Pruebas

Las pruebas pueden proporcionar más información acerca de un problema médico. Muchas pruebas se hacen tomando una *muestra de orina, excremento o moco* que la persona haya escupido al toser, y mandándola a un laboratorio. O se puede tomar una muestra de sangre de un dedo o de un brazo, usando una aguja. Otras pruebas comunes consisten en:

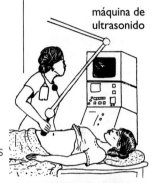

máquina de ultrasonido

- tomar una muestra del líquido de la vagina para determinar si la mujer tiene una infección de transmisión sexual.

- raspar *células* del cuello de la *matriz* (*cérvix*), para ver si hay señas de *cáncer*. (Ésta es la prueba de Pap. Vea la página 378.)

- tomar una muestra del *tejido* de un tumor para determinar si es canceroso (a esto se le llama *biopsia*).

- ver el cuerpo por dentro por medio de radiografías o ultrasonido. Las radiografías (rayos X) se pueden usar para encontrar huesos rotos, infecciones graves de los pulmones y ciertos tipos de cáncer. Trate de evitar que le hagan radiografías durante el embarazo. Los ultrasonidos se pueden usar durante el embarazo para ver al bebé en la matriz. Ninguna de estas dos pruebas causa dolor.

➤ *Las radiografías no son peligrosas si se hacen correctamente. A usted le deben proteger los órganos reproductivos con un delantal de plomo.*

Antes de que le hagan cualquier prueba, discuta su costo. Pídale al médico, enfermera o trabajador de salud que le explique qué información espera obtener de la prueba y lo que pasaría si usted no se hiciera la prueba.

Traiga a un amigo o a un pariente

A muchas personas les preocupa tener que obtener atención médica—aunque sea para una enfermedad que no es grave. Y cuando una persona está enferma, le puede ser aún más difícil exigir la atención que necesita. Por eso puede ayudar que otra persona la acompañe.

Una amiga puede...

- cuidar a los hijos de la mujer.

- ayudarle a la mujer a pensar en preguntas que quiera hacer, recordarle que las haga, y asegurarse de que ella reciba respuestas.

- contestar preguntas, si la mujer no puede hablar.

- acompañar a la mujer mientras ella espera.

- quedarse con la mujer mientras ella es examinada, para apoyarla y asegurarse de que el doctor la trate con respeto.

Yo soy su mamá. Yo puedo contestar algunas de sus preguntas.

Si una mujer está muy enferma, la debe acompañar alguien que pueda dar información.

Si necesita ir al hospital

A veces las operaciones se hacen cuando no son necesarias, o cuando una medicina hubiera sido igual de eficaz. Consiga otra opinión médica si usted no está segura.

Si usted necesita una *operación* o tiene una enfermedad grave, primero averigüe si es posible que reciba tratamiento sin tener que quedarse en un hospital. Si un hospital es el único lugar donde usted puede obtener la atención que necesita, estos consejos podrían ayudarle:

- Traiga a alguien que pueda ayudarle a tomar decisiones y obtener la atención que necesita.

- Puede que diferentes personas la examinen. Cada una de ellas debe apuntar lo que haya hecho en una tarjeta que siempre esté con usted. Así la siguiente persona que la atienda sabrá lo que ya le han hecho.

- Antes de que cualquier persona empiece a hacerle una prueba o un tratamiento, pregunte lo que le van a hacer y por qué. Así usted puede decidir si desea que le hagan eso o no.

- Trate de hacerse amiga de algunos de los empleados del hospital. Ellos pueden ayudarle a obtener mejor atención.

- Si necesita algún tipo de operación, pregunte si es posible que le den una inyección para evitar el dolor sólo en el área que le vayan a operar (*anestesia* local). Éste es un procedimiento más seguro y usted se recuperará más rápidamente que si le dan medicina para dormirla durante la operación (anestesia general).

- Pregunte qué medicinas le están dando y por qué.

- Pida una copia de su expediente cuando se vaya.

Operaciones comunes para las mujeres

A veces una *operación* es la única solución para un problema médico grave. Durante muchas operaciones, se hace una cortada en la piel para poder componer problemas dentro del cuerpo o para cambiar la forma en que funciona el cuerpo. Éstas son algunas de las operaciones que se les hacen más comúnmente a las mujeres:

- A veces es necesario sacar la capa interior de la matriz—ya sea durante o después de un *aborto* o *malparto*, o para encontrar la causa de un *sangrado anormal* de la *vagina*. Para **vaciar la matriz** se usa el raspado o la succión (vea la página 244).

- Una **cesárea** se realiza cuando ciertas complicaciones hacen que sea peligroso que una mujer o su bebé tengan un parto normal. Consiste en hacer un corte en el vientre de la mujer para sacar al bebé por allí. Las cesáreas pueden ser necesarias, pero muchas veces se hacen por conveniencia o lucro del doctor y no por necesidad. Vea el capítulo sobre el embarazo.

- La **esterilización** en la mujer consiste en cortar y atar las *trompas de Falopio*. Esto evita que los óvulos (huevos) de la mujer lleguen a la matriz, de modo que el semen del hombre no pueda embarazarla (vea pág. 223).

- A veces es necesario **sacarle la matriz** a una mujer (histerectomía). Una histerectomía es una operación grande, así que sólo se debe hacer cuando no haya otra manera de resolver el problema médico (vea pág. 381). Pregunte si es posible que no le quiten los ovarios.

Transfusiones de sangre

Una *transfusión de sangre* puede ser necesaria en una emergencia, cuando usted haya perdido mucha sangre. Puede salvarle la vida. Pero si la sangre no ha sido revisada apropiadamente, puede portar enfermedades, como la *hepatitis* o el *VIH*, que se transmiten por la sangre. Evite las transfusiones de sangre excepto en emergencias de vida o muerte.

Si usted sabe de antemano que va a necesitar una operación, vea si es posible que le saquen algo de su propia sangre y que la guarden en el hospital. Así, si usted necesita sangre, recibirá la misma suya. Si no es posible almacenar su propia sangre, pídale a un amigo o a un pariente que la acompañe al hospital. Asegúrese de que esa persona se haya hecho recientemente las pruebas de la hepatitis y el VIH, y que ni ella ni su pareja hayan tenido relaciones sexuales con un nuevo compañero o compañera en los últimos 3 meses. También será necesario revisar que la sangre de esa persona vaya a funcionar en su cuerpo.

Si usted tiene que recibir sangre de un desconocido, y el hospital no revisa que la sangre no tenga VIH, hay un riesgo de que usted se infecte. Para proteger a su pareja, durante los próximos 3 meses ustedes tendrán que usar protección al tener relaciones sexuales. Después usted deberá hacerse la prueba del VIH. Para mayor información, vea los capítulos sobre el VIH y SIDA y la salud sexual.

Después de una operación

Antes de irse del hospital, pregunte:

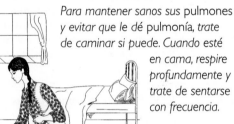

Para mantener sanos sus pulmones y evitar que le dé pulmonía, trate de caminar si puede. Cuando esté en cama, respire profundamente y trate de sentarse con frecuencia.

- ¿Qué debo hacer para mantener limpia la cortada?
- ¿Qué debo hacer si tengo dolor?
- ¿Cuánto tiempo debo descansar?
- ¿Cuándo puedo volver a tener relaciones sexuales? (Si a usted le da pena preguntar esto, quizás el doctor o el trabajador de salud pueda hablar con su pareja.)
- ¿Necesito volver al doctor? De ser así, ¿cuándo?

Coma alimentos blandos y ligeros, que sean fáciles de digerir.

Descanse tanto como pueda. Si está en casa, pídale a su familia que se encargue de sus quehaceres del diario. El que usted se cuide unos días le ayudará a recuperarse más rápidamente.

Esté pendiente de las señas de infección: *desecho* amarillo (pus), un mal olor, fiebre (calentura), piel caliente cerca de la cortada, o más dolor. Consulte a un trabajador de salud si tiene cualquiera de estas señas.

Si su operación fue en la barriga, trate de no forzar el área de la cortada. Sosténgase esa área cuidadosamente con una almohada o una tela o manta doblada cuando tosa o se mueva.

La lucha por el cambio

Millones de personas por todo el mundo padecen y mueren de enfermedades que podrían haberse evitado o tratado si ellas hubieran podido obtener buena atención médica. Aun en los lugares donde sí hay servicios médicos, existen muchas barreras que impiden que las mujeres, y sobre todo las mujeres pobres, usen esos servicios.

Pero unidos, los trabajadores de salud y grupos de mujeres pueden cambiar el sistema médico. En vez de que sea una barrera, pueden convertirlo en un recurso que las mujeres puedan usar para resolver sus problemas de salud. Pero el sistema médico no cambiará por sí mismo. Sólo cambiará cuando las personas lo exijan y cuando ellas ofrezcan maneras creativas de lograr que la atención médica que la gente necesita quede al alcance de todos.

Una buena forma de empezar a cambiar el sistema médico es hablando con otros hombres y mujeres acerca de los problemas de salud que afectan a la gente de su comunidad—incluyendo la falta de acceso a los buenos servicios.

Yo vivo muy lejos de aquí. Si hubiera un promotor de salud en mi área, mi familia se ahorraría las 2 semanas de salario que me gasto cada vez que tengo que venir.

Yo quisiera que hubiera cuartos separados donde nos pudieran examinar sin que nadie oyera lo que estamos diciendo.

Cómo me gustaría que no se les acabaran los anticonceptivos. Yo me embaracé el año pasado porque la cínica ya no tenía pastillas. Y a mí no me alcanza para comprar muchas a la vez cuando sí hay.

Estos médicos de la ciudad sí que nos desprecian. Yo me sentiría mejor si algunas personas del pueblo trabajaran en la clínica.

Cómo me gustaría que aquí nos hicieran la prueba para el cáncer cervical. A mí no me alcanza el dinero para ir a la ciudad y he oído que esa prueba es muy importante.

A mí me gustaría que la clínica estuviera abierta por las tardes, para que pudiera venir después de trabajar.

A mí no me gusta que un hombre me examine. Me gustaría que hubiera promotoras.

Yo quisiera que nos explicaran mejor nuestros problemas. Ésta es la cuarta vez este año que he tenido dolor al orinar. No sé por qué sigo con este mismo problema.

¡Siempre hay que esperar tanto! Si alguien preguntara de inmediato qué necesita cada quien, podrían atender a las personas muy enfermas más rápido.

Las mujeres también pueden trabajar unidas para...

* ayudar a cada miembro de la comunidad a informarse sobre los problemas médicos de la mujer. Por ejemplo, pueden organizar una campaña para explicar la importancia de la buena atención *prenatal*. Si las mujeres y sus familias entienden lo que las mujeres necesitan para estar sanas, será más probable que las mujeres usen los servicios médicos que ya existen. Además será más probable que exijan que se ofrezcan nuevos servicios—como mejores formas de detectar y tratar el cáncer del cérvix y de los senos.

* ver cómo se pueden mejorar los recursos médicos que ya existen. Por ejemplo, si en el pueblo ya hay una partera, ¿cómo podría ella adquirir nuevas habilidades?

* encontrar nuevas maneras de asegurar que la gente pueda obtener atención médica. Es importante pensar en los servicios que la gente desea tener, y no sólo en los que ya existen. Por ejemplo, si no hay un promotor de salud, ¿cómo sería posible entrenar y apoyar a uno? Si ya hay una clínica, ¿habría alguna forma de que ofreciera nuevos servicios, como talleres y *asesoramiento*?

* compartir los conocimientos que cada mujer ya tiene sobre la atención médica. Generalmente las mujeres son quienes cuidan a los enfermos, les enseñan a los niños a mantenerse sanos, preparan los alimentos, se encargan de la seguridad y la limpieza de los hogares y la comunidad, y ayudan a otras mujeres a tener a sus bebés. Mediante este trabajo, ellas han adquirido muchas habilidades que pueden usar para atenderse a sí mismas y a cada miembro de la comunidad.

Capítulo 4

En este capítulo:

Este capítulo es sobre las partes del cuerpo que forman el sistema reproductivo y sexual de una mujer y de un hombre. Esta información le ayudará a usted a usar el resto del libro.

Entendamos nuestros cuerpos

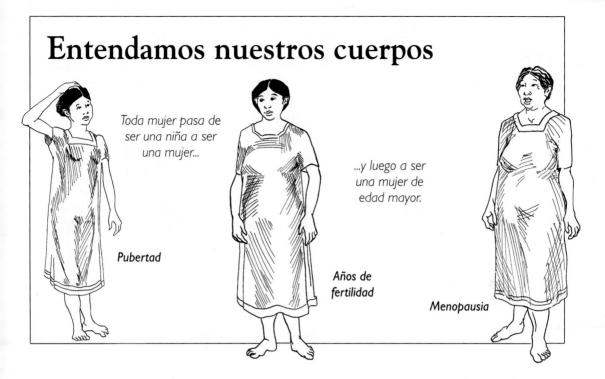

Toda mujer pasa de ser una niña a ser una mujer...

...y luego a ser una mujer de edad mayor.

Pubertad

Años de fertilidad

Menopausia

El cuerpo de la mujer y del hombre tienen muchas cosas que son iguales. Por ejemplo, tanto las mujeres como los hombres tienen corazón, *riñones, pulmones* y otras partes que son iguales. Pero un modo en que son muy diferentes es en sus partes sexuales o *reproductivas*. Éstas son las partes que permiten a un hombre y a una mujer hacer un bebé. Muchos de los problemas médicos de la mujer afectan estas partes del cuerpo.

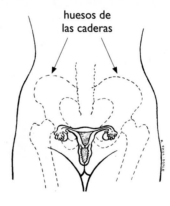

huesos de las caderas

Usted puede sentir los huesos de sus caderas justo abajo de su cintura. Son parte de la pelvis. El área pélvica abarca todo lo que se halla entre las caderas. Aquí es donde se encuentran las partes reproductivas de la mujer.

➤ *Nadie debe sentirse avergonzado de ninguna parte de su cuerpo.*

Muchas veces es difícil hablar sobre las partes sexuales del cuerpo, sobre todo si uno es tímido o si no sabe cómo se llaman las diferentes partes del cuerpo. En muchos lugares, se considera que las partes reproductivas del cuerpo son 'privadas'.

Pero sabiendo cómo funciona el cuerpo, podemos cuidarlo mejor. Podemos reconocer problemas y sus causas, y tomar mejores decisiones sobre cómo encargarnos de ellos. Entre más sepamos, mejor podremos decidir si los consejos que otras personas nos dan son útiles o dañinos.

Como diferentes comunidades a veces tienen sus propios nombres para diferentes partes del cuerpo, en este libro por lo general usamos nombres médicos o científicos. Así, las mujeres de muchos diferentes lugares podrán entender las palabras.

El sistema reproductivo de la mujer

Una mujer tiene partes sexuales tanto por fuera como por dentro del cuerpo. A estas partes se les da el nombre de *órganos reproductivos* o *genitales*. A las partes de afuera se les llama *vulva*. A veces la gente usa la palabra *vagina* para toda el área. Pero la vagina es la parte que comienza como una abertura en la vulva y llega por dentro hasta la *matriz*. A la vagina a veces se le llama 'canal del parto'.

El dibujo de abajo muestra cómo se ve la vulva y cómo se llaman sus diferentes partes. Pero el cuerpo de cada mujer es diferente. Hay diferencias en el tamaño, la forma y el color de las partes, sobre todo de los pliegues externos e internos.

LAS PARTES REPRODUCTIVAS POR FUERA

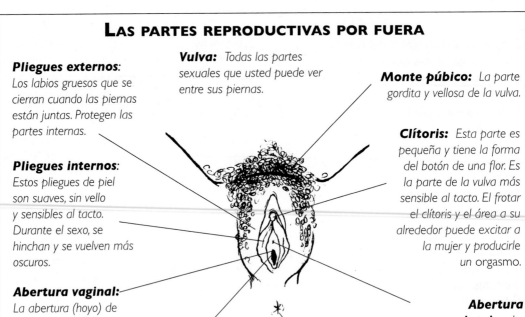

Pliegues externos: Los labios gruesos que se cierran cuando las piernas están juntas. Protegen las partes internas.

Pliegues internos: Estos pliegues de piel son suaves, sin vello y sensibles al tacto. Durante el sexo, se hinchan y se vuelven más oscuros.

Abertura vaginal: La abertura (hoyo) de la vagina.

Himen: La pieza delgada de piel justo adentro de la abertura vaginal. El himen se puede estirar o se puede desgarrar y sangrar un poco a causa del trabajo pesado, los deportes y otras actividades. Esto también puede suceder la primera vez que la mujer tiene relaciones sexuales. Cada himen es diferente. Algunas mujeres no tienen himen.

Vulva: Todas las partes sexuales que usted puede ver entre sus piernas.

Monte púbico: La parte gordita y vellosa de la vulva.

Clítoris: Esta parte es pequeña y tiene la forma del botón de una flor. Es la parte de la vulva más sensible al tacto. El frotar el clítoris y el área a su alrededor puede excitar a la mujer y producirle un orgasmo.

Ano: La abertura del intestino por donde el excremento sale del cuerpo. El ano se conecta al recto (la parte inferior del intestino).

Abertura urinaria: La abertura de afuera de la uretra. La uretra es un tubo corto que conduce la orina desde donde se almacena en la vejiga hasta el exterior del cuerpo.

LOS PECHOS

Hay pechos de todas formas y tamaños. Empiezan a crecer cuando una niña tiene entre 10 y 15 años de edad, durante la temporada en que ella se convierte en una mujer *(pubertad)*. Los pechos producen leche para los bebés después del embarazo. Si se les toca durante las relaciones sexuales, el cuerpo de la mujer responde humedeciendo la vagina y preparándola para el sexo.

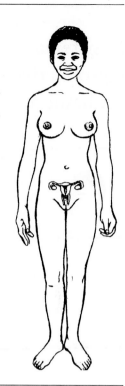

Los pechos por dentro:

Las glándulas *hacen la leche.*

Los conductos *llevan la leche al pezón.*

Los senos *almacenan la leche hasta que el bebé se la toma.*

El pezón *es el lugar por donde la leche sale del pecho. A veces los pezones resaltan. A veces están planos.*

La aréola *es la piel oscura con bolitas que se halla alrededor del pezón. Las bolitas producen un aceite que mantiene el pezón limpio y suave.*

LAS PARTES REPRODUCTIVAS POR DENTRO

Ovarios: *Los ovarios sueltan un huevo u óvulo en las trompas de Falopio de la mujer cada mes. Cuando una de los espermas del hombre se une con el huevo, se puede desarrollar un bebé. La mujer tiene dos ovarios, uno de cada lado de la matriz. Cada ovario es como del tamaño de una almendra o una uva.*

Trompas de Falopio: *Estas trompas conectan la matriz con los ovarios. Cuando un ovario suelta un óvulo, éste viaja por las trompas de Falopio hasta llegar a la matriz.*

Matriz *(útero):* *La matriz es un músculo hueco. El sangrado de la regla proviene de la matriz. Un bebé crece aquí durante el embarazo.*

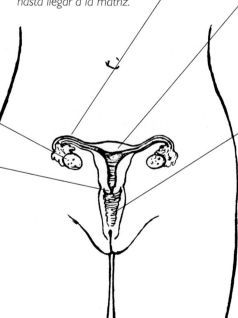

Cérvix: *Ésta es la abertura de la matriz, donde ésta se une a la vagina. Los espermas pueden entrar a la matriz por el hoyito del cérvix, pero éste protege a la matriz de otras cosas, como, por ejemplo, el pene del hombre. Durante el parto, el cérvix se abre para dejar que el bebé salga.*

Vagina o canal del parto: *La vagina va de la vulva a la matriz. Está hecha de un tipo especial de piel que se estira fácilmente durante el sexo y el parto. La vagina produce un líquido que ayuda a mantenerla limpia y a evitar infecciones.*

El sistema reproductivo del hombre

Las partes sexuales del cuerpo del hombre son más fáciles de ver que las de la mujer, pues se hallan principalmente por fuera. Los testículos producen la hormona principal en el hombre, llamada testosterona. Cuando un joven pasa por la pubertad, su cuerpo comienza a producir más testosterona. Ésta causa los cambios que hacen que un muchacho se vea como un hombre.

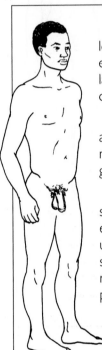

Los testículos también producen los espermas del hombre. Un hombre empieza a producir espermas durante la pubertad, y sigue creando más cada día de su vida.

Los espermas pasan de los testículos a un tubo en el pene, donde se mezclan con un líquido producido por glándulas especiales.

A esta mezcla de líquido y espermas se le llama semen. El semen sale por el pene cuando un hombre tiene un orgasmo durante las relaciones sexuales. Cada gota de semen tiene miles de espermas que son tan pequeñas que no se ven.

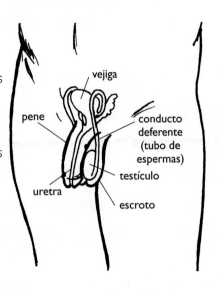

vejiga

pene

conducto deferente (tubo de espermas)

testículo

uretra

escroto

SI VA A TENER UN BEBÉ... ¿SERÁ NIÑO O NIÑA?

Como la mitad de los espermas de un hombre producirán un varoncito y la otra mitad producirán una niña. Sólo un esperma se unirá con el óvulo de la mujer. Si es uno de los 'espermas varones' el bebé será niño. Si no, será niña.

Como en muchas comunidades la gente valora más a los hombres que a las mujeres, algunas familias preferirían tener niños en vez de niñas. Esto es injusto porque a las niñas se les debería dar el mismo valor que a los niños. También es injusto porque en algunos lugares una mujer es culpada si no tiene hijos varones. ¡Pero el esperma del hombre es el que determina si un bebé será niño o niña!

¿Niño o niña? Es como echar una moneda al aire... el resultado queda al azar.

El ciclo de la vida

Cómo va cambiando el cuerpo de la mujer

El cuerpo de una mujer pasa por muchos cambios importantes durante su vida—en la pubertad, durante el embarazo y dando pecho, y cuando ella deja de poder tener bebés (*menopausia*).

Además, durante los años en que ella sí puede tener hijos, su cuerpo cambia cada mes—antes, durante y después de la regla. Las partes del cuerpo donde suceden muchos de estos cambios son la vagina, la matriz, los ovarios, las trompas de Falopio, y los pechos; partes que juntas reciben el nombre de sistema reproductivo. Muchos de los cambios son causados por sustancias químicas especiales llamadas hormonas.

la pubertad, 54
la regla, 48
menopausia, 124

HORMONAS

Las hormonas son sustancias químicas que el cuerpo produce para controlar cómo y cuándo crece el cuerpo. Poco antes de que una jovencita empiece a tener su regla por primera vez, sus ovarios empiezan a producir más estrógeno y progesterona, las principales hormonas femeninas. Estas hormonas producen los cambios en su cuerpo conocidos como la pubertad.

Durante los años en que la mujer puede tener hijos, las hormonas hacen que su cuerpo se prepare para un posible embarazo cada mes. También le indican a sus ovarios cuándo soltar un huevo (uno cada mes). Así que las hormonas determinan cuándo se puede embarazar una mujer. Muchos *métodos de planificación familiar* funcionan para evitar el embarazo controlando las hormonas en el cuerpo de una mujer (vea página 207). Las hormonas también producen cambios cuando una mujer está embarazada o dando pecho. Por ejemplo, las hormonas evitan que una mujer embarazada tenga reglas, y después del parto también les indican a los pechos que produzcan leche.

Cuando una mujer se acerca al final de sus años de fertilidad, su cuerpo lentamente deja de producir estrógeno y progesterona. Sus ovarios dejan de soltar huevos, su cuerpo deja de prepararse para el embarazo, y su regla desaparece para siempre. A esto se le llama menopausia.

La cantidad y el tipo de hormonas que el cuerpo de una mujer produce también puede afectar el humor, los sentimientos sexuales, el peso, la temperatura del cuerpo, el hambre y la fuerza de los huesos.

La regla

Como una vez al mes, durante los años de fertilidad, la matriz de una mujer suelta un líquido sangriento por varios días, que pasa por la vagina y sale del cuerpo. A esto se le llama 'regla', 'sangrado mensual' o 'menstruación'. Es un proceso sano y es parte de la forma en que el cuerpo se prepara para el embarazo.

Por todo el mundo, las mujeres tienen diferentes formas de referirse a su regla.

Veo la luna.

Ya está aquí mi hábito mensual.

Tengo mi sangrado mensual.

Tengo una visita de Rusia.

Estoy teniendo mi regla.

María está llorando.

Una amiga está de visita.

Casi todas las mujeres consideran su regla como una parte normal de sus vidas. Pero muchas veces ellas no saben por qué sucede o por qué a veces cambia.

EL CICLO MENSUAL (CICLO MENSTRUAL)

El ciclo mensual es diferente para cada mujer. Comienza el primer día de la regla de la mujer. La mayoría de las mujeres sangran cada 28 días. Pero algunas sangran con más frecuencia, hasta cada 20 días, o con menos frecuencia, hasta cada 45 días.

La cantidad de estrógeno y progesterona que los ovarios producen varía a lo largo del ciclo mensual. Durante la primera mitad del ciclo, los ovarios producen principalmente estrógeno. Esto hace que se forme una capa gruesa de sangre y tejido en la matriz. El cuerpo crea esta capa para que un bebé tenga un nido suave donde crecer, si es que la mujer se embaraza ese mes.

Dos semanas antes del final del ciclo, cuando la capa suave está lista, los ovarios sueltan un huevo (óvulo). A esto se le llama ovulación. El huevo viaja por una trompa hasta llegar a la matriz. Éste es el período en que la mujer está *fértil* y puede embarazarse. Si la mujer tiene relaciones sexuales con un hombre, uno de los espermas del hombre podría unirse con el huevo. A esto se le llama fertilización y es el comienzo del embarazo.

Durante las dos últimas semanas del ciclo—hasta que empieza la siguiente regla de la mujer—ella produce más progesterona. La progesterona hace que la capa de la matriz se prepare para el embarazo.

En la mayoría de los meses, el huevo no es fertilizado, así que la capa interna de la matriz no se necesita. Los ovarios dejan de producir estrógeno y progesterona, y la capa empieza a deshacerse. Cuando la capa interna sale del cuerpo durante la regla, el huevo también sale. Éste es el comienzo de un nuevo ciclo mensual. Después de la regla, los ovarios empiezan a hacer más estrógeno otra vez, y otra capa se empieza a formar dentro de la matriz.

➤ *Una mujer puede notar que el período entre cada regla cambia a medida que ella envejece, después de dar a luz, o debido a la tensión o angustia.*

El ciclo mensual

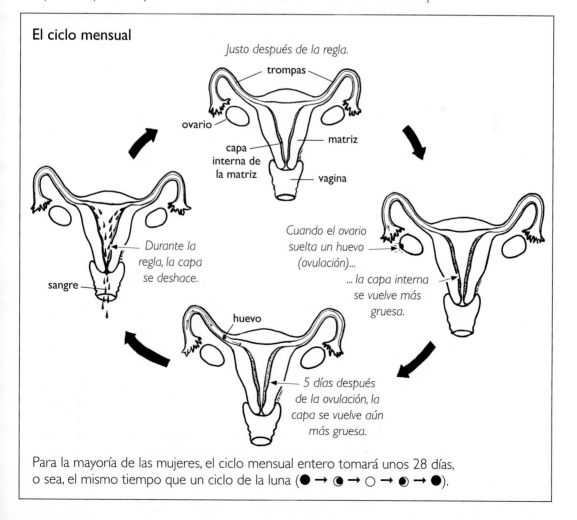

Justo después de la regla.

trompas

ovario

matriz

capa interna de la matriz

vagina

Durante la regla, la capa se deshace.

sangre

Cuando el ovario suelta un huevo (ovulación)...

... la capa interna se vuelve más gruesa.

huevo

5 días después de la ovulación, la capa se vuelve aún más gruesa.

Para la mayoría de las mujeres, el ciclo mensual entero tomará unos 28 días, o sea, el mismo tiempo que un ciclo de la luna (● → ◑ → ○ → ◐ → ●).

PROBLEMAS CON LA REGLA

Si usted tiene problemas con la regla, hable con su madre, sus hermanas o sus amigas. Tal vez descubra que ellas tienen los mismos problemas y quizás puedan ayudarle.

Cambios en el sangrado

A veces los ovarios no sueltan un huevo. Cuando esto sucede, el cuerpo produce menos progesterona, lo cual a su vez puede producir cambios en la frecuencia y la cantidad del sangrado de una mujer. Las jovencitas que están empezando a tener la regla—o las mujeres que hace poco dejaron de dar pecho—pueden sólo sangrar cada varios meses, o tener ya sea muy poco o demasiado sangrado. Sus ciclos generalmente se vuelven más regulares con el tiempo.

sangrado anormal, 359
el envejecer, 129

Las mujeres que usan métodos de planificación famliar hormonales (como las pastillas) a veces sangran a medio mes (vea las páginas 207 a 215).

Las mujeres ya mayores que no han pasado por la menopausia pueden tener sangrado más fuerte o sangrar con más frecuencia que cuando eran jóvenes. A medida que se vayan acercando a la menopausia, puede que dejen de tener la regla por varios meses y que después la vuelvan a tener.

Dolor con la regla

Durante la regla, la matriz se aprieta para echar fuera su capa interna. Esto puede causar dolores en la parte baja de la barriga o de la espalda. A los dolores en la barriga a veces se les llama cólicos. Los dolores pueden comenzar antes o justo después de que empiece el sangrado.

Qué hacer:

- Sóbese la parte baja de la barriga. Esto ayuda a los músculos apretados a relajarse.

La presión fuerte sobre el punto sensible entre el pulgar y el índice puede calmar muchos tipos de dolor. En la página 546 explicamos qué otros lugares del cuerpo se pueden presionar para calmar el dolor de la regla.

- Llene una botella de plástico u otro recipiente con agua caliente y póngaselo en la parte baja de la barriga o de la espalda. O use una toalla gruesa que haya empapado en agua caliente.
- Tome té de manzanilla, de jengibre o de hojas de frambuesa. Tal vez las mujeres en su comunidad sepan de otros tés o remedios que sirven para este tipo de dolor.
- Siga haciendo su trabajo del diario.
- Trate de caminar y hacer ejercicio.
- Tome una medicina suave para el dolor. El ibuprofeno o la aspirina sirve bien para los dolores de la regla (vea pág. 482).
- Si además usted tiene sangrado fuerte, y ninguna otra cosa le da resultado, quizás le ayude tomar pastillas anticonceptivas con una cantidad baja de hormonas, durante 6 a 12 meses (vea la página 208).

Síndrome pre-menstrual

Algunas mujeres y jovencitas se sienten incómodas unos cuantos días antes de que les baje la regla. Puede que tengan una o más de las señas que en conjunto reciben el nombre de síndrome pre-menstrual. Se puede notar...

- los pechos adoloridos
- la sensación de que tiene llena la parte baja de la barriga
- estreñimiento (no puede obrar)
- mucho cansancio fuera de lo común
- músculos adoloridos, sobre todo en la parte baja de la espalda o la barriga
- un cambio en el flujo de la vagina
- la cara grasosa o con barros o granitos
- sentimientos muy fuertes o difíciles de controlar

Muchas mujeres tienen por lo menos una de estas señas cada mes y puede que algunas mujeres las tengan todas. Una mujer también puede tener diferentes señas de un mes a otro. Para muchas mujeres, los días antes del comienzo de la regla son un período de inquietud. Pero algunas mujeres dicen que se sienten más creativas y que pueden hacer mejor las cosas.

Qué hacer:

A diferentes mujeres les ayudan diferentes cosas. Para averiguar qué le servirá a usted, pruebe diferentes cosas y fíjese en qué la hace sentirse mejor. Primero, trate de seguir las recomendaciones para el dolor causado por la regla (vea la página anterior)

Puede que estas ideas también le ayuden:

- La sal hace que su cuerpo retenga más agua, lo cual a su vez empeora la sensación de tener la barriga llena.
- Trate de evitar la *cafeína* (que se encuentra en el café, algunos tés y algunos refrescos o gaseosas, como la Coca Cola).
- Trate de comer granos integrales, cacahuates (maní), frijoles, leche, carne y pescado fresco, u otros alimentos ricos en *proteína*. Cuando el cuerpo usa estos alimentos también se deshace del agua extra, así que la barriga se siente menos llena y apretada.
- Experimente con plantas medicinales. Pregunte a las mujeres mayores en su comunidad cuáles sirven.

El ejercicio a veces ayuda con las señas del síndrome pre-menstrual.

Capítulo 5

En este capítulo:

Nota: A diferencia de los demás capítulos del libro, en éste le hablamos a la lectora de "tú" porque el capítulo está dirigido directamente a las jovencitas que están empezando a convertirse en mujeres. Queremos animar a las mujeres que tengan el libro a invitar a las jovencitas a leer este capítulo por sí mismas. O tal vez las mujeres prefieran leer el capítulo junto con las jovencitas y discutirlo con ellas.

Palabras a las jóvenes

En algún momento entre los 10 y 15 años de edad, el cuerpo de una niña empieza a convertirse en un cuerpo adulto. Estos años pueden ser emocionantes y difíciles. Puede que una jovencita no se sienta exactamente como una niña ni como una mujer—su cuerpo se encuentra en transición y está haciendo nuevas cosas a las cuales ella no está acostumbrada. Los cambios pueden ser más difíciles si nadie habla de ellos con la niña y ella no sabe qué esperar. En este capítulo describimos estos cambios, explicamos cómo una jovencita puede mantenerse sana mientras crece y damos información para ayudarle a tomar decisiones correctas para vivir una vida saludable.

La alimentación para crecer bien

Una de las cosas más importantes que una niña puede hacer para mantenerse sana es comer bien. Su cuerpo necesita recibir suficiente *proteína*, *vitaminas* y *minerales* durante sus años de crecimiento. Una niña necesita por lo menos la misma cantidad de alimentos que un niño. El comer lo suficiente ayuda a evitar enfermedades y a tener más éxito en la escuela, embarazos más sanos, partos más seguros y una vejez más saludable.

Las niñas que comen suficiente tienen más éxito en la escuela.

Las niñas también necesitan los tipos correctos de alimentos. Cuando una jovencita empieza a tener la *regla*, pierde un poco de sangre cada mes. Para evitar que le dé *anemia* ('sangre débil') ella tendrá que reemplazar la sangre perdida comiendo alimentos ricos en hierro. Además, tanto las niñas como las mujeres necesitan alimentos con calcio para que sus huesos sean fuertes. En el Capítulo 11 damos información más completa sobre la buena alimentación.

Cambios en tu cuerpo (pubertad)

Los cuerpos de todas las niñas cambian, pero los cambios pueden ser diferentes para cada niña. Así que no te preocupes si tu cuerpo no se ve exactamente igual que el de tu hermana o el de una amiga.

El crecimiento. El primer cambio probablemente será que crezcas rápidamente. Por una temporada, quizás tú seas más alta que todos los muchachos de tu edad. Probablemente dejarás de crecer de 1 a 3 años después de que te empiece la regla.

Cambios en el cuerpo. Además de crecer rápidamente, tu cuerpo empezará a cambiar. Hay *sustancias químicas* en el cuerpo, llamadas *hormonas*, que le indican al cuerpo que crezca y que producen los cambios.

Cómo cambia el cuerpo de una niña en la pubertad

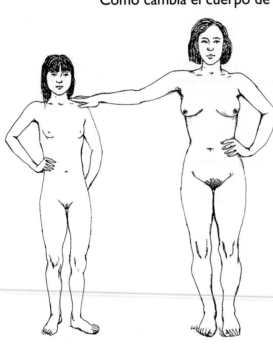

- Te vuelves más alta y 'redondeada'.
- La cara se te pone grasosa y te pueden salir barros (granitos).
- Sudas más.
- Te crece vello en las axilas y en los *genitales*.
- Los pechos te crecen a medida que se vuelven capaces de producir leche. Es común que los pezones a veces te duelan. Puede que un pecho empiece a crecer antes que el otro, pero el pecho más pequeño casi siempre se empareja con el primero.
- La *vagina* se pone húmeda.
- Te empieza la regla (*menstruación*).

43

entendamos nuestros cuerpos

➤ *Los cambios de la pubertad no suceden todos al mismo tiempo, ni en el mismo orden.*

Dentro de tu cuerpo. Suceden otros cambios que tú no puedes ver. La *matriz*, las *trompas*, los *ovarios* y la vagina crecen y cambian de posición.

Lo que sientes. A medida que pasas por estos cambios, te vuelves más consciente de tu cuerpo. Quizás también te empieces a interesar más en los muchachos y en tus amigos. Puede que a veces tengas dificultades para controlar tus emociones. En los días antes de la regla, es aún más común tener emociones fuertes de todos tipos: alegría, ira y preocupación, por ejemplo.

LA REGLA (PERÍODO MENSTRUAL, MENSTRUACIÓN)

La regla es una señal de que tu cuerpo se puede embarazar.
Ninguna jovencita puede saber exactamente cuándo tendrá su
primera regla. Generalmente sucede después de que sus pechos y
el vello de su cuerpo empiezan a crecer. Varios meses antes de su
primera regla, puede que ella note algo de desecho saliéndole de la
vagina. Puede que el desecho manche su ropa interior. Esto es normal.

la regla

Algunas muchachas se sienten contentas cuando tienen su primera
regla, sobre todo si sabían qué esperar. Las niñas que no sabían nada
de la regla, muchas veces se preocupan cuando empiezan a sangrar. La
regla es algo que les sucede a todas las mujeres, y tú puedes aceptarla
plenamente y hasta sentir orgullo de ella. No dejes que nadie te haga
pensar que es algo sucio o vergonzoso.

Cómo cuidarte cuando estés teniendo la regla

La limpieza. Muchas niñas prefieren hacer toallas higiénicas de tela
doblada o de tiras de algodón para atrapar la sangre que va saliendo
de la vagina. Un cinturón, unos seguros o la ropa interior misma
pueden mantener la toalla higiénica en su lugar. Hay que cambiar las
toallas varias veces al día, y lavarlas bien con agua y jabón si se van a
volver a usar.

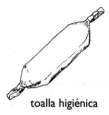

toalla higiénica

Algunas mujeres se ponen tampones dentro de la vagina. Éstos
se pueden comprar o hacer con algodón, tela o una esponja. Si usas
tampones, asegúrate de cambiarlos por lo menos 3 veces al día. El usar
el mismo tampón por más tiempo podría causarte una infección grave.

tampón

Lávate los genitales por fuera con agua todos los días, para quitar
cualquier sangre que quede allí. Usa un jabón suave si puedes.

Las actividades. Puedes seguir haciendo todas tus actividades
de costumbre.

*Es sano bañarse
durante la regla.*

*El ejercicio puede calmar el dolor que
algunas jovencitas tienen con la regla.*

Cambios que pueden llevar a una vida mejor

la auto-estima

La opinión que una mujer tiene de sí misma se desarrolla a medida que ella crece. Es importante que una niña aprenda a apreciarse a sí misma desde pequeña, para que pueda desarrollarse plenamente y para que pueda ayudar a mejorar su comunidad. Es mucho más probable que una niña aprenda esto si su familia y su comunidad le demuestran que la estiman.

En muchos lugares, a las niñas se les enseña a creer que ellas son menos importantes que los niños. Ellas aprenden a sentirse avergonzadas de sus cuerpos y del hecho de ser mujeres. Además aprenden a aceptar menos educación, menos comida, más *abuso* y más trabajo que sus hermanos varones. Esto no sólo les perjudica la salud directamente, sino que hace que ellas mismas se menosprecien. También daña su capacidad de tomar las decisiones correctas para tener una vida más sana en el futuro. El que las niñas sean criadas de esta forma, demuestra que sus comunidades no las valoran tanto como a los varones.

Pero si la comunidad de una niña reconoce el valor de cada persona—sin importar que la persona sea hombre o mujer—la niña crecerá sintiendo que ella puede mejorar su vida y la de su familia y sus vecinos.

Maestra, podríamos organizar un festival de la salud en la escuela para enseñarle a la gente cómo se pegan las enfermedades y cómo evitarlas.

Una niña se sentirá orgullosa si ve que sus esfuerzos pueden mejorar su comunidad.

la condición desigual de la mujer

El modo en que una comunidad trata a las mujeres también afecta la forma en que una familia trata a sus niñas. Por ejemplo, si una comunidad piensa que las jóvenes deben adquirir habilidades, será más probable que una familia que vive allí quiera que su hija vaya a la escuela el mayor tiempo posible. Pero en una comunidad donde a las mujeres sólo se les permite hacer 'trabajo de mujeres' y donde ellas no pueden participar en las reuniones públicas, será mucho menos probable que las familias piensen que sus hijas deben recibir una educación.

Hay muchas maneras de ayudar a las niñas a apreciarse más a sí mismas y de ayudar a sus familias y comunidades a entender que la vida de las niñas puede ser diferente. En las siguientes páginas aparecen algunas ideas.

Formas en que las jóvenes pueden trabajar para una vida mejor

Encuentra a alguien con quien hablar que tú pienses que te escuchará y entenderá: una amiga, una hermana u otra pariente. Habla sobre tus temores y tus problemas. Juntas ustedes pueden hablar sobre las mujeres admirables en tu comunidad y sobre tus metas y tus sueños para el futuro.

Haz cosas que tú y tus amigos piensen que son importantes. Si notas un problema en tu comunidad, reúnete con tus amigos para hacer algo para resolverlo. Todos se sentirán orgullosos cuando se den cuenta de que sus esfuerzos pueden mejorar su comunidad.

Trata de planear tu futuro. Lo primero que puedes hacer para planear tu futuro es fijarte algunas metas. Una meta es algo que tú deseas que suceda. Para muchas jóvenes esto no es fácil. Muchas sienten que sus vidas están bajo el control de sus familias o las tradiciones de su comunidad. Pero tú puedes empezar a ayudarte a ti misma sabiendo lo que quieres.

Luego, trata de hablar con una mujer o un hombre que haga el tipo de trabajo que a ti te interese. Podría ser alguien que tú admiras o un líder de tu comunidad. Pregunta si puedes pasar tiempo con esa persona para aprender más acerca de su trabajo.

A veces las jóvenes se sienten frustradas porque sus sueños y sus deseos para el futuro pueden estar en conflicto con las creencias que su comunidad y su familia tienen acerca de los papeles de la mujer. Es importante que tú les expliques cuidadosamente tus sueños y tus deseos a los adultos, y que también escuches las inquietudes de ellos. Ve la página 65 para ideas sobre cómo comunicarte con tu familia.

Decisiones para un futuro mejor

Hay decisiones importantes que tú puedes tomar con tu familia para crear nuevas posibilidades para tu futuro.

Educación y capacitación. La educación puede ayudarte a sentirte orgullosa de ti misma, a ganarte mejor la vida, y a vivir una vida más sana y feliz. A muchas jovencitas, la educación les abre la puerta a un mejor futuro. Aunque no puedas acudir a la escuela, hay otras formas en que puedes aprender a leer y adquirir habilidades. Por ejemplo, puedes estudiar en casa, participar en un programa de *alfabetización*, o volverte aprendiz de algún trabajador hábil. Cuando tengas nuevas habilidades, podrás ofrecerle algo especial a tu comunidad, y podrás ganarte mejor la vida y mantener mejor a tu familia. El adquirir nuevas habilidades puede ayudarte a tener más opciones en la vida.

No casarte hasta que estés lista. Habla con tu familia sobre la idea de no casarte hasta que estés lista y encuentres a la persona adecuada para ti. Muchas jovencitas logran terminar la escuela y encontrar trabajo antes de empezar una familia. Esto puede ayudarte a entenderte mejor a ti misma y lo que quieres. Si esperas, quizás incluso encuentres a una pareja que comparta tus ideas sobre la vida.

No tener hijos hasta que estés lista. Es más fácil criar a un niño contento y sano si tú y tu pareja esperan hasta estar listos para tener una familia. Si estás pensando en tener un bebé, he aquí algunas cosas que puedes considerar: ¿Podrás continuar tu educación? ¿Cómo le proporcionarás al niño lo que necesita en términos de comida, ropa, abrigo, etc.? ¿Estás lista para proporcionar el apoyo emocional que un bebé necesita para convertirse en un niño sano? ¿Se comprometerá tu pareja a ayudar con la crianza de tu hijo? ¿Cómo te ayudará tu familia?

Las niñas y sus padres pueden trabajar unidos para organizar maneras en que las niñas reciban información sobre el funcionamiento de su cuerpo, la sexualidad y la prevención de embarazos a una edad demasiado joven. Esto se puede hacer en el hogar, y también puede haber programas en las escuelas, los sitios de reuniones públicas y las iglesias.

La mayoría de los jóvenes empiezan a tener sentimientos amorosos o sexuales a medida que van creciendo. No es raro que pienses en tocar a alguien o en que alguien te toque de un modo sexual. (Las jóvenes incluso pueden pensar en otra joven o mujer de esta manera.) Pero las personas muchas veces tienen estos sentimientos antes de estar listas para ponerlos en práctica.

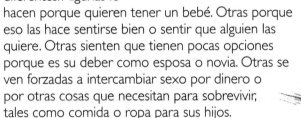

Me pregunto si le gusto...

Las jóvenes tienen relaciones sexuales por muchas razones diferentes. Algunas lo hacen porque quieren tener un bebé. Otras porque eso las hace sentirse bien o sentir que alguien las quiere. Otras sienten que tienen pocas opciones porque es su deber como esposa o novia. Otras se ven forzadas a intercambiar sexo por dinero o por otras cosas que necesitan para sobrevivir, tales como comida o ropa para sus hijos.

Otras mujeres tienen relaciones sexuales porque piensan que eso hará que alguien las quiera más. A veces un amigo o un novio (enamorado) puede hacer que una joven sienta que debe tener relaciones sexuales aunque no esté lista.

Nadie debe tener relaciones sexuales cuando no quiera. Sólo ten relaciones cuando tú decidas que estás lista. Ambas personas pueden disfrutar el sexo, pero es difícil que disfrutes algo si tienes miedo o vergüenza.

Si estás lista para tener relaciones sexuales, siempre protégete contra el embarazo y las infecciones. Para mayor información sobre cómo hacerlo, ve los capítulos sobre *planificación familiar, infecciones de transmisión sexual,* VIH y salud sexual.

Decisiones sobre los novios y el sexo

➤ *Ten relaciones sexuales sólo cuando decidas que estás lista y cuando sepas cómo protegerte contra los riesgos. Ambas personas pueden disfrutar el sexo, pero no si una de ellas tiene miedo o vergüenza.*

Riesgos médicos de los embarazos a una edad demasiado joven

Los cuerpos de la mayoría de las jovencitas no están listos para un parto sano y seguro. Las mujeres demasiado jóvenes corren un mayor riesgo de padecer de eclampsia (una condición que produce convulsiones) durante el embarazo. Como sus cuerpos pueden ser demasiado pequeños para permitir que el bebé salga, las madres menores de 17 años corren un mayor riesgo de tener partos largos, difíciles o incluso bloqueados. Sin ayuda médica, una mujer con cualquiera de estos problemas puede morir. Los partos bloqueados también pueden dañar la vagina y producir goteo de orina o *excremento* (ve página 370). Los bebés de madres menores de 17 años, tienen mayores probabilidades de nacer demasiado pequeños o antes de tiempo. Si ya estás embarazada, trata de acudir a un trabajador de salud o partera capacitada cuanto antes, para averiguar cómo tener el parto más seguro que sea posible. Para mayor información, ve la página 72.

Lo que las jóvenes deben saber acerca de las relaciones sexuales

- Te puedes embarazar la primera vez que tengas relaciones sexuales.
- Te puedes embarazar cualquier vez que tengas sexo sin usar un método de planificación familiar (aunque sea una sola vez).
- Te puedes embarazar aunque el hombre piense que no dejó salir su *semen*.
- A ti te puede dar una infección de transmisión sexual, como VIH, si tienes relaciones sexuales con una persona infectada sin usar un *condón*. Tú no puedes saber si una persona está infectada con tan sólo mirarla.
- Es más fácil que un muchacho o un hombre le pase una infección sexual a una jovencita que al revés. Esto se debe a la forma en que el sexo funciona, pues la joven recibe el semen del hombre en su cuerpo. También es más difícil saber si una jovencita tiene una infección, pues ésta estará dentro de su cuerpo.

Siempre usa un condón para protegerte contra las infecciones de transmisión sexual como el VIH. Pero recuerda que el modo más seguro de protegerte contra el embarazo, las infecciones sexuales y el VIH es no teniendo relaciones sexuales.

Una relación sin sexo

Para forjar una relación amorosa se necesita tiempo, cariño, respeto y confianza por parte de ambas personas. El sexo no es la única forma de demostrarle aprecio a alguien. Además una pareja no se enamora por tener relaciones sexuales.

Tú y tu pareja pueden pasar tiempo juntos sin tener relaciones sexuales. Hablando y compartiendo sus experiencias, ustedes pueden aprender cosas importantes sobre sí mismos: sus ideas sobre la vida, decisiones que les gustaría tomar juntos, cómo sería cada uno de ustedes en su papel de esposo o esposa y padre o madre, y lo que opinan sobre el plan que cada uno tiene para la vida. El tocarse (sin penetrar el cuerpo con el pene) puede ser muy satisfactorio en sí. Y no es peligroso siempre y cuando no cause que pierdan el control y tengan relaciones sexuales antes de estar listos.

Habla con tu novio. Si estás segura de que él es la persona adecuada para ti, pero no estás segura de que quieras tener relaciones sexuales, habla con él sobre formas de esperar. Quizás descubras que él tampoco está listo. Si ustedes se respetan mutuamente, podrán decidir juntos.

la presión por tener relaciones sexuales

Habla con tus amigas. Quizás descubras que algunas de ellas están enfrentando las mismas decisiones que tú. Ustedes se pueden ayudar entre sí a encontrar modos de tener buenas relaciones sin sexo. Pero considera bien los consejos que recibas de una amiga que ya está teniendo relaciones sexuales. Tal vez ella podría tratar de convencerte de que hagas algo que ella esté haciendo para sentirse mejor ella misma de lo que está haciendo.

CÓMO PROTEGERTE SI YA ESTÁS LISTA PARA EL SEXO

Cuando tú decidas que estás lista para tener una relación sexual, deberás protegerte contra el embarazo y las enfermedades. Hay muchos modos de reducir los riesgos del sexo. Esto quiere decir que tú tienes que **hacer planes antes de tener relaciones.**

Habla con tu novio (enamorado) antes de que ustedes tengan relaciones sexuales. Explícale lo importante que es para ti protegerte. Si se te hace difícil hablar de esto, quizás ustedes al principio podrían fingir que están hablando de otra pareja.

Si tú de veras le importas, él querrá protegerte. Si te está empujando a que tengas relaciones, quizás él sólo esté interesado en sí mismo.

En muchas comunidades, hay personas capacitadas para proporcionar condones y otros métodos de planificación familiar. Habla con ellos o pregúntale a un trabajador de salud dónde obtener un método de protección. Si te da pena preguntar, encuentra a alguien de confianza que te pueda ayudar. Algunas clínicas de planificación familiar tienen servicios especiales para jóvenes. En ciertas de ellas, hay jóvenes entrenados para dar asesoramiento. Ellos pueden darte información.

planificación familiar

Como no puedes saber si un hombre tiene una infección sexual o VIH simplemente mirándolo, el sexo es menos riesgoso **sólo si usas un condón cada vez que tengas relaciones.** Si a un hombre le está saliendo un desecho del *pene*, o si él tiene una llaga en cualquier parte del pene, él tiene una infección y seguramente te la transmitirá.

sexo con protección

Si tú has tenido relaciones sexuales y notas que te está saliendo un desecho diferente de la vagina o que tienes llagas en los genitales, o dolor en la parte baja de la barriga, es posible que tengas una infección sexual. Ve el capítulo sobre las infecciones de transmisión sexual.

las infecciones de transmisión sexual

341

trabajadoras del sexo

EL TRÁFICO DE JOVENCITAS

A veces una familia pobre le da una de sus hijas jóvenes a un hombre ya mayor como pago por una deuda familiar. O quizás la intercambien por dinero o alguna otra cosa que la familia necesite. Algunas son secuestradas.

A veces las muchachas son llevadas a otro pueblo o ciudad. Piensan que van a trabajar en fábricas o como sirvientas, pero muchas veces son forzadas a vender sexo.

Si piensas que tú u otra jovencita en tu comunidad va a ser forzada a casarse a cambio de dinero o enviada a otro lado para trabajar, trata de conseguir ayuda de otro adulto. Quizás una tía o un tío mayor o una maestra pueda brindar su ayuda.

SI TE EMBARAZAS SIN QUERER

Quizás estés embarazada si tuviste relaciones sexuales y tu regla se ha retrasado, te duelen los pechos, tienes que orinar con frecuencia o sientes ganas de vomitar. Acude a un trabajador de salud o partera tan pronto como puedas para averiguar con certeza si estás embarazada.

Muchas jovencitas se embarazan sin querer. Algunas de ellas pueden obtener el apoyo que necesitan de su familia y sus amigos. Para otras, no es tan fácil.

Habla con una persona mayor en quien confíes. ***Tu vida es demasiado valiosa para perderla.***

Si te estás sintiendo atrapada por un embarazo que no habías planeado y quieres ponerle fin, **por favor toma decisiones con cuidado.** Por todo el mundo, jovencitas y mujeres mueren tratando de ponerle fin a un embarazo de maneras peligrosas. Hay maneras seguras de hacerlo.

241

aborto en condiciones seguras

Puede que a veces te sea difícil hablar con tus padres. Quizás ellos quieran que vivas siguiendo sus tradiciones, mientras que tú piensas que los tiempos están cambiando. Tal vez sientas que tus padres no te escuchan o no tratan de entenderte. O quizás temas que ellos se enojen.

Tu familia puede quererte sin estar de acuerdo con todo lo que tú digas. Quizás a veces se enojen porque les importas—no porque no te quieran. Trata de hablar con ellos respetuosamente y ayúdales a entenderte mejor.

Busca ayuda de un adulto

Ideas para una mejor comunicación

- Escoge un buen momento para hablar, cuando tus padres no estén ocupados, cansados, o preocupados por alguna otra cosa.
- Habla con ellos sobre tus inquietudes, preocupaciones y metas. Pregúntales qué harían ellos en tu situación.

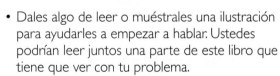

¿Es un buen momento para que hablemos?

- Dales algo de leer o muéstrales una ilustración para ayudarles a empezar a hablar. Ustedes podrían leer juntos una parte de este libro que tiene que ver con tu problema.

- Si te enojas, trata de no gritar. Puedes hacer que tus padres se enojen contigo, y tal vez ellos piensen que no los respetas.
- Si has probado estas cosas y aún no puedes hablar con tus padres, encuentra a otro adulto con quien hablar. Podría ser una maestra, la madre de una amiga, una tía, una hermana mayor, tu abuela, alguien de tu iglesia o un trabajador de salud.

Cómo las madres pueden ayudar a sus hijas

Quizás usted creció en una época en que a las niñas no se les permitía tener una educación, planear sus familias o tomar decisiones acerca de sus vidas. **Pero la vida puede ser diferente para su hija.** Si usted la escucha, le relata sus propias experiencias, y le da información útil, puede ayudarle a tomar buenas decisiones por sí misma. Usted puede ayudarle a su hija a darse cuenta de los buenos aspectos de ser una niña o mujer.

Capítulo 6

En este capítulo:

Actualmente, la mayoría de las mujeres del mundo no reciben atención *prenatal* ni ayuda de alguien con capacitación especial durante el parto. Ellas generalmente tienen a sus niños en casa, con ayuda de una pariente o de una partera de su comunidad. Este capítulo contiene información acerca del cuidado durante el embarazo, y durante y después del parto, tanto para las mujeres embarazadas como para sus ayudantes.

Para información más completa sobre la atención de las mujeres durante el embarazo y formas de ayudarles con los partos normales o difíciles, vea *Un libro para parteras* de Hesperian (en la última página de este libro indicamos cómo solicitar el libro).

El embarazo y el parto

Toda mujer embarazada necesita estar sana, comer bien y recibir el amor y el apoyo de su familia y su comunidad. Muchas mujeres se sienten muy sanas durante el embarazo y no tienen partos difíciles. La mayoría de los bebés nacen saludables.

Al mismo tiempo, el embarazo puede ser uno de los principales peligros que la mujer enfrenta durante su vida. Como medio millón de mujeres mueren en el mundo cada año, principalmente en los países pobres, por problemas del embarazo y del parto.

La mayoría de estas muertes podría evitarse con cuidados sencillos. Este capítulo contiene información que puede ayudar a las mujeres embarazadas a cuidarse a sí mismas o ayudar a otras personas a cuidarlas.

Sin agua, las cosechas morirán; y sin niños, la vida en la comunidad se acabaría.

—Dicho mixteco, México

Cómo saber si usted está embarazada

- No le baja la regla.
- Los pechos se le ponen adoloridos y más grandes.
- Tiene asco o náuseas y a veces vomita.
- Necesita orinar con más frecuencia.
- Se siente cansada.

Cómo saber cuándo va a nacer el bebé

Súmele 9 meses y 7 días a la fecha en que empezó su última regla. Su bebé probablemente nacerá en cualquier momento entre las dos semanas antes y las dos semanas después de esta fecha.

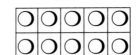

Muchas mujeres saben cuándo nacerá su bebé contando el paso de 10 lunas.

Cómo mantenerse sana durante el embarazo

la alimentación para la buena salud

atención prenatal

➤ *Lea sobre las señas de peligro durante el embarazo, empezando en la página 73, para saber cuándo es importante acudir a un promotor de salud.*

infecciones de transmisión sexual

➤ *Si donde vive hay paludismo, duerma bajo un mosquitero para evitar que le piquen los mosquitos.*

Si usted se cuida bien durante el embarazo, será más probable que tenga un embarazo y parto normales, y un bebé sano.

- **Trate de comer suficientes alimentos nutritivos.** La buena *alimentación* da fuerza, evita *infecciones*, produce un bebé sano y ayuda a evitar el sangrado excesivo durante el parto. Recuerde que necesita comer para sí misma y para su bebé. Use sal yodada en la comida para evitar que su niño tenga retraso mental.

- **Duerma y descanse más.**
  Si trabaja de pie, trate de sentarse o recostarse varias veces al día.

Haga su trabajo del diario...

...pero descanse siempre que pueda.

- **Acuda a los exámenes prenatales (antes del parto)** para asegurarse de que no haya problemas, o para encontrar los problemas antes de que se vuelvan graves. Si nunca la han vacunado contra el *tétano*, vacúnese en cuanto pueda. Trate de recibir por lo menos dos dosis de la vacuna antes del final de su embarazo (vea página 161).

- **Manténgase limpia.** Báñese o lávese regularmente y límpiese los dientes todos los días.

- **Practique los ejercicios de apretamiento,** para que tenga la *vagina* más fuerte después del parto (vea página 371).

- **Trate de hacer ejercicio a diario.** Si trabaja sentada, trate de caminar un poco todos los días. Pero procure no cansarse demasiado.

- **Atiéndase si piensa que tiene una *infección sexual*** u otra infección.

- **Hágase el examen del VIH.** Se puede prevenir el VIH durante el embarazo con el uso del condón durante las relaciones sexuales.

- **Evite tomar medicinas** modernas o plantas medicinales, a menos que se lo autorice un promotor de salud que sepa que usted está embarazada.

- **No beba alcohol y no fume ni mastique tabaco** durante el embarazo. Estas prácticas son malas para la madre y pueden dañar al bebé que aún se está desarrollando.

- **Evite los pesticidas, herbicidas y sustancias químicas.** Éstos pueden dañar al bebé. No los toque ni trabaje cerca de ellos ni respire sus vapores. Nunca almacene agua ni alimentos en envases que contuvieron estas sustancias.

- **No se acerque a un niño que tenga ronchas** por todo el cuerpo. Podrían deberse a *rubéola*, una enfermedad que puede dañar a su bebé.

Si usted se embaraza, su cuerpo cambiará y puede que usted tenga algunos de los siguientes problemas comunes. Recuerde que la mayoría de estos son normales durante el embarazo.

NÁUSEA O ASCO

Aunque muchas mujeres embarazadas tienen náuseas o asco por la mañana, estos pueden dar a cualquier hora del día o incluso todo el día. Generalmente desaparecen a fines del tercer o cuarto mes del embarazo.

Qué hacer:

* Tome una taza de té de jengibre o canela, 2 ó 3 veces al día, antes de las comidas.
* Coma en pequeñas cantidades varias veces al día y evite los alimentos grasosos o 'pesados'.
* Chupe un limón.
* Pida a las parteras de su comunidad algún remedio o planta medicinal.

Para calmar las náuseas por la mañana...

...trate de comer una tortilla, una pieza de pan tostado, o un poco de arroz o de avena en cuanto despierte.

IMPORTANTE *Consulte a un trabajador de salud si vomita tanto que no puede retener nada en el estómago, o si está bajando de peso. También esté pendiente de la deshidratación (vea página 298).*

ACIDEZ O INDIGESTIÓN

La acidez causa una sensación de ardor en la garganta y el pecho. Es más común a fines del embarazo, después de comer o al acostarse.

Qué hacer:

* Coma varias comidas pequeñas en lugar de una sola comida grande.
* Evite los alimentos grasosos o picantes.
* Tome bastante agua u otros líquidos claros.
* Trate de no acostarse justo después de comer.
* Duerma con la cabeza más elevada que el estómago.
* Tome una taza de leche o yogur, un poco de bicarbonato de sodio en un vaso de agua, o carbonato de calcio (antiácido).

Para evitar la acidez, tome bastante agua.

DESECHO VAGINAL

Durante el embarazo, es normal tener un poco más *desecho vaginal* blanco de lo usual. Pero si el desecho causa comezón, ardor, o huele mal, puede que usted tenga una infección de los genitales, que deba ser atendida. Si el desecho tiene sangre o moco, o si es abundante y parece agua, consulte a un promotor de salud. Puede que usted esté empezando a dar a luz antes de tiempo.

265

infecciones de los genitales

Várices

Las várices son venas en las piernas y alrededor de la vagina que se hinchan y se ven azules. Se deben al peso del bebé que está creciendo. Las venas pueden llegar a ser grandes y dolorosas.

Qué hacer:

• Trate de no estar de pie por demasiado tiempo. Si tiene que estar parada, camine en el mismo lugar o mueva los pies y las piernas. Cuando esté sentada, ponga los pies en alto tan seguido como pueda.

   • Asegúrese de caminar todos los días. Si tiene alguna *discapacidad* que le impida caminar, pídale a alguien de su familia que le ayude a mover y a ejercitar las piernas.

   • Si el problema es grave, envuélvase las piernas con vendas. Empiece por los tobillos y siga vendando hasta llegar justo abajo de las rodillas. El vendaje debe estar más apretado alrededor del tobillo y más flojo hacia arriba. Quítese las vendas por la noche.

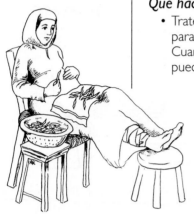

Las mujeres que tienen várices deben tratar de poner los pies en alto siempre que puedan, y vendarse las piernas si es mucha la hinchazón.

Estreñimiento (dificultades para obrar)

El embarazo hace que los *intestinos* trabajen más despacio. Esto puede hacer que los *excrementos* se vuelvan más duros y más difíciles de expulsar.

Qué hacer *(le ayudará también a **evitar** el estreñimiento):*

• Tome por lo menos 8 vasos de líquido al día.

• Haga ejercicio regularmente.

• Si está tomando pastillas de *hierro*, vea si le ayuda tomar sólo una al día con jugo de frutas o verduras. O no se tome las pastillas por unos cuantos días.

• Coma suficientes frutas, verduras y alimentos con fibra, como granos integrales y yuca.

• **No tome** *laxantes*. Sólo resuelven el problema por poco tiempo y luego hay que tomar más.

Hemorroides (almorranas)

Las hemorroides son venas hinchadas alrededor del ano. Pueden dar comezón, arder o sangrar. El estreñimiento las empeora.

Qué hacer:

Si tiene hemorroides, el sentarse en agua fresquecita puede ayudarle con el dolor.

• Siéntese en una bandeja de agua fresca para aliviar el dolor.

• Siga los consejos anteriores para evitar el estreñimiento.

• Hínquese con las nalgas elevadas. Esto puede ayudar a aliviarle el dolor.

• Si puede conseguir agua de hamamelis, moje en ella un pedazo limpio de tela y póngaselo en el área adolorida.

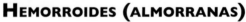

CALAMBRES EN LAS PIERNAS

Las mujeres embarazadas muchas veces tienen *calambres* en los pies o en las piernas, sobre todo de noche o cuando estiran las puntas de los pies hacia abajo. Los calambres se pueden deber a una falta de *calcio* en la dieta.

alimentos ricos
en calcio

Qué hacer:

- Coma suficientes alimentos ricos en calcio como leche, queso, semillas de ajonjolí y verduras de hojas verde oscuro.
- Si le dan calambres en las piernas o los pies:

Empuje
el talón
hacia
abajo...

...y apunte los
dedos hacia
arriba...

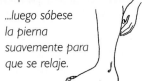

...luego sóbese
la pierna
suavemente para
que se relaje.

*NO apunte
los dedos
hacia abajo.
Puede que los
calambres sólo
empeoren.*

DOLOR EN LA PARTE BAJA DE LA ESPALDA

El dolor en la parte baja de la espalda se debe al peso del bebé que está creciendo.

Qué hacer:

- Pídale a alguien que le sobe o le dé *masaje* en la espalda.
- Pídale a su familia que le ayude con el trabajo pesado.
- Cuando esté parada o sentada, asegúrese de tener la espalda recta.
- Duerma de lado con una almohada o unos trapos enrollados entre las rodillas.
- Haga el ejercicio del 'gato enojado' por unos cuantos minutos, dos veces al día, y cuando la espalda le duela.

el levantar y cargar
cosas pesadas

Ejercicio del gato enojado

 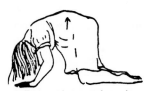 

Póngase sobre manos y rodillas
con la espalda plana.

Empuje la parte baja de
la espalda hacia arriba.

Vuelva a poner la
espalda plana. Repita.

HINCHAZÓN DE LOS PIES Y LAS PIERNAS

Algo de hinchazón en los pies es normal durante el embarazo, sobre todo en las mujeres que tienen que estar de pie todo el día.

Qué hacer:

- Ponga los pies en alto tan seguido como pueda durante el día.
- Para descansar, acuéstese del lado izquierdo.
- Si usted tiene los pies muy hinchados, si le amanecen hinchados, o si también se le hinchan la cara y las manos, éstas son señas de peligro durante el embarazo. Vea la página 74.

hinchazón de las manos
y la cara

Riesgos y señas de peligro durante el embarazo

MUJERES CON RIESGOS ADICIONALES

Las mujeres con cualquiera de los siguientes problemas pueden tener embarazos y partos más peligrosos. Deben planear ir a un centro médico o a un hospital para dar a luz. Si es posible, deben tratar de obtener atención prenatal.

- **La sangre débil** (*anemia*) aumenta la posibilidad de que la mujer sangre mucho durante el parto, se enferme después de dar a luz, o incluso muera. Para mayor información vea la página siguiente.

- **El azúcar en la sangre** (*diabetes*) muchas veces causa problemas graves para la madre y el bebé. El niño puede morir antes del parto o algunas veces crece mucho y se atora en la pelvis.

- **La *presión alta*** puede causar dolores de cabeza muy fuertes, convulsiones o incluso la muerte.

- **Las madres ya mayores**, que han tenido muchos bebés, con frecuencia tienen partos difíciles y largos, y mucho sangrado después del parto.

- **Las madres menores de 17 años** corren un mayor riesgo de tener *eclampsia* (convulsiones), partos largos y difíciles, bebés que nacen antes de tiempo (prematuros), y partos bloqueados que pueden dañar la *vejiga*, la vagina y la matriz (vea página 370) y la madre podría morir.

- **Las mujeres que han tenido problemas en embarazos anteriores**—como convulsiones, una cesárea, sangrado fuerte, o bebés que nacieron antes de tiempo, demasiado pequeños o muertos—corren un mayor riesgo de tener problemas en otro embarazo o parto.

- **Las mujeres con discapacidad**, que no pueden sentir en partes del cuerpo o las que caminan con dificultad, pueden tener problemas con el embarazo y el parto (vea página 145).

- **Las mujeres con VIH** corren el riesgo de que el VIH se transmita a sus bebés pero pueden tomar medicamentos para prevenir la transmisión (vea página 520).

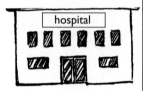

Una mujer que corre el riesgo de tener un parto peligroso debe planear tener a su bebé en un centro médico o en un hospital.

Otras mujeres que deben tratar de dar a luz en un hospital

Algunas mujeres—que no tienen los riesgos mencionados arriba—también pueden tener partos peligrosos. Ellas también deben tratar de dar a luz en un centro médico o en un hospital:

- **Una mujer cuyo bebé esté en una mala posición al final del embarazo** (vea página 75) podría morir sin una operación. Cuando el bebé está en ciertas posiciones, la mujer puede tener un parto especialmente largo y difícil.

- **En casos de gemelos**, muchas veces uno de los bebés está en mala posición para nacer. Las madres de gemelos también corren un mayor riesgo de sangrar después del parto.

- **Las mujeres que han sido circuncidadas** pueden sufrir desgarros severos de los genitales durante el parto. Éstos pueden producirles mucho dolor, una gran pérdida de sangre y una infección (vea página 464)

SEÑAS DE PELIGRO DURANTE EL EMBARAZO

Además de los problemas ya mencionados, las siguientes señas de peligro pueden presentarse durante el embarazo. Una mujer con cualquiera de estas señas debe consultar a un trabajador de salud. Vea las siguientes páginas para mayor información.

- mucha debilidad o cansancio
- dolor en el vientre
- sangrado por la vagina
- fiebre (calentura)
- hinchazón de la cara y las manos o dolor fuerte de cabeza y visión borrosa

Mucha debilidad o cansancio (anemia)

Si usted se siente muy débil o cansada podría tener anemia (vea página 172). Las mujeres muy anémicas tienen mucho mayor riesgo de sangrar mucho después del parto.

Qué hacer:

- Coma alimentos ricos en hierro: carne, pescado, pollo, huevos, frijoles, chícharos (arvejas) y verduras de hojas verde oscuro.
- Tome 325 mg de hierro dos veces al día, y un mg de ácido fólico una vez al día, hasta que nazca el bebé. Si toma las pastillas de hierro con fruta, como naranja, mango o papaya, su cuerpo usará mejor el hierro.

alimentos ricos
en hierro

Dolor en la parte baja del vientre

1. **Un dolor fuerte y constante en los primeros 3 meses** puede deberse a un embarazo que está creciendo fuera de la matriz (*embarazo tubárico*), casi siempre en una trompa. Conforme la trompa se estira, causa dolor. Si el embarazo crece lo suficiente, la trompa se rompe y sangra. **Esto es muy peligroso.** Usted sangrará por dentro (en el *abdomen*) y podría morir.

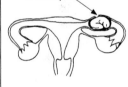

embarazo en
la trompa

Señas de embarazo tubárico:

- ausencia de la regla, **y**
- dolor en la parte baja del *abdomen* de un lado, **o**
- un poco de sangrado por la vagina, **o**
- mareos, debilidad o sensación de desmayarse

Qué hacer:

Vaya al hospital más cercano.

2. **En los primeros 6 meses, los dolores fuertes que van y vienen** (calambres o cólicos) podrían ser seña de que está perdiendo el embarazo (un *malparto* o pérdida). Vea la página 234.

¡TRANSPORTE!

3. **Un dolor fuerte y constante a fines del embarazo** podría indicar que la *placenta* se está desprendiendo de la matriz. **Esto es muy peligroso. Usted podría morir si no consigue ayuda. Vaya al hospital más cercano.**

4. **Un dolor que viene y va en el séptimo y octavo mes** del embarazo podría indicar que el parto está empezando antes de tiempo (vea página 75).

➤ *El dolor fuerte en el vientre no siempre es señal de que algo anda mal con un embarazo. Para mayor información sobre otras posibilidades, vea las páginas 353 a 357.*

malparto

Sangrado vaginal

1. **Sangrado a principios del embarazo.** Un sangrado leve por la vagina en los primeros 3 meses del embarazo puede ser normal. Pero si usted tiene dolor con el sangrado leve, eso podría ser seña de que el embarazo se está desarrollando fuera de la matriz. Esto es muy peligroso (vea página 73). Si el sangrado se vuelve más fuerte que una regla normal, es probable que usted esté teniendo un malparto.

2. **Sangrado después del tercer mes.** El sangrado que ocurre después de los primeros 3 meses del embarazo puede indicar que hay algún problema con la placenta. **Tanto usted como el bebé pueden estar en peligro.**

Qué hacer:

- Vaya al hospital más cercano.
- En el camino, recuéstese con los pies elevados.
- No se meta nada en la vagina.

¡TRANSPORTE!

Fiebre

La fiebre o calentura alta, sobre todo si da junto con escalofríos, dolores en el cuerpo y dolor de cabeza muy fuerte, puede deberse a paludismo (malaria). El tratamiento para el paludismo dependerá del lugar donde usted viva. En los primeros 3 meses del embarazo, usualmente es mejor tomar 600 mg. de quinina por la boca, 3 veces al día, y 300 mg. de clindamicina por la boca, 4 veces al día. Tome las 2 medicinas por 7 días. Para mayor información, vea el libro *Donde no hay doctor*.

Presión de la sangre alta, una seña de pre-eclampsia

Una presión de sangre de 140/90 ó más puede ser seña de una condición peligrosa, la pre-eclampsia (toxemia del embarazo). La pre-eclampsia puede causar ataques (eclampsia) y tanto usted como el bebé podrían morir.

Señas de pre-eclampsia

- presión de 140/90 ó más (vea página 532 para cómo medir la presión de la sangre)
- proteína en la orina

- dolor de cabeza muy fuerte
- hinchazón de cara o hinchazón cuando despierta en la mañana

- dolor fuerte y repentino en lo alto de estómago
- mareos
- visión borrosa

---

alimentos ricos en proteína

Qué hacer:

- Encuentre a alguien que pueda revisarle la presión o revisar la cantidad de proteína en la orina. Acuda a un centro médico o a un hospital de ser necesario.
- Descanse lo más posible, recostándose sobre su lado izquierdo.
- Trate de comer más alimentos ricos en proteína todos los días.
- Planee tener a su bebé en un centro médico u hospital.

¡TRANSPORTE!

IMPORTANTE *Si una mujer tiene presión de sangre alta y cualquiera otra seña de pre-eclampsia necesita ayuda médica rápidamente. Si ya está teniendo convulsiones, vea la página 87.*

Bebé en mala posición

Si el bebé está de nalgas cuando empieza el parto, éste será más difícil. Si el bebé está atravesado cuando el parto comienza, el bebé no podrá nacer sin una *operación.* (En la página siguiente explicamos cómo revisar la posición del bebé.)

> ➤ *Si la cabeza del bebé está hacia abajo,* es *más probable que el parto avance sin problemas.*

Posiciones que producen partos difíciles o peligrosos

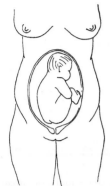

Bebé de nalgas

Si la cabeza del bebé está hacia arriba, el parto podría ser más difícil. Podría ser más seguro para la madre dar a luz en un hospital.

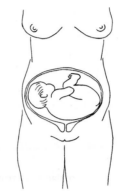

Bebé atravesado

Si el bebé está atravesado, la madre deberá dar a luz en un hospital. Ella y el bebé están en peligro. Quizás no sea posible que el bebé nazca sin una operación.

Durante el último mes del embarazo, es posible que el bebé cambie de posición si usted se recuesta en esta posición durante 10 minutos, dos veces al día:

Acuéstese en el piso con unas almohadas bajo las caderas. Trate de lograr que las caderas queden más elevadas que la cabeza.

Haga este ejercicio con el estómago vacío todos los días , hasta que el bebé se dé la vuelta y quede cabeza abajo. Hay que revisar la posición del bebé cada semana.

• Si el parto empieza y el bebé sigue atravesado, la madre debe ir a un hospital donde puedan cambiar la posición del bebé o ayudarle a nacer mediante una operación. Sin ayuda médica, es muy probable que la madre y el bebé mueran.

¡TRANSPORTE!

• Si el parto empieza y el bebé sigue de nalgas, vea la página 90.

IMPORTANTE   *NO TRATE de cambiar la posición del bebé con las manos, a menos que tenga entrenamiento para hacerlo y lo haya hecho anteriormente con éxito. Usted podría desgarrar la matriz y lastimar o incluso matar tanto a la madre como al bebé.*

Si el parto comienza antes del octavo o noveno mes

Algunos de los bebés que nacen antes de tiempo no pueden sobrevivir. A veces la madre puede retrasar o detener el parto acostándose en cama con las caderas elevadas y descansando hasta que el parto se detenga (vea el dibujo de arriba). Si ella puede ir a un hospital, quizás allí puedan detener el parto. De no ser así, tal vez sí puedan ayudar al bebé a sobrevivir. (En la página 94 también explicamos cómo cuidar a un bebé que nació antes de tiempo.)

Atención prenatal (exámenes durante el embarazo)

➤ *Los exámenes prenatales pueden ayudarle a decidir cuál sería el mejor lugar para dar a luz: en casa, en un centro médico o en un hospital.*

Los exámenes prenatales son importantes para encontrar y atender cualquier problema rápidamente—antes de que se vuelva peligroso. La buena atención prenatal no es difícil de brindar y no requiere de equipo ni materiales caros. Puede salvar muchas vidas.

Si usted está embarazada, trate de acudir por lo menos a 3 exámenes prenatales:

1. En cuanto piense que está embarazada.
2. Alrededor del sexto mes del embarazo.
3. Un mes antes de la fecha esperada del parto.

Una partera o trabajador de salud le hará preguntas sobre sus embarazos y partos anteriores, incluyendo cualquier problema que haya tenido, como sangrados fuertes o bebés que murieron. Esta información podrá ayudar a ambos de ustedes a prepararse para problemas parecidos en este embarazo. Puede que una partera también pueda...

- asegurarse de que usted esté comiendo bien y sugerirle formas de que se alimente mejor, si es necesario.
- darle pastillas de hierro y ácido fólico que ayudan a evitar la anemia.
- examinarla para asegurarse de que usted esté sana y su bebé esté creciendo bien.
- vacunarla contra el tétano, una enfermedad que puede matar a madres y bebés (vea página 161).
- darle medicina para evitar el paludismo, si esa enfermedad es común en su área.
- hacerle las pruebas para el VIH (vea página 288) y la sífilis, y también para otras infecciones de transmisión sexual (vea página 261).
- dar medicinas para prevenir que la infección del VIH sea transmitida de la madre a su bebé.

Qué esperar durante un examen prenatal

Un promotor de salud o una partera debe hacer las siguientes cosas durante un examen prenatal:

- Revisar los párpados y las uñas de los dedos en busca de señas de anemia (vea página 172).

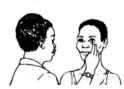

- Revisar si las manos y la cara están hinchadas (vea página 74).

- Revisar la orina y medir el peso y la presión de la sangre (vea página 532).

- Revisar el crecimiento del bebé en la matriz. Normalmente la matriz crece dos dedos cada mes. A los 4½ meses generalmente está al nivel del ombligo. **Si la matriz parece estar demasiado pequeña o demasiado grande, o crece muy rápido**, podría haber algún problema.

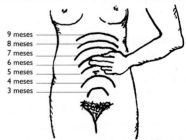

9 meses
8 meses
7 meses
6 meses
5 meses
4 meses
3 meses

Para revisar si un bebé está sano, puede que la partera trate de escuchar el latido del corazón del bebé. Esto a veces se puede hacer poniendo el oído contra el vientre de la madre. Pero muchas veces es difícil diferenciar el latido del bebé del de la madre. Es más fácil usando un instrumento llamado un 'fetoscopio'. Otra seña de que el bebé está sano es si la madre lo siente moverse todos los días, y si ella lo ha sentido moverse el día del examen.

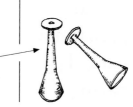

Cómo revisar la posición del bebé

Durante el embarazo, es común que el bebé cambie de posición varias veces dentro de la matriz. A fines del embarazo, el bebé debe tener la cabeza hacia abajo. Ésa es la mejor posición para el parto. Para asegurarse de que el bebé tenga la cabeza hacia abajo, haga lo siguiente:

1. Pídale a la madre que suelte todo el aire que pueda. Usando las dos manos sienta al bebé.

Con el pulgar y dos dedos empuje aquí, justo arriba del hueso púbico (el hueso que se siente entre los genitales exteriores y la barriga).

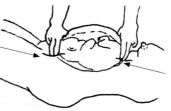

Con la otra mano, sienta la parte de arriba de la matriz.

Las nalgas del bebé son más grandes y anchas...

...y su cabeza es más dura y más redonda.

Así que si el bebé está cabeza abajo, sentirá algo más grande por arriba...

...y si está nalgas abajo, sentirá algo más grande por abajo.

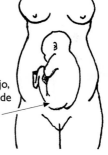

2. Empuje suavemente de un lado a otro, primero con una mano y luego con la otra. Mientras empuja con una mano, sienta con la otra qué le sucede al cuerpo del bebé.

3. Poco antes de nacer, el bebé bajará más en la matriz para estar listo para el parto. Así que al final del embarazo quizás no sea posible sentir que la cabeza del bebé se mueve.

Si usted empuja las nalgas del bebé de lado a lado, el resto del cuerpo del bebé también se moverá.

Pero si usted empuja la cabeza suavemente de lado a lado, el cuello se doblará y la espalda no se moverá.

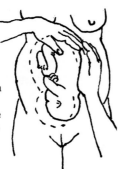

Si el bebé todavía está en lo alto de la matriz, será posible moverle la cabeza un poco. Si ya ha bajado, no será posible movérsela.

El primer bebé de una mujer a veces baja como dos semanas antes de que el parto empiece. Los demás bebés muchas veces no bajan sino hasta que el parto empieza.

Cómo prepararse para el parto

➤ *Si no tiene una hoja de rasurar nueva, puede usar unas tijeras o un cuchillo que no estén oxidados, si los hierve por 20 minutos justo antes de cortar el cordón.*

COSAS QUE HAY QUE TENER LISTAS ANTES DEL PARTO

Una madre debe tener estas cosas listas para cuando cumpla 7 meses de embarazo:

jabón

alcohol

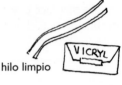
hilo limpio

VICRYL

trapos limpios

una hoja de rasurar nueva

dos platos hondos, uno para lavarse y otro para la placenta

Éstas son algunas cosas más que la partera puede tener:

lámpara de mano

fetoscopio

tijeras de punta redondeada para cortar el cordón del ombligo, antes de que el bebé salga por completo

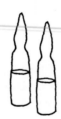
guantes o bolsas de plástico esterilizadas

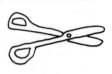
jeringas y agujas esterilizadas

VICRYL

aguja esterilizada e hilo especial para coser desgarros de la vagina

varias ampolletas de ergonovina, ergometrina, oxitocina o misoprostol

medicamentos para la madre y el bebé en caso de que la madre tenga VIH

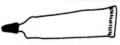
pomada de tetraciclina o eritromicina para los ojos de bebé

perilla de succión para sacar moco de la boca y la nariz del bebé

Ahora también es tiempo de...

• planear alguna forma de transportar a la madre al hospital, si es necesario.

• limpiar el lugar donde vaya a nacer el bebé.

CÓMO AYUDAR A UNA MUJER A DAR A LUZ

Si usted está embarazada, lea esta información para saber qué esperar durante el parto y después de que el bebé nazca. La información también le servirá para ayudar a otras mujeres durante el parto.

Hay mucho que usted puede hacer para ayudar a una madre a tener un parto seguro y sano. Recuerde que la mayoría de los bebés nacen sin problemas. Manténgase calmada y alegre. Ayude a la madre a vencer sus temores y a tranquilizarse. Dígale que usted confía en que ella podrá dar a luz bien.

Lo que SÍ debe hacer

- Tenga las uñas cortas y limpias.
- Lávese las manos con jabón y agua limpia. Séqueselas al aire.
- Sepa cuáles mujeres corren mayores riesgos y aprenda las señas de peligro del embarazo (vea página 73). Asegúrese de que la madre dé a luz en un centro médico u hospital si corre un mayor riesgo de tener algún problema o si tiene cualquier seña de peligro.
- Aprenda las señas de peligro durante el parto (página 85). Lleve a la madre a un hospital si tiene cualquiera de dichas señas.
- Trate a la madre con amabilidad y respeto.

prevención de infecciones

IMPORTANTE *Protéjase del VIH y la hepatitis usando guantes limpios durante un parto. Si no tiene guantes, use bolsas de plástico bien lavadas.*

Lo que NO debe hacer:

- No meta los dedos ni cualquier otra cosa en la vagina de la mujer. El revisar qué tanto se ha abierto la matriz no ayuda al bebé a nacer, y puede causar una infección peligrosa.
- No dé ninguna medicina para apurar el parto o hacerlo más fuerte. Estas medicinas pueden matar a la madre y al bebé. (Las medicinas que hacen que la matriz se contraiga deben ser usadas sólo para detener el sangrado después de que el bebé haya nacido.)
- No le pida a la mujer que puje antes de que ella esté lista. Cuando sea el momento de que el bebé nazca, ella sentirá ganas de obrar y empezará a pujar por sí misma.
- No empuje la matriz por fuera para que el bebé nazca más pronto. Esto puede desgarrar la matriz o hacer que la placenta se desprenda de la matriz antes de tiempo. El bebé y la madre podrían morir.

➤ *Para un parto seguro, no olvide las '3 limpiezas':*

1. *Limpieza de las manos*

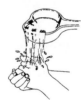

2. *Limpieza del lugar donde vaya a ser el parto*

3. *Limpieza del instrumento para cortar el cordón*

El parto

SEÑAS DE QUE EL PARTO SE ACERCA

Las siguientes 3 señas indican que el parto está empezando o va a empezar pronto. Se pueden presentar en cualquier orden, y quizás no todas se presenten.

1. **Sale moco claro o rosado de la vagina.** Durante el embarazo, la entrada de la matriz (*cérvix*) está tapada con moco espeso. Esto protege al bebé y a la matriz contra infecciones. Cuando el cérvix comienza a abrirse, suelta el tapón de moco y también un poquito de sangre.

2. **Sale líquido claro de la vagina.** La *bolsa de aguas* se puede romper poco antes de que empiece el parto o en cualquier momento durante el mismo.

3. **Comienzan los dolores *(contracciones)*.** Al principio las contracciones pueden dar cada 10 ó 20 minutos o con menor frecuencia. El verdadero trabajo de parto no empieza sino hasta que las contracciones se vuelven regulares (cuando pasa casi la misma cantidad de tiempo entre cada una de ellas).

Cuando cualquiera de estas señas se presenta, es tiempo de prepararse para el parto. Ésta es una lista de las cosas que usted puede hacer:

- Avísele a su partera que ya empezó el parto.
- Asegúrese de que los materiales para el parto estén listos.
- Lávese el cuerpo y sobre todo los genitales.
- Siga comiendo en pequeñas cantidades y beba algo siempre que tenga sed.
- Descanse mientras pueda.

Voy a ir a decirle a doña Rosa que ya te empezaron los dolores.

LAS 3 ETAPAS DEL PARTO

Cada parto pasa por estas 3 etapas.

La primera etapa comienza cuando las contracciones empiezan a abrir el cérvix y termina cuando éste está totalmente abierto. Cuando se trata del primer parto de una mujer, esta etapa generalmente dura de 10 a 20 horas, o más. En los demás partos por lo general dura de 7 a 10 horas. Puede variar mucho.

La segunda etapa empieza cuando el cérvix está completamente abierto y termina cuando el bebé nace. Esta etapa casi siempre es más fácil que la primera etapa, y no debe durar más de como dos horas.

La tercera etapa empieza cuando el bebé nace y termina cuando sale la placenta.

Primera etapa: El cérvix se abre

Para asegurarse de que el parto vaya bien, tome en cuenta:

1. **¿Cuánto tiempo lleva la mujer con las contracciones y qué tan seguido le están dando?** Al principio, puede que le den cada 10 ó 20 minutos y que duren un minuto o menos. Después de un tiempo le darán más seguido—más o menos cada 2 a 5 minutos—y cada una durará más, como un minuto y medio, hasta que el bebé nazca. Si la mujer ha tenido una contracción cada 10 minutos o más seguido, por más de 12 horas y el bebé aún no está por nacer, vea 'Parto demasiado prolongado' en la página 86.

2. **¿Se ha roto la bolsa de aguas?** De ser así, pregunte cuándo ocurrió. Si ya fue hace más de un día, vea 'La bolsa de aguas se rompe, pero el parto no empieza' en la página 85. Si las aguas son verdes o cafés (marrones), vea 'Aguas verdes o cafés' en la página 86.

3. **¿Tiene el bebé la cabeza para abajo?** Sienta el vientre de la madre (vea página 77). Si el bebé está atravesado o de nalgas, debe llevar a la madre a un centro médico u hospital.

parto demasiado prolongado, 86

la bolsa de aguas se rompe y el parto no empieza, 85

aguas verdes o cafés, 86

cómo revisar la posición del bebé, 77

También puede ayudar a la madre asegurándole que va bien y animándola a que...

*   siga activa.
*   coma alimentos ligeros, no pesados ni grasosos.
*   tome tantos líquidos dulces y tés calientitos como quiera.
*   orine con frecuencia.
*   respire profunda y lentamente durante las contracciones y respire normalmente entre ellas.
*   no puje hasta que sienta una fuerte necesidad de hacerlo (vea página 82).

El caminar ayuda al cérvix a abrirse. También puede calmar un poco el dolor y ayudar a la madre a sentirse más tranquila.

Durante el parto, deje que la mujer escoja las posiciones que le sean más cómodas. Por muchos años los doctores y algunas parteras les pedían a las mujeres que se acostaran boca arriba, pero muchas veces ésta es una posición difícil para pasar por el parto y dar a luz. Anime a la mujer a probar diferentes posiciones durante el parto. La mayoría de las mujeres sienten que es más fácil expulsar al bebé cuando están hincadas, en cuclillas o sentadas con la espalda apoyada.

de rodillas

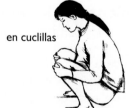

en cuclillas

sentada con la espalda apoyada

Segunda etapa: La madre expulsa al bebé

Señas de que ya es hora de pujar (esto quiere decir que el cérvix está totalmente abierto):

- La madre siente una fuerte necesidad de pujar. Quizás sienta como ganas de obrar.
- Durante las contracciones, usted puede ver que la vulva de la madre se hincha y quizás también pueda ver la cabeza del bebé por la abertura vaginal. Al principio, la cabeza del bebé regresa hacia adentro entre las contracciones.

Qué hacer:

- Quédese con la madre todo el tiempo y asegúrele que ella y el bebé están bien.
- Cada contracción vendrá con un fuerte deseo de pujar. Cuando la madre sienta muchas ganas de pujar, pídale que tome mucho aire y que puje como si fuera a obrar, pero con todas sus fuerzas. Muchas mujeres sienten que les ayuda dar gemidos profundos y bajos con cada pujido.
- Asegúrese de que todo vaya bien y todo esté listo para el nacimiento. Si la mujer lleva más de dos horas pujando, vea 'Parto demasiado prolongado' en la página 86.

parto demasiado
prolongado

El nacimiento de la cabeza

Cuando la cabeza del bebé permanece en la abertura de la vagina, incluso entre las contracciones, es hora de que la cabeza salga.

1. Pídale a la madre que no puje fuerte, sino que dé pequeños pujidos.
2. Deje que la cabeza salga lentamente entre las contracciones. Esto ayudará a evitar que la piel de la madre se desgarre.
3. Después de que la cabeza salga, limpie la boca y la nariz del bebé con un trapo limpio.

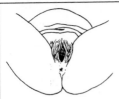
Ahora puje con fuerza.

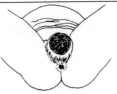
Ahora no puje con fuerza.

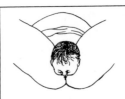
La cabeza generalmente sale boca abajo...

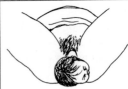
...y luego el bebé se voltea para que los hombros puedan salir.

El nacimiento de los hombros

Para ayudar a los hombros a salir:

1. Sostenga la cabeza del bebé con cuidado y guíela hacia la espalda de la madre (alejándola de su abdomen). Esto permite que el hombro de adelante salga primero. **Nunca jale ni tuerza la cabeza.**
2. Entonces el resto del bebé saldrá fácilmente. **¡Esté lista!** Sostenga al bebé para que no se caiga.

Cuidado del recién nacido

Un bebé sano empezará a respirar, a mover los brazos y las piernas, y a llorar en cuanto nazca. Para atender al bebé:

- Límpiele la boca y la nariz con un trapo limpio. Para ayudar a que el moco salga, mantenga la cabeza del bebé más baja que su cuerpo. Si tiene mucho líquido o moco, sáqueselo con una perilla de succión (vea página 86).

- Dele el bebé a la madre de inmediato. Cubra a ambos con una manta limpia. Haga esto lo más pronto posible para que el bebé no se enfríe.

- Pídale a la madre que amamante al bebé de inmediato. Cuando el bebé mama, la matriz de la madre se aprieta y deja de sangrar. Esto también ayuda a que la placenta salga más rápidamente.

- Amarre y corte el cordón sólo cuando se ponga blanco y deje de pulsar. Para evitar el tétano, una enfermedad grave que causa la muerte de muchos bebés, corte el cordón cerca del cuerpo del bebé.

Para cortar el cordón:

1. Cuando el cordón deje de pulsar, amárrelo en dos lugares, usando nudos llanos. Ponga uno de los amarres a dos dedos de distancia del cuerpo del bebé y el siguiente a otros dos dedos de distancia.

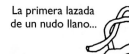

La primera lazada de un nudo llano...   ...la segunda lazada de un nudo llano.

2. Corte el cordón entre estos dos nudos con una hoja de rasurar nueva. Si necesita usar cualquier otra cosa para cortarlo, asegúrese de que el instrumento haya sido hervido durante 20 minutos.

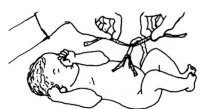

Amarre el cordón en dos lugares antes de cortarlo. Hay más riesgo de que al bebé le dé tétano cuando el cordón se deja muy largo.

IMPORTANTE *Para evitar el tétano y otras infecciones, el cordón y cualquier cosa que lo toque deben estar muy limpios. Nunca ponga tierra o excremento de animales en el pedacito de cordón que quede.*

Cuidado de los ojos

La gonorrea puede causar ceguera. Dado que muchas mujeres no saben que están infectadas, ponga pomada de tetraciclina, eritromicina o cloranfenicol al 1% en cada ojo del bebé, antes de que pase una hora después del parto.

Jale el párpado de abajo para poner un poquito de pomada por dentro. No sirve de nada poner la pomada afuera del ojo.

276

problemas de los recién nacidos

Tercera etapa: La placenta sale

Cuando el bebé esté envuelto y mamando, es hora de que salga la placenta.

Observe la vagina para notar cuando el cordón se vea más largo. Esto indica que la placenta se está separando de la matriz. También esté pendiente de que no haya sangrado fuerte. Cuando el cordón se alargue, pídale a la madre que puje para expulsar la placenta. **No jale el cordón**.

Si la placenta no sale y no hay sangrado, está bien esperar hasta una hora.

Para ayudar a que la placenta salga:

El sobar los pezones puede ayudar a la matriz a contraerse y dejar de sangrar.

- Pídale a la madre que se acuclille y puje. Si no puede pujar, pídale que sople en una botella, que estornude o que tosa.
- Pídale a la madre que orine.
- Anime al bebé a mamar o pídale a alguien que sobe los pezones de la madre (asegúrese de que la madre esté de acuerdo). Esto ayudará a que la matriz se contraiga.
- Si ninguna otra cosa funciona, póngale una inyección de 10 unidades de oxitocina en la nalga o el muslo o dé 600 microgramos de misoprostol por la boca. (Vea las Páginas verdes.)
- Si la madre empieza a sangrar, vea la página 92.

Revise la placenta

➤ *Cuando la placenta haya salido, póngala en un recipiente para revisarla y asegurarse de que esté completa.*

Generalmente la placenta sale completa, pero a veces un pedazo puede quedar adentro. Esto podría causar sangrado o infección más tarde. Para asegurarse de que todo haya salido, revise el lado de arriba y de abajo de la placenta y las membranas de la bolsa de aguas.

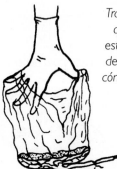

92

sangrado excesivo

Si la madre está sangrando o si parece que falta un pedazo de la placenta o de las membranas, siga las instrucciones de la página 92 para el sangrado excesivo.

Trate de asegurarse de que las membranas estén completas. Usted debe poder imaginarse cómo forman juntas una bolsa.

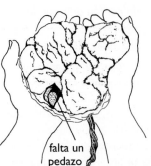

falta un pedazo

SEÑAS DE PELIGRO DURANTE EL PARTO

- la bolsa de aguas se rompe pero el parto no empieza
- el bebé está atravesado
- hay sangrado antes de que nazca el bebé
- parto demasiado largo
- aguas verdes o cafés
- fiebre
- convulsiones o "ataques"

La bolsa de aguas se rompe pero el parto no empieza

La mayoría de las mujeres da a luz en menos de 24 horas después de que se ha roto la bolsa de aguas. Si el parto no ha empezado después de 12 horas, a la mujer y al bebé les podría dar una infección grave.

Qué hacer:

- La madre no debe meterse nada en la vagina. No debe tener relaciones sexuales. Esto podría causarle una infección.
- Si tiene fiebre (calentura) o un mal olor en la vagina, le está empezando una infección. Ella necesita recibir antibióticos por la vena. Aun si el parto empieza, la mujer y su bebé podrían morir. **Lleve a la madre a un centro médico u hospital.**
- Trate de hacer que empiece el parto. La mujer debe tomar 2 cucharadas de aceite de ricino, sobarse los pezones, o pedirle a alguien que se los chupe un rato, cada varias horas, hasta que empiece el parto. Puede que también haya tés especiales que se usen en su área para provocar el parto. Si a pesar de todo, el parto no empieza después de unas pocas horas, la madre debe ir a un hospital o centro médico.

¡¡PELIGRO!! No use inyecciones para provocar el parto. Pueden producir contracciones tan fuertes que pueden matar a la mujer o al bebé.

¡TRANSPORTE!

El bebé está atravesado

Si el parto ya empezó y sale primero el bracito del niño, es casi seguro que el bebé está atravesado. Revise la posición del bebé (vea páginas 75 y 77). Un bebé atravesado no puede nacer sin una operación. No trate de cambiar la posición del bebé una vez que el parto haya empezado. Esto podría desgarrar la matriz o hacer que la placenta se desprenda de la matriz.

Qué hacer:

Lleve a la madre al hospital..

Sangrado antes de que nazca el bebé

Es normal que salga algo de líquido claro o rosado, o moco y sangre café durante el parto. Pero si sale sangre roja brillante, esto podría indicar que la placenta se está desprendiendo de la matriz o que está tapando la abertura de la matriz. **Esto es muy peligroso.**

Qué hacer:

Lleve a la madre al hospital de inmediato. Si es posible, empiece a darle líquidos *intravenosos*.

¡TRANSPORTE!

*Una parturienta no
debe ver el amanecer
dos veces.*

—*Proverbio del
Níger (África)*

¡TRANSPORTE!

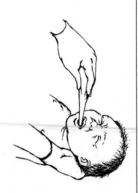

➤ *Una mujer que sólo
está un poco caliente
simplemente puede
necesitar tomar más
líquidos.*

¡TRANSPORTE!

Parto demasiado prolongado

Si la madre ha tenido un buen trabajo de parto por más de 12 horas o si ha estado pujando por más de 2 horas y no hay señas de que el bebé vaya a nacer pronto, podría haber un problema. Es posible que el bebé esté en una mala posición.

Qué hacer:

Si las contracciones no vienen cada 2 ó 3 minutos ni duran por lo menos un minuto, puede que todavía no esté en un buen trabajo de parto. Pídale que duerma. Si no puede dormir, pídale que se sobe los pezones y que camine entre las contracciones para que el trabajo de parto se vuelva más fuerte. Anímela a que beba y coma alimentos ligeros. Los jugos de fruta o el té con azúcar pueden darle energía.

Si la madre ha estado de parto por más de 12 horas o ha estado pujando por más de 1 hora, llévela a un centro médico u hospital. Tal vez necesite medicinas o una operación para que nazca el bebé.

Aguas verdes o cafés

Las aguas verdes o cafés (marrones) pueden indicar que el bebé está en un apuro.

Qué hacer:

Si el parto apenas está comenzando o si la madre no ha empezado a pujar es mejor que el bebé nazca en un hospital.

Si la madre ya está en la segunda etapa del parto y el bebé va a nacer pronto, pídale a la madre que puje tan fuerte como pueda para que el bebé salga rápidamente. En cuanto salga la cabeza del bebé, límpiele la boca y la nariz con un trapo limpio o use una perilla para succionar el moco. Mantenga la cabeza del bebé más baja que su cuerpo para que el moco salga más fácilmente. Si el bebé tiene dificultades para respirar, llévelo al hospital.

Fiebre

La *fiebre* (calentura) generalmente es seña de infección.

Qué hacer:

Toque la frente de la madre con el dorso de una de sus manos y tóquese su propia frente con el dorso de su otra mano. (O si tiene un termómetro, revise la temperatura con él. Vea página 530.) Si la madre se siente un poco más caliente que usted, quizás sólo necesite líquidos. Dele suficiente agua, té, jugo o refresco. Recuérdele que orine con frecuencia.

Si se siente muy caliente al tocarla y tiene escalofríos, llévela a un hospital o centro médico. Necesita antibióticos de inmediato. Dele 2 g de ampicilina por la boca cada 6 horas y también dele 80 mg de gentamicina por la vena o en el músculo cada 8 horas, hasta que lleguen al hospital. Si no puede dar gentamicina, dele en su lugar 400 ó 500 mg de metronidazol por la boca cada 8 horas.

Convulsiones, "Ataques" (eclampsia)

Si la madre empieza a tener una convulsión:

señas de peligro durante el embarazo

- Póngale algo debajo de la cabeza para protegérsela, y acuéstela del lado izquierdo si es posible. Pero no trate de sujetarla.

- Manténgala fresca.

- Mande a alguien a conseguir transporte de emergencia y llévela al hospital más cercano.

¡TRANSPORTE!

Si es posible, dele una de las siguientes medicinas:

- sulfato de magnesio, en solución al 50%. Inyecte 5 g profundamente en cada nalga. Repita después de 4 horas si es necesario.

- diacepam (vea abajo).

➤ *Para mayor información sobre estas medicinas, vea las "Páginas verdes".*

Cómo dar diacepam

Una mujer que está teniendo convulsiones ("ataques") no puede tragar pastillas y puede que el diacepam no sea muy eficaz si se inyecta en un músculo durante una convulsión . Por eso, generalmente es mejor poner en el recto de la madre diacepam líquido (inyectable) o tabletas de diacepam que han sido molidas y mezcladas con agua.

Diacepam líquido. Dé 20 mg después de la primera convulsión. Si las convulsiones continúan, dé 10 mg después de cada una, dejando por lo menos 20 minutos entre cada dosis.

Para dar diacepam líquido, primero cargue a jeringa y luego **QUÍTELE la aguja.**

¡Asegúrese de quitar la aguja!

Meta la jeringa suavemente en el recto unos 5 centímetros y vacíela adentro. Sostenga la jeringa en su lugar por unos 5 minutos. Servirá como un tapón para evitar que la medicina salga. Si sale algo del líquido del ano, puede dar 5 mg más.

Diacepam en tabletas. Si sólo tiene tabletas de diacepam, puede molerlas y mezclarlas con agua limpia y fresca. Las tabletas no se disolverán completamente. Muela 20 mg.

Para dar las tabletas, cargue la jeringa—ya sin la aguja—con la mezcla de tabletas y agua, y métala en el recto de la forma ya descrita.

Partos difíciles

El cordón del ombligo sale antes que el bebé

Si el cordón del ombligo sale antes que la cabeza del bebé, la cabeza lo aplastará a medida que baje. El bebé podría morir o sufrir daño cerebral por falta de oxígeno.

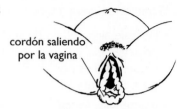

cordón saliendo por la vagina

Qué hacer:

Si el bebé está saliendo muy rápidamente y ya casi nace, pídale a la madre que se acuclille y puje tan fuerte como pueda para expulsar al bebé.

Si el bebé no está saliendo rápidamente, ponga a la madre en la posición que muestra el dibujo, ayúdele a dejar de pujar y llévela al hospital. El bebé tendrá que nacer por medio de una operación.

¡TRANSPORTE!

Los hombros del bebé se atoran

Si un bebé es muy grande, los hombros se le pueden atorar después de que su cabeza haya salido. El niño puede morir o sufrir lesiones si no nace pronto.

Qué hacer:

1. Pídale a la madre que se ponga a gatas y puje. El hombro atorado generalmente saldrá y el niño podrá nacer.

NO TRATE de jalar el bebé para sacarlo. Esto podría lastimarlo o matarlo.

2. Si la posición a gatas no funciona, coloque a la madre con las nalgas en el borde de la cama. Pídale que jale las rodillas hacia atrás lo más que pueda mientras alguien empuja hacia abajo arribita del hueso púbico de la madre. Pídale a la madre que puje tan fuerte como pueda durante su próxima contracción.

3. Si aún así el bebé no sale, deslice la mano por el cuello del bebé hasta que sus dedos le toquen la espalda. Empuje el hombro de arriba del bebé hacia adelante, al mismo tiempo que la madre puja durante una contracción.

IMPORTANTE *NO DEJE que nadie empuje la parte de ARRIBA de la matriz. Esto puede hacer que el niño se atore más y desgarrar la matriz de la madre.*

Gemelos (cuates, mellizos)

Cuando una madre va a tener más de un bebé, es mejor que dé a luz en un centro médico u hospital. Es más probable que uno de los bebés esté en mala posición o que la madre tenga sangrado fuerte después del parto. Pero si usted necesita ayudar a una madre a tener gemelos, debe hacer lo siguiente.

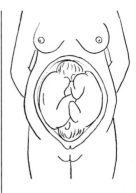

Qué hacer:

1. Ayude al primer bebé a nacer como lo haría con cualquier otro bebé que viniera solo.

2. Cuando corte el cordón del primer bebé, amarre con cuidado la punta que sale de la madre. Si no lo hace, el segundo bebé podría morir.

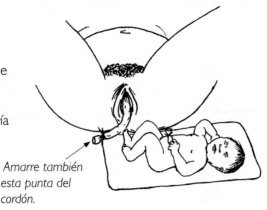

Amarre también esta punta del cordón.

cómo cortar el cordón

3. NO dé ninguna inyección.

4. Dele el primer bebé a la madre para que empiece a darle pecho. Esto ayudará a que nazca el segundo bebé.

5. El segundo bebé debe nacer a los 15 ó 20 minutos. Sienta en qué posición está. Si el segundo bebé está atravesado, usted puede tratar de voltearlo con cuidado. Si no se voltea fácilmente, usted debe llevar a la madre al hospital.

¡TRANSPORTE!

El cordón está enrollado en el cuello del bebé

A veces el cordón del ombligo está enrollado en el cuello del bebé. Generalmente es posible aflojar el cordón y pasarlo sobre la cabeza o los hombros del bebé.

Si el cordón está muy apretado y parece que está impidiendo que el bebé salga, quizás sea necesario amarrarlo en dos lugares y luego cortarlo. Use tijeras e hilo muy limpios. Tenga cuidado de no cortar a la madre ni al bebé.

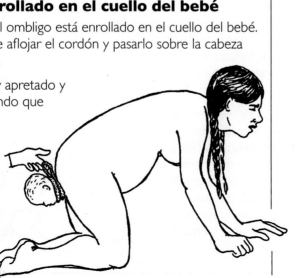

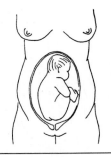

Parto de nalgas

A un parto de nalgas se le llama así porque las nalgas del bebé salen primero. (En la página 77 explicamos cómo revisar la posición del bebé antes del parto.) Si éste es el primer bebé de la madre, quizás sea mejor que ella dé a luz en un hospital. Si se queda en casa, procure que la atienda un médico o una partera que tenga mucha experiencia.

Qué hacer en caso de un parto de nalgas:

1. Ayude a la madre a no pujar hasta que se vean las nalgas del bebé en la vagina. Es muy importante que el cérvix esté totalmente abierto.

2. Pídale a la madre que se pare con las rodillas un poco dobladas (alguien debe sostenerla como muestra el dibujo).

O, si la madre no puede hacerlo, colóquela con las nalgas en el borde de la cama en cuanto asomen las nalgas o las piernas del bebé.

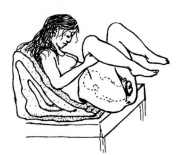

3. Anímela a que puje para que el resto del cuerpo del bebé salga lentamente. Generalmente las piernas salen solas pero a veces es necesario meter los dedos en la vagina de la madre para sacarlas.

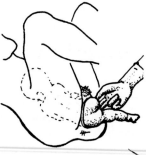

4. Con cuidado, afloje el cordón un poquito para que no se estire demasiado después. Si el cordón aún está debajo del hueso púbico de la madre, muévalo hacia un lado donde la carne es más blanda.

5. Envuelva el cuerpo del bebé en un trapo seco y tibio. Esto le ayudará a usted a sostenerlo mejor y evitará que el niño trate de respirar antes de que salga la cabeza. (En el resto de los dibujos no mostramos el trapo, para que el bebé se pueda ver mejor. Pero en un parto real, hay que mantener al bebé envuelto.

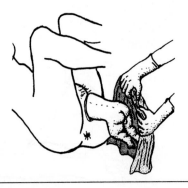

6. Pídale a un ayudante que ponga presión sobre el hueso púbico de la madre (no sobre su abdomen). Esto es para mantener la cabeza del bebé agachada, no para empujar al bebé hacia afuera. Guíe el cuerpo del bebé hacia abajo con cuidado para que nazca el hombro de arriba. Sostenga al bebé por las caderas o las piernas. **¡Tenga cuidado! ¡La presión sobre la espalda o el abdomen del bebé puede lastimarlo por dentro!**

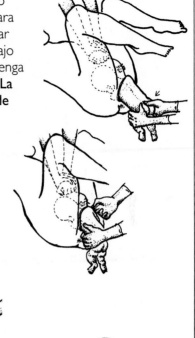

   Puede que usted tenga que meter los dedos en la vagina de la madre para sacar los brazos del bebé. Encuentre el primer brazo con sus dedos, siguiendo hacia abajo la curva del hombro. Jale el codo con cuidado para acomodarlo frente al pecho. Ayude al hombro a salir.

7. Levante al bebé con cuidado para ayudar al otro hombro a salir.

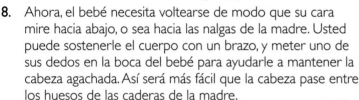

8. Ahora, el bebé necesita voltearse de modo que su cara mire hacia abajo, o sea hacia las nalgas de la madre. Usted puede sostenerle el cuerpo con un brazo, y meter uno de sus dedos en la boca del bebé para ayudarle a mantener la cabeza agachada. Así será más fácil que la cabeza pase entre los huesos de las caderas de la madre.

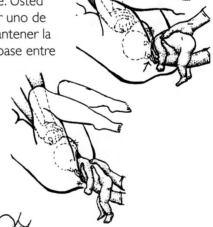

9. Vaya bajando al bebé hasta que se empiece a asomar el pelo de su nuca. **¡No jale al bebé! ¡No le doble el cuello o podría rompérselo!**

10. Para ayudar a la cara del bebé a salir, manténgale la cabeza agachada mientras le levanta el cuerpo. Deje que la parte trasera de la cabeza quede dentro de la madre por ahora.

11. La madre debe relajarse, dejar de pujar y ayudar al bebé a salir sólo por medio de soplidos suaves. La parte trasera de la cabeza debe salir muy lentamete. Si sale demasiado rápido, el bebé podría tener sangrado en el cerebro y morir o quedar discapacitado.

Sangrado excesivo (hemorragia)

Es normal que una mujer sangre un poco después del parto. **Pero el sangrado es un problema grave si no se detiene en menos de una hora después del parto, o si hay demasiada sangre**—más de dos tazas llenas, o suficiente para empapar dos trapos gruesos en una hora.

¡TRANSPORTE!

Qué hacer:

1. Llévela al hospital.

2. En el trayecto, haga lo siguiente:

Para un sangrado excesivo antes de que la placenta salga:

- Pídale a la mujer que se acuclille y puje para que salga la placenta.

- Pídale que orine.

- Pídale que dé pecho al bebé. Si el bebé no quiere mamar, sugiérale a la madre que se sobe los pezones o que permita que alguien se los chupe. Esto ayudará a que la matriz se contraiga y que la placenta salga.

- Si lo tiene, puede inyectarle 10 unidades de oxitocina a la madre en la nalga o el muslo o darle 600 microgramos de misoprostol por la boca, una sola vez.

Si la madre está demasiado débil para expulsar la placenta o si está sangrando tanto que está mareada, **lleve a la madre al hospital más cercano**. Mientras va hacia el hospital, puede intentar guiar la placenta para que salga. Haga esto sólo si piensa que la vida de la mujer está en peligro. Primero busque señas de que la placenta se ha desprendido.

1. Marque el cordón del ombligo amarrándole un hilo limpio a una mano de distancia de la abertura de la vagina.

2. Ponga una mano sobre el abdomen de la madre justo arriba del hueso púbico. Espere a que la matriz se ponga dura y luego empuje para arriba, hacia la cabeza de la madre.

3. Si el hilo que le amarró al cordón se mueve hacia la madre, es probable que la placenta todavía está pegada a la matriz. No intente guiarla hacia fuera.

   Si el hilo que le ató al cordón no se mueve, puede que la placenta ya esté en la vagina y usted puede tratar de sacarla.

4. Con su otra mano, tome el extremo cortado del cordón (un trapo seco le ayudará a sostenerlo), y jale lenta y firmemente. No jale con fuerza. Si no siente que la placenta esté bajando, **DETÉNGASE.**

5. Ya que la placenta salga, sobe la parte de arriba de la matriz con una mano hasta que se ponga muy dura. Al mismo tiempo, empuje la parte de abajo de la matriz hacia arriba con la otra mano.

6. Dele líquidos a la madre, ya sea por la vena (IV) o por el recto (vea pág 541).

Si el sangrado empieza después de que la placenta ha salido:

- Pídale a la madre que orine.
- Manténgala acostada y pídale que amamante al bebé. Si el bebé no quiere mamar, sobe los pezones de la madre. Esto hará que la matriz se contraiga y deje de sangrar.
- Sobe firmemente la parte de arriba de la matriz al nivel del ombligo hasta que se ponga dura. Siga sobando hasta que pare el sangrado.
- Si la matriz no se pone dura después de unos cuantos minutos de sobarla o si el sangrado sigue, dé medicinas para detener el sangrado.

El sobar los pezones puede ayudar a que la matriz se contraiga y el sangrado se detenga.

Medicinas para detener el sangrado de la matriz después que la placenta haya salido

Medicina:	Cuánto tomar:	Cómo y cuándo tomarla:
oxitocina	10 unidades	inyecte en el músculo, al lado

Puede repetir la dosis en 20 minutos si el sangrado no se detiene.

Medicina:	Cuánto tomar:	Cómo y cuándo tomarla:
ergometrina	0,2 mg	inyecte en el músculo, al lado

Medicina:	Cuánto tomar:	Cómo y cuándo tomarla:
pastillas de ergometrina	0,2 mg	por la boca

Puede dar una dosis de ergometrina cada 2 ó 4 horas en el caso de sangrado severo o cada 6 ó 12 horas cuando el sangrado no sea tan severo, pero hay que seguir dándole la medicina hasta que el sangrado haya parado y la matriz se haya endurecido, usualmente tarda 48 horas.

Las pastillas tardan más tiempo que las inyecciones para hacer efecto. No dé ergometrina a una mujer con la presión sanguínea alta.

Medicina:	Cuánto tomar:	Cómo y cuándo tomarla:
misoprostol	600 mcg (microgramos)	por la boca, o si la madre no puede tragar, inserte en el recto

Para tomar misoprostol por la boca, la madre debe poner las pastillas en la parte inferior de las mejillas o debajo de la lengua hasta que se disuelvan y luego tragarse lo que quede.

Para insertar en el recto, utilice un guante mientras inserta las pastillas y luego tire el guante y lávese las manos.

Vea la página 483 para más información sobre las medicinas que detienen el sangrado.

Si la madre sigue sangrando, llévela a un centro médico u hospital.

Mande a dos parientes con ella para que le den sangre si la necesita. Mientras tanto esté pendiente de las señas de choque. En la página 254 explicamos cuáles son las señas del choque y cómo tratar esta condición.

254

choque

Ha estado sangrando demasiado. Debemos llevarla al hospital. Yo traigo al bebé.

Yo la cargo.

Siento que me desmayo...

Voy por la camioneta.

¡TRANSPORTE!

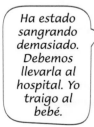

Señas de peligro en los recién nacidos

118

dando pecho

Bebé que nace antes de tiempo o es demasiado pequeño

Se considera que un bebé nace antes de tiempo cuando nace antes de los 8 meses. Y se considera que un recién nacido es demasiado pequeño si pesa menos de 2.500 gramos al nacer. Estos bebés necesitan cuidados especiales.

Tratamiento:

1. Seque al bebé con un trapo limpio y tibio inmediatamente después de que nazca.

Mantenga al niño tibio y seco.

2. Coloque el cuerpo desnudo del bebé sobre el de la madre. Tape al bebé con varias mantas o trapos calientitos. Asegúrese de que tenga la cabeza cubierta y de que el cuarto esté calientito.

3. Pídale a la madre que de pecho al bebé. Los bebés muy pequeños necesitan comer por lo menos cada dos horas.

4. NO bañe al bebé. Él necesita estar calientito.

Si el bebé no respira

Un bebé necesita empezar a respirar por sí mismo de 2 a 3 minutos después de que el cordón se ponga blanco o que la placenta se desprenda de la matriz. Si el bebé no comienza a respirar, puede sufrir daño cerebral grave o morir.

Qué hacer:

Saque el moco de la nariz y la boca del bebé y sóbele firmemente la espalda y los pies. Si el bebé no empieza a respirar, **dele respiración de boca a boca**:

1. Acueste al bebé sobre una superficie dura como una mesa o el piso.

2. Inclínele la cabeza hacia atrás un poco para abrirle la garganta.

3. Ponga su boca sobre la nariz y la boca del bebé y dé pequeños soplidos para que le entre aire al bebé. Dé como 40 soplidos por minuto (que es un poco más rápido de lo que usted respira al descansar). Deje que el bebé saque el aire entre los soplidos.

4. La barriga y el pecho del bebé deben subir y bajar con cada soplido. Si la barriga no baja, eso indica que el aire está entrando al estómago del bebé y no a sus pulmones. Cámbiele la posición de la cabecita y asegúrese de que nada le esté tapando la garganta.

El pecho y la barriga suben.

El pecho y la barriga bajan entre uno y otro soplido.

IMPORTANTE *Los pulmones de un recién nacido son muy delicados. Si usted sopla demasiado fuerte, podría dañarlos. Dé pequeños soplidos tomando aire de sus mejillas y no del pecho.*

EL CUIDADO DE LA MADRE JUSTO DESPUÉS DEL PARTO

Anime a la madre a dar pecho al bebé, lo cual le ayudará a dejar de sangrar más pronto. También:

- Sienta la parte de arriba de la matriz de la madre. Debe estar dura y redonda, como a la altura del ombligo. Si la matriz se siente suave, pídale a la madre que orine y después sóbele la matriz hasta que se ponga dura. Siga revisando la matriz por si se vuelve a poner blanda. También esté pendiente del sangrado. Enséñele a la madre a sentirse la matriz y a sobarla si se pone blanda.

- Revise la vagina de la madre. Si tiene un desgarro profundo y largo o que no deja de sangrar, será necesario que se lo cosa alguien que sepa hacerlo.

- Dele a la madre bastante de comer y de tomar.

EL CUIDADO DEL BEBÉ

Asegúrese de que la madre sepa que la leche de pecho es el mejor alimento para su bebé. Deje al bebé con la madre para que él pueda mamar y se mantenga calientito. Anime a la madre a mantener al bebé limpio y calientito, y a dejarlo mamar tan seguido como él quiera.

Muchas veces, a los bebés les sale un poquito de moco amarillo de los ojos en las primeras semanas de nacidos. Lave los ojos con leche de pecho o con agua hervida y enfriada y un trapo muy limpio. Si los ojos del bebé se ponen rojos, se hinchan y tienen mucho pus, un trabajador de salud debe examinar al bebé. Si la madre tiene VIH, se puede proteger al bebé de la infección dándole medicinas para el VIH (vea la página 520).

El cuidado del cordón

Hay que mantener el pedacito de cordón que le queda al bebé limpio y seco. Si es posible, límpielo con alcohol y un trapo limpio cada vez que cambie un pañal. Durante la primera semana, el pedacito de cordón se pondrá negro y se caerá. No es necesario cubrirlo con nada a menos que haya muchas moscas o polvo. De ser así, se puede tapar con un pedazo muy limpio de gasa o de tela, que no quede apretado.

Si nota que el área alrededor del cordón está roja o tiene pus, es posible que el bebé tenga una infección. Un trabajador de salud debe atender al bebé y darle antibióticos de inmediato.

Tétano en el recién nacido (mozusuelo)

Señas de tétano en el recién nacido		
• tiene fiebre	• llora todo el tiempo	
• no puede mamar	• respira rápidamente	• el cuerpo del bebé se pone rígido

Qué hacer:

Lleve al bebé a un centro médico u hospital de inmediato. Si el hospital está a más de dos horas de distancia y hay alguien que sepa inyectar, hay que ponerle al bebé 100.000 unidades de bencilpenicilina antes de transportarlo.

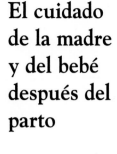

El cuidado de la madre y del bebé después del parto

medicinas para el VIH durante el parto

dando pecho

¡TRANSPORTE!

LAS PRIMERAS SEMANAS DESPUÉS DEL PARTO

El cuidado de la nueva madre

Las madres, al igual que los bebés, necesitan cuidados después del parto. Muchas veces las personas están tan ocupadas cuidando al bebé que olvidan las necesidades de la madre.

- **Para evitar una infección,** la madre no debe tener relaciones sexuales ni ponerse nada adentro de la vagina hasta que el sangrado pare totalmente.

- Ella debe **descansar** mucho por lo menos durante 6 semanas.

- Debe tratar de **estar muy limpia**. Es bueno que ella se bañe y que mantenga sus genitales muy limpios. Cuando se bañe, no debe sentarse en agua sino hasta una semana después del parto.

- Una mujer que dio a luz hace poco debe **comer más** de lo que acostumbra. Ella puede comer cualquier tipo de alimentos, incluyendo pescado, carne, frijoles, granos, verduras y frutas. Estos alimentos le ayudarán a recuperarse y le darán energía para cuidar a su bebé.

- Ella debe **tomar bastantes líquidos.**

- Si ella **da pecho** a su bebé y no le da ningún otro tipo de leche, el dar pecho puede evitar que ella se vuelva a embarazar demasiado pronto. Pero para protección completa, vea la página 218.

- Si ella tiene un desgarro en la abertura de la vagina, debe mantenerlo limpio. Ella puede ponerse un trapo húmedo y caliente y también miel en el desgarro, para que se sienta mejor y sane más pronto. Si el desgarro le arde, puede echarse agua en los genitales cuando orine.

  Cualquier planta medicinal que use para ayudar a sus genitales a sanar debe estar muy limpia (hervida es aún mejor). **No hay que poner plantas medicinales dentro de la vagina.**

- La mujer debe empezar a **usar algún método de planificación familiar** pronto, sobre todo si no está alimentando al bebé sólo con leche de pecho. Algunos métodos necesitan empezar a usarse antes de volver a tener relaciones sexuales para evitar el embarazo con mayor eficacia.

105

dando pecho

197

planificación familiar

Señas de peligro en los primeros días después del parto

Sangrado

El sangrado que empieza más de un día después del parto muchas veces se debe a pedazos de placenta que quedaron en la matriz.

Señas de peligro de un sangrado excesivo:

- La madre empapa más de dos toallas higiénicas o trapos gruesos por hora, en el primer día después del parto.
- Empapa más de una toalla higiénica o un trapo grueso por hora, después del primer día.
- Tiene un flujo ligero pero continuo de sangre.

Qué hacer:

1. Sobe la parte de arriba de la matriz hasta que se ponga dura y el sangrado se detenga. Ponga al bebé a mamar o pídale a alguien que sobe los pezones de la madre.

2. Dé medicinas para detener el sangrado (vea página 93).

3. **Si el sangrado no se detiene, consiga ayuda médica.** Siga sobando la matriz mientras lleva a la madre al hospital.

4. Si ella tiene señas de infección, siga las instrucciones a continuación.

> ➤ *Si la madre se queja de que no se siente bien, esté muy pendiente de las señas de infección.*

¡TRANSPORTE!

Infección de la matriz

Una infección de la matriz es algo **muy peligroso. Si no se atiende, la mujer puede quedar estéril o morir.**

Señas de una infección de la matriz:

- fiebre y escalofríos
- sensibilidad y dolor en el vientre
- flujo vaginal que huele mal

Tratamiento:

1. Dar una de estas combinaciones de medicinas:

   ampicilina.............. 2 g (2.000 mg) suero intravenoso o inyección intramuscular para la primera dosis, después 1 g (1.000 mg) por la vena o en el músculo .... 4 veces al día

   y gentamicina .... 80 mg en la primera dosis, por la vena o en el músculo después 60 mg para las siguientes dosis .... 3 veces al día

   y metronidazol........ 400 a 500 mg por la boca o por la vena .... 3 veces al día

   ──────── O ────────

   cefixima.............. 400 mg por la boca... 2 veces al día

   y doxiciclina............ 100 mg por la boca... 2 veces al día
   (evite utilizar la doxiciclina si está dando pecho)

   y metronidazol........ 400 a 500 mg por la boca.. 3 veces al día

   Cualquiera sea la opción, se debe continuar tomando la medicina durante 2 días (48 horas) después que desaparezca la fiebre.

2. Si ella no se siente mejor dentro de 24 horas, llévela al hospital más cercano. Anímela a tomar muchos líquidos si está tomando muchas medicinas por la boca.

Mujeres con necesidades especiales

MALPARTO O PÉRDIDA DE UN EMBARAZO

Un malparto es un embarazo que termina solo, antes de que el bebé se haya desarrollado por completo. Muchas veces es la forma en que el cuerpo le pone fin a un embarazo cuando el bebé tiene un problema grave que le hubiera impedido desarrollarse bien. La mayoría de los malpartos ocurren en los primeros 3 meses del embarazo. Después de un malparto, una mujer puede volver a embarazarse y tener un embarazo normal y un bebé sano.

Las señas del malparto son dolor y sangrado. (Para mayor información sobre otras causas de estas señas, vea la página 234.) El sangrado y el dolor casi siempre empiezan como una regla normal, pero luego empeoran. Puede que en la sangre también haya pedazos de *tejido* y coágulos (cuajarones).

Si el sangrado y el dolor continúan por más de unos cuantos días, si el sangrado es mucho más abundante que el de una regla normal, o si la mujer empieza a tener fiebre o un flujo vaginal que huele mal, puede que parte del embarazo todavía esté en la matriz. A esto se le llama malparto incompleto. Éste puede causar una hemorragia grave, una infección peligrosa, o la muerte. La mujer debe ir a un hospital o centro médico donde un trabajador de salud pueda terminar de vaciarle la matriz.

Si una mujer tiene dolor fuerte y constante en la parte baja del vientre, podría tener un *embarazo tubárico*. Esto es muy peligroso (vea pág 73).

244
métodos para vaciar la matriz

353
dolor

Una mujer que quiere tener hijos puede sentirse muy triste si pierde un embarazo.

Después de un malparto, la mujer debe descansar y no hacer trabajo duro ni cargar cosas pesadas por dos semanas. No debe lavarse la vagina por dentro. Tampoco debe tener relaciones sexuales sino hasta que el sangrado se haya detenido porque su matriz aún está abierta y podría infectarse.

Muchas mujeres se sienten muy tristes después de un malparto; algunas no. Todo esto es normal. Para algunas mujeres puede ser de ayuda hablar con otras mujeres que también han perdido un embarazo.

Ayuda para las mujeres que no pueden cuidar bien de sí mismas ni de sus bebés

Algunas mujeres corren un mayor riesgo de tener partos difíciles, problemas después del parto y bebés enfermos. Las madres que están solas, que son muy pobres o muy jóvenes, que sufren de retraso mental o que ya tienen niños enfermos o desnutridos pueden tener más dificultades para cuidar de sí mismas y de sus bebés.

Alguien que se interese en estas mujeres y les ayude a conseguir los alimentos, la atención y la compañía que necesitan, puede tener un gran impacto sobre el bienestar de estas mujeres y sus bebés.

Si el bebé muere

La mayoría de las mujeres tienen embarazos normales y bebés sanos. Pero a veces, a pesar de lo que cualquier persona haga, el bebé muere.

Éste es siempre un momento difícil para una madre. Ella siente una gran tristeza y pérdida. Además, ella ha tenido un embarazo y un parto y necesita descansar y recuperar su fuerza, igual que una madre con un recién nacido.

Las siguientes recomendaciones pueden ser útiles:

- Sus pechos probablemente estarán adoloridos, sobre todo alrededor del tercer día después del parto, cuando baja la leche. Los trapos mojados en agua limpia y un poco fría pueden calmar las molestias.

Ella debe...

- no sacarse la primera leche amarilla (calostro) ni la demás leche. Si lo hace, el cuerpo sólo producirá más.

- estar pendiente de las señas de una infección de los pechos y tratarla, si es necesario (vea pág 117).

- esperar por lo menos 3 meses antes de tratar de embarazarse de nuevo. Su cuerpo necesita tiempo para recuperarse.

- empezar a usar algún método de planificación familiar tan pronto como sea posible. Si no, podría embarazarse otra vez demasiado pronto.

Para muchas mujeres, ésta es una muerte como la muerte de cualquier otro ser querido, y por eso necesitan guardar luto. Ellas necesitan cuidados especiales, cariño y apoyo.

No espere a que las personas necesitadas acudan a usted. Vaya usted a ellas.

planificación familiar

➤ Una mujer que perdió a un bebé necesita cuidado y apoyo adicionales.

Palabras al padre

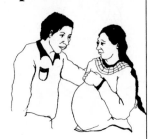

➤ *Durante el embarazo, el parto y después, esté pendiente de las señas de peligro para la madre y el bebé. Consiga ayuda si piensa que hay algún problema.*

El embarazo

Usted puede ayudar a su esposa física y emocionalmente demostrándole que la quiere y que ella es importante para usted. Asegúrese de que alguien le ayude a ella con su trabajo. Si usted mismo no puede hacer parte del trabajo, trate de conseguir que otra persona le ayude. Asegúrese de que su esposa coma alimentos nutritivos y que reciba atención prenatal (vea pág 68). Realice el exámen y reciba tratamiento para las infecciones sexuales, incluyendo el VIH. Si usted tiene VIH, use condónes en las relaciónes sexuales.

El parto

Puede ayudarle a su esposa a que el trabajo de parto y el parto mismo sean seguros haciendo lo siguiente:

- asegurándose de que haya suficiente agua y comida en la casa.
- trayendo a su partera a la casa para que ayude con el parto y asegurando que haya transporte en caso de una emergencia.
- encargándose de cuidar a los otros niños.

Si se queda con ella durante el parto, puede ayudarle dándole apoyo físico y emocional. Anímela y dígale que está haciendo bien las cosas. Dele agua para beber. Ayúdele a caminar o a acuclillarse durante las contracciones o sóbele la espalda.

Después del parto

Las primeras 6 semanas después del parto son las más importantes para que la mujer recobre su fuerza y se sienta sana otra vez. Durante esta temporada, necesita muchos alimentos nutritivos y reposo. Usted

puede ayudarle a descansar más haciendo algo de su trabajo, como acarrear el agua o la leña, cuidar a sus otros niños o preparar la comida. Si usted no puede ayudar, trate de encontrar a alguien que sí pueda.

Si usted se toma tiempo para cuidar y cargar a su bebé, su esposa podrá dormir y usted forjará una relación más estrecha con su nuevo hijo.

No tenga relaciones sexuales con su esposa hasta que ella deje de sangrar. Así evitarán una infección de la matriz.

Planificación familiar

197

planificación familiar

Para que una madre y sus bebés sean saludables, es mejor esperar por lo menos dos años entre cada embarazo. Una de las maneras más importantes en que usted puede ayudar a su familia a ser más sana es usando planificación familiar. Vaya a la clínica de planificación familiar con su esposa y decidan juntos qué método les servirá mejor. Luego compartan la responsabilidad para su uso.

La lucha por el cambio

Por todo el mundo, millones de mujeres mueren sin razón a causa de problemas relacionados con el embarazo y el parto. Muchas de estas muertes ocurren porque la mujer o su familia esperan demasiado tiempo antes de conseguir ayuda en las emergencias.

He aquí la historia de un grupo de mujeres africanas que lucharon por entender y resolver algunos de esos problemas en su comunidad.

Durante la última época de lluvias mi amiga Alaba estaba embarazada. Cuando llegó el momento del parto, su esposo estaba de viaje. Varias mujeres fueron a ayudar a Alaba. Pero el parto se prolongó demasiado y Alaba empezó a sangrar. Yo dije que necesitábamos llevarla a un centro médico, pero nadie podía decidir qué hacer. Su esposo no estaba y a él le tocaba decidir. Poco después, nos dimos cuenta de que Alaba y su bebé no podrían sobrevivir. Los dos murieron frente a nosotras.

Esto me hizo sentir muy triste, pues Alaba era mi amiga y no pudimos ayudarle. Empecé a hablar con otras mujeres en mi aldea. Teníamos que hacer algo para resolver este problema. Alaba no era la primera mujer que había muerto al dar a luz. Además muchas mujeres perdían a sus bebés durante el parto. Algunas mujeres dijeron que así eran las cosas en nuestra aldea y que debíamos aceptarlas. Pero nosotras dijimos que no, que podíamos hacer algo para resolver estos problemas.

Decidimos tener una reunión para aprender más acerca de la muerte de los bebés y las mujeres durante el parto. En la reunión decidimos hablar con las familias que habían tenido este problema. Seis mujeres de nuestro grupo quedaron en visitar a familias en que una mujer había muerto a causa de un parto difícil en los últimos dos años, o en que una mujer aún se estaba recuperando de un parto difícil.

Aprendimos varias cosas importantes. Todas estuvimos de acuerdo en que el problema principal era que las mujeres esperaban demasiado tiempo antes de llamar a un doctor o ir a un centro médico. A veces, una mujer no puede pedir ayuda sin el permiso de su esposo. Muchas veces, como le pasó a mi amiga Alaba, el esposo no está en la aldea cuando su mujer necesita su permiso para conseguir ayuda. Los vecinos tienen miedo de ayudar porque no quieren que el esposo se enoje o se ofenda. También descubrimos que la mayoría de los esposos no saben a qué riesgos se enfrenta la mujer durante el parto.

Aunque el centro de salud queda a 12 kilómetros de nuestra aldea, decidimos caminar hasta allá para hablar con la partera que trabaja allí. Le contamos lo que habíamos descubierto, y le pedimos que nos ayudara a encontrar formas de resolver nuestro problema. La partera tenía muchas ganas de ayudarnos. Ella habló con el jefe de nuestra aldea y pidió reunirse con los ancianos que son nuestros líderes.

Durante la reunión, la partera habló con los ancianos sobre los riesgos de los partos prolongados. También les explicó lo que habíamos descubierto en cuanto a las muertes durante el parto de las mujeres en nuestra aldea. Los ancianos estuvieron de acuerdo en que éste era un problema muy grave para toda la comunidad. Le preguntaron a la partera cómo se podría solucionar el problema. Ella les informó que éste no era sólo un problema en nuestra aldea, sino en todo nuestro país. Sugirió que la aldea escogiera a 12 hombres y 12 mujeres para que fueran a un taller de 5 días sobre la salud reproductiva y la planificación familiar. Las personas seleccionadas trabajarían como promotores de la salud reproductiva, para educar al resto del pueblo.

Después del entrenamiento, los hombres que habían acudido se dieron cuenta de que ellos tenían que participar activamente en la solución del problema. Decidieron esforzarse por informar a los otros hombres sobre los riesgos del parto y enseñarles cómo ayudar a las mujeres cuando estaban dando a luz. También decidieron formar un comité de transporte para ayudar a las mujeres a llegar al centro médico cuando fuera necesario.

Todos trabajamos muy duro para resolver este problema en nuestra aldea. Al principio, muchas personas dijeron que las mujeres con frecuencia mueren al dar a luz y no había nada que se pudiera hacer al respecto. Pero nosotros no nos desanimamos. Las mujeres, la partera, los ancianos y los hombres de la comunidad trabajamos todos unidos y así encontramos una solución que ha dado resultado en nuestra aldea. Y la solución no fue cuestión de más dinero o una nueva tecnología, sino de nuestro tiempo y esfuerzo. Nosotros en la aldea los animamos a ustedes a trabajar con el resto de su comunidad para mejorar la vida y la salud de todos allí.

Para mayor información sobre cómo pensar acerca de los problemas médicos y cómo resolverlos, vea el capítulo 2, titulado "Cómo solucionar problemas médicos".

Cómo evitar muchas de las muertes causadas por el embarazo y el parto

La mayoría de las muertes y lesiones causadas por el embarazo y el parto se podría evitar mediante una mejor alimentación, el uso de planificación familiar, el acceso al aborto seguro, la buena atención durante el embarazo y el parto, el acceso a transporte y buenos servicios de sangre para las emergencias. Usted puede:

Voy a ayudarle a mi esposa para que su embarazo y parto sean seguros y sanos.

- Aprender cuáles son las señas de peligro del embarazo, del parto y de la temporada después del parto.
- Planear cómo conseguir ayuda antes de que la necesite.
- Tratar de organizar a su comunidad para que el dinero y el transporte de emergencia, al igual que las donaciones de sangre, estén listos cuando una mujer tenga un parto difícil.
- Trabajar con los líderes de su comunidad para construir casitas cerca de un hospital, donde las mujeres de áreas lejanas puedan quedarse hasta que sea tiempo de dar a luz.

Lo que los trabajadores de salud pueden hacer para salvar la vida de mujeres y niños:

- Ofrecer servicios de planificación familiar para evitar abortos peligrosos y para ayudar a las mujeres a no tener embarazos demasiado frecuentes.
- Ofrecer servicios de prevención y tratamiento para las infecciones sexuales a todas las mujeres y jóvenes que puedan tener hijos.
- Promover el uso del condón y otras maneras de tener sexo seguro.
- Proveer exámenes y tratamiento para el VIH, incluyendo medicinas y apoyo para prevenir que se transmita el VIH durante el embarazo y el parto y a través de la leche de pecho.
- Asegurarse de que todas mujeres reciban vacunas contra el tétano.
- Aprender a detectar problemas durante el embarazo y el parto, y después del parto.
- Enviar a las mujeres que estén teniendo o hayan tenido problemas con el embarazo a un centro médico que tenga transporte de emergencia.
- Enseñarles a las parteras cómo evitar las infecciones y cómo reconocer y tratar las señas de peligro durante el embarazo y el parto.

cómo evitar infecciones

- Animar a todas las mujeres a dar pecho a sus bebés por lo menos durante dos años.
- Preparar un botiquín que entre otras cosas contenga:
  - oxitocina, ergometrina, misoprostol y hierbas locales para evitar y controlar el sangrado grave después del parto
  - antibióticos para tratar infecciones
  - equipo para dar inyecciones en el músculo y en la vena
  - medicinas para tratar la eclampsia (vea pág 87)
  - guantes estériles o bolsas de plástico muy limpias
  - hojas de rasurar nuevas
  - una bolsa o lata para hacer lavativas o dar líquidos por el recto

medicinas que pueden salvar la vida de una mujer

Capítulo 7

En este capítulo:

    Es posible que usted dé pecho a su niño por todo el tiempo que quiera, sin tener ningún problema. Pero si usted tiene un problema, hay muchas formas en que puede ayudarse a sí misma y seguir dando pecho a su hijo. Este capítulo contiene información sobre formas sanas de dar pecho a los niños y ayuda para resolver los problemas comunes.

Dando pecho

Alimentar a los bebés con leche de pecho es una de las costumbres más antiguas y sanas del mundo. Pero a medida que el mundo cambia, las mujeres a veces necesitan información y apoyo para seguir dando pecho a sus bebés.

Es importante dar pecho porque:

- **La leche de pecho es el único alimento perfecto** para ayudar a un bebé a crecer y estar sano y fuerte.
- Dar pecho ayuda a la matriz a dejar de sangrar después del parto.
- La leche de pecho protege al bebé contra enfermedades e infecciones, como la diabetes, el cáncer, la diarrea y la pulmonía. Las defensas de la madre contra las enfermedades pasan al bebé a través de la leche.
- El dar pecho ayuda a proteger a la madre contra enfermedades como el cáncer y el desgaste o la debilidad de los huesos (osteoporosis).
- Cuando una mujer da pecho a su bebé, la leche siempre está lista, limpia y a la temperatura correcta.
- Dar pecho ayuda a la madre y al bebé a sentirse seguros y a forjar una relación estrecha.
- El dar a sus bebés leche de pecho y nada más, ayuda a evitar que algunas mujeres se vuelvan a embarazar demasiado pronto.
- Es gratis.

Por qué el pecho hace más provecho

➤ *Lo mejor es dar pecho a su bebé el mayor tiempo posible—por lo menos por un año. Durante los primeros 6 meses, no le dé nada a su bebé más que leche de pecho.*

Por qué otras formas de alimentación pueden ser dañinas

Las compañías que producen leche enlatada para bebés (ya sea líquida o en polvo) quieren que las madres les den este tipo de leche a sus bebés en vez de leche de pecho para que las compañías ganen dinero. Muchas veces es muy peligroso dar leche enlatada o usar biberones (mamilas, pachas). Millones de bebés que han sido alimentados con biberones o leche enlatada se han desnutrido o enfermado, o han muerto.

Los bebés que toman leche enlatada sufren más posibilidades de enfermarse y morir.

- La leche enlatada, ya sea para bebés o de otro tipo, y la leche de animales no protege a los bebés contra las enfermedades.

- La leche enlatada y otras leches pueden causar enfermedades y la muerte. Si el biberón, el chupón o el agua que se usa para preparar la leche no se hierve lo suficiente, el bebé tragará *microbios* dañinos que le causarán diarrea.

- Cuando los bebés maman del pecho de la madre, usan la lengua para 'ordeñar' el pecho. Esto es muy diferente a lo que hace la boca del bebé cuando chupa un biberón. Si un bebé se acostumbra a chupar un biberón o un chupón, puede que se le olvide cómo mamar del pecho, porque el biberón le enseña a chupar de otra manera. Y si el bebé no mama del pecho lo suficiente, la madre empezará a producir menos leche, y el bebé dejará de mamar del pecho por completo.

- El alimentar a un bebé con leche enlatada cuesta mucho dinero. Para un bebé, una familia necesitaría 40 kilos de leche en polvo durante el primer año. El comprar suficiente leche en polvo para un día, y bastante combustible para hervir el agua, puede costar más de lo que una familia gana en una semana—o incluso en un mes.

¿De verdad podré comprar todo esto en un año?

Algunos padres tratan de hacer que la leche comprada dure más usando menos polvo o más agua. Esto hace que el bebé se desnutra, crezca más lentamente y se enferme con más frecuencia.

EL VIH Y LA LECHE DE PECHO

Una mujer con VIH tiene que tomar una decisión con respecto a la manera más segura de alimentar a su bebé. Ella tiene que comparar los riesgos de salud con el riesgo de una infección de VIH. Para conseguir ayuda con respecto a esta decisión, vea la página 293.

PARA UN NUEVO BEBÉ

Una madre debe dar pecho a su bebé durante la primera hora después del parto. Esto ayudará a que su matriz se contraiga y regrese a su estado normal. El contacto de la piel de la madre con la del bebé y dar pecho en sí ayudarán a que la madre empiece a producir leche.

Los recién nacidos necesitan la leche amarillenta (calostro) que sale de los pechos durante los primeros 2 ó 3 días después del parto. El calostro le da al bebé toda la alimentación que él necesita y lo protege contra enfermedades. El calostro también limpia los *intestinos* del bebé. No hay necesidad de darle tés, hierbas o agua para eso.

PARA CUALQUIER BEBÉ

Dele al bebé de mamar de los dos pechos, pero **deje que el bebé se termine un pecho primero,** antes de ofrecerle el otro. La leche más blanca que sale después de que el bebé ha estado mamando unos cuantos minutos contiene más grasa que la leche que sale primero. El bebé necesita esta grasa y por eso es importante que se termine un pecho antes de mamar del otro. El bebé soltará el pecho cuando esté listo para cambiar al otro o cuando ya no quiera mamar más. Si en una ocasión el bebé sólo mama de un pecho, ofrézcale el otro pecho primero la siguiente vez que lo alimente.

Alimente a su bebé siempre que él tenga hambre, ya sea de día o de noche. Muchos recién nacidos mamarán como de cada 1 a 3 horas, sobre todo en los primeros meses. Deje que el bebé mame por el tiempo y con la frecuencia que él quiera. Mientras más mame él, más leche producirá usted.

Usted no necesita darle cereales, otra leche ni agua endulzada—aun en climas calientes. Estos otros alimentos pueden hacer que el bebé mame menos, y pueden ser dañinos antes de los 4 a 6 meses.

Cómo dar pecho a un bebé

➤ *Los bebés quieren mamar cuando tienen hambre o sed, cuando están combatiendo una enfermedad o creciendo mucho, o cuando necesitan consuelo. Si no está segura de qué quiere su bebé, vea si ayuda darle pecho.*

Las madres que tienen a sus bebés cerca por la noche, pueden alimentarlos más fácilmente. Si una madre duerme con su bebé, ella podrá darle pecho y dormir al mismo tiempo.

Cómo ayudar al bebé a eructar

A veces, al mamar, algunos bebés tragan aire, lo cual puede ser incómodo. Usted puede ayudarle al bebé a soltar el aire si le soba la espalda mientras lo sostiene sobre su hombro o su pecho, o mientras él está sentado o acostado sobre su regazo.

Estas posiciones también ayudan a calmar a un bebé que está inquieto o llorando más de lo usual.

Cómo sostener al bebé

Al dar pecho, es importante sostener al bebé de modo que él pueda mamar y tragar fácilmente. La madre también debe estar en una posición relajada y cómoda para que su leche pueda fluir bien.

➤ *No se exprima el pezón al ofrecerle el pecho al bebé.*

Apoye la cabeza del bebé con una mano o un brazo. La cabeza y el cuerpo del bebé deben estar en línea recta. Espere hasta que él abra muy bien la boca. Acerque el bebé al pecho y hágale cosquillas en el labio de abajo con el pezón. Luego meta el pecho en la boca del bebé. El bebé debe tomar una buena parte del pecho y tener el pezón bastante profundo en la boca.

Este bebé tiene una buena parte del pecho en la boca.

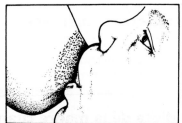

Este bebé no tiene suficiente pecho en la boca.

Buenas posiciones para dar pecho

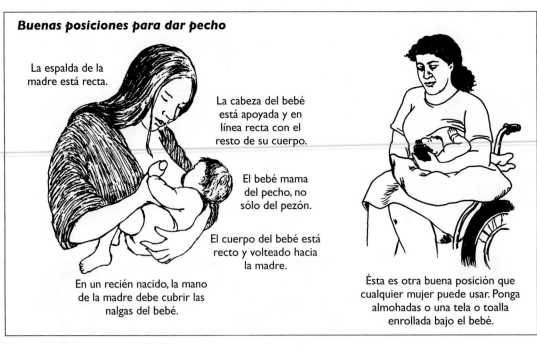

La espalda de la madre está recta.

La cabeza del bebé está apoyada y en línea recta con el resto de su cuerpo.

El bebé mama del pecho, no sólo del pezón.

El cuerpo del bebé está recto y volteado hacia la madre.

En un recién nacido, la mano de la madre debe cubrir las nalgas del bebé.

Ésta es otra buena posición que cualquier mujer puede usar. Ponga almohadas o una tela o toalla enrollada bajo el bebé.

Si tiene dificultades para dar pecho a su bebé, pídale ayuda a una mujer que tenga experiencia. Muchas veces, ella podrá ayudarle más que algunos trabajadores de salud. No le empiece a dar biberón a su bebé. Le enseñará a chupar de una manera diferente. **No se dé por vencida.** A veces hay que practicar para encontrar buenas posiciones para el bebé, o para que el bebé aprenda a mamar bien.

Éstas son señas de que quizás haya algún problema en la forma en que usted está sosteniendo al bebé o con la cantidad del pecho que el bebé toma con la boca:

- Si el bebé está inquieto, llora o no quiere mamar, quizás esté en una posición incómoda.

- Si el cuerpo del bebé no da hacia el suyo, él quizás no puede tragar bien. Por ejemplo, tal vez el bebé esté boca arriba, volteando la cabeza para alcanzar el pecho.

- Si usted puede ver bastante de la parte café del pecho (aréola), quizás esto indique que el pezón necesita estar más adentro de la boca del bebé.

- Si el bebé está mamando muy rápida y ruidosamente, quizás no tenga suficiente pecho en la boca. Después de unos cuantos minutos, el bebé debe empezar a mamar lenta y profundamente, y debe tragar bien.

- Si usted siente dolor, o si un pezón se le raja, quizás necesite ayudarle al bebé a tomar el pezón más adentro de la boca.

La dieta de la madre cuando está dando pecho

Las madres necesitan comer bien para recuperarse del embarazo, para cuidar a sus bebés, y para todo el demás trabajo que tienen que hacer. Necesitan suficientes alimentos ricos en proteína y grasas, y muchas frutas y verduras. También necesitan tomar suficiente líquido: agua limpia, leche, tés de hierbas y jugos de fruta. Pero sin importar la forma en que una mujer coma y beba, su cuerpo producirá buena leche de pecho.

Algunas personas creen que las madres que dieron a luz hace poco no deben comer ciertos alimentos. Pero si una madre no tiene una dieta balanceada (vea página 166), puede terminar padeciendo de *desnutrición*, sangre débil (*anemia*) y otras enfermedades.

A veces las mujeres reciben alimentos especiales cuando están dando pecho. Ésa es una buena práctica, sobre todo si los alimentos son nutritivos. Los buenos alimentos ayudan al cuerpo de la mujer a recuperar su salud y su fuerza más rápidamente después del parto.

Una mujer necesita alimentos adicionales si...

- está dando pecho a 2 niños pequeños.
- está dando pecho a un niño y además está embarazada.
- ha tenido muchos hijos seguidos.
- ella está débil o enferma.

Consejos para la madre

165

la alimentación para la buena salud

➤ *Coma y beba lo suficiente para satisfacer su hambre y su sed. Evite el alcohol, el tabaco, las drogas y cualquier medicina que no necesite. El agua limpia, los jugos de fruta y de verduras, la leche y los tés de hierbas son mejores que el café y los refrescos (gaseosas).*

Dar pecho y la planificación familiar

Es buena idea dejar pasar por lo menos 2 ó 3 años entre el nacimiento de cada uno de sus hijos. Esto permite que su cuerpo recobre su fuerza antes del siguiente embarazo. Dar pecho ayuda a algunas mujeres a evitar embarazos demasiado juntos. Para mayor información, vea la página 218.

El dar otros alimentos

Un bebé está listo para comer otros alimentos cuando...

- tiene como 6 meses de edad, o más.
- empieza a agarrar alimentos de la mesa o a tomarlos de la familia.
- no empuja los alimentos para afuera con la lengua.

No dé otros alimentos antes de los 4 meses.

Entre los 6 meses y 1 año, dele al bebé leche de pecho siempre que él la quiera. Aunque el bebé esté comiendo otros alimentos, seguirá necesitando la misma cantidad de leche que antes. Después de darle pecho, dele los otros alimentos, 2 ó 3 veces al día para empezar. Empiece con algún alimento blando y ligero, por ejemplo cereal aguado como avena. Algunas mujeres lo mezclan con leche de pecho. Usted no necesita comprar cereales caros para bebé.

Si un bebé que tiene entre 4 y 6 meses no parece satisfecho con la leche de pecho, quizás simplemente necesite mamar más para que los pechos de la madre hagan más leche. La madre debe dar pecho al bebé tan seguido como él quiera, por unos 5 días. Si el bebé aún no parece satisfecho, entonces ella debe darle otros alimentos.

➤ *Añada nuevos alimentos de uno en uno. Como entre los 9 meses y un año de edad, un bebé puede comer la mayoría de los alimentos que come la familia si están picados y preparados de modo que sean fáciles de comer.*

Machaque muy bien todos los alimentos hasta que el bebé pueda masticar solo.

Use una cuchara y una taza o un plato hondo para alimentar al bebé.

Los bebés necesitan comer con frecuencia—como 5 veces al día. Cada día deben comer un alimento principal (avena, maíz, trigo, arroz, papa, yuca), mezclado con un alimento rico en proteína (frijoles, nueces bien molidas, huevos, queso, carne o pescado), verduras y frutas de colores vivos, y un alimento que dé energía (nueces bien molidas, una cucharada de aceite, margarina o grasa para cocinar). Usted no tiene que cocinar 5 veces al día. El bebé puede comer algunos de los alimentos fríos.

➤ *Aún en el segundo año, la leche de pecho sigue protegiendo a su bebé contra las infecciones y otros problemas de salud.*

Si puede, siga dando pecho a su bebé hasta que cumpla 2 años, aunque usted tenga a otro bebé. La mayoría de los bebés dejan de mamar poco a poco, por sí mismos.

uchas mujeres ahora trabajan fuera de sus hogares. Esto puede dificultar que la madre no dé nada de comer a su bebé más que leche de pecho durante los primeros 6 meses.

Cuando la madre trabaja fuera del hogar

Las madres que trabajan fuera del hogar necesitan ayuda. Algunos empleos permiten que la madre traiga a su bebé al trabajo por unos cuantos meses. Esto es lo que más facilita que las madres den pecho. Si el bebé está cerca, quizás la madre le pueda dar pecho durante el día, cuando le toquen sus descansos. Algunas empresas organizan guarderías para que los padres puedan tener cerca a sus hijos.

Pero él se podría enfermar si no toma mi leche.

➤ *Una madre que trabaja fuera del hogar no debe tener que escoger entre su trabajo y la salud de su bebé.*

He aquí algunas formas de asegurarse de que su bebé sólo reciba leche de pecho mientras usted está en el trabajo:

Mantenga al bebé cerca de usted durante 6 meses.

O pídale a alguien que le traiga al bebé cuando sea hora de alimentarlo.

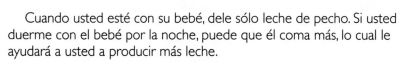

Cuando usted esté con su bebé, dele sólo leche de pecho. Si usted duerme con el bebé por la noche, puede que él coma más, lo cual le ayudará a usted a producir más leche.

Algunas mujeres le piden a una amiga o a una pariente, como la abuelita del bebé, que den pecho al bebé. Si usted quiere que otra mujer le dé pecho a su bebé, ella debe hacerse el examen del VIH y no estar en riesgo de infectarse mientras esté dando pecho.

VIH y SIDA, 284
la leche del pecho y el VIH, 293

Cómo sacarse leche a mano

➤ *Si una madre se saca más leche de la que su bebé necesita, puede regalársela a otro bebé cuya madre esté enferma o todavía no tenga leche.*

Si una madre tiene tiempo en el trabajo para sacarse la leche de los pechos, ella podrá guardar la leche para que otra persona se la dé al bebé durante el día.

Usted puede sacarse la leche a mano 2 ó 3 veces al día...

...y luego guardarla o mandársela a otra persona para que se la dé al bebé.

Puede que usted también necesite sacarse la leche a mano si tiene los pechos demasiado llenos, o si su bebé no puede mamar por alguna razón, pero usted quiere seguir produciendo una buena cantidad de leche.

Cómo sacarse leche a mano

1. Lave y enjuague un frasco de boca ancha y su tapa con jabón y agua limpia, y déjelos secar al sol. Justo antes de usarlos, écheles agua hirviente (que haya hervido por 20 minutos) y deje el agua allí unos cuantos minutos. Luego vacíe el agua.

2. Lávese bien las manos antes de tocar el frasco o sus pechos.

3. De ser posible, encuentre un lugar callado. Tenga paciencia y trate de relajarse. Piense en el bebé mientras se saca la leche. Sóbese los pechos suavemente moviendo las puntas de los dedos o un puño hacia los pezones.

4. Para hacer que la leche salga, ponga sus dedos en la orilla de afuera de la aréola (la parte más oscura del pecho), y empuje hacia atrás. Presione suavemente sus dedos y muévalos hacia el pezón. No pellizque ni jale su pezón. Sacarse la leche no debe dolerle. Mueva sus dedos por toda la aureola para que toda la leche del pecho pueda salir. Repita el mismo proceso con cada pecho hasta que los 2 estén vacíos.

Empuje hacia atrás, no exprima.

5. Al principio no saldrá mucha leche. Con práctica, usted podrá sacar más. Planee en sacarse la leche el mismo número de veces que su bebé coma, o por lo menos 3 veces al día. (La persona que le dé la leche a su bebé podrá avisarle si hubo suficiente.) Si usted empieza a practicar 2 semanas antes de que regrese a trabajar, usted podrá sacarse suficiente leche para cuando tenga que estar alejada de su bebé.

Cómo almacenar la leche

Guarde su leche en un recipiente limpio y cerrado (vea los primeros 2 pasos en la página anterior). Usted puede guardar la leche en el mismo frasco que haya usado para sacársela. Guarde la leche en un lugar fresco, donde no le dé la luz del sol. La leche dura así hasta 8 horas sin echarse a perder. O usted puede enterrar el recipiente cerrado en arena mojada, o guardarlo envuelto en una tela que mantenga siempre mojada, y así la leche durará hasta como 12 horas.

➤ *La leche de pecho puede cambiar de color. El color proviene de lo que usted come. Sin importar de qué color sea, su leche siempre es buena para su bebé.*

El recipiente puede guardarse más tiempo en un lugar fresco, como una olla de barro que contenga agua.

Usted puede almacenar la leche en un frasco de vidrio en un refrigerador por 2 ó 3 días. La crema (grasa) de la leche se separará, así que antes de dársela al bebé, agite el frasco para mezclar la leche. Caliéntelo a temperatura ambiente en agua tibia. Échese unas cuantas gotitas de leche en el brazo para asegurarse de que no esté muy caliente.

Método de la botella tibia

Éste puede ser el mejor método cuando los pechos están demasiado llenos o muy adoloridos. Esto puede suceder poco después del parto, o si a una mujer se le raja un pezón o le da una infección en un pecho (vea págs. 115 a 117).

1. Lave una botella grande de vidrio que tenga un boca de 3 a 4 cm de ancho. Caliéntela llenándola con agua caliente. Llene la botella lentamente para que no se rompa. Espere unos cuantos minutos y luego saque el agua.

3 a 4 cm de ancho

2. Enfríe la boca y el cuello de la botella con agua limpia y fresca para no quemarse.

3. Fije la boca de la botella sobre su pezón de modo que selle. Sosténgala allí firmemente por varios minutos. A medida que se enfríe, jalará la leche lentamente hacia afuera.

4. Cuando la leche empiece a salir más lentamente, use un dedo para desprender la botella del pecho.

5. Repita con el otro pecho.

IMPORTANTE *La leche que no se puede mantener fría se arruina y debe tirarse. Si la leche huele mal o está agria, tírela. La leche de pecho arruinada puede enfermar al bebé.*

Inquietudes y problemas comunes

Con mi otro bebé, yo tenía los pechos muy llenos...

➤ *Puede que un bebé mayor de 2 semanas no obre todos los días. Si el bebé está comiendo bien, orinando y se ve contento, con un poco de tiempo obrará.*

MIEDO DE NO TENER SUFICIENTE LECHE O DE QUE LA LECHE NO SEA BUENA

Muchas mujeres creen que no tienen suficiente leche. Esto casi nunca es verdad. Aun las madres que no comen lo suficiente generalmente producen suficiente leche para sus bebés.

La cantidad de leche que sus pechos producen depende de cuánto mame el bebé. Mientras más mame el bebé, más leche producirá usted. Si usted a veces le da un biberón a su bebé en vez de dar pecho, su cuerpo producirá menos leche.

Algunos días parecerá que su bebé quiere mamar todo el tiempo. Si usted da pecho a su bebé siempre que él tenga hambre, su producción de leche aumentará. En unos cuantos días, el bebé parecerá satisfecho otra vez. El alimentar al bebé de noche ayuda a aumentar la producción de leche de la madre. Trate de no creerle a nadie—incluso a un trabajador de salud—que le diga que usted no tiene suficiente leche.

Los pechos no tienen que sentirse llenos para producir leche. Los pechos de una mujer se sentirán menos llenos, entre más bebés haya alimentado con los pechos. Los pechos pequeños pueden producir tanta leche como los pechos grandes.

Un bebé está recibiendo suficiente leche si...

• está creciendo bien y se ve sano y feliz.

• orina 6 veces o más y ensucia sus pañales de 1 a 3 veces en un día y una noche. Usted generalmente podrá darse cuenta de esto después de que el bebé cumpla 5 días, cuando empiece a orinar y obrar más regularmente.

Como la leche de pecho no se ve igual que otras leches, algunas madres temen que no es leche buena. Pero la leche de pecho les da a los bebés todo lo que necesitan.

INQUIETUDES Y PROBLEMAS CON LOS PEZONES

Pezones planos o hundidos

La mayoría de las mujeres que tienen los pezones planos o hundidos pueden dar pecho a sus bebés sin problemas. Esto es porque un bebé mama del pecho, no sólo del pezón. No necesita hacer nada para preparar sus pezones durante el embarazo.

➤ *La forma y el tamaño de sus pezones no son importantes—el bebé mama del pecho, no sólo del pezón.*

pezón mediano

pezón plano

pezón largo

pezón hundido

Puede que estas ideas ayuden a su bebé a mamar más fácilmente:

- Empiece a dar pecho a su bebé justo después del parto, antes de que los pechos se le llenen mucho. Asegúrese de que su bebé tome una buena parte de su pecho con la boca (vea página 108).

- Si los pechos se le llenan demasiado, sáquese un poco de leche a mano para ablandarlos. Esto facilitará que el bebé tome más pecho con la boca.

- Antes de dar pecho al bebé, tóquese o sóbese el pezón suavemente. No lo exprima.

- Vea si le ayuda poner la mano alrededor del pecho y empujarlo hacia atrás para que el pezón resalte lo más posible.

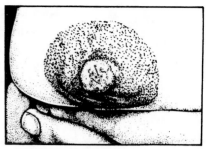

Ofrezca el pecho entero. Esto le ayuda al bebé a tomar una buena parte del pecho con la boca.

Pezones adoloridos o rajados

Si le causa dolor dar pecho, el bebé probablemente no está agarrando suficiente pecho con la boca. Si el bebé sólo mama de los pezones, en poco tiempo éstos se pondrán adoloridos o se rajarán. Un pezón rajado facilita que a la madre le dé una infección. Usted puede enseñarle a su bebé a agarrar más pecho con la boca. Aquí tiene algunas sugerencias.

pezón rajado

Prevención y tratamiento:

- Asegúrese de sostener al bebé de modo que él puede agarrar una buena parte del pecho con la boca (vea pág. 108).

- No jale el pecho para sacarlo de la boca del bebé. Deje que el bebé mame todo el tiempo que quiera. Cuando termine, él soltará el pecho por sí mismo. Si usted necesita detenerse antes de que el bebé esté listo, jálele la barbilla hacia abajo o con cuidado meta la punta de uno de sus dedos en la boca del bebé. Sus manos deberán estar limpias.

infección de un pecho

- Para calmar las molestias de los pezones, póngales leche de pecho. Después de que el bebé haya dejado de mamar, sáquese unas cuantas gotas de leche y úntéselas en los lugares adoloridos. No se ponga jabones ni cremas en los pechos. El cuerpo produce un aceite natural que mantiene los pezones limpios y suaves.

- No use ropa áspera ni apretada.

- Para ayudar a los pezones adoloridos a sanar, si es posible deje que a sus pechos les dé el aire y el sol.

- Siga dando pecho al bebé con ambos pechos. Si uno de sus pezones está muy adolorido o rajado, empiece a alimentar al bebé con el otro pecho, y luego cámbielo al pecho adolorido ya que la leche haya empezado a salir.

- Si el dolor es demasiado fuerte cuando el bebé mama, sáquese la leche a mano y désela al bebé con una taza y una cuchara (vea pág. 119). El pezón rajado debe sanar en 2 días.

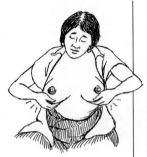

DOLOR E HINCHAZÓN DE LOS PECHOS

Los pechos de la mujer están demasiado llenos

Cuando los pechos se llenan de leche por primera vez, con frecuencia se sienten hinchados y duros. Esto puede dificultar que se dé pecho al bebé, y los pezones pueden ponerse adoloridos. Si usted alimenta menos al bebé a causa del dolor, su cuerpo dejará de producir suficiente leche.

Prevención y tratamiento:

• Empiece a dar pecho a su bebé antes de que pase una hora después del parto.

• Asegúrese de que esté sosteniendo bien al bebé (vea pág. 108).

• Dé pecho al bebé con frecuencia, por lo menos cada 1 a 3 horas, y de ambos lados. Tenga al bebé cerca por la noche, para que pueda alimentarlo fácilmente.

• Si el bebé no puede mamar bien, sáquese un poco de leche a mano—sólo lo suficiente para ablandarse cada pecho—y luego deje que el bebé mame.

• Después de dar pecho al bebé, póngase hojas frescas de col (repollo) o trapos mojados y frescos sobre los pechos.

La hinchazón debe bajar después de 2 ó 3 días. La hinchazón que no mejora se puede convertir en *mastitis* (una hinchazón dolorosa y caliente de los pechos).

conducto
tapado

pezón

Conducto tapado, mastitis

Si se forma una bola dolorosa en el pecho, esto podría indicar que leche espesa está tapando un conducto. Cuando el flujo de leche se tapa en una parte del pecho, también puede causar mastitis. Si una mujer tiene fiebre y parte de uno de sus pechos está caliente, hinchada y adolorida, ella probablemente tiene mastitis. **Es importante seguir dando pecho** al bebé para que el conducto se pueda vaciar y el pecho no se infecte. El bebé puede tomar la leche sin ningún peligro.

Tratamiento para un conducto tapado y para mastitis:

• Póngase trapos mojados y tibios sobre el pecho adolorido antes de dar pecho.

• Siga dando pecho al bebé con frecuencia, sobre todo del pecho adolorido. Asegúrese de que el bebé esté sosteniendo bien el pecho en la boca (vea pág. 108).

• Mientras el bebé mama, sóbese la bola suavemente, moviendo los dedos desde la bola hacia el pezón. Esto ayudará a destapar el conducto bloqueado.

• Ponga al bebé en diferentes posiciones para que la leche fluya de todas las partes del pecho.

• Si no puede dar pecho, sáquese la leche a mano o con una botella tibia (vea pág. 113). La leche tiene que seguir fluyendo del pecho para destapar el conducto.

• Use ropa suelta y descanse lo más que pueda.

La mastitis con frecuencia se quita en 24 horas. Si usted tiene fiebre por más de 24 horas, necesita recibir tratamiento para infección de un pecho.

Infección de un pecho (mastitis con infección)

Si ha tenido señas de mastitis sin ninguna mejoría después de 24 horas, o dolor muy fuerte, o una rajadura en la piel por donde puedan entrar microbios, **usted debe recibir tratamiento para infección de un pecho de inmediato.**

Tratamiento:

La parte más importante del tratamiento es seguir dando pecho al bebé con frecuencia. Su leche no representa ningún peligro para el bebé. Las medicinas y el descanso también son necesarios. Si puede, tome tiempo libre del trabajo y consiga ayuda para sus quehaceres en su hogar. También hágase el tratamiento para conductos tapados y mastitis.

Los trapos mojados y tibios pueden ayudar con los conductos bloqueados y la mastitis.

Medicinas para infección de un pecho		
Medicinas	**Cuánto tomar**	**Cómo y cuándo tomarla**
Para infección tome:		
dicloxicilina	500 mg	4 veces al día durante 7 días.
Si no puede encontrar esta medicina, o es alérgica a la penicilina, tome:		
eritromicina	500 mg	4 veces al día durante 7 días.
Antes de tomar medicinas, vea las "Páginas verdes".		
Para la fiebre y el dolor, tome:		
acetaminofén (paracetamol) o aspirina hasta que el dolor se le quite (vea páginas 511 y 492 en las "Páginas verdes").		

Importante: *Si la infección en un pecho no se trata pronto, empeorará. La hinchazón dolorosa se sentirá como si estuviera llena de líquido (absceso). Si eso sucede, siga el tratamiento descrito aquí Y TAMBIÉN acuda a un trabajador de salud que sepa cómo drenar un absceso usando equipo esterilizado.*

Algodoncillo (infección de hongos)

Si usted está sosteniendo al bebé de modo que él esté cómodo y mamando bien, y el dolor en los pezones le dura más de una semana, quizás se deba a que el bebé tiene algodoncillo en la boca. El algodoncillo puede sentirse como un dolor ardiente, punzante o con comezón que se mueve por el pecho. Tal vez usted note manchas blancas o enrojecimiento en su pezón y en la boca del bebé.

Tratamiento:

Haga una mezcla de agua limpia con violeta de genciana al 0,25% y úntela en sus pezones y en las manchas blancas en la boca del bebé, una vez al día durante 5 días, o hasta 3 días después de que sanen por completo. Póngase la mezcla con un trapito o dedo limpio. Si no da resultado, vea qué otras medicinas usar en las "Páginas verdes". Usted puede seguir dando pecho a su bebé. La medicina no perjudicará a ninguno de ustedes, ni dañará su leche.

Cómo mezclar violeta de genciana con agua limpia para hacer una solución al 0,25%:

Si su violeta de genciana dice...	Use
0,5%	1 parte de violeta de genciana con 1 parte de agua
1%	1 parte de violeta de genciana con 3 partes de agua
2%	1 parte de violeta de genciana con 7 partes de agua

Situaciones especiales

DANDO PECHO A LOS BEBÉS CON NECESIDADES ESPECIALES

Bebé pequeño. Si un bebé no puede mamar con suficiente fuerza para alimentarse, usted tendrá que sacarse la leche a mano y darle de comer con una taza. Empiece justo después del parto, y siga aún cuando el bebé pueda mamar un poco por sí mismo. Esto ayudará a sus pechos a producir más leche. Si su bebé pesa menos de un kilo y medio, quizás necesite atención médica especial, incluyendo un tubo que le pase por la nariz y le llegue hasta el estómago. La leche de pecho se le puede dar por ese tubo. Hable sobre esto con un trabajador de salud.

Bebé que nació antes de tiempo. Los bebés que nacen antes de tiempo necesitan ayuda para mantenerse calientes. Quítele al bebé toda la ropa, excepto un gorrito y un pañal. Póngase al bebé erguido dentro de su ropa, contra su piel y entre sus pechos. (Ayuda usar una blusa, un suéter o un rebozo amarrado en la cintura.) Mantenga al bebé dentro de su ropa, con su piel contra la de él, día y noche, y dele pecho con frecuencia. Si el bebé mama débilmente, también dele leche que se haya sacado a mano.

Mantenga a un bebé que nació antes de tiempo contra su piel.

Bebé con *labio* o *paladar partido*. Un bebé con estos problemas puede necesitar ayuda especial para aprender a mamar. Si el bebé sólo tiene el labio partido, puede aprender a mamar bien. (Para que la boca del bebé selle alrededor de su pecho, tápele usted la abertura del labio con un dedo.) Si el bebé también tiene el paladar partido, mantenga una buena posición mientras lo alimenta pero trate de sostenerlo erguido. Tal vez usted necesite conseguir ayuda especial. Usted puede sacarse la leche a mano para que sus pechos sigan produciendo bastante, mientras el bebé aprende a mamar.

Bebé amarillo (ictericia). Un bebé que está amarillo necesita bastante luz del sol y leche de pecho para deshacerse de la ictericia. Algunos bebés con ictericia tienen mucho sueño. Si un bebé tiene tanto sueño que no puede mamar, sáquese la leche a mano y désela al bebé con una taza, por lo menos 10 veces en 24 horas. Asolee al bebé temprano en la mañana y a fines de la tarde. O mantenga al bebé en un cuarto donde entre mucha luz.

La ictericia casi siempre empieza después del tercer día de vida y se quita alrededor del décimo día. Si el bebé tiene ictericia u ojos muy amarillos en cualquier otra temporada, si tiene ictericia y además nació mucho antes de tiempo, o si se pone más amarillo o le da aun más sueño, el bebé podría tener una enfermedad grave. De ser posible, lleve al bebé a un centro médico u hospital.

Gemelos o cuates. A veces un gemelo es más pequeño o débil que el otro. Asegúrese de que cada bebé reciba suficiente leche. Usted tendrá suficiente leche para ambos.

Cuando su bebé está enfermo

- Si su bebé está enfermo, usted no debe dejar de darle pecho. Su bebé se recuperará más pronto si usted le da pecho.

- La diarrea es especialmente peligrosa para los bebés. Muchas veces no se necesita medicina, pero hay que tener mucho cuidado porque un bebé puede morir rápidamente de deshidratación.

- Si su bebé tiene diarrea, aliméntelo con más frecuencia y también dele traguitos de suero para tomar.

540

suero para tomar

- Si el bebé está débil, dele pecho más seguido. Si el bebé está tan débil que no puede mamar, sáquese la leche a mano y alimente al bebé con cuchara. Lleve al bebé a un trabajador de salud.

- Si el bebé está vomitando, dele pecho por menos tiempo pero con más frecuencia y también dele traguitos de suero para tomar con una taza o una cuchara de cada 5 a 10 minutos. Si puede, llévelo a un trabajador de salud—la deshidratación puede causar la muerte.

- Siga dando pecho al bebé aunque él necesite estar en el hospital. Si usted no se puede quedar en el hospital, sáquese la leche a mano y pídale a alguien que se la dé al bebé con taza.

Cómo alimentar a un bebé con una taza

1. Utilice una taza pequeña y muy limpia. Si no le es posible hervirla, lávela con jabón y con agua limpia.

2. Sostenga al bebé erguido o casi erguido sobre su regazo.

3. Acerque una tacita con leche a la boca del bebé. Incline la taza de modo que la leche apenas alcance los labios del bebé. Apóyela suavemente sobre el labio de abajo del bebé y deje que las orillas de la taza toquen el labio de arriba del bebé.

4. No vierta la leche en la boca del bebé. Deje que el bebé tome la leche de la taza con su boca.

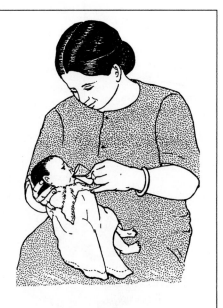

➤ *Si usted tiene VIH, vea las página 293 para más información sobre la leche de pecho y el VIH.*

CUANDO LA MADRE ESTÁ ENFERMA

Siempre y cuando pueda hacerlo, casi siempre es mejor que una madre enferma dé pecho a su bebé a que le dé otros alimentos demasiado pronto. Si usted tiene fiebre alta y suda mucho, quizás produzca menos leche. Para seguir produciendo bastante leche, usted debe tomar bastante líquido y seguir dando pecho a su bebé con frecuencia. Si le es más cómodo, usted puede dar pecho a su bebé acostada (vea pág. 107).

Si por cualquier razón necesita dejar de darle pecho por unos cuantos días, sáquese la leche a mano. Si es necesario tal vez alguien le puede ayudar.

Para evitar pasarle una infección al bebé, lávese bien las manos con agua y jabón antes de tocar al bebé o de tocarse los pechos.

➤ *Consiga tratamiento de inmediato para cualquier enfermedad grave causada por una infección, como tuberculosis, tifoidea o cólera, para no pasársela al bebé.*

Cuando la madre necesita tomar medicina

La mayoría de las medicinas pasan a la leche de la madre en cantidades pequeñas y débiles, así que no le hacen daño al bebé. Generalmente es más dañino para el bebé que la madre deje de darle pecho.

Hay unas cuantas medicinas que causan efectos secundarios. En este libro hemos marcado esas medicinas con una advertencia y sugerimos otras medicinas que serían más seguras (vea las "Páginas verdes"). Si un promotor de salud le pide que tome una medicina, recuérdele que usted está dando pecho a su bebé, para que escoja un medicamento seguro.

CUANDO UNA MUJER SE EMBARAZA O DA A LUZ A OTRO BEBÉ

Si una madre se embaraza en la temporada en que está dando pecho, puede seguir dando pecho a su bebé. Como producir la leche de pecho y el embarazo requieren que su cuerpo trabaje mucho, ella debe comer muchos alimentos nutritivos.

No es riesgoso dar pecho a un bebé durante el embarazo.

No es riesgoso seguir dando pecho a un niño más grandecito cuando la madre da a luz a un nuevo bebé. Ella debe alimentar al bebé antes que al niño más grande.

165
alimentación para la buena salud

Una mujer que tiene un bebé chiquito y uno más grande puede dar pecho a ambos sin riesgos.

Si usted es trabajadora de salud, no basta con que hable sobre dar pecho. Las mujeres necesitan información y apoyo. Enséñeles a las mujeres a no dar nada a sus bebés más que leche de pecho durante los primeros 6 meses. Enséñe a ellas y sus familias qué otros tipos de alimentación pueden ser dañinos para el bebé.

Ayude a las mujeres a dar pecho antes de que tengan problemas. Ayúdeles a confiar en que tienen suficiente leche. Para los problemas comunes, el mejor apoyo es aquél que las madres se pueden dar entre sí. Trate de formar un grupo de apoyo en su comunidad. El grupo puede ser dirigido por mujeres que sólo hayan dado pecho a sus hijos, los cuales estén creciendo bien.

Prepare su centro de salud para que sea cómodo para las mujeres que están dando pecho. Ayude a las madres a dar pecho a sus bebés durante la primera hora después del parto. Deje que los bebés duerman junto con o cerca de sus madres. Cuando una madre esté enferma, permita que su bebé se quede con ella.

Si usted también es madre, dé pecho a su propio bebé para demostrarles a otras mujeres que trabajan fuera del hogar, que pueden seguir haciendo eso sin dejar de dar pecho a sus bebés.

No tenga carteles ni materiales educativos que promuevan la leche enlatada. No les pase a las madres las muestras y regalos de las compañías que producen leche enlatada para bebés, y no deje que los representantes de esas compañías visiten su clínica.

Eduque a los empleadores sobre la importancia de la leche de pecho. Anímelos a que provean un lugar en el cual las mujeres puedan amamantar a sus bebés o sacarse la leche.

Capítulo 8

En este capítulo:

Mujeres mayores de edad

Hoy en día, más y más gente vive por más tiempo. Las condiciones de vida más limpias, las *vacunas* y la mejor *alimentación* ayudan a evitar muchas enfermedades, y las medicinas modernas curan otras.

Sin embargo, la prolongación de la vida también ha producido nuevas dificultades. En primer lugar, las personas mayores tienden a tener más problemas médicos que las personas más jóvenes. Aunque la mayoría de estos problemas no se deben a la edad en sí, los cambios que la edad produce en el cuerpo de una persona pueden hacer que los problemas sean más graves o difíciles de tratar.

En segundo lugar, a medida que el mundo cambia y los miembros más jóvenes de la familia abandonan la comunidad para ganarse la vida, muchas personas ya mayores se ven forzadas a cuidarse a sí mismas. O, si viven con sus hijos, las personas mayores pueden sentir que son una carga para una familia o una comunidad que ya no valora ni respeta la vejez.

Las mujeres tienen mayores probabilidades de enfrentar estos problemas que los hombres, porque las mujeres generalmente viven más tiempo y muchas veces alcanzan la vejez sin un compañero. Por lo tanto, en este capítulo describimos cómo las mujeres ya mayores pueden cuidar de su salud, tratar problemas médicos que comúnmente dan con la edad, y luchar por mejorar las condiciones en que viven muchas mujeres ya mayores.

➤ *Cada quien es de la edad de su corazón.*
—*Dicho guatemalteco*

Cuando la regla deja de venir (menopausia)

Una de las principales señas de los inicios del envejecimiento es que la *regla* de una mujer le deja de bajar. Quizás la regla desaparezca de repente, o quizás vaya desapareciendo poco a poco, a lo largo de 1 ó 2 años. La mayoría de las mujeres pasan por este cambio entre los 45 y 55 años de edad.

Señas:

- Su regla cambia. Quizás simplemente le deje de bajar, o quizás usted sangre con más frecuencia durante una temporada. O tal vez usted deje de sangrar durante unos meses, y luego empiece a sangrar otra vez.

- Puede que a veces usted sienta mucho calor o sude mucho (a esto se le llama tener ataques de calor). Esto puede despertarla por las noches.

- Su vagina se vuelve más pequeña y menos húmeda.

- Usted cambia de humor fácilmente.

Estas señas se dan porque los *ovarios* de la mujer dejan de producir huevos (óvulos) y su cuerpo produce menos de las hormonas *estrógeno* y *progesterona*. Las señas empezarán a desaparecer a medida que su cuerpo se vaya acostumbrando a tener menos estrógeno.

Los sentimientos de una mujer con respecto a la menopausia pueden depender de cómo los cambios afecten su cuerpo. También pueden depender de lo que su comunidad opine de las mujeres ya mayores y de la forma en que las trate. Tal vez ella sienta alivio de no tener la regla cada mes. Pero quizás también se sienta triste por no poder tener más hijos.

47

hormonas

problemas de la matriz, 380

la depresión, 419

cáncer de los pechos, 382

Qué hacer durante la menopausia

La menopausia es una parte normal de la vida. La mayoría de las mujeres se siente mejor si siguen algunas de las sugerencias de la siguiente página.

En el pasado los doctores recomendaban que las mujeres tomaran medicinas con estrógeno y progesterona para aliviar las severas señas de la menopausia. Esto se conoce como "terapia de reemplazo hormonal" o TRH. Lamentablemente, ahora se ha comprobado que la TRH aumenta el riesgo de que la mujer desarrolle cáncer de los pechos, enfermedad del corazón, coágulo de la sangre y le dé un derrame. Entonces es mejor que la mujer las evite.

Si usted está teniendo señas que la incomodan pruebe lo siguiente:

➤ *Aunque las mujeres a veces se sienten incómodas durante la menopausia, la mayoría se siente mejor si hace algunos cambios en sus hábitos diarios y su dieta.*

• Use ropa que se pueda quitar fácilmente cuando empiece a sudar.

¡NO!

• Evite los alimentos o las bebidas calientes o picantes. Pueden producir ataques de calor.

¡NO!

• No tome mucho café ni té. Contienen *cafeína*, la cual puede hacer que usted se sienta nerviosa y causarle problemas para dormir.

• Haga ejercicio regularmente.

¡NO!

• Si usted bebe alcohol, tome sólo pequeñas cantidades. El alcohol puede aumentar el sangrado y los ataques de calor.

• Deje de fumar o de masticar tabaco. Puede causarle sangrado fuera de lo normal y empeorar mucho los problemas con la debilidad de los huesos (vea pág. 133).

• Explíquele a su familia que usted puede cambiar de humor fácilmente. Quizás a usted también le ayude hablar sobre sus sentimientos con otras mujeres que estén pasando por la menopausia.

• Pregunte sobre el uso de remedios tradicionales en su comunidad. Muchas veces, las mujeres que ya han pasado por la menopausia sabrán cómo ayudarle a usted a sentirse mejor.

Cómo cuidar de su salud

la alimentación para la buena salud, 165

alimentos ricos en calcio, 168

Al igual que el cuerpo de una niña cambia cuando ella se convierte en mujer, el cuerpo de una mujer cambia cuando terminan sus años de fertilidad. La menopausia y el envejecimiento producen cambios en la fuerza de los huesos, en la fuerza y la flexibilidad de los músculos y las coyunturas, y en el bienestar general.

Una mujer puede mejorar mucho sus posibilidades de vivir sus últimos años con energía y buena salud...

Comiendo bien. A medida que una mujer envejece, necesita seguir comiendo alimentos nutritivos para conservar la fuerza de su cuerpo y combatir enfermedades. Además ella empieza a necesitar una mayor cantidad de ciertos alimentos. Como su cuerpo produce menos estrógeno, ayuda que ella coma alimentos ricos en estrógenos de plantas, como frijoles de todo tipo, lentejas y productos de soya. Como sus huesos se desgastan a medida que ella envejece, ayuda que coma alimentos ricos en *calcio*, un *mineral* que fortalece los huesos.

A veces, las personas ya mayores tienen menos ganas de comer que cuando eran más jóvenes. Esto se puede deber a cambios en el gusto y el olfato que hacen que el comer sea menos placentero. O cambios en el cuerpo producidos por la edad pueden hacer que la persona se sienta llena poco después de empezar a comer. Pero esto no quiere decir que las personas mayores necesiten menos alimentos nutritivos. Necesitan que alguien las anime a seguir comiendo bien y a comer una buena variedad de alimentos.

Tomando muchos líquidos. A medida que una persona envejece, la cantidad de agua en su cuerpo disminuye. Además, algunas personas mayores beben menos líquido para  no tener que *orinar* por la noche o porque tienen miedo de que la orina les gotee. Esto puede producir *deshidratación*. Para evitar este problema, tome 8 vasos o tazas de líquido al día. Para no tener que levantarse de noche para orinar, trate de no beber nada de 2 a 3 horas antes de acostarse.

Haciendo ejercicio regularmente. Las actividades de todos los días, como caminar, jugar con los nietos, ir al mercado, cocinar y trabajar en el campo pueden ayudar a conservar fuertes los músculos y huesos de una mujer, y a evitar que las coyunturas se le entiesen. El ejercicio hecho regularmente también ayuda a mantener un buen peso y a evitar males del corazón.

Tratando pronto las enfermedades.
Algunas personas piensan que
envejecer quiere decir estar enfermo
una gran parte del tiempo. Pero eso
no es cierto. Si una mujer no se siente
bien, quizás tenga una enfermedad
que pueda ser tratada, y que no
tiene nada que ver con la edad. Ella
necesita recibir tratamiento lo más
pronto posible.

Manteniéndose activa. Una mujer se conservará más sana y feliz si
se mantiene activa y sigue haciendo cosas productivas. Dedíquese
a alguna nueva actividad, únase a algún grupo o trabaje en un
proyecto comunitario. Ésta puede ser una buena época para que
una mujer trabaje por mejorar las condiciones en su comunidad.
He aquí un ejemplo:

> ➤ *Trate de ver a un*
> *trabajador de salud si se*
> *siente enferma y no ha*
> *podido encargarse del*
> *problema usted misma.*

Luisa Waithira Nganga se dedica a cultivar café en el pueblo
de Kandara en Kenya, África. En 1991, como miembro de una
organización dedicada a plantar árboles en Kenya, ella conoció a
un grupo de campesinas que se quejaron de una fábrica de café
río arriba. Los fertilizantes y las sustancias químicas que la fábrica
usaba para procesar el café estaban cayendo al río, y el ganado de
las mujeres se estaba enfermando y muriendo por tomar el agua
contaminada.

Poco después, muchas de las campesinas empezaron a reunirse para hablar con Luisa.
Se dieron cuenta de cómo el río también estaba afectando su salud y la salud de sus hijos.
Decidieron presionar a los funcionarios municipales para que forzaran a la fábrica a no
contaminar el río.

Luisa, sin embargo, nunca dejó de insistir que los derechos y las responsabilidades van
juntos. Así que ayudó a las mujeres a darse cuenta de cómo sus propios hábitos afectaban
a otras personas río abajo. Por ejemplo, cuando ellas limpiaban sus máquinas para fertilizar
o lavaban su ropa en el río, eso era dañino para las personas río abajo. Como Luisa decía:
—Primero tenemos que ser responsables nosotras mismas, para poder demandar nuestros
derechos con la conciencia limpia.

En 1993, Luisa y el grupo de campesinas crearon una organización llamada Mujeres
Campesinas a favor del Saneamiento. Cada vez que el río se ve amenazado por la
contaminación de fábricas, Luisa puede organizar a hasta 100 mujeres que van a ver a las
autoridades locales y les explican el problema. Además de cuidar el río, el grupo se ha
dedicado a construir letrinas y a demandar que los gobiernos locales se vuelvan a apropiar
de pozos públicos que han caído en manos de dueños privados.

Luisa ha dejado de plantar árboles, pero no se arrepiente. Ella explica que había
problemas más urgentes que estaban afectando a su pueblo y su tierra. Ella les dice a sus
compañeras: —Dios no vendrá a la Tierra a resolver nuestros problemas. El gobierno no
puede saber cuáles son nuestros problemas. Sólo nosotras mismas podemos encargarnos
de que se resuelvan.

Las relaciones sexuales

➤ *No hay ninguna razón basada sólo en la edad por la cual una mujer no pueda disfrutar el sexo durante todo el tiempo que ella viva.*

el placer sexual, 186

infecciones de la vagina, 265

infecciones del sistema urinario, 366

➤ *No use vaselina ni aceites que contengan perfumes para humedecerse la vagina. Pueden irritarla.*

el sexo seco, 190

Para algunas mujeres, la menopausia es una liberación de las demandas sexuales del matrimonio. Otras mujeres empiezan a interesarse más en el sexo, porque ya no temen embarazarse sin querer. En cualquier caso, todas las mujeres siguen necesitando amor y cariño.

A medida que una mujer envejece, algunos de los cambios en su cuerpo pueden afectar sus relaciones sexuales:

- Quizás ella se tarde más en excitarse durante las relaciones sexuales (esto también les sucede a los hombres).
- Puede que su vagina esté más seca, lo cual puede hacer que el sexo sea incómodo, o hacer que ella contraiga una infección de la vaginao del sistema urinario más fácilmente. También puede aumentar el riesgo de infectarse con VIH.

Qué hacer:

- Tómese más tiempo antes de realizar el acto sexual, para que la vagina pueda producir su humedad natural. También puede humedecerse la vagina con saliva, aceites vegetales (por ejemplo aceite de maíz o de oliva) u otros lubricantes.

   IMPORTANTE *No se humedezca la vagina con aceites si está usando condones. El aceite debilitará el condón y éste podría romperse. No se debe usar aceite de cacahuate (maní) si sospecha que tenga una infección de herpes en los genitales (vea pág. 272).*

- Si a su pareja le cuesta trabajo poner o mantener el pene duro, tenga paciencia. Tal vez usted pueda ayudarle a excitarse tocándolo.
- No seque la vagina antes de tener relaciones sexuales.
- Para evitar problemas urinarios, orine tan pronto como pueda después del sexo para deshacerse de los microbios.

Cómo protegerse contra el embarazo y las enfermedades sexuales

Usted puede embarazarse hasta que su regla le haya dejado de venir completamente durante un año. Para evitar un embarazo no deseado, usted debe seguir usando algún método de *planificación familiar* hasta que haya pasado ese tiempo (vea pág. 197).

Si usted está usando un método *hormonal* de planificación familiar (como la píldora, inyecciones o implantes), deje de usarlo como a los 50 años de edad para ver si usted todavía está teniendo la regla. Use otro método hasta que deje de tener la regla durante un año entero (12 meses).

A menos que esté segura de que ni usted ni su pareja tienen una infección de transmisión sexual, incluyendo el virus que causa el SIDA, asegúrese de usar un condón cada vez que tengan relaciones sexuales—aunque usted ya no pueda embarazarse (vea pág. 189).

En las siguientes páginas describimos algunos de los problemas médicos que más afectan a las mujeres ya mayores. Para otros problemas, como los males de la vesícula y del corazón, los *derrames cerebrales*, los problemas de la *tiroides*, las llagas en las piernas debido a la mala circulación y los problemas para dormir, consulte **Donde no hay doctor** u otro libro sobre medicina general. Para información sobre la *diabetes*, vea la página 174.

SANGRE DÉBIL (ANEMIA)

Aunque muchas personas piensan que la anemia sólo es un problema de las mujeres jóvenes, este mal afecta a muchas mujeres ya mayores—casi siempre debido a la mala alimentación o a reglas muy pesadas.

REGLAS PESADAS O SANGRADO A MEDIO MES

La regla de muchas mujeres va cambiando cuando ellas tienen entre 40 y 50 años de edad. Algunas tienen sangrado más fuerte, otras sangrado que dura más tiempo. El sangrado fuerte que dura meses o años puede producir anemia.

Las causas más comunes del sangrado que es más fuerte o dura más tiempo son:

- los cambios hormonales
- tumores en la *matriz* (*fibromas* o *pólipos*)

Tratamiento:

- Para evitar la anemia, todos los días coma alimentos ricos en hierro o tome pastillas de hierro.
- Tome 10 mg de acetato de medroxiprogesterona, una vez al día, durante 10 días. Si el sangrado no se ha detenido después de 10 días, tome la medicina otros 10 días. Si aún así sigue sangrando, acuda a un trabajador de salud.
- Trate de ver a un trabajador de salud si ha tenido sangrado fuerte por más de 3 meses, si tiene sangrado a medio mes, o si empezó a sangrar 12 meses o más después de la menopausia. Un trabajador de salud tendrá que rasparle la matriz por dentro (D y C) o hacerle una biopsia y enviar el tejido a un laboratorio para que revisen si tiene cáncer.

Si usted ha tenido dolor y sangrado fuerte durante años, vea el capítulo sobre cáncer y tumores.

BOLITAS EN LOS PECHOS

Las mujeres ya mayores muchas veces encuentran bolitas o bultitos en sus pechos. La mayoría de estas bolitas no son peligrosas, pero algunas pueden ser señas de cáncer (vea pág. 382). La mejor manera de averiguar si usted tiene alguna bolita en los pechos es examinándoselos usted misma (vea pág. 162).

anemia, 172
sangrado fuerte, 360
fibromas, 380
pólipos, 380

alimentos con
hierro, 167
pastillas de hierro, 73
cáncer de
la matriz, 381

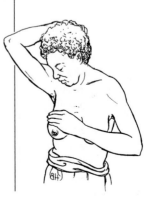

PRESIÓN ALTA

La presión alta de la sangre puede causar muchos problemas, como males del corazón y de los riñones, y derrames cerebrales.

Señas de presión tan alta que es peligrosa:

➤ *Todas estas señas también pueden deberse a otras enfermedades. Para mayor información, vea* **Donde no hay doctor** *u otro libro sobre medicina general.*

- dolores de cabeza frecuentes
- mareos
- zumbido en los oídos

Si usted va a ver a un promotor de salud por cualquier razón, pregunte si también le puede revisar la presión.

la presión de la sangre **532**

IMPORTANTE *Al principio, la presión alta no produce molestias. Pero es importante bajarla antes de que se presenten señas de peligro. Las personas que pesan de más o que piensan que podrían tener la presión alta deben medírsela regularmente.*

Tratamiento y prevención:

- Haga algo de ejercicio a diario.
- Si pesa de más, trate de bajar de peso.
- Evite los alimentos con mucha grasa, azúcar o sal.
- Si fuma o mastica tabaco, trate de dejar de hacerlo.

Si usted tiene la presión muy alta, quizás también necesite tomar medicina.

pérdida de peso, 174
la alimentación para la buena salud, 165

PROBLEMAS PARA ORINAR Y OBRAR

Muchas mujeres ya mayores tienen problemas de goteo de orina o dificultades para obrar. Puede que a ellas les dé mucha pena hablar sobre estos problemas, sobre todo con un médico que sea hombre. Así que ellas sufren solas.

Los problemas urinarios muchas veces se deben a debilidad del músculo dentro de la vagina. El 'ejercicio de apretamiento' ayuda a fortalecer ese músculo. Además, para ayudar al excremento a salir cuando la mujer esté yendo al baño, ella puede meterse dos dedos en la vagina y empujar hacia atrás.

goteo de orina, 370
ejercicio de apretamiento, 371

Una mujer ya mayor también puede tener problemas para obrar porque los intestinos empiezan a trabajar más lentamente a medida que ella envejece. Ayuda tomar muchos líquidos, comer alimentos con mucha fibra (como panes de grano integral o verduras) y hacer ejercicio regularmente.

MATRIZ CAÍDA (PROLAPSO DEL ÚTERO)

A veces, a medida que una mujer envejece, se le van debilitando los músculos que sostienen la matriz. La matriz puede caérsele hasta la vagina e incluso puede sobresalir entre los pliegues de la *vulva*. En los peores casos, la matriz entera puede salirse de la vulva cuando una mujer obra, tose, estornuda o levanta algo pesado.

Una matriz caída generalmente se debe a un daño que la mujer haya sufrido durante el parto—sobre todo si la mujer ha tenido muchos bebés o bebés que han nacido uno tras otro. También puede suceder si la mujer pujó antes de tiempo durante el parto, o si la persona que la haya atendido le empujó el vientre por fuera. Pero tanto la edad como el levantar cosas pesadas pueden empeorar el problema. Las señas muchas veces aparecen después de la menopausia, cuando los músculos se vuelven más débiles.

cómo evitar una matriz caída

Señas:

- Usted necesita orinar con frecuencia, o tiene dificultades para orinar, o la orina le gotea.
- Usted tiene dolor en la parte baja de la espalda.
- Usted siente como si algo le estuviera saliendo de la vagina.
- Todas las señas anteriores desaparecen cuando usted se acuesta.

Tratamiento:

El 'ejercicio de apretamiento' puede fortalecer los músculos alrededor de la matriz y la vagina. Si usted ha estado haciendo este ejercicio todos los días durante 3 ó 4 meses y no le ha ayudado, hable con un trabajador de salud. Tal vez necesite usted un pesario (un anillo de hule) que se pone en lo profundo de la vagina para sostener a la matriz en su lugar. Si el pesario no le da resultado, tal vez necesite usted una operación.

ejercicio de apretamiento

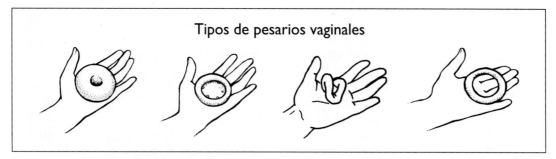

Tipos de pesarios vaginales

Si no hay pesarios donde usted vive, pregunte a las mujeres ya mayores en su comunidad lo que hacen para este problema.

VENAS HINCHADAS EN LAS PIERNAS (VÁRICES)

Las várices son venas que están hinchadas y muchas veces causan dolor. Las mujeres ya mayores que han tenido muchos hijos son quienes tienen mayores probabilidades de padecer de este problema.

Tratamiento:

No hay medicina para las várices, pero estas sugerencias pueden ser de ayuda:

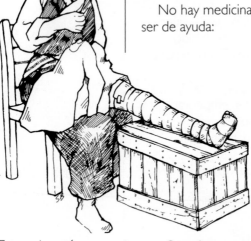

Esta mujer está manteniendo la pierna en alto mientras cose.

- Trate de caminar o de mover las piernas por lo menos 20 minutos todos los días.
- Trate de no pasar demasiado tiempo parada o sentada con los pies hacia abajo o con las piernas cruzadas.
- Si tiene que estar parada o sentada mucho tiempo, trate de tomar descansos para acostarse con los pies elevados a un nivel más alto que el corazón. Trate de hacer esto tantas veces como pueda durante el día.
- Cuando tenga que estar parada por mucho tiempo, mueva los pies como si estuviera caminando.
- Cuando duerma, ponga los pies sobre almohadas o un montón de trapos.
- Para ayudar a contener las venas, use vendas o medias elásticas o envuélvase las piernas con tela no muy apretada. Pero, por la noche, asegúrese de quitarse lo que use.

DOLOR DE ESPALDA

El dolor de espalda en las mujeres mayores muchas veces se debe a haber levantado y cargado cosas pesadas toda la vida.

Muchas veces ayuda...

400

ejercicios para la espalda

- hacer ejercicio todos los días para estirar y fortalecer los músculos de la espalda. Quizás disfrute esto más si organiza a un grupo de mujeres para que hagan ejercicio juntas.
- pedir a miembros más jóvenes de la familia que le ayuden si usted tiene que seguir haciendo trabajo pesado.

Dolor de coyunturas (artritis)

Muchas mujeres mayores tienen dolor de *coyunturas* causado por artritis. Generalmente no se puede curar por completo, pero el siguiente tratamiento puede ser de ayuda.

Tratamiento:

- Descanse las partes que le duelan.
- Remoje trapos en agua caliente y póngaselos en las áreas adoloridas. Tenga cuidado de no quemarse la piel. (Algunas personas que tienen dolor de coyunturas no pueden sentir la piel sobre las áreas adoloridas.)
- Para poder seguir moviendo las coyunturas, sóbelas y estírelas suavemente todos los días.
- Tome una medicina suave para el dolor. La aspirina da los mejores resultados para la artritis. Para el dolor muy fuerte, tome de 600 a 1.000 mg de aspirina, hasta 6 veces al día (pero no tome más de 4 g en un día), con comida, leche o un vaso grande de agua. El ibuprofeno también es eficaz. Tome 400 mg de 4 a 6 veces al día.

143

ejercicios para evitar contracturas

482

medicinas para el dolor

IMPORTANTE *Si los oídos le empiezan a zumbar o si le empiezan a salir moretones fácilmente, tome menos aspirina. Además, si usted está teniendo mucho sangrado de la vagina, no debe tomar aspirina.*

Huesos débiles (osteoporosis)

Después de la menopausia, el cuerpo de una mujer empieza a producir menos estrógeno, y los huesos se le debilitan. Los huesos débiles se rompen fácilmente y sanan lentamente.

Una mujer corre un mayor riesgo de que se le debiliten los huesos si ella...

- tiene más de 70 años de edad.
- es delgada.
- no hace ejercicio.
- no come suficientes alimentos ricos en calcio.
- ha estado embarazada muchas veces.
- bebe mucho alcohol.
- fuma o mastica tabaco.

➤ *La debilidad de los huesos es una de las principales causas de incapacidades en las mujeres ya mayores.*

➤ *Tanto el ejercicio como el calcio fortalecen los huesos.*

Tratamiento:

- Camine durante 20 ó 30 minutos todos los días.
- Coma alimentos ricos en calcio.

168

alimentos ricos en calcio

PROBLEMAS CON LA VISTA Y EL OÍDO

A medida que envejecen, muchas mujeres dejan de ver o de oír tan bien como antes. Las mujeres con problemas de la vista o del oído corren un mayor riesgo de tener accidentes, y es menos probable que trabajen fuera del hogar o que participen en la vida comunitaria.

Problemas de la vista

Después de los 40 años de edad, es común no poder ver bien objetos de cerca. Muchas veces ayuda usar lentes.

Una mujer también debe estar pendiente de las señas de tener demasiada presión del líquido en el ojo (glaucoma). Éste es un mal que puede dañar el ojo por dentro y producir ceguera. El glaucoma *agudo* comienza de repente, con dolor de cabeza muy fuerte o dolor en el ojo. El ojo también se sentirá duro al tocarlo. El glaucoma *crónico* generalmente no es doloroso, pero una mujer poco a poco empieza a perder la vista de lado. De ser posible, las mujeres mayores deben ir a un centro médico para que les revisen los ojos en busca de estos problemas. Para mayor información, vea **Donde no hay doctor** u otro libro sobre medicina general.

Problemas del oído

Muchas mujeres mayores de 50 años de edad tienen pérdida del oído. Puede que otras personas no se den cuenta del problema porque no lo pueden ver. O quizás empiecen a excluir a la persona de las conversaciones y las actividades sociales.

Si usted nota que está perdiendo el oído, he aquí algunas cosas que puede hacer:

- Siéntese en frente de la persona con quien esté hablando.
- Pida a sus parientes y amigos que hablen despacio y claramente. Pero pídales que no griten. Eso puede hacer que las palabras sean aun más difíciles de entender.
- Apague los radios o televisores cuando esté conversando con alguien.
- Pregunte a un trabajador de salud si su pérdida del oído se podría tratar con medicinas, una operación o usando un audífono.

ANSIEDAD Y DEPRESIÓN

Las mujeres ya mayores muchas veces se sienten ansiosas o deprimidas porque su papel en la familia y en la comunidad ha cambiado, o porque se sienten solas, están preocupadas por el futuro o tienen problemas médicos que les causan incomodidad y dolor. Para mayor información sobre la ansiedad y la depresión, vea el capítulo sobre la salud mental.

CONFUSIÓN MENTAL (DEMENCIA)

Algunas personas mayores tienen dificultades para recordar cosas y pensar claramente. Cuando estos problemas se vuelven graves, se les llama demencia.

Señas:

- La persona tiene dificultades para concentrarse o se pierde en medio de una conversación.
- Repite la misma cosa una y otra vez. No recuerda que ya ha dicho lo mismo antes.
- La persona tiene dificultades con sus tareas del diario. Quizás tenga problemas para vestirse o preparar alimentos.
- Tiene cambios de conducta. Puede que se ponga irritable, que se enoje o que haga cosas repentinas e inesperadas.

Estas señas se deben a cambios que suceden en el cerebro, y generalmente se desarrollan a lo largo de bastante tiempo. Si las señas empiezan repentinamente, es probable que el problema se deba a otras causas como un exceso de medicina en el cuerpo (toxicidad), una infección grave, *desnutrición* o depresión grave. Muchas veces la confusión desaparecerá si estos problemas son tratados.

Tratamiento:

No hay tratamiento especial ni una cura para la demencia. El cuidar a una persona que está confundida puede ser muy duro para los miembros de la familia. Ayuda compartir la responsabilidad por el cuidado de la persona, y conseguir el apoyo de personas fuera de la familia, siempre que sea posible.

Para ayudar a la persona que tiene demencia, trate de...

- hacer que sus alrededores sean lo más seguros que se pueda.
- mantener las mismas rutinas diarias para que la persona sepa qué esperar.
- tener por toda la casa objetos que la persona reconozca.
- hablarle a la persona en una voz lenta y calmada. Dele suficiente tiempo para contestar.
- establecer límites claros sin demasiadas opciones. Haga preguntas que la persona pueda responder con un simple "sí" o "no".

La lucha por el cambio

En la mayoría de los lugares, es tradicional que las familias vivan juntas y que las personas más jóvenes cuiden a los ancianos. Pero hoy en día, muchas mujeres y hombres trabajan fuera de sus comunidades. Muchas veces tienen que viajar lejos de sus hogares para ganar dinero para mantener a sus familias. Ahora, con frecuencia, los ancianos tienen que cuidarse a sí mismos.

Para las mujeres es más probable vivir solas que para los hombres. Las mujeres generalmente viven más tiempo que los hombres y muchas veces se casan con hombres mayores que ellas. En muchos lugares, se considera que las viudas son menos importantes que las mujeres casadas. Cuando una mujer ya mayor vive en una comunidad que no valora a los ancianos, ella—al igual que su familia—puede sentir que no vale la pena tratar sus problemas médicos. O puede que ni siquiera haya servicios para atender los problemas médicos que ella tenga.

Cuando una mujer mayor además es muy pobre, los problemas que ella enfrenta son mucho peores. Quizás ella no tenga suficiente dinero para pagar por servicios médicos y medicinas, para comprar alimentos nutritivos, o para pagar por un lugar sano donde vivir.

Proyectos para ganar dinero. Una forma en que las mujeres mayores pueden mejorar su situación es encontrando modos de ganar dinero para mantenerse a sí mismas e incluso ayudar a sus familias, tales como:

- criar animales, como gallinas, cabras o vacas y luego vender los huevos, la leche, el queso o la carne.
- hacer pan u otros tipos de comida para vender.
- hacer artesanías o coser cosas para vender.

Seis viudas que viven en una pequeña comunidad de El Salvador, decidieron que querían ganar algo de dinero criando pollos para vender. Ninguna de ellas había criado pollos antes, pero le pidieron a un grupo que apoya cooperativas que les enseñara a hacerlo.

Después de que una asociación comunitaria local les prestó dinero, el grupo de mujeres empezó a trabajar. Por la noche, las mujeres se turnaban para dormir en el gallinero, para que ni los animales ni la gente se robaran los pollos. En la madrugada, las mujeres se levantaban para matar y limpiar los pollos. Cada día, las mujeres caminaban varios kilómetros para ir a vender los pollos en otras comunidades. Cargaban los pollos en canastas sobre la cabeza.

Los hombres de su comunidad—e incluso un especialista que trabajaba con una agencia—les dijeron que su proyecto fracasaría. Pero las viudas ganaron suficiente dinero para cubrir sus costos, comprar nuevos pollos y para recibir cada una como 45 dólares al mes. Aunque no era mucho dinero, era más de lo que cualquiera de ellas había ganado antes. Además se ganaron el respeto de su comunidad por tener un negocio exitoso. Como una de ellas dijo: —Nunca nos imaginamos que podríamos llevar nuestro propio negocio. Ahora mírenos. ¡Somos las jefas!

Servicios comunitarios para ancianas. Trabajando unidas, las mujeres mayores pueden animar a sus comunidades a...

- construir viviendas más baratas para las mujeres mayores, o formar grupos que vivan juntos para ahorrarse algo de los costos de la vida.
- incluir a mujeres ya mayores en los programas de nutrición.
- entrenar a trabajadores de salud para que puedan atender las necesidades especiales de las mujeres ya mayores.

Las mujeres ya mayores pueden instruir a los jóvenes. Las mujeres mayores son quienes principalmente conocen las prácticas curativas tradicionales, y sólo ellas pueden pasar sus conocimientos a la siguiente generación. Para preservar estas prácticas y recordarles a otras personas que las ancianas tienen habilidades valiosas, las mujeres pueden enseñarles estas prácticas a sus hijos y nietos. Las mujeres ya mayores también pueden enseñarles las prácticas a los promotores de salud, para que ellos puedan usar los mejores métodos tanto de la medicina tradicional como de la medicina moderna.

Cambios en las leyes y las políticas del gobierno.
Muchos gobiernos proporcionan pensiones (ingresos mensuales), vivienda y atención médica para los ancianos. Si su gobierno no proporciona estas cosas, trate de trabajar con otras mujeres para cambiar las leyes. Este tipo de cambio lleva tiempo. Pero aunque a una mujer no le toque ver los cambios, sabrá que ella ha luchado para crear una vida mejor para sus hijas y sus nietas.

➤ *Las mujeres mayores tienen mucha experiencia y sabiduría. Si trabajan unidas pueden tener mucho poder.*

La aceptación de la muerte

Cada cultura tiene una serie de creencias acerca de la muerte e ideas acerca de la vida después de la muerte. Estas ideas, creencias y tradiciones pueden consolar a una persona que se está enfrentando a la muerte. Pero la persona también necesita que sus seres queridos la apoyen, y sean amables y honestos con ella.

La mejor manera en que usted puede ayudar a una persona que está muriendo es prestando atención a sus sentimientos y necesidades. Si ella quiere morir en casa— rodeada de sus seres queridos—en vez de en un hospital, trate de respetar sus deseos. Si ella quiere hablar de la muerte, trate de ser honesta con ella. Una persona que está muriendo generalmente lo sabe, en parte por lo que siente en su propio cuerpo, y en parte por las reacciones que ella nota en sus seres queridos. Deje que ella hable abiertamente sobre sus temores y sobre las alegrías y las penas de su vida. Así, cuando llegue la hora de su muerte, tal vez ella pueda aceptarla más fácilmente como el fin natural de la vida.

Capítulo 9

En este capítulo:

En este capítulo usamos el término 'mujeres con discapacidad' en vez de 'mujeres discapacitadas'. Lo hacemos para recordarle a la gente que aunque una discapacidad puede impedir que una mujer haga ciertas cosas, de muchas maneras ella es como cualquier otra mujer. Antes que nada, ella es mujer.

Sin importar qué haya causado la discapacidad de una mujer, ella puede ser tan productiva como una mujer que no tenga una discapacidad. Ella sólo necesita la oportunidad de desarrollar sus habilidades plenamente.

Para información más completa sobre la atención médica para mujeres con discapacidad, vea el manual de Hesperian titulado *Un manual de salud para mujeres con discapacidad.* Para información sobre cómo pedir el manual, vea la última página de este libro.

Las mujeres con discapacidad

Una de cada 10 mujeres tiene una discapacidad que afecta su vida diaria. Puede que ella tenga dificultades para caminar, levantar cosas, ver, oír o usar la mente. Pero muchas veces nadie ve ni oye a estas mujeres. Se encuentran escondidas y no participan en las actividades de la comunidad porque la gente las considera menos útiles y menos valiosas que las mujeres que no tienen discapacidades.

¿A QUÉ SE DEBEN LAS DISCAPACIDADES?

Las costumbres y las creencias locales a veces le dan a la gente ideas falsas sobre las discapacidades. Por ejemplo, puede que las personas piensen que una mujer tiene una discapacidad porque ella hizo algo malo en una vida anterior y ahora está siendo castigada. O quizás piensen que su discapacidad es contagiosa y tengan miedo de estar cerca de ella.

Pero las discapacidades no se deben a alguna cosa que la persona haya hecho mal. En los países pobres, muchas discapacidades se deben a la pobreza, a los accidentes y a la guerra. Por ejemplo:

- Si una madre no puede comer lo suficiente cuando está embarazada, puede que su hijo nazca con una discapacidad (*defecto de nacimiento*).
- Si un bebé o un niño chiquito no puede comer bien, puede que él o ella se vuelva ciego o tenga retraso mental.
- La falta de *saneamiento* y las condiciones de vida atestadas, junto con la mala *alimentación* y la falta de *vacunas* y servicios médicos básicos, pueden ayudar a causar muchas discapacidades.
- En las guerras actuales, más mujeres y niños mueren o quedan discapacitados que soldados u otros hombres.

Pero aunque todas estas causas de las discapacidades fueran eliminadas, siempre habrá personas que tengan discapacidades—es una parte natural de la vida.

Una de cada 10 mujeres tiene una discapacidad que afecta su vida diaria.

La auto-estima

La siguiente carta nos llegó de un grupo de mujeres con discapacidad que viven en Ghana, un país en el oeste de África. Pero pudo haber venido de cualquier comunidad, porque por todo el mundo a las mujeres (y sobre todo a las mujeres con discapacidad) se les enseña a no valorarse a sí mismas.

Un grupo de mujeres con discapacidad fundó nuestra Asociación en 1989 para ayudar a promover el bienestar de las mujeres con discapacidad. Tenemos 21 miembros con diferentes discapacidades (de la vista, del oído, del habla y del movimiento). Nos reunimos una vez al mes para hablar sobre nuestros problemas y para tratar de encontrar soluciones.

Todas estamos de acuerdo en que la gente muchas veces *discrimina* a las mujeres con discapacidad porque...

- somos mujeres.
- tenemos discapacidades.
- casi todas somos pobres.

Se considera que no somos buenas parejas para el matrimonio y que creamos una 'mala' imagen en los lugares de trabajo. Las niñas y las mujeres con discapacidad muchas veces no pueden recibir una educación, aunque esté disponible. Por ejemplo, aun en las escuelas especiales para niños con discapacidades, los varones generalmente reciben preferencia.

Es raro que recibamos entrenamiento para cualquier tipo de trabajo. Somos víctimas del abuso—tanto físico como emocional y sexual. Al contrario de los hombres y las mujeres que no tienen discapacidades, a nosotras raras veces se nos permite tomar una decisión, ya sea en nuestro hogar o en la comunidad.

Pero para cada una de nosotras que formamos parte de la Asociación, nuestro mayor problema es la falta de auto-estima. La sociedad nos enseña a no valorarnos a nosotras mismas. Generalmente nos considera incapaces de retener a un hombre, de tener hijos, y de llevar a cabo trabajo significativo. Por lo tanto, la gente considera que no tenemos utilidad ni valor. Incluso nuestros parientes sólo nos quieren si descubren que tenemos algún valor para ellos.

—*Dormaa Ahenkro, Ghana*

Una mujer, ya sea que tenga una discapacidad o no, tendrá un alto nivel de propia estima si ella crece con el apoyo de su familia, su escuela y su comunidad para tener la mejor vida que ella pueda. Pero si una mujer crece sintiendo que vale menos que otras personas a causa de una discapacidad, ella tendrá que luchar mucho para aprender a valorarse a sí misma. Este proceso nunca es fácil, pero puede lograrse tomando pequeños pasos.

El primer paso es conocer a otras personas. A medida que la vayan conociendo, se darán cuenta de que las mujeres con discapacidad realmente no son tan diferentes de las mujeres que no tienen discapacidades. Cada vez que usted salga, podrá conocer a otras personas y hablar con ellas más fácilmente.

Un segundo paso es crear o unirse a un grupo de mujeres.
Hablando con otras personas, usted puede empezar a entender
cuáles son sus propios puntos fuertes y débiles. Un grupo puede
proporcionar un lugar seguro donde las mujeres puedan hablar
abiertamente—siempre y cuando todas se comprometan a no hablar
fuera del grupo sobre cualquier cosa que se diga dentro del grupo.

Usted también puede crear o unirse a un grupo para mujeres con
discapacidad y compartir sus ideas y sus experiencias sobre los retos
especiales que vienen de tener una discapacidad. Todas ustedes pueden
apoyarse mutuamente durante los buenos y los malos tiempos.

Ustedes también pueden apoyarse mutuamente en sus esfuerzos
por aprender a volverse independientes. Por todo el mundo hay
mujeres con discapacidad que están trabajando como doctoras,
enfermeras, tenderas, escritoras, maestras, campesinas y organizadoras
de la comunidad. Ayudándose unas a otras, ustedes pueden empezar a
prepararse para el futuro, como lo haría cualquier otra mujer.

grupos de apoyo

*Concéntrese en lo que sí
puede hacer en vez de en lo
que no puede hacer.*

Si usted tiene una discapacidad, es probable que la mayoría de sus
problemas médicos no sean diferentes a los de otras mujeres, y
usted podrá encontrar información sobre ellos en otros capítulos de
este libro. Pero los siguientes puntos pueden ser de especial interés
para las mujeres con discapacidad, sobre todo para aquéllas que han
perdido la sensación en partes del cuerpo.

CÓMO SABER CUANDO ESTÁ ENFERMA

Para algunas mujeres con discapacidad puede ser difícil darse
cuenta cuándo tienen un problema médico. Por ejemplo, una mujer
que tenga una *infección* de la *matriz* quizás no pueda sentir el dolor.
Pero tal vez note un *desecho* o un olor vaginal fuera de lo usual que
podría deberse a una infección.

Como mujer, usted conoce y entiende su cuerpo mejor que nadie.
Así que si siente algo raro, tiene una reacción del cuerpo fuera de lo
usual o tiene dolor en algún lado, trate de averiguar lo más pronto
posible a qué podría deberse. De ser necesario, pídale a un pariente,
amigo o trabajador de salud que le ayude.

**Cómo
cuidar de
su salud**

EL CUIDADO DE LA PIEL

Si usted está acostada o sentada todo el tiempo, puede padecer de llagas de presión (escaras o llagas de cama). Estas llagas se empiezan a formar cuando la piel sobre las partes huesudas del cuerpo queda apachurrada contra una silla o una cama. Los vasos sanguíneos se apachurran también, así que no llega suficiente sangre a la piel.

Si usted pasa demasiado tiempo sin moverse, le saldrá una mancha oscura o roja en la piel. Si la piel sigue apachurrada, se puede formar una llaga abierta que se va volviendo más honda. O puede que la llaga se forme por adentro del cuerpo, cerca del hueso, y que se abra poco a poco hacia la superficie. Sin tratamiento, la piel puede morir.

➤ *Las llagas de presión son una de las causas más comunes de muerte en las personas que tienen daño de la médula espinal.*

Tratamiento:
Para información sobre cómo tratar llagas de presión, vea la página 306.

306

cuidado de las heridas

Prevención:
- Trate de moverse por lo menos cada 2 horas. Si está acostada todo el tiempo, pídale a alguien que le ayude a cambiar de posición.
- Siéntese o acuéstese sobre una superficie suave que disminuya la presión sobre las áreas huesudas del cuerpo. Puede ser de ayuda una almohada o una colchoneta que tenga ahuecadas las áreas alrededor de las partes huesudas. O usted puede hacer almohadas sencillas llenando bolsas de plástico con arroz o frijoles crudos. Hay que rellenarlas con nuevo arroz o frijoles una vez al mes.
- Examínese todo el cuerpo a diario. Puede usar un espejo para verse la parte trasera del cuerpo. Si nota una mancha roja u oscura, trate de no poner presión sobre esa área hasta que su piel se vea normal otra vez.

Si usted está sentada todo el día...

...levante las nalgas empujándose sobre los brazos...

...o inclínese de un lado a otro.

Examínese la piel todos los días.

165

la alimentación para la buena salud

- Trate de comer suficientes frutas, verduras y comidas ricas en *proteína*.
- Durante la regla, no se meta pedazos de tela ni *tampones* en la *vagina*. Pueden hacer presión contra sus huesos desde adentro y producirle llagas en la vagina.
- Trate de bañarse todos los días. Séquese la piel a palmaditas, pero no se la sobe. Evite las cremas y los aceites, porque pueden suavizarle y debilitarle la piel. Y **nunca** se ponga alcohol en la piel.

EL EJERCICIO

Algunas mujeres—por ejemplo aquéllas que padecen de *artritis*, han tenido *derrames cerebrales*, o están encamadas debido a la vejez o porque tienen *SIDA*—tienen dificultades para mover los brazos y las piernas lo suficiente como para mantener sus *coyunturas* flexibles. Cuando eso sucede, y un brazo o una pierna permanece doblado por mucho tiempo, algunos de los músculos se vuelven más cortos y el miembro ya no se puede enderezar por completo. O puede que los músculos acortados mantengan recta una coyuntura, de modo que no se pueda doblar. A eso se le llama una 'contractura'. A veces las contracturas causan dolor.

Para evitar las contracturas y mantener los músculos fuertes, usted necesita encontrar a alguien que pueda ayudarle a ejercitar los brazos y las piernas todos los días. Asegúrase de mover cada parte del cuerpo. Si usted ha tenido contracturas por muchos años, le será difícil enderezar las coyunturas completamente. Pero estos ejercicios evitarán que las contracturas empeoren y pueden hacer que las coyunturas estén menos tiesas y que los músculos se mantengan fuertes.

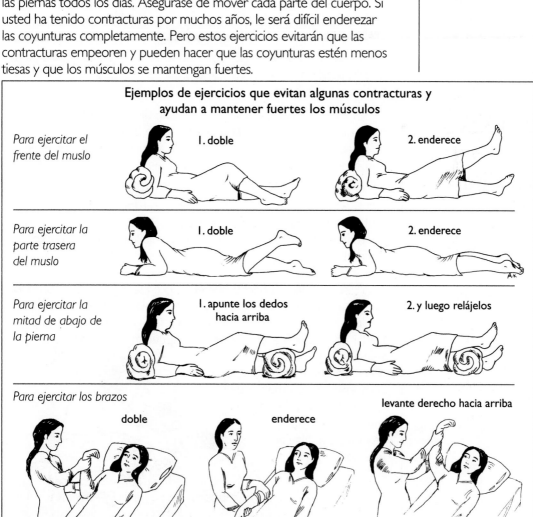

Ejemplos de ejercicios que evitan algunas contracturas y ayudan a mantener fuertes los músculos

Para ejercitar el frente del muslo
1. doble
2. enderece

Para ejercitar la parte trasera del muslo
1. doble
2. enderece

Para ejercitar la mitad de abajo de la pierna
1. apunte los dedos hacia arriba
2. y luego relájelos

Para ejercitar los brazos
doble
enderece
levante derecho hacia arriba

IMPORTANTE *Si una coyuntura ha estado doblada mucho tiempo, tenga cuidado. No trate de enderezarla a la fuerza.*

La sexualidad y la salud sexual

➤ *Puede ser difícil protegerse contra la violencia y el abuso. Pero trate de impedir que la gente se aproveche de usted.*

la violencia

la salud sexual

Muchas personas creen que las mujeres con discapacidad no pueden, o no deben, tener sentimientos sexuales. No se espera que ellas quieran tener relaciones íntimas y amorosas, o que quieran tener hijos. Pero las mujeres con discapacidad sí tienen deseos de intimidad y de relaciones sexuales, como cualquier otra persona.

Si usted ha tenido una discapacidad desde que nació o desde muy pequeña, tal vez no pueda creer fácilmente que tiene algún atractivo sexual. Muchas veces, la mejor manera de aprender a cambiar algunas de las opiniones que usted tiene acerca de sí misma, es hablando con otras mujeres con discapacidad acerca de sus propios temores y las formas en que los superaron. Pero no se olvide de tener paciencia. Toma tiempo cambiar las ideas que uno ha tenido por muchos años.

Si su discapacidad es reciente, quizás usted ya esté acostumbrada a pensar en sí misma como un ser sexual. Pero tal vez no se dé cuenta de que puede seguir disfrutando el sexo. Quizás usted piense que ha perdido su atractivo sexual y esté triste de que ahora el sexo tal vez sea diferente.

Sería beneficioso para las mujeres con discapacidad recibir la misma información sobre la sexualidad que las mujeres que no tienen discapacidades. Trate de hablar sobre la sexualidad con esas mujeres y con otras personas en quienes confíe: maestros, promotores de salud y otras mujeres con discapacidad.

Usted y su pareja tendrán que encontrar formas de complacerse mutuamente probando diferentes cosas. Por ejemplo, si usted no tiene sensación en las manos o en los genitales, durante el sexo puede buscar otras partes del cuerpo que le produzcan placer sexual, como una oreja, los pechos o el cuello. Eso también puede ayudar si su discapacidad ha hecho que el sexo en la vagina sea incómodo. Usted también puede probar diferentes posiciones, como acostarse de lado, o sentarse en la orilla de una silla. Si usted y su pareja pueden hablar abiertamente, es probable que puedan tener una relación sexual que satisfaga a ambos. Pero recuerde que usted no tiene que conformarse con menos de lo que quiere. Usted no tiene que tener relaciones sexuales con alguien que no la aprecie.

LA PLANIFICACIÓN FAMILIAR

Muchas niñas con discapacidades crecen sin nunca recibir información acerca del sexo o la *planificación familiar*. Sin embargo, la mayoría de las mujeres con discapacidad se pueden embarazar—incluso aquéllas que no sienten en la mitad de abajo del cuerpo. Así que si usted planea tener relaciones sexuales y no se quiere embarazar, necesita usar algún método de planificación familiar.

He aquí algunos principios que pueden ayudarle a decidir cuál método puede ser el mejor para usted:

Si usted ha tenido un derrame cerebral o no puede caminar y tiene que estar sentada o acostada todo el tiempo, no use métodos de *hormonas*, como las pastillas, las inyecciones o los implantes. Todos éstos pueden causar problemas con coágulos de sangre.

Si usted tiene muy poca sensación en la barriga o no siente nada allí, no use un 'aparato' o *dispositivo intra-uterino* (DIU). Si no se lo ponen correctamente o hay alguna posibilidad de que a usted le dé una *infección de transmisión sexual*, el aparato podría lastimarle. Si no puede sentir, tal vez no se dé cuenta de la infección.

Si usted no puede usar bien las manos, tal vez tenga dificultades para usar los *métodos de barrera*, como un diafragma, el condón femenino, o la espuma. Si no le da pena, usted podría pedirle a su compañero que se los ponga.

Si su discapacidad va cambiando con el tiempo, puede que usted necesite ir cambiando de método de planificación familiar también.

➤ *Los condones ayudan a evitar tanto el embarazo como las infecciones de transmissión sexual, incluyendo el VIH.*

planificación familiar

EL EMBARAZO Y LAS DISCAPACIDADES

Una mujer con una discapacidad puede embarazarse y tener un bebé sano. Las siguientes son algunas cosas que usted debe considerar, sobre todo si no puede mover mucho el cuerpo, o si usa algún tipo de equipo para caminar:

- A medida que la barriga le vaya creciendo, su equilibrio irá cambiando. Algunas mujeres pueden usar un bastón o una muleta para evitar caerse. Otras tal vez prefieran usar una silla de ruedas mientras estén embarazadas.

- Como muchas mujeres embarazadas tienen problemas de estreñimiento, tal vez usted necesite hacer su programa para sacarse el excremento con mayor frecuencia (vea pág. 372).

- Puede que, durante el parto, usted no pueda sentir las contracciones. En vez de eso, fíjese en cuándo cambia la forma de su barriga, y use eso para contar el tiempo entre las contracciones.

- Para evitar que las coyunturas se le entiesen (contracturas) y para mantener fuertes sus músculos, trate de hacer tanto ejercicio como pueda. Trate de hacer los ejercicios de la página 143.

- Para mayor información general sobre el embarazo y el parto, vea el capítulo 6.

La seguridad personal

332

la defensa personal

Puede que una mujer con una discapacidad no pueda protegerse tan bien como otras mujeres. Por eso ella corre un mayor riesgo de ser víctima de un ataque violento o del abuso. Pero hay cosas que ella puede hacer para defenderse. Puede ser útil que practique algunas de estas cosas con un grupo de mujeres con discapacidad:

- Si usted está en un lugar público y alguien trata de lastimarla o de abusar de usted, grite lo más fuerte que pueda.

- Haga algo que pueda producirle asco al atacante; por ejemplo babee, trate de vomitar o actúe como si estuviera 'loca'.

- Use su bastón, sus muletas o su silla de ruedas para tratar de pegarle o lastimar al atacante.

- Si quien abusa de usted es un miembro de su familia, trate de hablar sobre el problema con otro miembro de la familia en quien usted confíe. Tal vez también sea útil que hable del problema en privado con un grupo de mujeres con discapacidad.

Cuidados especiales para las mujeres que tienen discapacidades mentales

Las mujeres y niñas que tienen problemas con el entendimiento o el aprendizaje (discapacidades mentales), pueden necesitar atención especial, dado que puede ser aún más difícil para ellas defenderse.

Si hay una joven o una mujer en su familia que tenga estos problemas, es importante hablar con ella abiertamente sobre las personas que puedan lastimarla o abusar de ella. Hablen sobre cuándo es aceptable tocar a otra persona de un modo sexual y cuándo no, y sobre lo que es seguro o peligroso en las situaciones públicas y privadas. Dígale que es bueno que hable con usted si algo que no le agrada le sucede. Ayúdele a aprender a decir "No". Enséñele a defenderse.

También es buena idea hablar con las personas con discapacidades mentales sobre las enfermedades sexuales y el embarazo, y darles lo que necesiten para protegerse (vea páginas 279 y 224). Pero tenga cuidado de no tratar como prisioneras a las jóvenes y a las mujeres con incacapacidades mentales. Cuando no sea peligroso, permítales que vayan afuera o al mercado, o que trabajen en el campo.

Para crearse una mejor vida, las mujeres con discapacidad necesitan servicios de salud, una educación, la capacidad de ir de un lugar a otro independientemente, y algún modo de ganarse la vida. A veces el primer paso que las mujeres con discapacidad necesitan tomar para lograr estas cosas es formar un grupo entre sí. Juntas pueden decidir cuáles cosas en su comunidad se pueden cambiar para mejorar la vida de todas.

He aquí algunas sugerencias:

- Organizar una clase de *alfabetización* para las mujeres que no saben leer o escribir.

- Tratar de conseguir fondos—ya sea prestados a bajo interés o regalados—para comenzar un proyecto que produzca ingresos, para que así todas puedan ganarse la vida.

- Acudir en grupo a las autoridades locales y pedirles que...

  - hagan que las fuentes locales de agua, las escuelas y los centros médicos sean más accesibles para las personas con discapacidades y más fáciles de usar para las personas ciegas o sordas.

  - ayuden a crear una biblioteca y a conseguir más información acerca de las discapacidades.

  - trabajen junto con el grupo para proporcionar equipo y aparatos para las personas discapacitadas.

Para darle a usted una idea de lo que un grupo puede lograr si trabaja unido, he aquí el resto de la carta de las mujeres de Ghana:

> ➤ *Las tareas en sí que su grupo escoja no son tan importantes como el hecho de que el grupo trabaje junto. Empiecen con lo que el grupo considere más importante y sigan a partir de allí.*

El pertenecer a esta Asociación nos da un nuevo sentido de nuestro valor, una forma de pertenecer a algo importante, y la oportunidad de organizarnos para luchar por nuestros derechos.

La mayoría de nosotras hemos adquirido nuevas habilidades: hemos aprendido a tejer, coser, hacer velas, componer zapatos, hacer canastas y escribir a máquina. Éstas son algunas de nuestras otras actividades:

- Animar a las mujeres con discapacidad a participar en las actividades comunitarias.

- Organizar reuniones con maestros y padres de familia para escoger materiales con imágenes positivas de las personas discapacitadas.

- Encontrar maneras de ganar suficiente dinero para poder conseguir herramientas de trabajo, sillas de rueda y otros aparatos para nuestros miembros.

La amistad y la confianza entre las mujeres con discapacidad da a luz muchas nuevas ideas. Manejamos nuestra Asociación por y para nosotras mismas, y nuestros logros nos dan ánimo. Nuestro trabajo ayuda a elevar la imagen de todas las mujeres con discapacidad.

Al igual que las mujeres en Ghana, usted puede crearse una vida independiente y productiva, colaborando con otras personas. Usted no tiene que quedarse encerrada en casa, a menos que quiera. ¡Luche por lo que sueña en tener, ya sea un empleo, una relación especial, o hijos!

Capítulo 10

En este capítulo:

Para mantener la salud

Una comunidad saludable

Una familia saludable

Una persona saludable

La mayor parte de este libro describe problemas de la salud y lo que se puede hacer acerca de ellos. Pero muchos de estos problemas pueden prevenirse (es decir, evitarse antes de que comiencen) mediante una mejor *nutrición*, la limpieza, el descanso y la satisfacción de las necesidades de salud de las mujeres. Por lo tanto, en este capítulo explicamos algunas de las cosas que la mujer, su familia y su comunidad pueden hacer para evitar las enfermedades.

No siempre es fácil para la mujer evitar las enfermedades. Aunque hacen mucho para mantener la salud de sus familias y de sus comunidades, es difícil para muchas mujeres encontrar el tiempo, la energía y el dinero para atender sus propias necesidades de salud. Como a las mujeres con frecuencia se les enseña a poner las necesidades de otras personas antes que las propias, les queda muy poco tiempo para sí mismas después de ocuparse de sus familias. Además, los recursos limitados de las familias muchas veces se usan principalmente en los niños y en los hombres.

Sin embargo, a largo plazo, es posible evitar mucho dolor y muchas angustias si se evitan los problemas de salud antes de que comiencen, en vez de darles tratamiento después. Algunas de estas cosas no toman mucho tiempo ni mucho dinero. Algunas otras toman más tiempo, esfuerzo y dinero—por lo menos al principio. Pero como la prevención es la base de la salud y de la resistencia de la mujer, de su familia y de su comunidad, a la larga, la vida será más fácil y mejor.

➤ Las comunidades saludables ayudan a la mujer a mantenerse saludable. Las mujeres saludables pueden cuidar de sus familias. Las familias saludables pueden hacer más contribuciones a la comunidad.

165

la alimentación para la buena salud

La limpieza

Muchas enfermedades son transmitidas por *microbios* que pasan de una persona a otra. Algunas de las formas más comunes en las que se transmiten los microbios son:

➤ *Diferentes problemas de salud se transmiten de diferentes maneras. Por ejemplo, los microbios de la* tuberculosis *(TB) se transmiten por el aire. Los piojos y la sarna se transmiten por la ropa y por la ropa de cama.*

• tocando a la persona que tiene una infección.

• por el aire. Por ejemplo, cuando una persona tose, los microbios en las gotitas de la saliva pueden llegar a otras personas y a otros objetos.

• por la ropa, los trapos o la ropa de cama.

• al comer alimentos contaminados.

• por picaduras de insectos o mordidas de animales.

La limpieza en la comunidad, la limpieza en el hogar, y la limpieza personal son importantes para evitar muchas enfermedades puesto que evitan la transmisión de microbios.
Por ejemplo:

1. Un hombre con una infección de parásitos tiene diarrea y obra al aire libre.

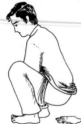

2. Un puerco se come el excremento del hombre.

3. Uno de los hijos del hombre juega con el puerco y se ensucia las manos con el excremento.

4. Más tarde, el niño comienza a llorar, su madre lo consuela y le limpia los dedos en su falda. De esa manera, ella también se ensucia las manos con el excremento.

5. La madre prepara los alimentos para la familia, sin lavarse primero las manos.

6. La familia toma los alimentos. En poco tiempo, todos tienen diarrea.

¿Cómo pudo haberse evitado que se enfermara la familia?

Si la familia hubiera seguido cualquiera de estas precauciones, la transmisión de la enfermedad se podría haber evitado:

- si el hombre hubiera usado una letrina o un excusado.
- si no se hubiera permitido que el puerco anduviera suelto.
- si la madre no hubiera usado su falda para limpiar las manos del niño, y después tocado los alimentos.
- si la madre se hubiera lavado las manos después de tocar a su hijo y antes de preparar los alimentos.

LA LIMPIEZA EN LA COMUNIDAD (SANEAMIENTO)

Muchos problemas comunes de salud se resuelven mejor en la comunidad. Cuando la comunidad trabaja unida para mejorar la salud de todos sus miembros, todos ellos salen ganando. He aquí algunas ideas de lo que usted y el resto de su comunidad pueden hacer:

Trabajen unidos para crear una fuente de agua limpia para beber y cocinar. Esta fuente deberá encontrarse bastante cerca de la comunidad, para que las personas puedan conseguir el agua fácilmente.

Para mantener limpia el agua que se usa para beber y para cocinar:

- no permitan que los animales se acerquen a la fuente de agua. De ser necesario, construyan una cerca para mantenerlos alejados.
- no se bañen y no laven la ropa, las ollas para cocinar y los utensilios para comer cerca de la fuente de agua.
- no obren ni arrojen basura cerca de la fuente de agua.

Deshágase de la basura de una manera segura. Si es posible, entierren la basura, quémenla o conviértanla en abono. Si la entierran, asegúrense de que el hoyo sea lo suficientemente hondo para mantener alejados a los animales y a los insectos. Si la basura está sobre la superficie, hagan una cerca alrededor del basurero y cubran la basura con tierra para que atraiga menos moscas. También encuentren formas seguras de deshacerse de los materiales peligrosos y *tóxicos*. Por ejemplo, no quemen plásticos cerca de los hogares, porque el humo puede ser tóxico, sobre todo para los niños, para los ancianos y para los enfermos.

El agua de beber limpia puede ayudar a prevenir la diarrea y los parásitos.

Tiren el agua que quede estancada en áreas de lavado y en charcos, llantas y recipientes abiertos. El *paludismo* (malaria) y la *fiebre rompehuesos* (dengue) se transmiten por mosquitos que se crían en el agua que no está corriendo. Si es posible, usen mosquiteros cuando duerman.

➤ *Usen los alimentos convertidos en abono para sus cosechas.*

Organícense para construir letrinas (en la página siguiente explicamos cómo construir una letrina).

➤ *Para mayor información sobre la construcción de letrinas, vea* **Guía comunitaria para la salud ambiental,** *de Hesperian.*

➤ *Después de usar la letrina, arroje un poco de cal, tierra o cenizas en el hoyo para reducir el olor y mantener alejadas a las moscas.*

Cómo construir una letrina

1. Haga un hoyo de aproximadamente ½ metro de ancho, 1 ½ metro de largo y 3 metros de hondo.

2. Cubra la mayor parte del hoyo, pero deje una abertura de como 20 por 30 centímetros.

3. Construya una cubierta y un techo con materiales que haya en su área.

3 metros

1½ m

½ m

Por seguridad, una letrina debe encontrarse por lo menos a 20 metros de distancia de todas las casas, los pozos, los manantiales, los ríos o los arroyos. Si tiene que estar en un lugar cerca de donde las personas van a sacar agua, es muy importante poner la letrina aguas abajo.

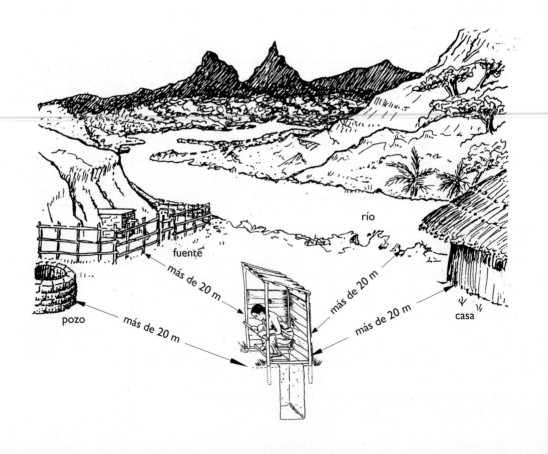

río

fuente

más de 20 m

más de 20 m

más de 20 m

pozo

más de 20 m

casa

LA LIMPIEZA EN EL HOGAR

Puesto que los miembros de la familia están muy cerca los unos de los otros, es muy fácil que se transmitan los microbios y las enfermedades a toda la familia. Para que una familia tenga menos enfermedades, deberá:

- lavar con jabón (o con cenizas limpias) y agua limpia las ollas y los utensilios para cocinar y para comer después de usarlos. Si es posible, deberá dejarlos secar al sol.
- limpiar la vivienda con frecuencia. Deberá barrer y lavar los pisos, las paredes y el espacio debajo de los muebles. Deberá reparar las grietas y los agujeros en el piso y en las paredes donde podrían ocultarse las cucarachas, las chinches y los alacranes.
- colgar o tender la ropa de cama al sol para matar a los parásitos y a los insectos.

➤ *La luz del sol mata a muchos microbios que causan enfermedades.*

- no escupir en el piso. Cuando alguien tosa o estornude, deberá cubrirse la boca con el brazo, o con un trapo o un pañuelo. Entonces, si es posible, deberá lavarse las manos.
- deshacerse de los desperdicios humanos de una manera segura. Los niños deben aprender a usar una letrina o a enterrar su excremento, o por lo menos, a orinar y obrar lejos de la casa o de donde las personas van a sacar agua para beber.

➤ *Si los niños o los animales dejan excremento cerca de la casa, éste debe limpiarse de inmediato.*

LA LIMPIEZA PERSONAL

Lo mejor, si es posible, es que usted se lave con jabón y agua limpia todos los días. También

- lávese las manos antes de comer o de preparar alimentos, después de orinar o de obrar, y antes y después de atender a un bebé o a un enfermo.

- lávese los *genitales* todos los días con un jabón suave y con agua. **Pero no se haga lavados vaginales.** La vagina se limpia y se protege a sí misma creando una pequeña cantidad de flujo o desecho. Los lavados vaginales destruyen esa protección y facilitan que a la mujer le dé una infección vaginal.

- orine después de tener relaciones sexuales. Esto ayuda a evitar infecciones del sistema urinario (pero no evita el embarazo).

- límpiese cuidadosamente después de obrar. Siempre límpiese de adelante hacia atrás. Si usted se limpia hacia adelante puede pasar microbios y gusanos al hoyito de la orina y a la vagina.:

cuidado personal
durante la regla, 55
infecciones del sistema
urinario, 365

 **¡Sí!**    **¡No!**

Protéjase los dientes

Es importante cuidar bien de los dientes porque:

- es necesario tener dientes fuertes y sanos para masticar y digerir bien los alimentos.

- se pueden prevenir las caries (agujeros en los dientes y muelas causados por picaduras) y el dolor de las encías cuidando bien de los dientes.

- los dientes que se han picado o podrido a causa de la falta de limpieza pueden producir infecciones serias que pueden afectar otras partes del cuerpo.

- las personas que no se cuidan los dientes corren un mayor riesgo de perderlos cuando sean ya mayores.

Los dientes deben lavarse cuidadosamente dos veces al día. Esto elimina los microbios que causan las caries y la pérdida de los dientes. Lave la superficie de todos los dientes y las muelas, y luego limpie entre los dientes y abajo de las encías. Use un cepillo suave, un palito para limpiarse los dientes o un dedo envuelto en un pedacito de tela burda. Es bueno usar pasta de dientes, pero no es necesario. La sal, el bicarbonato o incluso el agua sola limpia también sirven.

Usted misma puede hacer un cepillo para limpiarse los dientes.

EL AGUA LIMPIA

El agua para beber debe tomarse de la fuente más limpia posible. Si el agua está turbia, deje que se asiente y use solamente el agua clara. Antes de beberla, mate a los microbios dañinos de la manera descrita abajo. A esto se le llama purificación.

Guarde el agua purificada en recipientes limpios tapados. Si el recipiente ha sido usado para guardar aceite para cocinar, lávelo bien con jabón y agua caliente antes de guardar allí el agua purificada. **Nunca guarde el agua en recipientes que hayan sido usados para guardar *sustancias químicas, plaguicidas* o *combustibles.*** Lave los recipientes para el agua con jabón y agua limpia por lo menos una vez a la semana.

Guarde el agua en jarras cubiertas y mantenga limpia su vivienda.

Éstas son algunas maneras simples y económicas para purificar el agua:

La luz del sol. La luz del sol mata a muchos microbios dañinos. Para purificar el agua usando la luz del sol, llene con agua recipientes limpios de vidrio claro, y déjelos afuera desde la mañana hasta el final de la tarde. Asegúrese de poner los recipientes en un espacio abierto donde estén bajo el sol todo el día. (Si se necesita purificar el agua para beber inmediatamente, bastará poner los recipientes al sol por 2 horas al mediodía.)

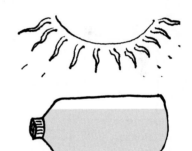

Para evitar que entren microbios al agua, escoja un lugar lejos de los niños, del polvo y de los animales. Si usted quiere que el agua se enfríe antes de usarla, deje los recipientes dentro de la casa durante la noche. El agua se puede guardar por uno o dos días en el mismo recipiente. La purificación con el sol da mejores resultados en los climas calientes.

El jugo de limón algunas veces mata el cólera (y otros microbios). Añada dos cucharadas de jugo de limón a un litro de agua y déjelo reposar por 30 minutos.

Hervir el agua por 1 minuto elimina los microbios. Déjela hervir por 1 minuto completo antes de dejarla enfriar. Puesto que es necesario usar mucho combustible para hervir el agua, usted deberá usar este método sólo si no hay ninguna otra manera de purificar el agua.

➤ *Lavarse las manos evita la propagación de enfermedades. Tenga un trapo limpio especial que sólo use para secarse las manos. Lávelo con frecuencia y séquelo al sol.*

O séquese las manos tan sólo sacudiéndolas en el aire.

➤ *En algunas comunidades hay maneras particulares de preparar las carnes o el pescado crudos que hacen que éstos sean seguros para comer.*

LA SEGURIDAD DE LOS ALIMENTOS

Muchas de las enfermedades comunes de los intestinos se transmiten por medio de los alimentos. A veces las personas que cosechan, manejan o preparan los alimentos pasan los microbios de sus manos a los alimentos. A veces los microbios y el moho (hongos) que se encuentran en el aire comienzan a crecer en los alimentos y hacen que éstos se echen a perder. Esto sucede cuando los alimentos no se almacenan o no se cocinan bien, o cuando se guardan por demasiado tiempo.

Para evitar que los alimentos se contaminen con microbios:

• lávese las manos con agua y jabón antes de preparar alimentos, antes de comer, o antes de alimentar a sus hijos.

• lave o pele todas las frutas y las verduras que coma crudas.

• no permita que la carne, las aves o el pescado crudos toquen otros alimentos que se comerán crudos. Después de cortar estas carnes, siempre lávese las manos y lave el cuchillo y la tabla para cortar.

• evite toser, escupir y masticar cosas tales como chicle o tabaco cuando esté cerca de los alimentos, para que a éstos no les caiga saliva.

• no permita que los animales laman los platos o los utensilios para comer. Si es posible, mantenga a los animales fuera de la cocina.

• cuando los alimentos se echen a perder, tírelos.

Éstas son algunas de las señas más comunes de que los alimentos se han echado a perder:

• mal olor

• mal sabor o cambio de sabor

• cambio de color (por ejemplo, la carne cruda pasa de estar roja a estar café)

• muchas burbujas en la superficie (por ejemplo, en la superficie de un guisado o una sopa viejos) junto con un mal olor

• baba en la superficie de la carne o de los alimentos cocidos

Alimentos cocidos

El cocinar los alimentos mata los microbios. Todas las carnes, pescados y aves deben cocerse bien. Nada debe verse crudo ni tener un color crudo.

Si los alimentos comienzan a enfriarse, los microbios comienzan a crecer rápidamente otra vez. Si los alimentos no se comen en menos de 2 horas, deberán volver a calentarse hasta que estén muy calientes. Los alimentos líquidos deberán estar burbujeando y los alimentos sólidos (como el arroz) deberán estar soltando vapor.

Selección de los alimentos

A veces los alimentos se han echado a perder aún antes de ser cocinados o guardados. Éstas son algunas de las cosas que deben observarse al seleccionar alimentos:

Los alimentos frescos (crudos) deberán estar...

- frescos y en temporada.
- enteros—no magullados, maltratados o picados por insectos.
- limpios (no sucios).
- con buen olor (sobre todo el pescado, los mariscos y la carne, los cuales no deberán tener un olor fuerte).

Los alimentos procesados (cocinados o empacados) deberán estar almacenados en:

- latas que se ven nuevas (no oxidadas, magulladas o abultadas).
- frascos con tapas limpias.
- botellas que no están despostilladas.
- paquetes que están completos, no desgarrados.

Un pescado con un olor fuerte o una lata abultada, son señas de que el alimento se ha echado a perder.

Almacenamiento de los alimentos

Siempre que sea posible, coma alimentos acabados de preparar. Si almacena los alimentos, manténgalos cubiertos para protegerlos del polvo, de las moscas y de otros insectos.

Los alimentos duran más si están a una temperatura fresca. Los métodos que describimos a continuación enfrían los alimentos por medio de la evaporación (la manera en que el agua desaparece en el aire). Ponga los alimentos en cacerolas poco profundas para que se enfríen mejor.

Olla enfriadora doble. Ésta consiste de una olla pequeña dentro de una olla más grande. El espacio entre las dos ollas se llena de agua. Use una olla grande con tapa, de cerámica sin vidriar (es decir, que no tenga una capa de barniz duro y brillante) para que el agua pueda evaporarse a través de la olla. La olla más pequeña deberá estar vidriada por dentro para que sea más facil de limpiar y para evitar que el agua de fuera se filtre a los alimentos que se están almacenando.

Alacena enfriadora. Coloque un guacal o una caja de madera de lado, encima de ladrillos o de piedras para levantarlo del suelo. Ponga un recipiente de agua en la parte de arriba de la caja, y cuelgue un costal o cualquier otra tela burda sobre el recipiente y alrededor de la caja. La tela debe llegar casi al suelo, pero no alcanzarlo. Meta la tela en el agua, de modo que la humedad se extienda por toda la tela. Coloque los alimentos dentro de la caja. A medida que el agua de la tela se vaya evaporando, enfriará los alimentos. Este método es más eficaz si usted mantiene la tela húmeda todo el tiempo.

➤ *Las mujeres en la comunidad que saben cuáles alimentos locales duran más sin echarse a perder y que conocen buenas formas de almacenarlos, pueden enseñar estas cosas a los demás.*

Cubra la caja entera cuando haga una alacena enfriadora. En este dibujo, la parte de enfrente se muestra abierta sólo para que usted pueda ver el interior.

Las necesidades particulares de la mujer

el trabajo

➤ *Coopere con su comunidad para reducir la carga de trabajo de la mujer. Las estufas que usan menos combustible (pág. 395) y las fuentes de agua que se encuentran en el pueblo mismo mejoran la vida de todos.*

el estar sentada o parada por mucho tiempo

DESCANSO Y EJERCICIO

Descanso

La mayoría de las mujeres trabajan mucho preparando alimentos, acarreando agua y consiguiendo combustible. De estas formas, ellas ayudan a sus familias a sobrevivir. Si además una mujer trabaja fuera del hogar, ella tiene una carga doble. Es posible que ella trabaje todo el día en una fábrica, en una oficina o en el campo, y que vuelva a su casa a hacer su segundo trabajo—ocuparse de su familia. Todo este trabajo pesado puede causar *agotamiento, desnutrición* y enfermedades, puesto que ella no tiene suficiente tiempo para descansar o suficientes alimentos que le den la energía que necesita.

Para ayudar a una mujer a reducir su carga de trabajo, los miembros de una familia pueden compartir el trabajo del hogar. Una mujer también puede aliviar su carga compartiendo sus tareas con otras mujeres (ellas pueden turnarse o hacer el trabajo juntas). Ya sea que trabaje para ganar dinero o no, ella probablemente necesitará ayuda para cuidar de sus niños. Algunas mujeres organizan grupos cooperativos para el cuidado de los niños, en los cuales una de ellas cuida a los niños pequeños para que las otras puedan trabajar. Cada quien le paga una cantidad de dinero a la mujer que se encarga de cuidar a los niños, o cada una de las mujeres se turna para hacerlo.

Si una mujer está embarazada, necesitará descansar aún más. Ella puede explicar a su familia por qué necesita descansar, y pedir que le ayuden más con su trabajo.

Ejercicio

La mayoría de las mujeres hacen suficiente ejercicio desempeñando sus tareas del diario. Pero si una mujer no se mueve mucho mientras trabaja—por ejemplo, si está sentada o parada todo el día en una fábrica o en una oficina—ella deberá tratar de caminar y de estirarse todos los días. Esto le ayudará a mantener fuertes su corazón, sus pulmones y sus huesos.

¡Estoy tan cansada de estar sentada! Necesito hacer más ejercicio. Quizás debería caminar a casa...

EXÁMENES MÉDICOS REGULARES

Si es posible, de cada 3 a 5 años, una mujer debe ver a un trabajador de salud capacitado para examinar el aparato *reproductivo* (vea pág. 44), aunque ella se sienta bien. La consulta debe incluir un examen pélvico, un examen de los pechos, una prueba de sangre para *anemia* ('sangre débil') y un examen para *infecciones de transmisión*

sexual. Es posible que la consulta también incluya la *prueba de Pap* (que se explica abajo) u otra prueba para detectar el cáncer cervical. Esto es especialmente importante para las mujeres mayores de 35 años, porque hay un mayor riesgo de que las mujeres sufran de *cáncer* del cérvix (el cuello de la matriz) a medida que aumenta su edad.

➤ *Muchas infecciones sexuales y muchos tipos de cáncer no producen señas sino hasta que la enfermedad se ha vuelto muy grave. Quizás, para entonces, sea muy difícil tratar el problema.*

Éstos son los pasos del examen pélvico:

1. El trabajador de salud examinará sus órganos genitales externos en busca de cualquier hinchazón, bulto, llaga o cambio de color.

2. Le colocará un espéculo dentro de la vagina. Un espéculo es un instrumento pequeño de metal o de plástico que mantiene abierta la vagina por dentro. El trabajador de salud podrá entonces examinar las paredes de la vagina y del cérvix en busca de hinchazón, bultos, llagas o flujo anormal. Puede que usted sienta un poco de presión o incomodidad cuando tenga el espéculo por dentro, pero éste no le deberá causar dolor. El examen será más cómodo si usted tiene los músculos relajados y la *vejiga* vacía.

Ahora voy a ponerte este espéculo para poder examinarte la vagina por dentro.

3. Si la clínica tiene servicios de *laboratorio*, la promotora de salud realizará exámenes para las ITS, si son necesarios. La promotora también puede hacer un examen para ver si hay algun cambio en la apertura de la matriz (el cuello uterino) que pudiera ser cáncer. Este examen puede ser la prueba de Pap, una inspección visual del cuello uterino o un nuevo examen que identifique el VPH, el virus que causa el cáncer del cérvix. Estos exámenes no son dolorosos y se realizan con la ayuda de un espéculo. Si el cáncer se encuentra y trata en una etapa temprana, casi siempre puede ser curado (vea la página 377).

4. Después de que el trabajador de salud haya sacado el espéculo, se pondrá un guante de plástico limpio y le meterá dos dedos en la vagina. Con la otra mano, le aplicará presión en la parte baja del vientre. Así podrá sentir el tamaño, la forma y la localización de su matriz, de sus *trompas* y de sus *ovarios*. Esta parte del examen no deberá ser dolorosa. Si lo es, dígaselo al trabajador de salud, ya que eso podría ser seña de que algo anda mal.

5. Para detectar ciertos problemas, es posible que el trabajador de salud necesite hacer un examen del *recto*. Él o ella le meterá un dedo en el recto y otro en la vagina. Así podrá obtener más información acerca de posibles problemas de la vagina, de la matriz, de las trompas y de los ovarios.

relaciones sexuales
menos riesgosas, 189
infección pélvica, 274

➤ *El SIDA se ha convertido en una de las causas principales de la muerte entre las mujeres.*

197

planificación familiar

RELACIONES SEXUALES MÁS SEGURAS

Una mujer que tiene relaciones sexuales sin protección o relaciones sexuales con muchos compañeros corre un mayor riesgo de contagiarse con una infección de transmisión sexual, incluyendo la infección del VIH. La infección del VIH puede resultar en la muerte a raíz del SIDA. Las enfermedades sexuales que no reciben tratamiento pueden causar infertilidad, *embarazos tubáricos y malpartos*. Una mujer que tiene relaciones sexuales con muchos compañeros también corre un mayor riesgo de *infección pélvica* y cáncer. Una mujer puede evitar todos estos problemas si se protege al tener relaciones sexuales.

PLANIFICACIÓN FAMILIAR

Es mejor que una joven use métodos de planificación familiar para no embarazarse hasta que su cuerpo esté completamente desarrollado. Ya que una mujer haya tenido un bebé, deberá esperar 2 años o más entre cada embarazo. Así su cuerpo tendrá suficiente tiempo para recobrar su fuerza. Cuando la mujer tenga el número de hijos que quiera, podrá elegir no tener más.

*Para proteger la salud de las madres y los bebés, es mejor **no...***

| embarazarse muy joven... | o demasiado tarde, | tener demasiados bebés | o bebés demasiado juntos. |

BUEN CUIDADO DURANTE EL EMBARAZO Y EL PARTO

Muchas mujeres no obtienen cuidado médico durante el embarazo porque no se sienten enfermas. Pero el sentirse bien no quiere decir que no haya problemas. Muchos de los problemas del embarazo y del parto, tales como la presión alta o la mala posición del bebé, generalmente no producen señas. Una mujer debe tratar de recibir atención prenatal regularmente, de modo que una partera o un trabajador de salud capacitado para proporcionar tratamiento médico durante el embarazo pueda examinar su cuerpo y asegurarse de que el embarazo vaya bien. La buena atención prenatal puede evitar que los problemas se vuelvan peligrosos.

La planificación familiar y la buena atención médica durante el embarazo y el parto pueden evitar:

La caída de la matriz (prolapso). Si una mujer ha estado embarazada con frecuencia, ha tenido partos largos o comenzó a pujar demasiado pronto durante el parto, los músculos y los *ligamentos* que sostienen la matriz se le pueden haber debilitado. Cuando esto sucede, la matriz puede caer en parte o completamente hacia adentro de la vagina. Esto se llama prolapso.

tratamiento para la matriz caída

Señas:

- escurrimiento de la orina
- en casos graves, el cérvix puede verse a la entrada de la vagina

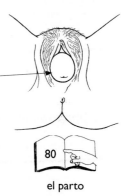

Prevención:

- Deje pasar por lo menos 2 años entre cada embarazo.
- Durante el parto, sólo puje cuando el cérvix esté completamente abierto y usted sienta una gran necesidad de pujar. Nunca permita que nadie le empuje el vientre para que el bebé salga más aprisa.

el parto

Escurrimiento de la orina por la vagina. Si la cabeza del bebé empuja la pared de la vagina por demasiado tiempo durante el parto, puede dañar el *tejido* entre la vagina y la vejiga o el recto. La orina o el excremento pueden escurrirse por la vagina.

370

escurrimiento de la orina

Prevención:

- Espere a que su cuerpo esté totalmente desarrollado antes de embarazarse.
- Evite que el parto se prolongue demasiado.
- Espere por lo menos 2 años entre cada embarazo para que sus músculos tengan tiempo de fortalecerse cada vez.

371

ejercicio de apretamiento

VACUNAS CONTRA EL TÉTANO

El *tétano* es una enfermedad infecciosa que causa la muerte. Una mujer puede contraer tétano cuando un microbio que vive en el excremento de las personas o de los animales entra a su cuerpo por una herida. Aunque a cualquier persona le puede dar tétano, las mujeres y los bebés corren un riesgo particular de contraerlo durante el parto. El tétano puede entrar al cuerpo si un instrumento que no está completamente desinfectado se mete en la matriz o se usa para cortar el cordón del ombligo del bebé.

Todas las jóvenes y las mujeres embarazadas deben *vacunarse* contra el tétano (vea pág. 516). Si una mujer está embarazada y no ha sido vacunada, deberá recibir la vacuna mediante una *inyección* durante su primer examen prenatal, y una segunda inyección por lo menos un mes después. Entonces, si es posible, deberá seguir el resto del plan de vacunación.

Plan de vacunación contra el tétano:

Nº 1: durante la primera visita

Nº 2: 1 mes después de la primera inyección

Nº 3: 6 meses después de la segunda inyección

Nº 4: 1 año después de la tercera inyección

Nº 5: 1 año después de la cuarta inyección

Después debe recibirse una inyección cada 10 años.

EXÁMENES REGULARES DE LOS PECHOS

➤ *Si una mujer tiene alguna discapacidad que le dificulte examinarse los pechos, puede pedir a alguien en quien ella confía que lo haga en su lugar.*

La mayoría de las mujeres tienen algunos bultitos en los pechos. Con frecuencia, el tamaño y la forma de los bultitos cambia durante el ciclo mensual y éstos pueden volverse muy sensibles justo antes de la regla. Algunas veces—pero no con mucha frecuencia—un bultito que no desaparece puede ser seña de cáncer del pecho.

Una mujer generalmente puede encontrar un bulto por sí misma si aprende a examinarse los pechos. Si se examina cada mes, aprenderá cómo se sienten sus pechos y será más probable que note si algo anda mal. Una mujer debe seguir examinandose cada mes, aún después de que haya dejado de tener la regla para siempre.

Cómo examinarse los pechos

Si tiene un espejo, mírese los pechos allí. Levante los brazos por encima de la cabeza. Fíjese si ha habido algún cambio en la forma de sus pechos, o si hay cualquier hinchazón o cambio en la piel o en el pezón. Después, ponga los brazos a los lados y observe sus pechos una vez más.

Acuéstese. Con los dedos extendidos, ponga presión en los pechos y fíjese si siente algún bulto.

Es muy importante que se toque todas las áreas de cada pecho. Es mejor si usted examina los pechos de la misma forma cada mes.

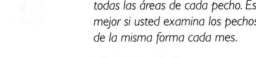

Qué hacer si encuentra un bultito

Si el bulto se siente suave o como hule, y se mueve bajo la piel cuando usted lo empuja con los dedos, no se preocupe. Pero si es duro, si tiene una forma irregular y si no causa dolor, siga observándolo—sobre todo si el bulto se encuentra en un solo pecho y no se mueve cuando usted lo empuja. Consulte a un trabajador de salud si usted vuelve a sentir el bulto después de su siguiente regla. Podría ser seña de cáncer (vea la página 382). Usted también debe conseguir ayuda médica si le sale del pecho un flujo que parece sangre o pus.

> *Lo que se debe evitar para conservar la salud*
>
> El tabaco, el alcohol y otras drogas pueden ser dañinas para la salud de una mujer. Para mayor información, vea la página 435.

CÓMO LOGRAR UN EQUILIBRIO ENTRE EL TRATAMIENTO Y LA PREVENCIÓN

Un trabajador de salud, o cualquier persona que esté trabajando para mejorar la salud de las mujeres en la comunidad, puede jugar un papel importante en la prevención de las enfermedades. Pero con frecuencia, lo que una mujer más necesita no es la prevención de una enfermedad, sino la curación de una enfermedad que ya tiene. Por eso, una de las tareas principales del trabajador de salud, debe ser ayudar a curar a la gente.

Sin embargo, el tratamiento puede servir como puerta de entrada a la prevención. Una de las mejores ocasiones para hablar con una mujer acerca de la prevención es cuando ella busque su ayuda. Por ejemplo, si una mujer va a visitarlo porque ella tiene una infección urinaria, atienda primero su problema. Después, tómese tiempo para explicarle cómo evitar esas infecciones en el futuro.

Trate de encontrar un equilibrio entre la prevención y el tratamiento que sea aceptable para las mujeres de la comunidad a quienes usted atiende. Este equilibrio dependerá mucho de las ideas que las mujeres ya tengan sobre las enfermedades, sobre las curaciones y sobre la salud en general. A medida que la lucha diaria por sobrevivir ya no sea un reto tan grande, que las ideas de las mujeres acerca de la salud vayan cambiando y que más enfermedades logren controlarse, puede que usted descubra que las mujeres se van interesando más en la prevención. Se podrá evitar entonces mucho sufrimiento innecesario, y usted podrá ayudar a las mujeres a esforzarse por lograr un cuidado personal más efectivo.

La lucha por el cambio

➤ *Los trabajadores de salud pueden jugar un papel importante para ayudar a las mujeres a trabajar unidas con el fin de evitar los problemas de salud que las afectan.*

Capítulo 11

En este capítulo:

Alimentación para la buena salud

Una mujer necesita comer bien para poder hacer su trabajo diario, para evitar enfermedades, y para tener partos seguros y sanos. Sin embargo, alrededor del mundo, más mujeres sufren de mala alimentación que de cualquier otro problema de salud. La mala alimentación puede causar agotamiento, debilidad, discapacidad y mala salud en general.

Hay muchas causas del hambre y de la mala alimentación. Una de las causas principales es la pobreza. Gente sin tierra para cultivar sus propios alimentos a veces no reciben ingresos suficientes para comprar la comida que necesita su familia. En muchos lugares del mundo, unas cuantas familias son dueñas de la mayor parte de la riqueza y de las tierras. Es posible que esas personas cultiven cosechas para vender afuera de la comunidad o el país. Así puedan ganar más dinero que al cultivar y vender alimentos localmente. Cuando eso pasa, los precios de los alimentos suben.

La pobreza es más dura para las mujeres. Entre otras cosas, esto se debe a que en muchas familias las mujeres reciben menos comida que los hombres, sin importar que tan poco haya de comer.

Los problemas del hambre y de la mala alimentación nunca se resolverán completamente hasta que las tierras y los demás recursos se compartan de una forma justa, y hasta que se trate a las mujeres del mismo modo que se trata a los hombres. Sin embargo, hay muchas cosas que las personas pueden empezar a hacer de inmediato para alimentarse mejor por un costo bajo. Comiendo lo mejor posible se fortalecerán. Y si no están pasando hambre todos los días, podrán pensar mejor acerca de las necesidades de sus familias y de sus comunidades, y de luchar para lograr cambios.

➤ *Muchas enfermedades podrían evitarse si las personas tuvieran suficientes alimentos buenos.*

Alimentos principales y alimentos 'de ayuda'

➤ *La buena alimentación quiere decir el comer suficientes alimentos y la variedad apropiada de alimentos para que el cuerpo pueda desarrollarse, combatir las enfermedades y mantenerse saludable.*

En muchas partes del mundo, la mayoría de las personas comen un alimento principal barato con casi todas sus comidas. Dependiendo de la región, este alimento puede ser el arroz, el maíz, el trigo, la yuca, la papa o el plátano. Este alimento principal generalmente satisface la mayoría de las necesidades diarias del cuerpo.

Sin embargo, el alimento principal por sí mismo no es suficiente para mantener la salud de una persona. Otros alimentos 'de ayuda' son necesarios para proporcionar las proteínas (que ayudan al desarrollo del cuerpo), las vitaminas y los minerales (que ayudan a proteger y a reparar el cuerpo), y las grasas y el azúcar (que dan energía).

Las dietas más sanas consisten en una variedad de alimentos, incluyendo algunos alimentos con proteína, al igual que frutas y verduras ricas en vitaminas y minerales. Se necesita solamente una pequeña cantidad de grasas y azúcares. Sin embargo, si usted tiene dificultad para obtener suficientes alimentos, es mejor comer alimentos con azúcar y con grasa que comer demasiado poco.

No es necesario que una mujer coma todos los alimentos que aparecen aquí para mantenerse sana. Puede comer los alimentos principales a los que está acostumbrada, y añadir todos los alimentos 'de ayuda' que pueda conseguir en su área.

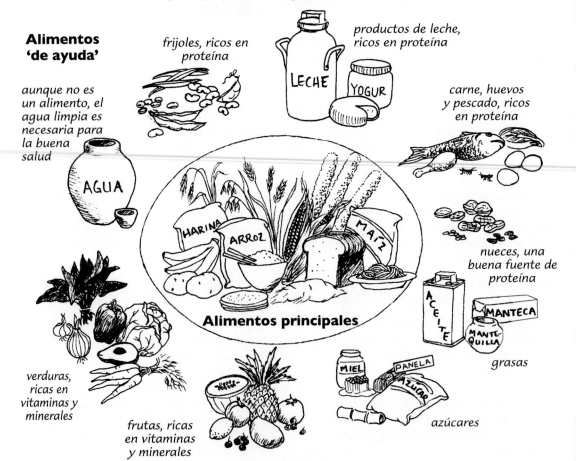

Alimentos 'de ayuda'

frijoles, ricos en proteína

productos de leche, ricos en proteína

LECHE · YOGUR

carne, huevos y pescado, ricos en proteína

aunque no es un alimento, el agua limpia es necesaria para la buena salud

AGUA

HARINA · ARROZ · MAÍZ

Alimentos principales

nueces, una buena fuente de proteína

ACEITE · MANTECA · MANTEQUILLA

grasas

verduras, ricas en vitaminas y minerales

MIEL · PANELA · AZÚCAR

azúcares

frutas, ricas en vitaminas y minerales

VITAMINAS Y MINERALES IMPORTANTES

Hay 5 vitaminas y minerales importantes que las mujeres necesitan, sobre todo aquéllas que están embarazadas o dando pecho. Estos 5 son: hierro, ácido fólico (folato), calcio, yodo y vitamina A.

Hierro

El hierro es necesario para dar salud a la sangre y para evitar que ésta se debilite (*anemia*). La mujer necesita obtener una gran cantidad de hierro durante su vida, especialmente durante los años en los que tenga la *regla* y durante el embarazo.

Los siguientes alimentos contienen mucho hierro:

- las carnes (especialmente el hígado, el corazón y el riñón)
- la sangre
- el pollo
- los huevos
- el pescado

- los frijoles o judías
- los saltamontes, los grillos
- los chícharos, arvejas o guisantes

Estos alimentos también contienen hierro:

- la col o repollo con hojas oscuras
- las papas o patatas
- la coliflor
- las lentejas
- las colecitas de Bruselas
- los nabos
- las fresas

- las semillas de girasol, de ajonjolí y de calabaza
- las verduras con hojas verde oscuro
- las piñas
- las batatas o camotes
- las algas

- el brócoli
- las frutas secas (especialmente los dátiles, los albaricoques o chabacanos y las pasitas)
- los productos de azúcar crudo

Es posible consumir aun más hierro...

- si usted cocina los alimentos en ollas de hierro. Si añade tomates, jugo de lima o jugo de limón (que contienen mucha vitamina C) a los alimentos mientras los está cocinando, una mayor cantidad del hierro de la olla pasará a los alimentos.

- si usted pone un objeto limpio de hierro en la olla donde cocina. El objeto deberá ser de hierro puro (como una herradura) no de una mezcla de hierro y otros metales.

- si usted remoja un objeto limpio de hierro puro en un poco de jugo de limón por unas cuantas horas, hace limonada con el jugo y se la bebe.

➤ *Es mejor comer los alimentos que contienen hierro con frutas cítricas o con tomates. Éstos contienen vitamina C, la cual ayuda al cuerpo a aprovechar una mayor cantidad del hierro que se encuentra en los alimentos.*

➤ *Evite cocinar los alimentos por mucho tiempo. Eso destruye el ácido fólico y otras vitaminas.*

Acido fólico (folato)

El cuerpo necesita ácido fólico para producir glóbulos rojos sanos. La falta de ácido fólico puede causar anemia en las mujeres y problemas graves en los niños recién nacidos. Por lo tanto, es especialmente importante consumir suficiente ácido fólico antes y durante el embarazo.

Algunas buenas fuentes de ácido fólico son:

- las verduras con hojas verde oscuro
- los hongos

- el hígado
- las carnes
- el pescado
- las nueces

- los frijoles (judías)
- los huevos

El calcio

Todas las personas necesitan calcio para tener fuertes los huesos y los dientes. Además, las niñas y las mujeres necesitan una cantidad mayor de calcio...

- durante la niñez. El calcio ayuda a que las caderas de las niñas se desarrollen con suficiente amplitud para que puedan tener partos seguros cuando sean mujeres.

- durante el embarazo. Una mujer embarazada necesita suficiente calcio para ayudar al desarrollo de los huesos del bebé, y para mantener fuertes sus propios huesos y dientes.

- en cuanto está dando pecho. El calcio es necesario para producir la leche de pecho.

- durante la edad madura y la vejez. El calcio es necesario para evitar que los huesos se desgasten (*osteoporosis*).

133

huesos débiles

Los siguientes alimentos son ricos en calcio:

- la leche, el requesón, el yogur
- el queso
- el ajonjolí molido
- las verduras de hojas verde oscuro

- los frijoles o judías, sobre todo los frijoles de soya
- los mariscos
- las tortillas de maíz y otros alimentos preparados con cal
- las almendras

La luz del sol le ayudará a absorber mejor el calcio. Trate de estar en el sol por lo menos 15 minutos cada día. Recuerde que no es suficiente estar al aire libre. Los rayos del sol deben tocarle la piel.

Para aumentar la cantidad de calcio que usted obtiene de los alimentos:

- Remoje cáscaras de huevo o huesos en vinagre o en jugo de limón por unas cuantas horas, y use el líquido para preparar sopas u otros alimentos.

- Cuando cocine huesos para preparar una sopa, agregue un poco de jugo de limón, de vinagre o de tomate.

- Muela cáscaras de huevo hasta hacerlas polvo y mézclelas con los alimentos.

- Remoje el maíz en cal.

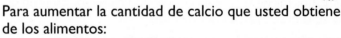

Yodo

El yodo en la dieta ayuda a prevenir una hinchazón en la garganta llamada *bocio* y a evitar otros problemas. Si la mujer no obtiene suficiente yodo durante el embarazo, es posible que su niño sufra de retraso mental. El bocio y el retraso mental son más comunes en las áreas donde hay poco yodo natural en la tierra, en el agua o en los alimentos.

La manera más fácil de consumir suficiente yodo es usando sal yodada (yodatada) en vez de sal común. O usted puede comer algunos de los siguientes alimentos (ya sea frescos o secos):

- mariscos (como camarones)
- pescado
- algas
- yuca
- col (repollo)

Si le es difícil conseguir sal yodada o estos alimentos, y en el área donde usted vive hay bocio y retraso mental, consulte a las autoridades de salud locales para averiguar si es posible usar aceite yodado, ya sea en forma tomada o inyectada. Si eso no es posible, usted puede hacer una solución de yodo en su propia casa con yodo povidona (un antiséptico que generalmente se consigue en cualquier farmacia). La yodo povidona contiene 6 ml de yodo por gota. Para preparar una solución de yodo para beber:

> ➤ *La manera más fácil de consumir suficiente yodo es usando sal yodada en vez de sal común.*

1. Ponga 4 vasos de agua limpia para beber en un frasco o en una jarra.

Almacene el yodo a la temperatura ambiente y en recipientes de color oscuro para protegerlo de la luz.

2. Agregue 1 gota de yodo povidona.

Todas las personas mayores de 7 años de edad deberán beber 1 vaso de esta solución con yodo cada semana de su vida. Esto es especialmente importante para las mujeres embarazadas y para los niños.

Vitamina A

La vitamina A evita la ceguera nocturna y ayuda a combatir ciertas infecciones. Muchas mujeres embarazadas tienen problemas con la ceguera nocturna, lo cual probablemente indica que su dieta no contenía suficiente vitamina A antes de que se embarazaran. El problema se presenta cuando el embarazo pone exigencias adicionales en el cuerpo.

Las verduras amarillas y las verduras de hojas verde oscuro, así como algunas frutas de color naranja, son ricas en vitamina A.

La falta de vitamina A también causa ceguera en los niños. Comiendo alimentos ricos en vitamina A durante el embarazo, una mujer puede aumentar la cantidad de vitamina A que su bebé recibirá en la leche de pecho.

Cómo alimentarse mejor por menos dinero

Cuando uno tiene poco dinero, es importante usarlo de una forma inteligente. Éstas son algunas sugerencias para obtener más vitaminas, minerales y proteínas a bajo costo:

1. **Alimentos con proteínas.** Los frijoles o judías, los chícharos, arvejas o guisantes, las lentejas y otros alimentos parecidos (llamados legumbres) son buenas y económicas fuentes de proteína. Estos alimentos contienen aun más vitaminas cuando se les permite retoñar antes de cocinarlos y comerlos. Los huevos son una de las fuentes más económicas de proteína animal (en la página 168 explicamos cómo usar también los cascarones). El hígado, el corazón, los riñones, la sangre y el pescado con frecuencia son más económicos que otras carnes, e igual de nutritivos.

2. **Granos.** El arroz, el trigo y otros granos son más nutritivos si no se les quita su cáscara exterior durante la molienda.

3. **Frutas y verduras.** Las frutas y verduras son más nutritivas entre más pronto se coman después de haber sido cosechadas. Cuando las almacene, guárdelas en un lugar fresco y oscuro para conservar sus vitaminas. Cocine las verduras en la menor cantidad de agua posible, ya que las vitaminas pasan al agua durante el cocimiento. Después, bébase el agua o úsela para preparar sopas.

   Muchas verduras (como las zanahorias y la coliflor) tienen hojas que la gente no acostumbra comer. La gente tampoco se come las hojas de afuera de ciertas verduras porque son muy duras. Pero todas esas hojas contienen muchas vitaminas y se pueden usar para preparar sopas saludables. Por ejemplo, las hojas de la yuca (mandioca) contienen 7 veces más proteína y más vitaminas que la raíz.

   Muchas frutas y moras silvestres son ricas en vitamina C y en azúcares naturales. Pueden proporcionar vitaminas y energía adicionales.

4. **La leche y sus productos.** Éstos deben guardarse en un lugar fresco y oscuro. Son ricos en calcio y en proteínas.

5. **No gaste dinero en alimentos empaquetados o en vitaminas.** Si los padres de familia usaran el dinero que generalmente gastan en comprar dulces o refrescos (gaseosas) para comprar alimentos nutritivos, sus hijos estarían más sanos sin que gastaran más.

   Como la mayoría de las personas pueden obtener las vitaminas que necesitan de los alimentos, es mejor gastar el dinero en alimentos nutritivos que en píldoras o inyecciones. Si usted necesita tomar vitaminas, tómelas en píldoras. Dan el mismo resultado que las inyecciones, cuestan menos y son más seguras.

Si tiene un poco de espacio, siembre sus propias verduras, éstas le proveerán comida saludable a un costo muy reducido.

En muchas partes del mundo, ciertas tradiciones y creencias acerca de las mujeres y de la alimentación son más dañinas que provechosas. Por ejemplo:

No es cierto que las niñas necesiten menos alimentos que los niños. Algunas personas creen que los niños necesitan más alimentos. ¡Están equivocadas! Las mujeres trabajan tanto como los hombres, o aun más que los hombres, en la mayor parte de las comunidades, y necesitan estar tan sanas como ellos. Las niñas que de pequeñas están sanas y bien alimentadas se convierten en mujeres sanas, y sufren de menos problemas en la escuela y en el trabajo.

No es cierto que las mujeres deban evitar ciertos alimentos durante el embarazo y el amamantamiento. En algunas comunidades, las personas creen que la mujer no debe comer ciertos alimentos— como frijoles o judías, huevos, pollo, productos de leche, carne, pescado, frutas o verduras—en diferentes temporadas de su vida. Esas temporadas pueden incluir cuando la mujer tiene la regla, cuando está embarazada, inmediatamente después del parto, al estar dando pecho o durante la *menopausia*. Pero, la mujer necesita todos estos alimentos, sobre todo durante el embarazo y mientras está amamantando. El evitar comerlos puede causarle debilidad, enfermedades, e incluso la muerte.

No es verdad que una mujer deba alimentar primero a su familia. Algunas veces se le enseña a la mujer que debe alimentar a su familia antes de alimentarse a sí misma. Ella come sólo las sobras y con frecuencia no come tanto como el resto de la familia. Esto nunca es saludable, y cuando una mujer está embarazada o acaba de tener un bebé, puede ser muy peligroso.

Si la familia de la mujer no la ayuda a ella a alimentarse bien, nosotras opinamos que ella debe hacer todo lo que sea necesario para obtener suficientes alimentos. Quizás tenga que comer mientras esté cocinando u ocultar los alimentos y comerlos cuando su esposo no esté en casa.

No es verdad que un enfermo necesite menos alimentos que una persona sana. La buena alimentación no sólo sirve para prevenir las enfermedades, sino también ayuda a una persona a combatir las enfermedades y a recuperarse. Como regla general, los mismos alimentos que son buenos para una persona sana, son buenos para esa persona cuando ella está enferma.

Ideas dañinas sobre la alimentación

Ven a comer.

La mala alimentación puede causar enfermedades

Puesto que las niñas y las mujeres con frecuencia comen menos alimentos—y alimentos menos nutritivos—de los que necesitan, ellas tienen una mayor tendencia a enfermarse. Éstas son algunas de las enfermedades más comunes causadas por la mala alimentación:

ANEMIA

Una persona que sufre de anemia tiene la sangre débil. Esto sucede cuando el cuerpo pierde glóbulos rojos más rápidamente de lo que los puede reemplazar. Puesto que las mujeres pierden sangre durante la regla, la anemia es común en las mujeres que se encuentran entre la *pubertad* y la *menopausia*. Más o menos la mitad de todas las mujeres embarazadas en el mundo están anémicas, puesto que necesitan producir sangre adicional para el bebé que está creciendo.

La anemia es una enfermedad seria. Aumenta la probabilidad de que la mujer contraiga otras clases de enfermedades y afecta su capacidad para trabajar y para aprender. Las mujeres anémicas corren un mayor riesgo de sangrar demasiado o incluso de morir durante el parto.

Señas:

- palidez en los párpados interiores, en el interior de la boca y en las uñas
- debilidad y mucho cansancio
- mareo, sobre todo al levantarse después de estar sentada o acostada
- desmayo (pérdida del conocimiento)
- dificultades para respirar
- latidos rápidos del corazón

Causas de la anemia:

La causa más común de la anemia es el no comer suficientes alimentos ricos en hierro, puesto que el hierro es necesario para producir glóbulos rojos. Otras causas son:

- el *paludismo* (malaria), que destruye los glóbulos rojos
- cualquier tipo de pérdida de sangre, como por ejemplo:
  - una regla muy fuerte (un *dispositivo intrauterino*, o DIU, puede hacer que el sangrado sea más abundante)
  - el parto
  - la diarrea con sangre (disentería) causada por *parásitos* y lombrices
  - las *úlceras* sangrantes del estómago
  - una herida que sangra mucho

➤ *Para mayor información acerca del paludismo, los parásitos y las lombrices, vea* **Donde no hay doctor** *o algún otro libro general de medicina.*

Tratamiento y prevención

- Si el paludismo, los parásitos o las lombrices son la causa de su anemia, obtenga primero tratamiento médico para esas enfermedades.

- Coma alimentos ricos en hierro (vea pág. 167), junto con alimentos ricos en vitaminas A y C, que ayudan al cuerpo a absorber el hierro. Las frutas cítricas y los tomates contienen mucha vitamina C. Las verduras amarillo oscuro y las verduras de hojas verde oscuro son ricas en vitamina A. Si una mujer no puede comer suficientes alimentos ricos en hierro, es posible que necesite tomar pastillas de hierro (vea pág. 73).

- Evite beber café o tés negros o comer salvado (la capa exterior de los granos) junto con los alimentos. Éstos pueden impedir que el cuerpo absorba el hierro de los alimentos.

- Beba agua limpia para evitar las infecciones causadas por parásitos.

- Use una *letrina* para obrar, para evitar que los huevecillos de las lombrices contaminen las fuentes de los alimentos y del agua. Si las uncinarias (lombrices de gancho) son comunes en su área, trate de usar zapatos.

- Deje pasar por lo menos 2 años entre cada parto. Esto le permitirá a su cuerpo acumular hierro entre cada embarazo.

155

agua limpia

150

limpieza

BERIBERI

El beriberi es una enfermedad causada por la falta de tiamina (una de las vitaminas B), la cual ayuda al cuerpo a convertir los alimentos en energía. Al igual que la anemia, el beriberi es más común en las mujeres que se encuentran entre la pubertad y la menopausia, y en sus hijos.

El beriberi ocurre con mayor frecuencia cuando el alimento principal es un grano al que se la ha quitado su capa de afuera (por ejemplo, el arroz refinado) o una raíz que contiene almidón, como la yuca.

Señas:

- no querer comer
- debilidad severa, sobre todo en las piernas
- el cuerpo se pone muy hinchado o el corazón deja de funcionar

Tratamiento y prevención:

Coma alimentos ricos en tiamina, como carnes, pollo, pescado, hígado, cereales integrales, legumbres (frijoles, chícharos o guisantes), leche y huevos. Si esto le es difícil, quizás sea necesario que usted tome pastillas de tiamina.

LECHE

PROBLEMAS CAUSADOS POR COMER DEMASIADO O POR COMER ALIMENTOS INDEBIDOS

Es más probable que una mujer sufra de presión alta, de enfermedades del corazón, de *derrames cerebrales*, de *cálculos* en la vesícula biliar, de diabetes y de algunos tipos de *cáncer*, si pesa demasiado o si come demasiada grasa. La gordura grave también puede causar *artritis* en las piernas y en los pies.

Asegúrese de hacer suficiente ejercicio y empiece a comer más frutas y verduras. Éstas son algunas sugerencias para reducir la cantidad de comida no saludable en la dieta:

- Cocine con caldo o con agua en vez de mantequilla, manteca o aceite.
- Quite la grasa de la carne antes de cocinarla. No coma el pellejo del pollo o del pavo.
- Evite comer bocadillos procesados que contengan mucha grasa, azúcar o sal, como las papas fritas, las galletas saladas y bebidas azucaradas como la Coca Cola.

Diabetes

Las personas que sufren de diabetes tienen demasiada azúcar en la sangre. Esta enfermedad generalmente es más grave si comienza cuando la persona es joven (diabetes juvenil). Sin embargo, es más común en las personas mayores de 40 años que son gordas.

Señas iniciales:
- siempre tener sed
- orinar mucho y con frecuencia
- siempre tener cansancio
- siempre tener hambre
- bajar de peso
- tener infecciones frecuentes de la *vagina*

Señas más tardías y más serias:
- comezón en la piel
- períodos de visión borrosa
- algo de pérdida de sensación en las manos o en los pies
- heridas que no cicatrizan en los pies
- pérdida del conocimiento (en casos extremos)

➤ *Es más probable que la diabetes se desarrolle durante el embarazo que en cualquier otro momento. Si usted está embarazada y siempre tiene sed o está bajando de peso, acuda a un trabajador de salud que pueda hacerle una prueba para averiguar si usted tiene azúcar en la orina.*

Todas estas señas pueden deberse a otras enfermedades. Para saber si usted tiene diabetes o no, visite a una promotora o no coma durante 8 horas y visite un laboratorio para hacerse el examen de glucosa de la sangre en ayunas (azúcar). Si el nivel de azúcar está arriba de 125 en 2 diferentes exámenes, usted tiene diabetes.

Tratamiento:

Si usted tiene diabetes, debe recibir atención médica de parte de un trabajador de salud siempre que sea posible. Quizás pueda controlar su diabetes cuidando su dieta:

- Tome comidas más pequeñas con más frecuencia. Esto ayuda a mantener un nivel de azúcar constante en la sangre.
- Evite comer muchos alimentos dulces.
- Si usted es gorda, trate de bajar de peso.
- Evite las grasas (por ejemplo, mantequilla, manteca y aceite) y los alimentos con mucha grasa, a menos que usted tenga dificultades para obtener otros alimentos.

De ser posible, usted también debe visitar regularmente a un trabajador de salud para asegurarse de que su enfermedad no esté empeorando.

Para evitar heridas e infecciones, lávese los dientes después de comer, mantenga limpia la piel, y siempre use zapatos para no cortarse los pies. Revise que no tenga heridas en los pies o en las manos una vez al día. Si sí tiene una herida y señas de infección (enrojecimiento, hinchazón o calor), consulte a un trabajador de salud.

> ➤ *Es posible que haya plantas en su área que sirvan para la diabetes. Consulte a un trabajador de salud.*

Cuando sea posible, descanse con los pies en alto. Esto es especialmente importante si los pies se le ponen más oscuros y se le entumen. Estas señas indican que usted sufre de mala circulación.

Examínese los pies una vez al día para ver si tiene heridas o señas de infección.

Otros problemas de salud que se pueden deber a la mala alimentación o que pueden empeorar a causa de ella:

- presión alta (vea pág. 130)
- huesos débiles (vea pág. 133)
- dificultad de obrar (vea pág. 70)
- úlceras del estómago y *acidez estomacal* (agruras)

Para mayor información acerca de las úlceras del estómago y de la acidez estomacal, vea **Donde no hay doctor**, o algún otro libro de medicina general.

Formas de lograr una mejor alimentación

Hay muchas formas de atacar el problema de la mala alimentación, puesto que hay muchas diferentes causas del problema. Usted y su comunidad deben considerar las posibles acciones que puedan tomar y deben decidir cuáles de ellas tienen más probabilidad de dar resultado.

Los siguientes son unos cuantos ejemplos de las formas en las que se puede mejorar la alimentación. Estas sugerencias pueden servir para cultivar más alimentos o diferentes tipos de alimentos, o para almacenar los alimentos de formas que eviten que se echen a perder. Algunos de los ejemplos dan resultados rápidos. Otros toman más tiempo.

Algunas formas en que las personas pueden mejorar su alimentación

Jardines familiares

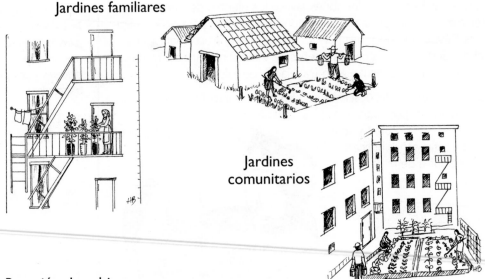

Jardines comunitarios

Rotación de cultivos

Cada dos temporadas de siembra, plante una cosecha que enriquezca otra vez la tierra—como frijoles (judías), chícharos (guisantes, arvejas), lentejas, alfalfa, cacahuates (maní), o alguna otra planta que contenga las semillas en vainas (legumbres).

Este año **maíz**

El próximo año **frijoles**

Trate de cultivar una variedad de alimentos a la vez. De esa manera, si una de las cosechas no da resultado, de cualquier modo habrá algo que comer.

Irrigación

Las terrazas a nivel
evitan que la tierra
se vaya con
la lluvia.

Cooperativas de alimentos
La comunidad puede comprar grandes
cantidades de alimentos a precios más bajos.

**Cría de
pescados**

**Mejor almacenamiento
de los alimentos**

Abonos naturales

Abonera

Mangas
de metal
para
evitar
que
entren
las ratas

PROBAR NUEVAS IDEAS

No es probable que todas las sugerencias en este capítulo den resultado en el área donde usted vive. Quizás algunas de ellas den buenos resultados si usted las adapta en base a las necesidades de su comunidad y a los recursos que estén disponibles. Con frecuencia, la única forma de saber si algo funcionará o no es haciendo una prueba o, en otras palabras, experimentando.

➤ No se desanime si compruebe una idea que no sirve. Puede aprender tanto de los resultados malos como de los buenos.

Cuando usted pruebe una nueva idea, siempre empiece **poco a poco**. Si empieza poco a poco y el experimento no da buenos resultados, o si algo tiene que hacerse de una forma diferente, usted no perderá mucho. Si la idea da buenos resultados, las personas se darán cuenta y comenzarán a usarla de modos más extensos.

Éste es un ejemplo de cómo se puede probar una nueva idea:

Usted se entera de que cierto tipo de alimento, digamos la soya, es una fuente excelente de proteína. Pero, ¿puede cultivarse en su área? Y si puede cultivarse, ¿la comerá la gente?

Comience sembrando una pequeña parcela—o 2 ó 3 pequeñas parcelas bajo diferentes condiciones (por ejemplo, con diferentes tipos de tierra o usando diferentes cantidades de agua). Si la soya crece bien, pruebe diferentes formas de cocinarla, y observe si a la gente le gusta. Si es así, intente cultivar la soya en cantidades más grandes, usando las condiciones que dieron el mejor resultado.

Usted también puede experimentar con aún más condiciones diferentes (por ejemplo, añadiendo abono o usando diferentes tipos de semillas) en más parcelas pequeñas, para tratar de obtener una mejor cosecha. Para poder entender mejor lo que realmente ayuda y lo que no ayuda, trate de cambiar solamente una de las condiciones cada vez y de mantener el resto de las condiciones iguales.

Éste es un ejemplo de cómo comprobar si el estiércol ayuda a los frijoles a crecer. Una persona sembró varias parcelas de frijoles, una junto a otra, bajo las mismas condiciones de agua y de luz, y usando el mismo tipo de semilla. Antes de sembrar los frijoles, la persona mezcló la tierra de cada parcela con una cantidad diferente de estiércol, de la siguiente manera:

| sin estiércol | con 1 pala de estiércol | con 2 palas de estiércol | con 3 palas de estiércol | con 4 palas de estiércol | con 5 palas de estiércol |

Este experimento demuestra que cierta cantidad de estiércol es buena, pero que una cantidad excesiva puede dañar las plantas. Éste es sólo un ejemplo. Es posible que los experimentos que usted haga le den resultados diferentes. ¡Haga la prueba!

Otras ideas con las que se puede experimentar

• Para aumentar la cantidad de alimento que un terreno produce, trate de sembrar diferentes tipos de cosechas juntas. Por ejemplo, ciertas plantas que crecen cerca del suelo pueden mezclarse con plantas más altas. Se pueden sembrar árboles frutales por encima de ambas. También pueden sembrarse plantas que crecen en poco tiempo junto con plantas que se tardan más en crecer. Así, la primera cosecha se puede recoger antes de que la segunda cosecha haya crecido demasiado.

• Si usted tiene que sembrar cultivos comerciales (cultivos para vender), trate de sembrar junto con ellos cultivos para comer. Por ejemplo, siembre árboles que produzcan nueces o frutas para sombrear los árboles de café. O si planta algodón, también plante yuca.

• Trate de encontrar plantas nutritivas que crezcan bien en las condiciones locales, para que usted pueda producir buenas cosechas con menos agua y menos abono.

Vea el libro de Hesperian, *Guía comunitaria para la salud ambiental*, para más información sobre:

• cómo almacenar la comida de manera segura.

• la agricultura sostenible en las comunidades rurales y urbanas.

• cómo manejar plagas y enfermedades en las plantas.

• la piscicultura.

• cómo criar animales.

• cómo mejorar la seguridad alimentaria local.

Al sembrar árboles frutales junto con los árboles de café, una familia puede ganar algo de dinero y cultivar más alimentos para sí misma—sin necesitar más terreno.

Capítulo 12

En este capítulo:

Este capítulo da información acerca de las relaciones sexuales y ofrece sugerencias sobre cómo hacerlas más placenteras y seguras.

Para más información sobre:

- cómo prevenir los embarazos no deseados, vea el capítulo sobre la planificación familiar (vea la página 196).

- las infecciones de transmisión sexual y cómo tratarlas, vea el capítulo sobre infecciones de los genitales (vea la página 260).

- la violación y la violencia sexual, vea los capítulos sobre la violación (vea la página 326) y la violencia contra las mujeres (vea la página 312).

La salud sexual

El sexo es parte de la vida. Para muchas mujeres es una forma de sentir placer, de expresar el amor o el deseo sexual que sienten por su pareja, o de embarazarse para tener los hijos que ellas desean. Para otras, el sexo puede ser simplemente parte de lo que significa ser mujer.

El sexo puede ser una parte importante y positiva de la vida, pero también puede resultar en problemas de salud, como embarazos no deseados o que amenazan su salud, infecciones peligrosas, o daños físicos y emocionales causados por el sexo forzado.

La mayoría de estos problemas se podría evitar. Sin embargo, en muchas comunidades, creencias sobre lo que significa ser mujer hacen que sea más difícil para las mujeres llegar a una buena salud sexual. Para una buena salud sexual, una mujer necesita poder...

- expresar su sexualidad de una forma placentera.
- escoger a su pareja sexual.
- negociar cuándo y cómo tener relaciones sexuales.
- decidir si desea embarazarse y cuándo, y tener acceso a la *planificación familiar.*
- evitar infecciones transmitidas durante las relaciones sexuales, especialmente el VIH.
- llevar una vida libre de sexo forzado y otras formas de violencia sexual.

Este capítulo da información y sugerencias sobre algunas formas de hacer el sexo más seguro y placentero. También describe algunas maneras en que las mujeres pueden luchar para superar creencias dañinas y para llegar a tener una mejor salud sexual.

Por tanto tiempo hemos desconocido nuestros cuerpos y les hemos tenido temor...
— Oaxaca, México

El sexo y los papeles sexuales

Cada persona nace ya sea con el cuerpo de una niña o con el cuerpo de un niño. Las diferencias físicas determinan **el sexo** de una persona.

El papel sexual de una persona se refiere a la manera en que una comunidad define lo que significa ser mujer o hombre. Cada comunidad espera que las mujeres y los hombres parezcan y sientan de ciertas formas y que piensen y actúen de ciertas maneras, simplemente por el hecho de ser mujeres u hombres. Por ejemplo, en la mayoría de las comunidades, se espera que las mujeres preparen la comida, que acarreen agua y junten leña, y que cuiden a sus hijos y a su compañero. En cambio, muchas veces se espera que los hombres trabajen fuera del hogar para mantener a sus familias y también a sus padres, y que defiendan a sus familias contra los peligros.

Al contrario de las diferencias físicas entre los hombres y las mujeres, los papeles sexuales son creaciones de la comunidad. Algunas actividades, como lavar y planchar la ropa, están consideradas como trabajo de mujer en muchas comunidades. Pero otras actividades varian de un lugar a otro, dependiendo de las tradiciones, las leyes y las creencias de cada comunidad. Los papeles sexuales pueden variar dentro de la misma comunidad, con el nivel de educación, estatus social o la edad de una persona. Por ejemplo, en algunas comunidades se piensa que las mujeres de ciertas clases deben hacer trabajo doméstico, mientras que otras mujeres tienen mayores opciones en lo que se refiere a su trabajo.

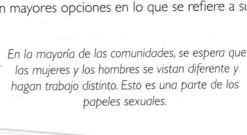

En la mayoría de las comunidades, se espera que las mujeres y los hombres se vistan diferente y hagan trabajo distinto. Esto es una parte de los papeles sexuales.

CÓMO SE APRENDEN LOS PAPELES SEXUALES

Los papeles sexuales son transmitidos por los adultos a los niños. Desde que sus hijos son muy pequeños, los padres tratan a los niños de manera diferente que a las niñas—a veces sin darse cuenta. Los niños observan a los adultos cuidadosamente y notan cómo se comportan, cómo se tratan entre sí y qué papeles juegan en la comunidad.

Al ir creciendo, los niños aceptan estos papeles porque quieren complacer a sus padres y otros adultos y porque estas personas tienen más autoridad en la comunidad. Estos papeles también ayudan a los niños a entender quiénes son y qué se espera de ellos.

A medida que el mundo va cambiando, los papeles sexuales también cambian. Muchos jóvenes no quieren vivir de la misma manera que sus padres o abuelos. Puede ser difícil hacer un cambio, pero en la lucha de las mujeres y los hombres para redefinir sus roles de género, también pueden mejorar su salud sexual.

CUANDO LOS PAPELES SEXUALES SON DAÑINOS

Si una mujer cumple con los papeles que la comunidad le ha asignado, puede que ella sienta satisfacción y aceptación. Sin embargo, esos papeles también pueden limitar las opciones de esa mujer, y hacer que ella se sienta menos valorada que un hombre. Cuando eso sucede, todos se perjudican: la mujer, su familia y la comunidad entera.

En la mayor parte del mundo, se espera que las mujeres sean esposas y madres. A muchas mujeres les agradan estos papeles, pues pueden llenarlas de satisfacción y elevar su nivel en la comunidad. Otras mujeres preferirían dedicarse a sus propios intereses, pero sus familias y sus comunidades no les dan esa opción. Si se espera que una mujer tenga muchos hijos, ella tendrá menos tiempo de ir a la escuela o de capacitarse de otras formas. Ella gastará la mayor parte de su tiempo y de su energía satisfaciendo las necesidades de otras personas. O, si una mujer no puede tener hijos, puede que su comunidad la valore menos que a otras mujeres.

La mayoría de las comunidades valoran más el trabajo del hombre que el trabajo de la mujer. Por ejemplo, puede que una mujer trabaje todo el día y luego cocine, haga la limpieza y cuide a sus hijos de noche. Pero como al trabajo de su esposo se le da mayor importancia, ella se preocupa por el descanso de él y no por el suyo. Sus hijos crecerán pensando que el trabajo del hombre es más importante, y valorarán menos a las mujeres.

No molesten a su papá. Él trabaja mucho y necesita descansar.

Mucha gente considera que las mujeres son más emotivas que los hombres y a ellas se les permite expresar sus emociones libremente. Por otro lado, a los hombres se les enseña que no es 'macho' expresar emociones como el miedo, la tristeza o la ternura. Por eso, ellos aprenden a esconder sus sentimientos o a expresarlos de formas enfurecidas o violentas, que son más aceptables para los hombres. Cuando los hombres no pueden expresar sus emociones, los niños pueden sentirse más alejados de sus padres. Además es difícil para los hombres conseguir el apoyo de otras personas para resolver sus problemas si no aprenden cómo dar voz a sus necesidades emocionales.

A las mujeres muchas veces se les desanima a acudir a las reuniones comunitarias o a participar en ellas. Por lo tanto, la comunidad sólo oye lo que los hombres opinan. Como las mujeres saben mucho y tienen mucha experiencia, toda la comunidad se perjudica cuando ellas no pueden discutir problemas y ofrecer sugerencias para realizar cambios.

A las mujeres y los hombres que tienen relaciones sexuales con personas del mismo sexo (homosexuales o lesbianas) a veces se les hacen sentir como si no pertenecieran a su propia comunidad. Aunque sean respetados de otras formas, se pueden ver forzados a vivir y amar en secreto, y a sentirse avergonzados de sí mismos. En algunos lugares, el temor o la ignorancia acerca de la homosexualidad puede hacer que algunas personas incluso los ataquen físicamente. La salud mental y sexual de cualquier persona se perjudica cuando tiene temor o se siente avergonzada de ser quien ella es.

Cómo los papeles sexuales afectan la salud sexual

➤ *Nuestros cuerpos no son causa de vergüenza. Nuestros cuerpos nos permiten tocar y cuidar a otras personas, y sentir placer sexual. Nuestros cuerpos son algo que podemos entender y apreciar.*

IDEAS DAÑINAS SOBRE LA SEXUALIDAD FEMENINA

En cada comunidad, las creencias de lo que significa ser hombre o mujer incluyen ideas sobre la sexualidad de los hombres y de las mujeres—es decir, sobre el comportamiento sexual y lo que las personas piensan de sus cuerpos.

A continuación describimos algunas creencias dañinas sobre la sexualidad de la mujer que son comunes en muchas comunidades. Junto con otros efectos perjudiciales de los papeles sexuales—como la falta de oportunidades y opciones para las mujeres, y la falta de valor que ellas sienten—estas creencias evitan que las mujeres controlen su vida sexual. Esto a su vez hace que ellas corran un gran riesgo de tener problemas de salud sexual.

Idea dañina: El cuerpo de la mujer es causa de vergüenza

Las madres y los padres empiezan a enseñar a sus hijos acerca de sus cuerpos en cuanto ellos nacen. Los papás y las mamás no lo hacen de modo directo. Pero los bebés aprenden, por ejemplo, por la forma en que sus padres los cargan y por el tono de sus voces.

A medida que una niñita va creciendo, su cuerpo le empieza a causar curiosidad. Ella quiere saber cómo se llaman sus diferentes partes y por qué sus *genitales* son diferentes a los de un niño. Pero muchas veces se le regaña por tener curiosidad, diciendo que las 'niñas buenas' no preguntan esas cosas. Si ella se toca los genitales, se le enseña que hacer eso es indecente o vergonzoso—y que ella debe mantener ocultas sus partes sexuales.

Las reacciones de sus padres le enseñan a una niña a avergonzarse de su cuerpo. Como resultado, ella tendrá dificultades en hacer preguntas sobre los cambios de su cuerpo durante la *pubertad*, sobre su *regla* o sobre el sexo. Quizás a ella le dé demasiada pena hablar con un trabajador de salud, por no saber cómo se llaman las partes de su cuerpo o por no saber qué preguntar. Cuando empiece a tener relaciones sexuales será menos probable que ella entienda de qué formas siente su cuerpo el placer sexual. Tal vez tampoco sepa cómo protegerse de los embarazos no deseados o de las infecciones de transmisión sexual.

Idea dañina: Sin un hombre, una mujer no puede estar contenta

Algunas mujeres no quieren casarse o no desean tener compañeros sexuales. Algunas mujeres prefieren tener relaciones sexuales con otras mujeres. A pesar de la discriminación que enfrentan, muchas de estas mujeres llevan vidas plenas y felices.

La idea de que la mujer sólo puede estar contenta si tiene a un hombre se usa como pretexto para controlar las actividades de las mujeres. Esta idea incluso ha sido usada para justificar la violación. Implica que la función sexual de la mujer es la parte más importante de su ser y su único medio para realizarse. Esto frustra a muchas mujeres, e impide su desarollo en otras áreas.

Idea dañina: El cuerpo de la mujer le pertenece al hombre

En muchas comunidades, a la mujer se le trata como si fuera propiedad de su padre o de su esposo. De niña, ella le pertenece a su padre y él puede hacer arreglos para que ella se case o trabaje como él quiera. El futuro esposo quiere que su propiedad sea 'pura' y que ningún otro hombre la haya 'tocado'. Después de casarse, tal vez él sienta que su mujer deba complacerlo sexualmente cuando él quiera. Quizás él tenga relaciones sexuales con otras mujeres, pero ella deberá mantenerse sólo para él.

Estas creencias pueden ser muy perjudiciales. Una niña aprende que otras personas son las encargadas de tomar las decisiones importantes de su vida. No importa lo que ella desee o pueda contribuir a la comunidad. Como a la virginidad se le da tanto valor, puede que ella se vea forzada a casarse muy joven. O puede que ella trate de proteger su virginidad participando en prácticas sexuales peligrosas. Por ejemplo, tal vez ella acceda a tener sexo en el *ano* para que el *himen* no se le desgarre. Eso hará que ella corra un gran riesgo de contraer el VIH (el virus que causa el SIDA). Cuando ella empiece a tener relaciones sexuales, puede que no pueda usar los métodos de planificación familiar o protegerse contra las infecciones de transmisión sexual.

Sin embargo, ¡los hombres no son dueños de las mujeres! El cuerpo de una mujer le pertenece sólo a ella, y ella debe poder decidir cómo, cuándo y con quién compartirlo.

Idea dañina: Las mujeres sienten menos deseo sexual

A una mujer muchas veces se le enseña que uno de sus deberes como esposa es satisfacer las exigencias sexuales de su marido. Pero si ella es una 'buena mujer', ella no querrá tener relaciones sexuales, sino que las aguantará.

Estas creencias, al igual que las otras que hemos mencionado, perjudican la salud sexual de la mujer. En primer lugar, una mujer que cree que no debe querer ni pensar en el sexo, no estará preparada para tener relaciones sexuales de forma segura. Es menos probable que ella tenga información acerca de la planificación familiar o acerca de cómo obtener y usar condones. Y aunque sí tenga la información, será difícil para ella hablar de antemano con su compañero sobre estas cosas. Si ella puede hablar sobre el sexo, puede que su compañero piense que ella ya tiene experiencia, y que, por lo tanto, ella es una 'mujer fácil'.

Una vez que ella ya haya entablado una relación sexual, es más probable que permita que su compañero controle esa relación. Es decir, que él decida cuándo y cómo tener relaciones, si deben o no tratar de evitar el embarazo y las infecciones de transmisión sexual, y si él tendrá relaciones sexuales con otras mujeres. Eso hace que ella corra un gran riesgo de infectarse, y que ella tenga menos probabilidad de comunicar lo que a ella le causa placer.

La realidad es que el deseo sexual es una parte natural de la vida, y una mujer puede sentir tanto deseo y placer sexual como un hombre.

No sé hasta dónde llegar con él. Me agrada mucho, pero tengo miedo de lo que vaya a pensar.

Cómo mejorar la salud sexual

infecciones de
transmisión sexual, 261

VIH y SIDA, 283

Mejorar la salud sexual quiere decir...

- **aprender acerca de nuestros cuerpos y qué nos da placer.** Lea a continuación para más información sobre el placer sexual.

- **reducir el riesgo de tener embarazos no deseados y de contraer infecciones de transmisión sexual.** Para lograr eso, las mujeres necesitan tener *acceso* a la información acerca de los métodos de planificación familiar y cómo prevenir las infecciones, incluyendo el VIH. Las mujeres también necesitan poder controlar cuándo usar esos métodos. Para información sobre la planificación familiar y la selección de un método que sea apropiado para usted, vea el Capítulo 13. Para información sobre prácticas sexuales menos riesgosas, vea la página 190.

- **cambiar los papeles sexuales que son perjudiciales, incluyendo las creencias dañinas acerca de la sexualidad de la mujer.** Este tipo de cambio toma tiempo, porque requiere que los hombres y las mujeres desarrollen nuevas formas de tratarse.

El respeto mutuo se muestra en muchas áreas de la vida.

➤ *Tanto las mujeres como los hombres pueden sentir—y controlar—sus deseos.*

188

falta de deseo

➤ *Lo que da placer a una persona no debe causar daño a otra.*

CÓMO DISFRUTAR MÁS EL SEXO

Es normal que cada hombre y cada mujer quiera compartir el placer sexual con su pareja. Cuando cada miembro de la pareja sabe lo que le agrada al otro, ambas personas pueden disfrutar más el sexo.

Si una mujer no disfruta el sexo, eso puede deberse a muchas razones. Puede que su compañero no se dé cuenta de que el cuerpo de ella reacciona de una manera diferente a las caricias sexuales que el cuerpo del hombre. O puede que a ella se le haya enseñado que las mujeres deben disfrutar el sexo menos que los hombres, o que ella no debe decirle a su compañero lo que le agrada. Quizás a ella le llegue a gustar más el sexo si entiende que las mujeres pueden disfrutar el sexo tanto como los hombres y que eso no es nada malo.

Cómo responde el cuerpo de la mujer al placer sexual

Las relaciones sexuales muchas veces comienzan con besos, palabras o miradas que excitan a una persona. Puede haber diferencias en las formas en que las mujeres reaccionan a los pensamientos y las caricias sexuales. Puede que una mujer empiece a respirar con más fuerza, y que su corazón lata con más rapidez. Los pezones y la piel se le pueden poner muy sensibles.

El *clítoris* se pone duro y se puede hinchar. Los labios y las paredes de la vagina se humedecen y se vuelven más sensibles. Si los pensamientos y las caricias sexuales continúan, la tensión sexual va aumentando hasta que la mujer alcanza la cumbre del placer y tiene un *orgasmo*.

Cuando el hombre alcanza la cumbre del placer, su pene suelta una mezcla de espermas y líquido que se llama semen. Si eso pasa dentro de o cerca de la vagina de la mujer, los espermas pueden nadar hasta el interior de la matriz o de las trompas. Si hay un óvulo allí, es posible que uno de los espermas lo fecunde y que así la mujer quede embarazada.

Con frecuencia, la mujer se tarda más en alcanzar el orgasmo que el hombre. Pero cuando ella llega al orgasmo, su cuerpo suelta toda la tensión y la energía, y ella se siente relajada y llena de placer.

Casi todas las mujeres pueden tener orgasmos, pero muchas mujeres sólo los tienen de vez en cuando, o no los tienen nunca. Si una mujer lo desea, ella puede aprender a tener orgasmos, ya sea tocándose a sí misma (vea la página siguiente) o explicándole a su compañero lo que a ella le causa placer.

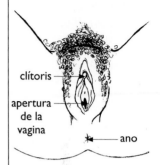

clítoris

apertura de la vagina

ano

Para muchas mujeres, tocar el clítoris es la mejor manera de llegar a un orgasmo.

➤ *Una mujer puede tener sexo con un hombre, con otra mujer o consigo misma.*

Hay muchas maneras de excitarse:

Las caricias. Además de otras partes sensibles del cuerpo (por ejemplo, las orejas, la espalda, la nuca o los pies), usted puede acariciar y frotar suavemente sus propios genitales o los de su pareja. Los pezones y el clítoris de la mujer, y la punta del pene del hombre, muchas veces son las partes más sensibles.

Sexo oral. Una persona lame o chupa los genitales de la otra (o ambas personas lo hacen a la vez).

Sexo vaginal. El hombre mete el pene dentro de la vagina de la mujer. Hay muchas maneras de hacer eso. Es la forma en que la mujer se embaraza, y es lo que viene a la mente a la mayoría de la gente cuando piensa en el sexo.

Sexo anal. El hombre mete el pene dentro del ano de su pareja. Esto debe de hacerse lentamente y con mucho cuidado (y con lubricante) para que la piel del ano no se desgarre. Si la pareja decide tener sexo en la vagina después de tener sexo en el ano, es importante que el hombre se lave primero el pene o que se ponga un nuevo condón. Si no, la mujer podría contraer una infección en la vagina o en la vejiga.

El tocarse para causarse placer (masturbación)

Una mujer se puede tocar a sí misma de maneras que producen placer sexual. Esto no desgasta el deseo sexual. Para la mujer, el tocarse puede ser una buena forma de aprender más acerca de su cuerpo y de descubrir qué tipos de caricias sexuales le causan el mayor placer. En muchas comunidades, la gente cree que es malo que una persona se toque a sí misma, así que a muchas personas les da vergüenza hacerlo. Pero no es dañino que una mujer se toque a sí misma, siempre y cuando ella no tenga inquietudes al respecto. Siempre y cuando se meta un objeto en la vagina, ésto debe estar tan limpio como posible.

Escoja un lugar privado cuando sepa que nadie la interrumpirá. Tal vez le ayude pensar en un amante o una situación que le haya hecho sentirse muy sensual. Acaríciese los pechos o los genitales de diferentes formas para ver qué es lo que la excita. No hay maneras correctas o incorrectas de acariciarse—cualquier cosa que le dé placer está bien.

➤ Para una mujer, el tocarse a sí misma puede ser una buena forma de aprender qué tipos de caricias sexuales son las que más le gustan.

Falta de deseo

Muchas cosas pueden influir en la cantidad de deseo sexual que un hombre o una mujer sienten. Por ejemplo, cuando están sucediendo cosas emocionantes en la vida—como al comenzar una nueva relación o un nuevo trabajo—el hombre o la mujer pueden sentir más deseo sexual. El deseo que una mujer siente puede variar con su ciclo mensual, o con la época de su vida. Es común que una mujer sienta menos deseo cuando ella...

➤ Si una mujer ha sido violada o forzada a tener relaciones sexuales, puede que ella necesite dejar que pase un tiempo antes de que pueda volver a sentir deseo sexual. O tal vez necesite hablar con alguien en quien ella confíe o con una trabajadora de salud mental.

- está muy tensa por tener mucho trabajo o un nuevo bebé, por estar enferma o por no tener suficiente de comer.
- está muy preocupada por algo.
- tiene a un compañero que no le agrada.
- teme que otras personas la oigan o la vean teniendo relaciones sexuales con su pareja.
- tiene miedo de quedar embarazada o de contraer una enfermedad sexual.

Cuando una mujer no siente mucho deseo, su cuerpo produce menos humedad. Por lo tanto, puede ser necesario que ella use un lubricante, como saliva, para que el sexo no le cause dolor. Cuando un hombre no siente deseo, es más difícil que se le endurezca el pene. Quizás eso le cause vergüenza, lo cual a su vez le causará aún más dificultades para endurecer el pene la próxima vez.

Si usted o su pareja están sintiendo menos deseo que antes, traten de perdonarse y de hablar al respecto. Aparten tiempo para tener relaciones sexuales cuando ambos lo deseen y traten de hacer cosas que les produzcan emociones y pensamientos excitantes a los dos.

Si el sexo es doloroso

El sexo no debe ser doloroso. El dolor durante el sexo generalmente es seña de que algo anda mal. Una mujer puede sentir dolor durante las relaciones sexuales cuando...

- su compañero la penetra demasiado pronto, antes de que ella esté relajada y tenga la vagina suficientemente húmeda.
- ella se siente culpable o avergonzada, o no quiere tener relaciones sexuales.
- ella tiene una infección o un tumor (bulto) en la vagina o en la parte baja del vientre (vea pág. 356).
- ella ha sido *circuncidada* (vea pág. 463).

IMPORTANTE *El dolor durante las relaciones sexuales puede ser seña de una infección grave si la mujer no se lo sentía antes; si se lo siente después de un parto, una pérdida o un aborto reciente; o si la mujer también tiene un desecho de la vagina. Consulte a un trabajador de salud de inmediato.*

CÓMO DISMINUIR LOS RIESGOS DEL SEXO

¿Por qué practicar el 'sexo más seguro'?

El sexo siempre presenta ciertos riesgos, pero hay maneras de hacer que sea 'más seguro'. Usamos el término 'sexo más seguro' para hacerle recordar a la gente que algo 'menos riesgoso' no es lo mismo que algo 'sin riesgo'.

Como cualquier otra infección, las infecciones de transmisión sexual son causados por microbios. Algunas infecciones son transmitidas por microbios que se encuentran en el aire, en los alimentos o en el agua. Las infecciones sexuales se transmiten mediante el contacto sexual. Algunas infecciones sexuales producen llagas genitales o un flujo que sale por el pene o por la vagina. Sin embargo, generalmente no es posible saber si una persona está infectada con tal sólo mirarla, y muchos hombres y mujeres tienen infecciones sexuales sin saberlo.

infecciones de transmisión sexual, 261
VIH y SIDA, 283

Los microbios que causan algunas de las infecciones sexuales, (tales como las verrugas genitales o el herpes) se hallan en la piel de los genitales. Se transmiten mediante el contacto de la piel de una persona con la piel de otra. Los microbios que causan otras infecciones (tales como la gonorrea, la clamidia, la hepatitis, la sífilis y VIH, el virus que causa el SIDA) viven en los líquidos del cuerpo de una persona infectada. El contagio ocurre cuando la sangre, el semen, o el flujo vaginal de una persona infectada entra en contacto con la piel de la vagina, del ano, de la punta del pene o de la boca de otra persona. Todas estas infecciones pueden causar problms de salud graves y el SIDA es una enfermedad mortal.

Protéjase contra el VIH y otras infecciones sexuales: póngase un condón de látex antes de que los genitales de su pareja toquen los suyos.

Por todo lo dicho, para tener 'sexo más seguro' hay que tener el menor contacto posible con la piel de los genitales de la otra persona y con los líquidos de su cuerpo, a menos que uno esté absolutamente seguro de que esa persona no está infectada.

Diferentes tipos de relaciones sexuales conllevan diferentes riesgos.

Besar es seguro.

Usar las manos es seguro.

El sexo oral es menos seguro—pero más seguro si usa un condón.

El sexo vaginal es riesgoso—pero menos riesgoso si usa un condón.

El sexo anal es muy riesgoso—pero menos riesgoso si usa un condón.

Prácticas sexuales menos riesgosas

Cada mujer necesita decidir cuánto riesgo está dispuesta a aceptar, y qué cosas puede hacer para protegerse mejor. Las siguientes son algunas maneras en que las mujeres pueden disminuir los riesgos del sexo.

Las prácticas más seguras:

- **Evitar el sexo**. Si usted no tiene relaciones sexuales, no se infectará con infecciones sexuales. Algunas mujeres prefieren esta opción, sobre todo durante la juventud. Pero, para la mayoría de las mujeres, esta opción no es posible ni deseable.

- **Tener relaciones con un solo compañero** que usted sabe con certeza que la otra persona sólo tiene sexo con usted y nadie más, **y** que ninguno de ustedes tiene una infección de una relación antigua. Solamente se puede saber a través de un examen de infecciones sexuales.

- **Usar las manos para tocar los genitales** y hacer la masturbación mutua.

- **Usar condones para el sexo oral**. Una barrera de látex o plástico ayuda a no contraer una infección de herpes o de gonorrea en la garganta. También ayuda a no infectarse con el VIH através de pequeñísimas cortadas en la boca (aunque el riesgo de eso es muy leve).

Prácticas seguras:

- **Siempre usar condones de látex**—para hombre o para mujer—al tener sexo en la vagina o el ano.

- **Tener relaciones sexuales de formas que eviten que los líquidos del cuerpo de su pareja entren a la vagina o el ano de usted**. La transmisión del VIH es mucho menos probable cuando el sexo se realiza usando sólo las manos o la boca. Si le entra semen en la boca, escúpalo o trágueselo de inmediato.

Otras maneras de reducir el riesgo:

- **Conseguir que el hombre saque el pene antes de venirse (eyacular)**. Si él tiene una infección—de VIH o de otro tipo—usted aún podrá contraerla y también es posible que usted se embarace. Sin embargo, el riesgo será mucho menor, pues entrará menos semen en su cuerpo.

- **Usar un diafragma para bajar el riesgo**. Para información sobre el diafragma, vea la página 205.

- **Evitar el 'sexo seco'**. Cuando la vagina (o el ano) está seca, se desgarra más fácilmente, lo cual aumenta la posibilidad de infectarse. Use saliva (baba), un espermicida, o un lubricante para humedecer la vagina. No use aceites, lociones o vaselina con los condones, ya que pueden hacer que los condones se rompan.

- **Obtener tratamiento para cualquiera infección sexual que tenga**. Si usted ya tiene una infección, será más fácil que contraiga otra.

Toda mujer corre el riesgo de contraer SIDA

Esta historia pudiera haber pasado en cualquier comunidad.

La historia de Fátima

Fátima vive en un pueblo llamado Belén—y ella está muriendo de SIDA. Cuando ella tenía 17 años, se casó con un hombre llamado Guillermo. Varios años después de la boda, Guillermo murió en un accidente en la cooperativa donde trabajaba. Fátima tuvo que dejar a su bebé con los padres de Guillermo, para ir a trabajar en la ciudad. Cuando ella podía, mandaba dinero a casa. Su trabajo era muy pesado y ella se sentía muy sola.

Cuando Fátima se enteró de que el gobierno estaba construyendo una carretera cerca de su pueblo, ella consiguió que le dieran el trabajo de cocinar para los obreros de la carretera. Así ella podía estar en casa. Fue entonces cuando Fátima conoció a Emanuel. Él era guapo, siempre traía dinero en los bolsillos y jugaba con la nena de Fátima cuando pasaba por su casa después del trabajo. Cuando el equipo de obreros tuvo que irse, Emanuel prometió que regresaría.

Emanuel sí regresaba, pero nunca se quedaba por mucho tiempo. Él había conseguido un nuevo trabajo como migrante. Fátima se preocupaba de que él anduviera con otras mujeres, pero él siempre le decía que ella era la única. Ellos tuvieron un bebé, pero era muy pequeño y enfermizo, y murió después de cumplir un año. Poco después, Fátima también empezó a sentirse mal. La enfermera del dispensario le dió diferentes medicinas, pero nada le ayudó. Por fin ella fue al hospital de la ciudad. Allí le hicieron algunas pruebas y después le dijeron que tenía SIDA. Cuando ella preguntó cómo podía haberle dado SIDA, el doctor le respondió: —No debiste haberte acostado con tantos hombres.

A Fátima nunca se le había ocurrido que ella podía contraer SIDA— ¡ella sólo había tenido relaciones sexuales con dos hombres en toda la vida! Ella había pensado que sólo a las prostitutas y a los homosexuales de las ciudades les daba VIH o SIDA.

¿Por qué pensó Fátima que ella no corría el riesgo de contraer el SIDA?

Ella pensó que sólo a las prostitutas y las mujeres 'malas' les podía dar VIH o SIDA.

Ella pensó que si era fiel no estaría en peligro.

Emanuel dijo que era fiel, pero probablemente no era.

Ella compartía los riesgos de Emanuel de contraer el VIH, pero no lo sabía.

Fátima corría el riesgo de infectarse con VIH no por su propio comportamiento sexual, sino por lo que hizo su pareja.

➤ Compartimos los riesgos que corren nuestras parejas actualmente, y todos los que han corrido en el pasado.

PLATICANDO ACERCA DEL SEXO MÁS SEGURO

Yo quisiera hablar de estas cosas, pero no sé cómo.

Me gustaría mucho hablar de estas cosas, pero tengo miedo de lo que él vaya a pensar.

➤ *Trabaje junto con su comunidad para informar a los hombres y a las mujeres sobre los condones y las formas de usarlos. Eso ayudará a que los condones ganen mayor aceptación.*

Si usted cree que su pareja apoyará su deseo de protegerse, lo mejor es que ustedes hablen sobre los riesgos que traen las relaciones sexuales. Sin embargo, ¡eso no siempre es fácil! A la mayoría de las mujeres se les enseña que no es 'decente' hablar sobre el sexo—sobre todo con sus compañeros u otros hombres—así que ellas no tienen práctica. He aquí algunas sugerencias:

Enfóquese en la seguridad. Cuando hable sobre el sexo con protección, tal vez su pareja le diga que usted no confía en él. Dígale que la clave no es la confianza, sino la seguridad. Una persona puede tener una infección sexual sin saberlo, o puede contraer el VIH de formas que no tienen nada que ver con el sexo. Por eso, es difícil para cualquier persona saber con certeza que no está infectada. El sexo con protección es una buena idea para cualquier pareja, aunque ambos miembros sean fieles.

Empiece por ensayar con una amiga. Pídale a una amiga que haga como si fuera su compañero y practique con ella lo que a usted le gustaría decir. Trate de pensar en todas las cosas que su compañero podría decirle y ensaye sus respuestas (vea también la siguiente página). Recuerde que él probablemente también se sentirá nervioso, así que trate de ayudarle a tranquilizarse.

No espere hasta que estén a punto de tener relaciones sexuales para hablar con su pareja. Escoja un momento privado en que los dos se estén llevando bien. Si ustedes han dejado de tener relaciones sexuales porque hace poco tuvieron un bebé o porque uno de ustedes fue tratado por una infección en los genitales, trate de hablar con él antes de que vuelvan a tener relaciones sexuales. Si usted y su compañero viven lejos uno del otro, o si tienen que viajar mucho, hablen de antemano sobre lo que significaría para su salud sexual si uno o ambos de ustedes tuvieran otros compañeros sexuales.

Infórmese lo más posible sobre los riesgos del sexo y cómo hacerlo más seguro. Puede que su compañero no sepa mucho acerca de las infecciones sexuales, las formas en que se transmiten ni los efectos que pueden tener a largo plazo sobre la salud. De ser así, puede que él tampoco entienda los verdaderos riesgos del sexo sin protección. Esa información puede convencerlo de la necesidad de tener relaciones sexuales de formas más seguras.

Use a otras personas de ejemplo.
A veces, el enterarse de que otras personas están usando protección, ayudará a su compañero a empezar a hacer lo mismo.

Mi hermano me dijo que él siempre usa condones.

Trate de abordar las preocupaciones de su pareja. Por ejemplo, el usar condones puede ser el modo más fácil de protegerse contra las infecciones y de evitar los embarazos no deseados. Pero al principio, muchas personas no quieren usarlos. Hé aquí formas de responder a algunas de las quejas más comunes sobre los condones:

"Ya probé los condones, y no me gustaron".
- A veces toma algo de tiempo acostumbrarse a los condones. Trate de comprometerse con su pareja a usar condones por un par de semanas. Muchas veces, ambas personas se dan cuenta de que puedan disfrutar el sexo tanto como antes.

"No puedo sentir nada cuando tengo puesto un condón".
- Use bastante lubricante soluble en agua. Los lubricantes hacen que el sexo sea más agradable para ambas personas.
- Coloque una gotita de lubricante dentro de la punta del condón antes de ponérselo.
- Es verdad que se siente un poco diferente. Sin embargo, la mayoría de las personas acuerda que el tener relaciones sexuales, aun con condón, es mejor que no tenerlas. También puede ayudar al hombre a prolongar su erección.

"Nunca usamos condones antes. ¿Por qué deberíamos comenzar ahora?"
- Explique que ya que usted sabe más sobre los riesgos del sexo sin protección, le parece una buena idea para protegerse mutuamente.
- Como pretexto, puede decir que necesita cambiar su método de planificación familiar.

"No me gusta interrumpir lo que estoy haciendo para ponerme un condón".
- Tenga los condones a la mano en los lugares donde suele tener relaciones sexuales. Así no necesitará pararse para encontrarlos.
- El condón se puede poner en el pene en cuanto esté duro. Después usted y su pareja pueden seguir 'jugando' y acariciándose.
- Si los condones femeninos se consiguen en su área y no son demasiados caros, quizás usted y su pareja quieran probarlos. Se pueden colocar en la vagina con anticipación.

"No tengo dinero para comprar condones" — o no se consiguen en su área.
- Muchos centros de salud y organizaciones para la prevención del VIH regalan los condones o los venden a bajo precio.
- Lo mejor es que usted use un nuevo condón cada vez que tenga relaciones sexuales. Sin embargo, es mejor que vuelva a usar un condón a que no use nada. Si tiene que usar sus condones más de una vez, lávelos cuidadosamente con agua y jabón, séquelos, vuelva a enrollarlos y guárdelos en un lugar fresco y oscuro.
- Use otras maneras de reducir el riesgo del sexo (vea la página 190). Por ejemplo, es menos peligroso para ambas personas si el hombre saca el pene antes de eyacular.
- Si no hay forma alguna de que consiga condones, pruebe cubrir el pene con una envoltura delgada de plástico.

"El sexo se siente menos íntimo con condones".
- Haga que el uso de condones sea excitante. Ensaye diferentes modos de poner los condones. Luego incluyan esta actividad en sus 'juegos' antes del sexo.
- Si cree que tiene una relación honrada y las pruebas para detectar el VIH y otras infecciones sexuales son disponibles en su área, usted y su pareja pueden hacer un plan para no usar los condones en el futuro. Háganse las pruebas, continuen usando condones por 6 meses, y luego vuelven a hacerse las pruebas. Mientras esperan, discutan qué tan importantes son para ustedes la seguridad, la honestidad, la fidelidad y la práctica de siempre usar condones en caso de que uno o ambos tengan relaciones sexuales con otras personas.

La lucha por el cambio

ACTIVIDADES DE REFLEXIÓN SOBRE LA SALUD SEXUAL

Para mejorar la salud sexual, es necesario cambiar los papeles sexuales dañinos y trabajar para eliminar las barreras a la salud sexual. Es un proceso de largo plazo, pues abarca generaciones, pero el cambio empieza con nosotras. En muchas comunidades, se han formado grupos de reflexión para hablar sobre estos temas. A continuación hay tres actividades que se puede hacer para promover la reflexión y la acción para mejorar la salud sexual en su comunidad.

Actividad de reflexión para mujeres: *Un viaje por el tiempo*

Como mujeres, cómo nos sentimos sobre nuestra sexualidad depende de las creencias que nos enseñan desde niñas, y de las experiencias que tenemos durante la vida. Es importante reconocer nuestras creencias y sentimientos sobre lo que significa ser mujer para que podamos desarollar una sexualidad placentera y saludable. Un grupo de mujeres puede usar esta actividad para comenzar a reflexionar sobre los papeles sexuales.

Es importante dejar suficiente tiempo para esta actividad, y crear un ambiente tranquilo. Pueden salir cosas fuertes, así que es mejor que las participantes se conozcan bien o que el grupo o la facilitadora ya tenga experiencia en trabajar con temas personales. Puede comenzar dando reglas para que todas se sientan en confianza (por ejemplo: que se guarde la privacidad, y que nadie interrumpirá o se reirá de otra).

Pida que las mujeres formen un círculo, y que se pongan cómodas. Dígales que van a hacer un viaje por el tiempo. El paisaje del viaje es la historia de su sexualidad. Deben cerrar los ojos, respirar profundamente, e imaginarse como niñita. Hablando despacio y en voz tranquila, haga preguntas como las siguientes. (Puede adaptarlas para que sean apropiadas a su grupo.) Los participantes no deben responder, sólo recordar. Deje que algunos minutos pasen, antes de seguir con la próxima pregunta.

- ¿Cómo se enteró por primera vez de que ser niña era diferente que ser niño?
- ¿Cómo se sintió la primera vez que le bajó la regla? ¿Qué le habían contado sobre ella?
- ¿Cómo fue su primera experiencia sexual? ¿Cómo esperaba que fuera?
- ¿Se preocupó alguna vez de tener una infección en los genitales? ¿Buscó ayuda?
- ¿Ha dado a luz alguna vez? ¿Cómo afectó esta experiencia sus sentimientos sobre su sexualidad? Cuando estaba embarazada, qué esperaba tener (o si quiere embarazarse, qué espera tener) ¿una niña o un niño? ¿Por qué?
- Llegando al presente, ¿qué emociones tiene al pensar sobre su vida sexual?

Pida que las mujeres abran los ojos. Ya que han recordado unos pasos de la historia de su sexualidad, invíteles a compartir algunas de sus reflexiones. Esté preparada para ofrecer apoyo emocional si alguien lo necesita. Luego, haga que el grupo analice un poco:

- ¿Qué es lo que hace a una mujer ser una mujer? ¿Y a un hombre?
- ¿Cómo llegaron a tener las creencias que tienen sobre los papeles sexuales?
- ¿Qué les gusta de ser mujer? ¿Qué no les gusta?
- Si pudiera nacer de nuevo como varón, ¿lo haría? ¿Por qué sí o no?

Si los comentarios han sido muy negativos, antes de terminar, anime a todas a que compartan por lo menos una cosa que sí les gusta de ser mujer. Puede ser muy duro ser mujer, pero los desafíos diarios que enfrentamos también nos dan mucha fuerza y solidaridad.

Se puede terminar pensando en qué tendrían que hacer para cambiar los papeles sexuales para que la vida sea diferente para sus hijas. ¿Qué acciones podrían tomar?

Actividad: *La imagen de la mujer en la cultura popular*

Es importante que la gente entienda de dónde aprende ideas dañinas sobre la sexualidad y sobre los papeles que los hombres y las mujeres supuestamente deben jugar. Así la gente puede empezar a pensar en formas de cambiar dichas ideas. Esta actividad ayudará a las personas a considerar cómo la radio, las películas, las canciones populares y los anuncios comunican ideas sobre el papel de la mujer.

1. Escuchen en grupo algunas canciones populares en la radio (si pueden, grábenlas de antemano), o pidan que algunos miembros canten o actuen las canciones. Escuchen con cuidado las letras de las canciones. ¿Cómo describen las canciones a las mujeres y a los hombres? ¿Dicen algo sobre el papel y la sexualidad de la mujer? Decidan si lo que se dice en la canción es dañino o beneficioso para las mujeres.

2. Formen grupos más pequeños. Dele usted a cada grupo un anuncio que haya recortado de una revista o un periódico, o que haya copiado de una cartelera (escoja anuncios en que aparecen mujeres). Pídale a cada grupo que mire su anuncio con cuidado y que decida qué da a entender acerca de las mujeres. Reuna a todo el grupo otra vez, para discutir los mensajes en cada anuncio. Decidan si los mensajes son dañinos o beneficiosos para las mujeres.

3. Discutan cómo la radio, las canciones y los anuncios transmiten mensajes sobre las mujeres. ¿Cómo nos afectan estas ideas a nosotras, a nuestros esposos y a nuestros hijos?

4. Consideren cuáles ideas sobre la sexualidad y los papeles de la mujer serían importantes y útiles de promover. ¿Cómo se podrían comunicar estas ideas a través de los anuncios, las canciones y las películas? Pida que los grupitos dibujen un anuncio o preparen una canción o un sociodrama que promueva ideas positivas y saludables acerca de la mujer.

Actividad: *Identificando barreras a la salud sexual*

Es importante identificar qué cosas impiden que la gente tenga relaciones sexuales de modos más seguros. He aquí una actividad que ilumina algunas razones por las cuales las mujeres pueden tener dificultades en protegerse bien.

1. Comience contando una historia, como "La historia de Fátima" (pág. 191). Hable de Fátima y Emanuel como si vivieran en su comunidad.

2. Una vez que el grupo haya hablado sobre la importancia de entender los riesgos del sexo, ustedes pueden discutir preguntas como las siguientes: ¿Por qué Fátima no se protegió contra el SIDA? ¿A qué dificultades se enfrentan las mujeres como Fátima cuando tratan de usar prácticas más seguras? ¿Por qué a las mujeres les cuesta trabajo hablar con sus parejas sobre las prácticas sexuales más seguras? ¿Qué pueden hacer las mujeres para convencer a sus parejas de que deben usar prácticas más seguras?

3. Hablen sobre lo que pueden hacer en su comunidad para ayudar a las mujeres como Fátima. Discutan cómo vencer en su comunidad los obstáculos a las prácticas sexuales más seguras. (Para algunas ideas, vea la pág. 280.)

reflexión + acción = ¡cambio!

Capítulo 13

En este capítulo:

La planificación familiar

Se le llama planificación familiar al tener el número de hijos que uno desea y al tenerlos cuando uno lo desea. Si usted decide no tener hijos o no tenerlos de inmediato, puede escoger uno de varios métodos para evitar el embarazo. A estos métodos se les llama métodos de planificación familiar.

Cada año, medio millón de mujeres mueren a causa de problemas relacionados con el embarazo, el parto y los *abortos* hechos bajo condiciones peligrosas. Además de mejorar el acceso a la atención médica y el aborto seguro, muchas de las muertes se podrían evitar por medio de la planificación familiar. Por ejemplo, la planificación familiar puede evitar los peligros de los embarazos...

- **en mujeres demasiado jóvenes.** Las jóvenes menores de 18 años corren un mayor riesgo de morir durante el parto porque sus cuerpos no se han desarrollado completamente. Además sus bebés corren un mayor riesgo de morir durante su primer año de vida.

- **en mujeres de edad demasiado avanzada.** Las mujeres ya mayores se enfrentan a más peligros durante el parto, sobre todo si tienen problemas médicos o si ya han tenido muchos hijos.

- **demasiado frecuentes.** El cuerpo de la mujer necesita por lo menos dos años para recuperarse después de cada embarazo.

- **demasiado numerosos.** Una mujer con más de 4 hijos corre un mayor riesgo de morir después del parto debido a sangrado u otras causas.

➤ *La planificación familiar salva vidas.*

Los beneficios de la planificación familiar

➤ *En los países pobres, demasiadas mujeres mueren durante sus años de fertilidad y casi la mitad de las muertes se deben a problemas del embarazo y del parto. La planificación familiar puede evitar esos embarazos y esas muertes.*

Además de salvar vidas, la planificación familiar tiene otros beneficios

Las madres y sus bebés son más saludables porque se evitan los embarazos riesgosos.

Si tienen menos hijos, pueden tener más comida para cada hijo.

Los jóvenes y las jóvenes que no tienen hijos de inmediato, pueden tener tiempo de completar su educación, y así conseguir mejor trabajo y contribuir más a sus familias y comunidades.

Si tienen menos hijos, los padres pueden dedicarle más tiempo a cada uno y tener más tiempo libre para sí mismos.

La planificación familiar también puede ayudar a usted y a su pareja a disfrutar más el sexo, puesto que no tienen que preocuparse de embarazos no deseados. Además, ciertos métodos tienen otros beneficios para la salud. Por ejemplo, los *condones* y los *espermicidas* pueden ayudar a evitar la transmisión de *infecciones sexuales*, incluyendo el *VIH*. Los métodos de *hormonas* pueden ayudar a controlar el sangrado irregular y el dolor de la *regla*.

Millones de mujeres usan con seguridad los métodos de planificación familiar mencionados en este capítulo.

En la página 201 hay un cuadro que muestra la eficacia de cada método para prevenir el embarazo y para protegerse de las infecciones sexuales. El cuadro también muestra los posibles efectos secundarios de cada método y otra información importante sobre cómo utilizar cada método. Cada método tiene estrellas para señalar su eficacia en la prevención del embarazo. Algunos métodos tienen menos estrellas porque muchas veces no se usan de manera correcta. Cuando un hombre y una mujer usan uno de estos métodos correctamente cada vez que tienen relaciones sexuales, el método funcionará mejor.

Muchas mujeres quieren tener muchos hijos, sobre todo en las comunidades donde la gente pobre no recibe una parte justa de las tierras, los recursos y los beneficios sociales. Eso es porque los niños ayudan con el trabajo y cuidan a sus padres en la vejez. En esos lugares, el tener pocos hijos puede ser un lujo que sólo las personas más ricas puedan darse.

En otros lugares, las mujeres pueden querer limitar el número de sus hijos. Eso muchas veces sucede donde las mujeres tienen oportunidades de estudiar y de ganar dinero, y donde pueden negociar con los hombres de formas más iguales.

Sin importar dónde viva una mujer, ella estará más sana si puede controlar cuántos hijos tener y cuándo tenerlos. Una mujer siempre debe tener derecho a decidir por sí misma si desea—o no desea—usar planificación familiar.

El decidir planear su familia

➤ *Usted tiene derecho a tomar sus propias decisiones en cuanto al uso de planificación familiar.*

Cómo hablar con su esposo o su compañero acerca de la planificación familiar

Lo mejor es que usted hable con su esposo o con su compañero acerca de la decisión de usar planificación familiar, y que escojan juntos qué método usar.

Algunos hombres no quieren que sus esposas usen planificación familiar. Muchas veces esto se debe a que ellos no saben mucho acerca de las formas en que los métodos funcionan. Puede que un hombre se preocupe por la salud de su esposa, porque él ha oído historias acerca de los peligros de la planificación familiar. Puede que él tema que si su mujer usa planificación familiar, ella tendrá relaciones sexuales con otro hombre. O tal vez él piense que para ser muy 'macho' hay que tener muchos hijos.

Trate de compartir con su pareja la información que aparece en este capítulo. Tal vez a él le ayude a entender que...

• la planificación familiar le permitirá a él cuidar mejor de usted y de sus hijos.

• el embarazarse con menos frecuencia le ayudará a usted a estar más sana y a tener bebés más sanos también.

• la planificación familiar puede ayudarles a los dos a disfrutar más el sexo, puesto que no tendrán que preocuparse por un embarazo que no hayan planeado. El que usted pueda protegerse contra embarazos no deseados, no hará que usted quiera tener relaciones sexuales con otros hombres.

Si a pesar de todo, su esposo no quiere que usted use planificación familiar, usted tendrá que decidir si quiere usarla de cualquier manera. De ser así, puede que tenga que escoger un método que pueda usar sin que su esposo se entere.

Cómo escoger un método de planificación familiar

Una vez que haya decidido usar planificación familiar, usted necesitará escoger un método. Para tomar una buena decisión, usted necesita primero informarse acerca de los diferentes métodos, sus ventajas y sus desventajas.

Hay 5 tipos principales de métodos de planificación familiar:

- **Los métodos de barrera** evitan el embarazo impidiendo que los espermas lleguen al huevo.
- **Los métodos de hormonas** impiden que los ovarios de la mujer suelten un huevo. Si un huevo llega a salir, las hormonas dificultan que los espermas lleguen a él, puesto que hacen que el moco de la vagina se vuelva más espeso. Finalmente, si un esperma logra fertilizar el huevo, las hormonas evitan que la capa interior de la matriz sustente el embarazo.
- **Los DIUs** ('aparatos') impiden que el huevo se desarrolle en la matriz.
- **Los métodos naturales** ayudan a la mujer a darse cuenta de cuándo está *fértil* para no tener relaciones sexuales en esa temporada.
- **Los métodos permanentes** son operaciones que hacen imposible que el hombre o la mujer tengan hijos.

Los métodos de planificación familiar aparecen descritos en las siguientes páginas. He aquí algunas preguntas que usted tal vez quiera considerar acerca de cada método:

- ¿Qué tan bien evita los embarazos, o sea, qué tan eficaz es?
- ¿Qué tanta protección da contra las enfermedades sexuales, si da protección del todo?
- ¿Qué tan seguro es? Si usted tiene cualquiera de los problemas médicos mencionados en este capítulo, quizás no deba usar ciertos métodos de planificación familiar.
- ¿Qué tan fácil es de usar?

- ¿Está dispuesto su compañero a usar métodos de planificación familiar?
- ¿Cuáles son sus necesidades y sus inquietudes personales? Por ejemplo, ¿ya tiene usted todos los hijos que desea, o está usted dando pecho a un bebé?
- ¿Cuánto cuesta el método?
- ¿Es fácil de conseguir? ¿Necesitará usted acudir a una clínica con frecuencia?
- ¿Le causarán dificultades los efectos secundarios (los problemas que el método pueda causar)?

Después de leer la información acerca de los métodos, vea la página 224 si necesita más ayuda para escoger uno de ellos. Quizás también sea útil que usted hable sobre los diferentes métodos con su compañero, con otras mujeres o con un trabajador de salud.

Sólo usted puede decidir cuál es el método que más le conviene.

MÉTODO DE PLANIFICACIÓN FAMILIAR	Protección contra el embarazo	Protección contra las ITS	Posibles efectos secundarios	Información importante
Condón para el hombre	★★ BUENA	BUENA		Es más eficaz cuando se usa con espermicida y lubricante.
Condón para la mujer	★★ BUENA	BUENA		Es menos eficaz si la mujer está encima del hombre durante el acto sexual.
Diafragma	★★ BUENA	REGULAR		Es más eficaz cuando se usa junto con espermicida.
Espermicida	★ REGULAR	NADA	reacciones alérgicas de la piel	Es más eficaz si se combina con otro método de barrera, como el diafragma o el condón.
Métodos hormonales Pastillas, parche, inyecciones / Implantes	★★★ MUY BUENA / ★★★★ MEJOR	NADA	náuseas, dolores de cabeza, cambios de la regla	Estos métodos pueden ser peligrosos para las mujeres que tienen ciertos problemas de salud.
DIU	★★★★ MEJOR	NADA	reglas fuertes y dolorosas	Este método puede ser peligroso para las mujeres que tienen ciertos problemas de salud.
Relaciones sexuales sin penetración	★★★★ MEJOR	REGULAR		A las parejas les puede costar trabajo atenerse a este método.
Dar el pecho (sólo los primeros 6 meses)	★★ BUENA	NADA		La madre debe dar el pecho a su bebé y nada más. No funciona después de que le vuelva a bajar la regla.
Planificación familiar natural	★★ BUENA	NADA		Para usar este método correctamente, la mujer necesita entender cuándo es fecunda.
Esterilización	★★★★ MEJOR	NADA		Después de la operación, el hombre o la mujer nunca más podrá tener un bebé.
Retiro del pene (coito interrumpido)	★ REGULAR	REGULAR		Es más eficaz si se combina con otro método, como un espermicida o un diafragma.

Métodos de planificación familiar de barrera

➤ *Si un condón se desgarra o se resbala del pene, la mujer debe ponerse espermicida en la vagina de inmediato. De ser posible, debe usar un método anticonceptivo de emergencia (vea pág. 226).*

Los métodos de barrera evitan el embarazo impidiendo que los espermas lleguen al huevo. No cambian la forma en que trabaja el cuerpo de la mujer o del hombre, y causan muy pocos efectos secundarios. Las mujeres que están dando pecho pueden usar estos métodos sin ningún riesgo. La mayoría de estos métodos también dan protección contra las infecciones de transmisión sexual, incluyendo VIH, el virus que causa el SIDA. Cuando la mujer quiere embarazarse, simplemente deja de usar el método.

Los métodos de barrera más comunes son el condón, el condón femenino, el diafragma y los espermicidas.

EL CONDÓN (PRESERVATIVO, PROFILÁCTICO, FORRO)

El condón es una bolsita angosta de hule delgado que el hombre usa para cubrirse el *pene* durante las relaciones sexuales. Como el semen del hombre queda en la bolsita, los espermas no pueden entrar al cuerpo de la mujer.

Los condones hechos de *látex* proporcionan la mejor protección contra el VIH y otras infecciones sexuales. Se pueden usar solos o junto con cualquier otro método de planificación familiar. Los condones se consiguen en muchas farmacias y a través de los programas de prevención del SIDA.

Tenga cuidado de no romper el condón cuando abra el paquete, y no desenrolle el condón antes de usarlo. No use un condón si el paquete está roto, abierto o se ha secado, o si el condón está tieso o pegajoso. El condón no servirá.

Hay que poner el condón sobre el pene cuando éste está duro, pero antes de que toque los *genitales* de la mujer. Si el pene toca los genitales de la mujer o penetra en la vagina antes de que esté cubierto con el condón, la mujer puede embarazarse o contraer una infección aunque el hombre aún no haya soltado su semen.

Cómo usar un condón:

1. Jale la piel del prepucio para atrás, apriete la punta del condón y coloque el condón sobre el pene endurecido.

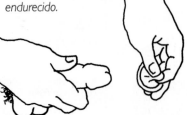

2. Sin dejar de apretar la punta del condón, desenróllelo hasta que cubra todo el pene. La parte suelta de la punta es donde quedará el semen del hombre. Si usted no deja espacio para cuando el semen salga, es más probable que el condón se rompa.

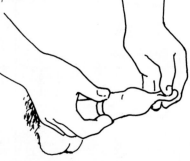

Los lubricantes

Los lubricantes son sustancias que se usan para humedecer la vagina o los condones, y ayudan a que éstos no se rompan al usarlos. Hacen que el sexo sea más agradable, pues aumentan la sensación para ambos miembros de la pareja. Los lubricantes deben ser solubles en agua; no deben contener aceite. Por ejemplo, NO hay que usar aceite para cocinar, aceite de bebé, aceite mineral, vaselina, crema para el cuerpo, mantequilla o manteca. Todas estas cosas pueden dañar el látex del condón y hacer que éste se rompa con facilidad. Los espermicidas, la saliva, la jalea K-Y y otras jaleas parecidas SÍ son buenas opciones. Después de colocar el condón sobre el pene duro, frótele el lubricante por todos lados.

Recuerde:

- Use un condón cada vez que tenga relaciones sexuales.

- De ser posible, siempre use condones hechos de *látex*. Dan la mejor protección contra el VIH. Los condones hechos de piel de borrego (oveja) no dan protección contra el VIH.

- Guarde los condones en un lugar fresco y seco, donde no les dé la luz del sol. Los condones de paquetes viejos o rotos muchas veces se rompen con mayor facilidad.

- Use cada condón una sola vez. Los condones ya usados se rompen más fácilmente.

- Tenga los condones al alcance de la mano. Es menos probable que los use si tiene que interrumpir las relaciones sexuales para buscarlos.

➤ *Una mujer que usa otro método debe usarlo junto con los condones si necesita protegerse contra las ITS.*

Al principio, a muchos hombres no les gusta usar condones. Pero ya que se acostumbran, incluso llegan a reconocer que tienen otros beneficios además de la protección que dan contra los embarazos no deseados y contra las infecciones, como el VIH. Por ejemplo, los condones ayudan a algunos hombres a disfrutar las relaciones sexuales por más tiempo.

193

cómo animar a su compañero a usar condones

---

3. *Después de que el hombre eyacule, él debe sostener el borde del condón y sacar el pene de la vagina mientras aún esté duro.*

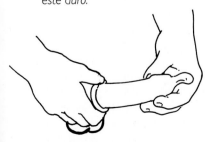

4. *Quítese el condón. No permita que el semen se escurra o gotee.*

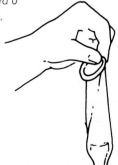

5. *Amarre el condón y tírelo donde ni los niños ni los animales puedan hallarlo.*

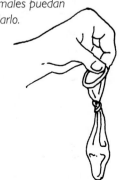

EL CONDÓN FEMENINO (EL CONDÓN PARA LA MUJER)

➤ Los condones para la mujer son más grandes que los condones para el hombre y se rompen con menor facilidad. Funcionan mejor cuando el hombre está encima y la mujer está abajo durante la relación sexual.

El condón femenino cabe dentro de la vagina y cubre los labios exteriores de la vulva. Se puede colocar en la vagina en cualquier momento antes de las relaciones sexuales. Sólo debe usarse una vez, porque se puede romper si se vuelve a usar. Pero si no tiene más condones, puede limpiarlo y volver a utilizarlo hasta 5 veces. El condón para la mujer no debe usarse junto con el condón para el hombre.

De los métodos que la mujer puede controlar, el condón femenino es el que da la protección más eficaz contra las infecciones sexuales, incluyendo el VIH. Ahora existen 3 tipos de condones femeninos. Los más recientes son más baratos. El condón femenino "VA" es más adecuado para la forma de la mujer, es más cómodo y hace menos ruido durante la relación sexual.

Actualmente, sólo se consigue en algunos lugares. Pero si suficiente gente empieza a pedir este método, más programas empezarán a distribuirlo.

Cómo usar el condón femenino:

1. Abra el paquete con cuidado.

2. Encuentre el anillo de adentro, el cual se halla del lado cerrado del condón.

Anillo de afuera

3. Apriete el anillo de adentro para juntar sus bordes.

4. Meta el anillo de adentro en la vagina.

5. Con un dedo, empuje el anillo de adentro dentro de la vagina. El anillo de afuera debe quedar fuera de la vagina.

6. Cuando tenga relaciones sexuales, guíe al pene a través del anillo de afuera.
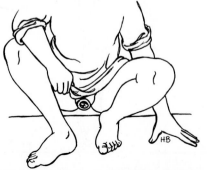

7. Quítese el condón femenino inmediatamente después del acto sexual, y antes de pararse. Apriete y tuerza el anillo de afuera para que el semen no salga del condón. Saque el condón con cuidado, y luego tírelo fuera del alcance de los niños y los animales.
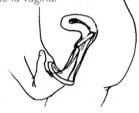

EL DIAFRAGMA

El diafragma es una copa poco profunda hecha de hule (goma) suave que la mujer usa en la vagina durante las relaciones sexuales. El diafragma cubre la abertura de la matriz (cérvix), y así evita que los espermas entren allí. La jalea espermaticida que se usa con el diafragma ayuda a matar a los espermas, y también da protección contra la gonorrea y la clamidia (dos infecciones sexuales comunes).

Los diafragmas vienen en diferentes tamaños y se consiguen en algunos dispensarios y clínicas de planificación familiar. Un trabajador de salud que tenga capacitación para hacer *exámenes pélvicos*, la puede examinar y encontrar el tamaño de diafragma que sea apropiado para usted.

A los diafragmas les pueden salir hoyitos, sobre todo después de haber sido usados por más de un año. Es buena idea que usted revise su diafragma con frecuencia. Reemplácelo cuando el hule se ponga muy seco o duro, o cuando se le haga un hoyito.

Cuando vaya a usar un diafragma con espermicida, se lo puede poner justo antes de las relaciones sexuales o hasta 6 horas antes. Si usted tiene relaciones sexuales más de una vez después de ponerse el diafragma, use más espermicida en su vagina antes de tener las siguientes relaciones sexuales sin haberse removido el diafragma.

➤ *Cuando un diafragma se utiliza correctamente, puede ayudar a evitar el embarazo y da un poco de protección contra las infecciones sexuales.*

Cómo usar un diafragma

1. Si tiene espermicida, póngalo en el centro del diafragma. Luego unte un poco con un dedo por todo el borde del diafragma.

2. Apriete el diafragma para doblarlo a la mitad.

3. Con la otra mano, ábrase los labios de la vagina. Métase el diafragma en la vagina. La mejor manera de hacerlo es empujándolo hacia su espalda.

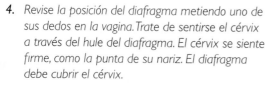

4. Revise la posición del diafragma metiendo uno de sus dedos en la vagina. Trate de sentirse el cérvix a través del hule del diafragma. El cérvix se siente firme, como la punta de su nariz. El diafragma debe cubrir el cérvix.

5. Si el diafragma está en el lugar correcto, usted no sentirá que lo tiene puesto.

6. Déjese el diafragma puesto durante 6 horas después del acto sexual.

Puede dejar insertado el diafragma por 24 horas. Está bien usar el diafragma durante la regla pero tendrá que sacarlo y limpiarlo tan seguido como haría con un trapo o con una toalla sanitaria.

Para quitarse el diafragma:

Meta uno de sus dedos en la vagina, póngalo detrás del borde delantero del diafragma y jale hacia abajo y hacia afuera. A veces ayuda empujar los músculos hacia abajo al mismo tiempo, como si estuviera obrando. Lave el diafragma con agua y jabón, y séquelo. Sosténgalo contra la luz para revisar si tiene algún hoyito. Aunque sea muy pequeño el hoyito, reemplácelo por un nuevo diafragma. Guárdelo en un lugar limpio y seco.

LOS ESPERMICIDAS

espuma

Los espermicidas vienen en muchas presentaciones—espuma, supositorios y cremas o jaleas—y se ponen en la vagina justo antes de tener relaciones sexuales. Los espermicidas matan a los espermas del hombre antes de que éstos puedan llegar a la matriz.

Si se usan solos, los espermicidas son menos eficaces que algunos otros métodos. Pero son útiles cuando se usan como protección adicional para otros métodos, como el diafragma y los condones.

supositorios

Los espermicidas se pueden comprar en muchas tiendas y farmacias. Algunas mujeres descubren que ciertos tipos de espermicidas les causan comezón o irritación en la vagina.

Los espermicidas no proveen protección contra las infecciones sexuales. Dado que los espermicidas pueden irritar las paredes vaginales, pueden provocar pequeños rasguños que dejen pasar al VIH con más facilidad a la sangre. (vea la página 524)

crema o jalea

Cuándo ponerse el espermicida:

Los supositorios deben ponerse en la vagina de 10 a 15 minutos antes de tener relaciones sexuales. La espuma, la jalea y la crema funcionan mejor si se ponen en la vagina justo antes del acto sexual.

Si pasa más de 1 hora antes de tener relaciones sexuales, añada más espermicida. Añada un nuevo supositorio o un aplicador lleno de espuma, jalea o crema cada vez que tenga relaciones sexuales.

Cómo ponerse el espermicida:

1. Lávese las manos con agua y jabón.
2. **Para usar espuma,** agite el envase de la espuma rápidamente, como 20 veces. Luego oprima la boquilla para llenar el aplicador.

   Para usar jalea o crema, atornille el tubo del espermicida al aplicador. Llene el aplicador apretando el tubo de espermicida.

   Para usar supositorios vaginales, quíteles la envoltura y mójelos con agua o con saliva. (NO se ponga el supositorio en la boca.)

3. Con cuidado, póngase el supositorio o el aplicador en la vagina, lo más hondo que pueda.
4. Si está usando un aplicador, empuje el émbolo hasta vaciar el aplicador en la vagina, y luego saque el aplicador.
5. Enjuáguelo con jabón y agua limpia.

Déjese el espermicida en la vagina por lo menos durante 6 horas después de tener relaciones sexuales.
No se haga lavados ni trate de enjuagarse la vagina. Si le gotea crema de la vagina, use una toalla higiénica, algodón o un trapo limpio para protegerse la ropa.

Estos métodos contienen *hormonas* llamadas estrógeno y *progesterona*, que son parecidas a las hormonas con esos mismos nombres que produce el cuerpo de la mujer.

Los métodos de hormonas incluyen:

- las pastillas, que una mujer toma a diario.
- las inyecciones, que generalmente se dan cada 2 ó 3 meses.
- los implantes, que se colocan en el brazo de la mujer y que duran por varios años.

Los métodos de hormonas evitan el embarazo impidiendo que los ovarios de la mujer suelten un huevo. También hacen que se ponga muy espeso el moco que se halla en la abertura de la matriz. Eso ayuda a evitar que los espermas entren a la matriz.

La mayoría de las pastillas y algunas inyecciones contienen tanto estrógeno como progesterona y reciben el nombre de inyecciones o píldoras 'combinadas'. Cuando el estrógeno y la progesterona se usan juntos, dan una protección excelente contra el embarazo. Sin embargo, algunas mujeres no deben usar píldoras o inyecciones con estrógeno por razones de salud o porque están dando pecho (vea página 209).

Hay píldoras (las 'mini-píldoras'), implantes y algunas inyecciones que sólo contienen progesterona. Estos métodos son más seguros que las inyecciones o las píldoras 'combinadas' para las mujeres que no deben usar estrógeno o que están dando pecho (vea página 209).

Las siguientes mujeres deben evitar CUALQUIER método de hormonas:

- Las mujeres que tienen *cáncer* de los pechos, o una bola dura en un pecho (vea pág. 382). Los métodos de hormonas no causan cáncer. Sin embargo, si una mujer ya tiene cáncer, estos métodos lo pueden empeorar.
    - Las mujeres que podrían estar embarazadas o cuya regla está retrasada (vea pág. 67).
    - Las mujeres que han tenido algún *sangrado anormal* de la vagina durante los 3 meses antes de comenzar a usar los métodos de hormonas (vea pág. 360). Ellas deben consultar a un trabajador de salud para averiguar si podrían tener un problema grave.

Algunos métodos de hormonas son dañinos para las mujeres que tienen otros problemas de salud. Infórmese bien sobre cada método que le interese para asegurarse de que pueda usarlo sin peligro. Si usted tiene alguno de los problemas médicos mencionados, pero aun así desea usar uno de los métodos, consulte a un trabajador de salud que tenga la capacitación apropiada para ayudarle.

Métodos de planificación familiar de hormonas

hormonas

IMPORTANTE

Los métodos de hormonas no proporcionan protección contra las infecciones sexuales ni el VIH.

➤ *La mujer controla los métodos de hormonas y los puede usar sin que el hombre lo sepa.*

➤ *Algunas medicinas para las convulsiones (ataques), para la tuberculosis (TB) o para el VIH reducen la eficacia de los métodos de hormonas. Una mujer que esté usando esas medicinas deberá usar otros métodos de planificación familiar.*

Efectos secundarios de los métodos de hormonas

Los métodos de hormonas contienen las mismas sustancias químicas que las que el cuerpo de la mujer produce durante el embarazo. Por eso, la mujer puede tener estas molestias los primeros meses que los use:

Nausea	Dolores de cabeza	Aumento de peso	Hinchazón de los pechos	Cambios en la regla

Estos efectos secundarios con frecuencia se mejoran después de los 2 ó 3 primeros meses. Si eso no sucede, y los efectos le molestan o le preocupan, consulte a un trabajador de salud. Quizás él o ella pueda ayudarle a cambiar la cantidad de hormonas en su método o a cambiar de método. Para mayor información sobre los efectos secundarios específicos que comúnmente se dan con cada método de hormonas, vea las páginas 208 a 215.

➤ *Las píldoras no empiezan a prevenir inmediatamente el embarazo. Entonces durante los primeros siete días de usar la píldora, use un condón u otro método como respaldo para evitar el embarazo.*

522

marcas comunes de pastillas anticonceptivas

➤ *Si usted necesita cambiar a una pastilla con una dosis más baja de hormonas, use un método de planificación familiar de barrera o no tenga relaciones sexuales durante el primer mes.*

LA PÍLDORA

Pastillas que contienen estrógeno y progesterona

Si toma pastillas anticonceptivas todos los días, éstas la protegerán del embarazo durante todo su ciclo mensual. Las pastillas se consiguen en clínicas de planificación familiar, dispensarios, farmacias y por medio de los trabajadores de salud.

Hay muchas marcas diferentes de pastillas. La píldora que usted reciba debe ser una de las de 'dosis baja'. Esto quiere decir que debe contener 30 ó 35 microgramos (μcg) del estrógeno llamado ethynil estradiol o 50 μcg del estrógeno llamado mestranol, y 1 miligramo (mg) o menos de progesterona. (Las mini-píldoras no son lo mismo que las píldoras de dosis baja. Las píldoras de dosis baja contienen tanto estrógeno como progesterona, mientras que las mini-píldoras sólo contienen progesterona.) Nunca use un método que contenga más de 50 μcg de estrógeno.

Una vez que empiece a usar la píldora, trate de usar siempre la misma marca (y, si puede, compre varios paquetes a la vez). Si tiene que cambiar de marca, trate de conseguir una que tenga hormonas del mismo nombre y en las mismas cantidades. Usted tendrá menos efectos secundarios y estará mejor protegida.

Quién no debe tomar píldoras combinadas:

Para algunas mujeres es peligroso tomar la píldora debido a ciertos problemas de salud. **NUNCA tome la píldora si tiene cualquiera de las condiciones mencionadas en la pág. 207, o si usted...**

- tiene *hepatitis,* problemas del hígado, o la piel y los ojos amarillos.
- alguna vez ha tenido señas de un *derrame cerebral*, de *parálisis* o de problemas del corazón.
- alguna vez ha tenido un *coágulo de sangre* en las venas de las piernas o en los pulmones o el cerebro. Las *várices* generalmente no son un problema, a menos que las venas estén rojas y adoloridas.

Si usted tiene cualquiera de los siguientes problemas de salud, trate de usar otro método en vez de pastillas anticonceptivas combinadas. Sin embargo, si no puede conseguir otro método, es mejor que use las pastillas combinadas a que se embarace. **Trate de no tomar pastillas combinadas si usted...**

- **fuma y es mayor de 35 años.** Usted corre un mayor riesgo de tener un derrame cerebral o un ataque al corazón si toma pastillas combinadas.

- **tiene diabetes o epilepsia.** Si usted está tomando medicina para convulsiones (ataques), necesitará tomar una pastilla anticonceptiva más fuerte (50 μcg de estrógeno). Consulte a un médico o a otro trabajador de salud.

- **tiene la presión alta** (más de 140/90). Si alguna vez le han dicho que tiene la presión alta, o usted piensa que podría tener la presión alta, pida a un trabajador de salud que se la revise. Si usted pesa de más, tiene dolores de cabeza frecuentes, se queda sin aliento fácilmente, se siente débil o mareada con frecuencia, o siente dolor en el hombro izquierdo o en el pecho, es importante que averigüe si tiene la presión alta.

> ➤ *Si usted está dando pecho, debe esperar hasta que su leche haya bajado y esté fluyendo bien antes de tomar la píldora combinada. Usualmente tarda 3 semanas.*

> ➤ *Si le molestan los cambios en su cuerpo causados por haber empezado a tomar una pastilla anticonceptiva, hable con una promotora de salud. Posiblemente ella pueda sugerirle una píldora alternativa.*

Efectos secundarios comunes de las pastillas combinadas:

- **Sangrado irregular** (sangrado que ocurre fuera de los días normales de la regla). Las píldoras combinadas muchas veces hacen que la regla se vuelva más breve y más ligera. También es normal que usted a veces se salte una regla. Éstos son los efectos secundarios más comunes de las píldoras combinadas. Para evitar tener pequeños sangrados fuera de los días de la regla, tenga cuidado de tomar la píldora a la misma hora todos los días. Si eso no le ayuda, hable con un trabajador de salud para ver si le ayudaría cambiar de dosis de progesterona o de estrógeno.

- **Náusea.** La náusea o basca (ganas de vomitar) generalmente se quita después de 1 ó 2 meses. Si usted tiene ese problema, trate de tomar las pastillas junto con comida o a una hora diferente del día. A algunas mujeres les ayuda tomar la píldora justo antes de acostarse por la noche.

- **Dolores de cabeza.** Es común tener dolores de cabeza leves durante los primeros meses. Una medicina suave para el dolor puede ayudarle. Si el dolor de cabeza es muy fuerte o le da al mismo tiempo que la visión se le pone borrosa, ésa podría ser una seña grave (vea la pág. 210).

> ➤ *Si su regla no le viene como de costumbre, **y** usted se ha olvidado de tomar algunas pastillas, siga tomando las pastillas, pero vea a un trabajador de salud para averiguar si usted está embarazada.*

► *Si a usted le dan una nueva medicina mientras está tomando la píldora, pregunte a su trabajador de salud si debe usar un método de barrera o no tener relaciones sexuales mientras esté tomando la medicina. Algunos antibióticos y otras medicinas reducen la eficacia de la píldora.*

Señas de problemas cuando está tomando píldoras combinadas:

DEJE de tomar la píldora y consulte a un trabajador de salud si usted...

- tiene dolores de cabeza muy fuertes con visión borrosa (*migrañas*), que le empezaron a dar después de que comenzó a tomar la píldora.
- siente debilidad o entumecimiento en los brazos o en las piernas.
- siente dolor fuerte en el pecho y se queda sin aliento.
- tiene dolor fuerte en una pierna.
- tiene dolor fuerte en el abdomen.

Si usted tiene cualquiera de estos problemas, el embarazo también puede ser peligroso. Por eso, use otro tipo de planificación familiar, como condones, hasta que pueda consultar a un trabajador de salud que tenga la capacitación apropiada para atender su problema.

Cómo tomar las pastillas combinadas

Hay paquetes de 21 ó 28 pastillas anticonceptivas. Si tiene un paquete de 28 pastillas, tome una pastilla cada día del mes. En cuanto se termine un paquete, empiece a tomar las pastillas del próximo paquete.

(Las últimas 7 píldoras del paquete de 28 días están hechas de azúcar. No contienen hormonas. Estas píldoras ayudan a recordarle que tiene que tomarse una píldora cada día.)

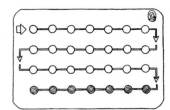

Paquete de 28 pastillas

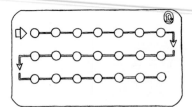

Paquete de 21 pastillas

Si tiene un paquete de 21 pastillas, tome una pastilla a diario por 21 días y luego espere 7 días antes de empezar un nuevo paquete. La regla generalmente le dará durante los días en que no esté tomando pastillas. Pero empiece un nuevo paquete después del séptimo día aunque la regla no le haya venido.

Con ambos tipos de paquetes, tome la primera pastilla el primer día de su regla. Así usted estará protegida de inmediato. Si ya pasó el primer día, usted puede empezar a tomar las pastillas en cualquiera de los primeros 7 días de su ciclo mensual. En este otro caso, usted no estará protegida de inmediato. Por lo tanto, durante las primeras 2 semanas en que tome las pastillas, deberá usar otro método de planificación familiar o no deberá tener relaciones sexuales.

Usted necesita tomar una pastilla cada día, aun cuando no tenga relaciones sexuales. Trate de tomar la pastilla a la misma hora todos los días.

Si olvida tomar unas pastillas:

Si se olvida de tomar unas pastillas, usted podría embarazarse.

Si a usted se le olvida tomar 1 ó 2 píldoras, tome 1 píldora tan pronto como lo recuerde. Luego tome la siguiente píldora a la hora programada. Quizás tenga que tomar 2 píldoras el mismo día.

Si se le olvida tomar 3 píldoras, 3 días seguidos, tome 1 píldora inmediatamente. Después tome 1 píldora cada día a la hora programada.

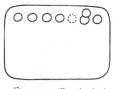

:: = pastilla olvidada
€€ = tome 2 pastillas

Si está usando un paquete de 28 pastillas, solamente tome las pastillas que contienen hormonas y deje las que tienen azúcar. Luego empiece a tomar las pastillas que contienen hormonas de otro paquete. Si está usando un paquete que tiene 21 pastillas, empiece uno nuevo en cuanto termine el que está usando actualmente. Use condones (o evite las relaciones sexuales) hasta que haya tomado la pastilla durante 7 días seguidos.

Si se le olvida tomar más de 3 píldoras, deje de tomar las píldoras hasta que haya venido la regla. Durante ese tiempo, use condones (o evite las relaciones sexuales). Luego, empiece un nuevo paquete.

El olvidar tomar las píldoras puede causar sangrado, parecido a una regla leve.

Si a usted le cuesta trabajo acordarse de tomar sus pastillas, vea

si le ayuda tomarlas a la hora de llevar a cabo algún quehacer, como preparar la comida al mediodía. O tome la pastilla a la hora de que el sol se ponga o antes de acostarse. Guarde el paquete en un lugar donde lo pueda ver todos los días. Si aun así, se olvida de tomar sus pastillas con frecuencia (más de una vez al mes), piense en usar otro método de planificación familiar.

Si vomita 3 horas o menos después de tomar su pastilla, o si tiene diarrea muy fuerte, la pastilla no permanecerá en su cuerpo el tiempo necesario para funcionar bien. Use condones o no tenga sexo hasta que esté bien y haya tomado una pastilla cada día, durante 7 días.

Cómo dejar de tomar la píldora

Si quiere cambiar de método de planificación familiar o si se quiere embarazar, deje de tomar las pastillas cuando se termine el paquete. Usted se puede embarazar en cuanto deje de tomar la píldora. La mayoría de las mujeres que dejan de tomar las pastillas porque quieren un bebé, logra embarazarse durante el primer año.

Las mini-píldoras o pastillas que sólo tienen progesterona

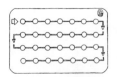

La mini-píldora es segura y efectiva cuando una mujer está dando pecho.

➤ *Si usted olvida una pastilla, use un método de barrera (o no tenga relaciones sexuales) por 7 días, Y SIGA tomando sus pastillas.*

Este tipo de píldora no contiene estrógeno. Por eso es más segura para las mujeres que no deben tomar pastillas combinadas (vea págs. 208 y 209) y para las mujeres que sufren de efectos secundarios cuando toman pastillas combinadas. Pero la mini-píldora es menos eficaz que las pastillas combinadas.

La mini-píldora es muy efectiva para la mayoría de las madres que están dando pecho, incluyendo las madres cuya leche todavía no fluye bien. Al igual que las pastillas combinadas, la mini-píldora generalmente se consigue en clínicas de planificación familiar, dispensarios, farmacias y por medio de los trabajadores de salud. Los nombres de algunas marcas aparecen en la pág. 518.

No deben tomar la mini-píldora las mujeres que tienen cualquiera de los problemas mencionados en la página 207 ni las mujeres que están tomando medicina para convulsiones. Esa medicina reduce la eficacia de la mini-píldora.

Efectos secundarios comunes de la mini-píldora:

- **pequeños sangrados irregulares**. Éste es el efecto secundario más común. Si se convierte en un problema, a veces éste se puede resolver tomando ibuprofen.
- **la regla no viene**. Esto es bastante común, pero si usted pasa 45 días sin sangrar, es posible que esté embarazada. Siga tomando sus pastillas hasta que pueda ver a un trabajador de salud para averiguar si está embarazada.
- **dolores de cabeza** de vez en cuando.

Cómo tomar la mini-píldora:

- Tome su primera pastilla el primer día de su regla.
- **Tome una pastilla a la misma hora cada día, aún en los días en que no tenga relaciones sexuales**. Si se le olvida tomar una pastilla, aunque sea por unas cuantas horas o un solo día, usted podría quedar embarazada.
- Cuando se termine un paquete, empiece el siguiente paquete el próximo día, aunque no haya tenido nada de sangrado. No se salte un día.

Si usted está dando pecho y su regla no le ha regresado, usted puede empezar a tomar la mini-píldora cualquier día. Es posible que la regla siga sin venirle. Eso es normal.

Qué hacer si se le olvida una mini-píldora:

Tómela en cuanto se dé cuenta. Tome la siguiente pastilla a la hora de costumbre, aunque termine tomando 2 pastillas en un día. Use un método de barrera con la píldora, o evite las relaciones sexuales durante 2 días. Puede que usted tenga sangrado si toma su pastilla más tarde de lo usual.

Cómo dejar de tomar la mini-píldora:

Usted puede dejar de tomar la mini-píldora en cualquier momento. Usted se puede embarazar al día siguiente de que deje de tomarla, así que asegúrese de usar algún otro método de planificación familiar de inmediato, si no quiere embarazarse. Si puede esperar hasta el fin de su ciclo antes de parar, su ciclo menstrual será más regular.

Los implantes

Los implantes son tubitos suaves y pequeños que se colocan bajo la piel en la parte interior del brazo de la mujer. Los tubitos contienen la hormona llamada progesterona y funcionan como las mini-píldoras. Evitan el embarazo durante 3 a 5 años, dependiendo de la marca.

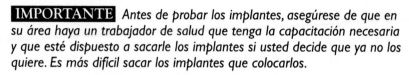

Cómo usar los implantes:

Un trabajador de salud capacitado hace un pequeño corte en la piel para colocar o sacar los implantes. Esto generalmente se lleva a cabo en una clínica o en un centro de planificación familiar.

IMPORTANTE *Antes de probar los implantes, asegúrese de que en su área haya un trabajador de salud que tenga la capacitación necesaria y que esté dispuesto a sacarle los implantes si usted decide que ya no los quiere. Es más difícil sacar los implantes que colocarlos.*

Los implantes pueden ser usados por mujeres que están dando pecho o que tienen problemas con el estrógeno. No deben usar implantes las mujeres que tienen cualquiera de las condiciones descritas en la página 207, las que tienen enfermedades del corazón, ni las que quieren embarazarse en unos cuantos años. Si usted está tomando medicinas para ataques (convulsiones), además de los implantes usted tendrá que usar otro método, como condones o un diafragma.

Efectos secundarios comunes de los implantes:

Durante los primeros meses, es posible que los implantes causen sangrado irregular (a mediados de su ciclo mensual), o que prolonguen la regla. O puede que hagan que la regla no baje. Eso no quiere decir que usted esté embarazada o que algo ande mal. Estos cambios desaparecerán a medida que su cuerpo se vaya acostumbrado a tener más progesterona. Si el sangrado irregular le causa problemas, puede que un trabajador de salud le recomiende que, además de los implantes, tome píldoras combinadas de dosis baja por unos cuantos meses.

Es posible que, de vez en cuando, usted también tenga dolores de cabeza y los mismos efectos secundarios que son comunes con las inyecciones que sólo contienen progesterona (vea la pág. 214).

Para dejar de usar los implantes:

Es posible sacar los implantes en cualquier momento—aunque puede ser difícil encontrar a un trabajador de salud que sepa cómo hacerlo. Después de que le saquen los implantes, usted se puede embarazar de inmediato, así que use otro método de planificación familiar si no se quiere embarazar.

➤ *Muchas mujeres quieren quitarse los implantes antes de que éstos pierdan su eficacia, porque les desagradan los efectos secundarios. El problema más común es el sangrado irregular.*

LAS INYECCIONES ANTICONCEPTIVAS

Este método consiste en que una persona con la capacitación apropiada le dé a la mujer inyecciones de hormonas de cada 1 a 3 meses, generalmente en un centro médico o en una clínica de planificación familiar. La protección dura hasta que sea tiempo de recibir la próxima inyección. Este método se puede usar sin que otras personas se den cuenta.

Inyecciones que sólo contienen progesterona

Hay inyecciones, como la *Depo Provera* y el *Noristerat,* que sólo contienen la hormona llamada progesterona. Éstas son especialmente buenas para las mujeres que no pueden usar estrógeno (vea págs. 208 y 209). Se dan de cada 2 a 3 meses.

No deben empezar a recibir las inyecciones de pura progesterona las mujeres que tienen cualquiera de las condiciones mencionadas en la página 207, las que no pueden recibir inyecciones con regularidad, o las que se quieren embarazar antes de que pase un año.

Efectos secundarios comunes de las inyecciones de pura progesterona:

Debido a las grandes cantidades de progesterona que reciben con cada inyección, las mujeres tienen más cambios de la regla durante los primeros meses que con cualquier otro método de hormonas.

Éstos son otros efectos secundarios comunes:

➤ *Las inyecciones que sólo contienen progesterona casi siempre causan cambios de la regla. Puede que usted tenga sangrado ligero todos los días o de vez en cuando. Usted probablemente dejará de tener la regla antes de que pase un año. Estos cambios son normales.*

- **Hay sangrado irregular.** Si esto es un problema, un trabajador de salud le puede recetar 2 ciclos de pastillas anticonceptivas combinadas, de dosis baja, para que usted deje de tener sangrado irregular. Usted deberá tomar las pastillas al mismo tiempo que esté recibiendo las inyecciones. Por lo general, el sangrado irregular desaparecerá en unos cuantos meses.
- **La regla deja de venir.**
- **Hay aumento de peso.**

Inyecciones combinadas

Otras inyecciones, como el *Cyclofem* y la *Mesigyna,* contienen estrógeno y progesterona. Éste es un buen tipo de inyección para las mujeres que desean tener la regla como de costumbre. Las inyecciones combinadas se dan cada mes, son más caras que las inyecciones de pura progesterona, y son más difíciles de conseguir.

Las mujeres que no deben tomar pastillas combinadas o recibir inyecciones de pura progesterona, tampoco deben recibir inyecciones combinadas. No empiece con las inyecciones combinadas mientras esté dando pecho hasta que le fluya bien la leche. Normalmente tarda 3 semanas.

Efectos secundarios comunes de las inyecciones combinadas

Como estas inyecciones contienen las mismas hormonas que las pastillas combinadas, tienen también los mismos efectos secundarios (vea pág. 209).

Cómo usar las inyecciones anticonceptivas:

Lo mejor es que usted reciba su primera inyección cuando tenga la regla. Así es menos probable que esté embarazada. Usted puede empezar a recibir las inyecciones de pura progesterona en cualquier momento si está dando pecho y su regla aún no le ha regresado.

La inyección le dará a usted protección inmediata si la recibe menos de 5 días después de que le haya comenzado la regla. Si usted recibió la inyección 6 días o más después de que le haya empezado la regla, deberá usar condones o no tener relaciones sexuales durante los próximos 7 días.

Usted necesitará recibir una inyección cada 1, 2 ó 3 meses, dependiendo del tipo que esté usando:

- *Depo Provera:* cada 3 meses
- *Noristerat:* cada 2 meses
- *Cyclofem* y *Mesigyna:* cada mes

Trate de recibir sus inyecciones a tiempo. Entre más espere, menos protección tendrá. Si se atrasa al ponerse la inyección, evite las relaciones sexual durante 7 días después de ponérsela.

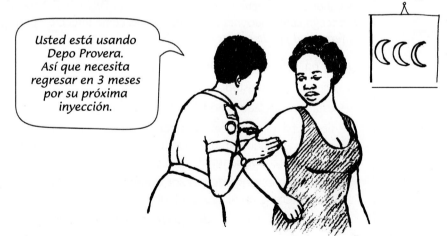

Usted está usando Depo Provera. Así que necesita regresar en 3 meses por su próxima inyección.

Para dejar de usar las inyecciones:

Usted puede dejar de recibir las inyecciones cuando quiera. Si usted desea embarazarse, sepa que podría tardarse un año o más en lograrlo. Su regla podría tardarse lo mismo en normalizarse, pero también podría regresarle antes. Así que si no desea embarazarse de inmediato, use otro método de planificación familiar hasta que esté lista.

Dispositivos Intra-Uterinos

(Aparatos que se colocan dentro de la matriz)

EL DIU (el 'aparato')

El DIU es un pequeño objeto o aparato que un trabajador de salud o una partera con capacitación especial mete en la matriz. Una vez que está en la matriz, el aparato evita que un huevo se desarrolle allí. El aparato puede permanecer en la matriz hasta por 10 a 12 años (dependiendo del tipo de aparato que sea), antes de que sea necesario sacarlo y reemplazarlo por uno nuevo. Un DIU puede ser usado sin que el hombre lo sepa (aunque a veces el hombre puede sentir los hilos).

Los DIUs más comunes están hechos de plástico o de plástico y cobre.

El DIU con progesterona *(Mirena, LNG)*

Este tipo de DIU también contiene la hormona llamada progesterona y se consigue en algunos países. La progesterona disminuye el dolor y el sangrado que algunas mujeres tienen cuando usan un DIU. Da protección contra el embarazo por 5 años.

261
infecciones de transmisión sexual

IMPORTANTE *Los DIUs no dan protección contra las infecciones de transmisión sexual, incluyendo el virus que causa el SIDA. No sólo eso; si una mujer tiene una infección sexual, el DIU puede hacer que ella tenga complicaciones más graves, tales como infección pélvica. Esa enfermedad puede causar infertilidad.*

Quién no debe usar un DIU:

➤ *Las mujeres que están dando pecho pueden usar un DIU con seguridad.*

No use un DIU si usted...

- está embarazada o podría estar embarazada.
- tiene una infección sexual o corre el riesgo de contraer una. (Eso incluye a cualquier mujer que tiene más de un compañero, o cuyo compañero podría tener otras parejas sexuales.)
- tiene mucho sangrado y dolor durante la regla (el DIU con progesterona puede ser preferible).
- está muy *anémica* (el DIU con progesterona puede ser preferible).

➤ *No use un DIU si no tiene forma de ir a un centro médico o a una clínica donde puedan sacarle el DIU de ser necesario.*

Espere por lo menos 3 meses antes de usar un DIU si ha tenido alguna infección en las trompas o en la matriz, un infección después del parto o después de tener un aborto.

Efectos secundarios comunes:

Usted puede tener algo de sangrado ligero la primera semana después de ponerse el aparato. Algunas mujeres también tienen reglas más largas, más pesadas y más dolorosas, pero generalmente sólo durante los primeros 3 meses.

Cómo usar el DIU

Un DIU debe ser colocado por un trabajador de salud que tenga capacitación especial, después de que él o ella haya hecho un examen pélvico. El mejor momento de colocar el aparato es durante la regla. Después del parto, es mejor colocar un DIU después de que hayan pasado 6 semanas. Así la matriz habrá tenido tiempo de recobrar su tamaño y su forma normales.

De vez en cuando, un aparato se sale de su lugar. Cuando eso sucede, ya no sirve para evitar el embarazo. Por lo tanto, es importante que usted aprenda a revisarse su aparato para poder asegurarse de que esté en su lugar. La mayoría de los aparatos tienen pegados 2 hilos que cuelgan por la vagina. Usted debe revisar esos hilos después de cada regla, para asegurarse de que el aparato siga en su lugar.

Cómo revisar los hilos del DIU

1. Lávese las manos.

2. Acuclíllese y meta does dedos lo más hondo que pueda en la vagina. Encuentre los hilos del aparato pero **no los jale.**

3. Saque los dedos y vuelva a lavarse las manos.

Señas de problemas relacionados con un DIU:

La infección pélvica es el problema más grave que puede resultar del uso de un DIU. La mayoría de las infecciones se dan en los primeros 3 meses, generalmente porque la mujer ya tenía una infección cuando se le colocó el aparato. La infección también se puede deber a que el trabajador de salud no haya colocado el DIU bajo condiciones limpias.

Acuda a un trabajador de salud que tenga capacitación especial para colocar DIUs y para tratar complicaciones, o vaya a un hospital de inmediato, si tiene cualquiera de las siguientes señas:

- Su regla está retrasada.
- Usted tiene dolor en la parte baja de la barriga o dolor durante las relaciones sexuales.
- Usted tiene mucho desecho o desecho maloliente de la vagina.
- Usted no se siente bien, o tiene fiebre (calentura) o escalofríos.
- Usted no puede encontrar el hilo del aparato, o el hilo está más corto o más largo que de costumbre.
- Su compañero puede sentir el aparato (no sólo los hilos) durante las relaciones sexuales.

Para dejar de usar un DIU:

Cuando usted quiera dejar de usar el aparato, tendrá que ir a que se lo saque un trabajador de salud capacitado. Nunca trate de sacarse un aparato usted misma.

Usted podrá embarazarse en cuanto ya no tenga puesto el aparato.

Métodos naturales de planificación familiar

Hay 3 métodos para evitar el embarazo que no requieren de dispositivos o sustancias químicas o medicinas. Estos métodos son:

- el dar pecho durante los primeros 6 meses
- el método del moco
- el método de días fijos

IMPORTANTE *Los métodos naturales de planificación familiar no proporcionan protección contra las infecciones de transmisión sexual, incluyendo el virus que causa el SIDA. Si usted usa cualquiera de los métodos naturales que mencionamos en estas páginas, usted aún tiene que pensar en formas de protegerse de esas enfermedades.*

DANDO PECHO DURANTE LOS PRIMEROS 6 MESES

Bajo ciertas condiciones, el dar pecho puede evitar que los ovarios suelten un huevo. Este método no cuesta nada, pero su eficacia disminuye después de los primeros 6 meses de vida del bebé.

Cómo usar la leche de pecho para evitar el embarazo:

Dar de mamar es un método eficaz de planificación familiar sólo cuando estas 3 condiciones (que deben darse juntas) existen:

1. Su bebé tiene menos de 6 meses de edad y

2. usted no ha tenido la regla desde que dio a luz y

3. usted sólo le está dando leche de pecho a su bebé y lo alimenta siempre que él tiene hambre—sin que pasen más de 6 horas entre cada vez que lo alimenta—ya sea de día o de noche. Su bebé no duerme toda la noche sin despertarse para comer.

Use otro método de planificación familiar que sea seguro en cuanto suceda cualquiera de estas cosas:

- su bebé cumple más de 6 meses o
- a usted le empieza a bajar la regla o
- su bebé empieza a tomar otros tipos de leche o alimentos, o empieza a dormir por más de 6 horas en la noche o
- usted tiene que estar alejada de su bebé por más de 6 horas y no tiene manera de sacarse la leche de los pechos durante esas horas.

EL MÉTODO DEL MOCO Y EL MÉTODO DE DÍAS FIJOS

Para usar uno u otro de estos métodos, usted necesita entender en qué parte de su ciclo mensual usted está fértil. Para evitar el embarazo, usted y su compañero no deben tener relaciones sexuales, o deben usar un método de barrera, durante sus días fértiles.

métodos de barrera

Como estos métodos no cuestan nada y no tienen efectos secundarios, pueden ser usados por las mujeres que no quieren usar otros métodos o cuando otros métodos no están disponibles.

sexo sin penetración

Para poder usar estos métodos con mayor eficacia, tanto usted como su compañero deben acudir a un trabajador de salud que tenga capacitación especial y pueda darles más información acerca de sus cuerpos y acerca de la fertilidad. Generalmente se requiere como de 3 a 6 meses de práctica para aprender a usar estos métodos.

Los métodos naturales de planificación familiar no son tan eficaces si...

Ya estoy cansado de esperar!

- usted no tiene mucho control sobre cuándo tener relaciones sexuales. Durante sus días fértiles, su compañero tiene que estar dispuesto a esperar y no tener relaciones sexuales o a usar condones u otro método de barrera.
- las señas de su fertilidad cambian de un mes a otro. Usted no podrá saber cuándo está fértil.
- usted acaba de tener un bebé o de perder un embarazo. En esas circunstancias es difícil saber cuándo se está fértil.

Lo que debe saber acerca del ciclo de la fertilidad de la mujer:

- La mujer produce un huevo cada mes.
- El huevo sale de uno de los ovarios como 14 días antes de la próxima regla.
- El huevo sobrevive como por 24 horas (1 día y 1 noche) después de salir del ovario.

la regla

- Las semillas del hombre pueden sobrevivir hasta 2 días dentro del cuerpo de la mujer.

Para aumentar la eficacia de todos los métodos naturales de planificación familiar:
- Sólo tenga relaciones sexuales en los días que caen entre el final de su temporada de fertilidad y su próxima regla.
- Use el método del moco y el método de días fijos al mismo tiempo.
- Siempre que no esté segura si está fértil, use condones o no tenga relaciones sexuales.

El método del moco

Para usar este método, usted tiene que prestarle mucha atención al moco de su vagina. Durante sus días fértiles, su cuerpo produce un moco húmedo que ayuda a los espermas a entrar en la matriz. Así que, si usted se revisa el moco todos los días, se dará cuenta de cuándo está fértil. Entonces podrá evitar tener relaciones sexuales en esa temporada.

Cómo saber cuándo está fértil:

1. Límpiese la vagina por fuera con un dedo o un pedacito de papel o de tela.

2. Si tiene moco, tome algo de él entre su pulgar y un dedo. ¿Cómo se siente? ¿Está húmedo y resbaloso? ¿Está seco y pegajoso?

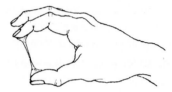

moco claro, húmedo y resbaloso = usted está fértil

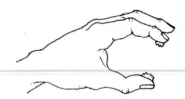

moco blanco, seco, pegajoso = no está fértil

Cómo usar el método del moco:

- No tenga relaciones sexuales en cualquier día en que vea o sienta moco claro y resbaloso. O, si quiere tener relaciones sexuales durante esos días, use condones o un diafragma **sin** espermicida (éstos son los únicos métodos que no cambian el moco).

- No tenga relaciones sexuales sino hasta 2 días después del último día en que haya tenido moco claro y resbaloso.

- No tenga relaciones sexuales mientras tenga la regla. Hay una pequeña posibilidad de que esté fértil, sin que pueda darse cuenta.

- Nunca se haga lavados de la vagina. Esto le quitará el moco.

- Si tiene dificultades para saber si está fértil, o si tiene una infección vaginal, use otro método.

El método de días fijos

Cuando una mujer usa el método de días fijos, se abstiene de tener relaciones sexuales todos los días en que pudiera ser fértil. Sólo pueden usar este método las mujeres que tienen ciclos regulares de 26 a 32 días. Eso quiere decir que entre el primer día de una regla y el primer día de la regla siguiente pasan por lo menos 26 días, pero no más de 32.

Este método generalmente les sirve a las mujeres que tienen ciclos regulares, es decir, más o menos el mismo número de días entre una regla y otra. Pero si un solo ciclo de la mujer cambia y se vuelve más corto o más largo, la mujer podría quedar embarazada fácilmente. Es frecuente que el ciclo de la mujer cambie cuando ella está enferma o tensa y angustiada. Por eso, es mejor que en esas situaciones, la mujer use otro método de planificación familiar hasta que ya esté mejor y su ciclo haya vuelto a la normalidad.

Cómo usar el método de días fijos

Para que el método funcione, la mujer no debe tener relaciones sexuales con coito (con el pene dentro de la vagina) desde el comienzo del día 8 de su ciclo hasta el final del día 19 de su ciclo. Si decide tener relaciones sexuales en ese período, deberá protegerse con otro método de planificación familiar.

La regla me bajó hace 8 días. Así que no podemos tener relaciones sexuales ni hoy, ni los próximos 10 días.

Más vale que me vaya a casa de mi hermana.

Las mujeres pueden usar cuentas, un cuadro o alguna otra cosa para recordar sus días fértiles. Haga un collar con 32 cuentas de 3 colores diferentes. Cada color representa una fase diferente del ciclo de la mujer.

6 cuentas azules muestran los días en que las relaciones sexuales con penetración generalmente no causarán un embarazo.

Otras 13 cuentas azules representan los demás días cuando las relaciones sexuales con penetración generalmente no causarán un embarazo.

Una cuenta roja representa el primer día de la regla.

12 cuentas blancas representan los días fértiles—cuando las relaciones sexuales con penetración sí pueden causar un embarazo.

La mujer pone un anillo o un hilito alrededor de la cuenta roja, el día que le baje la regla. Luego debe pasar el anillo a la siguiente cuenta cada día. Cuando el anillo esté en una de las cuentas blancas, le indicará a la mujer que podría embarazarse si tiene relaciones sexuales con penetración. El día que le vuelva a venir la regla, ella deberá regresar el anillo a la cuenta roja del principio.

Métodos caseros y tradicionales para evitar el embarazo

Cada comunidad tiene métodos tradicionales para evitar o ponerle fin al embarazo. Muchos de ellos pueden ser muy útiles para limitar el número de hijos de una pareja, aunque generalmente no son tan eficaces como los métodos modernos. Por otro lado, algunos métodos tradicionales no son nada eficaces e incluso pueden ser dañinos.

MÉTODOS TRADICIONALES QUE SÍ SIRVEN

El sacar el pene (coitus interruptus). Este método consiste en que el hombre saque pene de la vagina y lo aleje de los genitales de la mujer antes de eyacular. Aunque es mejor que no usar nada, este método no siempre da resultado. A veces el hombre no puede sacar el pene antes de eyacular. Además, aunque el hombre saque el pene a tiempo, puede que el pene gotee algo de líquido con espermas antes de que el hombre eyacule. Eso puede bastar para embarazar a la mujer.

El separar a la pareja después del parto. En muchas comunidades, las parejas no tienen relaciones sexuales por meses o años después del nacimiento de un bebé. Eso le da más tiempo a la madre para cuidar a su bebé y para recobrar su fuerza, sin tener que temer otro embarazo.

El sexo sin penetración. Hay formas de tener relaciones sexuales que no resultan en el embarazo. El sexo oral (boca en los genitales) y las caricias sexuales (tocar los genitales u otras partes del cuerpo) son algunas actividades sexuales que muchas parejas disfrutan. Existe poco riesgo de trasmitir el VIH y otras ITS. El sexo anal tampoco resulta en el embarazo, aunque es una manera en la que fácilmente se puede transmitir el VIH y otras ITS.

Evitar todo tipo de penetración (introducción del pene del hombre en la vagina de la mujer) es la forma más segura de prevenir el embarazo, aunque posiblemente sea difícil practicar esto durante un largo tiempo.

MÉTODOS TRADICIONALES QUE NO SIRVEN O QUE SON DAÑINOS

- Los agüeros y los hechizos no evitan el embarazo.
- El poner hierbas, vainas o excremento en la vagina puede causar irritación e infecciones.
- El lavarse la vagina con hierbas o polvos no evita el embarazo. Los espermas se mueven con mucha rapidez y algunos llegarán al interior de la matriz antes de que usted se haga el lavado.
- El orinar después de las relaciones sexuales no evita el embarazo. (Sin embargo, sí puede ayudar a evitar infecciones del sistema *urinario*.)

LA ESTERILIZACIÓN
(la operación para no tener más hijos)

Hay operaciones que hacen que sea casi imposible que el hombre o la mujer tengan hijos. Como estas operaciones son permanentes, sólo son una buena opción para los hombres o las mujeres que están seguros de que ya no quieren tener más hijos.

Para hacerse una de estas operaciones, es necesario ir a un centro médico o a un hospital. Las operaciones son rápidas y seguras, y no causan efectos secundarios.

La operación para el hombre (vasectomía)

Una vasectomía es una operación sencilla que consiste en cortar los tubos que llevan los espermas de los *testículos* al pene. No se cortan los testículos. Esta operación se puede hacer en cualquier centro médico que cuente con un trabajador de salud con la capacitación apropiada. Sólo toma unos cuantos minutos.

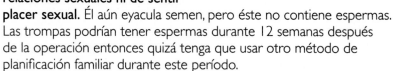

Las trompas del hombre se cortan:

aquí   *y aquí*

La operación no afecta la capacidad del hombre de tener relaciones sexuales ni de sentir placer sexual. Él aún eyacula semen, pero éste no contiene espermas. Las trompas podrían tener espermas durante 12 semanas después de la operación entonces quizá tenga que usar otro método de planificación familiar durante este período.

La operación para la mujer
(ligadura de trompas)

La ligadura de trompas es una operación un poquito más complicada que la vasectomía, pero aun así es muy segura. Toma como 30 minutos.

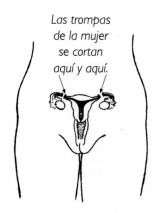

Las trompas de la mujer se cortan aquí y aquí.

Una promotora que haya recibido capacitación inserta una herramienta en la piel cerca del ombligo para cortar o hacer la ligadura de las trompas que llevan el óvulo a la matriz. **La operación no afecta la capacidad de la mujer de tener relaciones sexuales ni de sentir placer sexual.**

IMPORTANTE *La esterilización no proporciona protección contra las enfermedades sexuales, incluyendo el VIH. Así que usted tendrá que pensar en formas de protegerse contra esas enfermedades.*

Métodos permanentes

el cuerpo del hombre

Nuevos métodos de planificación familiar

Los siguientes métodos de planificación familiar ya están disponibles o están siendo desarrollados. Quizás sólo sea posible conseguirlos en algunos lugares y tal vez sean caros. Los incluimos aquí para que más mujeres sepan de ellos y los pidan. Así será más probable que se vuelvan más fáciles de conseguir y quizás también más baratos. Entre más métodos haya, mejor, pues entonces la probabilidad será mayor de que toda mujer interesada en planear su familia pueda encontrar un método que satisfaga sus necesidades.

El parche anticonceptivo es un pedazo delgado de plástico que se adhiere a la piel, donde suelta estrógeno y progesterona que son absorbidos por el cuerpo de la mujer. El parche se debe reemplazar con uno nuevo una vez a la semana por 3 semanas seguidas; durante la 4ª semana (la semana de su regla), no se ponga el parche. No debe usar el parche si tiene alguna de las condiciones descritas en las páginas 207 a 209. Puede causar los mismos efectos secundarios que la píldora.

Las pastillas anticonceptivas que se usan una vez a la semana cambian el equilibrio natural de estrógeno de la mujer, lo cual impide que el huevo fertilizado se prenda de la pared de la matriz. Estas nuevas pastillas son menos eficaces que las pastillas tradicionales que se toman a diario. Aún no se sabe mucho acerca de sus efectos secundarios.

Los anillos vaginales sueltan progesterona y estrógeno, o sólo progesterona, lentamente en la vagina de la mujer. Los anillos vaginales son de un solo tamaño y la mujer se los puede poner por sí misma. Duran de un mes a un año. La capacidad de la mujer de embarazarse regresa inmediatamente después de quitarse el anillo.

Cómo escoger el mejor método

El mejor método de planificación familiar es aquel que sea el más cómodo para usted. Pensar en su vida cotidiana, sus relaciones, preocupaciones, necesidades y deseos puede ayudarle a seleccionar el mejor método.

Sin importar el método que seleccione, es importante entender y seguir las instrucciones de cómo usarlo efectivamente. Aquí hay algunas maneras de pensar en los diferentes métodos basándose en sus necesidades personales.

Quiero que mi regla siga de la misma manera.

Quizás usted PREFIERA usar . . .
Métodos de barrera, el DIU

Probablemente deba EVITAR . . .
Métodos hormonales

No quiero tener la obligación de hacer algo todos los días.

Quizás usted PREFIERA usar . . .
Implantes, inyecciones, DIU

Probablemente deba EVITAR . . .
La píldora combinada, la mini-píldora, cualquier otro método natural

Mi compañero no quiere que utilice la planificación familiar.

Quizás usted PREFIERA usar . . .
Inyecciones, implantes, DIU

Probablemente deba EVITAR . . .
Métodos de barrera, píldoras, métodos naturales

Quiero poder tener relaciones sexuales cuando sea y sin interrupción.

Quizás usted PREFIERA usar . . .
El DIU, los métodos hormonales

Probablemente deba EVITAR . . .
Métodos de barrera, métodos naturales

Quiero tener un bebé en un año.

Quizás usted PREFIERA usar . . .
Cualquier método de barrera, la píldora combinada, la mini-píldora, cualquier método natural

Probablemente deba EVITAR . . .
Implantes, inyecciones, DIU, esterilización

Estoy dando de mamar a mi bebé.

Quizás usted PREFIERA usar . . .
Condones para hombres o para mujeres, el diafragma

Probablemente deba EVITAR . . .
Las píldoras combinadas, los implantes, las inyecciones hasta que su leche esté fluyendo bien. Normalmente tarda unas 3 semanas.

No quiero poner nada en mi vagina ni en mi matriz.

Quizás usted PREFIERA usar . . .
Métodos hormonales, condones para hombres, métodos naturales

Probablemente deba EVITAR . . .
El diafragma, los condones para mujeres, el DIU

No quiero tener más hijos.

Quizás usted PREFIERA usar . . .
Esterilización, implantes, inyecciones, DIU

Probablemente deba EVITAR . . .
Métodos naturales, métodos de barrera

Creo que mi compañero tiene relaciones sexuales con otras personas y podría infectarme de una ITS.

Quizás usted PREFIERA usar . . .
Condones para hombres o para mujeres

Probablemente deba EVITAR . . .
Cualquier método hormonal, cualquier método natural, el DIU, la esterilización

Mi esposo no quiere involucrarse en un método de planificación familiar.

Quizás usted PREFIERA usar . . .
Condones para mujeres, el diafragma, cualquier método hormonal, el DIU

Probablemente deba EVITAR . . .
Condones para hombres, planificación familiar natural

Métodos de planificación familiar de emergencia

➤ *Los métodos de planificación familiar de emergencia no deben tomar el lugar de otros métodos.*

Los métodos de emergencia sirven para que las mujeres puedan evitar el embarazo después de tener relaciones sexuales sin protección. Sólo son eficaces si se usan poco después de tener relaciones sexuales.

Los métodos de emergencia son seguros y eficaces. Sin embargo, no son tan eficaces como el uso consistente de los otros métodos de planificación familiar que discutimos en este capítulo. Además, pueden causar efectos secundarios desagradables.

Píldoras de emergencia

Las píldoras que se usan para la planificación familiar de emergencia son las mismas que algunas mujeres toman a diario. Pero en una emergencia, uno toma una dosis mucho más alta y por poco tiempo. Ahora existen pastillas especiales de emergencia que tienen una dosis alta en 1 ó 2 pastillas. Cualquiera de estas pastillas, hay que tomarlas en los primeros 5 días después de haber tenido relaciones sexuales sin protección. Para aumentar la probabilidad de evitar el embarazo, tome la pastilla cuanto antes después de haber tenido relaciones sexuales sin protección (vea la página 522). Si ya está embarazada, la pastilla de emergencia no terminaría el embarazo y tampoco causará defectos de nacimiento

Usted debe usar un método de planificación familiar de barrera (como condones) o no tener relaciones sexuales hasta que le venga su próxima regla. Después de su regla, usted puede usar cualquier método de planificación familiar que guste.

Su próxima regla debe darle como en 2 semanas. Si no le baja, es posible que usted se haya embarazado a pesar de usar las pastillas de emergencia. Usted debe seguir usando un método de barrera hasta que esté segura.

Otros métodos de emergencia

DIU (Dispositivo Intra-Uterino). Un DIU de T-Cobre también puede impedir que el huevo se prenda de la pared de la matriz.

• Un trabajador de salud con capacitación especial necesita colocar el DIU 5 días o menos después de que usted haya tenido relaciones sexuales sin protección. Usted puede dejarse puesto el aparato y seguir protegida contra el embarazo, hasta por 10 ó 12 años. O puede pedir que le remuevan el DIU después de su próximo ciclo menstrual cuando pueda asegurarse que no está embarazada. No pida que le coloquen un aparato si usted corre el riesgo de tener una infección sexual.

216

DIU

263

cómo saber si usted corre el riesgo de tener una infección sexual

A veces, a una mujer le gustaría tener embarazos menos seguidos o tener sólo cierto número de hijos, pero ella no puede usar planificación familiar. Eso puede suceder porque...

- ella no puede conseguir información sobre diferentes métodos.
- ciertos métodos no son fáciles de conseguir o son muy caros.
- no hay servicios de planificación familiar o de salud femenina cerca de donde ella vive, o el trabajador de salud local no tiene la capacitación necesaria para proporcionar servicios de planificación familiar.
- las creencias religiosas prohiben el uso de planificación familiar.
- el esposo no está dispuesto a usar planificación familiar.

La lucha por el cambio

He aquí algunas cosas que la gente puede hacer para lograr que más mujeres en la comunidad puedan conseguir servicios de planificación familiar y para promover el uso de la planificación familiar:

- **Proporcionar información.** La información acerca de la planificación familiar debe estar disponible para todos: muchachos y muchachas, hombres y mujeres. Los programas educativos pueden dar a conocer los beneficios de la planificación familiar y ayudar a las parejas a escoger los métodos que más les convengan. Tal vez usted pueda dirigir pláticas con mujeres o parejas para hablar sobre las inquietudes y experiencias que cada quien tenga con relación a la planificación familiar. Durante esas pláticas, asegúrese de también dar información acerca de cómo prevenir el VIH y otras infecciones sexuales.

- **Ofrecer métodos de planificación familiar a bajo costo.** Consiga que un trabajador de salud local con capacitación para ofrecer servicios de planificación familiar abra una clínica para mujeres. Otra opción es conseguir que su clínica local ofrezca servicios de planificación familiar.

- **Capacitar a algunos promotores varones** para que puedan informar a otros hombres sobre la importancia y los beneficios de la planificación familiar. Ayude a los hombres a entender el papel que ellos juegan en la reproducción. Así entenderán también por qué deben compartir la responsabilidad por la planificación familiar. Trate de cambiar las actitudes machistas para que los hombres apoyen y usen la planificación familiar.

- **Hablar sobre lo que las creencias religiosas** locales dicen acerca de la planificación familiar y presentar nuevas perspectivas. Los métodos irán ganando más aceptación entre la gente si usted puede promover su uso tomando en cuenta y respetando las creencias religiosas de la gente.

Cuando usted hable sobre la planificación familiar en su comunidad, le ayudará recordar y recordarles a los demás que la planificación familiar no sólo es importante para mejorar la salud y el bienestar de la mujer, sino la salud y las condiciones de vida de **toda la gente** en la comunidad.

Capítulo 14

En este capítulo:

La infertilidad (Cuando no se puede tener un bebé)

La mayoría de los hombres y de las mujeres suponen que podrán tener hijos. La realidad es que **aproximadamente una de cada 10 parejas tiene dificultades para embarazarse.** Algunos hombres y mujeres no desean tener hijos. Sin embargo, para las parejas que esperan tener niños, la infertilidad puede causar tristeza, ira y desilusión.

Frecuentemente es a la mujer a quien se culpa cuando la pareja no tiene hijos. Sin embargo, en casi la mitad de los casos, es el hombre el que es infértil. Algunas veces, el hombre no cree que él tenga un problema, o que por lo menos parte del problema sea suyo. Quizás él se rehuse a hacerse un examen, o tal vez reaccione con ira. La mayoría de las veces eso sucede en las comunidades donde una de las formas de juzgar qué tan 'macho' es un hombre es en base al número de sus hijos. En esas comunidades, los hombres que no pueden tener hijos se sienten muy avergonzados.

La infertilidad puede tener muchas causas. Algunas de ellas son tratables, otras no. Este capítulo le ayudará a usted a entender la infertilidad y lo que se puede hacer al respecto.

➤ *Cuando una pareja no puede tener bebés, eso puede deberse a que el hombre, la mujer o ambos sufren de un problema de infertilidad. Éste es un problema del que pocas personas hablan.*

¿Qué es la infertilidad?

➤ *Hay ciertos hábitos, como el beber demasiado alcohol, fumar o masticar tabaco y usar drogas, que pueden afectar la fertilidad del hombre o de la mujer.*

Se considera que una pareja es infértil si no puede embarazarse después de tener relaciones sexuales varias veces al mes, durante un año, sin usar ningún método de *planificación familiar*. Es también posible que la pareja tenga un problema de infertilidad si la mujer ha tenido 3 o más *pérdidas* seguidas.

Un hombre o una mujer que ya haya tenido hijos también se puede volver infértil. El problema puede desarrollarse durante los años después de que haya nacido su último hijo. Algunas veces, el problema no es sólo del hombre o de la mujer, sino una combinación de los problemas de los dos. En otras ocasiones ambos parecen estar sanos y ningún doctor o examen puede encontrar la causa del problema.

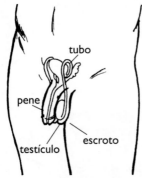

Fertilidad normal en los hombres

El esperma saludable es producido en los testículos e insertado en la vagina de la mujer cuando el hombre eyacula durante el sexo.

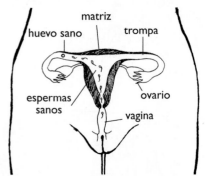

Fertilidad normal en las mujeres

Los espermas sanos nadan a través de la matriz hasta llegar al huevo sano.

¿Cuáles son las causas de la infertilidad?

LA INFERTILIDAD EN EL HOMBRE

Éstas son las causas principales de la infertilidad en el hombre:

1. **Él no produce suficientes *espermas*.** O, sus espermas no puedan llegar a las trompas de la mujer o no puedan fertilizar los huevos.

2. **Él tuvo *paperas* después de la *pubertad*** y esta enfermedad le dañó los *testículos*. El hombre aún puede tener un *orgasmo* (*eyacular*), pero el líquido que produce no contiene espermas.

3. **Los espermas no pueden salir del pene** porque hay cicatrices en los tubos causadas por *infecciones de transmisión sexual* que él antes tuvo o que actualmente tiene.

4. **Él tiene hinchadas las venas** en el *escroto* (varicocele).

5. **Él tiene problemas durante las relaciones sexuales porque:**
   • el *pene* no se le pone duro
   • el pene se le endurece pero no se mantiene duro durante el sexo.
   • él tiene un orgasmo demasiado pronto, antes de que el pene haya penetrado lo suficiente en la *vagina* de la mujer.

6. **Él tiene ciertas enfermedades,** como la *diabetes*, la *tuberculosis* y el *paludismo*, pueden afectar la fertilidad de un hombre.

LA INFERTILIDAD EN LA MUJER

Éstas son las causas principales de la infertilidad en la mujer:

1. **Ella tiene cicatrices en las *trompas* o dentro de la *matriz*.** Las cicatrices en las trompas pueden impedir que el huevo pase por la trompa o que el esperma nade hasta el huevo. Las cicatrices en la matriz pueden impedir que el huevo fertilizado se prenda de una de las paredes. A veces una mujer tiene cicatrices, pero no lo sabe porque no se siente enferma. Pero años más tarde, se da cuenta de que es infértil.

   Las cicatrices se pueden deber a...

   • una infección causada por una infección sexual que no haya recibido atención médica y que se haya extendido a la matriz o a las trompas (*infección pélvica*).

   • un *aborto* mal hecho, o problemas durante el parto que hayan causado daños o una *infección* en la matriz.

   • una infección que la mujer haya contraído cuando le pusieron un dispositivo intrauterino sin que todo estuviera absolutamente limpio.

   • problemas derivados de una operación de la vagina, la matriz, las trompas o los *ovarios*.

2. **La mujer no produce huevos (no ovula).** Esto puede deberse a que el cuerpo no produce una cantidad suficiente de las *hormonas* necesarias en el momento indicado. Es posible que ella tenga un problema de ovulación si el tiempo que pasa entre cada una de sus reglas es de menos de 25 días, o si es de más de 35 días.

   A veces una mujer no produce huevos si baja de peso muy rápidamente o si es demasiado gorda.

3. **Ella tiene tumores en la matriz (fibromas).** Los fibromas pueden impedir la *concepción* o hacer que sea difícil llevar a término el embarazo.

4. **Ciertas enfermedades,** como el VIH, la diabetes, la tuberculosis y el paludismo, pueden también dañar la fertilidad de una mujer.

➤ *La infertilidad causada por infecciones puede evitarse. Para mayor información, vea las páginas 274 y 279.*

Infertilidad en la mujer

1. trompa bloqueada

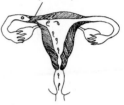

2. el ovario no produce un huevo

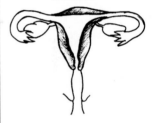

3. fibromas

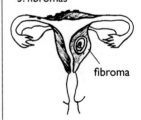

fibroma

La planificación familiar es segura

LA PLANIFICACIÓN FAMILIAR

Condón — Píldora

Espermicidas — Implantes

Diafragma — Inyecciones

Condón para la mujer — DIU

Dando pecho — Método del moco

Frecuentemente se culpa a los métodos de planificación familiar de causar infertilidad. Sin embargo, los métodos de planificación familiar (con excepción de la esterilización) no causan infertilidad, excepto en algunos casos cuando un dispositivo intrauterino no ha sido colocado correctamente y causa una infección en la matriz o en las trompas. Para mayor información, vea el capítulo sobre planificación familiar (pág. 197).

Peligros en el trabajo o en el hogar que pueden afectar la fertilidad

Los siguientes peligros pueden afectar la fertilidad de muchas formas, desde la producción de espermas y de huevos, hasta el nacimiento de un bebé sano.

- **La contaminación del aire, de los alimentos o del agua** causada por *plaguicidas* peligrosos o *sustancias químicas tóxicas* que se usan en las fábricas o en el campo.

Los plaguicidas y otras sustancias químicas pueden dañar los espermas de un hombre mientras él trabaja...

...y si la mujer lava la ropa del hombre, las sustancias químicas le llegan a ella.

- **Fumar o masticar tabaco, o beber alcohol o café.** Las mujeres que fuman o mastican tabaco, o que beben mucho alcohol o café tardan más tiempo en embarazarse y sufren de malpartos con mayor frecuencia. Los hombres que fuman o beben mucho alcohol o café, tienen menos espermas, y éstos muchas veces están dañados o muy débiles.

El trabajar en lugares muy calientes, como el estar sentado cerca del motor caliente de un camión por muchas horas, puede matar los espermas del hombre y causarle infertilidad.

- **Temperaturas altas.** Los espermas del hombre necesitan mantenerse a una temperatura fresca. Es por eso que los testículos cuelgan en el escroto fuera del cuerpo. Cuando los testículos se calientan demasiado pueden dejar de producir espermas sanos. Esto puede suceder, por ejemplo, si toma baños muy calientes, o si trabaja cerca de cosas calientes tales como calderas, hornos, o el motor caliente de un camión de carga que viaja a largas distancias—sobre todo si él maneja por muchas horas sin descansar. Una vez que los testículos se vuelven a refrescar, comienzan de nuevo a producir espermas sanos.

- **Medicinas.** Algunas medicinas pueden dañar la fertilidad. Lo mejor es que usted y su pareja no tomen ninguna medicina durante el tiempo en que estén tratando de embarazarse. Si necesitan tomar medicamentos debido a alguna enfermedad, hablen con un trabajador de salud y díganle que están tratando de embarazarse.

Si usted o su pareja sospechan que tienen un problema de infertilidad:

1. **Traten de tener relaciones sexuales durante el período de fertilidad de la mujer.** Aunque un hombre produce millones de espermas cada día, un mujer sana sólo expulsa un huevo al mes. Éste es el único período del mes (llamado período de fertilidad) en que ella puede embarazarse. Para la mayoría de las mujeres, el período de fertilidad comienza como 10 días después del primer día de la *regla* y dura más o menos 6 días.

   El cuerpo produce varias señas que le pueden indicar a la mujer cuándo está en su período de fertilidad. Las señas que se pueden revisar más fácilmente son los cambios en el *moco* de la vagina.

Cómo revisar el moco

Durante el período de fertilidad, el cérvix produce un moco que ayuda a los espermas a llegar a la matriz. Este moco es transparente y

R = regla
F = días de moco húmedo (fértil)
I = días de moco seco (infértil)

húmedo, como la clara de un huevo crudo, y puede estirarse entre los dedos. Más tarde, en otra etapa de su ciclo mensual, la mujer verá un moco seco o pegajoso. Este otro tipo de moco trata de impedir que los espermas lleguen a la matriz.

En la página 220 explicamos cómo revisar el moco de la vagina. Hay que anotar los cambios todos los días en una tabla. Durante la semana en que usted vea un moco húmedo, brillante y claro, trate de tener relaciones sexuales todos los días.

Cuando usted tenga relaciones sexuales, las mejores posiciones para hacer que los espermas lleguen cerca de la abertura de la matriz son:

- acostada de espaldas con el hombre sobre usted.
- acostada de lado

  Después de las relaciones sexuales, acuéstese boca arriba como por 20 minutos. Esto ayudará a los espermas a nadar hasta la matriz y encontrar el huevo.

Evitar ciertas cosas también puede ayudar:

- No use aceites o cremas durante las relaciones sexuales. Pueden matar a los espermas o impedir que lleguen al huevo.
- No se haga lavados vaginales. Los lavados vaginales antes o después de las relaciones sexuales pueden cambiar el moco dentro de la vagina, y hacer más difícil que vivan los espermas.
- Su compañero no deberá darse un baño caliente antes de tener relaciones sexuales. El calor en los testículos puede matar a los espermas.

➤ *Trate de no preocuparse si no se embaraza de inmediato. Muchas parejas se embarazan en menos de un año si siguen teniendo relaciones sexuales durante los períodos de fertilidad de la mujer.*

261
infecciones de
transmisión sexual

2. **Obtenga atención médica para cualquier problema de la salud.**
Tanto usted como su pareja deberán hacerse exámenes médicos y pruebas para averiguar si tienen una infección sexual u otra enfermedad. Si cualquiera de ustedes tiene una infección de transmisión sexual, ambos deberán recibir tratamiento. Asegúrense de terminarse todos los medicamentos que les den.

3. **Adquiera hábitos que promuevan su salud:**
   • Coma alimentos sanos. Si usted no tiene reglas regulares cada mes, y si está demasiado delgada o demasiado gorda, trate de aumentar o de bajar de peso.
   • Evite fumar o masticar tabaco, usar drogas o tomar bebidas alcohólicas.
   • Evite tomar *cafeína* en bebidas tales como el café, el té negro o los refrescos (gaseosas).
   • Descanse lo suficiente y haga ejercicio con regularidad.

mantenimiento
de la salud, 149

alimentación para
la buena salud, 165

4. **Consulte a un trabajador de salud si no se ha embarazado después de un año.** Hay ciertas pruebas sencillas que no cuestan mucho que podrían indicar cuál es el problema. Por ejemplo, se puede observar los espermas de su pareja bajo un *microscopio* para ver si están sanos. Puede que a usted le haga un *examen pélvico* para revisar si tiene infecciones o tumores en la vagina, la matriz o las trompas. O tal vez le enseñe cómo tomarse la *temperatura* cada mañana para revisar si sus ovarios están expulsando un huevo.

   Es importante recordar que estas pruebas sólo indican cuál es el problema—no lo resuelven. Con frecuencia, aún las medicinas y las operaciones más caras no pueden curar la infertilidad.

Pérdida del embarazo (malparto)

Para muchas parejas, el problema no es embarazarse, sino no perder los embarazos. Es común perder uno o aún dos embarazos. Puede ser la forma en la que el cuerpo acaba con un embarazo que es demasiado débil para sobrevivir.

Sin embargo, si usted ha perdido 3 o más embarazos, es posible que haya otro problema, como por ejemplo:
• los huevos o los espermas no están saludables.
• la forma de la matriz presenta problemas.
• hay fibromas (bultos) en la matriz.
• el equilibrio de *hormonas* en su cuerpo no es adecuado.
• hay una infección en la vagina o en la matriz.
• usted tiene alguna enfermedad, tal como el paludismo.
• hay sustancias químicas perjudiciales en el agua, la comunidad o donde trabaja.

274
infección pélvica

Éstas son las señas de advertencia de un malparto:

- el flujo de pequeñas cantidades de sangre de color café, rojo o rosado por la vagina.
- dolores o *cólicos*, sin importar qué tan leves sean.

Qué hacer cuando comiencen las señas:

Una vez que comienza un malparto, generalmente no hay mucho que pueda hacerse para evitarlo. Si usted está sangrando poco y no tiene dolor:

- acuéstese y descanse por 2 ó 3 días.
- no tenga relaciones sexuales.

Si el sangrado continúa o se vuelve abundante, o si usted tiene más de 4 meses de embarazo, acuda a un hospital y diga que está embarazada.

IMPORTANTE *Si usted se encuentra en los primeros 3 meses del embarazo y tiene dolores fuertes, siente como si se fuera a desmayar y tiene algo de sangrado, es posible que tenga un* **embarazo tubárico.** *Vaya de inmediato a un hospital. Es muy importante que diga en el hospital que está embarazada.*

Antes de que trate de embarazarse de nuevo:

- Siga las indicaciones en la página 234 acerca del tratamiento de problemas médicos y del desarrollo de hábitos sanos. Es de especial importancia que no tome cafeína, que no fume ni mastique tabaco, y que deje de beber bebidas alcohólicas y de usar drogas. Todos estos hábitos pueden contribuir a causar un malparto.
- Si sus malpartos siempre le suceden después de los primeros 3 meses del embarazo, es posible que usted tenga débil la abertura de la matriz. A veces esto puede remediarse si un doctor pone una pequeña atadura especial alrededor del *cérvix* para mantenerlo cerrado. Asegúrese de que el doctor tenga experiencia con este tratamiento. La atadura tendrá que quitarse en el momento del parto.

Si usted se embaraza:

- trate de no levantar objetos pesados.
- trate de no tener relaciones sexuales durante las primeras 6 a 8 semanas de su embarazo.
- descanse cuando pueda.

Las pérdidas de embarazos son comunes. Si le sucede a usted, eso no quiere decir que no pueda tener un embarazo sano la próxima vez.

➤ *Las pérdidas del embarazo ocurren con frecuencia, a pesar de que la mujer sea muy cuidadosa. No se culpe.*

67

el embarazo

Aceptando la infertilidad

relaciones de
ayuda mutua,
grupos de apoyo

La infertilidad puede hacer que la mujer o el hombre se sientan tristes, nerviosos, solos, frustrados o enojados.

Cuando eso sucede, es importante saber que uno no está solo. Trate usted de hablar con personas que la quieran. Tal vez usted y su compañero puedan encontrar a otras parejas con el mismo problema y puedan aprender a ayudarse mutuamente.

Los siguientes relatos describen cómo algunas personas han lidiado con la infertilidad.

Entiendo cómo te sientes. Yo tampoco he podido tener un hijo.

Adopción de un niño: La historia de Lina

Lina tenía 25 años y había estado casada 3 veces. Era muy infeliz porque cada uno de sus esposos se había divorciado de ella cuando no había podido embarazarse. En el pueblo, la gente hablaba de ella y la culpaba, diciendo que debió haber usado magia para evitar el embarazo antes de casarse, y que la magia había sido tan poderosa que la había hecho infértil.

Todas las hermanas de Lina tenían hijos y, a veces, Lina los cuidaba. La hermana mayor tenía tuberculosis y estaba muy enferma cuando dio a luz a sus gemelos. Lina le preguntó si podía adoptar a uno de los gemelos y su hermana aceptó. Lina fue a la clínica y le pidió al trabajador de salud que le ayudara a encontrar una forma de alimentar al bebé. El trabajador de salud le enseñó a Lina a alimentar al bebé con una taza e hizo arreglos para que una mujer sana que tenía a otro bebé amamantara al niño de día. Por la noche, Lina alimentaba al bebé usando una taza, con la leche de pecho que otra de sus hermanas le daba cada tarde.

Los amigos y los vecinos de Lina no estaban seguros de que su bebé estaría sano. Sin embargo, al ver que el bebé crecía fuerte, se alegraron y se sintieron orgullosos de Lina. De hecho, se llegó a considerar que Lina era un experta en criar bebés adoptados. Cuando una madre en el pueblo murió durante el parto, se le dio a Lina su bebé para que ella cuidara de él.

Los gemelos ya están grandes, y con frecuencia la gente dice que el que Lina adoptó es más alto y más fuerte que su hermano. Creen que esto se debe al cuidado cariñoso que Lina le proporcionó.

— *Bundoora, Australia*

Una vida sin hijos: la historia de Sara y Tito

Sara y Tito trataron por muchos años de tener hijos, pero no pudieron. Al principio, se sintieron muy tristes porque, en su comunidad, se esperaba que las parejas tuvieran todos los hijos que pudieran. Sin embargo, ellos decidieron dejar de pensar que sus vidas no estaban completas por no tener hijos y comenzaron a planear un futuro para sí mismos.

Decidieron iniciar un negocio y viajar de pueblo en pueblo, y de mercado en mercado, vendiendo ollas, cazos y otras mercancías. Si hubieran tenido hijos, hubiera sido muy difícil para ellos viajar de esta manera.

Ahora que Sara y Tito son ya mayores, la gente dice que se parecen, tanto en su apariencia como en sus actitudes. Se quieren mucho y comparten muchas alegrías y muchos amigos. No son abuelos como sus vecinos, pero tienen muchos relatos interesantes que contar. Toda la gente de su comunidad los respeta.

— *Lima, Perú*

Para ayudar a otras personas que tienen problemas de infertilidad:

- sea amable y compasiva. Ellos están pasando por un momento difícil, y necesitan apoyo y comprensión. No culpe a las parejas que no pueden tener hijos.

- enseñe a las parejas a valorarse y a respetarse mutuamente como compañeros.

- ayude a la pareja que no pueda tener hijos a buscar otras maneras de estar con niños o a aceptar su vida tal como es.

Los trabajadores de salud pueden también...

- dar información sobre los modos de adoptar niños.

- instruir a las personas acerca de las infecciones de transmisión sexual y las formas de evitarlas.

- asegurarse de que su clínica local pueda identificar y tratar las infecciones de transmisión sexual, y que tome en serio a las mujeres que se quejen de tener dolor *pélvico*. Con demasiada frecuencia, las mujeres son enviadas a casa sin que hayan recibido tratamiento, después de habérseles dicho que no estaban enfermas.

- explicar a las mujeres cuáles son las señas de las infecciones pélvicas y por qué es importante obtener tratamiento inmediato y completo.

- enseñar a los hombres y a las mujeres cuáles son las señas de las infecciones de transmisión sexual, y por qué es importante que ambos miembros de la pareja reciban tratamiento inmediato.

La lucha por el cambio

Los condones ayudan a evitar las infecciones de transmisión sexual que pueden causar infertilidad.

Existen muchas causas de la infertilidad, pero las infecciones de transmisión sexual son las causas más fáciles de evitar.

Capítulo 15

En este capítulo:

Aborto y complicaciones del aborto

Si los métodos de planificación familiar fallan, el aborto seguro y legal puede ser el último recurso para una mujer.

ABORTOS SEGUROS

ABORTOS PELIGROSOS

En este libro, usamos la palabra 'aborto' para describir un acto planeado que pone fin a un embarazo. Para describir la pérdida natural, no planeada de un embarazo usamos las palabras 'malparto' o 'pérdida'.

La decisión de hacerse un aborto siempre es difícil. Algunas religiones predican que el aborto es algo malo, así que en muchos países el aborto no es legal ni seguro. Pero una mujer puede tratar de obtener un aborto de cualquier forma por muchas razones:

- Ella ya tiene todos los hijos que puede cuidar.
- El embarazo sería una amenaza para su salud o para su vida.
- Ella no tiene a un compañero que pueda ayudarle a mantener al niño.
- Ella quiere completar su educación.
- Ella no quiere tener hijos.
- Ella se embarazó después de ser forzada a tener relaciones sexuales.
- Alguien la está forzando a tener un aborto.
- El niño nacerá con problemas graves (defectos de nacimiento).
- Ella tiene VIH o SIDA.

¿Por qué algunas mujeres se hacen abortos?

➤ *La falta de servicios de planificación familiar y de información acerca del sexo resultan en embarazos no deseados y en abortos.*

Los embarazos no planeados y no deseados pueden suceder cuando...

Yo no sabía que te podías embarazar la primera vez.

...la mujer y su compañero no saben cómo sucede el embarazo.

No puedes usar anticonceptivos hasta que tengas 18 años y estés casada.

...los trabajadores de salud piensan que algunas mujeres son demasiado jóvenes para usar métodos de planificación familiar.

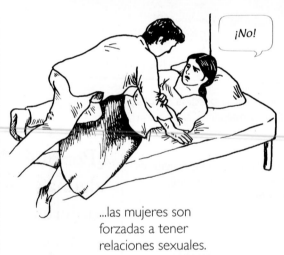

¡No!

...las mujeres son forzadas a tener relaciones sexuales.

...los métodos de planificación familiar no están disponibles, no se usan correctamente o fallan.

Métodos de emergencia para evitar el embarazo

Una mujer que ha tenido relaciones sexuales sin protección en los últimos 3 días quizás pueda evitar embarazarse si actúa rápidamente (vea pág. 226).

Hacerse un aborto bajo condiciones seguras es menos riesgoso que tener un bebé.

Un aborto es muy seguro cuando...

- está hecho por alguien que tiene capacitación y experiencia.
- se hace con los instrumentos apropiados.
- se hace en condiciones muy limpias. Cualquier cosa que entre en la *vagina* o en la *matriz* debe estar estéril (no tener *microbios*).
- se hace hasta 3 meses (12 semanas) después de la última *regla*.

Un aborto es peligroso cuando...

- lo hace alguien que no tiene la capacitación apropiada.
- se hace con los instrumentos o con las medicinas equivocadas.
- se hace en condiciones sucias.
- se hace después de los primeros 3 meses (12 semanas) del embarazo—a menos que se haga en un centro médico u hospital que tenga equipo especial.

MUERTES DEBIDAS A ABORTOS PELIGROSOS

Cada año, se hacen 46 millones de abortos por el mundo entero. Las mujeres sobreviven a la mayoría de ellos, aunque sean ilegales. Pero los abortos peligrosos pueden causar la muerte, o complicaciones como *infecciones*, dolor *crónico* e *infertilidad*.

Las mujeres siempre han tratado de encontrar formas de acabar con un embarazo cuando están desesperadas. **No use los siguientes métodos. Son muy peligrosos.**

- **No** se meta objetos filosos como palos, alambres o tubos de plástico en la vagina o en la matriz. Pueden desgarrar la matriz y producir una infección o un sangrado peligrosos.
- **No** se ponga hierbas o plantas en la vagina o en la matriz. Éstas pueden quemar o irritar la piel mucho y causar daño, sangrado o una infección.
- **No** se ponga sustancias como cloro, lejía, cenizas, jabón o queroseno en la vagina o en la matriz. Tampoco beba estas sustancias.
- **No** use medicinas o remedios caseros en grandes cantidades para provocarse un aborto (ya sea que los tome o se los ponga en la vagina). Por ejemplo, tomar una cantidad grande de las medicinas para el *paludismo* (cloroquina) o para detener el sangrado después del parto (ergometrina, oxitocina) podría matarla antes de provocarle un aborto.
- **No** se golpee el abdomen ni se tire por unas escaleras. Esto podría causarle heridas y sangrado dentro del cuerpo, y no necesariamente un aborto.

IMPORTANTE *Nunca se meta usted nada en la matriz, ni permita que lo haga una persona no capacitada. Esto podría causarle la muerte.*

Abortos seguros y abortos peligrosos

De cada 100.000 mujeres que se hagan un aborto bajo condiciones seguras, sólo una morirá.

Pero de cada 100.000 mujeres que se hagan un aborto bajo condiciones peligrosas, entre 100 y 1000 morirán.

➤ *Evite tener que hacerse un aborto peligroso. Si no quiere embarazarse use métodos eficaces de planificación familiar.*

EL ACCESO A UN ABORTO SEGURO

Cuando a una mujer se le plantee un embarazo no deseado, ella debe poder obtener un aborto seguro y legal. Pero las leyes sobre el aborto varían de un país a otro.

Aborto legal. Si el aborto es legal, una mujer puede ir a un centro médico o a un hospital, hacer un pago y hacerse un aborto seguro. En los países donde eso es cierto, casi ninguna mujer se enferma o muere debido a las complicaciones de un aborto.

Aborto legal en ciertos casos. En algunos países, el aborto sólo es legal en ciertas situaciones, como por ejemplo:

- cuando una mujer se embaraza como resultado de una *violación* o del incesto (relaciones sexuales con un pariente cercano).
- si un doctor declara que el embarazo amenazaría la salud de la mujer.

Pero un aborto muchas veces es difícil de conseguir, incluso en esas situaciones. Puede que los doctores y otros trabajadores de salud no estén seguros de lo que dicen las leyes. Puede que no estén dispuestos a hacer abortos abiertamente, o puede que cobren mucho por ellos. Tal vez las mujeres mismas no sepan si el aborto es legal o está disponible en su país.

Aborto ilegal. Si el aborto no es legal, tanto las personas que los realizan como las mujeres que los obtienen pueden ser detenidas. **En la mayoría de los lugares, eso no sucede.** Sin embargo, donde el aborto es ilegal, más mujeres mueren a causa de abortos y embarazos peligrosos. El dinero que podría usarse para ofrecer servicios médicos a las mujeres se usa en vez de eso para tratar las *complicaciones* de los abortos mal hechos.

Nunca suponga que el aborto es ilegal. Trate de averiguar lo que dicen las leyes de su país. En el corto plazo, puede ser más fácil circumvenir las leyes que tratar de cambiarlas. Aunque el aborto sea ilegal, puede que haya personas que proporcionen abortos seguros. Su vida podría depender de la posibilidad de obtener un aborto seguro.

➤ *Aunque el aborto sea ilegal, una mujer debe poder obtener atención médica para las complicaciones del aborto. Muchas veces es difícil diferenciar entre un aborto y una pérdida natural, a menos que algo que se haya usado para el aborto haya quedado dentro de la matriz.*

Otras barreras al aborto seguro

Puede ser difícil conseguir un aborto seguro, aun en lugares donde el aborto sea legal. Quizás el aborto sea muy caro o sólo se consiga en lugares alejados. O tal vez sea necesario seguir reglas confusas o llenar papeles difíciles de entender.

Por estas razones, el obtener un aborto seguro puede ser particularmente difícil para las mujeres que son pobres o que no están acostumbradas al sistema médico. Por desgracia, en muchos lugares, las únicas mujeres que pueden obtener un aborto seguro fácilmente son aquéllas que pueden pagar por un médico privado.

Si no tiene dinero, no le podemos ayudar.

Pero por favor, ¡NECESITO un aborto!

Varias cosas le ayudarán a decidir si debe hacerse un aborto o no. ¿Puede usted obtener un aborto seguro en su área? ¿Cómo se verá afectada su vida por un aborto, o por un bebé?

Tal vez le sea útil pensar en las siguientes preguntas:

- ¿Podrá usted cuidar a un bebé? ¿Tiene usted suficiente dinero para criar a un niño?

- ¿Representa el embarazo un peligro para su salud?

- ¿Tiene usted un marido o un compañero que pueda ayudarle a mantener a su niño? ¿Puede usted hablar con él sobre esta decisión?

- ¿Se opone su familia o su religión al aborto? De ser así, ¿cómo se sentirá usted si se hace un aborto?

- ¿Cómo se llevará a cabo el aborto? (Vea la pág. 248.)

- ¿Por cuánto tiempo ha estado usted embarazada?

- ¿Podría usted tener una infección de transmisión sexual o VIH? Usted puede correr un mayor riesgo de tener una infección si usted es joven, soltera y tiene un nuevo compañero, o si tiene señas de una infección de ese tipo. Si usted piensa que corre el riesgo de tener una infección de transmisión sexual, vea la página 263. Puede que usted necesite recibir tratamiento antes del aborto.

- ¿Qué complicaciones (problemas) podría usted tener a causa del aborto? (Vea págs. 251 a 258.) Si usted tiene VIH o SIDA, puede aumentar el riesgo de un aborto no seguro.

- ¿Dónde puede usted obtener atención de emergencia si sufre de complicaciones? ¿Cómo llegará allí?

La información de las siguientes 4 páginas podría ayudarle a usted a averiguar si en su comunidad hay alguien que realice abortos usando métodos seguros.

El decidir si hacerse un aborto o no

➤ *Si no es posible conseguir un aborto seguro, tal vez otra persona pueda criar a su bebé, si eso es aceptable en su comunidad y usted está de acuerdo.*

infección de transmisión sexual

Yo seré tu amiga decidas lo que decidas.

Si usted está ayudando a alguien a decidir si debe hacerse un aborto:

Ella necesita consejos respetuosos y apoyo amigable. No le diga a nadie más lo que ella decida, a menos que ella se lo pida.

Métodos seguros para realizar un aborto

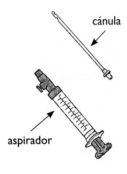

cánula

aspirador

Un trabajador de salud capacitado puede sacar un embarazo de la matriz de una de las siguientes maneras:

Aborto mediante succión (aspiración al vacío)

Para sacar un embarazo mediante succión se usa un tubo especial (cánula) que se mete en la matriz a través de la vagina y del *cérvix*. Esto se puede hacer sin dormir a la mujer, aunque a veces se inyecta medicina en el cérvix para que la mujer sienta menos dolor. Cuando la aspiración al vacío se hace a mano (aspiración manual al vacío), el embarazo se saca usando una jeringa especial. En los demás casos se usa una maquinita eléctrica.

La aspiración al vacío es sencilla y segura, y sólo toma entre 5 y 10 minutos. Generalmente se lleva a cabo en una clínica o en un consultorio médico. Este tipo de aborto se hace con la mayor facilidad durante las primeras 12 semanas (3 meses) del embarazo. Después de 12 semanas, solamente se debe provocar un aborto mediante succión si la mujer corre un alto riesgo y no existe otra forma de ayudarla. La aspiración al vacío causa menos complicaciones que la dilatación y el curetaje (que se describe más adelante).

En algunos lugares, la aspiración manual al vacío se lleva a cabo para hacer que baje una regla que se haya atrasado. Puede que la mujer ni siquiera sepa que está embarazada—sólo que la regla no le ha venido. Esto se llama regulación de la regla. El aborto mediante succión también se usa para tratar el sangrado provocado por un aborto parcial o un aborto espontáneo (pérdida). (Para más información sobre el aborto mediante succión, vea *Un libro para parteras*, publicado por Hesperian.)

Aborto mediante raspado (dilatación y curetaje o D y C)

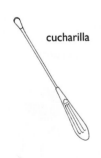

cucharilla

El embarazo se saca raspándolo con una cucharilla, un pequeño instrumento especialmente diseñado para este uso. Una cucharilla es más grande que una cánula, y como es filosa, primero es necesario estirar el cérvix para abrirlo. Eso puede causar algo de dolor.

El raspado es un poco más tardado (de 15 a 20 minutos) que la aspiración, es más doloroso y más caro. Generalmente se hace en una sala de operaciones y a la mujer se le da medicina para dormirla.

Aborto provocado con medicina (aborto médico)

Los doctores y otros trabajadores de salud ahora están usando ciertas medicinas para provocar el aborto. Estas medicinas hacen que la matriz se contraiga y expulse el embarazo. Las medicinas pueden tragarse o disolverse en la boca. Si se usa la medicina correcta, un aborto de este tipo puede ser muy seguro y eficaz. Dado que no se inserta nada en la matriz, hay menos peligro de una infección, la cual mata a muchas mujeres que tienen abortos no seguros.

Antes de usar una medicina para aborto

- Conozca el nombre y la dosis correcta de la medicina o medicinas que usará. Nunca use una medicina si no está segura sobre cómo usarla. Si es una opción segura, platique con una promotora de salud de su confianza antes de tomar las medicinas.

- Usar medicinas para el aborto es más efectivo antes de las 9 semanas de embarazo (63 días). Empiece a contar después del primer día de su última regla. Puede usar un aborto médico hasta las 12 semanas de embarazo, pero las pastillas serán un poquito menos efectivas y podría sufrir efectos secundarios, por ejemplo sangrado más fuerte, dolor fuerte o nauseas.

> ➤ *Para instrucciones completas sobre cómo tomar medicinas para el aborto, vea la página 508.*

IMPORTANTE *Asegúrese de estar a una hora o menos de distancia de una clínica* donde la puedan atender por un aborto espontáneo en el caso que esté sangrando mucho, especialmente si tiene más de 9 semanas de embarazo. El sangrado y el dolor de un aborto médico son muy similares a los que sufriría en un aborto espontáneo y es difícil para el médico saber la diferencia.

Medicinas utilizadas para el aborto

La **mifepristona** está disponible en algunos países donde el aborto es legal. Pero en muchos países no está disponible. Es una pastilla tragable.

El **misoprostol** se usa en casos de úlceras en el estómago y es fácil de conseguir en muchos países. Se puede usar solo para provocar un aborto, aunque es más efectivo y hay menos efectos secundarios cuando se combina con mifepristona (vea página 508), especialmente después de las 9 semanas.

> ➤ *Si no tiene acceso a un aborto seguro, busque apoyo en el sitio de Internet www.womenonweb. org/index.php?lang=es. Posiblemente le puedan ayudar.*

Qué pasa cuando toma las pastillas

La mifepristona y el misoprostol juntos: usualmente provocan la expulsión del embarazo en 4 a 6 horas. Los dolores (a veces muy fuertes) y sangrado fuerte con coágulos pueden empezar 30 minutos después de haber tomado la mifepristona. El sangrado es muy fuerte en las primeras 4 a 6 horas después de haber tomado el misoprostol. El sangrado dura aproximadamente 2 semanas, pero es más ligero después de 1 semana.

Misoprostol solo: usualmente provoca la expulsión del embarazo en 4 a 12 horas.

Las señas del embarazo (vea página 67) usualmente desaparecen después de 48 horas. Si sigue sintiendo que está embarazada, visite una clínica u hospital. Existe un pequeño riesgo de defectos de nacimiento si sigue con el embarazo.

Señas de peligro después de un aborto médico

- Mucho sangrado de la vagina—si está empapando más de 2 toallas sanitarias en un periodo de 1 a 2 horas. **Visite una clínica o un hospital inmediatamente.**

- Fiebre que inicia un día después de la última dosis de misoprostol y dura varios días puede indicar una infección (aunque es raro como resultado de un aborto médico). Hable con una trabajadora de salud.

> ➤ *Vea también 'Complicaciones del aborto', página 251.*

Cómo saber si un aborto será seguro

No siempre es fácil saber si un aborto será seguro. Trate de ir al lugar donde el aborto se llevará a cabo, o hágale a alguien que haya estado allí las siguientes preguntas:

- **¿Ha oído usted de mujeres que se han enfermado o que han muerto por hacerse un aborto allí?** De ser así, vaya a otro lado.

- **¿Quién hará el aborto y qué tan capaz es esa persona?** Tanto los doctores, como algunas enfermeras, trabajadoras de salud y parteras pueden hacer abortos. Sin embargo, puede ser peligroso dejar que le haga un aborto alguien que no ha recibido la capacitación necesaria para usar métodos seguros y para evitar infecciones.

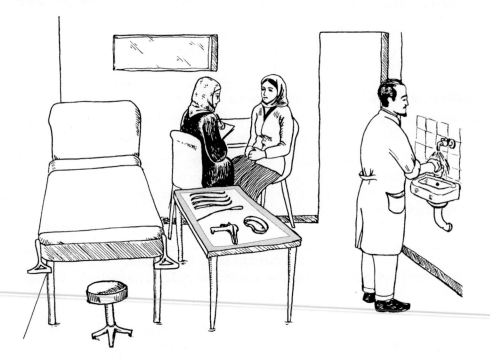

Es probable que en un cuarto como éste se hagan abortos seguros.

- **¿Está limpio y ordenado el cuarto donde se hará el aborto?** Si está sucio y desordenado, no será seguro hacerse un aborto allí.

- **¿Hay un lugar para lavarse las manos?** Un trabajador de salud que no tiene un lugar para lavarse las manos no puede llevar a cabo un aborto de una forma limpia y segura.

- **¿Se parecen los instrumentos a los de la página 244 o se ven como si hubieran sido hallados o hechos en casa?** Los instrumentos hechos en casa pueden causar heridas e infecciones.

- **¿Cómo se limpian y se esterilizan los instrumentos?** Los instrumentos deben ser remojados en desinfectante fuerte o hervidos en agua para que no tengan microbios.

- **¿Le parece justo el costo?** Cuando el costo es muy alto, eso a veces indica que el trabajador de salud está más interesado en el dinero que en su salud.

- **¿Se ofrecen otros servicios de salud junto con los abortos?** Un buen centro médico también tratará de ofrecer otros servicios que las mujeres necesitan, como servicios de planificación familiar y de prevención del *VIH* y tratamiento para las infecciones de transmisión sexual.

- **¿A dónde la llevarán si algo sale mal durante o después del aborto?** Siempre debe haber un plan para llevarla a usted al hospital en caso de una emergencia.

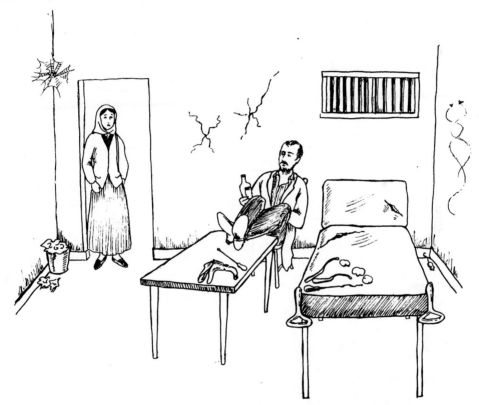

No es nada probable que en un cuarto como éste se hagan abortos seguros.

IMPORTANTE

Un aborto es más peligroso si...

- usted tuvo su última regla hace más de 3 meses.
- a usted se le está empezando a notar que está embarazada.

Mientras más tiempo lleve embarazada, mayor es el riesgo de que tenga complicaciones después del aborto. Para su seguridad, después de los primeros 3 meses del embarazo, un aborto necesita llevarse a cabo con equipo especial, en una clínica o en un hospital.

Qué esperar durante un aborto hecho bajo condiciones seguras

➤ *Tome bastantes líquidos el día antes del aborto. Eso le ayudará a recuperarse más pronto.*

Los abortos seguros, sobre todo los que se hacen mediante aspiración manual, se llevan a cabo tanto en centros médicos como en hospitales. Un aborto hecho mediante raspado (D y C) generalmente se realiza en un hospital. Un aborto médico debe hacerse en un centro médico o en un hospital que cuente con el equipo y el personal necesarios para también hacer abortos mediante succión y mediante raspado. Para mayor información sobre las formas en que se hacen estos abortos, vea la página 244.

Cuando usted acuda a un centro médico o a un hospital para hacerse un aborto, usted debe ser recibida y tratada con respeto. Un asesor debe hablar con usted sobre su decisión y explicarle cómo se realizará el aborto y cuáles son sus riesgos.

La información a continuación explica lo que usted puede esperar de un aborto hecho bajo condiciones seguras. Un aborto que sea muy diferente a lo descrito, podría ser peligroso.

- A usted deben preguntarle cuándo tuvo su última regla y si podría tener una infección de transmisión sexual (vea pág. 263).

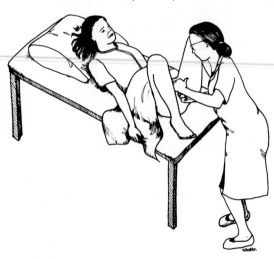

- Un trabajador de salud debe examinarla. Como parte del examen, debe revisarle el tamaño de la matriz, tocándole la vagina por dentro y la barriga por fuera.

- Usted sentirá dolores fuertes durante el aborto, ya sea que éste se haga mediante succión o mediante raspado. Pero poco después de que el aborto termine, los dolores se volverán menos fuertes.

- Después del aborto, alguien deberá limpiarle los genitales y llevarla a descansar. Un trabajador de salud deberá vigilarla como por una hora.

- Alguien deberá decirle qué hacer después del aborto, de cuáles señas estar pendiente, y con quién comunicarse en caso de que tenga complicaciones.

Además, alguien deberá hablar con usted sobre métodos de planificación familiar. Usted puede empezar a usar un método el mismo día del aborto. Usted deberá recibir una cita para regresar a que la revisen en 1 ó 2 semanas.

Después de un aborto, las señas del embarazo, como las *náuseas* y las molestias de los pechos, deben desaparecer en un día. Si no desaparecen, usted podría aún estar embarazada. El embarazo podría estar en la matriz o en una trompa *(embarazo tubárico)*. **Ésta es una emergencia. Vea a un trabajador de salud de inmediato.**

Puede que usted se sienta un poco cansada o que tenga cólicos o dolores por un día después del aborto. Usted tendrá algo de sangrado por la vagina hasta por 2 semanas. Pero después del primer día, el sangrado no debe ser más fuerte que el de una regla ligera. Su próxima regla normal debe darle como de 4 a 6 semanas después del aborto. Puede tomar más tiempo en regresar si usted ya llevaba más de 5 ó 6 meses de embarazo.

Si usted no tuvo a nadie con quien hablar antes del aborto, tal vez le ayude hablar con alguien ahora. Hablar sobre sus sentimientos con una persona de confianza puede ayudarle a sentirse mejor.

Qué esperar después de un aborto

➤ Usted debe empezar a tener su regla como de costumbre de 4 a 6 semanas después de un aborto. Pero podría embarazarse tan sólo 11 días después.

Cómo cuidarse después de un aborto:

- Para evitar una infección, tome 100 mg de doxiciclina, 2 veces en el día del aborto. (Pero si está dando pecho a un bebé, en vez de eso es mejor tomar 500 mg de eritromicina, 4 veces al día, durante 7 días.)

- No tenga relaciones sexuales ni se ponga nada en la vagina hasta por lo menos 2 días después de que deje de sangrar.

- Si tiene cólicos o dolores, descanse y póngase compresas calientes en el vientre. O tome acetaminofén o ibuprofeno (vea pág. 482).

- Para tener menos dolor y sangrado, sóbese con frecuencia la parte baja del vientre. Eso ayuda a la matriz a volver a encogerse y disminuye el sangrado.

- Tomar bastantes líquidos le ayudarán a recuperarse más pronto.

- Usted puede volver a hacer sus actividades de siempre en cuanto empiece a sentirse bien—generalmente, en un día.

Después de un aborto, empiece a usar algún método de planificación familiar de inmediato. Usted podría embarazarse de nuevo antes de su próxima regla.

Señas de peligro

Si usted tiene cualquiera de estas señas, consiga ayuda médica pronto:

- Sangrado fuerte por la vagina (vea pág. 251)
- Fiebre (calentura) alta (vea 'Infección' en la pág. 255)
- Dolor muy fuerte en el abdomen (vea 'Lesión dentro del cuerpo', pág. 258 e 'Infección', pág. 255)
- Desmayo y confusión (vea 'Choque', pág. 254)
- *Desecho* por la vagina que huele mal (vea 'Infección', pág. 255)

La planificación familiar después de un aborto

Es posible embarazarse poco después de tener un aborto (en menos de 2 semanas). Muchos métodos de planificación familiar se tardan en empezar a hacer efecto, por eso hable con alguien acerca de la planificación familiar y empiece a usar un método lo más pronto posible.

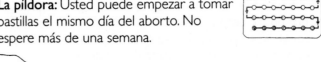

- **La píldora:** Usted puede empezar a tomar pastillas el mismo día del aborto. No espere más de una semana.

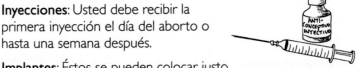

- **Dispositivo Intra-Uterino (DIU):** Si no hay riesgo de infección, un trabajador de salud capacitado puede colocarle un DIU justo después del aborto.

- **Inyecciones:** Usted debe recibir la primera inyección el día del aborto o hasta una semana después.

- **Implantes:** Éstos se pueden colocar justo antes o justo después del aborto, o hasta una semana después.

- **Esterilización de la mujer:** Si usted llevaba menos de 3 meses de embarazo, le pueden hacer la operación durante el aborto o justo después de él. Es muy importante que usted tome esta decisión con cuidado. **La esterilización es permanente.**

- **Esterilización del hombre:** La esterilización del hombre se puede hacer en cualquier momento y es permanente. Esta decisión debe tomarse con cuidado.

- **Condones:** Usted y su compañero pueden usar condones en cuanto vuelvan a empezar a tener relaciones sexuales. Los condones también dan protección contra las infecciones de transmisión sexual, incluyendo VIH, el virus que causa el SIDA.

- **Espermicida:** Puede usar espermicida en cuanto vuelva a tener relaciones sexuales. No debe usar espermicida si tiene VIH o si tiene múltiples parejas sexuales.

- **Diafragma:** Si no hay una infección o una lesión, a usted le pueden tomar la medida para un diafragma y enseñarle a ponérselo antes o después del aborto.

- **Métodos naturales (del moco y de días fijos):** Éstos no serán útiles sino hasta que vuelva a tener su regla como de costumbre.

➤ *Lo más probable es que una mujer que acaba de tener un aborto no quería embarazarse para empezar. Éste es un buen momento de ofrecerle información sobre diferentes métodos de planificación familiar y las formas de obtenerlos.*

➤ *Para mayor información sobre todos estos métodos, vea el capítulo 13, sobre la planificación familiar.*

Una mujer que tenga cualquiera de las señas de peligro después de un aborto (vea pág. 249), ¡necesita recibir atención médica pronto! Ella debe ir de **inmediato** a un centro médico o a un hospital donde pueda recibir la atención que necesite. La mayoría de las veces es necesario vaciar la matriz por completo, mediante aspiración o raspado (D y C). Mientras tanto, si no es posible transportar a la mujer de inmediato o si la ayuda queda muy lejos, la información en las siguientes 8 páginas puede ser útil.

Complicaciones del aborto

➤ *El tratamiento inmediato de las complicaciones del aborto puede evitar enfermedades, la infertilidad y la muerte. Consiga ayuda pronto si tiene problemas después de un aborto.*
¡NO ESPERE!

SANGRADO FUERTE POR LA VAGINA

El sangrado fuerte es el problema más común después de un aborto. Generalmente se debe a pedazos del embarazo que han quedado en la matriz. La matriz no puede encogerse y cerrarse, y por eso sigue sangrando. A esto se llama aborto incompleto. Si se sacan los pedazos, muchas veces el sangrado se detiene. A veces el sangrado se debe a un desgarro del cérvix. En ese caso, hay que coser el desgarro para que el sangrado se detenga.

Una mujer está sangrando demasiado si empapa 2 toallas sanitarias o trapos en 1 hora durante 2 horas seguidas. Un goteo lento pero constante de sangre rojo vivo también es peligroso. Cuando eso sucede, una mujer puede perder una cantidad peligrosa de sangre en poco tiempo. Si no es posible obtener ayuda médica de inmediato, trate de detener el sangrado.

Para detener el sangrado

Sobar el vientre puede ayudar a cerrar la matriz de una mujer que está sangrando demasiado. La mujer se puede sobar a sí misma o alguien más puede sobarle la barriga. Hay que sobar la parte baja del vientre con mucha fuerza mientras la mujer está acostada o acuclillada.

Si hay pedazos de tejido atorados en la matriz o en el cérvix, tal vez la mujer misma los pueda expulsar acuclillándose y pujando como si fuera a obrar o a dar a luz.

Aunque estos tratamientos parezcan dar resultado, **consiga ayuda médica lo antes posible.** La mujer necesitará *antibióticos* y quizás aún necesite que le vacíen la matriz por completo.

Ayuda de emergencia para demasiado sangrado

Es posible que los trabajadores de salud y otras personas capacitadas para hacer *exámenes pélvicos* puedan seguir los siguientes pasos para tratar de detener el sangrado hasta que sea posible vaciar la matriz.

IMPORTANTE *Como la entrada a la matriz de la mujer está abierta, es muy peligroso poner cualquier cosa en la vagina. A la mujer le puede dar una infección grave. Sólo haga lo siguiente si el sangrado es tan fuerte que la vida de la mujer está en peligro. Para saber cuándo es demasiado fuerte el sangrado, vea la página anterior.*

1. Lávese las manos y lave los *genitales* de la mujer con jabón y agua limpia.

2. Póngase un guante limpio de plástico o de *látex* o una bolsa de plástico muy limpia en una mano. **La mano enguantada no debe tocar nada antes de entrar a la vagina de la mujer.**

3. Pida a la mujer que se acueste boca arriba con los pies y las rodillas separadas. Ayúdele a relajarse.

4. Si usted tiene un *espéculo* esterilizado (si tiene un juego para poner DIUs, encontrará allí los instrumentos apropiados), colóquelo en la vagina para que pueda ver la abertura de la matriz. Si usted puede ver tejido, coágulos o bultos de sangre allí, trate de cogerlos con unas pinzas o unos fórceps esterilizados y sáquelos con cuidado.

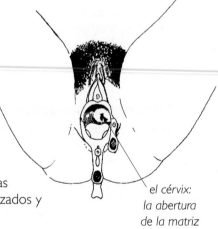

el cérvix: la abertura de la matriz

Use fórceps esterilizados para quitar cualquier tejido que vea en la abertura de la matriz.

5. Si usted no tiene un espéculo, meta en la vagina primero uno de sus dedos enguantados y después meta otro más.

6. Busque el cérvix con los dedos. Se sentirá más firme y más liso que la piel a su alrededor. Se ve así y es como de este tamaño.

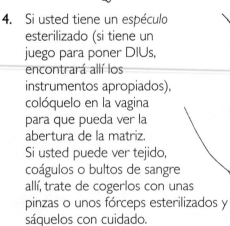

7. Mueva los dedos a través de la abertura y sienta si hay pedacitos del embarazo que estén saliendo por la abertura. Se sentirán como carne suave. Trate de quitarlos con cuidado. Si están muy resbalosos, saque la mano y envuélvase dos dedos con gasa esterilizada o con un trapito limpio que haya sido hervido en agua. Luego trate de sacar los pedacitos otra vez.

8. Después de que haya sacado los pedazos, vuelva a meter sus dedos enguantados en la vagina y póngalos bajo la matriz. Con la otra mano, sobe la matriz de la mujer para ayudar a detener el sangrado. La matriz debe estar entre sus dos manos.

9. Dé a la mujer una inyección de ergometrina (0,2 mg) en un músculo grande, como una nalga o un muslo. Luego dele una pastilla de 0,2 mg o una inyección de 0,2 mg de ergometrina, cada 6 horas, durante 24 horas. O puede utilizar misoprostol: dele 600 microgramos por la boca o inserte 600 microgramos en el recto (utilice guantes).

542

cómo poner
una inyección

10. Dé de inmediato los antibióticos para evitar una infección (vea pág. 256). La mujer corre un gran riesgo de contraer una infección porque la matriz está abierta y los microbios pueden entrar en ella.

11. Si la mujer está despierta, dele líquidos de beber. Si está desmayada, vea la página siguiente.

12. Llévela a un hospital de inmediato, aunque usted crea que ha sacado todo el tejido y el sangrado se ha detenido. Aún será necesario que le vacíen la matriz por completo. Si el sangrado no se detiene, siga sobándole la parte baja del vientre mientras la lleva al hospital.

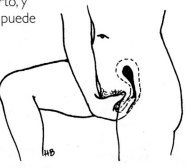

¡TRANSPORTE!

Cuando no cuente con la ayuda de un trabajador de salud

Si usted está sangrando demasiado después de un aborto, y ha probado las sugerencias de la página 251, usted misma puede tratar de sacar el tejido que tenga atorado en el cérvix.

Primero lávese bien las manos y los genitales con jabón y agua limpia. Luego acuclíllese y puje como si fuera a obrar o a dar a luz, y siga los pasos 6 y 7 descritos arriba. Después de que haya sacado los pedazos, sóbese la parte baja del vientre (vea pág. 251). Luego consiga ayuda médica, aunque esté sangrando menos.

Choque

El choque es una condición que puede resultar del sangrado fuerte y que puede ser mortal. El sangrado por dentro también puede causar choque.

Señas:

- pulso muy rápido; más de 100 latidos por minuto para un adulto
- piel pálida, fría y húmeda
- boca, palmas de las manos y párpados internos pálidos
- respiración rápida; más de 30 veces por minuto
- confusión o pérdida del conocimiento (desmayo)

Tratamiento para una mujer que está consciente:

- Acueste a la mujer con los pies más altos que la cabeza.
- Tápela con ropa o mantas (cobijas).
- Si puede beber, dele sorbitos de agua o de suero para tomar.
- Ayúdele a mantenerse tranquila.
- Si sabe cómo hacerlo, dele solución *intravenosa* con una aguja ancha (para que la solución fluya con rapidez) o dele líquidos por el recto.

Tratamiento para una mujer que está inconsciente:

- Acuéstela de lado, con la cabeza baja e inclinada hacia atrás y hacia un lado, y con los pies elevados.

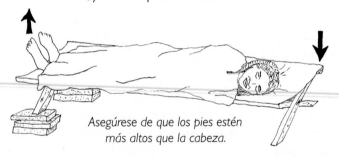

Asegúrese de que los pies estén más altos que la cabeza.

- Si ella parece estar atragantándose, jálele la lengua hacia adelante con un dedo.
- Si ella vomitó, límpiele la boca de inmediato. Asegúrese de que tenga la cabeza baja e inclinada hacia atrás y hacia un lado para que no aspire vómito.
- No le dé nada por la boca hasta que haya estado despierta por una hora.
- Si sabe cómo hacerlo, dele solución intravenosa con una aguja ancha (para que la solución fluya con rapidez) o dele líquidos por el recto (vea pág. 541).

No espere a que venga un trabajador de salud. Lleve a la mujer de inmediato a un hospital o a donde haya ayuda médica. ¡Ella necesita atención pronto!

¡PELIGRO! El sangrado fuerte puede producir CHOQUE, el cual puede ser mortal. Transporte a la mujer de inmediato.

suero para tomar, 540

líquidos dados por el recto, 541

¡TRANSPORTE!

INFECCIÓN

Si hay una infección, es más probable que **sea leve** si el aborto fue realizado menos de 3 meses (12 semanas) después de la última regla.

Una **infección grave** es aquélla que se ha extendido a la sangre (sepsis). Es más probable que una mujer tenga una infección grave si el aborto se hizo más de 3 ó 4 meses después de su última regla, o si la matriz fue lesionada durante el aborto. La sepsis es muy peligrosa y también puede causar choque.

A una mujer le puede dar una infección por diferentes razones:

- El abortista metió una mano o un objeto que no estaban limpios en la matriz.
- En la matriz quedaron pedazos del embarazo, y éstos se han infectado.
- La mujer ya tenía una infección cuando se hizo el aborto.
- La matriz se desgarró durante el aborto.

Señas de una infección leve:

- un poco de fiebre (calentura)
- dolor leve en el abdomen

Tratamiento para una infección leve:

Para evitar que una infección leve se vuelva más grave, trátela de inmediato con las medicinas que aparecen en la página 256. La mujer necesita más de una medicina, porque las infecciones después del aborto son causadas por varios tipos de microbios. Si no es posible conseguir las medicinas que aparecen en la página 256, vea la página 257 y las "Páginas verdes" para otras medicinas que también sirven. Una mujer que esté dando pecho debe usar el tratamiento para una infección después del parto (vea pág. 97).

Señas de una infección grave:

- escalofríos y fiebre alta
- cansancio, debilidad y dolores de los músculos
- barriga hinchada, dura y adolorida
- desecho de la vagina que huele mal

Tratamiento para una infección grave:

- **Lleve a la mujer a un centro médico o a un hospital de inmediato.**
- Empiece a dar las siguientes medicinas de inmediato, aunque ustedes ya estén en camino al hospital. Si la mujer puede tragar, dele estas medicinas con bastante agua.

¡TRANSPORTE!

Medicinas para una infección después del aborto

MEDICINAS POR LA BOCA		
Medicina	**Cuánta tomar**	**Cuándo y cómo tomarla**
Tome las 3 medicinas:		
cefixima	400 mg	toda de una sola vez
y		
doxiciclina	100 mg	2 veces al día, por 14 días
(evite tomar la doxiciclina si está dando pecho)		
y		
metronidazol	400 a 500 mg	3 veces al día, por 14 días

IMPORTANTE *Si la mujer no ha mejorado en las 24 horas después de haber tomado las primeras medicinas, debe ir inmediatamente al hospital.*

Si la mujer no puede tomar medicinas por la boca, y usted sabe cómo dar inyecciones o medicinas por la vena, empiece a dar las medicinas que aparecen en la página siguiente. **Pero no se tarde. Lleve a la mujer de inmediato a un hospital u a otro lugar donde haya ayuda médica. Ella necesita atención médica pronto.**

TÉTANO

Una mujer que tiene una infección o que está sangrando de una lesión después de un aborto, podría contraer tétano, sobre todo si alguien le metió en la matriz un objeto o un instrumento que no estaba limpio. Ella necesita recibir una vacuna contra el tétano de inmediato (vea pág. 516).

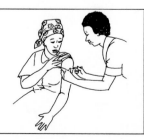

MEDICINAS INYECTABLES

La mayoría de las medicinas señaladas en los cuadros de abajo son inyectadas en la vena o en el músculo. Seleccione un cuadro y utilice TODAS las medicinas del cuadro. El cuadro que elija depende de las medicinas que estén disponibles para usted, pero hay que tomar todas las medicinas de ese cuadro para que haga efecto.

IMPORTANTE *Las medicinas intravenosas o intramusculares se deben dar hasta que la mujer haya dejado de tener fiebre por completo durante 48 horas. Después de no tener fiebre por 48 horas, ella puede empezar a tomar medicinas por la boca (vea página 256). Si ella no mejora dentro de 24 horas después de iniciar las medicinas intravenosas, debe ir inmediatamente al hospital.*

Medicina	Cuánta dar	Cuándo y cómo darla
Dé las 3 medicinas		
ceftriaxona	250 mg	I sola vez, en el músculo
doxiciclina *(evite tomar la doxiciclina si está dando pecho)*	100 mg	2 veces al día, por la vena o por la boca
metronidazol	400 a 500 mg	3 veces al día, por la vena o por la boca
o		
Dé las 3 medicinas		
ampicilina	2 gramos la primera dosis, luego 1 gramo cada dosis	4 veces al día, por la vena o en el músculo
gentamicina	80 mg la primera dosis, luego 60 mg cada dosis	3 veces al día, por la vena o en el músculo
metronidazol	400 a 500 mg	3 veces al día, por la vena o por la boca
o		
Dé ambas medicinas		
clindamicina	900 mg	3 veces al día, por la vena
gentamicina	80 mg la primera dosis, luego 60 mg cada dosis	3 veces al día, por la vena o en el músculo

DESMAYO O PÉRDIDA DEL CONOCIMIENTO

El desmayo puede ser seña de choque después del aborto, ya sea a causa de sangrado fuerte, de una lesión grave en los *órganos internos*, o de una infección. Para las señas y el tratamiento del choque, vea la pág. 254. Si una mujer se desmaya, pero despierta poco después y no tiene señas de choque, dele bastantes líquidos y vigílela con cuidado.

LESIÓN DENTRO DEL CUERPO (LESIÓN INTERNA)

Durante un aborto, el tipo más común de heridas son los agujeros en la matriz creados por objetos filosos. Un objeto también puede haber dañado otros órganos internos, como las *trompas*, los *ovarios*, los *intestinos* y la *vejiga*.

Cuando una mujer tiene lesiones internas, puede tener sangrado fuerte en el abdomen sin que salga casi nada de sangre por la vagina.

Señas (ella tendrá algunas o todas éstas):

- el abdomen se siente tieso y duro y no se oyen sonido por dentro
- cólicos o dolores muy fuertes en el abdomen
- fiebre
- náusea y vómitos
- dolor en uno o ambos hombros

Trate de oír burbujeo durante 2 minutos.

Tratamiento:

- Lleve a la mujer de inmediato a un centro médico o a un hospital donde puedan operarla. Es necesario que un médico repare la herida interna cuanto antes. De lo contrario, ésta podría causar infección, choque o la muerte.

¡TRANSPORTE!

- No le dé a la mujer nada por la boca—nada de comer o de beber, ni siquiera agua—a menos que tome más de 12 horas llegar al hospital. En ese caso, dele sólo sorbitos de agua. O deje que chupe un trapito remojado en agua.
- Si ella tiene señas de choque, dele tratamiento para choque (vea pág. 254). Asegúrese de que nada le esté bloqueando la boca y de que ella pueda respirar.
- Inyéctele las medicinas para una infección (vea pág. 257). También vacúnela contra el tétano (vea pág. 516).

Ηe aquí algunas cosas que cualquier mujer o grupo de mujeres puede hacer para ayudar a prevenir las enfermedades y las muertes causadas por el aborto:

- Explique a los hombres, a las mujeres y a la comunidad entera cómo la planificación familiar puede hacer el aborto innecesario. Obtenga la capacitación para ofrecer servicios de planificación familiar a las mujeres de su comunidad.

- Visite a quienes ofrezcan abortos para asegurarse de que los estén haciendo bajo condiciones seguras.

- Aprenda cuáles son las complicaciones del aborto y cómo atender a una mujer que las tenga. Averigüe a dónde llevar a una mujer que necesite tratamiento de emergencia para las complicaciones de un aborto.

- Averigüe quién podría transportar a una mujer que necesite tratamiento de emergencia. Si no hay transporte médico de emergencia, ¿hay alguien en su comunidad que tenga un carro o una camioneta? Guarde botes extras de gasolina para las emergencias.

- Guarde algunas de las medicinas de la pág. 484 en una farmacia o en una clínica local para tratar los problemas de emergencia causados por el aborto.

Prevención de los abortos peligrosos

La información acerca de la planificación familiar puede evitar la necesidad de los abortos.

Si usted es trabajadora de salud, he aquí algunas otras sugerencias:

- Trate de obtener capacitación para hacer aspiración manual al vacío. Así podrá ayudar a las mujeres que tengan complicaciones del aborto. Quizás un médico compasivo pueda instruir a los trabajadores de salud. No realice abortos, a menos que tenga la capacitación y los instrumentos necesarios para hacerlos con seguridad.

- Organice a los trabajadores de salud de su comunidad para hablar con las autoridades sobre los riesgos de los abortos mal hechos. Aun en los lugares donde el aborto sea ilegal, debe haber tratamiento para las complicaciones del aborto. Eso salvará vidas.

➤ *Anime a las mujeres que se enfermen después de un aborto a conseguir ayuda en vez de esconderse.*

Atienda amablemente a las mujeres que necesiten su ayuda

Muchas de las mujeres que tratan de conseguir ayuda después de un aborto, se ven rechazadas o son tratadas muy mal. Algunas personas las hacen sentirse avergonzadas o se rehusan a atenderlas para 'castigarlas' por lo que han hecho. Sin importar cuáles sean sus propias creencias, trate usted de no juzgar a las mujeres que se hayan hecho un aborto. En vez de ello, atiéndalas con compasión. Muchas de nosotras podríamos tener un embarazo no deseado en algún momento de nuestras vidas. Trate a quienes atienda como le gustaría que trataran a su hija o que la trataran a usted misma.

Capítulo 16

En este capítulo:

Cómo usar este capítulo:

Este capítulo describe las infecciones sexuales más comunes y explica cómo tratarlas y prevenirlas. Este capítulo también explica cómo tratar ciertos problemas de los genitales que no se transmiten sexualmente.

Este capítulo también sugiere muchas medicinas diferentes para tratar diferentes infecciones. Antes de tomar cualquier medicina, lea el capítulo 31 sobre las medidas de seguridad que debe tomar al usar medicinas. También consulte las "Páginas verdes" (vea pág. 485), para información acerca de cada medicina.

Infecciones sexuales y otras infecciones de los genitales

Las *infecciones de transmisión sexual*, o simplemente infecciones sexuales, son *infecciones* que una persona le pasa a otra durante las relaciones sexuales. Las infecciones sexuales se pueden transmitir mediante cualquier tipo de sexo. Puede ser cuando hay contacto de *pene* con *vagina*, de pene con *ano* o de boca con pene o vagina. A veces una infección sexual se puede transmitir simplemente cuando una persona infectada soba su pene o vagina contra los *genitales* de otra persona. Una madre infectada puede pasarle una infección sexual a su bebé antes de que éste nazca o durante el parto. Las infecciones sexuales aumentan el riesgo de contraer o transmitir el VIH.

A menos que se traten a tiempo, las infecciones sexuales pueden causar...

- *infertilidad*, tanto en hombres como en mujeres.
- bebés que nacen demasiado pequeños, antes de tiempo, ciegos, enfermos o muertos.
- *embarazos tubáricos* (por ejemplo, en las *trompas*).
- la muerte (en casos de infecciones graves).
- dolor *crónico* en la parte baja de la barriga.
- *cáncer* del *cérvix*.

➤ Una pareja puede evitar muchos problemas graves si ambos miembros reciben a tiempo tratamiento para una infección sexual.

➤ Este capítulo también le ayudará a tratar problemas de los genitales que no se transmiten sexualmente.

Por qué las infecciones sexuales son un problema grave para mujeres

➤ *La mayoría de las mujeres (y muchos hombres) infectadas con una infección sexual no tienen señas de la misma.*

➤ *Si las mujeres pudieran obtener pruebas exactas y baratas para las infecciones sexuales, podrían evitar tomar medicinas que no necesitan, que quizás no puedan pagar o que causan efectos secundarios.*

la salud sexual, 181

negociando el uso de condones, 192

Tanto las mujeres como los hombres pueden contagiarse con infecciones sexuales. **Pero es más fácil que un hombre infecte a una mujer, a que una mujer infecte a un hombre**. Esto es porque el pene del hombre entra en alguna parte del cuerpo de la mujer—como su vagina, boca o ano—durante el sexo. Sin un condón, el semen del hombre, el cual puede portar una infección, queda dentro del cuerpo de la mujer. Esto aumenta la probabilidad de que a ella le dé una infección. Cuando una mujer tiene lesiones en sus genitales o irritación a raíz de una infección vaginal, es más vulnerable para contraer el VIH.

Es más difícil notar las señas de una infección sexual en una mujer que en un hombre, porque los genitales de la mujer se encuentran dentro de su cuerpo. Por esta misma razón, es difícil en sí notar si una mujer tiene una infección en los genitales—y aún más difícil saber qué tipo de infección es.

Por qué tantas mujeres se infectan

Puede ser difícil para una mujer protegerse contra una infección sexual. Muchas veces, ella tiene que tener sexo con su compañero cuando él se lo exige. Quizás ella no sepa si su compañero tiene relaciones sexuales con otras personas, o si él tiene una infección sexual. Si él tiene sexo con otra persona que está infectada, él podría pasarle la infección a su mujer.

Tal vez una mujer no pueda convencer a su compañero de usar condones. Los condones son la mejor forma de proteger a ambos miembros de una pareja, pero el hombre tiene que estar dispuesto a usarlos (vea página 193).

Puede que usted tenga una infección sexual si tiene una o más de estas señas:

- un *desecho* fuera de lo usual o de mal olor de la vagina
- genitales con picazón
- genitales con dolor
- ronchas, una bolita o una llaga en los genitales
- dolor en la parte baja de la barriga o dolor durante el sexo.

Las infecciones sexuales también perjudican a los hombres

Si no son tratadas, las infecciones sexuales pueden hacer que un hombre...

- se vuelva infértil.
- tenga dolor crónico.
- se infecte con VIH.

Cómo saber si corre el riesgo de tener una infección sexual

Aunque usted no tenga ninguna seña, puede que usted corra el riesgo de tener una infección sexual si...

- su pareja tiene señas de una infección sexual. Es probable que le haya pasado la infección a usted, aunque usted no tenga señas.
- tiene más de un compañero. Mientras más compañeros tenga, mayor es la posibilidad de que uno de ellos le haya pasado una infección sexual.
- usted ha tenido un nuevo compañero en los últimos 3 meses. Es posible que él haya tenido otra compañera (o compañero) justo antes que usted, que haya tenido una infección sexual.
- usted cree que su compañero tiene otras compañeras (por ejemplo, si a veces vive lejos de su hogar). De ser así, es más probable que él se infecte con una infección sexual y que la infecte a usted.

Qué hacer si tiene señas o corre el riesgo de tener de una infección sexual

Si usted tiene señas de alguna infección sexual o si piensa que está en riesgo de contraer una, debe iniciar inmediatamente el tratamiento. Lamentablemente, los exámenes para las infecciones sexuales no están disponibles en muchos lugares, suelen ser caros y no siempre son confiables.

- **Obtenga tratamiento pronto.** Si tiene algunas de las señas descritas en este capítulo, siga los tratamientos recomendados.
- **No espere hasta estar muy enferma.** Si recibe tratamiento, se protegerá contra problemas más graves en el futuro y evitará infectar a otras personas.
- **Hágase el examen si está disponible.** Puede tener otra infección sexual aunque no tenga señas.
- **Ayude a su pareja a recibir tratamiento al mismo tiempo que usted.** Si no, él la volverá a infectar si tienen relaciones sexuales.
- **Protégase cuando tenga relaciones sexuales.** Le puede dar otra infección sexual o VIH si no se protege (vea página189).
- **Trate de hacerse la prueba del VIH.** Las infecciones sexuales y el VIH pueden ocurrir simultáneamente (vea página 286).
- **Asegúrese de tomar TODA la medicina,** aunque las señas se le empiecen a quitar. No compre sólo parte de la medicina. No estará curada hasta que se haya tomado toda la medicina requerida.

Si las señas no desaparecen después de tomar las medicinas, consulte a un trabajador de salud. El dolor y el desecho vaginal pueden ser señas de otro problema, como cáncer.

> ➤ *La falta de exámenes disponibles a bajo costo y con resultados correctos para las infecciones sexuales es un gran problema para las mujeres. Puede resultar en que las mujeres tomen medicinas que no necesitan, que no puedan costear y que causan efectos secundarios.*

Medicinas para tratar las infecciones sexuales

➤ *En este capítulo aparecen advertencias para las medicinas que no deben ser tomadas por las mujeres que están embarazadas o que están dando pecho. Si una medicina no tiene una advertencia, es seguro tomarla.*

➤ *Antes de tomar cualquier medicina, usted debe leer la información que aparece respecto a ella en las "Páginas verdes". Puede que haya más información que usted necesite saber.*

➤ *Si no está segura de cuál medicina será más eficaz para un problema, trate de consultar a un trabajador de salud o a un boticario, quien sabrá cuáles son las mejores medicinas donde usted vive.*

En este capítulo recomendemos medicinas para tratar diferentes infecciones sexuales. Recuerde que la mayoría de las personas tienen más de una infección sexual o infección en los genitales al mismo tiempo, y quizá sea necesario tomar más de una medicina. Con cualquier medicina que decida tomar, debe seguir las indicaciones correctamente.

En diferentes partes del mundo se venden diferentes medicinas, y los precios pueden variar. Así que puede que una de estas medicinas no se consiga donde usted vive, o puede que haya otra medicina que también sea eficaz y más barata.

También puede ser que usted necesite tomar una medicina diferente si...

- usted está embarazada o dando pecho y no es seguro tomar la medicina durante estos períodos.
- la infección sexual que usted está tratando de combatir se ha vuelto resistente a la medicina.
- usted tiene una alergia a la medicina. Algunas personas son alérgicas a las medicinas como la penicilina o las sulfas. Para información sobre cómo sustituir antibióticos, vea la página 480.

LA RESISTENCIA A LOS MEDICAMENTOS

Al usar medicinas para tratar una infección sexual u otros males, es muy importante tomar toda la medicina. Si una persona no toma una cantidad suficiente de la medicina apropiada—o si deja de tomar la medicina antes de completar el tratamiento—no mueren todos los microbios responsables de la infección. Los microbios más fuertes sobreviven y crean tipos más resistentes de la infección. Entonces, una medicina que antes funcionaba para esa infección, ya no la cura. A esto se le llama resistencia.

En muchos lugares la gonorrea se ha vuelto resistente a las medicinas que generalmente se usan para tratarla. Hable con un trabajador de salud para averiguar si en su área hay infecciones sexuales que son resistentes a ciertas medicinas, y cuáles son las mejores medicinas que se consiguen en su área para tratar esas infecciones.

Asegúrese de tomar las medicinas correctamente

Recuerde, al tratar una infección sexual, siempre...
- asegúrese de que su compañero también reciba tratamiento.
- tome toda la medicina.
- deje de tener relaciones sexuales o use un condón hasta que todas sus señas hayan desaparecido Y usted y su compañero se hayan terminado toda la medicina.
- acuda a un trabajador de salud si no se ha mejorado para cuando termine su tratamiento.
- protégase mejor durante las relaciones sexuales ya que vuelva a tenerlas.

Es normal tener un poco de desecho o flujo que le sale de la vagina. Ésta es la forma en que la vagina se limpia a sí misma. La cantidad de flujo cambia a lo largo de su ciclo mensual. Durante sus días fértiles, su flujo es más aguado, resbaloso y transparente. Si usted está embarazada, puede que tenga más desecho.

Un cambio en la cantidad, en el color o en el olor del desecho vaginal a veces es seña de una infección, pero puede ser difícil saber qué tipo de infección es en base al desecho.

CAUSAS COMUNES DEL DESECHO ANORMAL

Un desecho anormal puede indicar una infección de moniliasis o vaginosis bacteriana, las cuales no son transmitidas a través de las relaciones sexuales. También puede ser una seña de tricomonas, gonorrea o clamidia, que son infecciones de transmisión sexual. Para más información sobre los indicadores de estas infecciones y cómo tratarlas, vea las páginas 266 al 268.

IMPORTANTE *Usted podría tener una infección pélvica grave si tiene desecho de la vagina junto con dolor en la parte baja de la barriga. ¡Consiga tratamiento de inmediato! Vea la página 274.*

Moniliasis (Cándida, hongos, algodoncillo)

Las infecciones de moniliasis no se transmiten sexualmente. Tampoco causan complicaciones. Pero pueden ser muy incómodas. Usted tendrá la mayor probabilidad de padecer de una infección de moniliasis cuando esté embarazada o tomando *antibióticos*, o si tiene una enfermedad como *diabetes* o VIH.

Señas:

- desecho blanco y grumoso, como leche cuajada o yogur
- piel color rojo vivo fuera y dentro de la vagina, que puede sangrar
- mucha comezón dentro o fuera de la vagina
- ardor al *orinar*
- olor a moho o pan hornéandose

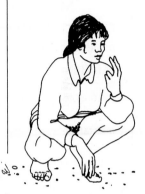

Desecho anormal

Un cambio en el olor o en el color de su flujo vaginal podría indicar que usted tiene una infección.

Comezón en los genitales

La comezón en los genitales se puede deber a diferentes causas. La comezón alrededor de la abertura de la vagina puede deberse a moniliasis o tricomonas. La comezón en el vello de los genitales o cerca de los genitales puede deberse a sarna o piojos. La sarna y los piojos se pueden tratar con remedios locales o con medicinas que se venden en la mayoría de las farmacias. Para mayor información, vea **Donde no hay doctor**, u otro libro general de medicina.

A veces la comezón se debe a jabones o desodorantes que contienen perfume. También se puede deber a plantas y hierbas que se usan para lavarse la vagina. Lávese sólo con agua para ver si se le quita la comezón.

Tratamiento:

Las infecciones de moniliasis no son peligrosas y muchas veces pueden ser curadas con tratamientos naturales. Es mejor tratar a una mujer embarazada antes del parto para evitar que su bebé contraiga algodoncillo (vea página 117).

Un tratamiento natural consiste en mezclar 3 cucharadas de vinagre con 1 litro de agua que haya sido hervida y enfriada. Empape un algodón limpio en la mezcla e insértelo en la vagina todas las noches durante 3 días. Quite el algodón cada mañana.

Medicinas para tratar una infección de levaduras

Empape un algodón limpio con violeta de genciana al 0.1%. Inserte el algodón en la vagina todas las noches durante 3 días. Quite el algodón cada mañana. *O* use cualquiera de las siguientes medicinas.

Medicina	Cuánto tomar	Cómo y cuándo tomarlas
miconazol	ponga 1 comprimido de 200 mg	muy adentro de la vagina, todas las noches durante 3 días
o nistatina	inserte 100.000 unidades	muy adentro de la vagina, todas las noches durante 14 días
o clotrimazol	ponga 2 comprimidos de 100 mg	en la vagina, todas las noches durante 3 días

Prevención:

Usar ropa y ropa interior floja y hecha de algodón en lugar de la ropa de polyester o nylon. Esto permite que entre aire a la zona de los genitales y ayuda en la prevención de moniliasis. Lave o cambie en seguida la ropa interior. No use jabón en la vagina a la hora de bañarse. No debe hacerse una lavado vaginal.

Vaginosis bacteriana

La vaginosis bacteriana no se transmite sexualmente. Si usted está embarazada, puede hacer que su bebé nazca antes de tiempo.

Señas:

- más desecho de lo usual
- un olor a pescado de la vagina, sobre todo después del sexo
- comezón leve

Si no CORRE EL RIESGO de una ITS

Medicina para el desecho vaginal: para tratar la vaginosis bacteriana

Para determinar si está bajo riesgo de contraer una ITS, vea la página 262.

Medicina	Cuánto tomar	Cómo y cuándo tomarlas
metronidazol	400 a 500 mg	por la boca, 2 veces al día por 7 días
o metronidazol	2 gramos (2000 mg)	por la boca, 1 sola dosis
(evite el metronidazol en los primeros 3 meses del embarazo)		
o clindamicina	300 mg	por la boca, 2 veces al día por 7 días
o clindamicina	5 gramos de crema al 2% (un aplicador completo)	muy adentro de la vagina a la hora de dormir por 7 días

También hay que tratar al compañero de la mujer: 2 gramos de metronidazol por la boca, 1 sola vez.

IMPORTANTE *No tome alcohol mientras esté tomando metronidazol.*

Tricomonas

La tricomonas es una infección sexual muy incómoda y provoca mucha picazón. Un hombre generalmente no tiene señas, pero aun así puede portar la infección en el pene y pasársela a otras personas durante el sexo.

Señas:

- desecho gris o amarillo, con burbujas
- desecho que huele mal
- área de la vagina y los genitales roja y con comezón
- dolor o ardor al orinar

Gonorrea (blenorragia, "la gota", purgación) y clamidia

La gonorrea y la clamidia son infecciones sexuales graves. Pero son fáciles de curar si se tratan en sus inicios. Si no, pueden causar infecciones graves e infertilidad tanto en las mujeres como en los hombres.

En el hombre, las señas usualmente comienzan de 2 a 5 días después de tener relaciones sexuales con una persona infectada. Pero un hombre puede no tener señas a pesar de estar infectado. En la mujer, puede que las señas se tarden semanas o hasta meses en empezar. A pesar de no tener señas, usted le puede pasar la gonorrea o clamidia a otra persona.

➤ *La gonorrea y la clamidia producen las mismas señas, así que debe recibir tratamiento para ambas.*

Señas en la mujer:

- desecho amarillo o verde de la vagina o el *ano*
- dolor o ardor al orinar
- *fiebre* (calentura)
- dolor en la parte baja de la barriga
- dolor o sangrado durante el sexo
- o ninguna seña

Señas en el hombre:

- desecho que sale del pene
- dolor o ardor al orinar
- dolor o hinchazón en los *testículos*
- o ninguna seña

Si cree que corre el **RIESGO** de contraer una infección sexual

Medicinas para el desecho vaginal: para tratar la gonorrea, clamidia y tricomonas

También trata la vaginosis bacteriana

Para determinar si está en riesgo de contraer una infección sexual, vea la página 262.

Medicina	Cuánto tomar	Cómo y cuándo tomarlas
cefixima	400 mg	por la boca en 1 sola dosis
o ceftriaxona	125 mg	inyectada en el músculo en 1 sola dosis
o espectinomicina	2 gramos (2.000 mg)	inyectada en el músculo en 1 sola dosis

Y

azitromicina	1 gramo (1.000 mg)	1 sola dosis por la boca
o doxiciclina	100 mg	por la boca, 2 veces al día por 7 días

(no utilice doxiciclina si está embarazada y evite utilizarla si está dando pecho)

o eritromicina	500 mg	por la boca, 4 veces al día por 7 días
o tetraciclina	500 mg	por la boca, 4 veces al día por 7 días

(no utilice tetraciclina si está embarazada o está dando pecho)

o amoxicilina	500 mg	por la boca, 3 veces al día por 7 días

(la amoxicilina puede ser utilizada en el embarazo cuando la azitromicina y la eritromicina no están disponibles)

Y

metronidazol	400 a 500 mg	por la boca, 2 veces al día por 7 días
	o 2 gramos (2.000 mg)	por la boca, 1 sola dosis

(evite el metronidazol en los primeros 3 meses de embarazo)

O

tinidazol	2 gramos (2.000 mg)	por la boca, 1 sola dosis
	o 500 mg	por la boca, 2 veces al día por 5 días

También es importante tratar al compañero de la mujer con los mismos medicamentos.

IMPORTANTE *No tome alcohol mientras esté tomando metronidazol o tinidazol.*

Las verrugas de los genitales son causadas por un *virus*. Se ven como las verrugas en cualquier otra parte del cuerpo. Es posible tenerlas sin darse cuenta, sobre todo si éstas se hallan dentro de la vagina o en el interior de la punta del pene. Las verrugas pueden quitarse sin tratamiento, pero eso puede tomar mucho tiempo. Generalmente siguen empeorando y hay que tratarlas.

Verrugas en los genitales

Señas:

- comezón
- bolitas blancas o cafés (marrones) que son ásperas y no duelen

En las mujeres, estas bolitas usualmente crecen en los pliegues de la *vulva*, dentro de la vagina y alrededor del ano.

En los hombres, generalmente crecen en el pene (o justo adentro de él) y en el *escroto* o el ano.

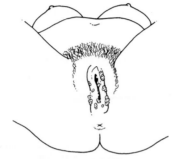

IMPORTANTE *Los bultos largos, planos y húmedos que parecen verrugas pueden ser seña de sífilis (vea la página siguiente). Trate de hacerse la prueba para la sífilis, y NO use el siguiente tratamiento.*

Tratamiento para verrugas:

1. Unte la piel alrededor de cada verruga con vaselina u otra pomada grasosa para proteger la piel sana.

2. Con un palillo u otro tipo de palito, ponga cuidadosamente una cantidad muy pequeña de ácido tricloroacético hasta que la verruga se ponga blanca. También puede usar ácido dicloroacético.

O

Aplique solución de podofilina al 20% de la misma manera, hasta que la verruga se ponga de color café. **Hay que enjuagar el área para quitar la podofilina 6 horas después de su aplicación.** No use podofilina mientras esté embarazada.

➤ *Su compañero debe usar condones durante las relaciones sexuales hasta que ninguno de ustedes tenga verrugas.*

Si el tratamiento está funcionando, producirá llagas dolorosas donde solían estar las verrugas. Mantenga las llagas limpias y secas. Trate de no tener relaciones sexuales hasta que las llagas desaparezcan. Si tiene que tener relaciones sexuales, su compañero debe usar un condón. Las llagas deben sanar en 1 ó 2 semanas. Vigílelas para asegurarse de que no se infecten.

➤ *Las verrugas crecen más rápidamente durante el embarazo. Si usted tiene muchas, podría tener problemas durante el parto. Hable de esto con un trabajador de salud.*

Generalmente es necesario repetir el tratamiento varias veces para deshacerse de todas las verrugas (no importa cuál solución use). Puede repetir el tratamiento después de una semana. Trate de evitar que el ácido caiga sobre una de las llagas que ha salido donde antes había una verruga. Si hay mucha irritación, espere más de una semana antes de hacerse el siguiente tratamiento.

Llagas en los genitales (Úlceras genitales)

➤ *Si alguna vez ha tenido una llaga abierta en los genitales, para la cual no recibió tratamiento, trate de hacerse una prueba para la sífilis. Algunos países tienen programas gratuitos de pruebas.*

CAUSAS COMUNES DE LLAGAS EN LOS GENITALES

La mayoría de las llagas o *úlceras* en los genitales se transmiten sexualmente. Puede ser difícil saber cuál infección está causando las llagas porque muchas veces aquéllas causadas por la sífilis se parecen a las del chancro blando. Por esta razón, es mejor utilizar medicinas que curen ambas infecciones sexuales cuando se esté tratando las llagas en los genitales (vea el cuadro en la página 271).

IMPORTANTE *El VIH, el virus que causa el SIDA, fácilmente puede transmitirse a través de una llaga en los genitales durante las relaciónes sexuales. Para prevenir la transmisión del VIH, no tenga relaciones sexuales cuando usted o su pareja tenga una llaga.*

Sífilis

La sífilis es una infección sexual grave que tiene efectos por todo el cuerpo y que puede durar por muchos años. Es causada por *bacterias* y se puede curar con medicina si se trata a tiempo.

Señas:

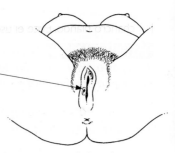

- La primera seña es una pequeña llaga que **no causa dolor** y que parece un *grano*, una ampolla, una verruga plana y húmeda o una llaga abierta. La llaga sólo dura varios días o unas cuantas semanas y luego desaparece sola. Pero la infección sigue dispersándose por todo el cuerpo.

- Semanas o meses después, puede que usted tenga dolor de garganta, fiebre, ronchas (sobre todo en las palmas de las manos y las plantas de los pies), llagas en la boca o *coyunturas* hinchadas. Durante esta temporada, usted puede infectar a otras personas.

Todas estas señas desaparecen por sí mismas, pero la infección continúa. Si no es tratada, la sífilis puede producir mal del corazón, *parálisis*, demencia (locura) e incluso la muerte.

➤ *Si usted está embarazada, trate de hacerse una prueba para la sífilis.*

La sífilis y el embarazo. Una mujer embarazada puede pasarle la sífilis a su bebé en el vientre. Eso puede causar que el bebé nazca antes de tiempo, deforme o muerto. Usted puede evitar eso haciéndose una prueba de sangre y recibiendo tratamiento durante el embarazo. Si una mujer embarazada y su compañero se hacen pruebas de sangre que muestran que tienen sífilis, ambos deben recibir una inyección de penicilina benzatínica de 2,4 millones de unidades, una vez a la semana, durante 3 semanas.

Chancro blando

El chancro blando es una infección sexual causada por bacterias. Se puede curar con medicina si se trata a tiempo.

Señas:

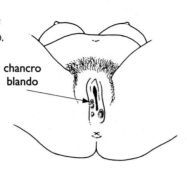

chancro blando

• una o varias llagas suaves, **dolorosas** que sangran fácilmente, en los genitales o en el ano

• los *nodos linfáticos* en la ingle (bubones) se pueden hinchar y causar dolor

• un poco de fiebre

Medicinas para las llagas en los genitales

Estas medicinas curan tanto la sífilis como el chancro blando. Escoja una de las medicinas anotadas en el primer cuadro para la sífilis Y una de las medicinas anotadas en el segundo cuadro para el chancro blando. Evite el uso conjunto de eritromicina y azitromicina para las llagas en los genitales.

Medicina	Cuánto tomar	Cuándo y cómo tomarla
penicilina benzatínica	2,4 millones de unidades	inyectadas en el músculo, una sola dosis
o doxiciclina	100 mg	por la boca, 2 veces al día por 14 días
(no utilice doxiciclina si está embarazada y evite utilizarla si está dando pecho)		
o tetraciclina	500 mg	por la boca, 4 veces al día por 14 días
(no debe usarse si está embarazada o dando pecho)		
o eritromicina	500 mg	por la boca 4 veces al día por 15 días
(sólo debe usarse si está embarazada o dando pecho si sé es alérgica a la penicilina)		

Y

azitromicina	1 gramo	por la boca, una sola dosis
o ciprofloxacina	500 mg	por la boca, 2 veces al día por 3 días
(no debe usarse si está embarazada o dando pecho o para mujeres menores de 16 años)		
o eritromicina	500 mg	por la boca, 4 veces al día por 7 días
o ceftriaxona	250 mg	inyectada en el músculo, una sola dosis

Hay que mantener limpias las llagas en los genitales. Lávelas a diario con agua y jabón y séquelas con cuidado. No comparta con nadie la toalla que use para secarse.

Herpes genital

El herpes genital es una infección sexual causada por un virus. Puede dar en los genitales o en la boca. Produce llagas que van y vienen durante meses o años. No hay forma de curar el herpes, pero hay tratamiento que puede ayudarle a sentirse mejor.

No todas las llagas de herpes en la boca se transmiten sexualmente. Los niños y los adultos muchas veces padecen de llagas de herpes en la boca cuando tienen catarro (resfriados) o fiebre (calentura).

➤ *Una persona con VIH puede tener infecciones de herpes por todo el cuerpo que tardan más en desaparecer.*

Señas:

- hormigueo, comezón o dolor en la piel en el área de los genitales o de los muslos
- ampollitas que se abren y forman llagas abiertas y dolorosas en los genitales

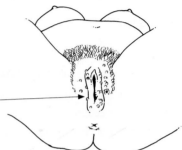

Las llagas de herpes pueden durar 3 semanas o más la primera vez que aparecen. Usted puede tener fiebre, dolor de cabeza, dolores del cuerpo, escalofríos e hinchazón de los nodos linfáticos en la ingle. La siguiente infección será más leve.

El herpes y el embarazo. Una mujer embarazada que padezca de herpes y que tenga llagas a la hora del parto puede pasarle la infección a su bebé. Eso puede causar problemas peligrosos para el bebé. Ella debe tratar de dar a luz en un hospital. Allí quizás puedan hacerle una operación para sacar al bebé, o darle medicina especial al bebé cuando nazca.

Para ayudarle a sentirse mejor:

- Envuelva un pedazo de hielo en un trapo limpio. Póngaselo directamente en la llaga por 20 minutos en cuanto la sienta.
- Haga una *compresa* remojando un trapo en agua limpia con té negro y póngasela en la llaga.
- Siéntese en una bandeja o bañera con agua limpia y fresca.

➤*Lávese las manos con agua y jabón después de tocarse las llagas.*

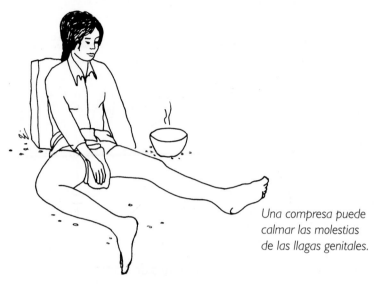

Una compresa puede calmar las molestias de las llagas genitales.

➤ **Tenga cuidado de no tocarse los ojos ni tocar los ojos de sus niños.** *Una infección de herpes en los ojos es un problema muy grave.*

- Haga una pasta mezclando agua con bicarbonato de sodio o maicena y póngasela en el área adolorida.
- También puede probar las sugerencias de la página 278.

También puede probar las sugerencias de la página 278.

Tratamiento para el herpes

Si es la primera vez que contrae la infección, tome 200 mg de aciclovir, por la boca, 5 veces al día por 7 días, **ó** 400 mg, 3 veces al día por 7 días.

Si ha tenido una infección de herpes anteriormente, debe empezar con la misma medicina en cuanto sienta una sensación de hormigueo, ardor o llagas, pero sólamente por 5 días.

Aunque el aciclovir no puede curar el herpes, sirve para calmar la infección y hacerla menos dolorosa y que dure menos tiempo.

➤ *Trate de nunca tener relaciones sexuales cuando tenga llagas. Podría pasarle el herpes a su pareja fácilmente.*

Complicaciones de las infecciones sexuales

354

otras causas de dolor
en la parte baja
de la barriga

➤ *No siempre causa dolor una infección pélvica.*

➤ *Para evitar la infección pélvica, siempre trate las infecciones sexuales correctamente. Asegúrese de...*

• *tomar toda la medicina.*

• *conseguir que su compañero reciba tratamiento.*

• *dejar de tener relaciones sexuales hasta que usted y su compañero se hayan acabado sus medicinas y sus señas hayan desaparecido.*

INFECCIÓN PÉLVICA

Infección pélvica es el nombre que se le da a una infección de cualquiera de las partes reproductivas que se hallan en la parte baja del abdomen de una mujer.

Usted puede padecer de una infección pélvica si ha tenido una infección sexual, sobre todo gonorrea o clamidia, que nunca se curó. Usted también puede tener una infección pélvica si hace poco dio a luz o tuvo un *malparto* o un aborto.

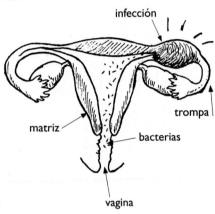

Los microbios que causan infecciones pélvicas entran por la vagina, cruzan el cérvix y llegan hasta la matriz, las trompas y los ovarios. Si la infección no se trata a tiempo, usted puede padecer de dolor *crónico*, enfermarse gravemente o incluso morir. Una infección en las trompas puede dejar *cicatrices* que pueden causarle infertilidad o aumentar su riesgo de tener un embarazo tubárico.

Señas (usted podría tener una o más de éstas):

• dolor en la parte baja de la barriga
• fiebre alta
• sensación de enfermedad y debilidad
• desecho vaginal verde o amarillo, que huele mal
• dolor o sangrado durante las relaciones sexuales

Trate una infección pélvica de inmediato.

Tratamiento:

Empiece a tomar de inmediato las medicinas que aparecen en la página siguiente. Si usted no se siente mejor después de 2 días y 2 noches (48 horas), o si está muy enferma, con fiebre alta o vómitos, o si hace poco tuvo un aborto o dio a luz, **vaya a un centro médico o a un hospital inmediatamente**. Quizás necesite recibir medicinas muy potentes por la vena.

Medicinas para una infección pélvica

Esta infección usualmente es causada por una mezcla de microbios, entonces hay que tomar más de una medicina para curarla.

Medicina	Cuánto tomar	Cómo y cuándo tomarlas
cefixima	400 mg	por la boca, en una sola dosis
o ceftriaxona	250 mg	inyectada en el músculo en una sola dosis
o espectinomicina	2 gramos (2.000 mg)	inyectada en el músculo en una sola dosis

Y

doxiciclina	100 mg	por la boca, 2 veces al día por 14 días

(no utilice doxiciclina si está embarazada y evite utilizarla si está dando pecho)

o azitromicina	1 gramo (1.000 mg)	por la boca, en una sola dosis, y una segunda dosis después de 1 semana (7 días)

(tome azitromicina con comida, puede tomarla durante el embarazo)

o eritromicina	500 mg	por la boca, 4 veces día por 14 días

(es seguro tomarla durante el embarazo)

o amoxicilina	500 mg	3 veces al día por 14 días

(puede usar amoxicilina si usted está embarazada cuando la azitromicina y la eritromicina no estén disponibles)

Y

metronidazol	400 a 500 mg	por la boca, 3 veces al día por 14 días

(evite el metronidazol en los primeros 3 meses de embarazo)

Trate también al compañero de la mujer con las medicinas mencionadas en el cuadro 'Si cree que corre el RIESGO de contraer una infección sexual' en la página 268.

IMPORTANTE *No tome alcohol mientras esté tomando metronidazol.*

Mi esposo era maestro en un pueblo muy lejos de nuestra aldea y sólo venía a la casa a visitarme unas cuantas veces al año. Después de una de sus visitas, me enfermé mucho. Tuve fiebre y un dolor terrible en la barriga. Yo no sabía a qué se debía mi infección... Probé remedios del curandero de nuestra aldea, pero no me dieron resultado. Yo no quería buscar ayuda fuera de mi aldea porque no quería dejar a mis hijos y porque no tenía mucho dinero. Me enfermé tanto que mis vecinos creyeron que me iba a morir. Así que me llevaron en un camión al hospital más cercano, que queda a 140 kilómetros de distancia.

El doctor que me atendió en el hospital me dijo que tenía gonorrea, y que esa infección me había causado una infección grave en la barriga. Me dijo que iba a necesitar una operación cara y que tendría que tomar medicinas por muchos días para curarme. También me dijo que probablemente yo no podría volver a tener hijos. Ahora sólo quisiera haber tomado las medicinas correctas desde que me empecé a enfermar.

— República Centroafricana

➤ *Se pueden evitar complicaciones de las infecciones de transmisión sexual tratando éstas a tiempo.*

Además de las infecciones pélvicas, las infecciones sexuales pueden causarles otros problemas a las mujeres. Una mujer que padece de una infección sexual que no ha sido curada corre un mayor riesgo de tener problemas de infertilidad (vea pág. 229) y embarazos tubáricos (vea pág. 73). Las infecciones sexuales también pueden causar los siguientes problemas.

Vagina hinchada (Infección de las glándulas de Bartholin)

Apenas adentro de la vagina hay dos bolsitas de piel llamadas glándulas. Éstas hacen un líquido que ayuda a mantener húmeda la vagina. A veces entran microbios en estas glándulas y una o ambas se infectan.

Señas:

• Pliegue vaginal más oscuro, hinchado, caliente y doloroso. Generalmente sólo un lado de la vagina se ve afectado.

• A veces hay hinchazón sin dolor.

Aunque esta infección no siempre se debe a una infección sexual, muchas veces sucede cuando una mujer tiene gonorrea o clamidia.

Tratamiento:

1. Remoje un trapo en agua limpia y caliente y póngaselo en el área hinchada. No caliente el trapo demasiado para no quemarse. Repita tan seguido como pueda, hasta que el área hinchada se abra y suelte *pus*, o hasta que baje la hinchazón.

2. Además, tanto usted como su compañero necesitan tomar medicinas para gonorrea y clamidia. Vea el cuadro de medicinas en la página 266.

3. Si el área está adolorida y sigue hinchada, acuda a un trabajador de salud que pueda abrirla y drenar el pus.

Problemas de los recién nacidos

83

cuidado de los ojos

Las mujeres que tienen gonorrea o clamidia al dar a luz pueden pasarles estas infecciones a sus bebés. Los ojos de los bebés se infectan (conjuntivitis neonatal) y los bebés pueden terminar ciegos. Para evitar la conjuntivitis neonatal, ponga pomada antibiótica en los ojos del bebé justo después de que nazca. La clamidia también puede causar *pulmonía* en los recién nacidos.

VIH

El VIH es el virus que causa el SIDA. El VIH se contagia cuando la sangre, el flujo vaginal, el semen o la sangre de una persona ya infectada entra al cuerpo de otra persona. Las llagas en los genitales facilitan la transmisión del virus. El semen y las secreciones de alguien con una infección sexual que tiene VIH contienen una gran cantidad de VIH (vea la página 262).

Las mujeres pueden contagiarse con VIH más fácilmente que los hombres durante las relaciones sexuales. **A usted la puede contagiar una persona que se vea completamente sana.**

No hay manera de curar el VIH, pero el tratamiento puede alargar y mejorar la vida de alguien que tiene el VIH. Practique el sexo seguro para protegerse a usted mismo y a los demás de la transmisión del VIH. Si cree que ha tenido sexo no seguro con alguien que pueda tener el VIH, vea la página 518.

Hepatitis B

La hepatitis B es una infección peligrosa causada por un virus que perjudica el *hígado*. La hepatitis B se contagia cuando la sangre, el flujo vaginal o el semen o raramente la saliva (baba) de una persona ya infectada entran al cuerpo de otra persona. Esta infección pasa fácilmente de una persona a otra, sobre todo durante las relaciones sexuales.

Señas:

- fiebre (calentura)
- falta de ganas de comer
- cansancio y debilidad
- piel y/u ojos amarillos
- dolor en la barriga
- orina oscura y excrementos blancuzcos
- ninguna seña

Tratamiento:

No hay medicina que ayude. De hecho, el tomar medicina podría dañar el hígado aun más.

La mayoría de la gente se recupera de la hepatitis B. Unas cuantas personas pueden tener problemas del hígado que nunca se quitan, incluyendo cáncer. Descanse lo más que pueda y coma alimentos que sean fáciles de digerir. **No tome nada de alcohol por un mínimo de 6 meses.**

La hepatitis y el embarazo. Si usted tiene cualquiera de las señas mencionadas cuando esté embarazada, consulte a un trabajador de salud. Quizás pueda usted vacunarse para evitar que a su bebé le dé hepatitis B.

Otras infecciones sexuales

VIH y
SIDA

➤ *Si su compañero ha tenido algunas de estas señas, no tenga relaciones sexuales con él hasta que se haya curado por completo. Pregúntele a un trabajador de salud si puede darle a usted una vacuna.*

cáncer

vacuna para la
hepatitis B

Cómo sentirse mejor

Para curarse de una infección sexual, usted necesita tomar las medicinas descritas en este capítulo. Para calmar las molestias de una infección sexual...

1. Siéntese en una bandeja con agua limpia y tibia por 15 minutos, 2 veces al día. Haga esto hasta que se sienta mejor. Si piensa que tiene una infección de moniliasis (hongos), usted puede añadir jugo de limón, vinagre, yogur o leche agria al agua tibia.

2. No vuelva a tener relaciones sexuales sino hasta que se sienta mejor.

3. Trate de usar ropa interior hecha de algodón. Esto permitirá que llegue aire a sus genitales, lo cual le ayudará a usted a sanar.

4. Lave su ropa interior a diario y séquela en el sol. Esto mata a los microbios que causan infecciones.

5. Tome una medicina suave para el dolor.

482
medicinas para el dolor

6. Si usted tiene úlceras genitales y le es doloroso orinar, échese agua limpia en el área de los genitales mientras orina. O siéntese en una bandeja de agua fresquecita mientras orina.

CÓMO PREVENIR LAS INFECCIONES SEXUALES

- Protéjase cuando tenga relaciones sexuales (vea el capítulo 12, sobre la salud sexual).

- Use condones cada vez que tenga relaciones sexuales. Para información sobre cómo animar a su pareja a usar condones, vea la página 192.

La lucha por el cambio

➤ *La prevención de infecciones sexuales puede proteger a usted y a su compañero contra infecciones graves e infertilidad.*

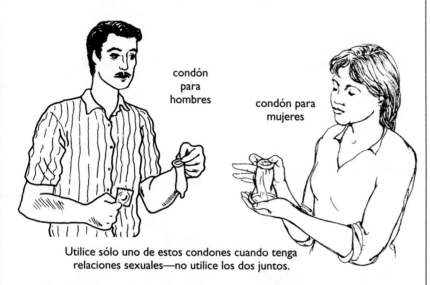

condón para hombres

condón para mujeres

Utilice sólo uno de estos condones cuando tenga relaciones sexuales—no utilice los dos juntos.

- Si su pareja no usa un condón, un diafragma la protege de algunas infecciones sexuales, especialmente de la gonorrea y la clamidia (vea página 205).

- Lávese los genitales por fuera, después de tener relaciones sexuales.

- Orine después de tener relaciones sexuales.

- No se haga lavados de la vagina, ni se ponga hierbas o polvos para secarse la vagina. El hacerse lavados (o lavarse la vagina con jabón) actúa en contra de la humedad natural que la vagina produce para mantenerse sana. Cuando la vagina está seca, puede irritarse durante las relaciones sexuales. Esto facilita la transmisión del VIH y de otras infecciones de transmisión sexual.

190

'sexo seco'

- Usted y su pareja pueden practicar el sexo oral o las caricias sexuales en vez de tener relaciones con penetración.

Los condones para el hombre y para la mujer

- la protegen contra infecciones sexuales, incluyendo el VIH.

- protegen la salud de su pareja.

- evitan los embarazos no deseados.

¡Use condones!

No tenga relaciones sexuales cuando usted o su pareja tengan señas de una infección sexual.

Ayude a prevenir las infecciones sexuales en su comunidad

Las infecciones sexuales son un problema de salud para la comunidad entera. Para ayudar a prevenir las infecciones de transmisión sexual en su comunidad, usted puede...

192
cómo negociar por sexo más seguro

- explicarles a los hombres y a las mujeres los riesgos que las infecciones sexuales presentan para su salud y la salud de sus familias. Aproveche las ocasiones en que las mujeres estén reunidas, como en el mercado o en la sala de espera de una clínica, para explicarles cómo se transmiten y cómo se pueden evitar las infecciones sexuales.

- trabajar con otras personas para hallar modos de convencer a los hombres de usar condones. Practiquen qué decirle a un compañero para lograr que use un condón.

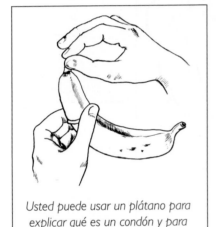

Usted puede usar un plátano para explicar qué es un condón y para practicar cómo poner uno.

Si él dice que sentirá menos placer si usa un condón...

Yo le diré que aguantará más tiempo y los dos nos divertiremos más.

- asegurarse de que los condones para el hombre y para la mujer sean fáciles de conseguir en su comunidad. Luche para que haya condones gratuitos o baratos en las tiendas, las cantinas y los cafés locales, y para que los distribuyan los trabajadores de salud y las clínicas.

- entrenar a algunos hombres para que les enseñen a otros hombres de la comunidad todo acerca del uso de condones.

- organizar a un grupo comunitario para hablar sobre problemas médicos, incluyendo las infecciones sexuales y VIH. Explique cómo la prevención de infecciones sexuales también ayudará a evitar el VIH.

- apoyar las clases de educación sexual en sus escuelas locales. Ayude a los padres a entender que el hecho de que los niños reciban información acerca de las infecciones sexuales, incluyendo el VIH, les ayudará a escoger las opciones más seguras cuando empiecen a tener relaciones sexuales.

- animar a los jóvenes a compartir con sus amigos información acerca de las infecciones sexuales, incluyendo el VIH.

Después de que un trabajador de salud vino a hablar con un grupo de mujeres de nuestra comunidad sobre las infecciones sexuales y el SIDA, nosotras empezamos a hablar sobre nuestras vidas. Algunas de las mujeres empezaron diciendo que ellas no tenían nada de qué preocuparse. Pero mientras más hablamos, más nos dimos cuenta de que todas las mujeres y todos los hombres necesitan preocuparse de las infecciones sexuales y del SIDA. Nosotras pensamos en formas de lograr que los hombres usen condones. Lo que decidimos fue que necesitábamos informar a la comunidad entera acerca de los peligros de las infecciones de transmisión sexual y del SIDA y las formas de evitar estos males.

Organizamos una pequeña obra teatral y conseguimos que algunas personas de la comunidad actuaran en ella. Creamos un personaje especial, llamado el "Comandante Condón" para que viniera al rescate con condones. Todos en el pueblo vinieron a ver la obra. Se divirtieron y también aprendieron varias cosas. Ahora los hombres bromean acerca del "Comandante Condón", pero al mismo tiempo están más dispuestos a usar condones.

— *Oaxaca, México*

Palabras al trabajador de salud:

- Averigüe en un centro médico u hospital, o en el Departamento de Salud Pública, cuáles medicinas son más eficaces contra las infecciones sexuales en su comunidad.

- Trate de establecer una farmacia en su comunidad para que la gente pueda conseguir medicinas, condones para el hombre y para la mujer y espermicidas más fácilmente.

- Hable con las personas que atienda para una infección sexual. Explíqueles con cuidado cómo curarse de la infección, cómo evitar contagiar a otras personas y cómo evitar las infecciones sexuales en el futuro. También asegúrese de que sus parejas reciban tratamiento.

- Incluya información sobre la prevención de infecciones sexuales y VIH en los programas de planificación familiar.

- No juzgue ni culpe a las personas que le pidan ayuda para una infección sexual.

- Recuerde que la información médica de cualquier persona con una infección sexual u otro problema es privada. Nunca hable con nadie sobre los problemas de las personas a quienes atienda.

Vea el capítulo 12, acerca de la salud sexual, para mayor información sobre:

- el sexo y los papeles de los hombres y las mujeres
- creencias dañinas sobre la sexualidad de la mujer

- cómo reducir los riesgos de las relaciones sexuales
- formas de gozar más el sexo

Vea también el capítulo "Trabajadoras de sexo", página 340.

Capítulo 17

En este capítulo:

VIH y SIDA

Millones de personas se han infectado con el VIH, el virus que causa el SIDA. Más y más de dichas personas son mujeres y niñas. En muchas partes de Sur África por cada 4 hombres infectados con el VIH, hay 6 mujeres infectadas.

No hay cura para el VIH o el SIDA. Pero el tratamiento puede ayudar a las personas con el VIH a vivir más tiempo y tener mejor salud. Para cuidar a las personas que necesitan atención y para protegernos a nosotros mismos y a los demás del VIH y del SIDA, tenemos que estar dispuestos a hablar sobre el VIH con nuestras familias y amigos.

➤ *El VIH es problema* *de todos.*

medicinas para el VIH y el SIDA

> "El SIDA es una enfermedad que brilla en el silencio y se alimenta de los secretos. Estaba progresando porque la gente no quería hablar de él...Yo quería hablar del SIDA, para que por lo menos se salvaran mis hijos y también los de usted. Con información sobre el SIDA, ellos podrían hablar de este mal antes de empezar a tener relaciones sexuales".
>
> — *Noerine Kaleeba,* de Uganda, África, fundadora de TASO, organización de apoyo para personas afectadas por el VIH

CUALQUIER MUJER PUEDE CONTRAER EL VIH

La mayoría de las mujeres creen que no corren el riesgo de contraer el VIH. Pueden pensar que solamente los homosexuales o las mujeres con múltiples parejas sexuales (como por ejemplo una trabajadora del sexo) o mujeres que usan drogas tienen la posibilidad de infectarse con el VIH. No es cierto. En algunas comunidades las mujeres casadas contraen el VIH más que otras.

➤ *Incluso las mujeres* *que saben que están* *al riesgo posiblemente* *no puedan protegerse* *(vea pág. 191).*

Las comunidades que han enfrentado al VIH han aprendido a hablar en voz alta sobre el virus y están trabajando para mejorar la prevención y proveer atención y apoyo a las personas infectadas. Las mujeres mismas encabezan muchos de estos esfuerzos.

¿Qué son el VIH y el SIDA?

El VIH (Virus de Inmuno-Deficiencia Humana) es un *microbio* muy pequeño, llamado virus, que no se ve. El SIDA (Síndrome de Inmuno-Deficiencia Adquirida) es una enfermedad que se desarrolla más tarde, después de que la persona se ha infectado con VIH, el virus del SIDA.

VIH

Cuando una persona se infecta con VIH, el virus ataca el sistema inmunológico del cuerpo, o sea la parte del cuerpo que combate las infecciones. El VIH mata lentamente las *células* del sistema inmunológico, llamadas glóbulos blancos, hasta que el cuerpo ya no se puede defender contra otras infecciones. Muchas personas se sienten bien durante 5 a 10 años después de infectarse con VIH. Pero eventualmente el sistema inmunológico no puede combatir las infecciones comunes. Como tarda muchos años para que el VIH enferme a una persona, la mayoría de la gente con VIH se siente bien y no sabe que tiene el virus.

IMPORTANTE *El VIH puede pasar a otras personas en cuanto se infecte, aunque usted se sienta y se vea bien. Uno no puede saber si una persona tiene VIH con tan sólo mirarla. La única manera de saber si usted está infectada es haciéndose la prueba del VIH (vea pág. 288).*

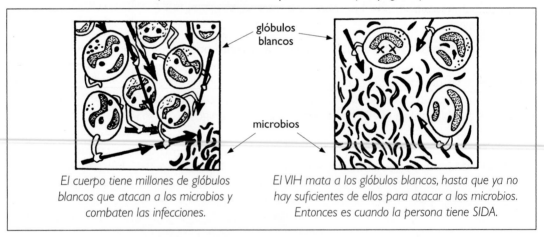

glóbulos blancos

microbios

El cuerpo tiene millones de glóbulos blancos que atacan a los microbios y combaten las infecciones.

El VIH mata a los glóbulos blancos, hasta que ya no hay suficientes de ellos para atacar a los microbios. Entonces es cuando la persona tiene SIDA.

SIDA

Una persona tiene SIDA cuando su sistema inmunológico se debilita tanto que ya no puede combatir infecciones. Muchas veces las señas son enfermedades comunes que permanecen por más tiempo (vea pág. 297) como por ejemplo la diarrea y la gripe. Las señas del SIDA pueden ser diferentes para diferentes personas. Una persona con SIDA también puede tener infecciones que son raras en personas que no tiene el VIH, por ejemplo algunos cánceres o infecciones en el cerebro.

La buena *alimentación* y algunas medicinas pueden ayudar al cuerpo de la persona a combatir las infecciones causadas por el SIDA y ayudarle a la persona a vivir más tiempo. Pero el VIH en sí no es curable.

CÓMO SE TRANSMITE EL **VIH**

El VIH vive en ciertos líquidos del cuerpo—como la sangre, el semen, la leche de pecho y los 'jugos' vaginales—de una persona infectada con VIH. El virus se contagia cuando estos líquidos entran al cuerpo de otra persona. **Esto quiere decir que el VIH se puede transmitir mediante...**

las relaciones sexuales sin protección adecuada con alguien que tiene el virus. Es la forma más común de transmisión del VIH.

agujas o *jeringas* infectadas, o cualquier otro instrumento infectado que agujere o corte la piel.

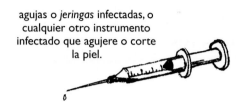

transfusiones de sangre, si la sangre no ha sido examinada para comprobar que no tenga VIH.

el embarazo, el parto o el dar pecho, si la madre o el padre está infectado.

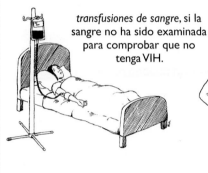

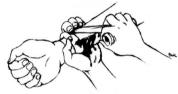

sangre infectada que entra en cortadas o en una herida abierta de otra persona.

CÓMO **NO** SE TRANSMITE EL **VIH**

El VIH no sobrevive fuera del cuerpo humano por más de unos cuantos minutos. No puede vivir por sí mismo en el aire o en el agua. Esto quiere decir que usted no puede contraer o pasar el VIH de estas maneras:

tocando, besando o abrazando a alguien.

compartiendo comida.

compartiendo una cama.

compartiendo o limpiando ropa, toallas, ropa de cama, letrinas o excusados (retretes), si sigue los consejos de la página 295.

cuidando a alguien que tiene VIH o SIDA, si sigue los consejos de las páginas 294, 295 y 309.

de piquetes de insectos.

Por qué el VIH y el SIDA son diferentes para las mujeres

El VIH y el SIDA son diferentes para las mujeres porque...

* las mujeres se infectan con el VIH más fácilmente que los hombres, porque durante la relación sexual es ella quien 'recibe'. El hombre pone su semen en la vagina de la mujer, donde permanece por mucho tiempo. Si el semen tiene VIH, éste puede pasar fácilmente a la sangre de la mujer a través de su vagina o cérvix, sobre todo si hay cortadas, llagas o infecciones sexuales.

* las mujeres con frecuencia se infectan a una edad más joven que los hombres. Esto se debe a que las jóvenes y las niñas no pueden rehusarse a tener relaciones sexuales riesgosas o no deseadas. Muchas veces están casadas con hombres mayores quienes han tenido más posibilidades de contraer el VIH.

* muchas mujeres tienen una infección sexual y no reciben tratamiento. Esto hace más fácil la transmisión del VIH.

* las mujeres reciben más transfusiones de sangre que los hombres, debido a problemas durante el parto.

* la mala alimentación y la maternidad pueden reducir la capacidad de las mujeres de combatir enfermedades.

* a las mujeres se les culpa injustamente por la propagación del SIDA, aunque muchos hombres no están dispuestos a usar condones o limitar la cantidad de parejas sexuales.

* una mujer embarazada que tiene VIH puede pasarle la infección a su bebé.

* generalmente, las mujeres son las que cuidan a los que tienen SIDA, aunque ellas mismas también estén enfermas.

Prevención del VIH

sexo con mayor protección, 190
desinfección, 526

Usted puede prevenir la propagación del VIH de estas formas:

* De ser posible, sólo tenga relaciones sexuales con un(a) compañero(a) que sólo tenga relaciones sexuales con usted.

* Tenga relaciones sexuales más seguras, de modos que eviten que el semen, la sangre o los fluidos vaginales entren en la vagina, en el ano o en la boca de usted. Utilice condones correctamente.

* Hágase el examen del VIH, reciba tratamiento para las infecciones sexuales y asegúrese que sus parejas hagan lo mismo.

* Evite agujerear o cortar la piel con agujas u otros instrumentos que no hayan sido desinfectados entre uno y otro uso.

* Evite las transfusiones de sangre, excepto en emergencias.

* No comparta las hojas de rasurar.

* No toque la sangre ni una herida de otra persona sin protegerse primero (vea pág. 295).

Nosotras, mujeres y niñas, debemos tener derecho a proteger nuestras vidas contra el VIH. Para lograrlo necesitamos:

La prueba del VIH

➤ *Un examen rápido del VIH está disponible en muchos centros de salud u hospitales a bajo costo o gratis. Usualmente puede recibir los resultados el mismo día.*

Cuando el VIH entra al cuerpo, éste empieza a hacer *anticuerpos* para combatir el virus. Estos anticuerpos se ven en el cuerpo después de un periodo de 2 a 4 semanas.

La prueba del VIH detecta estos anticuerpos en la sangre. Sólo con la prueba del VIH se puede averiguar si una persona está infectada con el virus. **No es una prueba para el SIDA.**

Si la prueba del VIH da un resultado positivo, eso quiere decir que se ha infectado con el virus, y su cuerpo ha producido anticuerpos para combatir el VIH. Aunque se sienta totalmente bien, puede pasar el virus a otras personas.

Un resultado negativo de la prueba puede indicar una de dos cosas:

- usted no está infectada o
- usted fue infectada recientemente pero no ha producido suficientes anticuerpos para que la prueba salga positiva.

Si su prueba del VIH salió negativa, pero piensa que podría estar infectada, debe volver a hacerse la prueba en unas 6 semanas. A veces también es necesario repetir una prueba cuando el resultado es positivo. Un promotor de salud puede ayudarle a decidir.

➤ *La prueba del VIH siempre debe hacerse:*
- *con su consentimiento.*
- *con asesoramiento antes y después de la prueba.*
- *confidencialmente. Nadie debe enterarse de los resultados excepto usted y quienes usted quiera.*

¿CUÁNDO DEBE HACERSE LA PRUEBA DEL VIH?

Puede ser más importante cambiar hábitos peligrosos que hacerse la prueba del VIH. Pero puede que usted y su pareja quieran hacerse la prueba si...

- quieren casarse (o comprometerse a una relación fiel) o si quieren tener hijos.
- está embarazada y tiene miedo de tener VIH.
- usted, su pareja o su bebé tienen señas de SIDA.
- usted o su pareja han tenido relaciones sexuales sin protección adecuada.

Las ventajas de saber los resultados de la prueba

Si su prueba sale negativa, usted puede aprender a protegerse para que nunca se infecte con VIH.

Si su prueba sale positiva, usted puede...

- evitar infectar a su pareja o a su bebé.
- obtener tratamiento pronto para evitar problemas médicos.
- hacer cambios en su manera de vivir para conservarse sana más tiempo.
- conseguir apoyo de otras personas en su comunidad que también estén infectadas.
- hacer planes para su futuro y el de su familia.

➤ *Pídale a alguien de confianza que la acompañe cuando vaya a recibir los resultados de su prueba del VIH.*

Las desventajas de saber los resultados de la prueba

Si se entera de que está infectada con VIH, podría sentir muchas emociones diferentes. Al principio es normal sentir una gran conmoción y negar que los resultados sean positivos. Puede que también sienta ira y desesperación y que se culpe a sí misma o que culpe a otras personas.

Muchas veces ayuda hablar con alguien, como el promotor de salud que le dé los resultados o con algún ser querido. Pero tenga cuidado de a quién le dice. Su esposo o compañero podría culparla, aunque él también esté infectado. Puede que otras personas sientan miedo y la eviten, por no entender el VIH y cómo se transmite. De ser posible, consulte a un asesor de VIH. Él o ella podrá ayudarle a decidir con quién hablar sobre su problema y cómo enfrentarse a este cambio en su vida.

IMPORTANTE *Un resultado negativo simplemente quiere decir que en ese momento no está infectada con VIH.*

Practique relaciones sexuales más seguras. Use condones.

Asesoramiento

Un asesor es alguien que escucha a una persona y a su familia y que habla con ellos para ayudarles a lidiar con sus preocupaciones, inquietudes y temores, y a tomar sus propias decisiones.

El asesoramiento es importante a lo largo de la vida de una persona que tiene VIH, no sólo cuando ella descubre que está infectada. Un asesor hábil puede ayudar a una persona a...

- decidir a quién y cómo decirle que tiene VIH.
- conseguir el apoyo de otras personas que también estén infectadas.
- buscar atención médica y el tratamiento que necesite en los centros de salud, incluyendo la realización de la TAR.
- buscar el apoyo que necesita de su familia.
- entender cómo conservarse sana el mayor tiempo posible.
- planear su futuro.
- aprender cómo llevar una vida sexual con menos riesgos.

➤ *Para las personas con VIH y sus familias, el asesoramiento puede representar la diferencia entre la esperanza y la desesperación. Como dice una mujer de Kenia, África: —Cuando uno habla con un buen asesor, uno siente un gran alivio.*

412

salud mental

Muchas personas que viven con VIH o que tienen familiares con VIH han aprendido a darles consejos a otras personas sobre esta realidad. Si usted es una trabajadora de salud o líder de un grupo religioso, se encuentra en una posición ideal para recibir capacitación para ayudar a quienes padecen de los problemas del VIH.

Cómo seguir adelante si se tiene VIH

Ni la medicina moderna ni los curanderos tradicionales tienen una cura para el VIH. Pero la mayoría de la gente que tiene VIH puede estar sana por muchos años, especialmente cuando tiene tratamiento y cuidado adecuado. Durante esa temporada,

- **aproveche al máximo cada momento de la vida.**
- **pase tiempo con sus amigos y su familia.**
- **trate de mantenerse activa haciendo su trabajo del diario.**
- **tenga una vida sexual, si lo desea.** El toque sexual seguro puede ayudarle a conservarse sana.
- **Use protección (condones) cuando tenga relaciones sexuales.** Esto le protegerá a usted y a su pareja.

Si su pareja tiene VIH

Si usted es muy cuidadosa, puede seguir teniendo relaciones sexuales con un compañero que tenga VIH, sin infectarse usted. Los condones son la mejor manera de prevenir el VIH (vea pág. 189). Cúbrase las llagas abiertas en la piel y reciba tratamiento cuanto antes para las infecciones sexuales. Además recuerde que una vida sexual no sólo consiste en tener relaciones sexuales (vea pág. 190).

- **comience o trate de unirse a un grupo de personas que tenga VIH y SIDA.** Algunas personas que tienen VIH y SIDA trabajan unidas para educar a la comunidad, para proporcionar atención en casa a quienes tienen SIDA, y para defender los derechos de las personas que tienen VIH y SIDA.

grupos de apoyo

- **cuide de su salud mental y espiritual.** Su fé y sus tradiciones pueden darle fuerza y esperanza.

salud mental

- **piense en el futuro.** Si tiene hijos...
  - pase tiempo con ellos ahora y deles su consejo y sus cuidados.
  - haga arreglos para que alguien en su familia los cuide cuando usted ya no pueda.
  - haga un *testamento*. Si usted tiene algo de dinero, una casa o propiedad, trate de asegurarse de que vayan a dar a manos de quien usted quiera. A veces, las mujeres que no están casadas legalmente no pueden dejar sus posesiones a sus hijos y a otros familiares. Así que puede ser útil casarse legalmente para poder dejar sus posesiones a quienes usted desee.

CUIDE DE SU SALUD

- **Busque un programa de atención y tratamiento para el VIH** en cuanto reciba un examen positivo (vea pág. 517).

- **Atienda sus problemas médicos pronto.** Consulte a una promotora de salud regularmente. Cuando se enferme, asegúrese de recibir el tratamiento que necesita. Cada infección puede debilitar más su sistema de defensas. Hágase la prueba de la TB y tome cotrimoxazol para prevenir otras infecciones (vea pág. 296).

- **Coma alimentos nutritivos para mantener su cuerpo fuerte.** Los mismos alimentos que son buenos cuando uno está sano, también son buenos cuando uno está enfermo. Compre alimentos nutritivos en vez de inyecciones de *vitaminas* (vea pág 165).

- **Evite el tabaco, el alcohol y otras drogas** (vea pág. 435).

- **Use protección cuando tenga relaciones sexuales** para cuidar su salud y la de su pareja.

- **Trate de hacer ejercicio y de descansar lo suficiente.** Eso le ayudará a su cuerpo a mantenerse fuerte para combatir infecciones.

- **Evite las infecciones lavándose frecuentemente** y utilizando agua limpia para tomar y para prepara comida (vea pág. 296 sobre las medicinas que previenen las infecciones en las personas con VIH).

TB, 303 y 387

evitar unas infecciones

➤ *Si tiene hijos, haga que una de sus metas sea mantenerse sana para ellos.*

Medicinas para tratar el VIH y el SIDA

Todavía no hay una cura para el VIH, pero las medicinas *antirretrovirales* pueden ayudar a las personas con VIH a tener menos problemas de salud y vivir más tiempo. *Anti* quiere decir en contra y el virus que causa el VIH se llama *retrovirus*. Si se usan correctamente, los antirretrovirales luchan en contra de la infección del VIH. El sistema inmune se fortalece y la persona con VIH puede combatir las infecciones y estar sana. Pero el VIH no se cura. Pequeñas cantidades del virus siempre están escondidas en el cuerpo.

Tomar medicinas antirretrovirales se conoce como Terapia Antirretroviral (TAR). En muchos países, la TAR es barata y disponible. Algunos programas posiblemente ofrezcan la TAR a bajo costo o gratis.

La TAR funciona cuando se implementa de forma correcta: TAR significa tomar una combinación de 3 medicinas antirretrovirales cada día. Cuando alguien que tiene VIH empieza la TAR, tiene que tomar medicinas sin fallar ningún día. Una mujer que esté recibiendo la TAR subirá de peso y se verá y sentirá más saludable. Pero si deja de utilizar la TAR, si pierde una dosis o si no la toma a la hora indicada, el VIH puede volverse más serio y ella puede volver a enfermarse.

La TAR y la resistencia a las medicinas: Cuando las personas no toman su TAR a la hora indicada todos los días, el VIH puede empezar a crear *resistencia* a la medicina (vea pág. 481). El virus cambia y la medicina no funcionará bien para combatirlo. Si una infección del VIH que resiste a las medicinas se transmite a muchas personas entonces las medicinas de la TAR dejarán de funcionar bien. Tomar correctamente la TAR ayuda a preservar su eficacia para todos.

➤ *En algunos lugares, la TAR es conocida cómo TARGA, o Terapia Triple. Es la misma cosa.*

➤ *La TAR puede ayudar a la mayoría de las personas que tiene VIH a mantenerse saludables durante muchos años.*

TAR

Embarazo, parto y el dar pecho

Como cualquier otra mujer, usted tiene el derecho a decidir si quiere embarazarse o no y cuándo lo quiere hacer.

➤ *Si los bebés que nacen de las madres infectadas con VIH están muy enfermos desde el nacimiento, probablemente tengan VIH. Deben ser llevados tan pronto como sea posible a un centro de salud o a un hospital para que reciban tratamiento.*

El embarazo

El embarazo en sí no empeora la situación del VIH para la madre. Pero su embarazo puede ser más complicado si tiene VIH o SIDA. Posiblemente ella:

- perderá al bebé durante el embarazo (malparto).
- tendrá infecciones graves después del parto, que podrían ser más difíciles de curar.
- dará a luz antes de tiempo o tendrá un bebé infectado con VIH.

A pesar de estos riesgos, muchas mujeres que tienen el VIH quieran embarazarse.

Si usted quiere embarazarse y no sabe con seguridad si usted o su pareja están infectados con VIH, ambos de ustedes deben hacer la prueba del VIH. Si no hay forma de hacerse la prueba del VIH, usted puede reducir su riesgo de infectarse siguiendo estos consejos:

- Cuando tenga relaciones sexuales, use condones, excepto durante su período fértil (vea págs. 220 y 233).
- Nunca tenga relaciones sexuales si usted o su pareja tienen señas de una infección sexual.

Si es posible, cada mujer embarazada debe hacer un examen de sangre que se llama "CD4" (vea la página 517) para medir el funcionamiento del sistema inmune. Si la recuenta de células CD4 está debajo de 350, se debe iniciar la TAR para su salud. Si usted está embarazada y tiene VIH, es de suma importancia cuidarse bien, comer alimentos nutrivos, prevenir y tratar otras enfermedades (como el paludismo) y recibir tratamiento para el VIH.

La prevención y el tratamiento con la TAR puede ayudarle a usted y a su bebé a que estén saludables

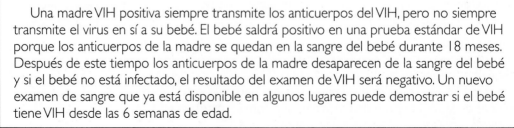

Un bebé puede infectarse cuando está en la matriz, en el momento del parto o a través de la leche materna. Sin tratamiento, 1 de 3 bebés que tienen madres infectadas con VIH se infectan también. Las medicinas antirretrovirales pueden proteger su salud y reducir de manera importante el riesgo de transmitir la infección del VIH a su bebé. Hable con una promotora que sepa sobre la prevención de la transmisión materno-infantil (PTMI) sobre las medicinas antirretrovirales durante el embarazo y el parto (vea pág. 520).

Una madre VIH positiva siempre transmite los anticuerpos del VIH, pero no siempre transmite el virus en sí a su bebé. El bebé saldrá positivo en una prueba estándar de VIH porque los anticuerpos de la madre se quedan en la sangre del bebé durante 18 meses. Después de este tiempo los anticuerpos de la madre desaparecen de la sangre del bebé y si el bebé no está infectado, el resultado del examen de VIH será negativo. Un nuevo examen de sangre que ya está disponible en algunos lugares puede demostrar si el bebé tiene VIH desde las 6 semanas de edad.

EL PARTO

La mayoría de la transmisión materno-infantil ocurre durante el parto. Utilizar medicinas antirretrovirales antes y despues del parto puede proteger a la madre y al bebé. El riesgo de transmitir el VIH aumenta cuando la bolsa de aguas ha estado rota por más de 4 horas antes del parto, cuando tiene un desgarro en la abertura de la vagina y cuando el bebé tiene mucho contacto con el sangre y los fluidos vaginales durante el parto.

Las infecciones después del parto pueden ser más peligrosas si tiene VIH. Consiga tratamiento de inmediato.

prevención de la transmisión materno-infantil

infecciones después del parto

EL DAR PECHO

La infección de VIH puede pasar a un bebé por medio de la leche de pecho. Hay más riesgo cuando la madre se ha infectado recientemente o si está muy enferma de SIDA. Las madres que tienen VIH pueden reducir el riesgo de infectar a sus bebés al:

- Tomar la TAR, para su propia salud sólo mientras da pecho (vea pág. 520).
- Darle al bebé únicamente leche de pecho—ni siquiera agua—hasta que tenga 6 meses.
- Prevenir las infecciones en los pechos y en los pezones y prevenir que los pezones se rajen o sangren (vea pág 115). Visite a una promotora de salud inmediatamente si tiene señas de infección.
- Hacer un tratamiento para el algodoncillo si ve puntos blancos o llagas en la boca de su bebé (vea pág.117).
- Solamente dar alimentos sustitutos a la leche de pecho, por ejemplo fórmula, si lo puede hacer de manera segura durante todo el tiempo que el bebé lo requiera (vea abajo).

En muchas comunidades, el riesgo de que un bebé padezca de *diarrea* y *desnutrición* a causa de tomar otros líquidos y agua insegura es mayor que el riesgo de que se contagie con VIH, sobre todo en los primeros 6 meses de vida. Por estas razones utilizar la leche de pecho en forma exclusiva durante los primeros 6 meses usualmente es la opción más segura para el bebé de una mujer que tiene VIH. Después de 6 meses, puede agregar otras comidas y destetar al bebé después de 12 meses si puede cumplir con sus necesidades alimentarias (vea pág. 110). Puede tomar entre 3 días y 3 semanas destetar al bebé.

Tomando la decisión de dar pecho a su bebé

Una promotora de salud que ha sido capacitada sobre la alimentación de los bebés y la PMTI puede ayudarle a considerar:

- ¿Es común que los niños en su área se enfermen o mueran de infecciones, diarrea o desnutrición? De ser así, quizás lo mejor sea que dé pecho a su bebé.
- ¿Tiene acceso al tratamiento de la TAR? Dar pecho es más seguro para el bebé de una mujer con VIH si está realizando esta terapia.
- ¿Hay disponibilidad de fórmulas o leches limpias y nutritivas para sustituir la leche de pecho? Necesitará una opción para el período de 6 a 12 meses y ésta puede ser muy cara. También necesitará agua limpia y hervida y recipientes para mezclar los ingredientes y tendrá que aprender sobre cómo alimentar a su bebé con una taza (vea pág.119). La leche animal no tiene todas las propiedades nutritivas que los bebés necesitan y deben ser la última opción. Necesitará agregarle vitaminas, azúcar y agua limpia. Pregúntele a una promotora sobre la receta que hay que usar con el tipo de leche que elija.

Cómo conservar la salud el mayor tiempo posible

Cuando una persona tiene SIDA, el sistema inmunológico de su cuerpo ya no puede combatir las infecciones y enfermedades comunes. El sistema inmunológico se debilita más con cada enfermedad y pierde aun más su capacidad de combatir una infección la siguiente vez. Sin tratamiento, esto continúa hasta que el cuerpo se debilita tanto que no puede sobrevivir.

La prevención de infecciones y enfermedades es la mejor forma de retrasar el debilitamiento del sistema inmunitario. También es importante tratar toda infección para evitar que se propague o que empeore. De ese modo, una persona que tiene SIDA puede permanecer sana el mayor tiempo posible.

Uso de medicinas para la prevención de algunas infecciones

A las personas VIH positivas, el uso regular del antibiótico cotrimoxazol les ayuda a prevenir la neumonía, la diarrea y otras infecciones. Debe empezar a tomarlo si ha perdido peso o si ha tenido llagas en la boca o se le ha rajado, si tiene ronchas con picazón, herpes, úlceras en la boca o gripes frecuentes.

Tomar: cotrimoxazol 960 mg por la boca cada día con bastante agua (2 tabletas de 480 mg: 80 mg de trimetoprim y 400 mg de sulfametoxazol). Si es posible, tómelo cada día sin importar si se siente mal o no.

IMPORTANTE *Las reacciones alérgicas al cotrimoxazol son más comunes entre las personas que tienen SIDA. Deje de tomar la medicina si le salen nuevas ronchas en la piel o si tiene cualquier otra seña de alergia a la medicina.*

El tomar antibióticos con regularidad causa problemas con infecciones de hongos de la vagina para algunas mujeres. Tal vez usted pueda evitar algunas de esas infecciones comiendo yogur o productos de leche agria. También puede ser de ayuda sentarse en una bandeja que tenga agua con yogur o vinagre. Para mayor información sobre las infecciones de moniliasis en la vagina, vea la página 265; infecciones de hongos en la piel, página 300; algodoncillo (infecciones de hongos en la boca), página 305.

En algunos países también se recomienda que las personas con VIH tomen medicinas para prevenir la tuberculosis (TB). Vea la página 303 para más información sobre la TB.

SALUD MENTAL

Infectarse con VIH puede ser emocionalmente estresante. Es muy común que las personas que están viviendo con VIH sientan miedo y ansiedad, o se sientan tristes, o no tengan energía o no sientan placer por la vida. La ansiedad y la depresión también pueden debilitar al cuerpo y aumentar la probabilidad de que una persona se enferme. La buena salud mental nos ayuda a estar saludables y a evitar enfermedades.

Una promotora de salud puede ayudarle a distinguir entre una enfermedad provocada por problemas físicos y algo provocado por ansiedad o depresión. Saber la causa de un problema hace más fácil tratarlo. Es posible vencer los sentimientos de ansiedad y depresión. Hable con un asesor o busque un grupo de apoyo para conseguir ayuda.

aseoramiento, 289
cómo seguir adelante si tiene VIH, 290

Una persona con VIH se puede enfermar fácilmente de diversos problemas de salud. El resto de este capítulo contiene información sobre los problemas médicos que más comúnmente afectan a las personas con SIDA y sobre las formas en que un individuo o su familia pueden encargarse de ellos.

El hecho de que una persona tenga alguno de estos problemas no quiere decir que ella tenga SIDA. Esta información es útil para cualquiera que tenga alguna de estas enfermedades.

FIEBRE

Las fiebres (calenturas) van y vienen. Es difícil saber si una fiebre se debe a una infección que puede ser tratada, como por ejemplo, *tuberculosis, infección pélvica* o *paludismo* (malaria), o si se debe al VIH en sí. Si la fiebre se debe a una infección, asegúrese de obtener tratamiento para la infección en sí.

Para revisar si alguien tiene fiebre, use un *termómetro*, o ponga el dorso de una de sus manos en la frente de la persona y el dorso de su otra mano en su propia frente. Si la enferma se siente más caliente, es probable que ella tenga fiebre.

Tratamiento:

• Vea que la persona no tenga puesta mucha ropa y deje que entre aire fresco al cuarto.

• Para enfriar la piel, échele agua, límpiela con trapos mojados o ponga trapos mojados sobre el pecho y la frente de la persona, y abaníquelos.

• Dé bastantes líquidos a la persona, aunque ella no tenga sed. Cuando se tiene fiebre, es fácil deshidratarse (perder demasiada agua).

• Dé una medicina, como paracetamol, aspirina o ibuprofen, para ayudar a bajar la temperatura.

• Mantenga la piel limpia y seca. Use loción o maicena para evitar que se formen llagas o ronchas.

Consiga ayuda cuando...

• la temperatura sea muy alta (más de 39°C ó 102°F).

• la fiebre dure por 2 semanas.

• la persona tenga tos, dificultades para respirar y pérdida de peso.

• la persona tenga el cuello tieso, dolor muy fuerte o diarrea repentina y fuerte, con fiebre.

• la enferma esté embarazada o haya tenido recientemente un bebé, un malparto o un *aborto*.

• la persona esté recibiendo tratamiento para paludismo y la fiebre no se le haya quitado después del primer tratamiento.

• la enferma tenga un desecho de la vagina y dolor en la barriga.

Problemas médicos comunes

➤ *Para los problemas médicos mencionados en este capítulo, vea también* **Donde no hay doctor** *u otro libro de medicina general.*

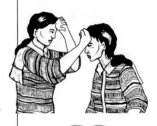

cómo tomar la temperatura

pulmonía, 304

tuberculosis, 303 y 387

infección después de un aborto, 255

infección pélvica, 274

DIARREA

La diarrea consiste en tener excrementos aguados 3 veces o más en un día. No es lo mismo tener muchos excrementos normales que tener diarrea. La diarrea puede ir y venir, y ser difícil de curar. Las causas más comunes de diarrea en las personas que padecen de VIH son la infecciones en los intestinos (tripas) causadas por tomar agua o alimentos contaminados, las infecciones producidas por el VIH, y los efectos secundarios de algunas medicinas.

La diarrea puede causar...

- **desnutrición,** si los alimentos pasan por el cuerpo tan rápidamente que éste no los puede aprovechar. Además, las personas con diarrea muchas veces no comen porque no tienen hambre.
- **deshidratación,** si el cuerpo recibe menos líquido del que pierde mediante los excrementos. La deshidratación ocurre más rápidamente en los climas calurosos y en las personas que tienen fiebre.

> ➤ Una persona VIH positiva que tenga diarrea por más de un mes posiblemente deba empezar el TAR (vea pág. 517).

Señas de deshidratación:

- sed
- boca reseca
- poca o nada de orina
- pérdida de elasticidad de la piel
- mareos al pararse

Levante la piel con dos dedos...

...si la piel no regresa a su lugar normal de inmediato, la persona está deshidratada.

¡TRANSPORTE!

IMPORTANTE *Si una persona tiene estas señas y también está vomitando, necesita recibir líquido por la vena o por el recto (vea página 541). Consiga ayuda médica pronto. La deshidratación grave es una emergencia.*

Tratamiento:

Come un poquito de esto, mamá.

- **Evite la deshidratación tomando más líquidos de lo usual.** Los jugos de fruta, el agua o leche de coco, el té aguado y endulzado, los atoles, las sopas, el agua de arroz y el suero para tomar (vea pág. 540) son buenos para combatir la deshidratación. La persona debe de tomar sorbos de algún líquido cada 5 ó 10 minutos, aunque no tenga sed.
- **Siga comiendo.** Trate de comer pequeñas cantidades de alimentos fáciles de digerir. Cueza bien la comida y después muélala o macháquela. Algunos alimentos buenos son los cereales mezclados con frijoles, carne o pescado; la leche y sus productos, como el queso y el yogur; y los plátanos. No coma verduras sin cocer, granos integrales, cáscaras de fruta, chiles (ajíes) picantes, ni alimentos o bebidas con mucha azúcar. Todos éstos empeoran la diarrea.

Sólo tome medicamentos para estas clases de diarrea:

- Diarrea repentina y fuerte, con fiebre (con o sin sangre en los excrementos). Tome 500 mg de ciprofloxacina, 2 veces al día, durante 7 días. O tome 960 mg de cotrimoxazol, 2 veces al día, durante 7 días. Si no se mejora en 2 días, acuda a un trabajador de salud.

- Diarrea con sangre pero sin fiebre, que puede deberse a amibas (animales pequeñísimos que viven en el agua o en los intestinos). Tome 500 mg de metronidazol, 3 veces al día, por 7 días. Si no se mejora en 2 días, acuda a un trabajador de salud.

- **Cuando una persona tiene diarrea por mucho tiempo,** se le puede formar un área roja y adolorida alrededor del *ano*. Quizás ayude ponerse vaselina o pomada de óxido de zinc cada vez después de obrar. Puede que la persona también padezca de *hemorroides* (almorranas).

Consiga ayuda si la persona...

- tiene señas de deshidratación (vea pág. 298).

- no puede comer o beber como de costumbre.

- no parece mejorarse a pesar de todo lo que haga.

- tiene fiebre (calentura) alta (más de 39°C ó 102°F).

- tiene muchos excrementos aguados en un día.

- tiene excrementos con sangre que no se quitan con medicina.

- también está vomitando.

Prevención:

- **Tome agua limpia.** Purifique el agua antes de usarla en alimentos o bebidas.

- **Coma alimentos limpios y seguros.** Asegúrese de lavar o pelar los alimentos crudos y de cocer bien la carne. Proteja los alimentos del polvo, las moscas y otros insectos y animales. Todos éstos pueden pasarle microbios.

- **Siempre lávese las manos...**
  - después de usar o ayudarle a alguien a usar el baño (*letrina*, excusado).
  - después de limpiar a niños o enfermos que se hayan ensuciado con excremento.
  - antes de preparar cualquier alimento o bebida.

- **Proteja las fuentes de agua de su comunidad.**

➤ *Si usted está embarazada o dando pecho, no tome norfloxacina. Para mayor información sobre estas medicinas, vea las "Páginas verdes".*

hemorroides

➤ *Si una mujer que tiene VIH también tiene diarrea durante más de un mes, probablemente necesite el TAR.*

**TAR,
291, 517-520**

agua limpia, 155
alimentos seguros, 156
el lavarse las manos,
526
cotrimoxazol, 296

Comezón y ronchas en la piel

Muchas veces es difícil saber a qué se deben las ronchas y la comezón en la piel. Muchos problemas de la piel se pueden mejorar manteniendo limpio el cuerpo. Trate de bañarse a diario con agua limpia y un jabón suave.

Si la piel se le reseca demasiado, báñese menos seguido y no use jabón. Trate de untarse la piel con vaselina, glicerina o aceites vegetales después de bañarse. Use ropa suelta de algodón.

Reacciones alérgicas

Las reacciones alérgicas, las cuales muchas veces producen ronchas con comezón, son más comunes entre las personas que tienen VIH. Las medicinas que contienen sulfa (como el cotrimoxazol) pueden causar algunas de las peores reacciones para ciertas personas. Si usted está usando esas medicinas y le dan ronchas con comezón, comezón en los ojos, vómitos o mareos, **deje de usarlas de inmediato** y consulte a un trabajador de salud. Quizás él pueda darle una medicina eficaz que no contenga sulfa.

Infecciones de hongos (moniliasis, Cándida)

Las infecciones de hongos son difíciles de describir porque pueden tener muchos diferentes aspectos. Algunas infecciones de hongos son como manchas redondas, rojas o escamosas que dan comezón. Las mujeres con VIH también pueden tener infecciones frecuentes de moniliasis en la vagina.

Puede que usted tenga una infección de hongos si tiene un problema de la piel en una de estas áreas:

Tratamiento:

- Si tiene manchas rojas con comezón, mantenga el área limpia y seca. De ser posible mantenga el área destapada para que le dé el aire y el sol.
- Póngase crema de nistatina 3 veces al día o violeta de genciana 2 veces al día, hasta que las ronchas hayan desaparecido por completo.

en las axilas (arcas)

bajo los pechos

en esta parte del brazo

entre los dedos

entre las piernas y entre las nalgas

- Si usted tiene una infección de hongos muy severa, tome ketoconazol, 1 tableta de 200 mg al día, durante 10 días o tome fluconazol, 100 a 200 mg al día, durante 7 a 14 días. No tome estas medicinas si está embarazada. (También vea la página 305 para información sobre algodoncillo, una infección de hongo en la boca).

Manchas cafés o moradas en la boca o en la piel

Estas manchas generalmente se deben a un cáncer de los vasos sanguíneos o de los *nodos linfáticos*, llamado sarcoma de Kaposi. Las medicinas no ayudan. Si usted está teniendo problemas, como dificultades para comer a causa de manchas en la boca, acuda a un trabajador de salud.

Comezón

Tratamiento sin medicamentos:

- Refresque o abanique la piel.
- Evite el calor y no se ponga agua caliente en la piel.
- No se rasque, lo cual produce más comezón y, a veces, una infección. Córtese las uñas al ras y manténgalas limpias para evitar infecciones.
- Hierva avena y cuélela. Después use trapos frescos remojados en el agua de la avena. O use plantas medicinales que le dé un curandero de su área.

Estas plantas pueden aliviar la comezón:

- tintura del árbol de té de Australia
- jugo de la zábila

Tratamiento con medicamentos (use cualquiera de los siguientes):

- Aplíquese loción de calamina con un trapito limpio, según sea necesario.
- Úntese pequeñas cantidades de crema o pomada de hidrocortisona al 1%, 3 veces al día.
- Use un antihistamínico tomado, como difenhidramina o hidroxicina. Tome 25 mg, 4 veces al día. Los antihistamínicos pueden producirle sueño.

➤ *Las mujeres que están embarazadas o dando pecho deben tener cuidado al usar antihistamínicos (vea las "Páginas verdes").*

Herpes zoster

Ésta es una infección causada por el virus de la varicela. Generalmente comienza con un salpullido de ampollas dolorosas, que pueden abrirse. Las ampollas aparecen con mayor frecuencia en la cara, en la espalda y en el pecho. El área puede arder y producir dolor sumamente fuerte. Puede que el salpullido empiece a mejorarse en unas cuantas semanas, pero el dolor puede durar más.

Tratamiento

- Aplíquese loción de calamina 2 veces al día para disminuir el ardor y dolor.
- Mantenga secas las llagas. Cúbralas con una venda suelta si la ropa las talla.
- Para evitar infecciones, aplíquese violeta de genciana líquida. Si las llagas de cualquier forma se infectan, vea la página 307.
- Muchas veces es necesario tomar medicina fuerte para el dolor (vea pág. 482).
- Tome aciclovir.

No se toque los ojos, porque el herpes zoster puede dañar la vista, o incluso producir ceguera.

Náusea y vómitos

Si una persona no puede comer o beber a causa de la náusea y los vómitos, ella puede debilitarse, deshidratarse y desnutrirse. Algunas personas pueden tener náusea y vómitos día tras día. La náusea y los vómitos se pueden deber a:

* infecciones.
* algunas medicinas.
* problemas del estómago y de los intestinos.
* la infección misma de VIH.

Tratamiento:

* Cuando se despierte por la mañana, coma mordiditas de algún alimento seco (pan tostado, galletas saladas, tortilla).
* Trate de evitar los olores de los alimentos cuando cocine. Si un alimento u olor parece causarle náuseas, evite ese alimento.
* Beba pequeñas cantidades de té de hierbabuena, jengibre o canela.
* Lama un limón.
* Lávese los dientes y enjuáguese la boca con frecuencia, para deshacerse del mal sabor después de *vomitar*.
* Deje que entre aire fresco en su casa o cuarto con frecuencia.
* Remoje una toallita en agua fresca y póngasela en la frente.
* Si el problema se debe a una medicina, vea si puede usar otra medicina en su lugar.

otras medicinas

Si está vomitando mucho:

1. No beba ni coma nada por 2 horas.
2. Después, durante las próximas 2 horas, beba a traguitos 3 cucharadas de agua, suero para tomar u otro líquido claro, por hora. Vaya aumentando la cantidad de líquido poco a poco, hasta que esté tomando de 4 a 6 cucharadas por hora. Si no vomita, siga aumentando la cantidad de líquido.

suero para tomar

3. Si no puede dejar de vomitar, use de 25 mg a 50 mg de prometazina por la boca o en el recto cada 6 horas, según sea necesario (vea pág. 514). Cuando disminuyan los vómitos, la persona probablemente prefiera seguir tomando la medicina exclusivamente por la boca.
4. Ya que tenga menos náusea, empiece a comer en pequeñas cantidades. Comience con alimentos sencillos como pan, arroz, yuca o atoles.

Cuándo conseguir ayuda:

* La persona no puede comer ni beber nada sin vomitar, durante 24 horas.
* La persona tiene dolor en la barriga o fiebre alta.
* Los vómitos son muy fuertes, son de color verde o café (marrón) oscuro, huelen a excremento, o tienen sangre.
* La persona tiene señas de deshidratación.

Tos

La tos es la forma en que el cuerpo limpia el sistema de la respiración y se deshace del *moco*. La tos también es una seña común de problemas de los pulmones, tales como la pulmonía o la tuberculosis. Cualquier persona VIH positiva que tenga una tos por más de 2 semanas debe visitar a una promotora de salud para hacerse el examen de la TB.

Cuando una tos produce moco, no tome una medicina para calmarse la tos. En vez de eso, haga algo que ayude a soltar y expulsar el moco. Así la tos se le quitará más pronto

Tratamiento:

- Tome mucha agua. El agua es mejor que cualquier medicina. Hace que el moco se vuelva más suelto para que usted lo pueda expulsar más fácilmente.
- Tosa varias veces al día para aclararse los pulmones. Asegúrese de taparse la boca.
- Manténgase activa caminando, volteándose en la cama o sentándose si ha estado acostada. Esto ayuda a que el moco salga de los pulmones.
- Para aliviarse las molestias de la garganta, tome té con miel y limón o su propio remedio de plantas medicinales. Los jarabes para la tos comerciales son más caros y no son más eficaces.
- Si la tos es muy fuerte y no la deja dormir, tome 30 mg de codeína o use jarabe para la tos con codeína (vea pág. 497).

IMPORTANTE *Si el moco que expulsa es amarillo o verde, o tiene sangre, la tos podría deberse a pulmonía o tuberculosis (vea la página siguiente).*

Tuberculosis (TB)

La tuberculosis o TB es una infección grave causada por un microbio que generalmente afecta los pulmones. Las señas del SIDA y de la TB son parecidas, pero éstas son dos enfermedades diferentes. **La mayor parte de los hombres, las mujeres y los niños que tienen TB, no tienen SIDA.**

Pero a una persona con VIH le puede dar TB muy fácilmente, porque el cuerpo de la persona está tan débil que no puede combatir la enfermedad. La TB es la principal causa de la muerte en personas con VIH y SIDA.

La TB es curable, incluso en personas que tienen SIDA, por eso es importante obtener tratamiento pronto. Cuando una persona VIH positiva empieza el tratamiento contra la TB, ella o él debe también empezar la TAR. Ayude a esta persona a encontrar un programa para el cuidado y el tratamiento del VIH.

➤ *NO fume si tiene tos.*

Usted puede hacer este jarabe para todo tipo de tos, sobre todo para la tos seca. Tome una cucharadita cada 2 ó 3 horas.

Mezcle:

1 porción de miel

+

1 porción de jugo de limón

+

1 porción de agua

Póngase en la posición mostrada en el dibujo y pídale a alguien que le dé golpes en la espalda. Así puede ser más fácil expulsar el moco con la tos.

pulmonía, 304
TB, 397
TAR, 517-521

➤ *Las personas con VIH y pulmonía probablemente necesiten empezar la TAR (vea pág. 517).*

Pulmonía

La pulmonía es causada por microbios que infectan los tubitos de la respiración que se encuentran en lo profundo de los pulmones. Muchas veces afecta a las personas mayores o a las personas muy enfermas o débiles.

La pulmonía puede ser muy peligrosa para quienes tienen VIH. Esas personas deben recibir antibióticos de inmediato. A veces es necesario tratar la pulmonía con medicinas por la vena, en un hospital.

los pulmones

Señas:

- Respiración rápida y corta (más de 30 veces por minuto en un adulto). A veces las ventanillas de la nariz se abren mucho cada vez que se respira.
- Sensación de no poder tomar suficiente aire.
- Fiebre (calentura) repentina y, muchas veces, alta.
- Tos que produce moco verde, de color oxidado o con sangre.
- La persona se siente muy enferma.

Tratamiento:

- Tome cotrimoxazol por 10 a 21 días (vea las "Páginas verdes").
- Tome bastante líquido.
- Trate de bajar la fiebre.
- Si no se mejora en 24 horas o si se está poniendo peor, consiga ayuda médica de inmediato.

PROBLEMAS DE LA BOCA Y DE LA GARGANTA

Los problemas en la boca son comunes en las personas que tienen VIH. Algunos problemas pueden ser tratados con un enjuague diario que mate los microbios, por ejemplo violeta de genciana (vea pág. 502). O puede usar un enjuague que tenga partes iguales de agua oxigenada y agua natural (no debe tragarse estos enjuagues).

Los problemas con la boca o la garganta pueden impedir que la persona coma de la manera acostumbrada. Como resultado, ella se puede debilitar, desnutrir y enfermarse. Ella debe tratar de...

- comer pequeñas cantidades de comida, con frecuencia.
- añadir aceite vegetal a la comida, para que le dé más energía.
- no comer verduras crudas. Son difíciles de digerir y pueden tener microbios.
- tomar muchos líquidos y estar pendiente de la deshidratación.

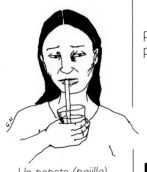

Un popote (pajilla) puede ser útil para beber cuando se tiene problemas de la boca que causan dolor.

Dolor en la boca y en la garganta

Muchas personas con VIH tienen dolor en la boca y problemas con los dientes y las encías. Trate de...

- comer alimentos blandos y sencillos—no alimentos duros, crujientes, sazonados ni picantes.
- probar alimentos o bebidas fríos o el hielo para calmar el dolor.

Llagas, grietas y ampollas alrededor de la boca

El virus del herpes puede producir ampollas y llagas dolorosas en los labios (a veces se les conoce como 'fuegos'). A una persona sana le pueden salir estas llagas después de tener catarro (gripa) o fiebre. A una persona con VIH le pueden salir estas llagas en cualquier momento. Las llagas pueden durar por mucho tiempo, pero generalmente se quitan solas. Para evitar una infección, ponga violeta de genciana en las llagas. También puede ser útil la medicina llamada aciclovir (vea las "Páginas verdes"). Lávese las manos después de tocar las llagas.

➤ *Las grietas y las llagas en las esquinas de la boca también se pueden deber a desnutrición.*

Manchas blancas en la boca (algodoncillo)

El algodoncillo es una infección de hongos que produce manchas blancas y dolor en la piel dentro de la boca, en la lengua y, a veces, en la garganta. Eso puede causar dolor en el pecho.

Las manchas se ven como leche cuajada pegada a las mejillas o a la lengua. Si es posible raspar las manchas, lo más probable es que sean de algodoncillo. Una persona VIH positiva que contraiga algodoncillo oral posiblemente tenga que empezar la TAR (vea pág. 517).

Tratamiento:

Ráspese suavemente la lengua y las encías con un cepillo de dientes suave o con un trapito limpio, 3 ó 4 veces al día. Luego enjuáguese la boca con agua salada o agua con jugo de limón y escúpala (no se la trague). Además, use UNO de los siguientes remedios:

1. Chupe un limón, si eso no le causa mucho dolor. El ácido retrasa el crecimiento de los hongos. O:

2. Enjuáguese la boca con una solución de violeta de genciana al 1%, 2 veces al día. No se la trague. O:

3. Póngase 2,5 ml de solución de nistatina en la boca, téngala allí 2 minutos y después tráguesela. Haga esto 5 veces al día, durante 14 días. O:

4. Si tiene mucho algodoncillo, quizás le ayude el ketoconazol. Tome una tableta de 200 mg, una vez al día (con comida), durante 14 días (pero no tome esa medicina si está embarazada).

Dificultades para tragar (algodoncillo en el esófago)

El algodoncillo puede pasar por el tubo que conecta la boca y el estómago (el esófago), y tragar puede resultar tan doloroso que la persona no pueda comer ni tomar. Si esto ocurre, esta persona necesita urgentemente ir al hospital. Si la persona puede tragar medicina, ella debe tomar inmediatamente fluconazol 400 mg, y luego 200 mg al día durante 14 días. Si la persona no mejora en 3 ó 5 días, debe duplicar la dosis a 400 mg por día.

➤ *Si está embarazada o dando pecho, no debe tomar fluconazol (vea las "Páginas verdes").*

HERIDAS Y LLAGAS

Las heridas son lesiones que abren la piel. Las llagas muchas veces son causadas por *bacterias* o por presión sobre la piel (*llagas de presión*). Les pueden salir fácilmente a las personas que pasan mucho tiempo en cama. Atienda con cuidado cualquier cortada, herida o llaga abierta que tenga, para que no se le infecte.

Cuidado general de las heridas y llagas abiertas:

1. Lave la herida o llaga con agua limpia y jabón suave, por lo menos 1 vez al día. Primero lave las orillas de la herida, y después lave desde el centro hacia las orillas. De ser posible, use trapitos diferentes para cada pasada.

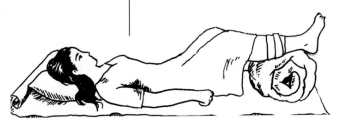

2. Si la herida tiene pus o sangre, cubra el área con una venda o un trapito limpio. Deje la venda bastante suelta y cámbiela a diario. Si la herida está seca, no necesita taparla. Así sanará más pronto.

3. Si la herida está en una pierna o en un pie, eleve la pierna de modo que quede más arriba del nivel del corazón. Haga esto tantas veces como sea posible durante el día. De noche, duerma con los pies elevados. Evite estar parada o sentada por mucho tiempo. También ayuda caminar un poco.

4. Lave las vendas y los trapos sucios con agua y jabón. Después tiéndalos al sol. O hiérvalos un ratito y tiéndalos para que se sequen. Si no va a volver a usar los trapos o las vendas, quémelos o tírelos en una letrina honda.

Remedios caseros para las llagas de presión

Papaya: Esta fruta contiene sustancias químicas que ayudan a ablandar la carne vieja en una llaga de presión, para que sea fácil sacarla.

Remoje una gasa o un trapo esterilizado en la leche que sale del tronco o de un fruto verde del papayo y rellene la llaga con eso. Repita 3 veces al día.

Azúcar y miel: Éstas matan microbios, ayudan a evitar infecciones y hacen que las llagas sanen más pronto. Haga una pasta espesa de azúcar y miel. Rellene la llaga con la pasta y cúbrala con un trapo grueso y limpio o con una gasa gruesa. (También puede usar melaza o piloncillo para rellenar las llagas.)

IMPORTANTE *Limpie y vuelva a rellenar la llaga por lo menos 2 veces al día. Si la miel o el azúcar se aguadan mucho con el líquido de la llaga, alimentarán a los microbios en vez de matarlos. Para mayor información sobre las llagas de presión, vea la página 142.*

Tratamiento de llagas y heridas abiertas infectadas:

Las heridas y las llagas están infectadas si...

- se ponen rojas, hinchadas, calientes y adoloridas.
- tienen pus.
- empiezan a oler mal.

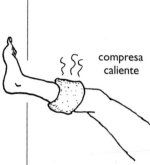

compresa
caliente

Trate el área infectada como se explica en los pasos 1 a 4 de la página anterior **y** también haga lo siguiente:

1. Ponga una *compresa* caliente sobre la herida, 4 veces al día, durante 20 minutos cada vez. O trate de remojar la herida en un balde con agua caliente y jabón o permanganato de potasio. Use una cucharadita de permanganato de potasio por cada 4 ó 5 litros de agua. Cuando no esté remojando el área infectada, manténgala en alto (más arriba del nivel del corazón).

2. Si parte de la herida se ve gris o podrida, enjuáguela con agua oxigenada después de remojarla. Trate de quitar las partes grises con una gasa con pincitas que haya limpiado bien.

3. Si puede, ponga violeta de genciana en la herida antes de cubrirla.

4. Si tiene muchas llagas infectadas al mismo tiempo, y sobre todo si también tiene fiebre, tome antibióticos. Use eritromicina, dicloxacilina o penicilina durante 10 días (vea las "Páginas Verdes").

➤ *Tenga cuidado:*
Si usa demasiado permanganato de potasio o agua muy caliente, quemará la piel.

➤ *Una persona con infección severa en la piel y fiebre posiblemente tenga que iniciar TAR (vea pág. 517).*

Tratamiento de heridas cerradas infectadas (abscesos y nacidos):

Los abscesos y los nacidos son bolitas salidas, rojas y dolorosas en la piel. Dan más comúnmente en la *ingle* y en las axilas, y también en las *nalgas,* en la espalda y en los muslos.

Si usted nota una bolita o bulto, empiece a usar compresas tibias de inmediato, por 20 minutos, 4 veces al día. Muchas veces esto hace que el bulto se abra y que salga el pus que tiene por dentro. Siga poniéndose trapos limpios y calientitos hasta que el pus deje de salir y el área empiece a sanar. Cubra el bulto con una venda limpia y suelta. Si la bola se vuelve muy grande y dolorosa, acuda a un trabajador de salud que tenga capacitación para drenar abscesos usando equipo esterilizado. Use eritromicina, dicloxacilina o penicilina por 10 días (vea las "Páginas verdes").

Cuándo conseguir ayuda

Acuda a un trabajador de salud que tenga capacitación para tratar el VIH y el SIDA si usted tiene una herida y...

- fiebre
- se está agrandando el área roja alrededor de la herida.

Consiga ayuda médica si tiene una herida y...

- puede sentir que tiene glándulas hinchadas en el cuello, en la ingle o en las axilas.
- la herida huele mal, suelta líquido gris o café (marrón), se pone negra y burbujea, o si tiene ampollas. Esto podría ser gangrena.
- usted está tomando antibióticos pero no se está mejorando.

CONFUSIÓN MENTAL (DEMENCIA)

Es común que una persona con SIDA tenga algo de confusión mental o algún cambio mental, sobre todo si ha estado enferma por mucho tiempo. La confusión mental junto al dolor de cabeza constante, la torticolis y la fiebre puede indicar una infección en el cerebro. Busque ayuda inmediatamente. La confusión mental también puede ser un efecto secundario de la TAR y de otras medicinas (vea pág. 478).

DOLOR

En las etapas más avanzadas del SIDA (y de otras enfermedades como el cáncer), el dolor puede volverse parte de la vida diaria. El dolor puede deberse a muchas causas, tales como:

- el no poder moverse.
- las llagas de presión (vea pág. 142).
- hinchazón de las piernas y de los pies.
- infecciones, como el herpes.
- dolor de cabeza.
- dolores de los nervios.

Tratamiento para el dolor, sin medicamentos:

- Vea si le ayudan los ejercicios de relajación, la meditación o el rezo (vea la pág. 423).
- Toque música o pida a alguien que le lea o que le cuente historias.
- Para el dolor debido a hinchazón de las manos y de los pies, vea si le ayuda elevar el miembro hinchado.
- Para el ardor en las manos y en los pies causado por el dolor de nervios, ponga el miembro afectado en agua.
- Si la persona siente dolor cuando alguien le toca la piel, cubra la cama con mantas suaves y almohadas o pieles de animales. Hay que tener cuidado al tocar a la persona.

- Para el dolor de cabeza, mantenga la habitación oscura y en silencio.
- La dígito-presión puede ayudar a aliviar algunos tipos de dolor (vea pág. 546).

Tratamiento para el dolor, usando medicamentos:

Las siguientes medicinas se pueden usar para controlar el dolor crónico. Tome las medicinas regularmente, siguiendo las instrucciones. Si usted espera hasta que el dolor se vuelva muy fuerte, las medicinas no serán tan eficaces.

- una medicina suave para el dolor, como acetaminofén
- ibuprofeno o codeína—si necesita algo más potente
- morfina oral—si el dolor es muy fuerte

➤ Las medicinas para el dolor funcionan mejor si usted las toma antes de que el dolor se vuelva muy fuerte.

482

medicinas para el dolor

Llega un momento en que ya no es posible hacer nada más para tratar a la persona con SIDA. Tal vez usted se dé cuenta de que ese momento ha llegado cuando...

- el cuerpo empiece a fallar.
- el tratamiento médico deje de ser eficaz o no esté disponible.
- la persona diga que está lista para morir.

Si la enferma desea quedarse en casa, usted puede ayudarle a morir con dignidad...

- consolándola.
- pidiendo a parientes y amigos que estén con ella.
- permitiéndole tomar decisiones.
- ayudándole a prepararse para la muerte. Tal vez le ayude a ella hablar sobre la muerte, sus temores de morir y sus preocupaciones sobre el futuro de su familia. No ayuda actuar como si ella no estuviera muriendo. Asegúrele que usted hará todo lo posible por evitarle dolor y molestias. Si ella quiere, hablen sobre los arreglos para su entierro.

Cómo cuidar a alguien que se acerca a la muerte

A medida que se acerque a la muerte, puede que ella pierda el conocimiento, deje de comer, respire lentamente o de una manera muy rápida y dispareja, deje de orinar o pierda el control de la orina y del excremento.

Cuidado del cuerpo de una persona que ha muerto de SIDA

El VIH puede vivir hasta 24 horas en el cuerpo de una persona que ha muerto. Durante ese período, tome las mismas precauciones con el cuerpo que tomaba cuando la persona estaba viva (vea pág. 295).

EL VIH ES PROBLEMA DE TODOS

Es importante que todos los miembros de la comunidad sepan cómo se transmite el VIH y cómo evitar infectarse. Pero esta información no les servirá a menos que se den cuenta de que el VIH puede darle a cualquier persona, incluyéndolos a ellos. Si las personas piensan que no les puede dar VIH y SIDA, no harán nada para no infectarse.

El culpar a cierto grupo de personas (como por ejemplo las trabajadoras de sexo, los homosexuales o quienes usan drogas) hace que otros piensen que sólo ese grupo corre el riesgo de infectarse. Es cierto que algunas personas, como las trabajadoras de sexo, corren un mayor riesgo de contagiarse con VIH (porque su trabajo requiere que tengan relaciones sexuales con muchos hombres). Por otro lado, las trabajadoras del sexo pueden correr menos riesgo porque posiblemente usen condones con todos sus clientes. Pero toda persona corre el riesgo de contagiarse con VIH—y en especial las mujeres jóvenes. Por eso, toda la gente de la comunidad necesita hacerse responsable de combatir este mal.

También es importante acordarse de luchar contra las condiciones que facilitan el contagio del VIH, y no contra las personas que tienen VIH.

La lucha por el cambio

➤ *Luche contra el VIH, no contra la gente que lo tiene.*

Cómo puede usted ayudar a prevenir el VIH

En la comunidad

La educación es una de las cosas más útiles que una comunidad puede usar para evitar la propagación del VIH. Por ejemplo:

salud sexual

Entrene a algunos hombres a ser trabajadores de divulgación. Pueden acudir a los lugares donde se reúnen los hombres y hablar con ellos sobre el VIH.

- Enséñeles a algunas jovencitas y mujeres a hablar con otras jóvenes y mujeres individualmente o en grupo para ayudarles a entender sus cuerpos y su sexualidad. Además pueden ayudarles a ganar suficiente confianza en sí mismas y las habilidades necesarias para rehusarse a tener relaciones sexuales excepto con protección.

- Diga la verdad acerca de los riesgos del contagio con VIH para las mujeres. Ayude a la gente a darse cuenta de las raíces del VIH que se hallan en la pobreza y en el hecho de que las mujeres no tienen suficiente control de sus relaciones sexuales.

- Use el teatro y los medios de comunicación para ayudar a las mujeres a sentir que no es malo saber sobre el VIH y tratar de evitarlo. Por ejemplo, use una obra de teatro o una fotonovela para demostrar que las jóvenes y mujeres "buenas" pueden hablar del VIH con sus compañeros, o pueden comprar condones y pedir a sus parejas que los usen.

Al mismo tiempo, presente diferentes ideas acerca de lo que significa ser hombre o mujer. Ayude a las personas a cuestionar la idea de que los hombres deben tener muchas compañeras sexuales y de que las mujeres deben tener una actitud pasiva en cuanto al sexo. Demuestre cómo estas ideas presentan peligros, tanto para la salud de los hombres, como de las mujeres.

- Ayude a los padres de familia, a los maestros y a otros adultos que puedan ser un ejemplo para los jóvenes a hablar más cómodamente sobre el sexo y el VIH.

- Asegúrese de que toda la gente en la comunidad obtenga información y servicios de salud sexual, incluyendo condones.

- Lleve su mensaje acerca del VIH a los lugares donde la gente de la comunidad se reúne: cantinas, escuelas, iglesias o templos, bases militares.

He aquí un ejemplo de cómo las mujeres pueden trabajar unidas para protegerse contra el VIH:

Para combatir la propagación del VIH, las mujeres de un pueblo llamado Palestina en el noreste de Brasil se pusieron en "huelga de sexo". Después de que las mujeres de la comunidad se enteraron de que un hombre infectado con VIH había tenido relaciones sexuales sin protección por lo menos con dos mujeres del pueblo, ellas decidieron dejar de tener relaciones con sus esposos y novios. Ellas exigieron que sus compañeros se hicieran la prueba del VIH o ellas no volverían a tener relaciones sexuales con ellos. Además insistieron en usar protección al tener relaciones sexuales.

Ahora, antes de tener relaciones sexuales con un hombre, las mujeres exigen usar protección y piden que el hombre presente un comprobante de que se ha hecho la prueba del VIH. Una mujer dijo: —Si él se rehusa a usar protección, no tenemos por qué andar juntos.

Si usted es trabajadora de salud

Usted puede jugar un papel muy importante en los esfuerzos por detener la propagación del VIH. Puede ayudar si...

- da información acerca de las formas en que el VIH se transmite y no se transmite a **cada** persona que atienda—y sobre todo a quienes ya tengan otra enfermedad sexual.

- anima tanto a los hombres como a las mujeres a usar condones, aunque ya estén usando otros métodos de planificación familiar.

- usa medidas de precaución contra el VIH con cada persona que atienda. Como la mayoría de las personas que tienen VIH se ven sanas, es mejor que usted actúe como si todos sus clientes estuvieran infectados. Siempre que usted tenga que cortar la piel o tocar líquidos del cuerpo, siga las recomendaciones de la página 295. Esto incluye cualquier ocasión en que usted tenga que dar una inyección, poner puntos (en la piel o el tejido), ayudar con un parto o examinar los genitales de una persona.

- se asegura de que todos los miembros de la comunidad, incluyendo los jóvenes, tengan *acceso* a los servicios de salud, y de que estos últimos sean privados y confidenciales.

- invita a un representante de una organización regional de SIDA a reunirse con los trabajadores de salud de su área. Enseña los mejores modos de tratar las infecciones que comúnmente afectan a las personas que padecen de VIH y SIDA. Ustedes también pueden discutir los otros problemas a los cuales se enfrentan las personas con VIH y SIDA. Traten de decidir cómo pueden ayudar a la gente usando los recursos que ustedes tienen, y piensen en dónde podrían conseguir más recursos para satisfacer las necesidades de la gente. Si los trabajadores de salud pueden trabajar unidos y compartir sus recursos, no tendrán que enfrentarse solos a este enorme problema.

➤ *Asegúrese que las personas de su comunidad sepan dónde pueden realizarse la prueba del VIH y cómo recibir cuidado y TAR cuando los necesiten.*

➤ *Si todos los trabajadores de salud pueden ofrecer la misma información y los mismos servicios, la gente ahorrará tiempo, dinero y energía, pues no tendrá que ir en busca del mejor tratamiento.*

Luche contra el miedo y las actitudes negativas con respecto al VIH

Como trabajadora de salud, posiblemente tenga que enfrentar sus propios miedos a contraer el VIH antes de ayudar a los demás a que no les tengan miedo a las personas con VIH. Un buen modo de empezar es planeando una reunión para hablar sobre el VIH con otros trabajadores de salud de su región. Ayude a todos los trabajadores de salud a aprender lo más posible sobre el VIH para que puedan dar información precisa y consistente a la gente de sus comunidades. Si todos los trabajadores pueden dar la misma información, eso ayudará a combatir el temor causado por las ideas equivocadas sobre el SIDA. Las personas con SIDA—y quienes se encargan de cuidarlas—hallarán más aceptación en sus comunidades, si sus vecinos tienen menos temores. Así ellos podrán ayudar a otros a entender cuál es el verdadero riesgo de cada persona de contagiarse con VIH.

El interés y la compasión de un promotor de salud también pueden ayudar a otras personas a cambiar sus actitudes hacia quienes tienen VIH y SIDA. Así el promotor podrá contar con el apoyo de la comunidad en la lucha contra el VIH.

Capítulo 18

En este capítulo:

También vea el capítulo 19: La violación y el asalto sexual, pág. 327.

La violencia contra las mujeres

¡Ya no más palizas!

¡NO!

Basta del maltrato

NO A LA VIOLENCIA

Cada día, las mujeres son abofeteadas, pateadas, golpeadas, humilladas y amenazadas por sus compañeros. También son violadas e incluso asesinadas. Sin embargo, con frecuencia no oímos nada acerca de esta violencia porque las mujeres que sufren a manos de ella pueden sentirse avergonzadas o solas, o porque pueden tener miedo de quejarse. Muchos doctores, enfermeras y otros trabajadores de salud no reconocen que la violencia es un problema que afecta la salud gravemente.

Este capítulo trata de los diferentes tipos de violencia que sufren las jóvenes y las mujeres. Puede ayudarle a usted a entender por qué se da la violencia, lo que usted puede hacer al respecto, y cómo puede usted luchar para realizar cambios en su comunidad.

➤ *No hay ninguna razón por la cual una persona deba golpear a otra o maltratarla de cualquier forma.*

Aunque este capítulo habla sobre la violencia entre una mujer y un hombre, puede haber violencia en cualquier relación estrecha: entre una suegra y su nueva yerna, entre padres e hijos, entre un niño más grande y uno más pequeño, entre parientes y una persona ya mayor que vive con ellos y entre compañeros del mismo sexo.

La historia de Laura y Luis

Luis era 12 años mayor que Laura y él ya era un próspero comerciante cuando ellos se conocieron. Él vendía sus mercancías a la tienda donde Laura trabajaba como encargada. Luis era encantador y le hablaba a Laura sobre el tipo de vida que podrían tener juntos. Él le decía a Laura que le compraría todo lo que ella quisiera y que ella sería su "mejor mujer". Él le compraba ropa nueva que le gustaba que Laura se pusiera, y le hablaba de lo bonita que se vería si se dejara de vestir de la manera en que ella acostumbraba. Con el tiempo, él empezó a verla a diario, y poco después le pidió que dejara de trabajar y que se casara con él.

Después de casarse, Laura esperaba que Luis cumpliera sus promesas. Pero en vez de eso, las cosas empezaron a cambiar. Él no le permitía a ella salir, porque decía que se veía muy fea. De hecho, él cogió toda la ropa bonita que le había regalado y la quemó, diciendo que esa mujer fea y estúpida no se merecía esa ropa.

En una ocasión, Luis regresó a casa al mediodía y tiró toda la ropa lavada que estaba tendida, acusando a Laura al mismo tiempo de acostarse con un amigo de él. Cuando ella le dijo que simplemente había ido a visitar a su mamá, Luis le dijo que era una puta mentirosa y la golpeó. Él le dijo que ella ya no iba a ir a ver a su familia—y que su familia ya no la quería. Nunca más volvió a decir algo al respecto, pero cuando llegó a casa esa noche, él le trajo a ella un regalo y le dijo cuánto la quería y cuánto quería cuidarla.

Cuando Laura se embarazó, ella pensó que Luis empezaría a tratarla mejor. Pero parecía que el embarazo le había dado a él más pretextos para maltratarla. Cuando se enojaba, empezaba a golpearla y a patearla en el estómago. Ella tenía un gran temor de que perdería al bebé, pero no tenía a dónde ir. Le había creído a Luis cuando él le había dicho que su familia ya no la quería y, además, ella no tenía dinero propio. Había temporadas en que Luis pasaba varias semanas sin perder el control, y Laura se convencía a sí misma de que todo estaba bien. Después de todo, él sí la quería. Si tan sólo ella pudiera aprender a no hacerlo estallar. Ella se esforzaba aun más que antes, pero nada le daba resultado.

Los años fueron pasando y Luis bebía demasiado, aventaba a Laura contra las paredes y la forzaba a tener relaciones sexuales con él, aun cuando ella tenía el cuerpo adolorido a causa de las golpizas que él le daba. Laura despertó una noche y descubrió que Luis la estaba amenazando con un cuchillo en la garganta. Al día siguiente, él le dijo a ella que se estaba imaginando cosas; que estaba loca. Él siempre le decía que si ella le contaba a alguien "mentiras" acerca de él, la mataría. Ella no le decía a nadie y salía lo menos que podía. Ella odiaba la idea de que alguien viera sus moretones y supiera lo que él le hacía. Laura muchas veces pensaba en irse, pero no sabía a dónde huir.

Después de 12 años de ser su esposa, Laura no sólo tenía miedo de lo que Luis pudiera hacerle, pero sin él, ella no tendría casa, dinero, ni un padre para sus hijos. Luis había hablado mal de ella en la tienda donde solía trabajar, y ella sabía que, a causa de sus hijos, nadie la aceptaría como sirvienta. Laura se sentía muy sola.

El padre de Laura había muerto y su madre vivía con la familia de su hermano. Ellos no tenían espacio para ella y para sus hijos. Su hermana era muy religiosa y le decía a Laura que era su deber quedarse con su esposo, aunque él la matara. Laura tenía tanto trabajo en casa que siempre estaba ocupada. Y como Luis se enojaba cuando ella salía o cuando alguien venía de visita, Laura dejó de ver a sus amigos. Ella estaba segura de que ellos habían renunciado a su amistad hacía mucho tiempo. Además la mayoría de la gente no pensaba que tuviera nada de malo que los hombres 'castigaran' a sus esposas.

Luego vino la noche en que la hija de Laura cumplió 11 años. Ella vino a hablar con Laura llorando y le dijo que Luis la había lastimado "allí abajo". Laura sintió una gran conmoción. Ella había pensado que el comportamiento de Luis no afectaría a sus hijos. Ella sabía que no tenía caso enfrentársele, pero no permitiría que volviera a lastimar a sus niños.

Cuando Laura había perdido su último embarazo, la trabajadora de salud que la había examinado le había hecho preguntas acerca de sus heridas. Laura le había dado algún pretexto. La trabajadora de salud había asentido con la cabeza, pero le había dado una tarjeta a Laura con una dirección en el pueblo de junto. Le había dicho a Laura que si alguna vez decidía irse, podía ir allí con sus hijos. Pero le había advertido que debía estar segura de que estaba lista para huir cuando lo hiciera. Ya estaba lista.

¿Por qué Luis le pegaba a Laura? Éstas son algunas ideas equivocadas que la gente tiene:

Un hombre le puede hacer a su mujer lo que él quiera.

La verdad: Ningún hombre tiene derecho a golpear a su esposa. Nada que una mujer haga le da a un hombre el derecho de lastimarla, aunque él piense que ella se lo merece—o aunque ella misma piense que se lo merece.

Él no la golpearía si no la quisiera tanto.

La verdad: Las palizas no son seña de cariño. Amar a una persona significa respetarla y tratarla bien.

Sólo los hombres pobres e ignorantes golpean a sus esposas.

La verdad: La violencia no sólo es un problema relacionado con la pobreza o con la ignorancia. Puede haber violencia en cualquier hogar: de ricos o pobres, de gente con mucha o poca educación, en la ciudad o en el campo.

El problema sólo se debe a que él bebe...

La verdad: El alcohol no es la causa de la violencia, pero muchas veces sí la empeora. La violencia también es común en lugares donde la gente no bebe alcohol.

Es asunto de ellos. No es correcto meterse en los asuntos privados de una pareja.

La verdad: La violencia no es sólo un asunto familiar. Muchas mujeres son lastimadas o asesinadas. La violencia es un problema social y un problema médico comunitario.

Es mejor para los niños que ella se quede con él. Él aún puede ser un buen padre para ellos.

La verdad: No siempre es mejor para una familia que una mujer se quede con un hombre violento. Él les está enseñando a los niños maneras equivocadas y terribles de lidiar con sus sentimientos y de tratar a las mujeres. Él no está siendo bueno con sus hijos si golpea a su madre—o si los golpea a ellos mismos.

¿Por qué lastima un hombre a una mujer?

➤ *Estas razones pueden explicar por qué un hombre maltrata a su esposa, pero no justifican que él lo haga.*

➤ *Las relaciones violentas o abusivas muchas veces existen cuando una persona tiene más poder que la otra.*

los papeles del hombre y de la mujer

Un hombre puede dar muchos pretextos por haber lastimado a una mujer—que él estaba borracho, que perdió el control, o que ella 'se lo merecía'. Pero un hombre **decide** usar violencia porque es una forma en que él puede obtener lo que necesita o lo que él considera que se merece por ser hombre.

Cuando un hombre no siente que ejerce poder sobre su propia vida, él puede usar la violencia para tratar de controlar la vida de otra persona. Es natural que alguien quiera tratar de controlar su propia vida de formas normales, pero no es correcto tratar de controlar la vida de otra persona, sobre todo mediante la violencia. He aquí algunas de las razones por las cuales algunos hombres lastiman a las mujeres:

1. **La violencia da resultado.**
   - La violencia es una forma rápida de concluir un desacuerdo sin tener que hablar del verdadero problema o de encontrar una verdadera solución.
   - Puede que la pelea emocione al hombre y le dé mucha energía. Tal vez él quiera volver a sentirse así, una y otra vez.
   - Si un hombre usa violencia, él 'gana' y se sale con las suyas. Es probable que la víctima vuelva a dejar que él se salga con las suyas la próxima vez para que él no la lastime. Esto le da al hombre aun más poder.

2. **El hombre tiene una idea equivocada de lo que significa ser hombre.**
   - Si un hombre cree que para ser hombre él debe controlar lo que una mujer hace, tal vez él sienta que no tiene nada de malo lastimarla.
   - Algunos hombres piensan que tienen derecho a ciertas cosas—a una 'buena' esposa, a tener hijos varones, a tomar todas las decisiones en la familia— por el simple hecho de ser hombres.

3. **El hombre siente que la mujer le pertenece o que él la necesita.**
   - Si la mujer es 'fuerte', quizás el hombre tema perderla o tema que ella no lo necesita a él. Él tomará medidas para hacer que ella dependa más de él.

4. **El hombre no sabe actuar de otras formas.**
   - Si el hombre ha observado a su padre o a otras personas reaccionar con violencia en situaciones difíciles o angustiantes, entonces puede que él nunca haya aprendido otras formas de comportarse.

Si los hombres consideran que las mujeres y las niñas son su propiedad—algo que les pertenece—es más probable que sientan que es su derecho tratarlas como ellos quieran.

Hay muchas maneras en que un hombre trata de ejercer poder sobre una mujer. Las palizas son sólo una de ellas. Pero todas pueden herir a la mujer.

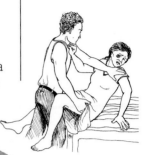

Imagínese que el dibujo a continuación es una rueda. El poder y el control se encuentran en el centro de la rueda porque son las razones detrás de todas las acciones. Cada sección de la rueda es un tipo de comportamiento que un hombre puede usar para controlar a una mujer. La violencia es el contorno de la rueda: lo que la mantiene unida y le da fuerza.

VIOLENCIA

Abuso emocional
El hombre insulta a la mujer, la humilla o la hace pensar que se está volviendo loca.

Abuso sexual
El hombre obliga a la mujer a hacer cosas sexuales que no quiere o ataca físicamente las partes sexuales de su cuerpo. Él la trata como un objeto.

Aislamiento
El hombre controla todo lo que la mujer hace: a quién ve, con quién habla y a dónde va.

Control del dinero
El hombre trata de impedir que la mujer consiga trabajo. Él hace que ella le pida el dinero que necesita. O tal vez él la obliga a trabajar y después le quita el dinero que ella gana.

Poder y Control

El hombre usa miradas, acciones o un tono de voz para amenazarla.

Culpar a la mujer
El hombre dice que él no maltrató a la mujer, que no fue nada serio, o que todo fue culpa de ella.

Amenazas

Porque él es hombre
El hombre usa el hecho de ser hombre como pretexto para tratar a la mujer como sirvienta. Él toma todas las decisiones y le dice a ella que, como mujer, no tiene derecho a oponerse.

Usar a los niños
El hombre usa a los hijos para hacer que la mujer se sienta culpable o para lastimarla.

VIOLENCIA

Un tipo de abuso muchas veces se convierte en otro

En muchos casos, después de algún tiempo, el abuso con palabras se vuelve abuso físico. Quizás al principio no sea obvio, pero puede que, poco a poco, el hombre empiece a empujar o a chocar contra la mujer 'accidentalmente', o que empiece a sentarse en el lugar donde ella generalmente se sienta, para que ella se tenga que mover. Si este tipo de comportamiento le da resultado, puede que vaya empeorando, hasta que él se vuelva violento. No todas las mujeres que sufren de otras formas de abuso también son golpeadas, pero todas las mujeres que son golpeadas han sufrido de otras formas de abuso.

Señas de advertencia

➤ *No importa cuánto quiera usted a una persona. El amor no puede cambiar a alguien. Sólo la persona puede decidir cambiar.*

Cuando una relación abusiva se vuelve violenta, se vuelve más difícil huir de ella. Mientras más tiempo se queda una mujer, más la controla el hombre, y puede que ella pierda más la fé en sí misma. Ciertos hombres tienen una mayor tendencia a volverse violentos que otros. Hay ciertas señas que pueden indicar que un hombre se volverá violento. Si usted nota esas señas, y tiene forma de huir, considérelo con cuidado.

Hágase estas preguntas:

- ¿Se pone él celoso cuando usted va a ver a otras personas o la acusa a usted de mentirle? Si usted nota que usted cambia su manera de ser para evitar que él se ponga celoso, él la está controlando.

- ¿Trata él de impedir que usted vea a sus amigos y a su familia, o de que usted haga cosas sola? No importa qué razón le dé. Él está tratando de impedir que usted reciba el apoyo de esas personas. Para él será más fácil maltratarla si usted no tiene otro lugar a donde ir.

Estúpida. Te dije que no salieras, sobre todo cuando te ves tan fea.

- ¿La insulta o se burla él de usted en frente de otras personas? Puede que usted empiece a creer lo que él le dice. Eso puede hacer que usted sienta que se merece que la traten mal.

- ¿Qué hace él cuando se enoja? ¿Rompe o avienta cosas? ¿Alguna vez la ha lastimado físicamente o ha amenazado con lastimarla? ¿Ha golpeado alguna vez a otra mujer? Todas esas cosas demuestran que él tiene dificultades para controlar la forma en que actúa.

- ¿Siente él que lo insultan diferentes personas que tienen autoridad, como sus maestros, jefes o su padre? Quizás él sienta que no tiene poder. Eso puede hacer que él trate de ejercer poder sobre otras personas en otras áreas de su vida, por medio de la violencia.

- ¿Dice él que el alcohol, las drogas o la tensión nerviosa son las razones por las cuales él actúa de la forma en que lo hace? Si él culpa a otras cosas, es posible que diga que la situación mejorará si él consigue un nuevo trabajo, si se mudan a otro lugar o si él deja de usar drogas o alcohol.

- ¿Le echa la culpa él a usted o a otras personas por la manera en que él actúa o niega él que está haciendo algo malo? Es menos probable que él quiera cambiar si piensa que la forma en que él se comporta es culpa de usted.

Ciertas mujeres corren un mayor riesgo de sufrir el abuso

En muchas parejas, el hombre se vuelve violento por primera vez cuando la mujer se embaraza. Tal vez él sienta como si estuviera perdiendo el control porque no puede controlar los cambios que ocurren en el cuerpo de la mujer. Tal vez él se enoje porque ella le está prestando más atención al bebé que a él, o porque quizás ella no quiera tener relaciones sexuales con él. Además, muchas parejas se preocupan aun más por el dinero cuando están esperando a un nuevo bebé.

Las mujeres con discapacidad también corren un mayor riesgo de ser víctimas del abuso:

- Algunos hombres pueden sentir ira porque no consiguieron a una mujer 'perfecta'.
- Ciertos hombres piensan que es más fácil controlar a una mujer con una discapacidad porque quizás ella tenga más dificultades para defenderse.

El primer ataque violento muchas veces da la impresión de ser un evento aislado. Pero muchas veces, después del primer ataque, se desarrolla este ciclo:

El ciclo de la violencia

Violencia

golpes, cachetadas, patadas, intentos de estrangular, uso de objetos o armas, abuso sexual, amenazas e insultos

La tensión aumenta

ira, pleitos, insultos, reproches

Temporada de calma

Quizás el hombre niegue que haya sido violento, invente pretextos, diga que lo siente o prometa que nunca más volverá a pasar.

A medida que la violencia continúa, la temporada de calma se vuelve más y más breve para muchas parejas. A medida que la mujer va perdiendo su voluntad, el control del hombre sobre ella se vuelve tan completo, que él ya no tiene que prometer que las cosas mejorarán.

➤ *Algunas mujeres tratan de provocar la violencia para que pase más rápidamente y la temporada de calma llegue más pronto.*

Los efectos dañinos de la violencia

salud mental

infecciones de transmisión sexual, 261

VIH y SIDA, 283

falta de deseo, 188

Cuando en un hogar, un hombre maltrata a su mujer, los niños creen que ésa es la manera en que hay que tratar a las niñas y a las mujeres.

La violencia no sólo lastima a las mujeres. También afecta a sus niños y a la comunidad entera.

Mujeres

La violencia de los hombres puede producir en las mujeres...

- falta de ánimo o falta de valoración en sí misma.
- problemas de salud mental, como *ansiedad*, y problemas para comer y dormir. Para lidiar con la violencia, las mujeres pueden empezar a hacer cosas perjudiciales o precipitadas, como usar drogas, beber alcohol o tener muchos compañeros sexuales.
- mucho dolor y heridas graves: huesos rotos, quemaduras, ojos amoratados, cortadas, moretones, y también dolores de cabeza, dolor en la barriga y dolores en los músculos, que pueden durar por muchos años después del abuso.
- problemas de salud sexual. Muchas mujeres sufren de *malpartos* a causa de palizas durante el embarazo. Puede que también tengan embarazos no deseados, *infecciones de transmisión sexual* o VIH como resultado del abuso sexual. El abuso sexual muchas veces también produce temor a las relaciones sexuales, dolor durante las relaciones sexuales y falta de deseo sexual.
- la muerte.

Niños

El que los niños vean a su madre sufrir a manos del abuso puede tener estos efectos:

- comportamiento agresivo—al copiar ellos la violencia. O tal vez se vuelvan muy callados y reservados para pasar desapercibidos.
- pesadillas y otros temores. Los niños cuyas familias son abusivas muchas veces no comen bien, crecen y aprenden más lentamente que otros niños, y tienen muchas enfermedades, como *asma* y dolores del estómago y de la cabeza.
- heridas y la muerte, si ellos también se vuelven víctimas de la violencia.

Comunidad

En una comunidad, la violencia puede...

- hacer que el ciclo de la violencia continúe en las nuevas generaciones.
- seguir promoviendo la idea falsa de que los hombres son mejores que las mujeres.
- disminuir la calidad de vida de todos, porque las mujeres participan menos en la comunidad si la violencia las acalla o las mata.

Ella debería tratar de no hacerlo enojar tanto.

¿Por qué no simplemente lo deja?

Éste es mi hogar. Yo no me quiero ir, sólo quiero que él me deje de golpear. Además, ¿a dónde me iría? ¡Él me mataría primero!

Por qué las mujeres se quedan con hombres que las lastiman

➤ *Al preguntar por qué ella no se va, indicamos que, en nuestra opinión, la violencia es un problema personal que ella necesita resolver. La comunidad entera necesita ser responsable de la salud y del bienestar de cada uno de sus miembros.*

Cuando la mayoría de las personas oyen que una mujer es víctima del abuso, lo primero que se preguntan es: "¿Por qué ella se queda?" Hay muchas razones por las cuales una mujer puede decidir quedarse con un hombre que la maltrata. Éstas incluyen:

- **Temor y amenazas.** Puede que el hombre le haya dicho: —Te mataré, mataré a tus hijos, mataré a tu madre...si tú tratas de irte. Quizás ella sienta que quedándose ella está haciendo todo lo posible por protegerse y proteger a los suyos.

- **Falta de dinero y falta de algún lugar a donde ir.** Esto es verdad sobre todo si él ha controlado todo el dinero y no ha permitido que ella vea a su familia y a sus amigos.

- **Falta de protección.** Puede que no haya nada que impida que él vaya tras de ella y la mate.

- **Vergüenza.** Puede que ella piense que de alguna manera ella es culpable de la violencia o que se la merece.

- **Creencias religiosas o culturales.** Tal vez ella piense que es su deber no deshacer su matrimonio, cueste lo que cueste.

- **Esperanzas de que él cambie.** Quizás ella sienta que ama al hombre y quiera que la relación continúe. Tal vez ella piense que hay alguna manera de ponerle fin a la violencia.

- **Sentimientos de culpabilidad por dejar a los hijos sin un padre.**

Pero tal vez sería mejor preguntar ¿por qué no se va **él**? Si preguntamos por qué no se va **ella**, indicamos que pensamos que el problema es de ella, y ella necesita resolverlo. Es incorrecto pensar que la violencia es sólo problema de ella.

- La comunidad entera necesita ser responsable de la salud y del bienestar de cada uno de sus miembros.

- Es **el hombre** quien está cometiendo un crimen, ya sea al violar el derecho de la mujer de vivir sin que nadie la lastime o al matarla. Es necesario desafiar sus acciones y acabar con ellas.

Qué hacer

➤ *Piense en estas cosas aunque crea que la violencia no volverá a ocurrir.*

Encuentre a alguien que pueda ayudarle a poner en orden sus sentimientos y a pensar en sus opciones.

¿Tiene usted habilidades que pueda usar para ganar dinero extra?

HAGA UN PLAN DE SEGURIDAD

Una mujer no puede controlar la violencia de su compañero, pero sí tiene opciones en cuanto a la manera de responder a ella. Ella también puede hacer planes de antemano para escapar a un lugar seguro con sus hijos hasta que el hombre deje de actuar violentamente.

La seguridad antes de que la violencia vuelva a ocurrir

- Pídale a alguien que viva cerca de usted que venga o que consiga ayuda si oye que usted está en problemas. Tal vez un vecino, uno de los hombres de su familia, o un grupo de hombres o mujeres pueda acudir a su ayuda antes de que su compañero la lastime mucho.
- Piense en una señal o en una palabra especial que sea una indicación para sus hijos o alguien más en su familia de conseguir ayuda.
- Muestre a sus hijos cómo llegar a un lugar seguro.

La seguridad durante la violencia

- Si usted puede darse cuenta de que él va a estallar violentamente, trate de lograr que sea en un lugar donde no haya armas ni objetos que él pueda usar para lastimarla, y de donde usted pueda escapar.
- Use su juicio. Haga cualquier cosa que sea necesaria para hacer que él se calme y así usted y sus hijos no estén en peligro.
- Si usted necesita escaparse, piense en cómo podría hacerlo. ¿Cuál sería el lugar más seguro a donde ir?

La seguridad cuando una mujer se prepara para irse

- Trate de ahorrar dinero de cualquier forma que pueda. Ponga el dinero en un lugar seguro (fuera de su casa) o abra una cuenta bancaria en su propio nombre, para que usted pueda volverse más independiente.
- Si puede hacerlo sin peligro, piense en otras maneras en que pueda depender menos de él, como por ejemplo, haciendo amigos, uniéndose a algún grupo o pasando más tiempo con su familia.
- Averigüe si hay asilos u otros servicios para mujeres que han sido víctimas del abuso. Hay lugares especiales en algunos pueblos y ciudades donde esas mujeres y sus hijos pueden quedarse por algún tiempo. Antes de escaparse, averigüe si hay algún lugar así al cual usted pueda llegar.
- Pregunte a parientes o a amigos en quienes usted confíe, si podría quedarse con ellos o si podrían prestarle dinero. Asegúrese de que no vayan a decirle a su compañero lo que usted les pidió.
- Haga copias de sus documentos importantes, como su identificación o las cartillas de vacunación de sus hijos.
- Deje dinero, copias de sus documentos y ropa extra con alguien de confianza para que usted pueda escaparse en cualquier momento.
- Si puede hacerlo sin peligro, practique con sus hijos su plan de escape para asegurarse de que funcione. Asegúrese de que los niños no hablen con nadie al respecto.

Si usted se va

Yo quería escaparme de mi esposo, pero no tenía dinero propio. Así que mi tía me dejó que le ayudara a vender cosas en el mercado. También gané un poco de dinero cuidando a niños. En 2 años logré ahorrar lo suficiente. Así que un día cogí a mis hijos y me fui. A veces es difícil vivir de lo que gano, pero no tan difícil como tener que vivir con tantas palizas.

Si usted decide irse, necesitará estar preparada para algunas de las dificultades a las cuales se enfrentará:

Su seguridad. La temporada más peligrosa para una mujer es después de escaparse. El hombre ha perdido el control sobre ella y generalmente hará cualquier cosa por recobrarlo. Incluso, puede que él trate de cumplir sus amenazas de matarla. Ella deberá asegurarse de estar en un lugar seguro que él desconozca o donde ella esté protegida. Ella no deberá decirle a nadie dónde está. Él podría forzar a alguien a decírselo.

Sobrevivir por sí misma. Usted tendrá que encontrar alguna manera de ganarse la vida y mantener a su familia. Si puede quedarse con amigos o parientes, use ese tiempo para ampliar su educación o para adquirir destrezas para algún oficio. Para ahorrar dinero, tal vez usted pueda compartir un lugar para vivir con otra mujer que también haya sido víctima del abuso.

Sus sentimientos. Tal vez usted sienta que no puede enfrentar todas las cosas que necesita hacer para crearse una nueva vida. Quizás usted se sienta asustada y sola porque no está acostumbrada a estar sin su pareja en un lugar extraño. Puede que extrañe a su compañero—sin importar lo que él le haya hecho. Cuando las cosas le parezcan muy díficiles, quizás usted no se acuerde de qué tan mal la pasaba antes de irse. Dese tiempo para lamentar la pérdida de su compañero y de su vida anterior. Pero trate de ser fuerte. Vea si puede encontrar a otras mujeres que estén en la misma situación que usted. Juntas ustedes pueden apoyarse.

cómo crear un grupo de apoyo

Para lograr cambios, la gente necesita dejar de pensar que la violencia en contra de las mujeres es culpa de las mujeres o simplemente que 'así es la vida'. He aquí algunas ideas que podrían ayudarle a acabar con la violencia en su comunidad.

Hable del problema

El primer paso que hay que tomar para derrotar el abuso, es hablar acerca de él. Trate de encontrar a otras mujeres que tengan los mismos problemas con hombres violentos y abusivos, e intercambien ideas. Encuentre a hombres que piensen que está mal ser violento. Consiga que en su comunidad se hable abiertamente de la violencia. Consiga que sea algo que la gente considere que es malo.

La lucha por el cambio

➤ *¡Tenga cuidado! En algunos lugares puede ser peligroso combatir la violencia.*

ESTABLEZCA SERVICIOS PARA MUJERES QUE HUYAN

- Establezca un asilo o un refugio tan pronto como sea posible. Éste debe ser un lugar secreto y escondido.

- Obtenga apoyo—sobre todo de organizaciones más grandes y poderosas. Por ejemplo, averigüe si en su país hay una red de organizaciones de la salud que pueda prestar ayuda. Busque apoyo también de personas que son respetadas por la comunidad entera. Consiga que se involucren tantos hombres como sea posible.

- Ayude a las mujeres a entender sus derechos legales. Tal vez haya leyes especiales sobre las familias y la violencia que las mujeres puedan usar.

- Encuentre formas de enseñarles nuevas destrezas a las mujeres para que tengan alguna forma de ganarse la vida.

USE LA PRESIÓN SOCIAL

¿Cuáles son las presiones que evitan que la gente en su área haga las cosas que la mayoría cree que están mal? En algunos lugares es la policía. En otros puede ser el ejército, la familia o la religión. En la mayoría de los lugares, es una combinación de estas cosas.

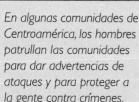

En algunas comunidades de Centroamérica, los hombres patrullan las comunidades para dar advertencias de ataques y para proteger a la gente contra crímenes.

En estas comunidades, no se tolera la violencia en contra de las mujeres. Si a un hombre lo descubren golpeando a su mujer, él sabe que los demás hombres del pueblo lo castigarán.

Anime a los líderes de la comunidad y a otros hombres a decir en público que se oponen a la violencia en contra de las mujeres y a mostrar que desaprueban a los hombres que golpean a las mujeres. Trate de usar todas las presiones que funcionan donde usted vive para evitar que los hombres maltraten a las mujeres.

En algunos países, las mujeres se han organizado para hacer que se aprueben leyes que castigan a los hombres que maltratan a sus esposas. Pero las leyes no siempre funcionan bien para las víctimas del abuso. En algunos lugares, no se cuenta con la ayuda de la gente encargada de ver que las leyes se cumplan: en particular, la policía, los abogados y los jueces. Pero, si donde usted vive, el sistema legal y la policía sí se encargan de proteger a las mujeres, trate de aprender todo lo que pueda sobre las leyes y sobre los derechos de las mujeres.

Enséñeles a sus hijos a vivir sin violencia. Usted puede luchar por el cambio en su hogar ayudando a sus hijos a encontrar maneras pacíficas de resolver sus problemas. Enséñeles a sus hijos varones a respetarse a sí mismos y a respetar a las mujeres y a las niñas.

Los trabajadores de salud pueden jugar un papel más activo para ponerle fin a la violencia en contra de las mujeres. No basta con sólo encargarse de las heridas de una mujer.

Palabras al trabajador de salud

Cuando examine a una mujer, esté pendiente de las señas del abuso. Los hombres muchas veces golpean a las mujeres en lugares donde no se notan las marcas. A veces las mujeres que han sido golpeadas se visten de formas que ocultan sus heridas. Como trabajador de salud, usted es una de las pocas personas que ve las partes privadas del cuerpo.

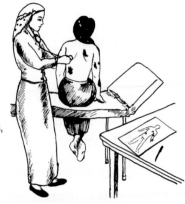

Si usted nota una marca, una cicatriz o un moretón sospechosos, pregúntele a la mujer qué le pasó. O si una mujer acude a usted con dolor, sangrado, o huesos rotos u otras heridas, pregúntele si alguien la golpeó. Recuerde que muchas mujeres que han sido golpeadas dirán que se lastimaron accidentalmente. Asegúrele a la mujer que usted no hará nada que ella no quiera que haga.

Apunte todo. Cuando usted atienda a una mujer que ha sido golpeada, dibuje el cuerpo por delante y por detrás y marque los lugares de las heridas. Apunte el nombre de quien la haya golpeado. Trate de averiguar cuántas veces más ha sucedido lo mismo. Pregunte si otros miembros de la familia, como sus hermanas o sus hijos, también han sido maltratados. Si ella está en peligro, ayúdele a decidir qué quiere hacer. Ya sea que ella quiera huir o no, usted puede ayudarle a hacer un plan de seguridad. Si ella quiere acudir a la policía, vaya con ella. Usted puede ayudar a que tomen en serio su denuncia (y que la policía misma no abuse de ella). Además, usted puede ponerla en contacto con otras mujeres que también han sido maltratadas. Juntas, tal vez ellas puedan encontrar soluciones.

➤ *Para información sobre cómo tratar las heridas de una mujer, vea* **Donde no hay doctor** *u otro libro de medicina general.*

¿Qué recursos hay para las víctimas del abuso? Busque...

- asistencia legal
- asilos
- proyectos para mujeres para ganar dinero
- servicios de salud mental
- programas de alfabetización para adultos, u otros servicios de educación

---

Ayude al hombre. En algunas comunidades, hay hombres que han formado grupos para ayudar a otros hombres a dejar de usar la violencia. Mediante discusiones y 'sociodramas', estos grupos ayudan a los hombres a aprender nuevos modos de expresar sus sentimientos y de controlar su comportamiento. Pida a líderes religiosos y comunitarios que ayuden a establecer uno de estos grupos y a convencer a todos los hombres de que es su responsabilidad acabar con la violencia en contra de las mujeres.

➤ *Ayude a su comunidad a darse cuenta de los efectos dañinos de la violencia.*

Capítulo 19

En este capítulo:

La violación y el asalto sexual

Tanto la violación como el asalto sexual representan contacto sexual que la mujer no desea. La violación es el acto de un hombre de meter su *pene*, un dedo o cualquier objeto en la *vagina*, el *ano* o la boca de una mujer, sin el consentimiento de ella.

A la violación a veces se le llama 'asalto' sexual porque es un acto de violencia, en el cual el sexo se usa como un arma. El asalto sexual puede incluir la violación, al igual que otros tipos de atenciones sexuales no deseadas.

Algunas personas piensan que el sexo forzado sólo es violación si el hombre golpea a la mujer o la deja *inconsciente*. Piensan que la mujer debe hacer todo lo posible por escaparse y correr el riesgo de que el hombre la mate con tal de no ser violada. Pero aunque una mujer no se defienda, si el sexo tiene lugar en contra de su voluntad, es violación. La violación **nunca** es culpa de una mujer.

➤ *La violación es violencia sexual. No hay que culpar a las mujeres por ella.*

➤ *Como con otros tipos de violencia, la meta del violador es ejercer poder sobre su víctima y controlarla. Para mayor información, vea la página 316.*

Cualquier mujer puede ser violada, pero el riesgo es aun mayor si ella...
- tiene una *discapacidad*: si usa silla de ruedas o si es sorda, ciega o mentalmente retrasada.
- es una refugiada o una persona desplazada o migrante, o si vive en situaciones de guerra o conflicto.
- vive en la calle.
- es *trabajadora de sexo* (prostituta).
- ha sido detenida o está en prisión.
- está siendo maltratada por su esposo o por su novio.

Un violador puede considerar que estas mujeres son víctimas fáciles porque han perdido la protección de la comunidad.

Tipos de violación y asalto sexual

➤ *Para una mujer muchas veces es más difícil pedir ayuda si el hombre es un conocido. También es más difícil que ella se sienta segura si tiene que volver a verlo.*

abuso sexual

sexo forzado con un novio

Hay muchos tipos diferentes de asalto sexual. Pero la gente considera que sólo unos cuantos de ellos son violación. Por ejemplo, a veces ciertos eventos de la vida pueden hacer que una mujer tenga relaciones sexuales cuando ella realmente no quiera. Esto puede suceder en un matrimonio. A algunas mujeres casadas se les hace sentir que es su obligación tener relaciones sexuales, ya sea que quieran o no. Aunque la sociedad no lo castigue, este tipo de sexo forzado está mal.

Para otras mujeres, el tener relaciones sexuales es una forma de sobrevivir: de poder mantener a sus hijos, de tener un lugar donde vivir o algo de dinero, o de conservar un empleo. Sin importar cuál sea la razón, una mujer nunca debe ser forzada a tener relaciones sexuales si ella no lo desea.

En cualquier relación, una mujer puede aceptar o rechazar una propuesta sexual. Si la rechaza, al hombre le quedan 3 opciones: respetar los deseos de la mujer y aceptar su decisión, tratar de hacerla cambiar de parecer, o usar fuerza. Aunque la mujer conozca al hombre y diga que "sí", será violación si para ella realmente no era una opción decir que "no".

Una mujer puede tener muchos problemas emocionales y de salud en cualquier ocasión en que se vea forzada a tener relaciones sexuales, ya sea que también sea víctima de otro tipo de violencia o no.

VIOLACIÓN REALIZADA POR UN CONOCIDO

La mayoría de las mujeres que son violadas conocen al hombre que las viola. Si la mujer tiene que seguir en contacto con el violador, le puede ser muy difícil recuperarse de la violación y hablar con otras personas de lo que le pasó.

Violación realizada por un esposo o ex-esposo. Si las leyes o las costumbres tratan a la mujer como propiedad del hombre, es posible que él piense que tiene derecho a tener relaciones sexuales cuando él quiera y aunque la mujer no lo desee.

Una mujer puede ser violada por su novio. Quizás el novio alegue que tiene derecho a tener relaciones sexuales porque ha gastado dinero en ella, porque ya han tenido relaciones sexuales antes, porque ella ha coqueteado con él sexualmente o porque él ha ofrecido casarse con ella. **Pero si él la forza, la estará violando**. Para la mujer puede ser difícil hablar de este tipo de violación, porque quizás tema que la gente la culpe a ella.

El acoso sexual. Una mujer puede verse forzada a tener relaciones sexuales con su jefe o supervisor, o con un colega, para poder conservar su empleo. Quizás ella se vea amenazada con perder su trabajo o con otro castigo si ella le dice a alguien lo que le ha sucedido.

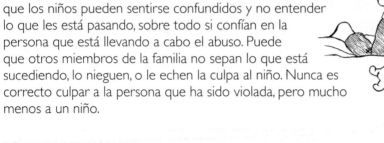

407 acoso sexual

El abuso sexual de los niños. Una niña o un niño puede ser violado por un hombre en la familia o cualquier otro adulto. Es una violación que un padre, padrastro, tío, hermano, primo o cualquier otro miembro de la familia toque a un niño de formas sexuales o lo force a tener relaciones sexuales. Es importante tener en cuenta que los niños pueden sentirse confundidos y no entender lo que les está pasando, sobre todo si confían en la persona que está llevando a cabo el abuso. Puede que otros miembros de la familia no sepan lo que está sucediendo, lo nieguen, o le echen la culpa al niño. Nunca es correcto culpar a la persona que ha sido violada, pero mucho menos a un niño.

VIOLACIÓN REALIZADA POR UN DESCONOCIDO

Éste es el tipo de asalto sexual que le viene a la mente a la mayoría de las personas al oír la palabra 'violación'. Alguien puede agarrar a una mujer en la calle o atacarla en su casa. Este tipo de violación es aterrorizante, pero es mucho menos común que la violación realizada por una persona que la mujer conoce.

Es violación tocar a un niña o a un niño de una forma sexual.

Violación en pandilla. Una mujer puede ser violada por más de un hombre. A veces, un hombre empieza a violar a una mujer, y luego otros hombres lo ven y se le unen. O a veces, un grupo de jóvenes y muchachitos se juntan y violan a una mujer para demostrar qué tan 'machos' son.

Violación en la cárcel. Muchas mujeres son violadas por policías o guardias después de ser arrestadas. Además, es común que algunos hombres en la cárcel violen a otros para demostrar quién tiene más poder.

Guerra. Los soldados o guerrilleros muchas veces usan la violación para aterrorizar a las mujeres y a sus comunidades, y para avergonzar a la gente. Puede que varios soldados violen juntos a las mujeres y a las niñas frente a sus familias para demostrar su poder. Las mujeres pueden terminar encerradas en campamentos y verse forzadas a actuar como prostitutas o esclavas sexuales para conservar la vida, para proteger a sus hijos o para conseguir comida.

➤ *Quienes sobreviven a las violaciones realizadas durante la guerra necesitan atención especial. Posiblemente necesiten cirugía debido a los serios daños causados a sus genitales. Si una mujer se embaraza, ella y su bebé podrían sufrir del recuerdo de que ella fue violada por un enemigo.*

La violación es una forma de tortura cuando se usa en la guerra.

Cómo evitar la violación

No hay una manera correcta o incorrecta de comportarse para evitar ser violada. Pero sí hay algunas cosas que pueden ayudar a una mujer a evitar ciertos tipos de violación. Lo que una mujer hace depende de qué tan bien ella conoce al hombre, de cuánto miedo tiene y de cuánto peligro siente ella que enfrenta. Recuerde, si una mujer es violada no es porque ella haya fracasado en defenderse, sino porque **una persona más fuerte la venció.**

ESTAS IDEAS PUEDEN AYUDAR A CUALQUIER MUJER A EVITAR SER VIOLADA

Protéjanse:
Trabajen juntas.

- Haga su trabajo con otras mujeres. Ustedes estarán más seguras y serán más fuertes si trabajan en grupos.
- No permita que entre a su casa alguien que la ponga nerviosa. Si usted está sola, no lo diga.
- Trate de no caminar sola, sobre todo de noche. Si necesita ir sola a algún lado, camine con la cabeza erguida y actúe como si se sintiera muy confiada. La mayoría de los violadores buscarán a una mujer que parezca fácil de atacar.
- Si piensa que alguien la está siguiendo, camine en otra dirección, o acuda a otra persona, a una casa o a una tienda. O, dese la vuelta y pregunte a la persona en voz muy alta qué quiere.
- Lleve consigo algo que haga un ruido fuerte, como un silbato. También lleve consigo algo que pueda usar para defenderse. Puede usar un palo, algo que pueda rociar en los ojos del asaltante, o algún polvo picante que pueda soplarle en los ojos— como pimienta o chile picante en polvo.
- Si usted es atacada, grite tan fuerte como pueda o use su silbato. Si eso no funciona, golpee al asaltante de inmediato para herirlo y así poder tratar de escapar.

332

la defensa propia

CÓMO EVITAR QUE LA VIOLE UN CONOCIDO

Aprenda a confiar en sus sentimientos. A las mujeres se les enseña desde niñas a siempre ser corteses y a tratar de no ofender a nadie. Por eso, cuando alguien hace algo que para la mujer es inquietante, ella puede tener dificultades en reaccionar en base a lo que siente. Pero tenga cuidado si...

- tiene una sensación, que no se le quita, de que algo anda mal.
- siente temor o siente que quiere irse.
- los comentarios o las sugerencias de un hombre la hacen sentirse incómoda.
- le desagrada la forma en que él la toca.

Quizás a usted le cueste trabajo actuar en base a sus sentimientos por temor de lo que la gente vaya a pensar. Además, si la persona es alguien que usted conoce o estima, tal vez usted no quiera admitir que él podría lastimarla. Pero siempre es mejor confiar en sus sentimientos y salirse de una situación que le parezca incómoda, **antes** de que algo malo suceda.

No quiero irme corriendo y verme como una estúpida. De seguro que no es nada...

Confíe en sus presentimientos. Es mejor ofender a alguien si usted está equivocada, que ser violada.

Esté lista para escaparse:

- Evite ir a algún lugar con alguien que la haga sentirse incómoda o que usted no conozca bien.

- Siempre tenga alguna manera de llegar a casa si decide irse. Es mejor no ir a algún lado si usted no tendrá forma de regresar sin la ayuda de la otra persona.

- Dígale a la persona que sus comentarios o la forma en que él la toca la hacen sentirse incómoda. Si él no cambia su manera de actuar, usted debe apartarse de él tan pronto como pueda.

Si él ejerce poder sobre usted (por ejemplo, si es su jefe, su médico, un maestro o un funcionario):

- La primera vez que él haga algo que la incomode, pídale que deje de hacerlo. Si él está tratando de abusar de su poder, buscará a alguien que sea fácil de asustar. Demuéstrele que usted no está asustada. Es menos probable que él la trate mal (por ejemplo, que la despida, que se rehúse a darle atención médica o que rechace su petición) si usted logra que deje de molestarla antes de que él haga algo que lo haga verse como un tonto.

- Hable acerca de él con otras mujeres. Es probable que usted no sea la única a quien él ha molestado. Si usted tiene que seguir tratándose con él, siempre intente llevar a otra persona consigo para nunca estar sola con él. Advierta a otras mujeres que tengan cuidado.

Ayude a los niños a evitar el abuso sexual

- Hable con los niños acerca de la posibilidad de que alguien los toque de un modo sexual. Enséñeles a distinguir entre las formas de tocar que son de cariño y las formas de tocar que son sexuales.

- De ser posible, haga que los niños y las niñas duerman por separado, sobre todo después de los 10 ó 11 años de edad.

- Asegúrese de que los niños sepan con quién hablar si algo les sucede.

- Créale a un niño o niña que le diga que se siente incómodo(a) con cierto adulto o niño mayor—sin importar quién sea esa persona.

➤ *Tenga presente que si un hombre no logra controlar a una mujer mediante la violencia sexual, puede que él trate de controlarla de otras maneras.*

➤ *A veces, el abuso sexual de los niños continúa por muchos años. A una niña la pueden amenazar con lastimarla o incluso matarla si le dice a alguien lo que está pasando.*

La defensa personal para las mujeres

Practique estas técnicas de defensa personal con un amigo, para que usted esté preparada para defenderse contra un asaltante. Péguele al asaltante tan fuerte como pueda. No tenga miedo de lastimarlo— él no tiene miedo de lastimarla a usted. Para otras ideas de cómo defenderse, vea la página 146.

Si alguien la ataca por atrás

Dele un codazo en el estómago.

Písele fuerte un pie con su talón.

Estire una mano hacia atrás, agárrele los testículos (huevos) y apriételos con fuerza.

Dele un talonazo fuerte en la rodilla o en la espinilla.

Si alguien la ataca por enfrente

Píquele los ojos con fuerza.

Haga dos puños y péguele de ambos lados de la cabeza o en las orejas.

Haga un puño con las dos manos y péguele tan fuerte como pueda en la nariz.

Dele un rodillazo en los testículos con toda la fuerza y rapidez que pueda.

Si una mujer puede resistir un asalto, generalmente ella podrá evitar ser violada, aunque el violador tenga un arma. Es importante que la mujer trate de impedir que la viole de todas las maneras que pueda. Mientras más cosas intente, mejores serán sus probabilidades de impedir que la viole. Además sufrirá de menos heridas y tendrá menos problemas de salud mental después.

Es imposible saber de antemano cómo reaccionará una mujer si alguien trata de violarla. Algunas mujeres se enfurecen y sienten una fuerza que no sabían que tenían. Otras sienten que no pueden moverse. Si eso llegara a sucederle a usted alguna vez, sepa que usted hará todo lo que pueda.

He aquí algunas ideas que podrían ayudarle durante un asalto sexual:

- **No llore, no suplique y no ceda. Eso generalmente no sirve de nada.** De hecho, las mujeres que hacen eso con frecuencia sufren de más heridas que las mujeres que tratan de defenderse.

- **Preste atención.** Observe al violador con cuidado. Puede que haya momentos en que no la esté observando o en que pierda el control.

- **Pruebe diferentes cosas.** Patee, grite, haga tratos, engáñelo—haga todo lo que se le ocurra para hacer que él se dé cuenta de que usted no es una víctima fácil. Trate de hacer que él comprenda que usted es una persona, no un objeto.

- **Si conoce al violador, dígale cómo se siente.** No deje que piense que a las mujeres les gusta que las violen. Haga que esté consciente de lo que le está haciendo.

¡Tengo 6 hermanos y te van a matar si me lastimas!

- **Si el violador es un desconocido, trate de memorizar cómo se ve.** ¿Qué tan grande es? ¿Tiene cicatrices, marcas o tatuajes? ¿Qué tipo de ropa trae puesta? Trate de recordar estas cosas para decírselas a la policía y poner sobre aviso a las otras mujeres en su comunidad.

- **Use su juicio.** Sólo usted puede decidir cuánto tratar de defenderse. En algunas situaciones, por ejemplo durante la guerra, puede que el violador no tenga ninguna razón por la cual no matarla si se resiste.

Si usted es víctima de un asalto sexual

➤ *Si varios hombres están tratando de violarla, o si el violador tiene un arma, usted de cualquier forma se puede resistir, pero generalmente es mejor no tratar de luchar físicamente.*

Qué hacer si usted ha sido violada

➤ *No se culpe a sí misma. Usted no se merecía que la violaran. No hay nada que usted haya hecho que justifique que un hombre la haya forzado a tener relaciones sexuales.*

La experiencia de cada mujer que ha sido violada es diferente. Pero hay unas cuantas cosas que usted necesita hacer para ayudarse a sí misma a recuperarse.

Primero, pregúntese estas cosas:

- ¿A quién le puede pedir ayuda?
- ¿Quiere usted avisarle a la policía que fue violada?
- ¿Dónde puede usted obtener atención médica?
- ¿Quiere usted tratar de castigar al violador?

Usted necesita tener a alguien con quien hablar cuando se sienta triste, herida, asustada o enojada. Esa persona debe poder acudir con usted por atención médica y ayudarle a decidir qué hacer. Escoja a alguien que la estime, que usted sepa que no hablará con otras personas, y que sea fuerte y confiable. A veces, el esposo o los padres de la mujer no pueden brindar mucho apoyo porque ellos mismos están demasiado perturbados.

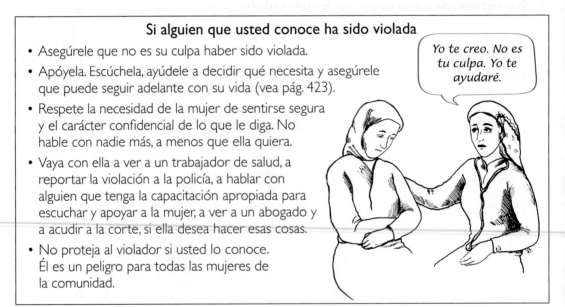

Si alguien que usted conoce ha sido violada

- Asegúrele que no es su culpa haber sido violada.
- Apóyela. Escúchela, ayúdele a decidir qué necesita y asegúrele que puede seguir adelante con su vida (vea pág. 423).
- Respete la necesidad de la mujer de sentirse segura y el carácter confidencial de lo que le diga. No hable con nadie más, a menos que ella quiera.
- Vaya con ella a ver a un trabajador de salud, a reportar la violación a la policía, a hablar con alguien que tenga la capacitación apropiada para escuchar y apoyar a la mujer, a ver a un abogado y a acudir a la corte, si ella desea hacer esas cosas.
- No proteja al violador si usted lo conoce. Él es un peligro para todas las mujeres de la comunidad.

Yo te creo. No es tu culpa. Yo te ayudaré.

Usted necesitará decidir cuidadosamente si desea acudir a las autoridades o no.

- ¿Puede ir alguien con usted a hablar con la policía?
- ¿Han ayudado las autoridades a otras mujeres en su comunidad que han sido violadas?
- ¿Quiere usted mantener en privado lo que le sucedió? ¿Puede la policía impedir que otras personas se enteren de la violación?
- ¿La amenazó el violador con lastimarla a usted más si reportaba la violación?
- Si atrapan al violador y usted puede demostrar que él la violó, ¿cómo lo castigarán?

Si es posible que usted quiera reportar la violación a la policía, espere el menor tiempo que pueda. No se lave antes de ir a la policía y lleve en una bolsa la ropa que haya tenido puesta. Estas cosas pueden ayudarle a demostrar que fue violada. Pídale a una amiga que la acompañe, y de ser posible, pida que quien la examine sea mujer.

Si no quiere ir a la policía, o si no puede ir sino hasta más tarde, de todas formas debe acudir a una trabajadora de salud—aunque no tenga muchas heridas. Dígale a la trabajadora de salud que usted fue violada. Ella entonces deberá revisar si usted tiene cortadas o desgarros y darle medicinas para evitar el embarazo y las *infecciones de transmisión sexual*. Pídale que apunte todo lo que note porque eso ayudará a demostrar a la policía o a otros en la comunidad que usted fue violada.

> ➤ *Si no hay un trabajador de salud que pueda atenderla, la información de las páginas 336 y 337 puede ayudarle a evitar y tratar algunos de los problemas usted misma.*

métodos de emergencia, 226

infecciones sexuales, 261

Palabras a la trabajadora de salud

Si usted atiende a una mujer que ha sido violada:

Sea amable y comprensiva con ella. No la culpe. Puede que para ella sea difícil que usted la mire o la toque. Por eso, explíquele todo y espere hasta que ella esté lista para que la examine. Recuerde que los sentimientos que la violación le causen a la mujer podrían durar por mucho tiempo, incluso años.

Atienda los problemas médicos que ella tenga. Dele medicinas para evitar las infecciones sexuales, el VIH y el embarazo. Si ya está embarazada, ayúdele a decidir qué hacer.

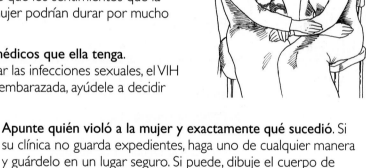

Apunte quién violó a la mujer y exactamente qué sucedió. Si su clínica no guarda expedientes, haga uno de cualquier manera y guárdelo en un lugar seguro. Si puede, dibuje el cuerpo de la mujer por delante y por detrás y marque los lugares de las heridas. Muéstrele o dígale a la mujer lo que ha apuntado y explíquele que le ayudará a demostrar que ella fue violada, si ella decide acudir a las autoridades.

Atienda sus necesidades de salud mental. Pregúntele si tiene alguien con quien hablar. Respétela y ayúdela a respetarse a sí misma y a retomar el control de su vida.

Ayúdele a tomar sus propias decisiones. Si ella quiere acudir a las autoridades, ayúdele a encontrar servicios legales. Ayúdele a encontrar otros servicios en la comunidad para mujeres que han sido violadas.

Ayúdele a hablar con su compañero o con su familia. Si ellos aún no saben lo que pasó, ofrézcase a ayudar a decirles. Usted puede ayudarles a encontrar maneras de apoyar a la mujer hasta que ella se recupere. Recuerde que los miembros de la familia generalmente también necesitan ayuda para sobreponerse a los sentimientos causados por la violación.

En algunos países, las mujeres han logrado que haya oficiales que sean mujeres y que tengan capacitación para ayudar a las víctimas de la violencia y de la violación.

➤ *Vaya acompañada siempre que acuda a la policía.*

Problemas médicos de la violación

medicinas para infecciones sexuales, 266

la prueba del VIH, 288

➤ *En algunos lugares, ahora es posible conseguir las medicinas que reducen el riesgo de contraer una infección de VIH como resultado de una violación, pero hay que hacerlo en las primeras 72 horas.*

Si acude a la policía

En la mayoría de los lugares, la violación es un crimen. Pero puede tomar mucho tiempo y ser muy difícil demostrar que fue violada.

La policía le preguntará qué sucedió. Si usted conoce al violador, dígales quién es. De lo contrario, usted tendrá que describirlo. Puede que usted tenga que ir con la policía a tratar de encontrarlo. Puede que también se requiera que la examine a usted un médico que trabaja con la policía. Ése no será un examen para ayudarle a usted a recuperarse, sino para demostrar que fue violada.

Si arrestan al violador, usted tendrá que identificarlo, ya sea frente a la policía o frente a un juez en la corte. Si hay un juicio, trate de encontrar a un abogado que tenga experiencia con casos de violación. El abogado le dirá qué puede usted esperar y le ayudará a prepararse para el juicio. Siempre lleve a alguien consigo.

Nunca es fácil acudir a los tribunales por causa de una violación. El describir lo que le sucedió podría hacer que usted sienta como si la violación le estuviera volviendo a pasar. No toda la gente será comprensiva. Quizás algunas personas traten de culparla o digan que usted está mintiendo.

Embarazo

Usted puede evitar embarazarse si actúa rápidamente y usa un método de planificación de emergencia (vea pág. 226). Usted debe usarlos lo más pronto posible, y a más tardar, **en menos de 5 días después de la violación.**

IMPORTANTE *En algunos países, el aborto es seguro y legal si una joven o una mujer ha sido violada. Pregunte a una trabajadora de salud o a una organización de mujeres si eso es cierto en su país.*

Infecciones de transmisión sexual (ITS)

Las infecciones sexuales se transmiten más fácilmente durante las relaciones sexuales violentas porque, con frecuencia, la piel de la vagina se desgarra. Si el hombre que la violó tenía una infección sexual, es posible que se la haya pasado a usted. Como usted no puede saber si él estaba infectado, usted debe recibir tratamiento por si a caso. Así no tendrá la infección ni se la pasará a otras personas. Tome medicinas para gonorrea, sífilis y clamidia y esté pendiente de las señas de otras infecciones sexuales. Tome las medicinas ya sea que crea que se haya infectado o no.

Usted también debe tratar de hacerse la prueba del VIH. En las áreas donde hay muchos casos de VIH, podría ser mejor tomar las medicinas que previenen la transmisión del VIH en el período de 24 a 72 horas después del ataque. Consulte a una promotora de salud que tenga experiencia en la TAR para saber cuáles son las medicinas que se recomiendan en su área (vea pág. 521). Hay que tomar los medicamentos por 28 días.

DESGARROS Y CORTADAS

A veces, la violación causa cortadas y desgarros en los *genitales*. Estas heridas muchas veces producen dolor, pero se quitan con el tiempo. Si hay mucho sangrado, tal vez tenga que coser los desgarros. Para heridas y desgarros pequeños:

- Remójese los genitales 3 veces al día en agua tibia que haya sido hervida. Puede añadir hojas de manzanilla al agua cuando esté hirviendo. Éstas ayudan a calmar las molestias y promueven la curación. O puede ponerse jugo de zábila en los desgarros.

- Al orinar, échese agua en los genitales para que no le ardan. El tomar mucho líquido hace que la orina sea más aguada y arda menos.

- Esté pendiente de las señas de infección: calor, líquido amarillo (pus) que sale de un desgarro, un mal olor, un dolor que empeora.

- Después de relaciones sexuales violentas, también es común que una mujer tenga una infección de la vejiga o de los riñones.

heridas y llagas, 306
infecciones de la vejiga
y de los riñones, 366

LAS RELACIONES SEXUALES DESPUÉS DE LA VIOLACIÓN

Usted puede volver a tener relaciones sexuales normales después de una violación. Usted tendrá que esperar hasta que los genitales no le duelan y hasta que hayan sanado sus desgarros. A muchas mujeres, las relaciones sexuales las hacen recordar la violación. Si eso le sucede a usted, explíquele a su compañero por qué necesita usted esperar.

Lo siento, pero aún no estoy lista.

A veces, una mujer se ve rechazada por su compañero después de ser violada. Tal vez él se sienta avergonzado o actúe como si estuviera enojado con ella. Esto puede ser muy duro para una mujer que ya tiene que lidiar con muchos otros sentimientos.

CÓMO SOBREPONERSE A LAS EMOCIONES CAUSADAS POR LA VIOLACIÓN

Puede que la violación le moleste mucho tiempo después de que su cuerpo haya sanado. He aquí algunas reacciones comunes.

Sucedió hace tanto...¿Por qué no lo puedo olvidar?

¿Qué cosa hice yo mal?

¡Cómo se ATREVE a haberme hecho eso!

Es importante que una mujer que ha sido violada hable con alguien o haga algo para ayudarse a sí misma a sentirse mejor después de la violación.

Si nadie más sabe, quizás yo pueda olvidar lo que pasó.

Cada mujer necesita encontrar su propia manera de recuperarse. Algunas mujeres necesitan llevar acabo algún ritual. Otras necesitan tratar de castigar al violador o trabajar para evitar que otras mujeres sean violadas. Haga lo que haga, sea paciente consigo misma y pida a los demás que también sean pacientes con usted.

➤ Puede que pase mucho tiempo antes de que se sienta mejor, pero a veces ayuda hablar con alguna persona en que le tenga confianza o que también haya sobrevivido una violación. Vea la página 423.

La lucha por el cambio

La violación afecta a todos los miembros de una comunidad. Las mujeres que han sido violadas pueden padecer de problemas duraderos a causa de la violación. Pero casi todas las mujeres, ya sea que hayan sido violadas o no, aprenden a tener miedo. Aprenden a desconfiar de los hombres y aprenden a no hacer cosas que llamen la atención. Las mujeres aprenden a no caminar solas y a no hablar con hombres que no conocen.

Para crear un mundo donde no exista la violación, necesitamos luchar para tener...

- comunidades donde el comportamiento y las opciones de una persona no dependan del hecho de ser hombre o mujer.
- la misma oportunidad para todos de participar en la comunidad.
- la oportunidad para los hombres y para las mujeres de hablar de una forma abierta y honesta entre sí sobre lo que cada quien espera de una relación sexual.

Pero hasta que alcancemos estas metas, necesitamos encontrar modos de ayudar a las mujeres que han sido violadas. Podemos...

- proporcionar información sobre la violación a nuestros líderes electos, al clero y a los maestros. Pedirles su ayuda y crear un plan para realizar cambios.
- dar a médicos y otros trabajadores de salud la capacitación necesaria para atender a las mujeres que han sido violadas. Ellos deben poder proporcionar pruebas para las infecciones de transmisión sexual y métodos de planificación familiar de emergencia. También deben aprender a escuchar a la mujer y a su familia, y a ser amables con ellos.
- animar a los trabajadores de salud a averiguar qué información requieren las leyes de su país para castigar a un violador. Así podrán ayudar a las mujeres a llenar los formularios legales.
- enseñar a las jóvenes y a las mujeres a defenderse.
- dar información a los jóvenes sobre el sexo y la sexualidad. Hay que enseñar a las jóvenes a expresar sus deseos claramente, y hay que enseñar a los muchachos a preguntar a las jóvenes qué desean y a respetar lo que ellas digan.
- informarnos acerca de las leyes de nuestro país que protegen a las mujeres que han sido violadas, y compartir la información con otras personas.

En un pueblito en El Salvador, la policía se rehusó a detener a un hombre que se sabía que era un violador porque era el hijo de un hombre rico. Así que las mujeres del pueblo empezaron a pintar la palabra 'violador' en el muro enfrente de su casa. La familia se avergonzó tanto que lo hicieron dejar de violar a las mujeres.

Cómo se organizó una comunidad en Sudáfrica para combatir la violación

Un sábado, por la madrugada, una mujer de 59 años fue violada y acuchillada por un hombre que había violado a otras mujeres. La víctima le señaló a la policía al violador. Él fue detenido pero la policía soltó al violador esa misma tarde.

Nosotras, las mujeres del municipio, estábamos muy enojadas. La policía había protegido a un hombre que hacía que las mujeres tuvieran miedo de caminar solas por la calle. La organización de mujeres del municipio decidió organizar una protesta.

La mayoría de nosotras trabajamos de sirvientas para las mujeres blancas y ricas que viven en una ciudad cercana. Así que ninguna de nosotras fue a trabajar. Le explicamos a la policía que seguiríamos rehusándonos a trabajar a menos que ellos hicieran cargos de violación y asalto en contra del violador.

También les pedimos a nuestras patronas que vinieran a hablar con nosotras. Queríamos mostrarles nuestros problemas. Sabemos que todas las mujeres, ya sean blancas o negras, le tienen temor a la violación. Sentimos que tal vez las mujeres blancas nos entenderían y simpatizarían con nosotras. También queríamos que las mujeres cuyos esposos trabajaban para la policía les explicaran a ellos nuestros problemas y lo mal que estaba que ellos soltaran a un violador agresivo para que regresara al municipio.

Pero nuestras patronas no simpatizaron con nosotras—simplemente se enojaron. Creemos que se molestaron porque ellas mismas tenían que hacer el trabajo de la casa. Cuando la Federación Patronal vino a ver que pasaba con la protesta les dijimos a los hombres: —Por favor no hablen en nombre de nosotras. Éste es un problema de las mujeres. La Federación Patronal se rehusó a reunirse con nosotras, pero después de una semana, un grupo de mujeres blancas vino a hablar con nosotras. Las llevamos a diferentes partes del municipio y ellas decidieron reunirse con nosotras otra vez. Suspendimos la protesta, aunque la policía sólo hizo el cargo de asalto—y no de violación—contra el violador. Pero la gente del municipio estaba tan enojada que el violador ya no pudo vivir allí.

La policía nos detuvo a varias de nosotras que habíamos organizado la protesta. Pero la policía no creía que de veras la hubiéramos organizado nosotras. Ellos piensan que los hombres están detrás de todo lo que hacen las mujeres. Pero nosotras las mujeres nos hemos vuelto muy fuertes.

Es muy importante hablar abiertamente acerca de la violación. A la mayoría de las personas les da pena y timidez. Muchas veces la familia de la joven o de la mujer que fue violada no quiere hablar de ello. Pero aquí es diferente. Hemos empezado a organizar a la comunidad para pedir educación, guarderías, pensiones y otras cosas. Empezamos a hablar sobre todos los problemas y las cosas que necesitamos cambiar. Así que hablamos de la violación y el asalto sexual. Ya la gente ve el asalto sexual como otra manera de oprimir. Las mujeres y los hombres opinan lo mismo al respecto; estamos unidos en la lucha.

Nosotros le tenemos confianza a una mujer que ha sido violada. Si ella dice que fue violada, la apoyamos, sin importar quién sea. Aunque sea una borracha, es un crimen que alguien la viole. De hecho, es peor porque ella no estaba en posición de defenderse. Nuestras mujeres y nuestros hombres no culpan a una mujer por una violación. Así que las mujeres pueden hablar abiertamente sobre la violencia sexual y reciben el apoyo de la comunidad.

Capítulo 20

En este capítulo:

Las trabajadoras de sexo

Los sindicatos de trabajadoras de sexo están exigiendo la protección de sus derechos humanos y legales.

Una trabajadora de sexo es cualquier mujer que ofrece sexo a cambio de dinero u otros favores. Muchas personas se imaginan que las trabajadoras de sexo son mujeres que andan medio desnudas, que coquetean con los hombres y que trabajan en burdeles o en la calle. Pero no todas las mujeres que venden sexo son iguales. Una trabajadora de sexo puede ser una muchacha joven o una mujer madura que tiene 6 hijos en casa. Ella puede trabajar en un burdel, en un bar o un club, en la calle con un *alcahuete*, o en su propia casa. Sin embargo, lo que la mayoría de estas mujeres tienen en común es que venden sexo porque necesitan dinero desesperadamente.

➤ *Las trabajadoras de sexo, al igual que otras mujeres, trabajan para ganarse la vida.*

En este libro usamos el término 'trabajadora de sexo' en vez de 'prostituta'. Lo hacemos porque al ver la palabra 'prostituta' mucha gente piensa en una mujer mala que debe ser castigada. El término 'trabajadora de sexo' hace hincapié en que las trabajadoras de sexo, al igual que otras mujeres, trabajan para ganarse la vida. Por la misma razón llamamos 'clientes' a los hombres que compran el sexo.

Además hay muchas mujeres que no se consideran trabajadoras de sexo, pero que de vez en cuando intercambian sexo por favores, como un lugar para vivir, comida o un empleo. Esas mujeres se enfrentan a muchos de los mismos problemas que las trabajadoras de sexo.

El propósito de este capítulo es proporcionar información acerca de los problemas médicos que se les presentan a las trabajadoras de sexo, y acerca de las formas en que ellas se pueden ayudar a sí mismas. Este capítulo también puede ayudar a la gente a entender cómo es la vida para las mujeres que tienen que vender sexo para sobrevivir.

Por qué las mujeres se vuelven trabajadoras de sexo

➤ *La mayoría de las mujeres que venden sexo preferirían tener un trabajo que paga bien y que les concede dignidad y respeto.*

Muchas personas creen que las mujeres deciden ser trabajadoras de sexo por ser inmorales o demasiado flojas para buscar otro trabajo. Pero la mayoría de las mujeres lo hacen porque necesitan dinero y no tienen ninguna otra forma de ganarlo. Estas mujeres necesitan dinero para comprar comida y pagar por un lugar donde vivir, para mantener a sus hijos y a sus familias, para pagar deudas o para comprar drogas.

La necesidad extrema de una mujer muchas veces surge en situaciones que ella no puede controlar: por ejemplo, su esposo muere o ella se divorcia, o su esposo o su familia la abandonan. O puede que ella sea violada o tenga un embarazo que no había planeado y descubra que nadie quiere casarse con ella. Si ella no tiene algún oficio u otra manera de ganar dinero, vende la única cosa que tiene—su cuerpo—para poder sobrevivir.

La familia de esta jovencita no tuvo suficiente dinero para dejar que ella completara su educación. No puede encontrar un empleo, así que tiene que vender sexo para comprar ropa y comida.

LA HISTORIA DE UNA MUJER POBRE

Cada día, como a las 9 de la mañana, Nawal sale del pequeño cuarto que comparte con su esposo, encierra allí a sus dos niñitos, y se va caminando a 'trabajar' al área rica de su ciudad. Ella lleva puesto un vestido tradicional de colores ya desteñidos y una pañoleta negra corriente alrededor de la cabeza. Se ve como cualquier otra de las mujeres pobres que uno ve en la ciudad del Cairo, en Egipto. Pero ella no es como las demás. Nawal tiene 20 años de edad y es prostituta.

Nawal generalmente trabaja en una calle en particular, como hasta las 2 ó 3 de la tarde, y en promedio gana 6 dólares al día. Ella no trabaja los viernes ni los días festivos religiosos para poder estar con su familia: su esposo que a veces trabaja haciendo construcciones, su hijo de 4 años y su nena de un año de edad.

El padre de Nawal era ciego, y ganaba dinero pidiendo limosna en el centro de la ciudad. De niña, Nawal pasaba más tiempo en la calle, guiando a su padre, que en casa. Ella nunca veía a su madre. A los 13 años de edad, Nawal se casó.

Otras mujeres son forzadas a vender sexo. Muchas veces, las mujeres son víctimas de un engaño. Ellas piensan que van a conseguir empleos o maridos ricos en otros países y en cambio terminan siendo vendidas como prostitutas. Después es casi imposible dejar de vender sexo. La mujer puede estar en un nuevo país ilegalmente y no tener derechos, dinero, ni alguna manera de regresar a casa. Puede que ella tenga deudas muy grandes que necesite pagar o tal vez su patrón amenace con herirla si ella se va. Ella se ha convertido en una esclava sexual.

➤ *Como muchos hombres temen infectarse con el virus que causa el SIDA si tienen relaciones con una trabajadora de sexo adulta, cada vez hay una mayor demanda por jovencitas y niñas para el comercio sexual.*

Durante muchos años, esta muchacha fue maltratada física y sexualmente por el esposo de su mamá. Ella huyó de la casa, con la esperanza de establecer una vida mejor. Pero sin dinero, ni el apoyo de su familia, ella terminó vendiendo sexo para sobrevivir.

Esta mujer perdió su hogar y su tierra cuando su marido murió, porque no había leyes que indicaran que la propiedad debía pasar a manos de su esposa. Ahora ella no tiene dinero. Empezó a vender sexo para poder alimentar a sus hijos.

Dos años más tarde, después de tener a su hijo, ella tuvo que buscar un empleo. A su esposo le estaban dando menos y menos trabajo. Como no tenía educación ni un oficio, Nawal trató de trabajar limpiando departamentos en un edificio. Pero dejó de hacerlo cuando los guardias del edificio le exigieron que ella tuviera relaciones sexuales con ellos o no le presentarían a más clientes.

Nawal no usa la palabra 'prostituta' para describirse a sí misma. Ella se considera una sirvienta. Ella sabe que tiene que ahorrar dinero para sus hijos: —Quiero que mis hijos vayan a la escuela para que no se vuelvan criminales cuando sean adultos.

Como no se considera que ella haga 'verdadero' trabajo, Nawal y miles de mujeres como ella no reciben ayuda del gobierno ni de la policía. A Nawal la han asaltado varias veces, pero nadie le ha ayudado. Oficialmente, ella no existe. Y lo que de veras la tiene intrigada es que mucha gente piensa que a ella le agrada vender sexo. Eso no es cierto. Ella simplemente no sabe de qué otra manera podría sobrevivir.

—*de una entrevista con Ahmed Badawi*

Problemas médicos de las trabajadoras de sexo

INFECCIONES SEXUALES, INCLUYENDO EL VIH

Debido a su oficio, una trabajadora de sexo corre un mayor riesgo que otras mujeres de contraer infecciones sexuales y el VIH. El riesgo aumenta porque el trabajo sexual implica tener sexo con muchos diferentes hombres cada día Las trabajadoras de sexo pueden querer protegerse usando condones y tomando otras medidas de seguridad, pero los hombres que les pagan pueden dificultarles sus esfuerzos. Tal vez ellos demanden tener sexo en la *vagina* o en el *ano*, pero se rehusen a usar condones. Puede que incluso se vuelvan violentos si ellas se rehusan a hacer cosas riesgosas.

Algunas trabajadoras del sexo tienen adicciones a las drogas. En este caso, su necesidad de usar drogas puede resultar en que estén más propensas a intercambiar sexo no seguro a cambio de dinero o drogas y por ende es menos posible que puedan cuidarse solas.

Una infección sexual le puede causar los mismos problemas a una trabajadora de sexo que a cualquier otra mujer: eventualmente *infertilidad* o *cáncer* del *cérvix*. Además, el infectarse con herpes, sífilis, gonorrea o clamidia aumenta mucho su posibilidad de contraer el VIH. Estos riesgos son aun más graves para las jovencitas. Como sus *genitales* no se han desarrollado completamente, las relaciones sexuales los pueden herir más fácilmente.

Muchas trabajadoras de sexo no tienen buena información acerca de las enfermedades sexuales, ni sobre su tratamiento y prevención. Debido a los prejuicios de la sociedad, las trabajadoras de sexo con frecuencia no pueden conseguir información ni servicios de salud. Muchas clínicas se rehusan a atenderlas o las tratan mal cuando ellas acuden allí.

En algunas comunidades, de cada 10 trabajadoras de sexo, 9 están infectadas con VIH, el virus que causa el SIDA.

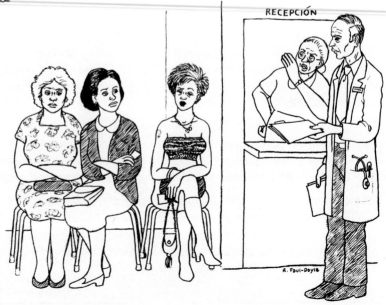

RECEPCIÓN

R. Faul-Doyle

¿Son las trabajadoras de sexo las responsables por la propagación del VIH?

A las trabajadoras de sexo se les culpa por una gran parte de la epidemia del SIDA. Pero son los hombres quienes compran el sexo los que infectan a las trabajadoras de sexo y muchas veces también a sus propias esposas. Al culpar a las trabajadoras de sexo, estos hombres evitan reconocer que ellos son los responsables de propagar esta enfermedad.

Las trabajadoras de sexo quieren usar mayor protección en su trabajo. Pero puede que infectarse con el VIH no sea el problema más importante que ellas enfrentan. Muchas veces ellas tienen problemas más urgentes todos los días—el que la policía las maltrate, lo poco que ganan, los hoteles sucios y caros donde tienen que trabajar, los clientes difíciles o violentos y los problemas para mantenerse limpias, para conseguir suficiente de comer y para cuidar a sus hijos. Si una trabajadora se infecta con VIH, puede que ella no tenga otra opción mas que seguir vendiendo sexo para sobrevivir. Como dice una trabajadora de sexo:

—*Quienes nos culpan lo hacen con el estómago lleno. Yo debería poder comer bien y alimentar bien a mis hijos. Mis hijos deberían ir a la escuela. Decirme que el SIDA mata sin darme un empleo que paga bien es como decir que yo debería morirme de hambre. Para mi, ésta es la única manera de sobrevivir.*

EMBARAZO

Las mujeres que venden sexo necesitan métodos seguros, eficaces y baratos de prevenir el embarazo. Si ella se embaraza pero tiene que seguir vendiendo sexo, ella y su bebé correrán el riesgo de padecer de *complicaciones* y de los problemas relacionados con las infecciones sexuales. O puede que la mujer sienta que no le queda más remedio que tener un *aborto* bajo condiciones riesgosas. Todas estas situaciones son peligrosas.

cómo escoger un método de planificación familiar, 200 y 224

aborto bajo condiciones peligrosas, 241

VIOLENCIA

Una trabajadora de sexo puede vivir en un burdel con otras trabajadoras como ella o puede trabajar en la calle. Estas condiciones facilitan que ella sea violada, atacada o asaltada sobre todo si ella es muy jovencita. Si ella trabaja bajo el control de un hombre que le quita parte de su dinero (alcahuete), con frecuencia él usará violencia para seguir controlándola.

Como la venta de sexo es ilegal en la mayoría de los países, una trabajadora de sexo muchas veces no cuenta con ningún derecho legal, incluyendo la protección dada por la policía. O puede que ella tenga que darle a la policía una gran parte de sus ganancias a cambio de protección. Como la mayoría de las leyes han sido creadas para proteger a los hombres contra las mujeres 'inmorales', puede que en vez de proteger a una trabajadora de sexo, la policía la detenga, la golpee, la asedie o incluso la viole.

Si las autoridades la están maltratando porque usted es trabajadora de sexo, trate de conseguir más información acerca de sus derechos. Puede que en su ciudad o en su país haya un grupo que luche por los derechos de las prostitutas. O usted puede escribir a una de las organizaciones que aparecen en la sección que empiece en la página 561 para solicitar consejos sobre cómo organizar un grupo de ese tipo.

332 defensa personal para mujeres

➤ *En algunos lugares, las mujeres pueden ser detenidas bajo cargos de prostitución, por tan sólo tener condones para su propia protección.*

Cómo protegerse contra las infecciones sexuales, incluyendo el VIH

➤ *"Si no quieren usar un condón, yo les pregunto si nunca oyen las noticias. Si nunca han oído hablar del SIDA. Yo les digo que no estoy dispuesta a arriesgarme".*
—*Yolanda*

➤ *Para protegerse y proteger a los demás contra las infecciones sexuales, usted necesita usar protección durante las relaciones sexuales con sus clientes y también con su marido o su novio.*

Si usted intercambia sexo por dinero, vivienda, u otros tipos de apoyo, es importante que se proteja de las infecciones sexuales y del VIH. Para mayor información, vea la sección sobre el sexo con protección en la página 186, y los capítulos sobre las infecciones sexuales (pág. 261) y sobre la planificación familiar (pág. 197).

Aquí tiene algunas otras ideas de cómo protegerse:

- Use condones de *látex* cada vez que tenga relaciones sexuales. Asegúrese de que siempre tenga condones cuando esté trabajando.

- El sexo con las manos (*masturbación* manual), el *sexo oral* y las *fantasías* sexuales son más seguras que el sexo en la vagina o en el ano cuando un cliente no está dispuesto a usar un condón.

- Si usted no puede usar un condón de hombre o de mujer (vea págs. 202 a 204) use un diafragma (pág. 205) para un poco de protección, aunque la protección es menor que la de un condón. Puede insertar el diafragma antes de empezar a trabajar en el caso que el hombre se niegue a usar el condón.

Para prevenir el embarazo, el diafragma usualmente se usa con espermicida. Pero muchas veces los espermicidas irritan la piel de la vagina, facilitando que los microbios pasen por la piel y le infecten una infección sexual, especialmente el VIH. Cuando se usa el espermicida un día sí, un día no, es menos probable que cause irritación. Esto implica que para la mayoría de las trabajadoras del sexo el uso de un diafragma con espermicida no es una buena forma de prevenir el embarazo.

diafragma

IMPORTANTE *No use sustancias químicas, como cloro o detergente, para lavarse la vagina. ¡Pueden ser muy dañinas!*

- Antes de tener relaciones sexuales, revise si sus clientes tienen llagas en lo genitales o señas de *desecho*. Rehúsese a tener relaciones sexuales sin protección con cualquier hombre que tenga señas de una infección sexual. Recuerde que usted no puede saber si una persona tiene VIH con tan sólo mirarla.

TRATAMIENTO PARA LAS INFECCIONES SEXUALES CUANDO LA PROTECCIÓN FALLA

Siempre es mejor protegerse durante las relaciones sexuales. Pero a veces la protección falla. Los condones se pueden romper o los clientes se pueden rehusar a usarlos.

Obtenga tratamiento pronto

Si usted piensa que se ha expuesto a una infección sexual, consiga tratamiento pronto. Así podrá evitar que la infección empeore. Las infecciones sexuales que no son tratadas pronto, pueden producir problemas graves e incluso la muerte.

> ➤ Las infecciones sexuales que no son tratadas pronto, pueden causar problemas graves e incluso la muerte.

De ser posible, hágase regularmente exámenes para detectar las infecciones sexuales. Si usted está teniendo señas de una infección sexual—desecho o sangrado por la vagina, dolor o llagas en los genitales, o dolor en la parte baja del vientre—consulte lo más pronto posible a un trabajador de salud capacitado. Si usted con frecuencia tiene relaciones sexuales sin protección, vaya a una clínica o a un centro médico para recibir tratamiento por lo menos una vez al mes, aunque no tenga señas de una infección. Si usted usa condones cada vez que tiene relaciones sexuales, quizás no tenga que acudir a un centro médico con tanta frecuencia.

Como usted probablemente no sabe a cuáles infecciones sexuales se ha expuesto, debe recibir tratamiento para tantas como sea posible. Diferentes *antibióticos* sirven para tratar diferentes infecciones sexuales, así que es posible que usted tenga que tomar varias medicinas a la vez. Recuerde que no hay ninguna medicina que cure el VIH. Para información sobre cómo tratar las infecciones sexuales, vea el Capítulo 16 (pág. 261).

La prueba del VIH

Si usted quiere hacerse la prueba del VIH (el virus que causa el SIDA), vea la página 288. Pregunte en una clínica local si en su país hay un programa nacional de lucha contra el SIDA. Puede que haya programas especiales para hacer la prueba del VIH a las trabajadoras de sexo y para tratar sus problemas, si tienen SIDA.

IMPORTANTE *Cuando tome antibióticos para las infecciones sexuales, asegúrese de tomar la dosis recomendada por todo el tiempo indicado. Si usted toma una cantidad demasiado pequeña, o no toma la medicina todos los días que debería, puede que las señas se le quiten, pero usted aún tendrá la infección en el cuerpo y ésta seguirá haciéndole daño. La próxima vez que usted intente tratar la infección, será más difícil curarla. Puede que entonces usted necesite usar otras medicinas más caras. Muchas medicinas que antes servían para curar diferentes infecciones sexuales, ya no son eficaces porque no se han usado correctamente.*

La lucha por el cambio

➤ *Use sociodramas para practicar a negociar el uso de condones con sus clientes. Pida a otras trabajadoras de sexo que practiquen con usted.*

NEGOCIACIÓN DEL USO DE CONDONES

Para lograr que más hombres usen condones, ellos necesitan entender que el uso de condones para evitar las infecciones sexuales, incluyendo el SIDA, les conviene a ellos y también a sus parejas. La manera más fácil de hacer llegar esta información a los hombres es a nivel comunitario.

Como trabajadora de sexo, usted puede ayudar uniéndose a otras trabajadoras de sexo para lograr que el uso de condones sea la práctica más común y esperada. Entonces los clientes empezarán a querer usar condones.

La actitud que usted tenga con sus clientes es importante. Si usted tiene fé en sí misma y sabe de lo que está hablando, será más probable que pueda convencer a un hombre de que tiene sentido usar condones. Aquí tiene algunas ideas:

- Explique que los condones pueden...
  - proteger a ambos de ustedes contra infecciones.
  - reducir el riesgo de que él le pase una infección sexual a su esposa.
  - prolongar el placer que él sentirá.

- Asegúrele de que usted se encargará de que el sexo sea igual de agradable para él.
- Si usted ofrece sexo oral, aprenda a poner condones con la boca.

Una trabajadora de sexo en una ciudad de Camerún, en África, relata la siguiente historia:

En la discoteca donde yo trabajo, entendemos los riesgos que el SIDA representa para nuestra salud y para nuestras vidas, así que todas nosotras usamos condones. Nosotras les enseñamos a nuestros clientes que a ellos les conviene protegerse a sí mismos. La mayoría de ellos ahora están de acuerdo. Nosotras nos aseguramos de que el sexo sea divertido, para que ellos nos vuelvan a contratar.

Pero siempre hay hombres que no quieren usar condones porque piensan que no hacerlo es ser de veras 'macho'. Lo que casi siempre pasa es que un tipo trata de convencer a 4 ó 5 de nosotras de que tengamos relaciones sin protección, pero sin éxito. Entonces, él, o se va, o acepta tener relaciones con condón para ver si puede disfrutar el sexo igual de bien. Si insiste en tener relaciones sexuales sin protección, nosotras nos juntamos y ¡lo corremos de aquí!

A nosotras no nos gusta perder clientes, pero apreciamos nuestras vidas y nuestra salud. Poco a poco, las cosas están cambiando. En mi trabajo, ahora todas reconocemos que lo inteligente es usar condones.

Las trabajadoras de sexo se están organizando para mejorar sus vidas.
Ellas quieren las mismas cosas que otras mujeres.

LA UNIÓN HACE LA FUERZA

Las trabajadoras de sexo ocupan una condición social muy baja por ser pobres y por vender sexo. Esto a veces hace que ellas sientan que no valen nada y que no pueden cambiar sus vidas.

Para una mujer que trabaja sola puede ser muy difícil lograr que sus clientes usen condones. Protegerse de la violencia también puede ser un reto. Pero en muchos lugares, las trabajadoras de sexo se están dando cuenta de que pueden mejorar sus vidas si trabajan unidas. En algunos lugares, las trabajadoras de sexo se están organizando para mejorar las condiciones en que trabajan, por ejemplo, insistiendo en que sus clientes usen condones o defendiéndose del mal trato que les da la policía. En otros lugares, con la ayuda de otros miembros de la comunidad, las trabajadoras de sexo han iniciado programas para adquirir nuevas aptitudes que les permitan depender menos de la venta de sexo.

A continuación describimos algunas de las formas en que las trabajadoras de sexo de diferentes partes del mundo están trabajando unidas, y trabajando con otras personas, para mejorar sus vidas. Usted y otras trabajadoras de sexo también podrían hacer estas cosas:

Enséñese unas a otras cómo protegerse más en el trabajo. Puede reunir a un grupo de trabajadoras de sexo para hablar sobre cómo...

- usar condones para evitar infecciones sexuales, incluyendo el VIH, y cómo obtener tratamiento para las infecciones sexuales, cuando sea necesario.
- obtener y usar métodos anticonceptivos
- escoger a un cliente y evitar situaciones peligrosas.
- apoyarse mutuamente para lidiar con las exigencias indeseables de un cliente.
- limitar la cantidad de tiempo que una trabajadora de sexo pasa con sus clientes.

> ➤ *Yo solía trabajar en un club donde no siempre usábamos condones. Había mucha presión por NO usarlos. Así que me fui. Ahora trabajo en una casa donde tienen por NORMA usar condones. Esto me ha ahorrado muchas preocupaciones y discusiones.*
>
> *—Anita*

Organizarse para protegerse más. El trabajar unidas y apoyarse mutuamente puede ayudar a las trabajadoras de sexo a disminuir el riesgo de que sus clientes, sus alcahuetes o la policía las maltraten o las violen. Únase con otras trabajadoras de sexo para planear formas de apoyarse y protegerse mutamente.

Adquirir nuevas aptitudes. Usted puede trabajar para organizar programas de *alfabetización* o programas de capacitación para diferentes empleos. A veces, algunas trabajadoras de sexo pueden instruir a otras, o quizás sea posible conseguir la ayuda de otros miembros de la comunidad.

Le dije "o condón o nada", y ahora que gano algo de dinero arreglando pelo, puedo perder algunos clientes sin tener que preocuparme.

Cuando una trabajadora de sexo tiene otras aptitudes, ella puede ganar algo de dinero haciendo otros trabajos. Así ella puede decidir con cuáles hombres tener relaciones sexuales y puede rechazar a un cliente que la haga sentirse amenazada.

Crear un fondo para dar préstamos. Un grupo de trabajadoras de sexo en Nairobi, Kenya (una ciudad en África), juntó su dinero para crear un fondo para dar préstamos a sus miembros. Muchas de las mujeres usan los fondos para pagar las cuotas de la escuela de sus hijos. Otros grupos han usado este tipo de fondos para ayudarse mutuamente a crear pequeños negocios que les permitan ganar dinero de modos no relacionados con la venta de sexo.

Muchas organizaciones de trabajadoras de sexo están tratando de cambiar las opiniones negativas que la gente tiene de las prostitutas. Por ejemplo, una organización de trabajadoras de sexo en Calabar, Nigeria (en África) no permite que sus miembros se peleen en las calles ni el burdel. Tampoco permite que ellas digan groserías o que se vistan de formas que ofenden a la comunidad. Cambiando las cosas que son fáciles de criticar, las organizaciones esperan que la gente se vaya dando cuenta de que las trabajadoras de sexo son mujeres que simplemente están trabajando para sobrevivir.

La comunidad puede prestar su ayuda

Los miembros de la comunidad pueden ayudar a las trabajadoras de sexo a organizarse para trabajar bajo condiciones más seguras. Usted puede...

* exigir que se aprueben leyes para castigar a quienes explotan a las trabajadoras de sexo. Esto incluye a los dueños de los burdeles, a los alcahuetes e intermediarios, a la policía, a los clientes y a los vendedores de drogas.

* presionar a la policía para que dejen de maltratar a las trabajadoras de sexo.

* trabajar por la aprobación de leyes que animen a los clientes de las trabajadoras de sexo a usar condones. Por ejemplo, el Ministerio de Salud de Tailandia requiere que las trabajadoras de sexo usen condones. Si no lo hacen, las autoridades pueden cerrar el burdel o cobrar un multa. Esta ley ha ayudado a las trabajadoras de sexo a insistir en que se usen condones. Esto protege a las trabajadoras, a sus clientes y a las esposas de ellos.

SE REQUIEREN CONDONES para su protección y la nuestra

Usted también puede trabajar para evitar que las niñas se vean forzadas a comerciar en sexo:

* Hable con los padres de familia de su comunidad sobre los peligros de vender a sus hijas para el trabajo en otros países.

* Proporcione ayuda (por ejemplo, empleos, asesoramiento y vivienda) para las jóvenes que se fuguen de su hogar. Con su ayuda, no se verán forzadas a vender sexo para sobrevivir.

Palabras al trabajador de salud

Usted puede tener el mayor impacto en la vida de una trabajadora de sexo ayudándole a obtener la atención que ella necesita:

* Dé a las trabajadoras de sexo el mismo tipo de atención respetuosa que da a los demás.

* Aprenda a diagnosticar y a tratar las infecciones sexuales. Vea el capítulo sobre infecciones sexuales y otras infecciones de los genitales (pág. 261).

* Entérese de cuáles medicinas proporcionan el tratamiento más económico y más actualizado y trate de siempre tener disponible un abasto de ellas.

* Asegúrese de que en su comunidad siempre haya un abasto adecuado de condones gratuitos o económicos. Vea que los distribuyan las clínicas, las tiendas locales, las cantinas, las cafeterías, y los trabajadores de divulgación.

* Asegúrese de que haya servicios médicos para todos, incluyendo servicios de planificación familiar, *abortos* y tratamiento gratuito o económico para las infecciones sexuales y para el abuso de drogas y la prueba del VIH.

Capítulo 21

En este capítulo:

Cómo usar este capítulo:

1. Si tiene dolor fuerte y repentino en la barriga o *abdomen*, vea la página 354 y siga los consejos.

2. Busque los diferentes tipos de dolor que pueden sufrirse en las páginas 354 a 356. La mayoría de estos problemas se describen en otras partes de este libro. Vea la página indicada para obtener más información.

3. Si usted todavía no está segura de la causa de su dolor, vea las preguntas en la página 357.

4. Para obtener información sobre cómo examinar a una mujer que tiene dolor en el abdomen, vea la página 534.

Dolor en la parte baja del abdomen

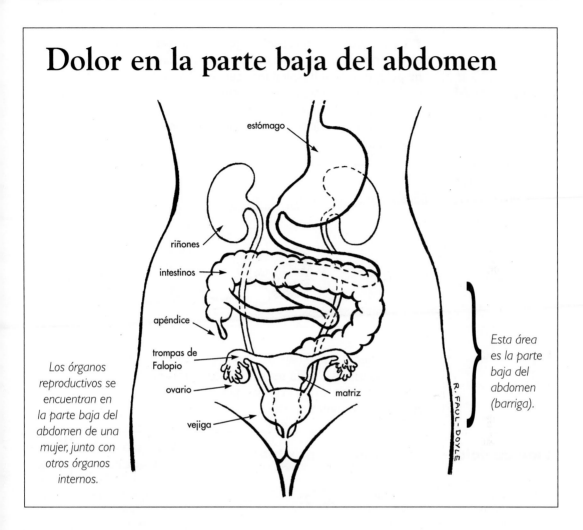

estómago

riñones

intestinos

apéndice

trompas de
Falopio

ovario

vejiga

matriz

R. FAUL-DOYLE

*Los órganos
reproductivos se
encuentran en
la parte baja del
abdomen de una
mujer, junto con
otros órganos
internos.*

*Esta área
es la parte
baja del
abdomen
(barriga).*

La mayoría de las mujeres sufren de dolor en la parte baja de la
barriga o abdomen en algún momento de su vida. Muchas veces
a las mujeres se les dice que su dolor es normal para ellas, y que
deben soportarlo en silencio. Algunas personas piensan que el
dolor de una mujer no es grave a menos que ella no pueda estar
de pie, caminar o hablar. Pero cuando una mujer espera tanto así
antes de conseguir tratamiento para su dolor, el resultado puede
ser una *infección* grave, la *infertilidad*, un *malparto* e incluso la muerte.

➤ *El dolor no debe
ser parte normal de la
vida de una mujer—es
una seña de que algo
está mal. Consiga
tratamiento antes
de encontrarse tan
enferma que no pueda
estar de pie, caminar
o hablar.*

Este capítulo describe diferentes tipos de dolor en la parte baja del
abdomen (más abajo del ombligo), y lo que puede estar causando el
dolor. Algunos dolores que ocurren en la parte baja del abdomen se
extienden por encima del ombligo y pueden deberse a otras causas.
Algunos problemas de la parte baja del abdomen también pueden
causar dolor en la parte baja de la espalda. Si el dolor parece diferente
al que se describe en este capítulo, vea a un trabajador de salud
capacitado para hacer un examen abdominal.

Dolor repentino y fuerte en el abdomen

Algunos dolores en la parte baja del abdomen son una emergencia. **Si usted sufre de cualquiera de las siguientes señas de peligro, vaya al hospital más cercano.** Un trabajador de salud capacitado necesitará hacerle a usted un examen del abdomen, un *examen pélvico*, y quizás pruebas especiales. Para información sobre cómo hacer un examen abdominal y un examen pélvico, vea la página 534.

Señas de peligro:

- dolor fuerte y repentino en el abdomen
- fiebre (calentura) alta
- náusea y vómitos
- abdomen hinchado, que está duro como un pedazo de madera
- abdomen silencioso (sin ruidos)

Tipos de dolor

El dolor en la parte baja del abdomen puede deberse a muchas causas. Puede ser difícil encontrar la causa porque muchos de los órganos que están en el abdomen se hallan muy juntos.

Tipo de dolor	Causas posibles	Lo que debe hacerse	Vea la pág.
Dolor fuerte, fuera de lo común durante la *regla* o después de saltarse una regla	*Embarazo tubárico* (en una trompa) 	¡URGENTE! Vaya a un hospital de inmediato.	73
Dolor continuo durante la regla	*Fibromas*	Vea 'dolor con la regla' y 'problemas de la matriz'. Use una medicina ligera para el dolor.	50 380 482
Cólicos durante la regla	'Apretones' normales del vientre. Es posible que algunos tipos de *dispositivos intrauterinos* (DIUs) hagan que empeore el dolor.	Vea 'dolor con la regla'.	50
Si la regla se atrasa	malparto o pérdida del embarazo	Si el dolor se vuelve muy fuerte, vaya a un hospital.	234

Tipo	Causas posibles	Lo que debe hacerse	Vea la pág.
Dolor después de un parto, de un *aborto* o de un malparto	infección causada por partes de la placenta que quedaron en la *matriz*, o por *microbios* que entraron en la matriz durante el parto o el aborto	Vea 'infección de la matriz' e 'infección después del aborto'	97 255
Dolor fuerte con o sin fiebre con o después de una *infección de transmisión sexual* o de una infección pélvica	otra infección pélvica, o una bolsa de *pus* en el abdomen (absceso pélvico)	¡URGENTE! Vaya a un hospital de inmediato.	274
de un lado del abdomen, con *fiebre, náusea, vómitos* y falta de apetito	*apendicitis* u otra infección de los *intestinos* infección de *riñon*	¡URGENTE! Vaya a un hospital de inmediato. Vea 'infecciones de la vejiga y del riñon'.	 366
Dolor con *diarrea*	infección intestinal causada por *bacterias* o *parásitos*	Vea 'diarrea'.	298
Dolor fuerte en los primeros 3 meses del embarazo, a menudo con sangrado que va y viene	embarazo tubárico	¡URGENTE! Vaya a un hospital de inmediato.	73
Dolor fuerte en los primeros 3 meses del embarazo, con o sin sangrado	la placenta se ha desprendido de la pared de la matriz	¡URGENTE! Vaya a un hospital de inmediato.	73
Dolor leve, ocasional durante el embarazo	probablemente normal	No se necesita tratamiento.	
Dolor al orinar o necesidad frecuente de orinar	infección de la *vejiga* o del riñon	Vea 'infecciones de la vejiga y del riñon'.	366
Dolor con sangre en la orina	*cálculo* en el riñon	Vea 'cálculos en la vejiga o en el riñon'.	369
Dolor con *desecho* o sangrado ligero de la *vagina*, algunas veces con fiebre	infección pélvica que podría deberse a una infección sexual o a una infección después de un malparto, de un aborto o de un parto	Vea 'infección pélvica', 'infección de la matriz' e 'infección después de un aborto'.	274 97 255

Tipo de dolor	Causas posibles	Lo que debe hacerse	Vea la pág.
Dolor durante las relaciones sexules	infección pélvica o cicatrices de una infección anterior del vientre	Vea 'infección pélvica'.	274
	un bulto (quiste) en el ovario	Vea 'problemas de los ovarios'.	383
	fibromas	Vea 'problemas de la matriz'.	380
	relaciones sexuales no deseadadas	Vea 'si el sexo es doloroso'.	189
Dolor al moverse, al caminar o al levantar objetos	infección anterior del vientre, o cualquiera de las razones mencionadas arriba	Use una medicina ligera para el dolor, si es necesario.	482
Dolor que dura solamente unas cuantas horas, en la mitad del *ciclo mensual*	la capa interior del abdomen se irrita cuando el ovario deja salir un huevo (ovulación) porque hay un poco de sangre — sangre	Use una medicina ligera para el dolor, si es necesario. Vea el Capítulo 4, titulado "Entendamos nuestros cuerpos".	482 43
Dolor que comienza 3 semanas o menos después de haberse puesto un dispositivo intrauterino (DIU)	las infecciones debidas al uso de un DIU son más comunes poco tiempo después de ponerse el DIU	Vea a un trabajador de salud de inmediato.	216
Dolor sin otras señas	infecciones pélvicas, que pueden causar dolor constante o dolor que va y viene en el abdomen o en la parte baja de la espalda, durante meses o años	Vea a un trabajador de salud capacitado para hacer un examen pélvico.	274
	infección intestinal causada por bacterias o parásitos	Vea a un trabajador de salud o consulte el libro **Donde no hay doctor**	
	bulto o *tumor* en la matriz o en el ovario	Vea a un trabajador de salud capacitado para hacer un examen pélvico.	375

Si su dolor no corresponde a uno de los tipos descritos en las páginas anteriores, las siguientes preguntas pueden ayudarle a examinar mejor el dolor.

¿Cómo es el dolor? ¿Es agudo y fuerte—o es apagado, persistente y no demasiado fuerte? ¿Va y viene o es constante?

* Un dolor muy fuerte que va y viene puede deberse a un cálculo en el riñón. Un dolor fuerte, agudo, estrujante o con calambres puede deberse a un problema de los intestinos.

* Un dolor agudo y fuerte, sobre todo si ocurre en un solo lugar, puede deberse a apendicitis o a un embarazo tubárico (en una trompa).

¿Cuánto tiempo ha durado el dolor?

* Un dolor repentino, fuerte, que no se mejora, probablemente es seña de algo grave. Podría deberse a un embarazo tubárico, a apendicitis o a otros problemas de los intestinos, a algún problema en los ovarios o a infección pélvica.

* Un dolor que dura muchos días o muchas semanas, sobre todo si no es fuerte, podría deberse a cicatrices de una infección anterior, a indigestión o a 'nervios' o angustia. Posiblemente se pueda tratar en casa.

¿Afecta el dolor su hambre?

* Si usted tiene dolor en el abdomen y NO tiene ganas de comer nada, es posible que tenga una infección grave en los intestinos o apendicitis.

* Si usted tiene dolor y SÍ tiene ganas de comer, probablemente no padece de ninguno de estos problemas.

Para mayor información sobre el dolor en la parte baja del abdomen, vea **Donde no hay doctor** o algún otro libro general de medicina.

Yuni, tienes que ir a la clínica hoy mismo para que te revisen este dolor que estás teniendo. Sólo te va a empeorar.

Una mujer que camina con dolor hoy puede morir del mismo dolor mañana. Si no está segura a qué se deba el dolor, consiga ayuda lo antes posible.

Capítulo 22

En este capítulo:

Cómo usar este capítulo:

La mayoría de las causas de los problemas de sangrado que se describen en este capítulo se explican en otras partes de este libro. Si usted tiene un problema de sangrado, búsquelo aquí y después diríjase a la página indicada para obtener más información. Si este libro no habla de su problema, acuda a un trabajador de salud capacitado para hacer exámenes pélvicos.

Sangrado anormal de la vagina

Es normal que haya cambios en la *regla* de vez en cuando por causa de enfermedades, angustia, embarazo, amamantamiento, un viaje largo, demasiado trabajo o cambios en la alimentación. Pero si el cambio en la regla ocurre de repente, dura más de unos cuantos meses o está acompañado de otros problemas, puede ser seña de un problema más grave.

➤ Si hay un cambio repentino en su regla, siempre piense en la posibilidad de un embarazo— aun si está usando un método de *planificación familiar.*

Señas de peligro

Si una mujer tiene cualquiera de estas señas de peligro, es posible que necesite atención médica de inmediato. Diríjase a la página indicada para obtener más información.

- sangrado y dolor en el *abdomen* cuando no ha tenido la regla regular (página 73)
- sangrado en los últimos meses del embarazo (página 74)
- sangrado pesado después de un parto, de un *malparto* o de un *aborto* (páginas 92, 234 y 251)

la regla

el embarazo

Problemas con la regla

UNA REGLA PESADA O UNA REGLA QUE DURA MUCHO TIEMPO

- La regla es pesada si la sangre atraviesa una toalla higiénica en menos de una hora.
- La regla es larga si dura más de 8 días.
- Los coágulos de sangre (bultitos suaves en la sangre que son brillantes, de color rojo oscuro y que parecen hígado) también son seña de una regla pesada.
- Una regla pesada que dura muchas semanas, meses o años, puede causar 'sangre débil' (anemia, vea pág. 172).

Causas:

- Puede que haya un desequilibrio en las hormonas, de manera que el ovario no suelte un huevo. Esto sucede comúnmente en mujeres menores de 20 años y en mujeres mayores de 40 años (vea pág. 47).
- Es posible que un *dispositivo intrauterino* (DIU) esté causando que la regla sea más pesada (vea pág. 216).
- El sangrado podría deberse a un *malparto*, aunque no haya pensado que estaba embarazada (vea pág. 234).

- Si usted tiene dolor en el abdomen acompañado de sangrado, quizás tenga un embarazo tubárico (en una trompa). Es URGENTE que usted vaya a un hospital de inmediato (vea pág. 73).

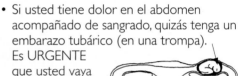

- Es posible que tenga un problema de la *tiroides*.
- Es posible que tenga bultos (*fibromas* o *pólipos*) o *cáncer* en la matriz (vea pág. 380).

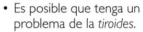

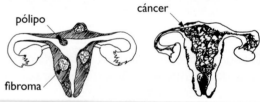

pólipo

fibroma

cáncer

IMPORTANTE *Vea a un trabajador de salud capacitado para hacer exámenes pélvicos si usted está sufriendo de sangrado pesado, y...*

- *le sale sangre a chorros de la vagina.*
- *su regla ha sido pesada y larga por 3 meses.*
- *usted piensa que podría estar embarazada.*
- *usted sufre de dolor fuerte con la regla.*

UNA REGLA LIGERA

Una regla ligera cada mes no es un problema médico.

Causas:

208

planificación familiar, cambios en la regla

- Algunos métodos de planificación familiar—tales como las inyecciones, los *implantes* y la píldora anticonceptiva—pueden hacer que usted sangre menos después de haberlos estado usando por algún tiempo.
- Es posible que su ovario no haya soltado un huevo.

UNA REGLA QUE VIENE CON DEMASIADA FRECUENCIA, O SANGRADO EN OTRAS OCASIONES

Es posible que algo esté mal si la regla ocurre con más frecuencia que cada 3 semanas, o si va y viene sin un ritmo regular.

Causas:

- Puede que el ovario no haya soltado un huevo (vea pág. 49).
- Puede que haya bultos (fibromas o pólipos) o cáncer en la matriz, sobre todo si la regla es pesada y no es regular (vea pág. 380).
- Usted está tomando el medicamento llamado *estrógeno* después de la *menopausia* (vea pág. 124).

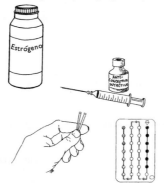

- Algunos métodos de planificación familiar—tales como la píldora anticonceptiva, los implantes y las inyecciones—pueden causar que usted sangre con más frecuencia (vea pág. 208, 209 y 210)

► *Los métodos de planificación familiar hormonales, tales como las pastillas anticonceptivas, los implantes o las inyecciones, pueden producir cambios en la regla.*

CUANDO LA REGLA SE TARDA DEMASIADO EN VENIR O DEJA DE VENIR POR COMPLETO

La regla generalmente ocurre cada 21 a 35 días. Puede ser normal que pasen aún más días entre las reglas. Pero es posible que algo esté mal o que usted esté embarazada si su regla deja de venir por completo.

Causas:

- Es posible que usted esté embarazada (vea pág. 67).
- Es posible que usted esté teniendo un malparto (vea pág. 98).
- Puede que el ovario no haya soltado un huevo (vea pág. 231).
- Es posible que usted tenga una enfermedad grave—como *paludismo, tuberculosis* (vea pág. 387) o *VIH* que esté empeorando (vea pág. 283).
- Si usted tiene más de 40 ó 45 años de edad, es posible que se esté acercando a la menopausia (vea pág. 124).
- Algunos métodos de planificación familiar—tales como la píldora anticonceptiva, las inyecciones y los implantes—pueden hacer que las reglas ocurran con menos frecuencia (vea págs. 208, 209 y 210).
- Una mala nutrición puede cambiar la regla (vea pág. 172).

► *Si usted tiene más de 18 años de edad y nunca ha tenido una regla, consiga ayuda médica.*

Cuando una mujer llega a una edad mayor, su regla cambia.

Otros tipos de problemas de sangrado

SANGRADO DURANTE EL EMBARAZO O DESPUÉS DEL PARTO			
Problema de sangrado	**Causas posibles**	**Lo que debe hacerse**	**Vea la pág.**
Sangrado durante los primeros 3 meses del embarazo con dolor constante o con dolor que va y viene	*embarazo tubárico*	¡URGENTE! Vaya a un hospital de inmediato.	73
Sangrado durante los 3 últimos meses del embarazo	la *placenta* se está desprendiendo de la pared de la *matriz* la placenta está cubriendo el *cérvix*	¡URGENTE! Vaya a un hospital de inmediato.	74
Sangrado durante los primeros 6 meses del embarazo	puede ser un *malparto* (sobre todo si usted también tiene dolores con cólicos, como las contracciones del parto)	Vigile y espere. Si el sangrado se vuelve pesado, vaya a un hospital.	98
Sangrado pesado durante el parto o inmediatamente después de él	quedan partes de la placenta en la matriz la matriz está tan cansada que no puede apretarse (contraerse)	¡URGENTE! Vea a una partera o vaya a un hospital si el sangrado es pesado.	92
Sangrado ligero, de color rosado, sin dolor, durante los primeros 3 meses del embarazo	esto puede ser normal o puede ser seña de un malparto temprano	Vea 'sangrado a principios del embarazo'.	74
Manchas de sangre o sangrado ligero en lugar de la regla normal	el bebé en desarrollo (feto) se está fijando a las paredes de la matriz (*implantación*). Esto es normal.	Vea el Capítulo 6, sobre el embarazo y el parto.	67

SANGRADO DESPUÉS DE UN ABORTO O DE UN MALPARTO

Problema de sangrado	Causas posibles	Lo que debe hacerse	Vea la pág.
Sangrado pesado, o sangrado que dura más de 15 días, o sangrado con dolor o fiebre	es posible que aún haya partes del embarazo en la matriz *infección* en la matriz	Vaya de inmediato a un hospital o a una clínica.	251 255
Sangrado como una regla normal, pero que dura de 5 a 15 días, haciéndose más y más leve	esto es normal sangre	Vea 'qué esperar después de un aborto'.	249

SANGRADO DESPUÉS DE TENER RELACIONES SEXUALES

Problema de sangrado	Causas posibles	Lo que debe hacerse	Vea la pág.
Sangrado durante o después de tener relaciones sexuales	*infecciones sexuales*	Vea 'gonorrea y clamidia'.	267
	infección pélvica	Vea 'infección pélvica'.	274
	relaciones sexuales forzadas	Vea 'violación'.	327
	bultos o cáncer del cérvix o de la matriz	Vea 'cáncer del cérvix' y 'problemas de la matriz'.	377 380

SANGRADO DESPUÉS DE LA MENOPAUSIA

Problema de sangrado	Causas posibles	Lo que debe hacerse	Vea la pág.
Sangrado que comienza 12 meses o más después de la menopausia	bultos o cáncer en la matriz bultos o cáncer en el cérvix	Vea a un trabajador de salud capacitado para hacer un examen pélvico Es posible que usted necesite una prueba de Pap o un *D y C*.	380 377

Capítulo 23

En este capítulo:

Problemas del sistema urinario

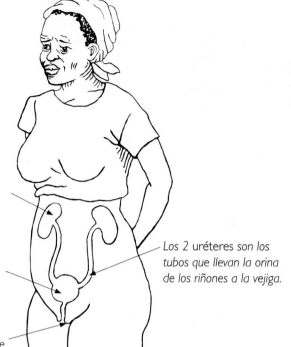

Hay 2 riñones. Producen la orina limpiando los desechos de la sangre.

La vejiga es una bolsa. Se estira y se vuelve más grande a medida que se llena de orina. Se achica después de que uno orina.

Al orinar, la orina pasa por la uretra (canal urinario) y sale por un hoyito que se halla frente a la vagina.

Los 2 uréteres son los tubos que llevan la orina de los riñones a la vejiga.

Este capítulo describe los problemas más comunes que afectan al sistema urinario. A veces es difícil diferenciar estos problemas. Si usted tiene cualquier duda de cuál es su problema, consiga ayuda médica. Tal vez usted necesite hacerse pruebas especiales para averiguar cuál es su problema.

Si usted identifica el problema, quizás pueda tratarlo en casa— sobre todo si usted inicia el tratamiento de inmediato. Pero recuerde que algunos problemas graves comienzan con señas que no parecen ser muy serias. Estos problemas se pueden volver dolorosos y peligrosos rápidamente. Así que si usted no se siente mejor en 2 ó 3 días, consiga ayuda médica.

Hay 2 tipos principales de infecciones del sistema urinario. Una infección de la vejiga es el tipo más común y el más fácil de tratar. Una infección de los riñones es muy grave. Puede producir daño permanente de los riñones e incluso la muerte.

Infecciones del sistema urinario

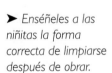

Una infección urinaria le puede dar a una mujer o a una niña de cualquier edad— incluso a una bebé.

Espero que el camión pare pronto para que yo pueda orinar.

¿A QUÉ SE DEBEN LAS INFECCIONES DE LA VEJIGA Y DE LOS RIÑONES?

Las infecciones del sistema urinario son causadas por *microbios* (*bacterias*). Los microbios entran al cuerpo por el hoyito de la orina que se halla cerca de la vagina. Las infecciones urinarias son más comunes entre las mujeres que entre los hombres porque la uretra de la mujer es mucho más corta. Eso quiere decir que los microbios pueden llegar más fácilmente a la vejiga de la mujer porque queda a una distancia más corta de la entrada al cuerpo.

Los microbios muchas veces entran al cuerpo de la mujer o empiezan a multiplicarse cuando ella...

- **tiene relaciones sexuales.** Durante las relaciones sexuales es posible empujar microbios de la vagina y del ano a la uretra, a través del hoyito de la orina. Ésta es una de las causas más comunes de una infección de la vejiga en las mujeres. Para evitar una infección, orine después de tener relaciones. Eso enjuaga la uretra (pero no evita el embarazo).

- **no bebe lo suficiente**, sobre todo si está trabajando afuera cuando hace calor y suda mucho. Los microbios empezarán a multiplicarse en la vejiga vacía. Trate de beber por lo menos 8 vasos o tazas de líquido a diario (2 litros). Cuando esté trabajando en el sol o en un cuarto donde hace calor, tome aún más.

- **pasa mucho tiempo sin orinar** (por ejemplo, al viajar o trabajar). Los microbios que se quedan en el sistema urinario por mucho tiempo pueden producir una infección. Trate de orinar cada 3 ó 4 horas.

- **no cuida bien la limpieza de sus genitales.** Los microbios de los genitales—y sobre todo los del ano—pueden entrar por el hoyito de la orina y causar una infección. Trate de lavarse los genitales a diario, y siempre límpiese de enfrente hacia atrás después de obrar (vea pág. 154). El limpiarse hacia adelante puede llevar microbios del ano al hoyito de la orina. Además, trate de lavarse los genitales antes de tener relaciones sexuales. Mantenga muy limpias las telas y las toallas higiénicas que use para su regla.

➤ *Enséñeles a las niñitas la forma correcta de limpiarse después de obrar.*

- **tiene una discapacidad**, sobre todo una causada por daño de la médula espinal u otro problema que le impida sentir la mitad de abajo del cuerpo. Para mayor información, vea los libros *Donde no hay doctor* y *Un manual de salud para mujeres con discapacidad*.

- **tiene una infección del VIH**, la cual hace más difícil que la mujer combata la infección.

SEÑAS Y TRATAMIENTO

Señas de infección de la vejiga:

La orina huele mal.

- necesidad de orinar con mucha frecuencia. (A veces se siente como si todavía hubiera orina en la vejiga.)

- dolor o ardor al orinar

- dolor en la parte baja de la barriga, justo después de orinar

- la orina huele mal, se ve turbia, o tiene sangre o pus. (La orina oscura puede ser seña de *hepatitis*. Vea la pág. 277.)

Señas de infección de los riñones:

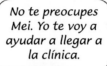

No te preocupes Mei. Yo te voy a ayudar a llegar a la clínica.

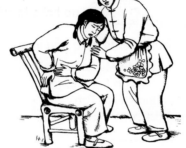

- cualesquiera de las señas de una infección de la vejiga

- *fiebre* y escalofríos

- dolor en la parte baja de la espalda, muchas veces fuerte, que puede ir de enfrente hacia los lados y hacia la espalda

- *náusea y vómitos*

- sensación de estar muy enferma y débil

Si usted tiene señas tanto de una infección de la vejiga como de una infección de los riñones, usted probablemente tiene una infección de los riñones.

Cuando una mujer tiene una infección de los riñones, ella puede tener muchísimo dolor y sentirse muy enferma. Eso puede ser muy atemorizante. Si eso le sucede a usted, trate de conseguir que un pariente o un vecino la lleve a una clínica o a un trabajador de salud.

IMPORTANTE *Si usted tiene señas graves, empiece a tomar medicina de inmediato. Vea la página siguiente.*

Tratamiento para una infección de la vejiga:

Las infecciones de la vejiga muchas veces se pueden tratar con remedios caseros. **Empiece a usar el tratamiento en cuanto note las señas.** A veces una infección de la vejiga puede pasar rápidamente a los uréteres y de allí a los riñones.

- **Tome mucha agua.** Trate de tomar por lo menos una taza de agua limpia cada 30 minutos. Eso hará que usted orine con frecuencia. A veces el agua sacará a los microbios del sistema urinario antes de que la infección empeore.

- **Deje de tener relaciones sexuales** durante algunos días, o hasta que las señas hayan desaparecido.

- **Haga un té** de flores, semillas y hojas que se sepa que sirven para curar infecciones urinarias. Pregunte en su comunidad cuáles plantas sirven.

➤ *Las infecciones sexuales, sobre todo la clamidia, pueden causar ardor cuando la mujer orina.*

Si usted no se siente mejor en 1 ó 2 días, deje de usar los tés y empiece a usar las medicinas que aparecen en el cuadro de abajo. Si usted no se empieza a sentir mejor en 2 días más, consulte a un trabajador de salud. Usted podría tener una infección de transmisión de sexual en vez de una infección del sistema urinario (vea pág. 263).

IMPORTANTE *Antes de tomar una de estas medicinas, sobre todo si usted está embarazada o dando pecho, lea la información acerca de ellas en las "Páginas verdes" de este libro.*

Medicinas para infecciones de la vejiga

Medicina	Cuánta tomar	Cuándo tomarla
cotrimoxazol . . . . (160 mg trimetoprim y 800 mg de sulfametoxazol)	2 tabletas de 480 mg	2 veces al día, por la boca, por 3 días
o		
nitrofurantoína	100 mg	2 veces al día, por la boca, por 5 días

Si no empieza a sentirse mejor en 2 días (48 horas) puede haber una resistencia a estas medicinas en su área. Si es posible, consulte a una promotora de salud o tome el medicamento cefixima (vea pág. 493) o cefalexina (vea pág. 494).

Tratamiento para una infección de los riñones:

Si usted tiene señas de una infección de los riñones, los remedios caseros no bastan. Empiece a tomar una de las siguientes medicinas de inmediato. Pero si no empieza a sentirse mejor en menos de 2 días, consulte a un trabajador de salud.

Medicinas para infecciones de los riñones

Medicina	Cuánta tomar	Cuándo tomarla
ciprofloxacina	500 mg	2 veces al día, por la boca, por 10 días
o		
cefixima	400 mg	2 veces al día, por la boca, por 10 días
(no tome cefixima si está dando pecho)		
o		
cotrimoxazol . . . . (160 mg de trimetoprim y 800 mg de sulfametoxazol)	2 tabletas de 480 mg	2 veces al día, por la boca, por 10 días

Si no puede tomar medicinas por la boca porque está vomitando, use:

ceftriaxona	1 gramo (1.000 mg)	Inyecte en el músculo o en la vena, 1 vez al día.
o		
gentamicina	80 mg sólo la primera vez, ... después 60 mg cada vez	Inyecte en el músculo o en la vena, 3 veces al día.

Cuando vuelva a poder tomar medicina por la boca sin vomitar, deje de usar las inyecciones y siga con la medicina tomada por la boca para las infecciones de los riñones hasta que haya tomado medicina por 10 días en total.

SANGRE EN LA ORINA

Si usted tiene sangre en la orina, pero no tiene otras señas de una infección de la vejiga o de los riñones, usted podría tener cálculos en la vejiga o en los riñones (vea más adelante). O puede que tenga alguna de las siguientes enfermedades, si son comunes donde usted vive:

- La enfermedad causada por los trematodos de la sangre (esquistosomiasis o bilharzia) puede dañar el sistema urinario permanentemente si no se combate a tiempo. Para obtener tratamiento y aprender cómo evitar la enfermedad en el futuro, acuda a un trabajador de salud que tenga capacitación para tratar los problemas del sistema urinario. Para mayor información sobre los trematodos de la sangre, consulte *Donde no hay doctor* u otro libro de medicina general.

- La tuberculosis puede dañar la vejiga y los riñones. Para mayor información, vea el Capítulo 26 (pág. 387).

CÁLCULOS EN LA VEJIGA O EN LOS RIÑONES

Los cálculos son piedritas que empiezan a crecer en los riñones y luego viajan por el resto del sistema urinario.

Señas:

- Dolor repentino y muy fuerte...

en la espalda, donde se hallan los riñones,

o de los lados, cerca de los riñones,

o más abajo, en los uréteres o en la vejiga.

Otras señas son:

- Sangre en la orina. Eso puede suceder si los cálculos rasguñan el sistema urinario por dentro.
- Dificultades para orinar. Eso puede suceder si un cálculo tapa alguno de los tubos.

Tratamiento:

- Tome cantidades grandes de líquido (por lo menos 1 ó 2 tazas cada 30 minutos). Eso ayudará a que el cálculo salga del riñón y baje por el uréter.
- Tome una medicina para el dolor. Si el dolor es muy fuerte, consiga ayuda médica.

A veces, cuando los tubos se bloquean, también se infectan. Trate ese problema de la misma forma que trataría una infección de los riñones.

Otros problemas del sistema urinario

387
tuberculosis

482
medicinas para el dolor

Necesidad de orinar con frecuencia

Usted puede tener este problema si...

- se han debilitado los músculos alrededor de su vejiga y de su *matriz*. El 'ejercicio de apretamiento' (pág. 371) puede ayudar a fortalecer esos músculos.
- un tumor o bulto en su abdomen (por ejemplo, un fibroma) está empujando a la vejiga, de modo que ésta no puede retener mucha orina.
- usted tiene una infección de la vejiga.
- usted tiene *diabetes*.

Goteo de orina

Falta de control para orinar (incontinencia)

Este problema se puede deber a que los músculos alrededor de la vejiga están débiles o dañados. Afecta principalmente a las mujeres ya mayores o a las mujeres después del parto. La orina gotea cuando la mujer ejerce presión sobre los músculos débiles en la parte baja de la barriga durante las relaciones sexuales o al reírse, toser, estornudar o levantar algo. El 'ejercicio de apretamiento' (pág. 371) puede ser de ayuda.

Goteo de orina por la vagina (fístula vesico-vaginal)

Si a una mujer le gotea orina todo el tiempo, puede que ella tenga un hoyo entra la vagina y la vejiga. (A veces, el hoyo se encuentra entre el recto y la vagina, y lo que sale es excremento.)

Este problema grave ocurre como resultado de un parto con obstrucción en el cual el bebé tiene dificultades para salir. Puede ocurrirles a las mujeres de toda edad. La cabeza del bebé empuja la piel entre la vejiga y la vagina (o el recto y la vagina). Esto hace que se forme una abertura (fístula) entre la vejiga y la vagina (o el recto y la vagina). Muchas veces, el bebé nace muerto.

El olor de la orina que le goteaba a esta muchacha avergonzaba mucho a su marido. Por eso, él la corrió de la casa.

Después del parto, la fístula no sana sola y la orina o las heces pueden filtrarse por la vagina todo el tiempo. La joven o la mujer tiene que limpiarse en forma continua y si ella tiene un trapo adicional o una toalla sanitaria, lo puede usar para mantenerse seca.

Si la mujer no puede conseguir ayuda (vea la página siguiente), la fístula le puede causar problemas graves en su vida diaria. Puede que su esposo, su familia y sus amigos la eviten porque ella huele a orina todo el tiempo. Podría ser difícil para ella ganar dinero si ya no puede trabajar y quizás se sienta sumamente apenada y avergonzada.

Algunas jóvenes y mujeres sufren de "fístula traumática" debido a una violación u otras acciones sexuales violentas, por ejemplo, cuando un arma es introducida a la fuerza en su vagina. Esto puede causar lesiones en la mujer que también provocan goteo de orina o heces. Las jóvenes y las mujeres con fístula traumática necesitan apoyo y consejería sobre la violencia sexual además de una cirugía para reparar la fístula y otros daños causados a sus genitales.

Tratamiento:

Después del parto, si le gotea orina o excremento, hable con un trabajador de salud lo antes posible para averiguar si él o ella sabe de un hospital donde puedan reparar la fístula. **Debe ir al hospital lo más pronto posible.** Si no puede ir al hospital pronto, tal vez el trabajador de salud sepa cómo ponerle una sonda (un tubo de plástico o de hule) por el hoyito de la orina hasta la vejiga (vea pág. 373). La sonda drenará la orina y podría ayudar a la fístula a sanar. **Pero debe ir al hospital de cualquier manera.** Cuando llegue allí, un doctor la examinará para revisar si hay que hacer una operación para reparar la fístula.

No se mortifique. Muchas veces es posible corregir el problema, por lo menos parcialmente.

➤ *Si a usted le gotea orina o heces después de dar a luz, consiga ayuda médica de inmediato.*

IMPORTANTE *Para evitar infecciones mientras tenga puesta la sonda, tome mucho líquido (por lo menos de 10 a 12 vasos al día). Eso hará que usted orine con frecuencia y sacará los microbios.*

Prevención:

* Evite el casamiento y el embarazo hasta que la joven tenga 18 años de edad.

* Todas las mujeres deben dar a luz con el apoyo de una partera o promotora de salud capacitada y, si es posible, en el hospital.

* Asegure que hay suficiente tiempo entre cada embarazo para que los músculos puedan volver a fortelecerse.

mujeres con riesgos
adicionales

El ejercicio de apretamiento

Este ejercicio puede ayudar a fortalecer los músculos débiles que hacen que usted orine con frecuencia o que le producen el goteo. Primero practique cuando esté orinando. Cuando la orina esté saliendo, deténgala, apretando con fuerza los músculos de la vagina. Cuente hasta 10 y luego relaje los músculos para que la orina vuelva a salir. Repita esto varias veces cada vez que orine. Ya que sepa cómo hacer el ejercicio, hágalo en otros momentos durante el día. Nadie sabrá lo que está haciendo. Trate de practicar por lo menos 4 veces al día, apretando los músculos de 5 a 10 veces en cada ocasión.

Algunas mujeres pueden necesitar una operación que les ayude a controlar el goteo de orina. Si a usted le gotea mucha orina y el ejercicio no le ayuda, consulte a un trabajador de salud que tenga capacitación para atender los problemas de la mujer. El ejercicio de apretamiento hecho a diario es provechoso para todas las mujeres. Ayuda a los músculos a mantenerse fuertes y puede evitar problemas más adelante en la vida.

Estoy haciendo el ejercicio de apretamiento y Amana ni siquiera sabe.

Cuando se tiene problemas para obrar u orinar

Muchas mujeres (y muchos hombres) no pueden controlar bien cuándo orinar y obrar (sobre todo las personas que se hallan muy cerca de la muerte, o que tienen una lesión de la médula espinal o una discapacidad que les afecta los músculos de la mitad de abajo del cuerpo). Esto puede ser inconveniente y vergonzoso. También puede causar problemas de la piel e infecciones peligrosas. Por eso es importante mantenerse limpio, seco y saludable.

Control del intestino

Esta información ayudará a las personas que tengan excrementos duros (estreñimiento) o dificultades para obrar. Usted puede aprender a ayudar al excremento a salir cuando sea más fácil para usted expulsarlo. Los intestinos funcionan mejor cuando usted está sentada, en vez de acostada. Así que trate de sacarse el excremento cuando esté sentada en el excusado o en una bacinica. Si no puede sentarse, trate de hacerlo acostada del lado izquierdo.

Cómo sacar el excremento:

1. Cúbrase la mano con un guante de plástico o de hule, o con una bolsa de plástico. Póngase aceite en el dedo índice (tanto el aceite vegetal como el aceite mineral sirven bien).

Para no ensuciarse el dedo, use un guante de hule delgado, un 'dedil' o una bolsa de plástico.

Si es posible, acuéstese en su lado izquierdo.

2. Meta como unos 2 cm del dedo aceitado en el ano. Mueva el dedo en círculos suavemente como por 1 minuto, hasta que el músculo se relaje y el excremento salga.

3. Si el excremento no sale solo, saque tanto como pueda con el dedo.

4. Limpie bien el ano y la piel a su alrededor, y lávese las manos.

Para no tener excrementos duros...

- tome mucha agua todos los días.
- siga regularmente el mismo programa para obrar.
- coma alimentos ricos en *fibra*.
- haga ejercicio o mueva el cuerpo a diario.

---

sonda

Control de la vejiga

A veces es necesario sacar orina de la vejiga usando un tubo de hule o de plástico, llamado sonda o catéter. **Nunca use una sonda a menos que sea absolutamente necesario.** Incluso el uso cuidadoso de una sonda puede producir infecciones de la vejiga o de los riñones. Así que una sonda sólo debe usarse si la persona tiene...

- la vejiga muy llena y adolorida, y no puede orinar.
- una fístula. Vea la página 370.
- una discapacidad o una lesión, y no puede sentir los músculos que controlan el flujo de la orina.

Cómo poner una sonda

1. Lave bien al catéter con agua limpia y tibia y utilice un jabón suave. Enjuáguelo bien con agua limpia y tibia.

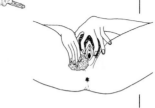

2. Lave bien la piel cerca de los genitales con un jabón suave y con agua limpia. Tenga cuidado al limpiar el área donde sale la orina y en los pliegues de la piel de los genitales (la vulva). Si no tiene un jabón suave, lávese únicamente con agua limpia. Un jabón fuerte puede dañar su piel.

3. Lávese las manos. Después de lavárselas, sólo toque cosas que estén esterilizadas o muy limpias.

4. Siéntese en un lugar donde sus genitales no toquen nada; por ejemplo, la orilla de una silla o el asiento de un inodoro limpio. Si se sienta en el suelo o en otra superficie plana, cúbrala con ropa limpia.

5. Limpie las manos nuevamente con alcohol o láveselas con un jabón suave y agua limpia o utilice guantes esterilizados.

6. Unte la sonda con un lubricante estéril (pomada resbalosa) que se disuelva en agua (no use aceite ni vaselina). Protéjase la piel suave de los genitales y el tubo de la orina (uretra). Si no tiene lubricante, asegúrese de que el catéter todavía esté mojado con el agua hervida y tenga un cuidado adicional cuando lo inserte.

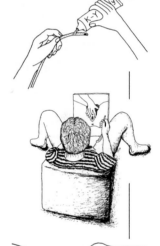

7. Si usted misma se está poniendo la sonda, use un espejo que le ayude a encontrar el hoyito de la orina y deténgase los pliegues de la vulva con el dedo índice y el tercer dedo. El hoyito de la orina se encuentra abajo del clítoris, muy cerca de la abertura de la vagina. Después de hacerlo unas cuantas veces, sabrá dónde está la apertura y no necesitará un espejo.

8. Luego, con el tercer dedo, tóquese abajito del clítoris. Usted sentirá algo así como una pequeña hendidura, y abajito de allí encontrará el hoyito de la orina. Mantenga su dedo en ese lugar, y con la otra mano, tome la sonda limpia y guíela hasta que la punta toque la punta del dedo que tiene junto al hoyito de la orina. Meta la sonda suavemente por el hoyito hasta que la orina empiece a salir.

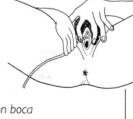

Asegúrese que el catéter esté en una posición boca abajo para que la orina pueda salir.

Usted se dará cuenta si ha metido la sonda en la vagina en vez de en el hoyito de la orina porque entrará fácilmente, pero no saldrá orina. Además, cuando usted saque la sonda verá que tiene desecho (moco de la vagina). Enjuague el catéter en agua bien limpia y intente de nuevo.

IMPORTANTE *Para evitar una infección al usar una sonda, es importante que se lave muy bien y sólo use una sonda muy bien limpiada (vea pág. 525). Si tiene una infección en la vejiga o en los riñones, hable con una promotora de salud. Podría tener una infección vaginal.*

Capítulo 24

En este capítulo:

Cáncer y tumores

LOS HABITOS SANOS
PREVIENEN EL CÁNCER
- comer alimentos nutritivos
- protegerse contra infecciones sexuales
- no fumar y no masticar tabaco

El cáncer es una enfermedad grave que puede afectar a muchas partes diferentes del cuerpo. Si se trata en sus inicios, muchas veces es curable, pero si se deja por mucho tiempo, puede causar la muerte. Muchas personas que se enferman de cáncer mueren de ese mal, sobre todo aquéllas que tienen poco acceso a la atención médica.

Las mujeres con frecuencia no acuden a un trabajador de salud o a un médico sino hasta que están muy enfermas. Así que las mujeres que padecen de cáncer tienen una mayor probabilidad de enfermarse gravemente o de morir. Además, en algunos lugares se considera que las mujeres que tienen cáncer se hallan bajo una maldición. Por eso, puede que sus familias o sus comunidades las eviten. Este aislamiento no sólo es dañino para las mujeres que están enfermas, sino para la comunidad entera, dado que impide que todos lleguen a entender cómo el cáncer enferma a la gente.

¿QUÉ ES EL CÁNCER?

Todos los seres vivientes, al igual que el cuerpo humano, están formados de células pequeñísimas que no se pueden ver mas que con un microscopio. A veces, estas células cambian y crecen de un modo anormal y producen tumores (bultos). Algunos tumores desaparecen sin tratamiento. Pero algunos tumores crecen o se extienden y pueden producir problemas de la salud. **La mayoría de los tumores no son cancerosos**, pero algunos sí.

Muchas veces es posible sacar el cáncer del cuerpo mediante una operación o tratarlo con medicinas y radiación. La probabilidad de curarlo puede ser buena. Sin embargo, una vez que el cáncer se extiende, es más difícil curarlo y eventualmente se vuelve imposible hacerlo.

microscopio

➤ *'Tumor' es otra forma de decir bulto. Algunos tumores son cancerosos y otros no.*

Cáncer

De los cánceres que sólo afectan a las mujeres, los más comunes son el cáncer del *cérvix*, el de los pechos y el de la *matriz*. Otros tipos de cáncer que afectan tanto a los hombres como a las mujeres son el cáncer de los *pulmones*, del colon, del *hígado*, del estómago, de la boca y de la piel.

LAS CAUSAS DEL CÁNCER

No se sabe las causas de la mayor parte de los cánceres. Pero estas cosas pueden aumentar su riesgo de padecer de cáncer:

➤ *El cáncer no es una infección. No es contagioso y una persona no se lo puede transmitir a otra.*

- el fumar tabaco, que causa cáncer de los pulmones y también aumenta el riesgo de padecer de otros tipos de cáncer
- ciertas infecciones, como el VIH, la hepatitis B o ciertas formas de VPH (Virus de Papiloma Humano)
- el comer alimentos que contienen demasiada grasa o sustancias químicas dañinas
- el tomar la hormona estrógeno sola durante un largo período después de que ya no le venga su regla
- el trabajar con ciertas sustancias químicas (como plaguicidas, tintes, pinturas y solventes) o el vivir cerca de donde las hay

Además, si los parientes de una mujer han tenido cierto tipo de cáncer, eso podría indicar que ella corre un mayor riesgo de padecer del mismo tipo de cáncer (a eso se la llama un riesgo hereditario).

149

cómo mantener
la salud

Los hábitos sanos pueden evitar muchos cánceres. Eso significa comer alimentos *nutritivos* y evitar cosas que pueden producir cáncer. Por ejemplo:

- No fume ni mastique tabaco.
- Trate de no usar sustancias químicas dañinas en su hogar o en su trabajo (ni comer alimentos cultivados o conservados con ellas).

EL CÁNCER PUEDE CURARSE SI SE DESCUBRE Y TRATA A TIEMPO

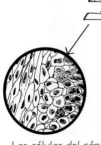

Las células del cáncer son tan pequeñas que para verlas es necesario usar un microscopio.

El encontrar el cáncer en sus inicios muchas veces puede salvarle la vida, puesto que puede obtener tratamiento antes de que el cáncer se extienda. Algunos cánceres se dan con señas de advertencia.

Los cánceres que no tienen señas de advertencia muchas veces se pueden identificar a través de análisis que se realizan las personas saludables para asegurar que todo está normal. Los exámenes del Pap y las inspecciones visuales son análisis para el cáncer del cérvix (vea pág. 378). Una mamografía es un examen para analizar si hay cáncer en los pechos.

Si usted tiene señas de advertencia, o una prueba indica que algo podría andar mal, no espere. Siga las recomendaciones de este capítulo para encontrar y tratar el problema lo antes posible.

PROBLEMAS COMUNES DEL CÉRVIX QUE NO SON CANCER

Los quistes de Naboth son pequeños bultos o ampollas en el cérvix que están llenos de líquido. No causan señas, pero se pueden ver durante un *examen pélvico* (con un *espéculo*). Estos quistes no causan problemas, así que no es necesario ningún tratamiento.

quistes de Naboth en el cérvix

Los *pólipos* son bultos rojo oscuro, que a veces se hallan en el cérvix o dentro de la matriz. No es necesario ningún tratamiento. Para mayor información acerca de ellos, vea 'Tumores comunes de la matriz', pág. 80.

Inflamación del cérvix. Muchas infecciones de la vagina—como las de tricomonas—y ciertas infecciones sexuales afectan el cérvix, y pueden producir tumores, llagas o irritación y sangrado después de las relaciones sexuales. Para información sobre esos tipos de problemas, incluyendo tratamientos, vea el Capítulo 16, sobre infecciones sexuales.

CÁNCER DEL CÉRVIX

El cáncer del cérvix es la causa más común de muerte por cáncer para mujeres en muchas partes del mundo. Es causado por el Virus del Papiloma Humano, o VPH. Hay muchos tipos de VPH, pero solo algunos causan el cáncer del cérvix. (Otro tipo de VPH causa las verrugas genitales).

El VPH es una infección común que mucha gente padece durante toda la vida. La mayoría de estas infecciones desaparecen sin tratamiento. Las infecciones del VPH que no desaparecen (son persistentes) poco a poco pueden causar el cáncer. Dado que el cáncer empieza en forma lenta, hay tiempo para la detección temprana y para curarlo por completo. Lastimosamente, muchas mujeres mueren de cáncer del cérvix porque nunca se dan cuenta que lo tienen.

El mejor momento para hacerse el examen del cáncer del cérvix es a los 30 años de edad, y cada 5 años después.

Las mujeres con VIH tienen más probabilidad de contraer cáncer del cérvix porque su sistema inmune no puede combatir bien al VPH. Ellas deben hacerse el examen, aun si no han cumplido los 30 años de edad, y volver a hacérselo en períodos de 12 meses si es posible.

Señas de advertencia:

Con el cáncer del cérvix, generalmente una mujer no se siente enferma hasta que el cáncer se ha extendido y es más difícil de curar. (Con frecuencia sí hay señas en el cérvix desde el comienzo, que pueden detectarse durante un examen pélvico. Por eso es que es tan importante hacerse exámenes regularmente.)

Las otras señas de advertencia incluyen *sangrado anormal* de la vagina, incluyendo sangrado después del sexo y un *desecho* persistente y anormal o un mal olor en la vagina. Si tiene alguna de estas señas, trate de hacerse un examen pélvico y el exámen para el cáncer del cérvix.

Problemas del cérvix (cuello de la matriz)

261

infecciones sexuales

9

la historia de Mira

IMPORTANTE

Si usted toma medicinas para un desecho vaginal y no se mejora, debe tratar de conseguir que le examinen el cérvix y que le hagan una exámen para revisar si tiene cáncer.

Detección y tratamiento del cáncer del cérvix

Como ya ha sido mencionado, el cáncer cervical no presenta señas de advertencia en sus inicios, pero puede curarse si se detecta a tiempo. Por eso, de ser posible, es bueno hacerse una prueba de detección regularmente. El propósito de las pruebas es buscar tejido anormal en el cérvix. A veces también se descubre el cáncer.

➤ *Si usted es trabajadora de salud, trate de obtener la capacitación necesaria para detectar el cáncer cervical. Anime a su comunidad a que ofrezca exámenes del cáncer y tratamientos a bajo costo (crioterapia).*

La prueba de Pap

Para la prueba de Pap, un trabajador de salud raspa unas células del cérvix (eso no es doloroso) durante un examen pélvico, y las envía a un laboratorio para que sean examinadas bajo un microscopio. Generalmente hay que regresar por los resultados varias semanas después de la prueba.

Examen visual

Otro método de revisar si una mujer tiene cáncer cervical consiste en untar una solución de vinagre en el cérvix. La solución hace que el tejido anormal se vuelva blanco. El beneficio de este examen es que la mujer recibe el resultado inmediatamente y muchas veces puede recibir el tratamiento el mismo día.

Examen del VPH

En este examen se toman unas células del cérvix o la vagina con un algodón. El examen busca los tipos de VPH que causan el cáncer. Solamente le dice si tiene el VPH o no. No le dice si tiene células anormales o si necesita tratamiento. Si hace el examen del VPH aún necesitará realizarse una prueba de Pap o un exámen visual.

Las pruebas de detección para el cáncer cervical hechas con regularidad pueden salvar muchas vidas.

Otras pruebas

A veces estos otros exámenes se usan para detectar el cáncer cuando el examen da positivo.

- **Biopsia.** Consiste en tomar un pedazo de tejido del cérvix y enviarlo a un laboratorio para que se revise si tiene células de cáncer.

- **Colposcopía.** Se usa un instrumento, que algunos hospitales tienen, que hace que el cérvix se vea más grande para que sea más fácil ver si hay señas de cáncer.

¿Con qué frecuencia deben hacerse pruebas las mujeres?

Para detectar el cáncer del cérvix con suficiente tiempo para tratarlo de un modo simple y eficaz, las mujeres deben hacerse una prueba por lo menos cada 5 años, empezando a los 30 años.

Usted debe hacerse la prueba más seguido…

- si una de sus pruebas de Pap detecta algunas células anormales. Estas células muchas veces no se convierten en cáncer y vuelven a la normalidad en 2 ó 3 años. Pero como estas células **podrían ser** señas iniciales de cáncer, usted debe volver a hacerse una prueba de Pap en 1 ó 2 años para asegurarse de que no tenga un cáncer creciendo.

- un año después del tratamiento para pre cáncer para asegurarse que no haya cáncer.

Tratamiento:

Si un examen demuestra que tiene pre cáncer o cáncer, usted necesita tratamiento. El tratamiento para pre cáncer es sencillo, utilizando métodos que remueven o destruyen el tejido anormal.

En algunos lugares hay un método llamado *crioterapia,* que congela el cérvix y mata el cáncer. Otro tratamiento consiste en quitar parte del cérvix (biopsia cónica).

El cáncer es curable cuando se detecta y se trata antes de que se extienda. Si el cáncer solamente existe en el cérvix, necesitará practicarse una histerectomía (quitar la matriz, incluyendo el cérvix).

Si el cáncer se detecta tarde, y si éste ha pasado del cérvix a otras partes del cuerpo, posiblemente necesite cirugía para remover el cérvix, la matriz, partes de la vagina u otras partes donde pueda haber llegado el cáncer. La terapia de radiación es muy efectiva para curar el cáncer del cérvix si no ha afectado a otras partes del cuerpo.

Se puede evitar las muertes del cáncer cervical

Para reducir los riesgos de desarrollar cáncer del cérvix a través de una temprana detección y tratamiento, podemos...

* trabajar unidas para encontrar formas de reducir los riesgos de las mujeres. Es de especial importancia que las jóvenes no tengan que tener relaciones sexuales sino hasta que su cuerpo se haya desarrollado completamente. Además, todas las mujeres deben poder protegerse contra las infecciones sexuales, incluyendo el VIH.
* ayudar a las mujeres a evitar o dejar de fumar tabaco.
* informarnos sobre las pruebas de detección para el cáncer y trabajar para que sean más disponibles. El encontrar el cáncer cervical en sus inicios puede salvar vidas.

Puede parecer muy caro desarrollar programas para la detección del cáncer, pero es más barato que proporcionar tratamiento. Un programa de detección puede ayudar al mayor número de mujeres y al mismo tiempo ser lo más económico posible si...

* **atiende principalmente a mujeres mayores de edad.** Las mujeres jóvenes raras veces contraen cáncer del cérvix y las que tienen más de 35 años tienen un riesgo más elevado.
* **hace la prueba al mayor número posible de mujeres,** aunque esto signifique hacerles la prueba menos seguido. Un programa detectará más casos de cáncer si revisa a todas las mujeres de la comunidad cada 5 a 10 años, que si revisa a menos mujeres con mayor frecuencia.
* **capacita a los trabajadores de salud locales** a hacer los exámenes visuales, la crioterapia y la prueba de Pap.

Una nueva vacuna llamada 'vacuna del VPH' para **protegerle del cáncer del cérvix** ya se está usando en muchos países. Una joven tiene que ser vacunada antes de empezar a tener relaciones sexuales. Averigüe si está disponible en su región.

36

decisiones acerca del tratamiento

➤ *Si necesita tratamiento para el cáncer, tal vez tenga que ir a un hospital grande, especial.*

381

histerectomía

El cáncer es curable si se detecta a tiempo. Hágase una prueba de detección y un examen de los pechos.

RECEPCIÓN

Problemas de la matriz

TUMORES COMUNES DE LA MATRIZ

Fibromas

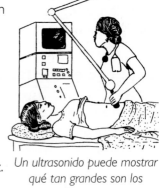

Los fibromas son tumores de la matriz. Pueden causar sangrado anormal de la vagina, dolor en la parte baja del vientre y malpartos repetidos. Casi nunca son cancerosos.

Señas:

- regla pesada o sangrado en momentos inesperados del mes
- dolor o sensación de pesadez en la parte baja del vientre
- dolor profundo durante las relaciones sexuales

Detección y tratamiento de los fibromas

examen pélvico

Los fibromas generalmente se detectan durante un examen pélvico. La matriz se puede sentir demasiado grande o tener una forma rara. Para saber qué tan grandes son los fibromas, se puede hacer una prueba llamada *ultrasonido*, si ésta está disponible.

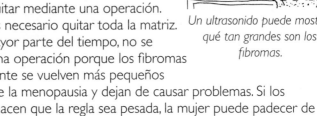

anemia

Si los fibromas causan problemas, se pueden quitar mediante una operación. A veces es necesario quitar toda la matriz. Pero la mayor parte del tiempo, no se necesita una operación porque los fibromas generalmente se vuelven más pequeños

Un ultrasonido puede mostrar qué tan grandes son los fibromas.

después de la menopausia y dejan de causar problemas. Si los fibromas hacen que la regla sea pesada, la mujer puede padecer de *anemia*. Debe tratar de comer alimentos ricos en hierro.

Pólipos

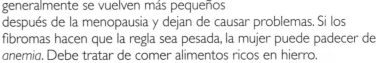

Los pólipos son bultos o tumores rojo oscuro que pueden crecer dentro de la matriz o en el cérvix. Rara vez son cancerosos.

Señas:

- sangrado después de las relaciones sexuales
- regla pesada o sangrado en momentos inesperados del mes

Detección y tratamiento de los pólipos

D y C

Durante un examen pélvico, una persona con la capacitación apropiada puede ver y quitar los pólipos que se hallan en el cérvix. El proceso es sencillo y no causa dolor. Para encontrar y quitar pólipos que están dentro de la matriz, es necesario raspar la matriz por dentro (a esto se le llama D y C). Los pólipos son enviados a un laboratorio para asegurarse de que no sean cancerosos. Después de sacar los pólipos, éstos generalmente no vuelven a aparecer.

CÁNCER DE LA MATRIZ
(CÁNCER UTERINO O CÁNCER ENDOMETRIAL)

El cáncer de la matriz generalmente comienza en la capa de adentro de la matriz (llamada endometrio). Si no es tratado, puede extenderse por el resto de la matriz y también llegar a otras partes del cuerpo. Este tipo de cáncer afecta con mayor frecuencia a las mujeres que...

- son mayores de 40 años, sobre todo si ya han pasado por la *menopausia*.
- son gordas.
- tienen *diabetes*.
- han tomado la hormona llamada estrógeno, sin tomar también progesterona.

cáncer de la matriz

Señas:

- regla pesada
- regla irregular o sangrado en momentos inesperados del mes
- sangrado después de la menopausia

IMPORTANTE *Si usted tiene cualquier tipo de sangrado, aunque sea muy leve (unas pocas manchas), después de que haya terminado con la menopausia (12 meses sin tener la regla), vaya a que la revise un trabajador de salud para asegurarse de que no tenga cáncer.*

Detección y tratamiento del cáncer de la matriz

Para averiguar si una mujer tiene cáncer de la matriz, un trabajador de salud capacitado debe hacer un raspado de la matriz por dentro (D y C) o hacer una biopsia y enviar el tejido a un laboratorio para que revisen si tiene cáncer. De ser así, hay que sacar la matriz (mediante una operación llamada histerectomía) lo antes posible. Puede que la mujer también reciba radiación.

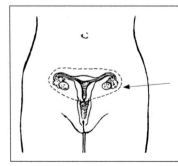

Histerectomía

En una histerectomía a veces sólo se saca la matriz, y a veces también se sacan las trompas y los ovarios. Los ovarios producen hormonas que dan protección contra las enfermedades del corazón y contra el desgaste de los huesos. Por eso, siempre que sea posible, es mejor no sacarlos. Hable con un médico al respecto.

El cáncer de la matriz es curable si se detecta en sus inicios. Ya que ha avanzado, es más difícil curarlo.

IMPORTANTE *Cualquier mujer mayor de 40 años que tenga sangrado fuera de lo normal debe ir a que la revise un trabajador de salud.*

sangrado anormal, 359

sangrado fuerte o a medio mes, 129

Problemas de los pechos

162

examen de los pechos

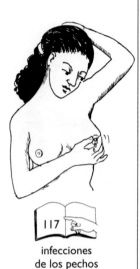

117

infecciones de los pechos

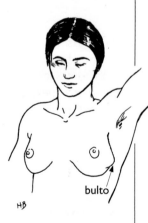

bulto

HB

Bultos en los pechos

Los bultos en los pechos son muy comunes en la mayoría de las mujeres, sobre todo los bultos que son blandos y están llenos de líquido (quistes). Éstos generalmente cambian durante el ciclo mensual de la mujer y, si uno los oprime, a veces causan dolor. **Muy pocos de los bultos en los pechos son cancerosos.** Pero como el cáncer de los pechos siempre es una posibilidad, una mujer debe tratar de revisarse los pechos en busca de bultos una vez al mes (vea las 'señas de advertencia' más adelante).

Desecho del pezón

Un desecho claro o lechoso que sale de uno o ambos pezones generalmente es normal si la mujer ha dado pecho a un bebé hace menos de un año. Un desecho café (marrón), verde o sangriento puede ser seña de cáncer—sobre todo si sólo sale de un pezón. Acuda a que la revise un trabajador de salud que pueda examinarle los pechos.

Infección de los pechos

Si un área en un pecho se le pone roja y caliente a una mujer que está dando pecho a un bebé, ella probablemente tiene *mastitis* o un *absceso*. Eso no es cáncer y es fácil de curar. Si la mujer no está dando pecho, el problema sí podría ser seña de cáncer.

Cáncer de los pechos

El cáncer de los pechos por lo general crece lentamente. Si se detecta en sus inicios, a veces se puede curar. Es difícil saber a quién le dará cáncer de los pechos. El riesgo puede ser mayor para una mujer cuya madre o hermanas han tenido cáncer de los pechos o para una mujer que ha tenido cáncer de la matriz. El cáncer de los pechos es más común en las mujeres mayores de 50 años.

Señas de advertencia:

- un bulto duro, con una forma irregular, que no causa dolor, que sólo se halla en un pecho y que no se mueve bajo la piel
- rojez o una llaga en el pecho que no sana
- piel del pecho que está hundida o que se ve áspera y tiene hoyitos, como la cáscara de una naranja o de un limón
- un pezón que cambia y empieza a hundirse
- desecho anormal que sale del pezón
- a veces, una hinchazón dolorosa bajo el brazo
- raras veces, dolor en el pecho afectado

Si usted tiene una o más de estas señas, consiga ayuda de un trabajador de salud de inmediato.

Detección y tratamiento del cáncer de los pechos

Si usted se examina los pechos regularmente, es probable que se dé cuenta si hay algún cambio o si se desarrolla un nuevo bulto. Una radiografía especial llamada mamografía puede detectar un tumor cuando aún sea muy pequeño y menos peligroso. Pero las mamografías no se consiguen en muchos lugares, y también son caras. Además, no indican con certeza si un bulto es canceroso.

La única forma de saber con certeza si una mujer tiene cáncer de los pechos es por medio de una biopsia. Ésta consiste en que un médico quite parte del bulto o el bulto entero con una aguja o un cuchillo especial y lo mande a un laboratorio para averiguar si es cáncer.

El tratamiento depende de qué tan avanzado esté el cáncer y de lo que esté disponible en su área. Si un tumor es pequeño y se lo halla cuando apenas está empezando a crecer, puede ser suficiente quitarlo. Pero para algunos casos de cáncer de los pechos, es necesario hacer una operación para quitar el pecho entero. A veces los médicos también recomiendan medicinas y radiación.

Nadie sabe aún cómo prevenir el cáncer de los pechos. Pero sí sabemos que hay mayores probabilidades de curar el cáncer si éste es hallado y tratado en sus inicios. A algunas mujeres nunca les vuelve a dar. A otras, el cáncer les vuelve a dar años después. El cáncer puede aparecer en el otro pecho o en otras partes del cuerpo, aunque esto último es menos frecuente.

QUISTES EN LOS OVARIOS

Estos quistes son bolsitas llenas de líquido que pueden aparecer en los ovarios. Sólo se dan durante los años de fertilidad, entre la *pubertad* y la menopausia. Un quiste puede producir dolor de un lado de la parte baja del *abdomen* y reglas irregulares.

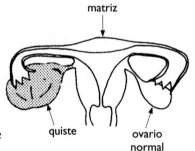

matriz

quiste

ovario normal

Pero la mayoría de las mujeres sólo se enteran de que tienen un quiste cuando un trabajador de salud siente uno durante un examen pélvico.

La mayor parte de los quistes sólo duran unos cuantos meses y desaparecen solos. Pero algunos pueden volverse muy grandes y es necesario hacer una operación para quitarlos. Si usted tiene dolor fuerte, consulte a un trabajador de salud de inmediato.

CÁNCER DE LOS OVARIOS

El cáncer de los ovarios no es común. Generalmente no hay señas de advertencia, pero, durante un examen pélvico, puede que un trabajador de salud sienta que un ovario está muy grande. El tratamiento puede incluir una operación, medicinas y radiación, pero este tipo de cáncer es muy difícil de curar.

cómo examinarse los pechos

➤ *Acuda a un trabajador de salud de inmediato si usted ha tenido cáncer de los pechos y encuentra otro bulto en uno de sus pechos o si nota otras de las señas de advertencia del cáncer.*

Problemas de los ovarios

dolor muy fuerte en el abdomen

Otros tipos comunes de cáncer

El fumar causa cáncer.

➤ *Las señas del cáncer de los pulmones son las mismas que las de la tuberculosis (TB). Consiga ayuda médica si usted tiene esas señas.*

El cáncer del hígado puede ser causado por las hepatitis B y C.

> ¡EVITE LA HEPATITIS!
> ¡NO COMPARTA LAS AGUJAS!
> ¡PROTÉJASE AL TENER RELACIONES SEXUALES Y VACÚNESE!

➤ *Trate de lograr que la vacuna contra la hepatitis B se consiga en su comunidad.*

infecciones sexuales, 261

hepatitis B, 277

CÁNCER DE LOS PULMONES

Éste es un problema que se está volviendo más común y que muchas veces se debe al hecho de fumar tabaco. Ha afectado con mayor frecuencia a los hombres porque ellos fumaron más que las mujeres. Pero más mujeres están padeciendo de este mal, porque ahora las mujeres fuman tanto como los hombres. En algunos países, más mujeres mueren del cáncer de los púlmones que de ningún otro tipo de cáncer. Y en muchos lugares, las muchachas están empezando a fumar tanto como los muchachos y a edades igual de jóvenes. A medida que más jovencitas y mujeres fumen, más de ellas terminarán padeciendo de cáncer de los pulmones.

El cáncer de los pulmones generalmente no afecta a la gente sino hasta después de cumplir 40 años. Si una mujer deja de fumar, su riesgo de enfermarse de cáncer de los pulmones baja mucho. Las señas (toser sangre, bajar de peso, tener dificultades para respirar) aparecen cuando el cáncer ya ha avanzado y es difícil de curar. Para el tratamiento se usan operaciones para quitar parte del pulmón, medicinas y radiación.

CÁNCER DE LA BOCA Y DE LA GARGANTA

El fumar o masticar tabaco pueden causar cáncer de la boca y de la garganta. Si usted fuma o mastica tabaco, y tiene llagas en la boca que no le sanan, consulte a un médico.

CÁNCER DEL HÍGADO

Algunas personas se enferman de cáncer del hígado años después de tener hepatitis B o C. Las señas de este tipo de cáncer son un abdomen hinchado y debilidad general. Consulte a un trabajador de salud si usted piensa que podría tener cáncer del hígado.

Las hepatitis B y C se puede evitar usando protección durante las relaciones sexuales y no compartiendo las agujas o jeringas. También, hay una vacuna contra la hepatitis B. Los bebés pueden ser vacunados al nacer. Los adultos se pueden vacunar a cualquier edad.

CÁNCER DEL ESTÓMAGO

El cáncer del estómago puede afectar a las mujeres y a los hombres después de los 40 años de edad. Generalmente no presenta señas, sino hasta estar bastante avanzado. La cirugía, la radiación y las medicinas fuertes son los únicos tratamientos y posiblemente no tengan éxito.

Sin embargo, a veces el cáncer en el estómago es causado por una bacteria (*H. pylori*). Esta bacteria puede ser tratada con ciertas medicinas y el tratamiento puede prevenir el cáncer antes de que inicie. Las señas son similares a tener indigestión o acidez. Si tiene estas señas con frecuencia y durante un periodo extendido, hable con una promotora de salud sobre un examen y tratamiento.

Muchos cánceres son curables, pero otros no, sobre todo cuando se han extendido a varias partes del cuerpo. Además, los hospitales que ofrecen tratamiento para el cáncer con frecuencia están lejos, en las ciudades grandes, y el tratamiento es caro.

Cuando el cáncer no es curable

A veces, cuando se halla el cáncer ya tarde, no es posible curarlo. En esos casos, puede ser mejor quedarse en casa y recibir los cuidados de la familia. Ésta puede ser una temporada muy difícil. Coma lo mejor que pueda y descanse bastante. Puede que las medicinas para dormir, para el dolor y para la ansiedad, le ayuden a estar más cómoda (vea pág. 482). El hablar con un ser querido puede ayudarle a usted a prepararse para la muerte y a hacer planes para el futuro de su familia.

Si usted está cuidando a alguien que necesita permanecer en cama o que está muriendo, vea la información de las siguientes páginas: 142, 143, 306, 308, 309 y 372.

Muchas muertes innecesarias debidas al cáncer podrían ser evitadas si más cánceres fueran detectados y tratados a tiempo. Para ayudar a lograr que eso suceda, organice a los hombres y a las mujeres para que luchen por...

La lucha por el cambio

- mejores programas de detección del cáncer en los servicios médicos locales y en las áreas rurales.
- capacitación que permita a los trabajadores de salud locales hacer exámenes de los pechos, pruebas de Pap y exámenes visuales para detectar el cáncer cervical.
- capacitación para las promotoras de salud y el equipo para hacer la crioterapia.
- mayor información en la comunidad sobre cómo evitar el cáncer, quién corre el riesgo de enfermarse, cuáles son las señas de advertencia y los beneficios de los programas de detección.
- pruebas de VPH y servicios médicos económicos para mujeres que tienen cáncer.

También es importante que las mujeres...

- aprendan a examinarse los pechos ellas mismas.
- sepan cuáles son las señas del cáncer, sobre todo del cáncer de la matriz, de los pechos y del cérvix.

Cuando los miembros de una comunidad entienden mejor cuáles son las cosas que pueden producir cáncer, es más probable que ellos puedan evitar esas cosas. Eso puede prevenir la aparición de muchos cánceres. Ayude a las personas en su comunidad a entender que pueden evitar muchas muertes innecesarias a manos del cáncer si no fuman ni mastican tabaco, y si las mujeres pueden protegerse contra las infecciones sexuales.

Capítulo 25

En este capítulo:

La tuberculosis

La tuberculosis (TB) es una enfermedad grave que generalmente afecta a los pulmones. La TB se transmite fácilmente en lugares donde hay mucha gente junta—por ejemplo, en ciudades, arrabales, campos de refugiados, fábricas y edificios de oficinas—y, sobre todo, en áreas bajo techo donde el aire no circula mucho. Como 2,3 miles de millones de personas (un tercio de la población mundial) portan el *microbio* de la TB en el cuerpo. 14 millones de esas personas están realmente enfermas de TB.

La TB es especialmente peligrosa para las personas que tienen VIH. La TB hace que la enfermedad del VIH avance más rápido y el VIH debilita el sistema inmunológico y permite que una persona con una infección de TB se enferme más rápido.

LAS MUJERES Y LA **TB**

La TB afecta tanto a los hombres como a las mujeres, pero menos mujeres reciben tratamiento. Casi 2 mil mujeres mueren de tuberculosis cada día, y muchas de ellas mueren porque no sabían que tenían la enfermedad, porque no recibieron tratamiento adecuado, o porque también tenían VIH. Puede ser más difícil para una mujer obtener servicios médicos para curarse de la TB: quizás ella no pueda dejar a su familia o salir de su trabajo, o tal vez no tenga dinero para llegar a una clínica o para tomar toda la medicina necesaria. En algunos lugares, es posible que una mujer no trate de obtener tratamiento para la TB por temor a que su marido la rechace por ser 'enfermiza' o demasiado débil para hacer su trabajo. Una mujer que trabaja fuera del hogar muchas veces teme que la corran del trabajo porque el patrón puede pensar que ella infectará a otras personas. El cuidar a los enfermos de la familia también puede aumentar el riesgo de una mujer de infectarse con TB.

> ➤ Con el tratamiento adecuado, la TB casi siempre es curable.

¿Qué es la TB?

diabetes, 174
SIDA, 283

➤ A veces, especialmente cuando una persona tiene el VIH, los microbios de la TB atacan a otros órganos del cuerpo, a los nodos linfáticos o a los huesos y las coyunturas. A eso se le llama TB extrapulmonar.

La TB es causada por un pequeño microbio o bacteria. Una vez que el microbio entra al cuerpo de la mujer, ella está infectada, y quedará infectada por mucho tiempo, probablemente toda la vida. Las personas sanas generalmente pueden defenderse de la enfermedad. Como 1 de cada 10 personas infectadas se enferman de TB durante su vida.

Pero si una persona está débil o desnutrida, si tiene *diabetes* o VIH, o si es muy joven o muy anciana, los microbios de la TB pueden empezar a atacarle el cuerpo. Generalmente esto sucede en los pulmones. Allí los microbios destruyen partes del *tejido* y van dejando huecos en él. También destruyen vasos sanguíneos. A medida que el cuerpo trata de combatir la enfermedad, los huecos se llenan de *pus* y de pequeñas cantidades de sangre que la persona precisa toser para respirar.

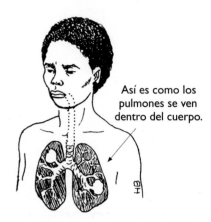

Así es como los pulmones se ven dentro del cuerpo.

Sin tratamiento, el cuerpo se empieza a demacrar y la persona generalmente muere en menos de 5 años. Si la persona tiene tanto VIH como TB, puede morir en unos cuantos meses si no recibe tratamiento.

Cómo se transmite la TB

➤ Las mujeres que están enfermas de TB muchas veces infectan a sus hijos y a otras personas que ellas cuidan todos los días.

La TB pasa de una persona a otra cuando alguien que está enfermo de TB expulsa microbios al aire al toser. Los microbios de la TB pueden vivir en el aire durante horas.

Las personas que están enfermas de TB en los pulmones pueden pasarles los microbios a otras personas. Las personas que están infectadas con los microbios de la TB pero que no tienen señas de la enfermedad (especialmente la tos) no pueden contagiar a los demás. Tampoco lo pueden hacer quienes tienen TB en otras partes del cuerpo.

Si una persona que está enferma de TB no recibe el tratamiento apropiado, ella infectará como a 10 personas más cada año. Pero una vez que una persona ha estado tomando medicinas como por un mes, lo más probable es que ella ya no pueda contagiar a los demás.

Este año, cada persona que actualmente está enferma de TB infectará como a otras 10 personas.

La seña de TB más común es una tos que dura más de 3 semanas, especialmente si hay sangre en el *esputo* (el moco que sale de los pulmones). Otras señas incluyen una pérdida de apetito y de peso, fiebre, cansancio y sudoración nocturna.

Pero la única forma de saber con certeza si una persona tiene TB es examinando su esputo. Para obtener una muestra del esputo—y no sólo de saliva (babas)—la persona tiene que toser con fuerza para expulsar moco del fondo de los pulmones. Se examina el esputo en un laboratorio para ver si contiene microbios de la TB (prueba positiva).

Una persona debe hacerse 3 pruebas del esputo. Si por lo menos dos pruebas del esputo de una mujer salen positivas, ella debe empezar a recibir tratamiento. Si sólo una prueba sale positiva, ella debe hacerse la prueba una vez más, y si sale positiva, empezar con el tratamiento. Si la prueba final sale negativa, de ser posible, ella debe hacerse una *radiografía* del pecho, para asegurarse de que no necesite tratamiento. Ella debe realizarse el examen del VIH porque el resultado negativo del esputo es más común en las personas que tienen VIH.

IMPORTANTE *Dado que es más común para las personas con VIH enfermarse y morir por la TB, todas las personas infectadas con VIH deben realizarse el examen de la TB. Si este examen es positivo, la persona debe iniciar el tratamiento inmediatamente. Y en los países en los cuales el VIH es común, todas las personas con TB deben considerar realizarse un examen de VIH.*

Una mujer casi siempre podrá curarse de la TB si toma medicinas correctas en las cantidades correctas y si toma las medicinas por todo el tiempo necesario.

El tratamiento básico para una mujer que tiene TB por primera vez tiene dos partes y siempre incluye más de 1 medicina. La primera consiste en que la mujer tome 4 medicinas durante dos meses y después se haga la prueba del esputo. Si la prueba sale negativa, ella comienza con la parte dos. Ésta consiste en tomar dos medicinas por otros 4 meses (un total de 6 meses de tratamiento). Cuando ella termina el tratamiento, debe hacerse la prueba del esputo una vez más, para asegurarse de haberse curado.

Las siguientes medicinas se usan, entre otras, para tratar la TB: etambutol, isoniacida, piracinamida, rifampicina y estreptomicina. Para información sobre estas medicinas, vea las "Páginas verdes". Los tratamientos para curar la TB varían de un país a otro. Debe seguir las recomendaciones nacionales para combatir la TB.

Si la prueba del esputo de una mujer vuelve a salir positiva después de 2 meses de tratamiento, ella debe acudir a un trabajador de salud para hacerse más pruebas. Éstas podrán indicar si los microbios de la tuberculosis que ella tiene son *resistentes* a las medicinas. (vea pág. 390).

Cómo saber si alguien tiene TB

➤ *Si la prueba sale negativa pero la persona tiene señas de TB pulmonar, debe consultar a un trabajador de salud capacitado para tratar problemas de los pulmones. Podría tener pulmonía, asma o cáncer de los pulmones.*

Cómo tratar la TB

➤ *Las medicinas para la TB pueden reducir la eficacia de los métodos hormonales de planificación familiar, como las pastillas. (Vea pág. 200.)*

El tratamiento para la TB durante el embarazo

Una mujer embarazada nunca debe tomar estreptomicina, pues podría causarle sordera a su bebé al nacer. También debe evitar tomar piracinamida siempre que sea posible, porque aún se desconocen los efectos de esa medicina sobre los bebés en el vientre. Las medicinas para la TB pueden causar dolor y entumecimiento en las manos y en los pies, sobre todo durante el embarazo. Ayuda tomar 50 mg de piridoxina (vitamina B6) a diario.

➤ Después de los primeros dos meses de tratamiento, a veces es posible tomar las medicinas 3 veces a la semana, en vez de todos los días, pero esto no es posible si tiene VIH o si existe una resistencia a las medicinas para la TB en su área. Hable con su trabajador de salud para averiguar si usted puede recibir ese tipo de tratamiento.

Cualquier persona que esté recibiendo tratamiento para la TB debe seguir estos consejos:

- Tome toda la medicina. por todos los meses recomendados. **No deje de tomar la medicina cuando se sienta bien. Si lo hace, usted podriá infectar a otras personas y volverá a enfermarse, tal vez con un tipo de TB muy difícil de curar.**

- Averigüe cuáles efectos secundarios son normales para las medicinas que esté tomando y cuáles son efectos serios. Si usted tiene efectos secundarios serios, debe dejar de tomar las medicinas y consultar de inmediato a un trabajador de salud.

- Descanse bastante y coma lo mejor que pueda. Si puede, deje de trabajar hasta que empiece a sentirse mejor.

- Evite pasar los microbios de la TB a otras personas. De ser posible, no duerma en el mismo lugar que quienes no tienen TB durante un mes después de empezar a tomar las medicinas. Tápese la boca al toser y escupa el esputo en un pedazo de papel. Tire el papel en una letrina o quémelo.

- Si da a luz mientras está bajo tratamiento, su esputo debe ser examinado. Si la prueba sale negativa, su bebé debe recibir la vacuna BCG, pero no medicinas. Si la prueba sale positiva, su bebé necesitará medicinas. Usted no necesita estar apartada de su bebé ni dejar de darle pecho.

- Si tiene ambas infecciones TB y VIH, hable con un trabajador de salud para coordinar el tratamiento. Lo más medicinas que se tomen, lo más posibilidad de generar efectos secundarios.

- Deje de fumar.

RESISTENCIA A LAS MEDICINAS PARA LA TB

Si una persona no toma una cantidad adecuada de los tipos correctos de medicinas, o si deja de tomar las medicinas antes de completar el tratamiento, no todos los microbios de la TB serán eliminados. Los microbios más fuertes sobrevivirán y se multiplicarán. Entonces la medicina no podrá matarlos. A esto se le llama 'resistencia'.

➤ Si una mujer es infectada por alguien que tiene TB que es resistente a los medicamentos, su enfermedad también será resistente.

Los microbios que se han vuelto resistentes tanto a la isoniacida como a la rifampicina, pueden producir un tipo de TB que es muy difícil de tratar. El tratamiento toma entre 12 y 18 meses, y es mucho menos eficaz y más caro que el tratamiento para la TB ordinaria. Una persona que tiene TB que es resistente a los medicamentos puede seguir transmitiendo la enfermedad a otras personas varios meses después de empezar el tratamiento.

➤ Los trabajadores de salud siempre deben preguntar si una persona ha sido tratada para la TB en el pasado. De ser así, es más probable que la persona tenga TB que es resistente a los medicamentos.

Cualquier mujer que tenga una prueba positiva del esputo después de haber recibido tratamiento durante dos meses, podría tener microbios de la TB que son resistentes a las medicinas que ella está tomando. Ella debe acudir a un trabajador de salud que tenga capacitación para tratar la TB con otras medicinas.

Como el tratamiento para la TB es tan largo y los efectos de abandonar el tratamiento son tan graves, hay que hacer todo lo posible por asegurarse de que una persona tome toda su medicina. Un promotor de salud o un voluntario de la comunidad debe observar cómo la enferma toma cada dosis y apuntar que lo ha hecho. A esto se le llama 'tratamiento acortado directamente observado' (DOTS). **Los trabajadores de salud deben usar el DOTS siempre que sea posible, pero lo más importante es usarlo durante los primeros dos meses de tratamiento.**

La prevención de la TB

IMPORTANTE *La mejor forma de prevenir la propagación de la TB es curando a las personas que tienen la enfermedad.*

Estas cosas también pueden ser de ayuda:

- Anime a que se hagan la prueba de la TB aquellas personas que vivan con alguien que tiene la enfermedad, y aquellas personas que tengan tos por 2 semanas o más.
- Vacune a los bebés y niños sanos con la vacuna BCG para evitar los tipos más mortales de TB. Los niños enfermos de VIH o SIDA no deben recibir la vacuna BCG.

Para prevenir la TB en las personas con VIH

Una persona con un resultado positivo en el examen de TB, pero que no tiene señas de una enfermedad, puede ser tratada con isoniacida una vez al día (vea las Páginas verdes) para reducir la posibilidad de enfermarse con TB. Pero si una persona tiene señas de estar enferma de TB, ella debe recibir el tratamiento completo para la TB. También debe tomar el cotrimoxazol porque ayuda a prevenir otras infecciones y mantenerse saludable (vea las Páginas verdes).

La lucha por el cambio

Para crear un control eficaz de la TB en su comunidad, debe proporcionar...

- información sobre las señas de la TB y la forma en que este mal se transmite. Anime a las mujeres a obtener tratamiento si tienen señas de TB.
- entrenamiento para promotores de salud y voluntarios comunitarios para que participen en el programa del DOTS y para que encuentren a aquellas personas que han dejado el tratamiento antes de tiempo. Los programas del DOTS deben ser flexibles para ayudar a satisfacer las necesidades de cada quien.
- un abasto continuo de medicinas para no tener que interrumpir ningún tratamiento.

- equipo de laboratorio y trabajadores con la capacitación necesaria para hacer las pruebas del esputo.
- un buen sistema para mantenerse al tanto de quién tiene TB, cómo está progresando el tratamiento y quién se ha curado.

Un buen programa de TB debe atender a todas las personas que están enfermas. Los servicios ayudarán a más mujeres si...

- proporcionan atención y tratamiento en los hogares o tan cerca de los hogares como sea posible.
- invitan a parteras a participar en los programas del DOTS y de la detección de la TB.
- combinan la detección y el tratamiento de la TB con otros servicios de la salud que es más probable que las mujeres usen.

Capítulo 26

En este capítulo:

El trabajo

asi todas las mujeres pasan la mayor parte de su vida trabajando. Trabajan en el campo, preparan los alimentos, acarrean la leña y el agua, hacen la limpieza y cuidan de los niños y de otros miembros de la familia. Muchas mujeres trabajan también para ganar dinero para ayudar a mantener a sus familias. Sin embargo, una gran parte del trabajo de la mujer pasa desapercibido porque no se considera tan importante como el trabajo del hombre.

El trabajo que hace la mujer y las condiciones bajo las cuales ella trabaja pueden crearle problemas de salud—los cuales también con frecuencia pasan desapercibidos. Este capítulo describe algunos de esos problemas, sus causas y las formas de tratarlos. Sin embargo, a menos que cambien las condiciones de trabajo de la mujer, esos problemas no pueden realmente resolverse. Las mujeres deben luchar unidas para llevar a cabo esos cambios.

> ➤ *Cuando la mujer trabaja para mantener a su familia limpia y bien alimentada, y al mismo tiempo trabaja para ganar el dinero necesario para mantener a su familia, ella en realidad está haciendo dos trabajos.*

Un tipo de trabajo que hacen algunas mujeres—la venta de favores sexuales—impone riesgos serios y específicos a la salud, por lo cual hemos dedicado un capítulo completo a ese tema. "Las trabajadoras de sexo" comienza en la página 341.

Las trabajadoras de salud y otras mujeres que se dedican al cuidado de los enfermos corren el riesgo de contraer las enfermedades que padecen las personas con quienes ellas trabajan. Hablamos de las formas de evitar esos problemas en las páginas 525 y 295.

El fuego para cocinar y el humo

538

atención para quemaduras

➤ *Los niños pequeños que pasan gran parte del día jugando cerca de una estufa que produce humo, corren más riesgo de padecer de resfriados, tos, pulmonía e infecciones de los pulmones.*

➤ *Las mujeres corren un riesgo más grande que los hombres de padecer de estos problemas de salud porque pasan más tiempo respirando aire con humo.*

La mayoría de las mujeres pasan muchas horas del día preparando alimentos. Por lo tanto, ellas corren el riesgo de padecer de los problemas de salud causados por el fuego para cocinar y por el humo.

EL FUEGO

El queroseno y otros combustibles líquidos y gaseosos pueden causar explosiones, incendios y quemaduras. Para usar estos combustibles de una forma más segura...

- no permita que el combustible le toque la piel o que gotee en cualquier parte. Si eso sucede, límpielo de inmediato.

- mantenga lejos de la estufa todo lo que pueda quemarse. Eso evitará que un incendio se extienda y cause mayores daños. Guarde el combustible de sobra en un lugar seguro, alejado del lugar donde usted cocina, y no use cerillos (fósforos) o cigarrillos cerca del combustible almacenado.

- coloque su estufa donde el aire pueda circular libremente a su alrededor.

EL HUMO

Las mujeres que cocinan con combustibles que producen mucho humo—como la leña, el carbón, el estiércol o los restos de las cosechas—generalmente tienen problemas de salud. Estos combustibles causan más problemas cuando se queman dentro de la casa y el humo no puede salir de allí rápidamente. Si el combustible contiene *sustancias químicas*—como los *plaguicidas* o los fertilizantes que se hallan en los restos de algunas cosechas—el humo es aún más dañino.

El respirar el humo que proviene del fuego para cocinar puede causar diferentes problemas crónicos, como tos, resfriados, pulmonía, bronquitis e infecciones de los pulmones. El respirar el humo del carbón también puede causar cáncer en los pulmones, en la boca y en la garganta.

Las mujeres embarazadas que respiran el humo del fuego para cocinar pueden sufrir mareos, debilidad, náusea y dolores de cabeza. Además, como el cuerpo de la mujer no puede combatir muy fácilmente las infecciones cuando ella está embarazada, es aún más probable que ella sufra de las enfermedades de los pulmones mencionadas arriba. El humo también puede causar que su bebé crezca más lentamente, que pese menos al nacer, o que nazca antes de tiempo.

Formas de evitar los problemas de salud causados por el humo

Para reducir la cantidad de humo que usted respira:

Cocine donde el aire pueda circular libremente. Si no puede cocinar al aire libre, asegúrese que donde cocine haya por lo menos dos lugares por donde el aire pueda entrar y salir. Eso crea una corriente de aire, que hace que el humo salga del cuarto.

Túrnese con otras mujeres para cocinar. Así cada una de ustedes respirará menos humo.

Encuentre formas de preparar los alimentos que requieran menos tiempo de cocimiento (sin dejar de cocinar los alimentos completamente). De esa forma, usted respirará menos humo y utilizará menos combustible. Los alimentos se cocinan de forma más rápida y más completa si usted...

corta los alimentos en pedacitos.

remoja los alimentos secos, como los frijoles, toda la noche antes de cocinarlos.

mantiene cubierta la olla donde cocina.

protege de la lluvia la leña que no ha sido usada.

protege el fuego para cocinar contra el viento. Para ayudar a mantener el calor alrededor de las ollas, puede hacerles un 'nido' de piedras, de barro o de láminas de metal.

Use estufas que produzcan menos humo. Ésta es la mejor forma de evitar los problemas de salud causados por el humo de cocinar. Quizás pueda usted conseguir en su área estufas que quemen menos combustible y produzcan muy poco humo, pero también es posible construir estas estufas con materiales locales. Para las instrucciones, vea la página siguiente.

> ➤ *El humo es una señal de que el combustible se está desperdiciando, puesto que el humo se produce cuando el combustible no se quema por completo. El encontrar formas de cocinar con menos humo también puede ahorrarle dinero.*

Las estufas queman menos combustible y producen menos humo cuando tienen:

- un revestimiento (material de aislamiento) entre el fuego y la parte de afuera de la estufa. Los materiales que retienen mucho aire—como la ceniza, la piedra pómez, la piedra volcánica, el coral, o el papel aluminio—guardan el calor dentro de la estufa, en vez de permitir que se escape por los lados. Eso hace que el combustible se mantenga más caliente, lo cual reduce la cantidad de humo. No use barro, piedra pesada, arena, cemento y ladrillo para evitar que el fuego se escape de su estufa, porque esos materiales no retienen suficiente aire.

- chimeneas dentro de la estufa (vea la página siguiente) que ayudan al aire a circular alrededor del fuego. Una chimenea más larga por fuera también puede ayudar a reducir la cantidad de humo en el área donde se cocina.

- 'faldas' (material alrededor de la olla en que se cocina) para reflejar el calor que sale de la chimenea y dirigirlo otra vez hacia la olla. Así la olla absorbe calor por todos lados.

- una pequeña cámara de combustión (vea la página siguiente) que le permite a usted quemar una parte del combustible en la cámara mientras el resto queda afuera. A medida que se quema la parte que está en la cámara, usted puede ir empujando el combustible restante más adentro.

Una estufa y un hornillo que producen menos humo

La estufa

Éste es un ejemplo de una estufa fácil de construir que produce menos humo. Puede adaptarla al combustible que usa y a los materiales que estén disponibles en su área.

Usted necesitará:

- una lata grande (de 20 litros), como por ejemplo, una lata alcoholera, una lata de aceite para cocinar, una lata grande de pintura (muy bien lavada), o una lata donde se empacaron productos médicos. Esta lata formará el 'cuerpo' de la estufa. Pueden usarse también bloques de cemento o ladrillos, pero es mejor usar una lata, ya que ésta tiene las paredes delgadas y no absorbe tanto calor.

- un tubo de metal para estufas de 10 centímetros de diámetro, con una curva (codo) de 90 grados. El tubo deberá ser más largo de un lado del codo que del otro. También necesitará un tubo de estufa recto para sujetar al lado más corto del tubo doblado. Estos tubos se usarán para crear una cámara de combustión y una chimenea para la estufa. (En vez de los tubos de estufa, se pueden usar 4 ó 5 latas de estaño u hojalata, a las que se les haya quitado la tapa y el fondo.)

- material de aislamiento, como por ejemplo, cenizas de madera, piedra pómez, vermiculita, coral muerto o papel aluminio.

- tijeras para metal y un abrelatas para cortar el metal.

- metal adicional para hacer una 'falda' alrededor de la olla.

- una parrilla o una reja pesada para la parte de encima de la estufa, donde se colocará la olla para cocinar.

Cómo hacer la estufa:

1. Use el abrelatas o las tijeras para quitarle la tapa a la lata grande. Haga un agujero de 10 centímetros de diámetro en medio de la tapa, para la chimenea. Haga otro agujero de 10 centímetros de diámetro en la parte inferior del lado de enfrente de la lata, como a dos centímetros del fondo de la lata, para la cámara de combustión. Los tubos o las latas de estaño que se usen para la chimenea deberán encajar bien en los agujeros que usted haya cortado.

2. Coloque el tubo de la estufa con el codo dentro de la lata de modo que uno de los extremos salga por el agujero que usted cortó al frente de la lata. Haga 2 cortes paralelos a una distancia de 1 centímetro en el extremo largo del tubo y doble la sección cortada de manera que forme un reborde. Éste impedirá que el tubo se resbale hacia el interior de la lata. La sección larga del tubo será la cámara de combustión (donde se quema el combustible). Sujete el tubo recto a la sección corta del tubo doblado para formar una chimenea que termine a 2½ cms de distancia de la tapa de la lata. Haga un reborde en este tubo también para que el tubo no se resbale hacia el interior de la lata.

Nota: una chimenea hecha con latas sólo durará de 1 a 3 meses, y entonces será necesario reemplazarla. Para no tener que hacer eso, trate de construir una chimenea de barro cocido. Mezcle 3 partes de arena con 2 partes de barro. Coloque la mezcla alrededor de la chimenea hecha de latas. Cuando las latas se deshagan, usted se quedará con una chimenea de barro apoyada por todo el material de aislamiento (vea la página siguiente) a su alrededor.

3. Llene el cuerpo de la estufa, alrededor de la chimenea, con un material de aislamiento, tal como ceniza de madera.

4. Vuelva a colocar la tapa encima del material de aislamiento y alrededor de la chimenea.

5. Use una lata de estaño para construir un estante dentro de la cámara de combustión. Quite la tapa y el fondo de la lata y aplánela. Córtela entonces en forma de T de modo que quepa dentro del tubo. La parte de arriba de la T deberá sobresalir para impedir que el estante se resbale hacia adentro. Coloque un ladrillo o una piedra debajo de la parte de afuera del estante para apoyar las ramas que se estén quemando.

6. Ponga la parrilla o la reja sobre la estufa para poder colocar la olla allí.

Si usted necesita cocinar dentro de la casa, coloque la estufa cerca de una pared que tenga una abertura. El humo podrá subir por la pared y salir al aire libre.

7. Con el metal adicional, construya una 'falda' que rodee la olla. Debe haber un espacio de ½ cm entre la 'falda' y la olla (mida el espacio entre la 'falda' y la base de la olla). Para construir una 'falda' aún mejor, haga una 'falda' doble y coloque un material de aislamiento entre las 2 hojas de metal.

El hornillo de caja de heno

Para ahorrar aún más combustible, use un hornillo de caja para mantener los alimentos calientes o para cocerlos lentamente después de que hayan hervido en su estufa. Es posible que este hornillo le ahorre la mitad del combustible que usted normalmente usa para cocinar frijoles, carne, arroz o granos. Para el arroz y los granos necesitará un tercera parte menos de agua, ya que ésta se evaporará menos.

Construya el hornillo de caja recubriendo una caja de cartón con 10 centímetros de heno (también puede usar paja, aserrín, ropa vieja, plumas, algodón, lana o cartón corrugado). Deje espacio dentro de la caja para colocar su olla y más material de aislamiento encima de ella. La tapa de la caja debe quedar ajustada.

Mantenga el hornillo de caja alejado de las llamas.

Al usar el hornillo de caja, recuerde:

- los alimentos que se cocinan en el hornillo de caja tardan de 1½ a 3 veces más tiempo en cocinarse de lo que tomarían si se cocinaran sobre el fuego.

- los frijoles y la carne deberán cocerse a fuego lento en la estufa de 15 a 30 minutos antes de meterse al hornillo de caja. Es posible que los alimentos necesiten recalentarse después de 2 a 4 horas.

- mantenga la olla cubierta y **vuelva a hervir los platos de carne antes de comerlos.** Eso evitará que los alimentos se contaminen con *bacterias*.

Para obtener más información acerca de diseños de estufas y hornos, incluyendo estufas solares de construcción fácil, comuníquese con el Centro de Investigación Aprovecho. (Vea la página 561.)

El levantar y acarrear cargas pesadas

PROBLEMAS DE SALUD

Las mujeres en todas partes del mundo padecen de problemas de la espalda y del cuello causados generalmente por levantar objetos pesados durante el trabajo diario. El acarrear agua, leña y niños mayores a grandes distancias puede causar mucho cansancio y lastimaduras.

Las jovencitas que cargan muchas cosas pesadas—sobre todo agua—tienen problemas de la espalda y de la espina dorsal (columna vertebral). Además, los huesos pélvicos se les desarrollan mal, lo cual más tarde puede causarles embarazos peligrosos.

El acarrear cargas pesadas puede hacer que las jóvenes padezcan de más *malpartos*. También puede causar que las mujeres de mayor edad y las que han dado a luz recientemente sufran de una caída de la matriz (*prolapso*).

Prevención:

Cómo levantar objetos de formas seguras:

• Use los músculos de las piernas—no los de la espalda—al levantar objetos. Cuando levante objetos o niños desde el suelo, arrodíllese o póngase en cuclillas para levantarlos, en lugar de agachar la espalda.

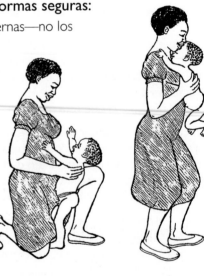

• Mantenga la espalda, los hombros y el cuello lo más erguidos que pueda.

• No levante ni cargue objetos pesados durante el embarazo o poco después de dar a luz.

• Pida a otra persona que le ayude a levantar las cosas pesadas. Quizás le parezca más rápido levantar un objeto por sí misma. Sin embargo, más tarde usted podría perder más tiempo si se lastima la espalda.

➤ *Es más fácil evitar los problemas de la espalda que curarlos. Siempre que sea posible, asegúrese de que sus piernas, y no su espalda, sean las que hagan el trabajo.*

Cómo acarrear objetos de formas seguras:

- Cargue los objetos cerca del cuerpo.

- Si es posible, cargue los objetos en la espalda en lugar de cargarlos a un lado del cuerpo. Así, los músculos de un solo lado de la espalda no tendrán que hacer todo el trabajo. El cargar objetos de un solo lado del cuerpo también hace que la espina se tuerza demasiado, lo cual puede causar que los músculos de la espalda se lastimen.

- Si necesita cargar los objetos de un lado del cuerpo, cambie la carga de un lado al otro con frecuencia. Así los músculos a ambos lados de la espalda estarán trabajando de la misma forma y su espina dorsal se doblará hacia ambos lados. También puede dividir la carga y así llevarla de ambos lados del cuerpo.

- Trate de no usar cinturones de carga en la cabeza. Éstos pueden lastimar los músculos del cuello.

Si usted ya sufre de problemas de la espalda:

- Duerma boca arriba con una tela enrollada o una almohada debajo de las rodillas. O duerma de lado, con una tela enrollada tras la espalda y otra debajo de las rodillas, para que su cuerpo se mantenga recto y tenga apoyo en la espalda.

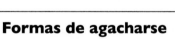

- Haga los ejercicios de la siguiente página todos los días para fortalecerse la espalda y la parte baja del vientre. Si alguno de los ejercicios le causa dolor, deje de hacerlo.

- Trate de mantener la espalda lo más recta posible durante el día. No encorve la espalda hacia adelante.

Formas de agacharse

El pasar mucho tiempo agachada hacia adelante—algo que las mujeres hacen con frecuencia al lavar, al trabajar en el campo o al hacer otros quehaceres—puede causar dolores musculares en la espalda. Si es necesario que trabaje de esa forma, trate de estirarse con frecuencia. Si comienza a sentir dolor en la espalda, tal vez le ayude probar diferentes posturas, por ejemplo, en cuclillas o de rodillas. Cambie de postura con frecuencia.

¡NO!

No doble la cintura para alcanzar objetos que estén en el suelo.

En vez de ello, acuclíllese doblando las rodillas y manteniendo la espalda recta.

¡Sí!

Ejercicios para relajar y fortalecer los músculos de la espalda y del vientre:

Trate de hacer estos ejercicios todos los días, en el orden en que aparecen aquí:

1. **Estiramiento de la parte baja de la espalda.** Acuéstese boca arriba y abrácese las rodillas. Mántengase en esa posición por 10 á 15 segundos, respirando profundamente. Al soltar el aire, acerque suavemente las rodillas aún más al pecho para que su espalda se estire todavía más. Repita este ejercicio 2 veces, o hasta que sienta algo de alivio en la parte baja de la espalda.

2. **Torsión.** Acuéstese boca arriba, con los brazos estirados a ambos lados. Doble las rodillas y muévalas lentamente a un lado. Al mismo tiempo, doble la cabeza hacia el lado opuesto, tratando de mantener los hombros planos sobre el suelo. Manténgase en esta posición mientras toma y suelta aire unas cuantas veces más. Luego lleve las rodillas al centro, y páselas lentamente al otro lado. Doble la cabeza del lado opuesto. Repita este ejercicio 2 veces de cada lado, o hasta sentir algo de alivio en la parte baja de la espalda.

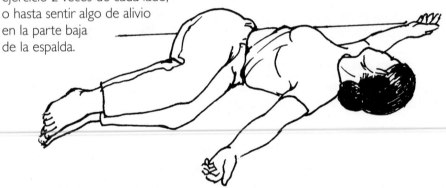

3. **Apretamiento del área pélvica.** Acuéstese boca arriba con las rodillas dobladas. Haga que la parte baja de la espalda toque el suelo. Apriete lentamente los músculos de la parte baja del abdomen y de las nalgas, mientras cuenta hasta 3. No aguante el aire mientras aprieta los músculos. Luego relájese. Al hacerlo, la espalda formará una curva hacia arriba de la manera que lo hace normalmente. Repita el ejercicio.

Para más ejercicios de relajación para la espalda y el cuello, vea la página 404.

Apriete los músculos aquí...

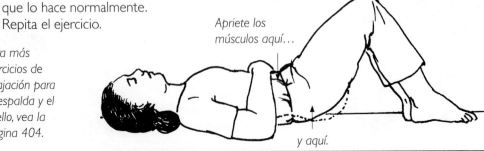

y aquí.

Muchas veces, las mujeres tienen que encontrar y acarrear el agua que sus familias necesitan. Ellas también se encargan de la mayor parte del lavado y de la limpieza, y generalmente bañan a los niños. Todas estas actividades son importantes para la salud de la mujer y de su familia. Sin embargo, estas mismas actividades pueden causar problemas de salud.

Problemas de salud causados por el trabajo con agua:

- Las mujeres que pasan muchas horas en contacto con agua contaminada están expuestas a *parásitos* y a *microbios* que viven dentro y cerca del agua. Estas mujeres corren un mayor riesgo de contraer *esquistosomiasis*, *ceguera del río*, *cólera* y diferentes enfermedades causadas por parásitos.

- Las mujeres que viven río abajo de una fábrica o de grandes campos agrícolas pueden estar expuestas a sustancias químicas en el agua. Estas sustancias pueden causar muchos problemas de salud. Para mayor información, vea la página siguiente.

- El agua es una de las cosas más pesadas que la mujer tiene que cargar, por lo tanto, el 'juntar' y acarrear el agua puede causar problemas de la espalda y del cuello, así como otros problemas médicos. Vea la página 398.

Prevención:

El agua limpia ayuda a que todas las personas se mantengan sanas. En todo el mundo hay personas que están trabajando unidas para mejorar su salud, organizando proyectos comunitarios para proporcionar agua. Sin embargo, generalmente no se permite a las mujeres participar en las reuniones y en la toma de las decisiones relacionadas con estos proyectos, como por ejemplo, decisiones acerca de dónde poner las llaves del agua para la comunidad, dónde excavar pozos y qué sistemas usar.

Si su comunidad no tiene fácil acceso al agua limpia, trabaje con otras personas para crear un sistema de agua. Si su comunidad ya cuenta con un sistema de agua, pida que se les enseñe a las mujeres a reparar y a cuidar ese sistema.

Las mujeres deben ayudar a cuidar del sistema usado para el suministro de agua.

➤ *Para información acerca del tratamiento de dichas infecciones, vea* **Donde no hay doctor.**

➤ *Si usted vive río abajo de una fábrica que tira sustancias químicas al agua, trate de organizar a su comunidad para que luche por impedir que eso siga sucediendo. En la página 127 aparece el ejemplo de la experiencia de una comunidad.*

El trabajo con sustancias químicas

Muchas mujeres entran en contacto con sustancias químicas peligrosas, con frecuencia sin darse cuenta. Eso sucede porque muchos de los productos modernos que se usan en la vida y en el trabajo diarios contienen sustancias químicas ocultas. Algunos de estos productos pueden ser muy dañinos, tales como:

- plaguicidas, fertilizantes y baños parasitidas para los animales.
- pinturas, solventes y productos para quitar la pintura.
- combustibles y vidriados para la cerámica que contienen plomo.
- productos para la limpieza que contienen cloro y lejía.
- productos para el cabello y de belleza.

PROBLEMAS DE SALUD

Algunas sustancias químicas causan daño inmediato al cuerpo, aún si usted no se siente enferma. Otras causan daños que se presentan más tarde, aún cuando usted haya dejado de usar la sustancia química. Algunos de los daños son de corta duración y otros son permanentes.

Señas de problemas causados por sustancias químicas:

Cabeza: dolores de cabeza, mareos

Nariz y garganta: dolor, ardor, estornudos, tos

Pecho y pulmones: jadeo, tos seca, sensación de falta de aliento, resfriados o catarros frecuentes. Las sustancias químicas pueden causar enfermedades de los pulmones.

Sistema urinario (vejiga y riñones): falta o escasez de orina, cambio en el color de la orina o sangre en la orina. Las sustancias químicas pueden dañar la vejiga y los riñones.

Ojos: irritación, enrojecimiento, lagrimeo

Dientes y encías: caries en los dientes, encías azules—sobre todo a causa del envenenamiento por plomo

Hígado: color amarillento en la piel y en los ojos, orina color de té, excremento color de barro, dolor en la parte de arriba del costado derecho. Éstas son señas de una enfermedad grave del hígado (hepatitis).

Piel: dolor, enrojecimiento, irritación, agrietamiento, comezón. Las sustancias químicas pueden causar quemaduras, *alergias*, úlceras y cáncer.

Otras señas generales de peligro:

- Usted se siente nerviosa o irritable.
- El cuerpo le tiembla o el corazón le late rápidamente.
- Se siente cansada, embriagada (borracha) o tiene dificultades para pensar con claridad.

Si usted no puede explicarse por qué está teniendo estos problemas, es posible que estén siendo causados por sustancias químicas, especialmente si usted está usando solventes o líquidos para la limpieza, plaguicidas o materiales que contienen plomo.

IMPORTANTE

Tenga cuidado especial de no entrar en contacto con sustancias químicas si usted está embarazada o dando pecho. Las sustancias químicas pueden dañar a su bebé.

Prevención:

Para reducir los riesgos a la salud causados por el trabajo con las sustancias químicas, trate de hacer lo siguiente:

* Evite que las sustancias químicas le toquen la piel. Cuando utilice sustancias químicas en el hogar, use guantes de hule (o bolsas de plástico). Cuando trabaje con plaguicidas u otras sustancias químicas en el campo o la fábrica, use guantes más gruesos y zapatos. De lo contrario, las sustancias químicas pueden entrar a su cuerpo.

* Lávese las manos después de tocar las sustancias químicas. Si usted ha estado usando sustancias químicas fuertes, como plaguicidas, cámbiese la ropa y lávese antes de comer o de entrar a la casa. Use guantes de hule cuando lave la ropa contaminada.

* Evite respirar los vapores de las sustancias químicas. Trabaje donde el aire fresco circule fácilmente. Un trapo o una máscara de papel **no** le protege de respirar vapores químicos.

* Mantenga las sustancias químicas lejos de los alimentos. **Nunca guarde agua o alimentos en envases que hayan contenido sustancias químicas**, aún después de que éstos hayan sido lavados. Aunque un envase se vea muy limpio, puede contener suficientes sustancias químicas para envenenar el agua o los alimentos. No rocíe sustancias químicas cerca de los alimentos o en los días que sople mucho el viento.

Si una sustancia química le entra a un ojo, lávese el ojo de inmediato con agua. Siga lavándolo durante 15 minutos. No deje que el agua le entre al otro ojo. Si la sustancia le quema el ojo, vea a un trabajador de salud.

Guarde las sustancias químicas fuera del alcance de los niños. Siempre revise si una etiqueta advierte que cierta sustancia le puede envenenar o si tiene el dibujo que aquí mostramos.

Envenenamiento por plomo (saturnismo)

El plomo es una sustancia venenosa que se encuentra en algunas cosas comunes—como en las piezas de cerámica, la pintura, el combustible y las pilas eléctricas. Las personas se envenenan con plomo cuando comen de ollas que tienen un vidriado que contiene plomo o aún cuando consumen una cantidad muy pequeña de polvo de plomo. Pueden envenenarse también cuando respiran polvo con plomo o los vapores de algún combustible que contenga plomo.

El plomo es especialmente dañino para los bebés y los niños. Puede causar peso bajo al nacer, problemas de desarrollo, daño al cerebro (que puede ser permanente) y la muerte. Por estas razones, es importante evitar el contacto con el plomo durante el embarazo.

Si usted trabaja con plomo, trate de protegerse a sí misma y a su familia de las siguientes formas:

* Evite que le llegue vidriado en polvo a las manos o a la boca.
* Mantenga a los niños alejados del área de trabajo.
* Haga la limpieza con trapos mojados en lugar de barrer con una escoba, para levantar menos polvo al aire.
* Lávese bien las manos después de trabajar.
* Coma alimentos ricos en *calcio* y *hierro* (vea págs. 167 y 168). Estos alimentos ayudan a impedir que el plomo le entre a la sangre.

El estar parada o sentada por mucho tiempo

Si usted tiene que estar parada o sentada por mucho tiempo en el trabajo, eso podría causarle problemas de salud. A veces, los problemas no aparecen hasta después de meses o años. La mayoría de ellos pueden evitarse.

PROBLEMAS DE SALUD

Problemas de la espalda y del cuello. Éstos suceden cuando una persona pasa mucho tiempo sentada con la espalda inclinada, o parada en un solo lugar.

Várices, pies hinchados y coágulos de sangre en las piernas. Cuando una persona está sentada o de pie por mucho tiempo, es difícil que la sangre le fluya bien en las piernas, sobre todo si tiene las piernas cruzadas.

Prevención:

- Salga a dar caminatas cortas y rápidas durante sus descansos. Trate también de caminar alrededor del cuarto o por lo menos, trate de estirarse cada hora.

- Si es posible, use calcetines o medias con soporte. Deben llegarle más arriba de la rodilla.

- Haga cada uno de los ejercicios descritos a continuación siempre que sienta rigidez o dolor, o cuando no pueda enderezar bien la espalda. Repita los ejercicios 2 ó 3 veces, mientras respira lenta y profundamente.

Cabeza:	**Hombros:**	**La cintura y la parte de arriba del cuerpo:**
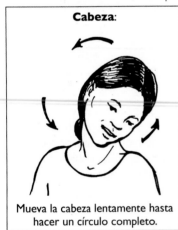		Manteniendo la espalda recta, voltee el cuerpo hacia un lado, desde la cadera. Usted deberá sentir alivio por toda la espalda. 
Mueva la cabeza lentamente hasta hacer un círculo completo.	Muévalos hacia arriba y hacia abajo, muévalos en círculos hacia adelante y hacia atrás, y trate de juntar las aletas de la espalda.	

Si usted tiene que estar sentada en el trabajo...

- use una silla con un respaldo recto—que le mantenga rectos la cabeza, el cuello y los hombros. También apóyese la cintura por detrás, con una tela enrollada o con almohadas, si eso le ayuda.

- si es necesario, ajuste la altura de su silla o de su mesa para que pueda trabajar con una mejor postura. Puede intentar sentarse en un cojín o poner bloques debajo de su escritorio o de su mesa.

- no cruce las piernas a la altura de las rodillas.

- no use ropa ajustada.

Las coyunturas (articulaciones) son las partes del cuerpo donde se unen los huesos. En estas mismas partes del cuerpo, los tendones conectan los huesos a los músculos. Si usted repite continuamente el mismo movimiento mientras está trabajando, puede lastimarse un tendón. Es común lastimarse las muñecas o los codos cuando se trabaja en el campo o en fábricas. Es común lastimarse las rodillas cuando se hace trabajo doméstico, de minería, o cualquier otro tipo de trabajo que requiere que uno se arrodille por mucho tiempo.

La repetición continua del mismo movimiento

Señas:

- Dolor y hormigueo en la parte del cuerpo que repite el movimiento.

- En las muñecas, uno puede tener dolor en la mano o aquí —cuando la muñeca es golpeada suavemente.

- Una sensación de 'raspado' cuando uno pone la mano sobre la coyuntura y mueve esta última.

Tratamiento:

- Permita que la coyuntura descanse en una posición cómoda, lo más posible. Si necesita seguir usando esa coyuntura cuando trabaja, use una tablilla para mantenerla lo más inmóvil que pueda. Use también algunas de las ideas que presentamos en la sección de la prevención.

- Cree una tablilla suave vendando la coyuntura con tiras de tela de modo que ésta no se mueva. Si usted primero envuelve la tela alrededor de un pedacito delgado de madera, eso puede ayudar a mantener recta la coyuntura. Las tiras de tela deben estar lo suficientemente apretadas para impedir que la coyuntura se mueva, pero no tan apretadas que impidan el flujo de la sangre o hagan que el área se entumezca. Use la tablilla al trabajar y también mientras descansa o duerme.

- Si la coyuntura está hinchada o le duele, tome aspirina o alguno de los medicamentos que reducen la hinchazón. Las compresas calientes y húmedas también pueden ayudar a calmar el dolor y a bajar la hinchazón.

- Si la coyuntura no se ha mejorado después de 6 meses, obtenga ayuda médica. Tal vez usted necesite que se le inyecte cuidadosamente un medicamento en la coyuntura, o que se le haga una operación.

482

medicinas para el dolor

Prevención:

- Si no es peligroso, cambie de mano o de posición al trabajar. Trate de trabajar de manera que la coyuntura se doble menos y sufra menos presión.

- Trate de ejercitar la coyuntura cada hora, haciéndola pasar por todos los movimientos que pueda hacer. Esto servirá para estirar y fortalecer los tendones y los músculos. Si el ejercicio le causa dolor, mueva la coyuntura lenta y suavemente.

➤ *Si una coyuntura está caliente o hinchada, es posible que esté infectada. Vea a un trabajador de salud inmediatamente.*

Las artesanías

Muchos tipos de artesanías se hacen en la casa, donde la mujer trabaja sola. Esto hace que sea menos probable que ella se entere de los problemas de salud comunes que puede sufrir debido a su trabajo, y de las formas de evitarlos.

PROBLEMAS COMUNES DEBIDOS AL TRABAJO DE ARTESANÍAS		
Artesanía u oficio →	**Problema** →	**Qué hacer**
Fabricar piezas de cerámica	Enfermedades de los pulmones parecidas a las que sufren los mineros (fibrosis, silicosis)	Abrir las ventanas y las puertas para que el aire circule mejor. Si hay electricidad, usar un ventilador (abanico) para hacer que el aire salga. Usar una máscara protectora para no respirar polvo.
Pintar piezas de cerámica	Envenenamiento por plomo (saturnismo)	Vea "Envenenamiento por plomo", en la página 403.
Coser, bordar, tejer, hacer encaje, hilar	Vista cansada, dolores de cabeza, de la espalda y del cuello, dolor en las coyunturas	De ser posible, aumentar la cantidad de luz que se usa para trabajar y tomar descansos frecuentes. Vea las páginas 404 y 405.
Trabajar con lana y con algodón	Asma y problemas de los pulmones debidos al polvo y a las fibras	Mejorar la circulación del aire (vea la primera sección), y usar una máscara que no deje pasar las fibras.
Usar pinturas y tintes	Vea la sección 'El trabajo con sustancias químicas'	Vea la información sobre la prevención en la página 403.
Hacer jabón	Irritación de la piel y quemaduras	Use guantes y evite el contacto con la lejía.

Las condiciones de trabajo peligrosas

Muchas fábricas tienen condiciones de trabajo peligrosas, como...

• puertas y ventanas cerradas con llave que impiden que los trabajadores salgan del local en casos de emergencia y que evitan que el aire circule libremente.

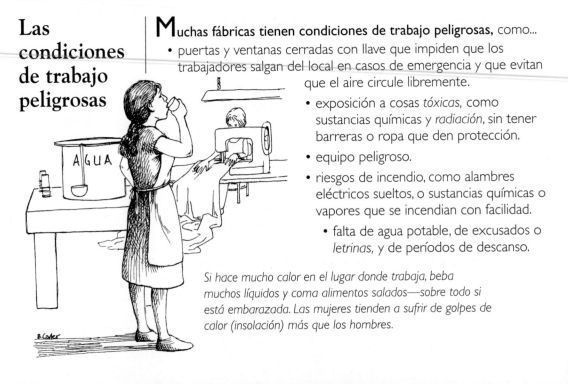

• exposición a cosas *tóxicas,* como sustancias químicas y *radiación*, sin tener barreras o ropa que den protección.

• equipo peligroso.

• riesgos de incendio, como alambres eléctricos sueltos, o sustancias químicas o vapores que se incendian con facilidad.

• falta de agua potable, de excusados o *letrinas,* y de períodos de descanso.

Si hace mucho calor en el lugar donde trabaja, beba muchos líquidos y coma alimentos salados—sobre todo si está embarazada. Las mujeres tienden a sufrir de golpes de calor (insolación) más que los hombres.

Muchas de estas condiciones no pueden cambiarse a menos que los trabajadores se unan y exijan cambios. Sin embargo, hay algunas cosas que usted puede hacer para evitar problemas:

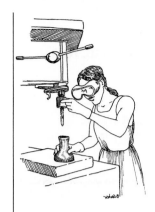

- Cuando usted comience una nueva tarea, obtenga instrucciones sobre las formas de usar todo el equipo y las sustancias químicas con seguridad. Siempre pida consejo a otras mujeres que tengan experiencia en el uso del mismo equipo o de las mismas sustancias químicas.

- Siempre que sea posible, use ropa protectora—como cascos, máscaras, guantes o tapones en los oídos para protegerse de los ruidos demasiado fuertes. Al trabajar con máquinas, evite usar ropa floja. Si tiene el pelo largo, manténgalo atado.

El acoso sexual

El acoso sexual ocurre cuando un patrón, un administrador o cualquier hombre que tiene autoridad sobre una mujer le hace a ella requerimientos sexuales no deseados. Este comportamiento incluye el decir cualquier cosa de tipo sexual que haga que la mujer se sienta incómoda, tocar a la mujer de una forma sexual, u obligarla a tener relaciones sexuales. Todas las mujeres corren el riesgo de ser víctimas del acoso sexual, ya sea que trabajen para su familia en el campo, o en una fábrica en la ciudad.

la violación y el asalto sexual

Hay muchas razones por las cuales es difícil para la mujer resistir el acoso sexual:

- Es posible que ella tema perder su trabajo, el cual ella necesita para mantener a su familia.

- Es posible que a ella se le haya enseñado a obedecer y a respetar los deseos de hombres mayores y de hombres con autoridad.

- Es posible que el hombre sea un pariente, y ella puede temer que si se resiste o se queja, ella lo hará verse mal.

No obstante, sin importar cuál sea la situación de la mujer, el acoso sexual está mal. En muchos países también es ilegal. Si usted ha sido víctima del acoso sexual, trate de encontrar a alguien a quien le pueda relatar su experiencia, y con cuyo apoyo pueda contar. Usted también puede compartir su experiencia con otras mujeres. Aunque usted no pueda acabar con el acoso sexual, puede que, al compartir su historia, usted ayude a otras mujeres a evitar ser víctimas del acoso.

Lo que usted puede hacer para evitar o ponerle fin al acoso sexual:
- Trate de evitar el trato con los hombres que hayan acosado a otras mujeres en el lugar donde usted trabaja.
- No vaya sola a ninguna parte con patrones varones.
- Averigüe si existen leyes que la puedan proteger en contra del acoso.

La migración

Recuerde que todas las personas se sienten solas al principio. Eso es natural.

Muchas mujeres trabajan lejos de sus hogares. Algunas mujeres viajan diariamente de su casa a su trabajo, y muchas otras se han mudado a lugares a grandes distancias para poder vivir cerca de donde trabajan. A esto se le llama 'migración'.

Lo que ocurre con mayor frecuencia es que las mujeres se mudan del campo a las ciudades donde las fábricas grandes ofrecen trabajos o donde pueden conseguir trabajo como empleadas domésticas (sirvientas). Algunas mujeres se mudan por su propia voluntad, pero otras se ven forzadas a mudarse porque no hay alimentos o trabajo donde ellas viven, o porque las fábricas ofrecen más dinero. Muchas veces, el dinero que ganan esas mujeres es muy importante para mantener a las familias que dejan atrás.

Puede ser que, al emigrar, las mujeres se encuentren solas por primera vez. Ésta puede ser una experiencia muy atemorizante para ellas, ya que se hallan lejos de la familia y de las amistades que les daban apoyo.

He aquí algunas cosas que usted puede hacer para sentirse más cómoda en un nuevo hogar:

Evite encontrarse en situaciones peligrosas, como por ejemplo, caminando sola a su casa por la noche.

- Hágase amiga de algunas de las otras mujeres en su trabajo. Ellas pueden convertirse en una nueva fuente de apoyo.

- Encuentre un lugar seguro donde vivir. Muchas compañías ofrecen sus propias viviendas o albergues. Algunos son seguros, pero muchos no lo son. A veces, estos albergues son lugares donde las mujeres viven en malas condiciones, a pesar de pagar mucho por el alquiler. Es posible también que la compañía se aproveche de estas mujeres porque ellas no tienen control del lugar donde viven.

Algunas veces, la única forma de encontrar una vivienda segura es buscándola usted misma. Éste es un ejemplo de un grupo de mujeres que se organizó para encontrar viviendas seguras:

Algunas mujeres que trabajaban en fábricas haciendo ropa en una ciudad de Bangladesh, se cansaron de vivir en condiciones sucias y pobres, donde frecuentemente eran víctimas del acoso y del abuso sexual. Con la ayuda de una mujer que tenía experiencia en administración, ellas organizaron dos albergues. Ahora, las trabajadoras pagan parte de su salario al albergue. A cambio, las personas que trabajan en el albergue, todas mujeres, proporcionan alimentos, utensilios para cocinar, mantas, ropa y otros tipos de ayuda. Las trabajadoras están seguras y viven cerca de donde trabajan, y así pueden ahorrar una mayor parte de su sueldo.

—*Bangladesh*

Muchas mujeres ganan dinero haciendo tareas que no se consideran trabajos formales—como vendiendo cosas en el mercado, haciendo artesanías en su casa o trabajando como empleadas domésticas (sirvientas). Estos trabajos gozan de muy pocas protecciones. Por lo tanto, las mujeres que los hacen corren el riesgo de ser víctimas de la explotación y del abuso.

Trabajadoras en el sector informal

Empleadas domésticas

Una empleada doméstica corre el riesgo de padecer de muchos de los problemas de salud que ya describimos en este capítulo. Como trabaja en casa ajena, goza de pocos derechos y poca protección. Ella puede tener que enfrentar los siguientes problemas:

- *Agotamiento* y mala *alimentación* por trabajar por muchas horas y recibir poca paga. Aunque ella cocine para sus patrones, es probable que reciba muy poco que comer.

- Temor constante de perder su trabajo y de sufrir la desconfianza de sus patrones. Corre el riesgo de perder su trabajo si se embaraza. Estos temores, así como su separación de la familia, pueden causarle problemas de salud mental.

- Acoso sexual, sobre todo si vive en la casa de sus patrones. Puesto que el patrón tiene autoridad sobre su trabajo, es posible que la obligue a tener relaciones sexuales.

- Problemas dolorosos de los huesos y los músculos a causa de trabajar arrodillada por muchas horas a la vez.

Manos de lavandera

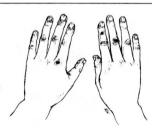

Cuando una mujer usa muchos limpiadores que contienen sustancias químicas sin usar guantes, es posible que la piel se le ponga roja, agrietada y adolorida, y que desarrolle llagas abiertas. Las uñas muchas veces se vuelven más gruesas, se estropean y se separan de la piel.

Qué hacer:

- Si es posible, use guantes de hule o de plástico para protegerse las manos.

- Mantenga sus manos lo más secas que pueda. Use crema o el jugo espeso de la zábila después de terminar su trabajo. Si las uñas se le comienzan a ver gruesas o estropeadas, vea si ayuda ponerles violeta de genciana de inmediato.

- Trate de tener a la mano un plato hondo de té negro frío o de agua con vinagre (una tapita llena de vinagre en un litro de agua). Cada vez que use agua con jabón, remoje las manos por un minuto en el té o en el agua con vinagre.

- Use los jugos de las plantas frescas que se conozcan en su área por ayudar a curar los problemas de la piel, tales como las ronchas, las quemaduras o la comezón. Junte y lave las plantas frescas y muélalas hasta formar una pasta aguada. Póngase esta pasta en las manos tan seguido como pueda.

La lucha por el cambio

En Sudáfrica, las empleadas domésticas tienen un Sindicato de Empleadas Domésticas para ayudarles a exigir leyes que las protejan. Comenzaron yendo de puerta en puerta y educando a la gente por medio de folletos y anuncios en la radio. Ahora, son un sindicato nacional. Trabajan con los sindicatos de empleadas domésticas de otros países con el objeto de ayudar a las trabajadoras a obtener horas de trabajo justas, salarios justos, prestaciones de seguridad social y otras protecciones básicas.

Los sindicatos, como el Sindicato de Empleadas Domésticas en Sudáfrica, son una buena forma de organizarse y de proteger los derechos de las trabajadoras. Sin embargo, a veces es difícil fundar un sindicato local puesto que no siempre hay sindicatos más grandes que puedan dar su apoyo o porque las compañías no lo permiten. En esos casos, hay otras formas en que las mujeres pueden trabajar unidas para ayudarse a sí mismas.

Cuando las mujeres comienzan a trabajar unidas para mejorar sus condiciones de trabajo, a veces temen que perderán sus empleos o que se les tratará mal si sus patrones se enteran. En esos casos, es importante que las mujeres confíen en las personas con las que se están organizando. Si no es posible reunirse para hablar en el local del trabajo, quizás sea mejor reunirse en secreto en hogares privados o en la comunidad.

Para comenzar a organizarse en donde usted trabaja:

- **Hable** con las mujeres con quienes trabaja para identificar los problemas que todas tengan en común y posibles formas de resolverlos.

- **Reúnanse** regularmente para crear confianza y ayuda mutuas. Asegúrense de incluir a las mujeres que sean nuevas en el trabajo y de hacer que se sientan bienvenidas. Recuerden que la unión hace la fuerza.

Una vez que ustedes se hayan organizado como grupo o como asociación de trabajadoras, quizás se sientan lo suficientemente fuertes como para unirse a un sindicato o iniciar el suyo propio. Es menos probable que la compañía las rete si ustedes ya están organizadas.

LO QUE PUEDE HACER SU ORGANIZACIÓN

Cuando su grupo haya identificado problemas comunes y posibles soluciones, decidan qué cosas pueden cambiarse y qué necesitan ustedes hacer para lograr esos cambios. Aunque la compañía no esté dispuesta a cambiar nada, ustedes pueden hacer mucho por sí mismas.

Aprendan medidas de seguridad de las trabajadoras con la mayor experiencia.

Ayuden a las nuevas trabajadoras. Es posible que las nuevas trabajadoras tengan temor de unirse al grupo, sobre todo si los patrones no lo apoyan. A pesar de eso, es importante compartir con ellas lo que ustedes sepan acerca de la seguridad, puesto que entre más seguridad tenga cada mujer, más seguridad tendrán todas ustedes.

Me duele más la espalda desde que comencé este trabajo.

Trata de cargar sólo 3 bultos a la vez. Cuando yo hago eso, no me duele tanto la espalda.

Apóyense mutuamente. Muchas mujeres sufren de conflictos en el hogar cuando trabajan, debido al papel que ellas también juegan en la familia. Compartan consejos sobre las formas en que se pueden resolver los problemas familiares, y sobre las formas de equilibrar el trabajo del hogar y el cuidado de los niños con el trabajo remunerado. Algunas mujeres se reparten el trabajo de cuidar a los niños de cada quien. Algunas organizan guarderías donde se le paga a una mujer por cuidar de los niños de las otras mujeres para que estas últimas puedan trabajar. O puede que las mujeres se turnen para cuidar a los niños.

Ustedes también pueden tratar de reunirse con algunos hombres para hablar de la cantidad de trabajo que hacen las mujeres. Por ejemplo:

423

relaciones de ayuda mutua

En talleres del Centro de la Educación y Capacitación para la Salud y el Conocimiento sobre la Nutrición (CHETNA) en la India, se les pide a los hombres y a las mujeres que hagan una lista de sus trabajos diarios. Muchos se sorprenden al darse cuenta de que la jornada de trabajo de las mujeres comienza antes que la de los hombres y termina mucho después que la jornada de ellos, y que muy rara vez ellas tienen la oportunidad de descansar. Eso ayuda a los hombres a darse cuenta de que el trabajo está distribuido de formas injustas entre los hombres y las mujeres. Entonces ellos pueden hablar acerca de una distribución justa del trabajo basada en las necesidades de la familia y no sólo en los papeles que se supone que deben jugar los hombres y las mujeres.

Si usted puede, trate de negociar con su patrón para obtener mejores condiciones de trabajo, tales como:

- salarios más altos.
- permiso para ausentarse del trabajo debido a la maternidad (tiempo para que una mujer esté fuera del trabajo cuando tenga un bebé, con el derecho de volver al mismo trabajo).
- descansos para usar el baño.
- guarderías en el local del trabajo.
- un lugar privado donde las mujeres puedan sacarse la leche de pecho (para las madres con bebés).

cuando la madre trabaja fuera del hogar

Capítulo 27

En este capítulo:

La salud mental

La mente y el espíritu de la mujer, como su cuerpo, pueden estar sanos o enfermos. Cuando su mente y su espíritu están sanos, la mujer tiene la fortaleza emocional para ocuparse de sus necesidades físicas y de las de su familia, para identificar sus problemas y tratar de resolverlos, para planear el futuro y para forjar relaciones satisfactorias con otras personas.

Casi toda la gente, de vez en cuando, tiene dificultades para lograr todas estas cosas. Sin embargo, si una dificultad continúa y le impide a la mujer llevar a cabo sus actividades diarias—por ejemplo, si ella se pone tan tensa y nerviosa que no puede cuidar de su familia—es posible que padezca de un problema de salud mental. Es más difícil identificar los problemas de salud mental que los problemas físicos, los cuales muchas veces pueden verse o tocarse. Sin embargo, los problemas de salud mental necesitan recibir atención y tratamiento de la misma forma que los problemas físicos.

Este capítulo describe los problemas mentales más comunes y sus causas. También sugiere formas en que la mujer puede ayudarse a sí misma y ayudar a otras personas que padecen de estos problemas.

➤ *La buena salud mental es tan importante como la buena salud física.*

La auto-estima (el amor propio)

Cuando la mujer siente que su contribución a su familia y a su comunidad es valiosa, se dice de ella que tiene una auto-estima adecuada. La mujer con auto-estima adecuada sabe que merece ser tratada con respeto.

La auto-estima comienza a desarrollarse en la niñez. La auto-estima que una mujer desarrolla depende del modo en que ella es tratada por las personas importantes en su vida: sus padres, sus hermanos y sus hermanas, sus vecinos, sus maestros y sus guías espirituales. Si estas personas la tratan como alguien que merece su atención, si la elogian cuando hace algo bien, si la animan a hacer cosas difíciles, ella comienza a sentir que se le valora.

A veces, las niñas tienen dificultades para aprender a estimarse. Por ejemplo, si sus hermanos varones reciben más educación o más alimentos que ellas, las niñas pueden sentirse menos valoradas simplemente por ser niñas. Si se les critica demasiado o si el trabajo duro que ellas hacen pasa desapercibido, es más probable que crezcan sintiéndose poco valoradas. De ser así, puede que cuando sean mujeres piensen que no se merecen ser tratadas bien por sus esposos, comer tantos alimentos buenos como las demás personas, recibir tratamiento médico cuando están enfermas, o desarrollar sus capacidades. Cuando las mujeres se sienten así, es posible que crean que su falta de importancia en la familia y en la comunidad es natural y correcta—cuando, en realidad, es injusta e indebida.

De niña, Maruca se sentía menos valorada que sus hermanos varones. Su familia pensaba que los varones merecían recibir una buena educación, pero que ella no merecía lo mismo.

La auto-estima es una parte importante de la buena salud mental. Una mujer que goza de una auto-estima adecuada se sentirá más capaz de lidiar con los problemas de la vida diaria, y de hacer los cambios que puedan mejorar su vida y su comunidad.

Desarrollo de la auto-estima

No es fácil que una mujer aprenda a estimarse. Ella no puede decidir simplemente que se va a valorar más a sí misma, sino que tiene que cambiar sentimientos muy profundos que quizás ni siquiera sabe que tiene.

Con frecuencia, los cambios necesitan ocurrir indirectamente, mediante experiencias que permitan que la mujer se vea a sí misma de una forma diferente. Los cambios pueden lograrse mediante el desarrollo de aptitudes que la mujer ya tenga, como su capacidad para formar relaciones íntimas y de apoyo con otras personas, o mediante el desarrollo de nuevas capacidades.
Por ejemplo:

➤ *La auto-estima de una mujer influenciará las decisiones que ella tome con respecto a su salud.*

Cuando Maruca era niña, se esperaba que ella estuviera callada y obedeciera las órdenes que se le dieran. Cuando tenía 18 años, su madre la forzó a casarse con un militar. Maruca estaba enamorada de otro hombre, pero a su madre no le importó; el militar era un hombre importante.

Después de que habían estado casados por varios años y de que Maruca había tenido 4 hijos, su esposo dejó de venir a casa por la noche. Las amigas de Maruca le contaban que él andaba con otras mujeres. Maruca se quejó de eso con su madre, y ella le contestó que era algo que tenía que aguantar—que así era la vida. Más tarde, el esposo de Maruca se fue a vivir con otra mujer. Maruca se sintió muy triste y despreciada.

Un día, a Maruca se le presentó la oportunidad de entrar a un programa donde aprendería a cuidar niños en la escuela de la comunidad. Decidió participar en el programa, aunque nunca había trabajado fuera de su casa. El adquirir nuevas capacidades y el estar con los niños y las demás mujeres del programa cambió a Maruca. Ella empezó a darse cuenta de que valía fuera de su matrimonio y de que podía ser una trabajadora productiva. Maruca comenzó entonces a pensar en lo que podía hacer por su familia y en lo que esperaba lograr a lo largo de su vida.

Cuando ya era adulta, Maruca adquirió nuevas capacidades y comenzó a estimarse más.

Causas comunes de los problemas de salud mental en las mujeres

No todas las personas que tienen que enfrentarse a los problemas enumerados a continuación tendrán un problema de salud mental. Más bien, una mujer generalmente desarrolla un problema de salud mental cuando estas presiones son mayores que su capacidad para lidiar con ellas. Además, no todos los problemas mentales tienen causas que puedan ser identificadas. A veces no es posible saber la razón por la cual una persona desarrolla un problema de salud mental.

LAS PRESIONES DE LA VIDA DIARIA

Las actividades y los eventos de la vida diaria generalmente ponen a la mujer bajo presiones que le causan tensión física y mental. La tensión puede deberse a problemas físicos, como enfermedades o exceso de trabajo. También puede deberse a lo que le sucede emocionalmente, como el tener conflictos familiares o el ser culpada por problemas que ella no puede controlar. Aun los eventos que generalmente causan alegría—como el nacimiento de un nuevo bebé o el conseguir un trabajo—pueden producir tensión, puesto que cambian la vida.

➤ *Para gozar de mejor salud mental, las mujeres necesitan tener más control y autoridad sobre lo que les sucede en la vida.*

➤ *Es fácil dejar de notar las presiones de la vida diaria porque siempre están presentes. Sin embargo, una mujer gasta mucha de su energía lidiando con ese tipo de presiones.*

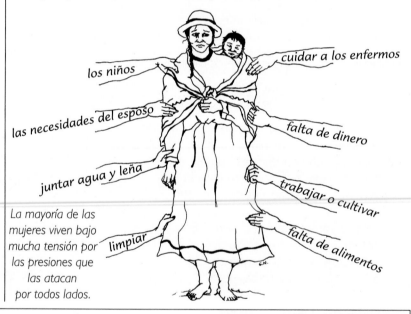

los niños
cuidar a los enfermos
las necesidades del esposo
falta de dinero
juntar agua y leña
trabajar o cultivar
limpiar
falta de alimentos

La mayoría de las mujeres viven bajo mucha tensión por las presiones que las atacan por todos lados.

Cuando una mujer está sujeta a una gran tensión nerviosa todos los días y por una temporada muy larga, es posible que comience a sentirse abrumada e incapaz de darse abasto. El problema puede ser peor si a ella se le ha enseñado que debe cuidar primero de las otras personas, y por lo tanto descuida sus propias necesidades. Si ella no tiene tiempo para descansar o para disfrutar de las cosas que podrían reducir su tensión, es posible que no haga caso a las señas de enfermedad o de agotamiento. Y como mujer, es posible que tenga muy poco poder para cambiar su situación.

¿De verdad tendré un mal de los nervios?

A menudo, se hace sentir a la mujer que ella es débil o que está enferma. Sin embargo, el verdadero problema puede ser que hay algo injusto o indebido en su vida.

Otros tipos de presiones ocurren con menos frecuencia, pero también pueden contribuir a los problemas de salud mental:

LAS PÉRDIDAS Y LA MUERTE

Cuando la mujer pierde algo o a alguien que ella valora—a un ser querido, su trabajo, su hogar, o a una amistad muy cercana—es posible que se sienta abrumada por la aflicción. Eso también puede suceder si se enferma o desarrolla alguna descapacidad física.

La aflicción es una reacción natural que ayuda a la persona a adaptarse a las pérdidas y a la muerte. Sin embargo, si una mujer sufre de varias pérdidas a la vez, o si ya sufre de mucha presión en su vida diaria, es posible que comience a desarrollar problemas de salud mental. Eso también puede suceder si ella no puede guardar luto en las formas tradicionales—por ejemplo, si se ha visto forzada a mudarse a una nueva comunidad donde no se practican sus costumbres.

las barreras al duelo
o al luto

LOS CAMBIOS EN LA VIDA Y EN LA COMUNIDAD

En muchas partes del mundo, se está forzando a las comunidades a cambiar con demasiada rapidez—ya sea debido a razones económicas o a conflictos políticos. Muchos de esos cambios requieren que las familias y las comunidades alteren por completo su forma de vivir. Por ejemplo:

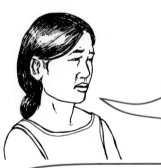

Me llamo Elvira. Cuando comenzó la guerra, llegaron unos soldados y forzaron a los hombres de nuestro pueblo a unirse al ejército. Algunas mujeres fueron violadas. Algunos de nosotros nos escapamos a las montañas, pero era difícil encontrar comida. Ahora vivimos como refugiados en un campamento al otro lado de la frontera. Generalmente tenemos suficiente de comer, pero muchas personas están enfermas. El campamento está lleno de extraños. Todos los días me pregunto si alguna vez volveré a ver mi hogar.

Me llamo Jovita. Cada año nuestra tierra estaba produciendo menos. Tuvimos que pedir dinero prestado para comprar semillas, y tratamos también de comprar abono, pero las cosechas nunca nos rindieron lo suficiente para pagar lo que le debíamos al banco. Por fin tuvimos que abandonar nuestra tierra. Ahora vivimos en una choza a orillas de la ciudad. Todas las mañanas, cuando me despierto, quiero escuchar a los pájaros que yo siempre oía cantar en las mañanas. Entonces me acuerdo que aquí no hay pájaros. Lo único que me espera aquí es un día más de limpiar los pisos de otras personas.

Cuando las familias y las comunidades se desbaratan, o cuando la vida cambia tanto que las formas acostumbradas de lidiar con los problemas ya no dan resultado, las personas pueden comenzar a padecer de problemas mentales.

LOS TRAUMAS

Cuando algo terrible le sucede a la mujer o a uno de sus seres queridos, ella sufre de un *trauma*. Algunas de las causas más comunes de los traumas son la violencia en el hogar, la violación, la guerra, la tortura y los desastres naturales.

Un trauma amenaza el bienestar físico o mental de la persona que lo sufre. Como resultado, esa persona se siente en peligro, insegura, impotente e incapaz de confiar en el mundo o en la gente a su alrededor. Generalmente una mujer tarda mucho tiempo en recuperarse de un trauma, sobre todo si éste fue causado por otra persona, no por la naturaleza. Los traumas que la mujer pudo haber sufrido cuando era niña, antes de poder comprender lo que le estaba sucediendo o de poder hablar de ello, pueden afectarla durante muchos años sin que ella misma lo sepa.

LOS PROBLEMAS FÍSICOS

Algunos problemas de salud mental se deben a problemas físicos, tales como:

- las *hormonas* y otros cambios en el cuerpo.
- la *desnutrición*.
- las *infecciones*, como las de VIH.
- los *plaguicidas*, *herbicidas* y solventes industriales.
- las enfermedades del *hígado* o de los *riñones*.
- el exceso de medicamentos, o los efectos secundarios de algunos medicamentos.
- el abuso de las drogas y del alcohol.
- los *derrames cerebrales*, la *demencia* y las lesiones de la cabeza.

Siempre considere la posibilidad de una causa física cuando trate los problemas de salud mental. Recuerde también que los problemas físicos pueden ser seña de un problema de salud mental (vea la página 421).

Aunque hay muchos tipos de problemas de salud mental, los más comunes son la *ansiedad*, la *depresión*, y el abuso de las drogas y del alcohol. En la mayoría de las comunidades, las mujeres padecen de depresión y ansiedad más que los hombres. Por otro lado, los hombres son más propensos que las mujeres a tener problemas con las drogas y el alcohol.

Para determinar si una persona padece de un problema mental, recuerde lo siguiente:

- No existe una división clara entre las reacciones normales a los eventos de la vida y los problemas de salud mental.
- La mayoría de las personas sufren de algunas de las señas enumeradas más adelante en diferentes momentos en su vida, porque tarde o temprano, toda la gente tiene que afrontar problemas.
- Las señas de los problemas de salud mental pueden variar de una comunidad a otra. El comportamiento que puede parecer extraño a una persona de fuera, puede ser una parte normal de las costumbres o de las tradiciones de una comunidad.

LA DEPRESIÓN (SENTIRSE SUMAMENTE TRISTE O NO SENTIR NADA)

Es natural que una persona se sienta deprimida al sufrir de una pérdida o de la muerte de un ser querido. Pero es posible que ella padezca de un problema de salud mental si las siguientes señas le duran por mucho tiempo:

Señas:

- sentirse triste casi todo el tiempo
- tener dificultades para dormir, o dormir demasiado
- tener dificultades para pensar con claridad
- perder el interés en las actividades agradables, en la comida o en las relaciones sexuales
- tener problemas físicos, como dolores de cabeza o problemas intestinales, que no se deben a una enfermedad
- hablar y moverse lentamente
- no tener energía para las actividades diarias
- pensar sobre la muerte o el suicidio

Problemas de salud mental comunes en las mujeres

436

abuso del alcohol y de las drogas

➤ *Para información acerca del tratamiento para los problemas de salud mental, vea la página 422.*

➤ *Algunas personas describen la depresión como 'un peso en el corazón' o como 'una gran pérdida del ánimo'.*

El suicidio

La depresión muy fuerte puede conducir al suicidio (matarse uno mismo). Casi todas las personas piensan en suicidarse de vez en cuando. Sin embargo, si estas ideas le dan a una mujer con más y más frecuencia o se vuelven muy intensas, ella necesita recibir ayuda de inmediato. Vea la página 431 para aprender cómo identificar a las personas que corren más riesgo de suicidarse y cómo ayudarles.

➤ *Otros nombres comunes para describir la ansiedad son 'los nervios', 'ataques nerviosos' y 'angustia en el corazón'.*

La ansiedad
(sentirse muy nerviosa o preocupada)

Todas las personas se sienten nerviosas o preocupadas de vez en cuando. Cuando estos sentimientos tienen que ver con una situación específica, generalmente desaparecen en poco tiempo. Sin embargo, si la ansiedad continúa o se vuelve más fuerte, o si se presenta sin ninguna razón aparente, entonces podría ser un problema de salud mental.

Señas:

- sentirse tensa o nerviosa sin razón
- tener las manos temblorosas
- sudar
- sentir latidos fuertes del corazón (cuando no se padece de una enfermedad del corazón)
- tener dificultades para pensar con claridad
- padecer de problemas físicos frecuentes que no se deben a enfermedades físicas y que aumentan cuando la mujer está alterada

Los ataques de pánico son una forma severa de ansiedad. Suceden repentinamente y pueden durar desde varios minutos hasta varias horas. Además de las señas indicadas arriba, la persona siente terror o pavor, y teme desmayarse o morir. También puede padecer de dolores en el pecho, de dificultades para respirar y de la sensación de que algo terrible está a punto de suceder.

➤ *Cuando la mujer padece de dolores fuertes en el pecho o de dificultad para respirar, ella debe recibir atención médica. Éstas pueden ser señas de una enfermedad física grave.*

Las reacciones a los traumas

Después de que una persona ha sufrido un trauma, puede tener muchas reacciones diferentes, tales como las siguientes:

- Volver a experimentar el trauma una y otra vez en la mente. Mientras está despierta, puede estar recordando constantemente las cosas terribles que sucedieron. Durante la noche, quizás sueñe acerca de ellas o tal vez no pueda dormir por estar pensando en ellas.

- Sentirse pasmada o sentir las emociones menos intensamente que antes. Es posible que ella evite a las personas o los lugares que le recuerden el trauma.

- Volverse muy precavida. Si ella está siempre pendiente de posibles peligros, quizás tenga dificultades para relajarse y para dormir. Es posible que se sobresalte demasiado cuando algo la sorprenda.

- Sentirse muy enojada o avergonzada por lo que sucedió. Si la persona ha sobrevivido a un trauma en el que otras personas murieron o quedaron gravemente heridas, tal vez ella se sienta culpable de que las otras personas hayan sufrido más que ella.

- Sentirse apartada y distante de las otras personas.

- Tener arranques de comportamiento extraño o violento, durante los cuales no esté segura de dónde se encuentra.

➤ *Puede que las personas que estén sufriendo de reacciones a un trauma, también se sientan ansiosas o deprimidas, o que abusen del alcohol o de las drogas.*

Muchas de estas señas son reacciones normales a una situación difícil. Por ejemplo, es normal sentir ira de que algo terrible haya sucedido, o tomar precauciones si la situación aún es peligrosa. Sin embargo, si las señas son tan severas que la persona no puede llevar a cabo sus actividades diarias, o si comienzan varios meses después de que el trauma haya ocurrido, es posible que la persona esté padeciendo de un problema de salud mental.

LOS CAMBIOS FÍSICOS Y LAS ENFERMEDADES CAUSADOS POR LA TENSIÓN

Cuando una persona está tensa, su cuerpo se prepara para reaccionar con rapidez y combatir la causa de la tensión. Éstos son algunos de los cambios que ocurren:

- El corazón comienza a latir más rápidamente.
- Se eleva la *presión sanguínea*.
- La persona respira más rápidamente.
- La *digestión* se vuelve más lenta.

Si la tensión aparece de forma repentina y severa, la mujer puede sentir estos cambios en su cuerpo. Después, una vez que la tensión haya desaparecido, su cuerpo regresará a la normalidad. Sin embargo, si la tensión es menos severa o si se va acumulando lentamente, es posible que ella no se dé cuenta de cómo la tensión está afectando su cuerpo, a pesar de que las señas estén presentes.

La tensión que continúa por mucho tiempo puede causar las señas físicas que comúnmente dan con la ansiedad o con la depresión, como dolores de cabeza, problemas intestinales y falta de energía. Con el tiempo, la tensión también puede causar ciertas enfermedades, como por ejemplo, presión alta que puede resultar en un ataque de corazón o un derrame cerebral.

En muchos lugares, los problemas emocionales no se consideran tan importantes como los problemas físicos. Cuando eso sucede, es más probable que la ansiedad y la depresión produzcan señas físicas en vez de otras señas. Aunque es importante no ignorar las señas físicas, también es importante considerar las causas emocionales de las enfermedades.

Formas de ayudarse a sí misma y de ayudar a los demás

Una persona que padece de problemas de salud mental puede comenzar a sentirse mejor mediante tratamiento. Aunque la mayoría de las comunidades no cuentan con servicios de salud mental, hay medidas que la mujer puede tomar por sí misma y que requieren de pocos recursos (capacidades personales para lidiar con problemas). Otra opción es que ella forje una 'relación de ayuda mutua' con otra persona o con un grupo.

Las siguientes sugerencias son sólo unas cuantas de las muchas medidas que una persona puede tomar para lograr una mejor salud mental. Estas sugerencias darán mejor resultado si se adaptan a las necesidades y a las costumbres de la comunidad.

LAS CAPACIDADES PERSONALES PARA LIDIAR CON PROBLEMAS

➤ *Puede ser necesario tomar medicinas para los problemas graves. Trate de hablar con un trabajador de salud que tenga conocimientos sobre los medicamentos que se usan para los problemas de salud mental.*

Las mujeres generalmente no se toman tiempo de sus muchos quehaceres diarios para hacer algo por ellas mismas. Sin embargo, toda mujer necesita algunas veces dejar a un lado sus problemas y hacer algo que le agrada. Las actividades sencillas que quizás usted no haga con mucha frecuencia—como pasar tiempo sola, o ir de compras, atender el jardín o cocinar con una amiga—pueden ayudar.

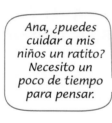

Ana, ¿puedes cuidar a mis niños un ratito? Necesito un poco de tiempo para pensar.

Actividades para expresar sus emociones. Si está enojada, puede hacer un trabajo físico pesado. Cuando usted tenga dificultades para decir las cosas a otras personas, quizás le ayude escribir poemas, canciones y relatos. Otra opción es que dibuje sus sentimientos sin usar palabras— no es necesario que sea pintora.

Crear ambientes agradables. Trate de arreglar el lugar donde usted vive de manera que la haga sentirse a gusto. No importa que tan pequeño sea ese lugar; usted sentirá más orden y control cuando esté arreglado de la manera que a usted le agrade. Trate de tener la mayor cantidad de luz y de aire fresco que sea posible.

Trate de tener belleza a su alrededor. Usted podría poner unas flores en el cuarto, tocar música o ir a un lugar donde pueda ver un paisaje agradable.

Practique costumbres que desarrollen fortaleza interior. En muchas comunidades existen creencias y costumbres que ayudan a sus miembros a tranquilizar el cuerpo y la mente, y a proporcionar fortaleza interior. Por ejemplo:

El Yoga

La meditación

El rezo

T'ai Chi

La práctica regular de estas costumbres puede ayudar a una persona a lidiar mejor con las presiones y otras dificultades en su vida.

RELACIONES DE AYUDA MUTUA

Ayuda tener a alguien con quien hablar. En una relación de ayuda mutua, dos o más personas se comprometen a llegar a conocerse y a comprenderse. Esto puede llevarse a cabo en cualquier relación—entre amigas o mujeres que trabajan juntas, con miembros de la familia o en un grupo que ya se reúne por alguna otra razón. También es posible formar un grupo nuevo con personas que padecen de un problema parecido. A estos grupos a veces se les llama 'grupos de apoyo'.

Muchas veces las mujeres se apoyan entre ellas compartiendo sus historias y escuchándose las unas a las otras mientras trabajan.

➤ *Muchas veces es más fácil convertir un grupo ya existente en un grupo de apoyo, que crear uno nuevo. Sin embargo, hay que tener mucho cuidado al escoger relaciones de ayuda mutua. Forme este tipo de lazo sólo con personas que respeten sus sentimientos y que sean discretas.*

Cómo formar una relación de ayuda mutua

Aun cuando dos personas se conocen bien, una relación de ayuda mutua puede tardar en desarrollarse, ya que generalmente es difícil para las personas confiar sus problemas a los demás. Toma tiempo sobreponerse a las preocupaciones y comenzar a confiar en otra persona. Éstas son algunas formas de establecer confianza entre un par de personas o los miembros de un grupo:

➤ *No hay dos personas que tengan exactamente las mismas experiencias en la vida. Siempre hay algo más que comprender acerca de otra persona.*

- Trate de estar abierta a escuchar todo lo que le dice otra persona sin juzgarlo.

- Trate de entender cómo se siente la otra persona. Si usted ha tenido una experiencia parecida, acuérdese de cómo se sintió. Sin embargo, evite considerar que la experiencia de la otra persona es exactamente como fue la suya. Si usted no comprende a la otra persona, no finja hacerlo.

- No diga a la otra persona lo que debe hacer. Usted puede ayudarle a entender la forma en que las presiones de su familia y de su comunidad y las responsabilidades de su trabajo están afectando sus sentimientos, pero ella debe de tomar sus propias decisiones.

- Nunca piense que ya no es posible ayudar a una mujer.

- Sea discreta. Nunca diga a otros lo que la mujer le haya dicho, a menos que esto sea necesario para protegerle la vida. Siempre avísele a la mujer si piensa hablar con alguna otra persona con el fin de protegerla.

Formas de iniciar un grupo de apoyo

1. Encuentre a dos o más mujeres que quieran iniciar un grupo.

2. Planeen dónde y cuándo reunirse. Es conveniente encontrar un lugar tranquilo, como una escuela, una clínica, una cooperativa o un templo. También es posible que hablen mientras estén trabajando.

3. Durante la primera reunión, hablen de lo que desean lograr. Si son un grupo, decidan cómo se dirigirá el grupo y si será posible que otras personas se unan a él más tarde.

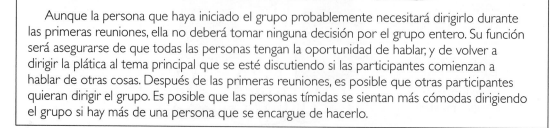

Aunque la persona que haya iniciado el grupo probablemente necesitará dirigirlo durante las primeras reuniones, ella no deberá tomar ninguna decisión por el grupo entero. Su función será asegurarse de que todas las personas tengan la oportunidad de hablar, y de volver a dirigir la plática al tema principal que se esté discutiendo si las participantes comienzan a hablar de otras cosas. Después de las primeras reuniones, es posible que otras participantes quieran dirigir el grupo. Es posible que las personas tímidas se sientan más cómodas dirigiendo el grupo si hay más de una persona que se encargue de hacerlo.

El reunirse con otras personas puede ayudar a la mujer a:

- **obtener apoyo.** Los problemas de salud mental generalmente roban la energía de la mujer y hacen que ella se desanime. El reunirse con otras personas puede darle más energía, lo cual le ayudará a lidiar con los problemas diarios.

A veces llegábamos al grupo muy desanimadas y calladas. Entonces el abrazo de una persona nos animaba, o el buen humor de otra era contagioso, y todas acabábamos sintiéndonos más fuertes.

- **reconocer sus sentimientos.** Algunas veces las mujeres ocultan sus sentimientos (o ni siquiera se dan cuenta de que los tienen) porque piensan que lo que sienten es malo, peligroso o vergonzoso. Cuando una mujer escucha a otra expresar sus sentimientos, eso puede ayudarle a descubrir los suyos propios.

Algunas de nosotras habíamos sido víctimas del abuso sexual, pero nunca habíamos hablado de ello con otras personas. Sólo hasta que estuvimos en el grupo pudimos hablar de estas cosas tan terribles.

- **controlar sus reacciones impulsivas.** Los miembros del grupo pueden ayudar a la mujer a analizar su problema para que ella no actúe sólo por instinto, sin pensar.

El grupo me ayudó a tomar en cuenta los puntos de vista de otras personas y a no dejarme llevar por mis sentimientos. Eso me ha ayudado a entender por qué otras personas reaccionan de ciertas maneras.

- **entender las razones más profundas de los problemas.** Al hablar entre ellas, las mujeres comienzan a darse cuenta de que muchas tienen problemas parecidos. Eso les ayuda a comprender el origen de esos problemas.

Muchas veces pienso mal de mí misma y siento que la situación de mi familia es mi culpa. Sin embargo, no es culpa nuestra que seamos pobres. El hablar de eso con otras personas me ha ayudado a comprender por qué las mujeres nos sentimos así.

- **explorar soluciones.** Una mujer generalmente aceptará mejor y usará más una solución que se haya discutido en un grupo que una solución que ella haya descubierto por sí misma.

Hay cosas del pasado que nunca hemos discutido con nuestros compañeros. En el grupo, hablamos de cómo lidiar mejor con esas cosas. Nos damos mucha fuerza.

- **crear poder colectivo.** Las mujeres que actúan juntas tienen más poder que las mujeres que actúan solas.

Todas decidimos celebrar juntas una ceremonia e ir con una de nuestras compañeras a recoger el acta de defunción de su marido y a hacer arreglos para obtener las escrituras de sus tierras. Hubiera sido muy difícil para ella hacer todas esas cosas sola.

Ejercicios para aprender cómo ayudar

La mayoría de los miembros de un grupo necesitan aprender lo que es una relación de ayuda mutua y lo que hace que ésta funcione bien, antes de realmente poder ayudar a otra persona que padezca de un problema de salud mental. Estos ejercicios pueden ayudar a lograr eso:

➤ Estos ejercicios generalmente se realizan en grupos, pero también pueden realizarse entre sólo dos personas.

1. **Compartir experiencias de apoyo.** Para entender mejor lo que significa el apoyo, la dirigente del grupo puede pedir a los miembros que relaten una historia personal que demuestre alguna forma en que han dado o recibido apoyo. Después, la dirigente puede hacer preguntas como éstas: ¿Qué clase de apoyo recibieron? ¿Cómo les ayudó? ¿En qué se parecen las historias? ¿En qué son diferentes? Eso puede ayudar al grupo a presentar ideas generales de lo que significa apoyar y ayudar a otra persona.

   La dirigente también puede relatar la historia de una persona que tiene un problema—por ejemplo, de una mujer cuyo esposo bebe demasiado y la golpea. La mujer se vuelve reservada y finge que nada malo está pasando, pero deja de participar en las actividades comunitarias. Entonces el grupo puede discutir: ¿Cómo podría ella ayudarse a sí misma? ¿Cómo podríamos ayudarla como grupo?

2. **Practicar a escuchar activamente a otras personas. En este ejercicio, el grupo se divide en pares.** Una de las compañeras habla de algo como por 5 ó 10 minutos. La otra compañera escucha sin interrumpir y sin decir nada. Sólo hace comentarios breves para animar a la persona que está hablando a decir más. La compañera que no está hablando demuestra que está escuchando mediante su actitud y la postura de su cuerpo. Después, las compañeras se cambian los papeles.

¿Y luego?

   Cuando las compañeras terminan de hacer el ejercicio, analizan qué tan bien funcionó. Se hacen preguntas como éstas: ¿Sentiste que yo te estaba escuchando? ¿Qué dificultades tuviste? Después, la dirigente comienza una discusión general entre el grupo entero acerca de las actitudes que mejor demuestran que una persona está escuchando a otra y está interesada en lo que se está diciendo.

   La dirigente también puede recalcar que, en algunas ocasiones, el escuchar consiste en hablar: hacer preguntas, compartir experiencias, o decir a la otra persona algo que la haga sentirse comprendida. También es posible que consista en admitir que uno ha tratado de entender a la otra persona, pero aún no lo ha logrado.

EJERCICIOS PARA ALIVIAR LOS PROBLEMAS DE SALUD MENTAL

Una vez que las participantes del grupo han aprendido a apoyarse y ayudarse mutuamente, estarán listas para comenzar a tratar sus problemas de salud mental. Éstas son algunas formas en las que ellas pueden comenzar a ayudarse a recobrar la salud:

1. **Compartir sus experiencias y sus sentimientos con el grupo.** Las personas que padecen de problemas de salud mental a menudo se sienten muy solas. Simplemente el poder hablar de un problema puede ser útil. Después de que una persona haya relatado su historia, la dirigente puede preguntar si alguien más ha tenido experiencias parecidas. Cuando todas las historias hayan sido relatadas, el grupo podrá hablar de lo que las historias tienen en común, si el problema se debe, en parte, a ciertas condiciones sociales, y de ser así, lo que el grupo puede hacer para cambiar esas condiciones.

2. **Aprender a relajarse.** Este ejercicio es particularmente útil para las personas que están padeciendo de tensión. En un lugar tranquilo, donde todas puedan sentarse, la dirigente pide al grupo que siga las siguientes instrucciones:

   - Cierren los ojos e imagínense un lugar seguro y tranquilo donde les gustaría estar. Podría ser en una montaña, junto a un lago, cerca del mar, o en un campo.

   - Sigan pensando en ese lugar mientras toman aire profundamente por la nariz y lo sueltan por la boca.

   - Si les ayuda, piensen algo positivo, por ejemplo, 'estoy en paz' o 'estoy a salvo'.

   - Sigan respirando, concentrándose ya sea en el lugar tranquilo o en el pensamiento. Hagan esto como por 20 minutos (el tiempo que tarda el arroz en cocerse).

➤ *Si usted se empieza a sentir incómoda o asustada en cualquier momento durante este ejercicio de relajación, abra los ojos y respire profundamente.*

Una mujer también puede practicar este ejercicio en casa cuando tenga dificultades para dormir o cuando se sienta tensa y asustada. La respiración profunda ayuda a calmar los nervios.

> *Si ustedes relatan una historia acerca de un problema, es importante que hablen también, en grupo, sobre las formas en que éste podría resolverse.*

> *Si el grupo ha sufrido un trauma y ha pasado suficiente tiempo desde que éste tuvo lugar, las personas en el grupo podrán entonces analizar sus propias experiencias en lugar de crear un relato.*

3. **Crear una historia, un sociodrama o una pintura.** El grupo puede inventar una historia acerca de una situación parecida a las que hayan experimentado las miembros del grupo. La dirigente comienza a relatar la historia, otra mujer del grupo sigue relatando la siguiente parte, y continúan así hasta que todas han contribuido de alguna manera y la historia se ha completado. (Las mujeres también pueden representar un sociodrama basado en la historia o pueden hacer un dibujo de la historia.)

    Luego el grupo analiza las diferentes ideas que han surgido. Estas preguntas pueden ayudar a las personas a comenzar a hablar:

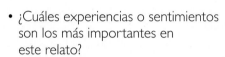

*   ¿Cuáles experiencias o sentimientos son los más importantes en este relato?

*   ¿Por qué surgieron esos sentimientos?

*   ¿Cómo está lidiando la persona con ellos?

*   ¿Qué cosas podrían ayudarle a lograr un nuevo equilibrio en su vida?

*   ¿Qué puede hacer la comunidad para ayudarle?

4. **Hacer un dibujo de la comunidad.** Este ejercicio da mejores resultados después de que el grupo se ha estado reuniendo por un tiempo. La dirigente primero pide a las particiapantes que hagan un dibujo de su comunidad. Puede ser útil que la dirigente haga un dibujo sencillo para iniciar el proceso. Entonces el grupo comienza a añadir cosas al dibujo. El dibujo debe incluir los aspectos de la comunidad que contribuyen a la buena salud mental, y los aspectos que causan problemas mentales.

    Más tarde el grupo estudia el dibujo y comienza a pensar en las formas en las que se puede mejorar la salud mental de la comunidad. La dirigente puede hacer preguntas como éstas:

*   ¿Cómo podemos fortalecer los aspectos de la comunidad que ya contribuyen a la buena salud mental?

*   ¿Qué cosas nuevas necesitan hacerse?

*   ¿Cómo puede el grupo ayudar a realizar esas cosas?

28

cómo organizarse para resolver problemas médicos comunitarios

En El Salvador, un grupo de mujeres de una barriada urbana decidió formar un grupo de apoyo. Habían sobrevivido a la guerra civil y ahora, por medio de la iglesia, trabajaban con las víctimas de la guerra. Una mujer cuenta cómo se inició el grupo de apoyo y la forma en que éste le ayudó.

—Un día, todas nosotras nos sentimos tristes sin saber por qué. Nada diferente había sucedido ese día, pero todas nos estábamos sintiendo igual. Entonces, una de nosotras se dio cuenta de que era el aniversario de la guerra por la cual todas habíamos pasado. Fue entonces cuando decidimos formar este grupo. Necesitábamos sentirnos unidas, entender las cosas que nos habían sucedido y lidiar con todo lo que sentíamos en vista de la pérdida de nuestros hijos, hijas, esposos y vecinos en la guerra—¿había sido todo en vano?

—En el grupo hablamos de muchas experiencias que nunca habíamos podido compartir con nadie más. Así, poco a poco fuimos dejando atrás el silencio y los sentimientos de impotencia que cada una de nosotras tenía. Aprendimos que los temores se vuelven menos terribles cuando se les da un nombre. Descubrimos que todas teníamos miedo de las mismas cosas: que otras personas no nos comprenderían, que no encontraríamos una respuesta, y que nuestros recuerdos se volverían más dolorosos si hablábamos de ellos.

—Hablamos, lloramos y reímos, pero esta vez lo hicimos juntas. El grupo nos sirvió de apoyo, nos ayudó a cambiar y nos ayudó a encontrar una nueva dirección en nuestras vidas. Pudimos hacer nuestro trabajo con nueva energía y fortaleza. Ahora nos dedicamos a asistir a las víctimas de la guerra. No sólo les ayudamos a restaurar sus hogares y su salud, sino también a sobreponerse a sus temores y a su desesperación. Así, ellos pueden crear un nuevo futuro para sí mismos y para su comunidad.

—Aunque todas nosotras perdimos tanto en la guerra—y la paz no ha cumplido con sus promesas—sentimos como si hubiéramos dado a luz algo nuevo. Y como si fuera un recién nacido, este grupo aporta al mundo un nuevo espíritu y nos da la fortaleza para seguir luchando.

Cómo ayudar a una mujer con sus reacciones a un trauma

- La forma más importante de ayudar a una persona que está sufriendo de los efectos de un trauma, es enseñándole a volver a confiar en la gente. Permita que ella controle la rapidez con la que se desarrolle la relación entre ustedes. Necesita saber que usted está dispuesta a escucharla y que ella puede esperar hasta tener suficiente confianza para hablar. Quizás, al principio, lo mejor sea simplemente hacer juntas sus actividades diarias.

➤ *Una vez que la mujer llega a comprender sus propias reacciones, generalmente sus sentimientos ejercen menos control sobre ella.*

- Quizás sea útil para la mujer hablar acerca de su vida antes de que sufriera el trauma así como de sus experiencias actuales. Esto puede ayudarle a darse cuenta de que aunque su vida ha cambiado mucho, de muchas formas ella sigue siendo la misma persona que antes. Si le parece apropiado, anímela a hacer algunas de las mismas actividades que ella disfrutaba antes o que formaban parte de su rutina diaria.

- Quizás haya temas dolorosos de los cuales la mujer no pueda hablar o que estén "enterrados" donde ella no los pueda recordar. Ciertas actividades, como el dibujo o la pintura, o algo relajante, como el recibir un *masaje*, pueden ayudar a la persona a expresar o a calmar sus sentimientos dolorosos.

- Si la mujer tiene sueños acerca de su trauma, puede colocar cerca de donde duerme, algún objeto que pertenezca a su nueva vida. Así, al despertar de una pesadilla, el objeto ayudará a recordarle que ahora ella ya está a salvo.

El masaje puede ayudar a calmar los sentimientos dolorosos.

- Si los recuerdos del trauma hacen que la mujer reaccione de maneras temerosas, ayúdele a tener en mente un plan para reaccionar a los recuerdos que ella no pueda evitar. Por ejemplo, la mujer puede decirse a sí misma: "La cara de este hombre es parecida a la cara del hombre que me atacó, pero yo sé que él es una persona diferente y que no desea hacerme daño."

- Si una mujer fue torturada, recuérdele que ella no es responsable de lo que dijo o hizo mientras estaba siendo torturada. Los responsables son los que la torturaron. Ayúdele a comprender que uno de los propósitos de la tortura es hacer a una persona pensar que no puede volver a sentirse como un ser completo, pero que eso no es cierto.

CÓMO AYUDAR A ALGUIEN QUE QUIERA SUICIDARSE

Cualquier persona que padezca de una depresión seria corre el riesgo de suicidarse. Quizás no sea fácil para una mujer hablar acerca de sus ideas de suicidarse, pero muchas veces las admitirá si se le pregunta. Si lo hace, trate usted de averiguar lo siguiente:

- ¿Tiene ella planeado cómo suicidarse?
- ¿Tiene los medios para llevar a cabo su plan? ¿Está planeando matar también a otras personas (por ejemplo, a sus hijos)?
- ¿Ha tratado de suicidarse alguna vez?
- ¿Están afectando su juicio el alcohol o las drogas?
- ¿Se encuentra aislada de su familia y de sus amistades?
- ¿Ha perdido el deseo de vivir?
- ¿Padece de algún problema médico serio?
- ¿Es ella una mujer joven que está pasando por un problema difícil en su vida?

Alguien que ya hizo un plan para suicidarse, necesita ayuda de inmediato.

Si la respuesta a cualquiera de estas preguntas es 'sí', la mujer corre un mayor riesgo de suicidarse que otras personas. Para ayudarle, trate primero de hablar con ella. Algunas personas pueden comenzar a sentirse mejor simplemente hablando con alguien acerca de sus problemas. De ser así, o si la mujer todavía se siente mal, pero ya puede controlar sus sentimiento mejor que antes, pídale que prometa que no se hará daño antes de haber hablado con usted.

Si el hablar de sus problemas no le ayuda, o si no puede prometer que hablará con usted, entonces es necesario vigilarla con cuidado.

Siempre diga a la mujer que está considerando el suicidio que usted piensa hablar con otras personas para que ayuden a protegerla. Hable con la familia y con las amistades de la mujer, y pídales que se aseguren de que alguien esté con ella todo el tiempo. Pídales que quiten cualquier objeto peligroso que esté donde ella se encuentra.

Si su comunidad ofrece servicios de salud mental, averigüe si hay alguna persona que pueda hablar con la mujer con regularidad. Los medicamentos para la depresión también pueden ser útiles.

Enfermedad mental (psicosis)

➤ *Ciertas enfermedades, el envenenamiento, algunos medicamentos, el abuso de las drogas y el daño cerebral pueden producir señas parecidas a las de una enfermedad mental.*

➤ *Sin importar qué tratamiento se le dé, una persona que padezca de una enfermedad mental deberá ser tratada con compasión, respeto y dignidad.*

Una persona puede padecer de una enfermedad mental si tiene cualquiera de las siguientes señas:

- Oye voces o ve cosas fuera de lo común que otras personas no pueden escuchar o ver (alucinaciones).
- Tiene creencias extrañas que interfieren con su vida diaria (delirios)—por ejemplo, cree que sus seres queridos están tratando de robarle.
- No pone atención a su propia persona—por ejemplo, no se viste, no se baña o no come.
- Se comporta de formas extrañas—por ejemplo, dice cosas que no tienen sentido.

Las personas que no tienen una enfermedad mental algunas veces actúan de las formas descritas, sobre todo si esos comportamientos son parte de las creencias o las costumbres de la comunidad. Por ejemplo, si una mujer dice que recibió instrucciones en un sueño, es posible que ella se esté basando en formas tradicionales de adquirir conocimientos y consejos—y no que tenga una enfermedad mental. Es más probable que las señas en cuestión sean indicación de una enfermedad mental si se presentan con tanta frecuencia y con tal gravedad que la persona tenga dificultades para realizar sus actividades del diario.

Cómo obtener tratamiento para las enfermedades mentales

Aunque en la mayoría de los lugares los miembros de la familia se ocupan de las personas que padecen de enfermedades mentales, es mejor que esa persona también reciba tratamiento a manos de un trabajador de salud capacitado. En algunos casos son necesarios los medicamentos, pero éstos nunca deben ser el único tratamiento.

Los curanderos tradicionales también pueden jugar un papel importante en el tratamiento de enfermedad mental. Si son de la misma comunidad que la enferma, es posible que la conozcan y la comprendan. Algunos curanderos cuentan también con tratamientos o ritos que pueden ayudar a una mujer a sobreponerse a su problema.

Hágase las siguientes preguntas antes de decidir usar cualquier tratamiento:

- ¿Cuál es el propósito de cada uno de los pasos del tratamiento? ¿Qué se debe esperar que suceda?
- Si la persona no representa un peligro para sí misma o para los demás, ¿puede ella recibir atención en casa o mientras vive con otras personas de la comunidad?
- ¿Participará la familia en el tratamiento?
- ¿Es respetada en la comunidad la persona que proporcionará el tratamiento?
- ¿Causa daño físico o vergüenza cualquiera de los tratamientos?

Si la mujer necesita recibir tratamiento en un hospital, siempre visite el lugar antes de dejarla allí. Asegúrese de que el hospital esté limpio, de que los pacientes estén seguros y puedan tener visitas, y de que ellos reciban atención regularmente por parte de trabajadores de salud mental capacitados. Los pacientes deben poder pasearse un poco dentro del hospital, a menos que no representen un peligro para sí mismos o para otras personas. Es también importante que usted averigüe lo que necesitará hacer más tarde para sacar a la persona del hospital.

Identifique a las personas que corren el riesgo de padecer de problemas de salud mental. Una mujer puede estar en peligro si...

- ha padecido antes de problemas de salud mental.
- ha perdido a miembros de su familia o está separada de su familia.
- ha presenciado actos de violencia o tiene un compañero violento.
- cuenta con poco apoyo social.

Esté pendiente de otros comportamientos que puedan indicar que alguien tiene un problema de salud mental. Si usted sospecha que alguien padece de un problema mental, llegue a conocer a esa persona mejor. Escuche lo que otras personas dicen sobre su comportamiento y sobre las formas en las que ella ha cambiado. Puesto que los problemas de salud mental frecuentemente tienen raíces en la familia o en la comunidad, piense cómo éstas pueden estar contribuyendo al problema.

Aproveche los puntos fuertes de la mujer. Cada mujer ha desarrollado formas de lidiar con los problemas de la vida diaria. Ayúdele a identificar las formas positivas en que ha lidiado con problemas en el pasado y muéstrele cómo puede usar sus puntos fuertes en la situación en que se encuentra.

Tome en cuenta la cultura y las costumbres de la mujer. Todas las comunidades cuentan con formas tradicionales de lidiar con los problemas de salud mental, tales como el rezo o los ritos. Estas prácticas no siempre son útiles, pero siempre deben tomarse en cuenta y usarse lo más posible. Trate de aprender todo lo que pueda acerca de las costumbres de la mujer, y de la forma en que éstas pueden ser una fuente de fortaleza para ella. Cualquier cosa que ayude a una mujer a reconocer o a dar significado a su experiencia puede ayudarle a recuperar la salud mental.

Recuerde que no existen soluciones rápidas para los problemas de salud mental. No confíe en ninguna persona que prometa eso.

Pida ayuda cuando la necesite. Si usted no tiene experiencia con respecto a algún problema de salud mental, trate de hablar con un trabajador de salud que la tenga. El escuchar a otras personas hablar sobre sus problemas mentales puede ser una carga muy pesada para usted, sobre todo si usted escucha a muchas personas. Obsérvese a sí misma para notar si se siente muy presionada, si está perdiendo el interés en ayudar a otras personas, o si usted se irrita o se enoja con facilidad. Estas son señas de que usted está permitiendo que la afecten demasiado los problemas de los demás. Pida ayuda y trate de descansar y de relajarse más, para que pueda volver a trabajar eficazmente.

Formas de mejorar la salud mental en su comunidad

➤ *La parte más importante de cualquier tratamiento es hacer que la mujer se sienta apoyada y apreciada. Trate de conseguir que la familia y las amistades de la mujer participen en su tratamiento.*

Capítulo 28

En este capítulo:

Alcohol y otras drogas

Se usan muchos tipos de drogas en la vida diaria. En algunos lugares, las drogas o las bebidas alcohólicas juegan un papel sagrado en las tradiciones. En otros lugares, es común servir bebidas alcohólicas, tales como vino y cerveza, con las comidas. Las drogas y el alcohol muchas veces forman parte de eventos festivos o sociales. Y algunas drogas se usan como medicamentos.

➤ *Muchas personas no se dan cuenta de que el alcohol y el tabaco son drogas dañinas.*

Algunas de las drogas que muchas veces se usan en formas perjudiciales son:

- bebidas alcohólicas tales como cerveza, pulque, chicha, licores y vino.

- la cocaína, la heroína, el opio, metanfetamina.

- la hoja de coca, la hoja de tabaco.

- la marijuana y el hachís.

- píldoras que ayudan a las personas a perder peso o a mantenerse despiertas.
- medicamentos, sobre todo los usados para aliviar el dolor agudo, o para ayudar a las personas a dormir o a relajarse.

- la goma, el combustible y los solventes.

En este capítulo hablamos acerca de los problemas médicos que pueden causar estas drogas, de sus efectos en las mujeres, y de las diferentes maneras en que la gente puede dejar de usar drogas, sobre todo el alcohol y el tabaco, que son las drogas de las que se abusa con mayor frecuencia en muchas comunidades.

Uso y abuso del alcohol y de las drogas

¿POR QUÉ COMIENZAN LAS PERSONAS A BEBER O A USAR DROGAS?

Muchas veces las personas comienzan a usar el alcohol o las drogas debido a presiones sociales. Los muchachos y los hombres pueden sentir presión para beber o para usar otras drogas comunes para demostrar que son 'muy machos'. Es posible que un hombre piense que entre más beba o entre más drogas use, más 'macho' es. Algunas personas también usan alcohol y drogas porque les gusta cómo las hace sentir.

Ahora, muchas muchachas y mujeres están también sintiendo presiones sociales para comenzar a beber o a usar drogas. Es posible que ellas piensen que parecerán más maduras o más modernas. O tal vez piensen que serán aceptadas más fácilmente por otras personas.

Algunos anuncios, piezas musicales y películas animan a los jóvenes a beber alcohol y usar drogas.

Las empresas que fabrican y venden bebidas alcohólicas y drogas también ejercen presiones sociales. Los anuncios que hacen que el uso de drogas y alcohol parezca atractivo, especialmente a los jóvenes, animan a las personas a comprarlos. Y cuando las empresas que fabrican el alcohol o los lugares que lo venden hacen que parezca fácil y hasta divertido comprarlo, las personas quieren comprar más. Esta clase de presión es especialmente dañina, porque muchas veces las personas no se dan cuenta de cómo las está afectando.

¿CUÁNDO SE CONVIERTE EL USO EN ABUSO?

Sin importar cual haya sido la razón por la que una persona haya comenzado a usar alcohol o drogas, **es fácil que su uso se convierta en abuso.** Una persona está abusando del alcohol o de las drogas si pierde el control de **cuándo** los usa, de la **cantidad** que usa y de la **manera en que se comporta** cuando los usa.

Las siguientes son señas comunes de que las personas están abusando del alcohol o de las drogas. Estas personas...

➤ *Si el uso de una droga está cambiando su vida, éste es el momento de dejar de usarla o de usar menos. Es mejor dejar de usarla antes de que la droga les haga daño a usted y a su familia, y arruine sus amistades.*

- sienten que necesitan beber o usar una droga para poder pasar el día o la noche. Es posible que las usen en momentos o en lugares fuera de lo común, por ejemplo durante la mañana o cuando se encuentran solas.
- mienten acerca de la cantidad que usan, o lo ocultan.
- tienen problemas económicos porque gastan demasiado dinero en comprar drogas o alcohol. Algunas personas cometen delitos para obtener dinero para comprar drogas y alcohol.
- arruinan las celebraciones debido a la cantidad de alcohol que beben o a su uso de drogas.
- se avergüenzan del modo en que se comportan mientras están usando drogas o alcohol.
- no están trabajando tan bien como lo hacían antes o no están yendo al trabajo con la misma frecuencia, debido a su uso de alcohol o drogas.
- se comportan de forma violenta. Es posible que un hombre se vuelva más violento hacia su esposa, sus hijos o sus amigos.

¿POR QUÉ LAS PERSONAS ABUSAN DEL ALCOHOL Y DE LAS DROGAS?

Muchas personas terminan abusando del alcohol o de las drogas como una forma de escapar de los problemas que tienen en su vida.

Toda clase de personas hacen esto. Pero es más probable que las personas cuyos padres abusaron del alcohol o de las drogas traten de resolver sus problemas de la misma manera. Esto se debe a que es posible que una 'debilidad' para abusar del alcohol y de las drogas se transmita de padres a hijos. Y cuando los niños observan a sus padres usar alcohol o drogas para escapar de sus problemas, ellos aprenden a hacer lo mismo.

El abuso del alcohol y de las drogas es común también entre las personas que no tienen ninguna esperanza de cambiar las condiciones difíciles de su vida. Las personas que se ven forzadas a abandonar sus hogares o que están enfrentándose a situaciones desesperadas—como la pérdida de su trabajo o de su forma de ganarse la vida, la pérdida de algún pariente, o el abandono de parte de su pareja—también corren un mayor riesgo de abusar de las drogas o del alcohol.

Las mujeres muchas veces comienzan a abusar del alcohol o de las drogas porque piensan que no tienen ningún control sobre su vida—o ninguna capacidad para cambiarla. Quizás sientan que dependen o están a merced de su pareja o de los varones de su familia. Y si las mujeres ocupan un nivel bajo en la comunidad puede ser difícil que se valoren a sí mismas.

Desgraciadamente, las drogas y el alcohol generalmente empeoran estos problemas, de manera que las personas se sienten aún menos capaces de mejorar su vida. En vez de buscar maneras de mejorar su situación, la mayoría de las personas que abusan del alcohol o de las drogas desperdician su tiempo, su dinero y su salud tratando de evitar o de olvidar sus problemas.

Dependencia y adicción

Cuando una persona abusa de las drogas o del alcohol, tanto su mente como su cuerpo pueden comenzar a sentir una necesidad irresistible de usar la droga. Cuando la mente siente esta necesidad, a esto se le llama **dependencia**. Cuando el cuerpo de una persona siente una necesidad tan fuerte de usar la droga que la persona se enferma sin ella, a esto se la llama **adicción** física.

El alcohol y algunas drogas pueden causar adicción. Una vez que una persona se vuelve adicta, necesitará cada vez más alcohol o drogas para sentir sus efectos. (Para información sobre cómo vencer la adicción física causada por el alcohol, vea la página 441.)

Problemas causados por el alcohol y otras drogas

El uso de drogas y alcohol puede dañar su salud permanentemente.

➤ *Las personas que mastican tabaco corren el riesgo de sufrir de la mayoría de los problemas que sufren las personas que fuman tabaco.*

PROBLEMAS MÉDICOS COMUNES

Las personas que usan mucho alcohol y drogas se enferman con más frecuencia y más gravemente que otras personas. Es más probable que sufran de:

- mala *alimentación*, la cual causa más enfermedades.
- *cáncer*, y problemas del corazón, del *hígado*, del estómago, de la piel, de los pulmones y del sistema *urinario*—incluyendo problemas que causan daños permanentes.
- daño cerebral o convulsiones (ataques).
- el desarrollo más rápido de enfermedades relacionadas al *VIH*.
- pérdida de la memoria—se despiertan sin saber lo que sucedió.
- problemas de salud mental, tales como sufrir de *depresión* o *ansiedad* severa, ver cosas extrañas o escuchar voces (alucinaciones), sospechar de otras personas o sufrir de *episodios de retorno al pasado*.
- muerte por usar demasiada droga en una sola dosis (*sobredosis*).

Además, estas personas (y a menudo sus familias) sufren con mayor frecuencia de lesiones o de muerte debidas a accidentes. Esto es porque ellos toman malas decisiones, o toman riesgos innecesarios, o porque pueden perder el control de su cuerpo al estar usando alcohol o drogas. Si ellos tienen relaciones sexuales sin protección, o comparten agujas que se usan para *inyectar* drogas, o intercambian sexo por drogas, corren el riesgo de adquirir *hepatitis,* VIH y otras *infecciones de transmisión sexual.*

Drogas que se mastican. El masticar tabaco con frecuencia arruina los dientes y las encías de una persona, y causa llagas en la boca, cáncer de la boca y de la garganta, y otros daños en todo el cuerpo. Muchas drogas que se mastican pueden causar dependencia.

Aspirar pegamentos y solventes. Muchas personas pobres, y en particular los niños que viven en la calle, aspiran pegamentos y solventes para olvidarse del hambre. Esto es muy adictivo y causa problemas graves de salud, tales como problemas de la vista, dificultades para pensar y para recordar, comportamiento violento, pérdida del juicio y del control del cuerpo, pérdida de peso severa, e incluso problemas del corazón y muerte repentina.

Cualquier uso de drogas y alcohol es peligroso si una persona...

- está manejando o usando una máquina o una herramienta peligrosa.
- está embarazada o dando pecho.
- está cuidando niños pequeños.
- está tomando medicamentos, especialmente medicinas para el dolor, para dormir, contra convulsiones (ataques), o para problemas mentales.
- sufre de una enfermedad del hígado o de los riñones.

Puede ser peligroso usar drogas o medicamentos junto con el alcohol.

Las drogas y las bebidas alcohólicas pueden ser más dañinos para las mujeres

Además de los problemas que puede sufrir cualquier persona que abusa de las drogas o del alcohol, las mujeres pueden sufrir ciertos problemas médicos particulares:

- Las mujeres que beben grandes cantidades de alcohol o usan una gran cantidad de drogas, corren un mayor riesgo que los hombres de padecer de enfermedades del hígado.

- Muchas jóvenes y mujeres se ven forzadas a tener relaciones sexuales contra su voluntad cuando beben alcohol o usan drogas. Esto puede resultar en embarazos no deseados, en infecciones sexuales, incluso en el VIH.

- Si se usan durante el embarazo, las drogas y el alcohol pueden causar que los bebés nazcan con *defectos de nacimiento* y discapacidades mentales, tales como: **¡NO!**

  - problemas del corazón, de los huesos, de los *genitales* y de la cabeza y la cara.

  - peso bajo al nacer.

  - crecimiento lento y dificultades de aprendizaje.

  - problemas de comportamiento

Un bebé también puede nacer dependiente de drogas y puede sufrir las mismas señas de privación (vea la página 441) que un adulto.

Cuando una mujer que está embarazada bebe alcohol, fuma, o usa drogas, el bebé lo hace también.

Las mujeres sienten más vergüenza

En la mayoría de las comunidades, el comportamiento de las mujeres en público está controlado más estrictamente que el comportamiento de los hombres. Muchas veces se considera normal que los hombres beban alcohol o usen drogas, pero no las mujeres. Si una mujer pierde el control de su comportamiento debido al uso excesivo de alcohol o drogas, se considera que es una 'mujer fácil', aunque no esté teniendo relaciones sexuales con otros.

Para evitar la vergüenza que resulta del abuso del alcohol o de las drogas en público, es más probable que una mujer beba (o use drogas) continuamente durante mucho tiempo, en lugar de beber mucho en una sola ocasión. Si ella bebe de esta manera, le es más fácil controlar su comportamiento. También es más probable que ella beba en secreto y se tarde más en obtener ayuda. Todos estos comportamientos aumentan el daño que resulta del abuso del alcohol o de las drogas.

El abuso de alcohol o de las drogas y la violencia en el hogar

El abuso del alcohol y de las drogas hace que las situaciones violentas empeoren, sobre todo en el hogar. Las mujeres que tienen una pareja que abusa de las drogas o del alcohol muchas veces sufren de golpizas o incluso de la muerte a manos de su pareja. Para mayor información, vea el capítulo sobre la violencia.

Cómo vencer los problemas con el alcohol y las drogas

Aunque parezca difícil superar una dependencia o una adicción al alcohol y a las drogas, puede lograrse. Hay dos etapas: dejar de usarlos y, después, aprender maneras de mantenerse libre de drogas y alcohol.

CÓMO DEJAR DE USAR EL ALCOHOL O LAS DROGAS

Si usted piensa que tiene un problema con el alcohol o las drogas y quiere dejar de usarlos:

1. Admita que tiene un problema.

2. Decida hacer algo HOY MISMO.

Pero sólo tomé 3 bebidas...¿o fueron 4? No estoy segura. Tiene razón. Quizás sí estoy bebiendo demasiado.

Dejaré de beber tanta chicha mañana.

Ya es mañana. *Crea usted que puede comenzar a dejar de usarla hoy mismo.*

➤ *Es más fácil dejar de usar el alcohol o las drogas con la ayuda y el apoyo de otras personas.*

3. **Deje de usar alcohol o drogas.** O use menos y entonces deje de usarlos completamente. Muchas personas pueden dejar de beber alcohol o de usar drogas de un momento a otro. Todo lo que necesitan es la voluntad de hacerlo y la fé en que pueden hacerlo. Otras personas necesitan la ayuda de un grupo o de un programa de tratamiento, como por ejemplo, el programa de Alcohólicos Anónimos (AA). Hay grupos de AA en muchos países, y es posible que haya otros grupos o programas de tratamiento en el área donde usted vive. La mayoría de las mujeres se sienten más cómodas en un grupo solamente para mujeres. Si no hay grupos en su área, trate de comenzar su propio grupo con alguien que haya tenido éxito ayudando a otras personas a dejar de usar alcohol o drogas.

424

cómo comenzar un grupo de apoyo

4. **Si comienza a beber o a usar drogas de nuevo, no se culpe a sí misma.** Pero trate de dejar de usarlos otra vez de inmediato.

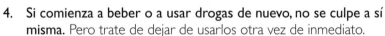

Alcóholicos Anónimos (AA)

Para convertirse en miembro de AA, hay una sola cosa que una persona necesita: el deseo de dejar de beber. Como miembro, usted se reunirá regularmente con otras personas que han dejado de beber, para compartir su experiencia, su fortaleza y sus esperanzas. Usted también tendrá un patrocinador—una persona que haya dejado de beber por algún tiempo, y que pueda proporcionarle a usted apoyo individual.

AA no cobra dinero. No apoya ni se opone a ninguna causa, ni tiene lazos con ningún grupo religioso o político. Su principal propósito es llevar su mensaje a la persona que bebe y que todavía está sufriendo. Hay grupos similares a AA para las personas que abusan de los narcóticos (NA) y para los familiares de las personas que abusan de las drogas o el alcohol.

Adicción física y señas de privación

Cuando una persona es fisicamente adicta al alcohol o a una droga y deja de usarlos, pasará por un período de privación. Durante esta temporada su cuerpo tendrá que acostumbrarse a estar sin la droga o sin el alcohol.

Adicción y señas de privación del alcohol. Despúes de dejar de beber, las señas de privación pueden tardar como 3 días en desaparecer. Muchas personas logran pasar esos días sin problemas. Pero como algunas personas sufren de señas muy graves, es importante que alguien vigile a la persona y le proporcione ayuda cuando la necesite.

Señas iniciales de la privación:

- temblor ligero
- sentimientos de nerviosismo e irritabilidad
- sudor
- dificultades para comer y para dormir
- dolores por todo el cuerpo
- *náusea,* vómitos, dolor de estómago

➤ *Algunos tés de hierbas pueden ayudar al hígado a limpiar el cuerpo de los efectos venenosos del alcohol o de las drogas. Es posible que un curandero tradicional pueda sugerirle buenas hierbas que se consiguen en su área.*

Es posible que estas señas desaparezcan por sí mismas o que empeoren. Si esto último sucede, la persona deberá acudir de inmediato a un trabajador de salud. Si la ayuda se encuentra muy lejos, hay que dar de 10 a 20 mg de diacepam tomados para evitar convulsiones. Dé otros 10 mg una hora más tarde si las señas no se mejoran. Si usted todavía está viajando, puede repetir la misma dosis cada 4 a 5 horas.

Las siguientes señas indican una emergencia. Cualquier persona que sufra de estas señas deberá obtener ayuda médica de inmediato:

- confusión mental
- ver cosas extrañas o escuchar voces
- latidos muy acelerados del corazón
- convulsiones (ataques)

➤ *Cuando una persona es adicta al alcohol, la falta de alcohol en el cuerpo puede causarle convulsiones.*

¡TRANSPORTE!

Después de que usted haya dejado de beber

Lo más pronto posible, comience a comer alimentos (o tomar bebidas) ricos en *proteína, vitaminas, y minerales* (vea pág. 166). Los siguientes alimentos ayudan al cuerpo a curarse a sí mismo: hígado, levadura, panes hechos con harina de trigo integral, otros granos integrales, frijoles o judías, y verduras de color verde oscuro. Si usted no puede comer, es posible que le ayude tomar vitaminas. Tome una vitamina múltiple o un conjunto de vitaminas B que contenga *ácido fólico.*

Cómo aprender a mantenerse libre de drogas y alcohol

422

estrategias personales para enfrentarse a los problemas

➤ *Si usted está tratando de no usar alcohol o drogas, evite ir a los lugares donde usted sentirá presión para usarlos. Trabaje con otras personas para organizar eventos sociales donde no se usen alcohol ni drogas.*

424

relaciones de ayuda mutua

Una vez que una persona ha superado la adicción física, es importante que aprenda a mantenerse libre de las drogas y del alcohol para que no vuelva a tener el problema. La mejor manera de hacer esto es aprendiendo mejores estrategias para enfrentarse a la vida. Esto no es fácil y tomará tiempo.

Una mujer que ha abusado de las drogas o del alcohol se siente muchas veces inútil y muy avergonzada. Necesita aprender que ella es capaz de hacer los cambios necesarios para mejorar su vida. Una forma de comenzar es haciendo pequeños cambios que le ayuden a probarse a sí misma y a los demás que es capaz de lidiar con problemas.

He aquí algunas ideas que han ayudado a otras mujeres a crear estrategias para enfrentarse a la vida, y que podrían ayudarle:

• Cree una red de apoyo entre las personas cercanas a usted y pídales ayuda cuando la necesite. Es mucho más fácil pensar acerca de los problemas y comenzar a resolverlos cuando uno puede hablar de ellos y trabajar con otras personas.

• Trate de resolver los problemas uno por uno. Así, los problemas no parecerán tan enormes que usted no pueda enfrentarse a ellos.

• Trate de hablar con una amiga u otra persona en quien confíe sobre las cosas que le preocupan o le molestan, o las cosas que la ponen triste o la enojan. Quizás usted pueda comenzar a entender por qué se siente de esas maneras y lo que puede hacer para sentirse mejor.

• Trabaje con otras personas en algún proyecto para mejorar su comunidad. Esto le demostrará a usted y a los demás que usted sabe cómo trabajar para lograr cambios. Tal vez descubra que esto también le ayuda a usted a hacer cambios personales.

• Reúnase regularmente con otras personas que también estén luchando para mantenerse libres del alcohol o de las drogas.

PROBLEMAS MÉDICOS QUE RESULTAN DE FUMAR

Las personas que fuman se vuelven adictas a una droga en el tabaco llamada nicotina. Si no fuman pueden sentirse enfermas o nerviosas. Es muy difícil dejar de fumar porque la nicotina es una droga muy adictiva.

Puesto que más hombres que mujeres fuman, el fumar se ha considerado principalmente como un problema de salud que afecta a los hombres. Pero el fumar es cada vez más la causa de mala salud entre las mujeres. Es también cada vez más la causa de problemas de salud en los países pobres. Esto último se debe en parte a que fumar puede ayudarle a lidiar con el estrés y en parte a que las compañías de tabaco están tratando de vender más cigarrillos en esos países, a medida que más personas en los países ricos dejan de fumar.

Tanto en los hombres como en las mujeres el fumar puede causar:

- enfermedades graves de los pulmones, incluyendo *bronquitis crónica* y *enfisema*.

- tos y catarros (resfriados) severos.

- *cáncer* del pulmón, de la boca, de la garganta y el cuello, y de la vejiga.

- ataques al corazón, *derrames cerebrales* y *presión alta*.

Algunos de estos problemas pueden causar la muerte. De hecho, una de cada 4 personas que fuman morirá de un problema médico relacionado con el tabaco.

Problemas causados por el tabaco

➤ *El fumar puede enfermar a las personas a su alrededor que no fuman.*

Los niños cuyos padres fuman sufren de más infecciones de los pulmones y de otros problemas médicos de los pulmones y de la respiración que los niños cuyos padres no fuman.

FUMAR ES MÁS DAÑINO PARA LAS MUJERES

Además de los problemas ya mencionados, las mujeres que fuman corren un mayor riesgo de:

- tener dificultades para embarazarse (*infertilidad*).

- sufrir de *malpartos* o tener bebés que nacen demasiado pequeños o antes de tiempo.

- problemas con el uso de *pastillas anticonceptivas*.

- regla que termina más pronto en la vida (*menopausia*).

- huesos más débiles que se rompen con más facilidad a mediados de la edad adulta o en la vejez (osteoporosis).

- cáncer del cérvix y de la *matriz*.

Una mujer embarazada debe tratar de no estar con personas que fuman para que el humo no dañe a su bebé.

La vida con una persona que tiene un problema con el alcohol o las drogas

➤ *Las mujeres que tienen parejas que se inyectan drogas corren el riesgo de contraer VIH y hepatitis.*

Muchas veces las mujeres tienen que hacerse cargo de alguna persona, como su compañero o un pariente varón, que tiene un problema con la bebida o con las drogas. Es muy difícil vivir con una persona que tiene esos problemas, sobre todo si la persona no quiere cambiar. Usted puede ayudarse a sí misma y ayudar a su familia haciendo lo siguiente:

- No se culpe a sí misma. No siempre es posible ayudar a otra persona a controlar su uso del alcohol o de las drogas.

- Trate de no depender de la opinión que la otra persona tiene de usted para sentirse contenta consigo misma.

- Trate de encontrar un grupo de apoyo para usted y para su familia. A veces ésta es la única forma en que una familia puede lidiar con el problema.

> *Yo descubrí que era buena para hacer que la gente se reuniera...Lo que me hizo progresar fue tener a otras personas a mi alrededor. Yo no me consideraba una líder, pero allí estaba yo, reuniendo a la gente para poder hablar acerca de esto.*

Bonnie, de los Estados Unidos, habla acerca de su lucha con el problema de bebida de su esposo. Ahora, ella trabaja con AL-ANÓN.

➤ *AL-ANÓN es una organización como Alcohólicos Anónimos, que proporciona apoyo y ayuda a las familias de las personas alcohólicas.*

Cómo ayudar a alguien que tiene un problema con el alcohol o las drogas:

- Ayúdele a admitir que tiene un problema. Quizás esto baste para lograr que él use menos o deje de usar el alcohol y las drogas, a menos que sea adicto.

- Hable con él acerca de dejar el alcohol o las drogas cuando no se encuentre borracho o drogado.

- Trate de no culparlo.

- Ayúdele a evitar situaciones en las cuales él se pueda sentir presionado a beber o a usar drogas. Esto implica no estar con las personas que tienen el mismo problema, aunque sean amigos.

- Ayúdele a encontrar otras maneras de enfrentarse a los problemas de la vida y de tener mejor salud mental.

- Ayúdele a hacer un plan para dejar de beber o de usar drogas y a seguir ese plan.

423

relaciones de ayuda mutua

Para evitar con éxito el abuso de las drogas y del alcohol, usted debe considerar los factores sociales que contribuyen al uso de las drogas.

Reúnase con otras personas para hablar de las razones por las cuales el alcohol y las drogas se han vuelto importantes en la vida de la comunidad. ¿Cómo comenzó el problema? ¿Qué es lo que hace que las personas usen más? ¿Están los hombres y las mujeres bajo presiones nuevas que hacen que sea más difícil para ellos controlar su uso de alcohol y de drogas? ¿Qué se puede hacer para que el uso de alcohol o de drogas se vuelva menos importante en su comunidad?

Ya que entienda las razones por las cuales existe el problema, es posible que su grupo quiera trabajar para reducir las presiones sociales que hacen que las personas beban o usen drogas.

Cómo evitar el abuso de las drogas y del alcohol

Un grupo de hombres y mujeres en Chiapas, México, se organizó para combatir el alcoholismo, como parte de su movimiento a favor de la democracia y de la justicia social. Se dieron cuenta que las personas que beben mucho a veces imponen su propia voluntad en otras personas, del mismo modo que la policía había usado la fuerza para controlar a la comunidad. El grupo dio advertencias a las personas cuyo abuso del alcohol estaba lastimando a otros, e intervino en los casos en que los hombres borrachos abusaban de sus esposas. El alcohol jugaba papeles positivos y negativos en su comunidad. Los curanderos frecuentemente bebían ron, un símbolo sagrado, como parte de sus ritos de curación. El grupo encontró modos de combatir el alcoholismo manteniendo al mismo tiempo el espíritu de la tradición, sustituyendo el alcohol por bebidas no alcóholicas en los ritos.

Cómo ayudar a los jóvenes a resistir el alcohol y las drogas

Muchos adultos que sufren de problemas con el alcohol y las drogas comenzaron a usar dichas sustancias cuando eran jóvenes. Muchos jóvenes se sienten confundidos y sin poder hacer nada con respecto a los muchos cambios a los que tienen que enfrentarse: un cuerpo que está creciendo y nuevas responsabilidades. Los jóvenes también se ven afectados por muchas presiones, sobre todo por sus amigos, por personas mayores a quienes admiran y por la propaganda comercial.

He aquí algunas ideas para reducir el abuso de las drogas y del alcohol entre los jóvenes:

- Animar a las escuelas a instruir a los jóvenes acerca de los problemas relacionados con el uso de alcohol y de drogas.
- Impedir que las personas vendan drogas a los jóvenes.
- Organizarse para deshacerse de los anuncios que hacen que los cigarrillos y el alcohol parezcan elegantes y modernos.
- Convertirse en un buen ejemplo. Si usted bebe mucho o usa drogas, lo más probable es que sus hijos también lo hagan.
- Hablar con sus propios hijos acerca de los problemas que pueden causar las drogas y el alcohol. Ellos pueden entonces influenciar a sus amigos.
- Ayudar a los jóvenes a divertirse sin drogas ni alcohol.
- Ayudar a sus hijos a apreciarse a sí mismos y a resistir la presión social que los pueda llevar a usar drogas y alcohol.

Encuentre personajes populares que sirvan como ejemplo y que hablen en contra de las drogas y del alcohol. Puede que el mensaje sea más potente para sus hijos si proviene de alguien que ellos admiran.

Capítulo 29

En este capítulo:

Mujeres refugiadas y desplazadas

Las personas refugiadas son aquéllas que cruzan la frontera de su país para entrar a otra nación, porque temen por su seguridad en su propio país. Las personas desplazadas son aquéllas que se ven obligadas a abandonar sus hogares, pero que permanecen en su propio país. Muchas personas refugiadas y desplazadas son víctimas de un grupo que ha subido al poder y que tiene prejuicios en contra de la etnicidad, la religión, la nacionalidad o las ideas políticas de otras personas. Si el grupo controla los recursos básicos, como los alimentos y el agua, las personas tienen que abandonar sus hogares para sobrevivir.

Las mujeres y los niños constituyen más del 80% de las personas refugiadas y desplazadas. Esto es porque muchas veces los hombres han muerto luchando o han sido obligados a abandonar a sus familias. Como todas las personas refugiadas y desplazadas, las mujeres necesitan protección para no ser obligadas a regresar a sus hogares. También necesitan leyes que les concedan derechos económicos y sociales, para que puedan obtener recursos básicos, como alimentos, abrigo, ropa y atención médica. Como mujeres, necesitan protección especial contra los ataques armados y contra el abuso físico y sexual.

Este capítulo habla principalmente sobre los problemas de salud que afectan a las mujeres refugiadas y desplazadas. Además, y esto es más importante, el capítulo explora el papel que estas mujeres pueden jugar en sus nuevas comunidades.

➤ *De cada 10 personas refugiadas y desplazadas en el mundo, 8 son mujeres o niños.*

La huida y la llegada

El viaje para encontrar un nuevo lugar donde asentarse muchas veces es muy difícil. Quizás una familia tenga que separarse durante el viaje de huida. Los niños más pequeños y los ancianos pueden morir de hambre o de enfermedades en el camino. Las mujeres y las niñas pueden ser atacadas por bandidos, unidades del ejército, guardias de la frontera u hombres refugiados. Todas estas pérdidas y estos peligros pueden agotar a una mujer física y emocionalmente, aun antes de que ella llegue a un nuevo hogar.

Ya asentada, puede que una mujer tenga que enfrentarse a una situación muy diferente a la de su antiguo hogar. Muchas veces, las mujeres que vivían en pueblitos terminan en grandes campamentos llenos de gente, que están organizados de modos muy diferentes que un pequeño pueblo o una ranchería. O puede que vivan en ciudades, muchas veces tratando de evitar que las autoridades las capturen. Algunos refugiados se encuentran a miles de kilómetros de distancia, en países que les han abierto las puertas y les han permitido asentarse allí permanentemente.

➤ *Si los refugiados reciben documentos de identidad, ya sea de las Naciones Unidas o de las autoridades del país donde se hallan refugiados, tendrán algo de protección para no ser expulsados de ese país.*

Además, una mujer muchas veces se enfrenta a estas dificultades:

- el vivir con personas que no aprueban que ella esté allí o que no hablan su idioma.
- el no saber si puede regresar a su hogar pronto o si tiene que permanecer alejada por años.
- el tener que conseguir papeles que demuestren que ella es una refugiada.
- el tener que acostumbrarse a cambios en las relaciones familiares.
- el vivir en peligro si hay una guerra cercana.
- la necesidad de servicios de salud mental y atención médica debido a un ataque sexual violento.

Las mujeres pueden tener algo de protección si viven en un campamento de refugiados y son reconocidas como refugiadas por un nuevo gobierno o por las Naciones Unidas. Pero las mujeres desplazadas no cuentan con esa protección y corren mayores riesgos.

Necesidades básicas

En muchas comunidades, las mujeres se encargan de satisfacer las necesidades básicas de sus familias: ellas cultivan la mayoría de los alimentos, los preparan, acarrean el agua, manejan su hogar y lo mantienen limpio, y velan por la salud de la familia. Cuando ya no se encuentran en su hogar, las mujeres refugiadas y desplazadas de repente tienen que depender de la ayuda de fuera para satisfacer las necesidades básicas. Muchas veces, la ayuda que reciben no es suficiente. Además, puede que algunas mujeres desplazadas no reciban ayuda de fuera, así que el satisfacer las necesidades básicas es un problema aún más grande.

ALIMENTOS

Muchas mujeres refugiadas y desplazadas no tienen suficiente de comer, ni antes de huir, ni durante el viaje. Cuando llegan a su nuevo destino, quizás allí tampoco haya suficiente de comer. O quizás no haya suficientes alimentos diferentes para tener una dieta nutritiva.

Quizás usted pueda alimentarse mejor si:

- participa en la distribución de alimentos. Los alimentos deben ser entregados directamente a las mujeres, porque muchas veces los hombres no entienden tan bien las necesidades de la familia. Además es más probable que las mujeres usen la comida que reciban para alimentar a sus familias y no para cambiarla por armas o alcohol.

> ➤ *La desnutrición es una de las principales causas de muerte de las mujeres refugiadas y desplazadas.*

- exige que las mujeres reciban la misma cantidad de alimentos que los hombres y que coman al mismo tiempo.
- lucha para que reciban más alimentos las mujeres embarazadas, las que están dando pecho y las que están desnutridas o enfermas.
- se asegura de que las mujeres tengan ollas y utensilios para cocinar.
- comparte las tareas de la cocina con otras mujeres. Aunque la comida se prepare en un lugar central, las mujeres pueden seguir participando. Así tendrán algo de control sobre la dieta de sus familias.

Distribución de alimentos en emergencias

Aun en las situaciones de emergencia, las mujeres deben participar en la distribución de alimentos. Esto honra el papel importante que las mujeres han jugado en el manejo de los alimentos. En Kenia, África, por ejemplo, la organización Oxfam distribuye alimentos directamente a las mujeres para tratar de fortalecer los papeles sociales tradicionales. La comida se distribuye en un lugar abierto, bajo la supervisión de un comité electo de ancianos. A las mujeres se les anima a dar su opinión acerca de lo que se está haciendo. Este tipo de distribución de alimentos continuará hasta que mejore el abasto de alimentos locales.

AGUA Y COMBUSTIBLE

Las mujeres refugiadas y desplazadas muchas veces sólo tienen una cantidad limitada de agua y combustible para cocinar. A veces hay que conseguir el agua y el combustible fuera del campamento, en un área peligrosa. O puede que el agua esté sucia y enferme a las personas si la toman. Todas estas cosas dificultan la vida de las mujeres, porque ellas son las responsables de lavar y cocinar para sí mismas y para sus familias.

Estas cosas pueden ser de ayuda:

- Aprenda a *purificar* el agua (vea pág. 155).

- Pida a las organizaciones que dan apoyo y auxilio que donen recipientes no muy pesados para cargar el agua.

- Pida a los encargados del campamento que patrullen los lugares donde se consigue el agua y el combustible, para asegurarse de que esas áreas sigan libres de peligros y de que las mujeres puedan llegar allí. Cuando acuda por agua o combustible, vaya con otras personas.

PROTECCIÓN CONTRA LA VIOLENCIA SEXUAL

Las personas desplazadas comúnmente se ven afectadas por la violencia sexual y la *violación*. Esto sucede porque...

➤ *La violencia sexual es una violación de los derechos humanos.*

- los guardias, las autoridades del gobierno y los trabajadores quizás exijan favores sexuales a cambio de alimentos, protección, papeles legales y otros tipos de ayuda.

- si un área está demasiado llena, puede que las mujeres se vean forzadas a quedarse con desconocidos o incluso con personas que han sido sus enemigos. Las mujeres que se ven obligadas a quedarse con desconocidos corren un mayor peligro.

- los hombres refugiados, quienes han perdido las oportunidades que tenían en su hogar, pueden enojarse o aburrirse. Estos problemas empeoran cuando los hombres ven a las mujeres adoptar nuevas responsabilidades. Como es posible que los hombres tengan armas, puede que ellos actúen violentamente contra las mujeres. Esto es más común si los hombres usan alcohol o *drogas*.

la violación y el asalto sexual, 327

la violencia contra la mujer, 313

- puede que la gente de una comunidad cercana ataque a los refugiados.

Hay muchas formas de evitar ataques:

- Las mujeres deben tratar de quedarse con parientes o amigos. Las mujeres solteras y las niñas que no tienen un adulto quien las cuide, deben quedarse en un lugar seguro, separado de los hombres.

- Hay que animar a los hombres que no tienen mucho que hacer a que se dediquen a adquirir nuevas habilidades o a participar en deportes o actividades culturales.

- Las mujeres deben estar directamente a cargo de distribuir los recursos básicos, como los alimentos, el agua y el combustible, para que no tengan que negociar por esas cosas.

- El campamento debe estar organizado de modo que las letrinas y otras instalaciones para las necesidades básicas estén cerca y bien iluminadas. Las mujeres también deben exigir más protección de noche, incluyendo la presencia de guardias que sean mujeres.

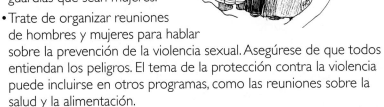

Sería mejor que las letrinas estuvieran más cerca del campamento. Es peligroso ir allí sola o de noche.

➤ *Usted podría exponerse al riesgo de un ataque si tiene que ir muy lejos por alimentos, agua, combustible, o para hacer sus necesidades.*

- Trate de organizar reuniones de hombres y mujeres para hablar sobre la prevención de la violencia sexual. Asegúrese de que todos entiendan los peligros. El tema de la protección contra la violencia puede incluirse en otros programas, como las reuniones sobre la salud y la alimentación.

- Pida información sobre el mal uso del alcohol y de las drogas.

Si usted es atacada:

- Pida que una trabajadora de salud le haga un examen físico de inmediato. Puede que usted pueda evitar el embarazo y el contagio de *infecciones sexuales,* incluyendo el VIH, tomando medicina. Si es posible que usted esté embarazada, asegúrese de discutir TODAS sus opciones—*el aborto*, la adopción o el quedarse con el bebé—con un trabajador de salud.

- Si le parece que es seguro hacerlo, reporte el ataque. Las autoridades tendrán que hacer una investigación. Recuerde que usted no tiene que contestar ninguna pregunta que no quiera, sobre todo acerca de su historial sexual.

- Hable sobre el ataque con un trabajador de salud mental capacitado. Esto le ayudará a darse cuenta de que usted no tiene la culpa de que la hayan atacado, y de que muchas otras personas han superado experiencias como la suya. Si no hay un trabajador de salud mental a quien acudir, vea el capítulo sobre la salud mental.

- En algunas culturas, cuando una mujer es violada, se considera que ella ha fracasado en proteger su virginidad o su dignidad en su matrimonio. Si su familia está enojada o avergonzada de lo que pasó, quizás ellos también necesiten *asesoramiento.*

- Si puede, quizás desee mudarse a un lugar más seguro, lejos de quien la haya atacado. Pida que sus amigos o sus parientes la acompañen, si quiere que estén con usted.

qué hacer si ha sido violada, 334

métodos de planificación familiar de emergencia, 226

la salud mental, 413

La salud reproductiva

Para las mujeres refugiadas y desplazadas muchas veces es muy difícil obtener buena atención médica. Si ellas están en áreas peligrosas o muy lejanas, puede que los trabajadores de salud no puedan llegar allí fácilmente. O aunque sí haya servicios, puede que los trabajadores de salud no hablen el idioma de las mujeres a quienes atiendan o que no conozcan las prácticas y creencias culturales que afectan la atención médica.

Además de estos problemas generales, las necesidades médicas específicas de la mujer muchas veces son pasadas por alto. Éstas son algunas de esas necesidades:

- **la atención durante el embarazo y el parto.** Las mujeres necesitan recibir atención regularmente antes de dar a luz (atención prenatal) y tener parteras que entiendan sus costumbres tradicionales con respecto al parto.

Aquí no ofrecemos servicios de planificación familiar. Ésta es una clínica para emergencias.

- **planificación familiar.** En muchas comunidades de refugiados, la tasa de nacimientos es muy alta. Parte de esto se debe a que las agencias muchas veces no proporcionan ni información ni métodos de *planificación familiar*. Además, en los campamentos muy atestados, no hay la intimidad necesaria para usar estos métodos, ni lugares personales y seguros para guardar cosas.

- **suministros para la regla.**

- **información sobre las infecciones de transmisión sexual,** incluyendo el VIH, y tratamiento para ellas.

- **trabajadores de salud con la capacitación para detectar los problemas médicos graves de la mujer,** como las *infecciones pélvicas* y el *cáncer* cervical.

- **abortos bien hechos.** Éstos muchas veces no están disponibles, sobre todo si las agencias que están proporcionando la atención médica se oponen el uso de ellos.

- **calcio, hierro, ácido fólico, yodo y vitamina C adicionales** en la dieta, sobre todo para las mujeres que están embarazadas o dando pecho.

- **atención médica proporcionada por trabajadoras de salud.** Algunas mujeres no pueden ser examinadas por hombres porque sus creencias culturales lo prohiben.

Maneras de mejorar la salud de la mujer

Quizás usted pueda mejorar los servicios de salud convirtiéndose en una intermediaria entre dichos servicios y su comunidad de refugiados. Ayude al personal a entender las tradiciones y las necesidades de su gente. Usted también puede pedir algunos de los siguientes cambios:

- Si la clínica está lejos, pida que la abran más horas, por lo menos un día de la semana. Pida que ese día trabajen promotoras de salud, sobre todo si las mujeres de su comunidad no pueden ser examinadas por hombres.

- Si los trabajadores de salud no entienden sus prácticas relacionadas con el parto, pida que una partera de su comunidad se las explique.

- Pida que den clases para las jovencitas y las mujeres sobre la planificación familiar, las infecciones sexuales, la nutrición, la atención prenatal y el parto. Recuérdeles a los empleados de la clínica que las mujeres necesitan un lugar privado para hablar sobre las infecciones sexuales.

- Pida comidas adicionales para las mujeres que están embarazadas o dando pecho. Si no hay suficiente comida para que tengan una dieta sana, ellas deben recibir *vitaminas*.

- Pida que los trabajadores de salud reciban entrenamiento para encargarse de las necesidades médicas especiales de la mujer.

Me da gusto que también estemos aprendiendo algo sobre los anticonceptivos en esta clase de nutrición.

El convertirse en trabajadora de salud

Muchos campamentos entrenan a mujeres para que sean promotoras de salud, parteras o educadoras para la salud, ya que ellas hablan el idioma de las otras mujeres y pueden mejorar la salud del campamento entero.

Por ejemplo, en el campamento Kakuma, en el norte de Kenia, en África, las mujeres refugiadas del sur de Sudán participan activamente en la atención médica. Muchas mujeres ahora son promotoras y educadoras para la salud. Ellas están siendo entrenadas de modo que puedan trabajar tanto en el sur de Sudán como en Kenia, cuando se vayan del campamento. Sara Eligia, una de las refugiadas de Sudán, dice que su nuevo papel como entrenadora de parteras le ha dado la esperanza de poder trabajar cuando ella ya no sea refugiada.

La salud mental

➤ *Una mujer necesita poder adaptarse a cambios repentinos y forzados, para ayudar a su familia a sobrevivir.*

LAS CAUSAS DE LOS PROBLEMAS DE SALUD MENTAL

Las mujeres refugiadas y desplazadas se enfrentan a muchas de las dificultades que mencionamos más abajo. Dichas dificultades pueden producirles problemas mentales o empeorárselos, si ya los tienen. Entre otras cosas, las mujeres pueden sentir muchísima tristeza o no sentir nada (depresión), estar muy nerviosas o preocupadas (ansiedad) o sentir que no pueden superar cosas terribles que les sucedieron en el pasado (reacciones graves al trauma).

- **La pérdida del hogar.** El hogar es el único lugar donde muchas mujeres tienen algo de autoridad. Por eso, la pérdida del hogar puede ser muy dolorosa.

- **La pérdida del apoyo familiar y comunitario.** A una mujer le toca crear un hogar seguro para sus hijos, y darle apoyo a sus padres y a su pareja. Si su esposo y sus hijos mayores han muerto en una guerra o se han inscrito en el ejército, ella también tiene que mantener y dirigir a su familia. Todas estas responsabilidades pueden hacer que la mujer se sienta asustada y sola. Esto puede suceder aunque otros adultos de la familia estén con ella, porque muchas veces ellos no podrán ofrecerle el mismo apoyo que antes.

- **El ser testigo o víctima de la violencia.**

- **La pérdida de la independencia y del trabajo útil.** Aunque la mujer todavía tenga el trabajo importante de cuidar a su familia, quizás ella no pueda realizar otras de sus actividades normales. Por ejemplo, puede que en su hogar la mujer se haya encargado de cultivar alimentos, tejer, coser y hacer pan. Si ella ya no puede hacer estas cosas, quizás se sienta inútil y triste.

- **La vida en condiciones atestadas.** Sin suficiente espacio, es más difícil que una mujer cuide y apoye a su familia.

- **Las barreras al duelo o al luto.** A veces, las mujeres refugiadas o desplazadas pierden a algunos de sus parientes antes de llegar a su nuevo hogar. Muchas veces no pueden realizar sus ceremonias tradicionales de entierro y de luto por estar viajando. Puede que tampoco las pueden realizar al llegar a su refugio. En muchas áreas, las mujeres son las responsables de llevar a cabo estas ceremonias, las cuales ayudan a todos a lamentar y aceptar la muerte del ser querido.

LAS SEÑAS DE LOS PROBLEMAS DE SALUD MENTAL

Vea el capítulo titulado "La salud mental", para información sobre las señas de los problemas de salud mental (como depresión, ansiedad y reacciones graves al trauma).

413

la salud mental

CÓMO TRABAJAR PARA MEJORAR LA SALUD MENTAL

La mejor forma en que las mujeres pueden superar los problemas de salud mental y evitar que éstos empeoren, es **hablando entre sí sobre sus sentimientos, sus preocupaciones y sus inquietudes.** He aquí algunas sugerencias para animar a las mujeres que usted conoce a escucharse y apoyarse entre sí:

423

relaciones de ayuda mutua

- **Organice actividades que les permitan a las mujeres pasar tiempo juntas,** como clases de nutrición o de *alfabetización*, o actividades religiosas o relacionadas con el cuidado de los niños. Esfuércese sobre todo en incluir a las mujeres que parecen tener miedo de participar o que no parecen tener interés en ello. Muchas veces éstas son las mujeres que más necesitan participar y hablar con otras.

Un grupo de refugiadas guatemaltecas que sintieron una gran pérdida cuando tuvieron que abandonar su tierra, trabajaron unidas plantando verduras y flores. Esto les ayudó a sentirse conectadas con la tierra, a volver a sentirse más como una comunidad y a proveer algo de comida para sus familias.

- **Organice un grupo de apoyo.**
- **Junto con otras mujeres, trate de encontrar maneras de lamentar la muerte de sus seres queridos.** Tal vez puedan adaptar algunos de sus ritos tradicionales a su nueva situación. Si no pueden, por lo menos aparten algo de tiempo para lamentar sus pérdidas juntas.

424

cómo organizar un grupo de apoyo

- **Vuélvase trabajadora de salud mental.** Usted puede organizar a un grupo de amigas para que hablen con las mujeres que quizás no pidan ayuda, pero que estén padeciendo de problemas mentales. Averigüe si en su comunidad también puede contar con la ayuda de trabajadores de salud mental capacitados o trabajadores religiosos entrenados para dar asesoramiento.

La destrucción de hogares, familias y comunidades es muy traumática. A veces estas experiencias terribles afectan tanto a las mujeres refugiadas y desplazadas que ellas no pueden trabajar, comer, ni dormir de una manera normal por mucho tiempo. Las mujeres necesitan comprensión y apoyo especial para poder recuperarse y para poder volver a confiar en la gente. Para mayor información sobre cómo ayudar a la gente que se está recuperando de un trauma, vea la página 430. Para mayor información sobre cómo ayudar a una mujer que ha sido violada, vea la página 334.

Las mujeres como líderes

414

la auto-estima

➤ *Los programas que se desarrollan sin consultar a las mujeres que se verán afectadas por ellos, son menos eficaces.*

Las mujeres deben participar siempre que se hagan planes o se tomen decisiones que afecten a las personas refugiadas o desplazadas. Además hay que animar a las mujeres a convertirse en líderes en sus nuevas comunidades. Así ellas se estimarán más a sí mismas, tendrán menos sentimientos de soledad y depresión, y se volverán más independientes. Además esto promoverá la seguridad de las mujeres y ayudará a quienes estén proporcionando servicios a evitar errores.

He aquí algunas maneras en que las mujeres pueden ser líderes:

- Participando en los planes para organizar su campamento—por ejemplo, decidiendo donde poner las letrinas, los jardines y el agua.

- Organizando reuniones separadas para hombres y mujeres sobre la seguridad, las necesidades básicas, la alimentación y la participación comunitaria.

- Animando a las mujeres a expresar cómo se sienten en su situación y eligiendo a un líder que pueda hablar con los encargados del campamento.

- Ayudando con las campañas de información pública.

- Organizando programas sobre la alimentación y cursos de entrenamiento para promotores de salud.

- Organizando guarderías. El cuidado de los niños les da a las mujeres una manera importante de participar en actividades en que pueden hablar con otras personas.

- Organizando escuelas para los niños. Las mujeres se preocupan por sus niños aun en los malos tiempos. Las Naciones Unidas ha declarado que todos los niños refugiados tienen derecho a una educación, pero hay muy pocos programas disponibles. A veces hay demasiados niños en las clases o una escacez de maestros.

- Ayudando a organizar clases de lectura, cursos de entrenamiento y actividades musicales y deportivas para las mujeres y los hombres.

Para llegar a Honduras tuvimos que escondernos en el monte y caminar harto. Por eso, cuando llegamos estábamos agotados. Con nosotros venían muchos viejitos y niños enfermos y desnutridos. Aquí no había nada para nosotros, así que todas las mujeres nos juntamos para organizar centros de nutrición. Luego conseguimos que la parroquia de aquí nos trajera más comida para los centros, y empezamos a plantar verduras y a criar gallinas, cabras y conejos para tener más comida para preparar en los centros. Nuestros proyectos han crecido y ahora podemos darle a cada familia en el campamento unos cuantos blanquillos, un poquito de carne y unas cuantas verduras, por lo menos una vez al mes.

Teníamos que remendar nuestra ropa y nuestros zapatos, así que organizamos talleres y convencimos a las agencias de que nos trajeran unas cuantas herramientas y máquinas de coser. Algunas de las mujeres habían sido costureras y un viejito sabía cómo hacer zapatos y les enseñaron a otras personas sus oficios. Nosotras estamos orgullosas de lo que hemos logrado aquí—hemos demostrado que las mujeres no sólo sirven para cocinar.

Las agencias nos han enseñado a ser promotoras de salud y de nutrición y a criar ganado. Hemos aprendido a sumar, restar y planear nuestros gastos para que podamos llevar estos proyectos nosotras mismas. Gracias a nuestra experiencia con estos proyectos, muchas mujeres ahora son líderes en el campamento, y cuando regresemos a nuestra tierra, vamos a poder manejar negocios y proyectos comunitarios.

—*Aleyda*, una refugiada salvadoreña en Colomoncagua, Honduras

MODOS DE GANARSE LA VIDA

Las mujeres refugiadas y desplazadas muchas veces tienen dificultades en conseguir suficiente trabajo para mantener a sus familias. Quizás no tengan las habilidades necesarias para trabajar en su nuevo hogar o tal vez tengan dificultades en conseguir un permiso para trabajar. Pero aun en esas situaciones, generalmente hay algún tipo de trabajo que las mujeres pueden hacer.

Por ejemplo, algunas mujeres trabajan de sirvientas en las casas de otra gente o como promotoras de salud para las agencias de auxilio. Algunas de estas agencias también les dan dinero a las mujeres para que ellas organicen proyectos basados en actividades tradicionales de la mujer, como proyectos de artesanías. Pero como puede ser difícil mantener a una familia haciendo esas actividades, las mujeres deben tratar de informarse acerca de proyectos más grandes que pagan mejor, como el plantar árboles o el construir refugios. Si las mujeres reciben parcelas de tierra, ellas pueden cultivar alimentos para sus familias o para vender. O si una mujer tiene el entrenamiento apropiado, quizás pueda trabajar en algún oficio o en un pequeño negocio.

Me da gusto que nos den comida, pero hay otras cosas que yo necesito comprar para mi familia.

Yo sé hacer vestidos. Quizás podríamos abrir un taller para ganar dinero...

► *Las mujeres refugiadas y desplazadas necesitan tener opciones, para que no tengan que vender sexo para poder sobrevivir y mantener a sus familias.*

Capítulo 30

En este capítulo:

Aunque no se la practica en la América Latina, según el consejo de muchas compañeras decidimos incluir este capítulo que trata de la circuncisión femenina. Es importante que nosotras las mujeres entendamos cuáles son los desafíos que enfrentan nuestras hermanas en otras partes del mundo.

Este capítulo fue escrito por mujeres que viven y trabajan en comunidades donde se practica la circuncisión femenina.

La circuncisión femenina

Debe haber alguna manera en que podamos cambiar esto.

A lo largo de la historia, se han practicado costumbres dañinas para la salud de las mujeres con el propósito de hacer que ellas parecieran más atractivas o tuvieran mejores posibilidades de casarse. Por ejemplo, en algunas comunidades europeas, se pensaba que una mujer era más bella si ella tenía una cintura muy pequeña. Por lo tanto, desde la niñez, las mujeres se veían forzadas a usar una faja de tela tiesa, llamada 'corsé'. El corsé se les ataba a las mujeres alrededor de la cintura y las caderas con tal fuerza que a veces les rompía las costillas, y les impedía respirar y comer adecuadamente. Para ellas era muy difícil hacer cualquier cosa, excepto sentarse quietas o caminar lentamente.

En algunas partes de la China, una mujer tenía una condición más alta si ella tenía pies sumamente pequeños. Así que a algunas niñas les rompían los huesos de los pies y les envolvían los pies con una tela muy apretada. Para cuando ellas se convertían en mujeres, tenían los pies deformes y no podían más que caminar lentamente.

Estas costumbres se han dejado de practicar, pero en algunas partes del mundo, existen otras costumbres. La circuncisión femenina es una de ellas. Se practica en muchas comunidades de África, en algunas comunidades del Medio Oriente y en unas cuantas comunidades en el sudeste de Asia. Consiste en cortar parte de los genitales de una niña o de una mujer. La circuncisión femenina se practica por diferentes razones, la mayoría de ellas basadas en cultura y tradición. Muchas veces es motivo de gran celebración en la comunidad.

➤ *A veces a esta práctica se le llama escisión.*

La circuncisión femenina no hace que una mujer deje de necesitar amor y compañía, ni afecta su comportamiento moral. Pero sí interfiere con las funciones normales de su cuerpo, y puede dañar su relación con su pareja. La circuncisión también causa muchos problemas de salud, algunos de los cuales pueden causar daño permanente o la muerte.

➤ *En algunas comunidades, una niña necesita ser circuncidada antes de poder convertirse en madre y esposa, y en algunos casos, para poder tener propiedad.*

Tipos de circuncisión femenina

Hay 3 tipos de circuncisión femenina:

1. Se quita el *clítoris* entero o parte de él.
2. Se quita el clítoris junto con los pequeños dobleces de piel de los genitales externos.
3. Se cortan los genitales externos y se cose la abertura de la *vagina* hasta casi cerrarla. A esto se le llama 'infibulación'. Se deja una pequeña abertura para que salga por allí la orina y la sangre de la *regla*. Este tipo de circuncisión es el más peligroso y causa los problemas médicos más graves. **Pero todos los tipos de circuncisión femenina pueden causar sangrado, infección y la muerte.**

El tipo de corte que se le haga a una niña puede ser diferente en diferentes lugares, pero casi siempre se hace como parte de una ceremonia en que la jovencita pasa de la niñez a la edad adulta.

Problemas médicos causados por la circuncisión

Estos problemas pueden suceder de inmediato, o durante la primera semana:

- sangrado fuerte
- *infección*
- *choque* debido a dolor fuerte, sangrado o infección
- problemas para *orinar*

254

choque

Todos estos problemas son sumamente peligrosos. Consiga ayuda de inmediato.

Estos problemas pueden suceder después, y pueden durar por muchos años:

- problemas con la regla
- problemas con el sexo
- problemas durante y después del parto
- goteo de orina y *excremento*
- el no poder embarazarse *(infertilidad)*
- dolor *crónico*
- problemas de salud mental
- las enfermedades que resultan de la infección del VIH

SANGRADO FUERTE Y CHOQUE

El sangrado fuerte de una cortada o desgarro profundo puede suceder rápidamente y es muy peligroso. Si una niña pierde demasiada sangre, puede caer en estado de choque y morir.

Señas de choque (una o más de las siguientes):

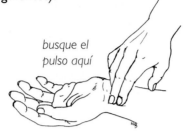

busque el pulso aquí

- mucha sed
- piel pálida, fría y húmeda
- *pulso* débil y rápido (más de 100 latidos por minuto para una niña mayor de 10 años o más de 140 latidos por minuto para una niña de 2 a 10 años)
- respiración rápida (más de 30 respiros por minuto)
- confusión o *pérdida del conocimiento* (desmayo)

Qué hacer:

- Consiga ayuda de inmediato. **El choque es una emergencia.**
- Inmediatamente haga presión con fuerza sobre el área del sangrado. Use una telita limpia que no vaya a absorber mucha sangre. Mantenga a la niña acostada mientras la lleva a donde haya ayuda médica.
- Ayúdela a beber lo más que ella pueda.
- Si ella está inconsciente y usted vive lejos de los servicios médicos, quizás necesite darle líquidos por el recto antes de llevarla por ayuda.

INFECCIÓN

Si el instrumento que se usa para cortar no se limpia (*desinfecta*) apropiadamente antes y después de cada uso, los microbios pueden causar una infección de la herida, *tétano*, el virus que causa el VIH o *hepatitis*.

Señas:

- **de infección de la herida:** *fiebre* (calentura), hinchazón de los genitales, *pus* o mal olor que proviene de la herida, dolor que empeora.
- **de tétano:** quijada apretada, cuello y músculos del cuerpo tiesos, dificultades para tragar y convulsiones (ataques).
- **de choque:** vea la lista que aparece arriba.
- **de infección de la sangre** (sepsis): fiebre y otras señas de infección, confusión y choque.

Para información sobre las señas del VIH o la hepatitis, vea los capítulos sobre el VIH y el SIDA, página 283, y las infecciones de transmisión sexual y otras infecciones de los genitales, página 260.

IMPORTANTE *Si una niña empieza a tener señas de tétano, choque o sepsis, llévela a donde haya ayuda médica de inmediato.*

Cómo atender los problemas médicos

254

choque

¡TRANSPORTE!

541

líquidos por el recto

526

limpiar y desinfectar

➤ *Las señas de infección pueden comenzar en cualquier momento durante las primeras 2 semanas después de la circuncisión.*

255

sepsis

¡TRANSPORTE!

Cómo atender una infección:

- Dé un *antibiótico*, como cefalexina, dicloxacilina o eritromicina.

- Siga pendiente de las señas del tétano, la sepsis y el choque. **Si la niña no ha recibido una *vacuna* contra el tétano, hay que darle una de inmediato.**

- Dé medicinas modernas o plantas medicinales para el dolor.

- Mantenga los genitales muy limpios. Lávelos con agua que haya sido hervida y enfriada y que tenga un poco de sal.

cefalexina, 494
dicloxacilina, 499
eritromicina, 501

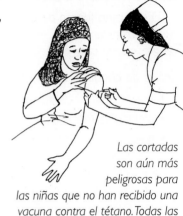

Las cortadas son aún más peligrosas para las niñas que no han recibido una vacuna contra el tétano. Todas las niñas deben ser vacunadas.

PROBLEMAS URINARIOS

Como la circuncisión muchas veces causa dolor fuerte al orinar, algunas niñas tratan de aguantarse las ganas de orinar. Esto puede causar infección y dañar los tubos de la orina, la *vejiga* y los *riñones*. El tratar con frecuencia de no orinar, puede hacer que se formen cálculos en la vejiga.

Qué hacer:

- Cuando la niña orine, échele agua limpia en los genitales. Esto hace que la orina sea menos ácida, de modo que causa menos dolor. También ayudará tomar más líquidos.

- Eche agua en una olla o en un balde. El sonido del flujo del agua a veces ayuda a la persona a empezar a orinar.

- Ponga una toalla húmeda que haya empapado en agua tibia sobre los genitales. Esto a veces ayuda a calmar el dolor.

- Esté pendiente de las señas de una infección de la vejiga y los riñones.

367

infección de la vejiga y los riñones

372

cómo poner una sonda

¡TRANSPORTE!

Si una niña no ha podido orinar por más de un día o una noche, y al tocarle la barriga usted siente la parte baja apretada y la vejiga llena, esto es una emergencia. Ella debe acudir de inmediato a un trabajador de salud que pueda ponerle una sonda en la vejiga para sacarle la orina. No le dé más líquido de beber, porque eso sólo aumentará la presión en su vejiga y sus riñones.

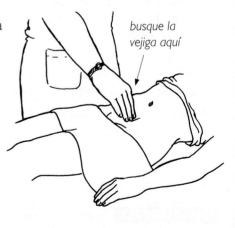

busque la vejiga aquí

PROBLEMAS CON LA REGLA

Si la abertura vaginal que queda después de la infibulación es demasiado pequeña o si la tapan cicatrices que se hayan formado dentro del cuerpo, puede que esto bloquee el flujo de sangre de la regla de una joven. Esto puede causar:

- reglas muy dolorosas.
- reglas muy largas, que duran de 10 a 15 días.
- la ausencia de reglas, porque la abertura vaginal está bloqueada y la sangre no puede salir.
- sangre atrapada puede producir infección pélvica grave y cicatrices en la matriz y las trompas. Esto a su vez puede causar infertilidad.

Qué hacer:

- Ponga una toalla empapada en agua caliente sobre la parte baja del *abdomen*, para calmar el dolor. (Tenga cuidado de no quemar la piel.)
- Trate de caminar un poco y hacer trabajo o ejercicio ligero.

Si los problemas son graves, quizás sea necesario agrandar la abertura vaginal. Esto sólo debe llevarlo a cabo un trabajador de salud capacitado para evitar dañar los *órganos* reproductivos por dentro.

PROBLEMAS CON LAS RELACIONES SEXUALES Y LA SALUD SEXUAL

Si una mujer circuncidada no tiene ninguno de los problemas médicos descritos en este capítulo, es posible que ella pueda disfrutar el sexo. Pero muchas mujeres que han sido circuncidadas, sobre todo las que han sido infibuladas, tienen dificultades con el sexo.

En algunas comunidades, las jóvenes se casan el mismo día que son circuncidadas. O a veces a una mujer que fue circuncidada de pequeña se le agranda la abertura vaginal justo antes de que ella tenga relaciones sexuales por primera vez en su matrimonio. Si se espera que ella tenga relaciones sexuales antes de que la herida haya sanado, el sexo será muy doloroso y peligroso, y la herida se tardará más en sanar. Las heridas abiertas también aumentan el riesgo de que ella se infecte de VIH u otra *infección de transmisión sexual*.

Durante el sexo, puede que para la mujer sea difícil excitarse, puesto que ella ya no tiene clítoris.

➤ *Todas las heridas deben haber sanado completamente antes de tener relaciones sexuales.*

Si vive donde se practica la infibulación, ayude a los hombres a entender que hay que agrandar la abertura vaginal de una manera cuidadosa y segura. Esto se debe hacer mucho tiempo antes de que la mujer tenga relaciones sexuales por primera vez, para permitir que la herida sane por completo. Y sólo debe ser hecho con instrumentos para cortar que hayan sido desinfectados adecuadamente, y por alguien capacitado a atender la herida para evitar que ésta se infecte.

➤ *Si usted puede alentar a las matrimonios a conversar con sus parejas, será más fácil para ellos hablar sobre cómo la circunsición femenina afecta sus relaciones sexuales.*

sexo con mayor protección

➤ *Los partos bloqueados son más comunes entre las jovencitas cuyos cuerpos no se han desarrollado completamente.*

➤ *Si una mujer vive lejos de los servicios de emergencia, puede ser peligroso que ella dé a luz en casa—sobre todo si ella ha sido infibulada.*

➤ *Algunas parteras tradicionales tienen entrenamiento especial para atender los problemas de la infibulación y ayudar a las mujeres circuncidadas a tener partos seguros.*

Qué hacer en cuanto a los problemas con el sexo:

Una mujer puede hablar con su compañero sobre maneras de excitarse más y explicarle que quizás ella necesite más tiempo para excitarse.

Ella también puede hablar sobre modos de hacer que el sexo sea menos doloroso. Con suficiente *lubricación*, el sexo puede causar menos dolor y representar menos riesgos.

> ### La atención para la salud reproductiva
>
> Si la abertura vaginal de una mujer infibulada no es suficientemente grande, a ella no podrán hacerle *exámenes pélvicos* ni *pruebas de Pap* para el *cáncer* (vea la pág. 378). Esto quiere decir que ella tendrá menos opciones para protegerse contra el embarazo, el cáncer y las infecciones sexuales.

PROBLEMAS CON EL PARTO

Con ciertos tipos de circuncisión, hay un mayor riesgo de que el bebé tenga dificultades para salir por la vagina (parto bloqueado). Si el hoyo que quedó después de la infibulación es muy pequeño, será necesario abrirlo para que la cabeza del bebé pueda caber por allí. A esto se le llama 'desinfibulación' (vea el cuadro de la página siguiente). Si una persona sin la habilidad necesaria hace la abertura, puede haber otras complicaciones.

Las cicatrices de una circuncisión también pueden causar que los genitales se desgarren más durante el parto, puesto que la piel cicatrizada no se estira fácilmente. Por lo tanto puede haber sangrado fuerte.

Qué hacer:

Haga planes para el parto de antemano. Durante la segunda mitad del embarazo, la madre deber ir a ver a una partera o trabajador de salud que tenga el entrenamiento necesario para ayudar a las mujeres circuncidadas a dar a luz. La partera puede decirle si hay un riesgo de que tenga complicaciones o si es necesario agrandar la abertura vaginal. Si hay riesgos, la mujer puede hacer planes de antemano para obtener atención médica.

Emergencia: Si una jovencita o una mujer está dando a luz y el bebé no puede salir, será necesario cortar las cicatrices para que el bebé pueda nacer. Si es posible, un trabajador de salud capacitado debe hacerlo. Pero si no hay un trabajador de salud cerca, lávese bien las manos con jabón y agua limpia antes de empezar, y póngase guantes de hule o bolsas o guantes de plástico limpios en las manos. Además debe limpiar y desinfectar el instrumento que vaya a usar para cortar antes de usarlo (vea la pág. 526). **Inmediatamente después del parto, lleve a la persona a un trabajador de salud que sepa cómo reparar la cortada.**

Para cortar las cicatrices (desinfibulación):

1. Ponga 1 ó 2 dedos bajo la banda de cicatrices.
2. Inyecte anestésico local si sabe cómo hacerlo.
3. Corte la banda de cicatrices hasta que pueda ver el hoyito de la orina de la mujer. Probablemente la vagina ahora se estirará lo suficiente para permitir que el bebé alga.

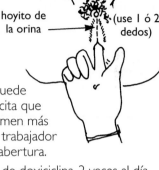

hoyito de la orina → (use 1 ó 2 dedos)

4. Después del parto, será necesario reparar la abertura. Éste puede ser un buen momento para explicarle a la mujer o a la jovencita que sería más seguro no volver a infibularla—eso hará que se formen más cicatrices y podría bloquear el tubo de la orina la vagina. Un trabajador de salud capacitado puede reparar los genitales sin cerrar la abertura.
5. Para evitar una infección, dé antibióticos por la boca: 100 mg de doxiciclina, 2 veces al día, durante 1 día, o 500 mg de eritromicina, 4 veces al día, durante 7 días.

GOTEO DE ORINA Y EXCREMENTO

Durante un parto bloqueado, se puede desgarrar la capa de adentro de la vagina, la vejiga o el recto, causando que la orina o el excremento goteen de la vagina.

Si una pareja tiene sexo anal porque la abertura vaginal de la mujer es demasiado pequeña, el ano podría estirarse o desgarrarse. Como resultado, el excremento podría gotear del ano.

El goteo de orina o de excremento son problemas con los cuales es terrible tener que vivir. Muchas jóvenes han sido rechazadas por sus compañeros debido al olor y por no poder controlar el goteo. Consiga ayuda médica tan pronto como descubra el problema.

370

goteo de orina

INFERTILIDAD

Las infecciones pueden producir cicatrices en la matriz y las trompas. Esto puede causarle dificultades a la mujer para embarazarse. Si usted piensa que podría haber una infección a causa de una enfermedad sexual, vea el capítulo sobre las infecciones sexuales y otras infecciones de los genitales, en la página 260. Si usted piensa que el flujo de sangre de la regla ha estado bloqueado y eso ha producido cicatrices en la matriz y las trompas que ahora están causando problemas, consulte a un trabajador de salud sobre la posibilidad de agrandar la abertura.

229

infertilidad

la salud mental

PROBLEMAS DE SALUD MENTAL

Una niña que ha sido circuncidada puede sentirse abrumada con miedo, preocupación (ansiedad) o tristeza. Cuando la circuncisión se hace frente a mujeres que la niña conoce y en cuya protección ella confía, puede que la niña sienta que ya no puede confiar más en nadie. Es peor si la niña no quería que la circuncidaran.

El dolor y el sufrimiento crónico pueden causar otros problemas de salud mental duraderos, tales como la tristeza profunda (depresión), y sentimientos de impotencia e insignificancia. Los problemas sexuales también pueden causar una gran tensión entre una mujer y su compañero. Tal vez la mujer sienta que no puede complacer al hombre porque el dolor la hace temer el sexo.

Qué hacer:

- Anime a la mujer a hablar sobre sus sentimientos.
- Si ella parece reservada, distante e incapaz de hacer sus actividades diarias, vea las páginas 418 a 430.

La lucha por el cambio

Después de todos los problemas que mi esposa y yo tuvimos con el sexo y los partos, yo no voy a permitir que circunciden a mis dos hijas.

Si usted no está segura de lo que opina sobre la circuncisión femenina, considere los riesgos para poder decidir. ¿Valen la pena los beneficios de la circuncisión en vista de los problemas de salud que esta práctica produce? La cultura cambia constantemente para satisfacer las nuevas necesidades de la comunidad. ¿Sería posible también cambiar esta práctica?

Quizás sí deberíamos dejar de cortar los genitales de las mujeres.

Lo que usted puede hacer:

Si usted no está de acuerdo con esta práctica, hay muchas formas en que usted puede ayudar a las niñas de su comunidad:

- Si usted es madre, ayude a sus hijas a sentirse valoradas y queridas, sea que hayan sido circuncidadas o no.
- Anime a sus hijas a continuar con su educación y a aprender lo suficiente para poder tomar sus propias decisiones en cuanto a sus vidas y sus futuros. Todos los niños tienen derecho a la buena salud y a una educación.
- Comparta con otros hombres y mujeres en su comunidad la información acerca de los problemas causados por la circuncisión femenina. Luche con ellos por el cambio.
- Averigüe qué están llevando a cabo las organizaciones de mujeres en su comunidad.

- Si usted es una trabajadora de salud que hace circuncisiones, explíqueles los riesgos a quienes le pregunten acerca de ellos.
- Reciba entrenamiento para atender los problemas médicos causados por la circuncisión femenina.
- Únase a líderes religiosos y tradicionales para luchar por el cambio. La religión no apoya la circuncisión femenina, pero la gente no siempre ha entendido esto. Trate de hablar sobre ello con sus líderes religiosos.
- Encuentre formas de disuadir que se hagan ceremonias de circuncisión en su comunidad. Encuentre otros ritos que puedan marcar la transición de las jovencitas de la niñez a la edad adulta. Estos ritos podrían incluir plegarias a los ancestros o sacrificios que no sean dañinos para las mujeres. En muchos lugares se celebra la llegada de las niñas a la mayoría de edad con ceremonias que no dañan su salud.

> *Para que se realicen verdaderos cambios en su comunidad, la gente necesita trabajar unida para ponerle fin a esta práctica.*

- Reconozca el papel importante que las parteras tradicionales juegan en la salud de la comunidad. Como las parteras muchas veces realizan circuncisiones, ellas necesitan ser entrenadas para entender sus efectos dañinos. Encuentre maneras de reemplazar los regalos que ellas reciben después de las ceremonias de circuncisión, y busque otras formas en que su ayuda se necesite en la comunidad. Si se usan otros ritos para reemplazar la circuncisión, incluya a las parteras como una parte importante en la presentación y el recibimiento de regalos.

LA CIRCUNCISIÓN FEMENINA, LOS DERECHOS HUMANOS Y LA LEY

El presente capítulo se enfoca en los problemas de salud que cortar los genitales de las mujeres puede causar. Pero aun si no resulta ningún problema de salud física, una niña circuncidada todavía ha sido lastimada de una forma que puede afectar su vida. Según la ley, las niñas a quienes se hace la circuncisión todavía no tienen el derecho de tomar sus propias decisiones. Aunque los padres crean que la circuncisión es necesaria para proteger la posición social de la niña, de hecho la circuncisión la lastima emocional, física y sexualmente. Por eso, las Naciones Unidas, la Organización Mundial de Salud y UNICEF han declarado que la circuncisión femenina es una violación de los derechos humanos de las niñas.

Varios paises africanos (tales como Ghana, Burkina Faso, Costa de Marfil, Togo y Senegal), Canada, Australia, Estados Unidos y algunos paises de Europa han prohibido la circuncisión femenina. Muchos otros paises están considerando hacer lo mismo. En la mayoría de los paises, organizaciones de médicos, enfermeras y trabajadores de salud se openen públicamente a la circuncisión femenina. Junto con abogados, profesores y otros, están trabajando para acabar con esta práctica tan dolorosa e innecesaria. Es importante que todos a quienes importa la salud defiendan los derechos de las niñas a mantener sus cuerpos íntegros—no circuncidados.

Capítulo 31

En este capítulo:

En este libro recomendamos muchas medicinas. Este capítulo explica cómo usarlas con seguridad. Para mayor información sobre los *efectos secundarios*, las señas de advertencia, las medicinas que requieren de instrucciones especiales y los *antibióticos*, vea las "Páginas verdes" que empiezan en la página 485.

El uso de medicinas para la salud de la mujer

Se puede usar una medicina para sentirse mejor cuando uno está enfermo o para ayudar al cuerpo a combatir una enfermedad. Hay medicinas tradicionales y medicinas modernas. En este libro, indicamos principalmente cómo usar diferentes medicinas modernas. Esto es porque los remedios tradicionales o caseros varían mucho de una región a otra. Un remedio que da resultado en una comunidad puede no existir o tener otro nombre en otra comunidad. Pida a los curanderos de su área que le ayuden a encontrar remedios que puedan servir para su problema. (Para mayor información sobre el uso de remedios caseros, vea la pág. 22.)

Es importante usar las medicinas de formas seguras. Las medicinas pueden salvar vidas, pero si se usan incorrectamente, las medicinas pueden ser dañinas o incluso mortales. Por ejemplo, algunas medicinas pueden causar problemas a las mujeres que están embarazadas o que están dando pecho y también pueden perjudicar a sus bebés. Y algunas medicinas pueden causar otros problemas (efectos secundarios) que pueden ser molestos, preocupantes o incluso peligrosos. Si usted toma demasiada medicina de una sola vez o si toma una medicina con demasiada frecuencia, la medicina le puede hacer daño.

Este capítulo explica cómo usar con seguridad las medicinas mencionadas en este libro para tratar problemas médicos de la mujer. También proporciona información para ayudarle a decidir cuándo usar medicinas para mejorar la salud de las mujeres.

➤ *Las medicinas pueden ser útiles, pero no pueden reemplazar los buenos alimentos, la buena atención médica y una vida sana.*

El decidir usar medicinas

Algunas personas piensan que las medicinas siempre son una parte necesaria de la buena atención médica. Pero las medicinas sólo pueden tratar los problemas médicos—no se pueden encargar de las causas que los producen. Y no todos los problemas de la salud se resuelven mejor con medicinas. Para algunos problemas es más importante tomar mucho líquido y descansar. Una medicina sólo debe usarse cuando se sabe a qué se debe un problema y se sabe que la medicina lo resolverá.

➤ *Vea los capítulos titulados "Cómo solucionar problemas médicos" (pág. 18) y "El sistema médico" (pág. 32) para obtener más información que puede ayudarle a decidir si necesita tomar medicinas.*

Para decidir si usted necesita tomar una medicina, piense en estas cosas:

- ¿Qué tan grave es mi enfermedad?
- ¿Me puedo aliviar sin la medicina?
- ¿Me puedo aliviar cambiando ciertos hábitos, por ejemplo, si como de otra forma?
- ¿Hay un remedio casero que sirva?
- ¿Son los beneficios de usar esta medicina mayores que los riesgos y los costos?

Palabras al trabajador de salud:

Siempre que vaya a dar una medicina, recuerde estas cosas:

1. **Las medicinas no pueden reemplazar la buena atención médica.** La buena atención consiste en explicarles a las personas por qué tienen cierto problema, lo que pueden hacer para aliviarse y lo que pueden hacer para evitar el problema en el futuro.

2. **Las medicinas son seguras y útiles sólo cuando se dan junto con buenas instrucciones sobre cómo usarlas** (vea las páginas 474 a 476 en este capítulo). Asegúrese de que la gente entienda sus instrucciones.

3. **Las medicinas sólo serán usadas correctamente si usted entiende las creencias y los temores de la gente.** Si una mujer cree que se aliviará más pronto tomando más medicina, ella podría tomar de más y hacerse daño. Si ella teme que una medicina le hará daño, puede que no la tome del todo. Pero si ella entiende cómo funciona la medicina, será más probable que la use correctamente.

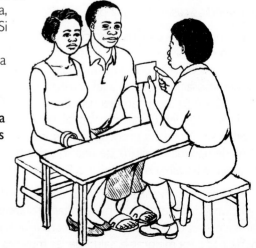

4. **Ayude a encontrar el tratamiento que sea más eficaz y más barato para las personas a quienes atienda.** La mayoría de la gente se preocupa del costo, pues una familia puede tener que usar todo el dinero de una semana o de un mes para comprar una medicina.

USOS DAÑINOS DE LAS MEDICINAS

Las medicinas se usan para combatir enfermedades peligrosas, pero las medicinas en sí presentan peligros. Si no se usan correctamente, las medicinas pueden ser dañinas o incluso mortales.

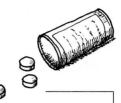

Éstos son algunos ejemplos de los malos usos que a veces se les dan a ciertas medicinas:

• **La oxitocina, la ergometrina, el misoprostol y el metotrexato** a veces se usan equivocadamente para apurar el parto de un bebé o la salida de la *placenta*. Ésta es una práctica peligrosa. Estas medicinas pueden matar a la madre y al bebé. A menos que usted sea una trabajadora de salud con la capacitación apropiada, sólo use oxitocina y ergometrina para detener el sangrado fuerte DESPUÉS del parto. Tampoco use estas medicinas para provocar un *aborto*. Pueden hacer que la *matriz* reviente y así matar a la mujer antes de provocar el aborto.

• Las mujeres y las jóvenes a veces tratan de provocarse un **aborto usando medicinas peligrosas,** como aspirina, medicinas para el *paludismo* y ergometrina. Estas medicinas casi nunca funcionan. En vez de acabar con el embarazo, algunas medicinas pueden causar problemas graves. Si la mujer usa demasiada medicina, se puede envenenar o morir. Para mayor información sobre las nuevas medicinas que se pueden usar con más seguridad para el aborto, lea el capítulo sobre ese tema (pág. 239).

• Algunas mujeres han muerto por usar **bromocriptina para secarse la leche** de los pechos. Nunca haga eso. Sus pechos dejarán de producir leche por sí mismos cuando su bebé deje de mamar.

• En muchos lugares, a las mujeres se les aconseja tomar **medicinas para calmar las angustias,** para mejorar el ánimo o para dormir mejor. Pero estos problemas generalmente se deben a las dificultades de la vida. La mayoría del tiempo, las medicinas no harán que las dificultades desaparezcan, y el costo puede acabar con el dinero de la familia rápidamente. Si a usted le cuesta trabajo enfrentarse a cada día, consulte a un trabajador de salud mental capacitado antes de usar un medicamento.

• Entre 1941 y 1981, muchas mujeres en Norteamérica y Europa Occidental usaron la *hormona* **DES** (dietilestilbestrol) para evitar malpartos. Ya no se usa en esos lugares porque se ha descubierto que produce *cáncer*, ya sea de los *testículos* o de la *vagina* y del *cérvix*, en los hijos de las mujeres que usaron la hormona durante el embarazo. Puede que esta medicina se siga usando en otros lugares, como en partes de África o de Latinoamérica, para evitar malpartos y para secar la leche de los pechos. No la use.

• Algunos doctores recetan algo llamado "**terapia de reemplazo hormonal**" para los problemas que se pueden dar después de que la *regla* desaparece para siempre (menopausia). Pero esta terapia puede aumentar el riesgo que corre una mujer de tener cáncer de los pechos, cardiopatía, coágulos sanguíneos o derrame cerebral. Es mejor que la mujer evite estos medicamentos.

• El comprar **vitaminas y minerales** puede ser un desperdicio de dinero, a menos que estas sustancias sean beneficiosas para algún mal que usted tenga. Los alimentos nutritivos son más baratos y más sanos para toda la familia. De ser posible, las mujeres embarazadas que tienen *anemia* (sangre débil) deben tomar pastillas de hierro y de *ácido fólico*. Sin embargo, las inyecciones de vitamina B12 y de extracto de hígado no sirven para la anemia—las pastillas de hierro y la buena alimentación hacen más provecho.

Cómo usar las medicinas con seguridad

Guarde las medicinas en un lugar fresco y seco. De lo contrario, pueden perder su eficacia antes de la fecha de caducidad. Asegúrese de que no estén al alcance de los niños. Para ellos pueden ser mortales.

Siempre que use cualquier medicina, siga estas recomendaciones:

- **Asegúrese de que necesita la medicina.**
- **Obtenga buenas instrucciones de la persona que le haya dicho que la tome.** Usted debe saber:
  - cuánta medicina tomar (la dosis).
  - con qué frecuencia tomarla cada día, y por cuántos días tomarla.
- **Tome la cantidad entera.** Si usted deja de tomar la medicina demasiado pronto, el problema podría regresar.
- **Sepa cuáles son las señas de advertencia** de los efectos secundarios que la medicina puede causar (vea pág. 478).
- **Sepa si hay ciertos alimentos que usted debe evitar al tomar la medicina** y si usted debe tomarla con el estómago lleno o vacío.
- **Evite tomar muchas medicinas al mismo tiempo.** Algunas medicinas pueden impedir que otras funcionen. Algunas medicinas combinadas con otras pueden causar problemas que no causarían si se tomaran solas.
- **Tenga cuidado al comprar medicinas combinadas (2 ó más medicinas en una sola pastilla).** Algunas medicinas combinadas son útiles, pero generalmente cuestan más, y puede que usted esté tomando medicina que no necesita. Por ejemplo, algunas gotas y pomadas para los ojos contienen tanto *antibióticos* como *esteroides*. Los esteroides pueden ser dañinos.
- **Asegúrese de que el envase tenga etiqueta.** De no ser así, pida al boticario que le muestre el frasco o la caja donde venía la medicina y que apunte para usted el nombre y la dosis.

Evite usar medicinas que sean demasiado viejas

Siempre es mejor usar una medicina antes de su fecha de caducidad. La fecha aparece en letras pequeñas en la caja o en el frasco. Puede estar escrita de diferentes maneras. Por ejemplo, una medicina que debe usarse antes del 29 de octubre de 2012 podría tener la fecha escrita de una de estas formas: 10/29/12, 29/10/12 ó 29 OCT 12. A veces es mejor tomar una medicina que ha caducado que no tomar medicina. Sin embargo, no use medicinas que han caducado si son...

- pastillas que están empezando a deshacerse o a cambiar de color.
- cápsulas que están pegadas o que han cambiado de forma.
- líquidos claros que se han puesto turbios o que tienen cualquier cosa flotando en ellos.
- inyecciones.
- gotas para los ojos.
- medicinas que es necesario mezclar. Si el polvo se ve viejo o aterronado, o si la medicina no se mezcla bien a pesar de agitarla, no la use. (Estas medicinas deben usarse poco después de mezclarse.)

IMPORTANTE *No use doxiciclina ni tetraciclina que han caducado. Pueden hacer daño.*

A lo largo de este libro, hemos dado los nombres y las dosis de diferentes medicinas que sirven para tratar algunos problemas médicos comunes de las mujeres. Pero para poder comprar y usar una medicina con seguridad, también necesita saber...

- cómo se llama la medicina donde usted vive (vea más adelante).
- en qué presentaciones viene la medicina (vea la página siguiente).
- cómo tomar la medicina correctamente (vea la página siguiente).
- si es seguro para usted tomar la medicina (vea pág. 477).
- si la medicina produce efectos secundarios (vea pág. 478).
- qué sucederá si usted toma demasiada medicina—o si no toma suficiente (vea pág. 479).
- qué hacer si no puede encontrar la medicina (o si es demasiado cara), o si necesita tomar otra medicina porque usted está embarazada o dando pecho, o porque es *alérgica* al medicamento (vea pág. 480).

Este tipo de información aparece en las "Páginas verdes" de este libro (vea pág. 485). El resto de este capítulo da más información sobre cómo comprar y usar con seguridad todas las medicinas mencionadas en este libro.

NOMBRES GENÉRICOS Y MARCAS DE FÁBRICA

La mayoría de las medicinas tienen dos nombres: un nombre genérico o científico y una marca de fábrica. El nombre genérico es igual por todo el mundo. La marca de fábrica es el nombre que la compañía que produce la medicina le da a su producto. Cuando varias compañías fabrican la misma medicina, ésta tendrá diferentes marcas de fábrica, pero sólo un nombre genérico. Dos o más medicinas de diferentes marcas serán la misma medicina siempre y cuando tengan el mismo nombre genérico.

En este libro usamos los nombres genéricos o científicos de las medicinas. Para unas cuantas medicinas, como por ejemplo, las que se usan para la planificación familiar, también usamos la marca de fábrica que se consigue más comúnmente. Si usted no puede encontrar la primera medicina que recomendamos, trate de comprar una de las otras que aparecen en el mismo cuadro de tratamiento.

Por ejemplo: Su trabajador de salud le ha dicho que tome *Flagyl*. Pero cuando va a la farmacia le dicen que no tienen esa medicina. Pregunte al boticario o al trabajador de salud cuál es el nombre genérico del *Flagyl* (metronidazol) y pida una medicina de otra marca que tenga el mismo nombre genérico. El nombre genérico generalmente aparece impreso en la etiqueta, en la caja o en el frasco. Si pide una medicina por su nombre genérico, muchas veces la podrá conseguir más barata.

El uso de las medicinas que aparecen en este libro

Lea la etiqueta con cuidado antes de tomar cualquier medicina.

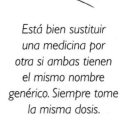

No vendemos esa marca. Esta otra sirve igual.

Está bien sustituir una medicina por otra si ambas tienen el mismo nombre genérico. Siempre tome la misma dosis.

marca de fábrica

FLAGYL
metronidazol
TABLETAS de 250 mg

nombre genérico

LAS MEDICINAS VIENEN EN DIFERENTES PRESENTACIONES

Las medicinas vienen en muchas presentaciones diferentes:

- Las pastillas, las cápsulas y los líquidos generalmente se toman por la boca. Raras veces se usan en la *vagina* o en el *recto*.
- Los supositorios están hechos para ponerse en la vagina o en el recto.
- Las inyecciones se ponen con una aguja que pone la medicina directamente en el músculo, bajo la piel o en la sangre.
- Las cremas, las pomadas y los bálsamos que contienen medicina se ponen directamente en la piel o en la vagina. Pueden ser muy útiles para las *infecciones* leves de la piel y para las llagas, las ronchas y la comezón.

El tipo y la cantidad de medicina que tome dependerá de lo que esté disponible y de la enfermedad que tenga.

542

cómo poner una inyección

CUÁNTA MEDICINA TOMAR

Cómo medir la medicina

Muchas medicinas, y en especial los antibióticos, vienen en diferentes pesos y tamaños. Para asegurarse de tomar la cantidad correcta, revise cuántos gramos, miligramos, microgramos o Unidades contiene cada pastilla o cápsula. Si la farmacia no tiene el tamaño o el peso que usted necesita, puede que usted tenga que tomar parte de una pastilla o más de una sola pastilla.

Éstos son algunos símbolos que es útil conocer:

=   quiere decir **equivale** a o **es igual** a

+   quiere decir **más**

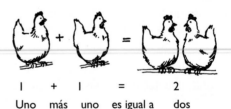

| 1 | + | 1 | = | 2 |
| Uno | más | uno | es igual a | dos |

Fracciones. Las dosis que son menores que una pastilla o tableta entera a veces se escriben en forma de fracciones:

1 pastilla = una pastilla entera =

½ pastilla = media pastilla =

1 ½ pastilla = una pastilla y media =

¼ de pastilla = un cuarto o la cuarta parte de una pastilla =

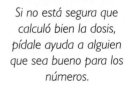

Si no está segura que calculó bien la dosis, pídale ayuda a alguien que sea bueno para los números.

Tipos de medidas

Gramos y miligramos. Las medicinas generalmente se pesan en gramos (g) y miligramos (mg):

1000 mg = 1 g (mil miligramos equivalen a un gramo)
1 mg = 0,001 g (un miligramo es una milésima parte de un gramo)

Por ejemplo:

| Una tableta de aspirina contiene 325 mg de aspirina | | 0,325 g
325 mg | Éstas son dos formas diferentes de decir 325 miligramos. |

Microgramos. Algunas medicinas, como las pastillas anticonceptivas, se pesan en miligramos o en cantidades aun más pequeñas, llamadas microgramos (mcg o μcg):

1 μcg = 1 μcg = 1/1000 mg (0,001 mg) Esto quiere decir que hay 1000 microgramos en un miligramo.

Unidades. Algunas medicinas se miden en unidades (U) o unidades internacionales (UI).

Para las medicinas en forma líquida: A veces las instrucciones para los jarabes y las suspensiones indican que hay que tomar una cantidad específica, por ejemplo, 10 ml ó 10 mililitros ó 10 cc (centímetros cúbicos). Un centímetro cúbico es lo mismo que un mililitro. Si la medicina no viene con un gotero o una cuchara especial para medir líquido, usted puede usar medidas caseras.

1 cucharada (sopera) = 15 ml

1 cucharadita = 5 ml

Así que, por ejemplo:

Las tabletas de amoxicilina vienen en dos tamaños:

 250 mg y 500 mg

Si usted necesita tomar 'una tableta de 500 mg de amoxicilina, 2 veces al día', pero sólo tiene tabletas de 250 mg, usted necesita tomar 2 tabletas cada vez.

250 mg + 250 mg = 500 mg

Dosis basadas en el peso de la persona

En este libro damos dosis para mujeres adultas. Pero para algunas medicinas, sobre todo las que pueden ser peligrosas, es mejor calcular la dosis en base al peso de la persona (si usted tiene una báscula). Por ejemplo, si alguien necesita tomar gentamicina, y la dosis es de 5 mg/kg/día, eso quiere decir que, cada día, la persona necesita tomar 5 miligramos (mg) de la medicina por cada kilogramo que ella pese. Así que si ella pesa 50 kg, tendría que tomar 250 mg de gentamicina en 24 horas. Esta cantidad debe dividirse dependiendo de cuántas veces al día la persona necesite tomar la medicina. La gentamicina se toma 3 veces al día, así que la persona tendría que tomar 80 mg por la mañana, 80 mg al mediodía, y 80 mg por la noche. (El total es de 240 mg, pero eso se acerca lo suficiente a la dosis indicada).

CUÁNDO TOMAR LAS MEDICINAS

Es importante tomar las medicinas a las horas debidas. Algunas medicinas sólo se toman una vez al día, pero otras se tienen que tomar con más frecuencia. Usted no necesita un reloj. Si las instrucciones indican que hay que tomar 'una pastilla cada 8 horas', o '3 pastillas al día', tome una en la madrugada, una a media tarde y la otra por la noche. Si indican que hay que tomar 'una pastilla cada 6 horas' o '4 pastillas al día', tome una en la madrugada, una a mediodía, una por la tarde, y una por la noche. Si las instrucciones dicen 'tomar una pastilla cada 4 horas', tome 6 pastillas al día, dejando pasar más o menos la misma cantidad de tiempo entre cada pastilla.

IMPORTANTE

- *De ser posible, tome las medicinas parada o sentada. Además, trate de tomar un vaso entero de líquido cada vez que tome una medicina.*
- *Si vomita, y puede ver la medicina en el vómito, tendrá que tomarla otra vez.*
- *Si vomita menos de 3 horas después de haber tomado una pastilla anticonceptiva, tome otra para asegurarse de que no se embarazará.*

Si está preparando una receta para alguien que no lee bien, dibuje la receta así:

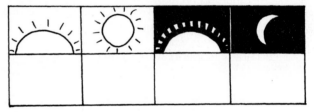

En los espacios en blanco, dibuje la cantidad de medicina que la persona deba tomar. Explíquele con cuidado lo que el dibujo quiere decir. Por ejemplo:

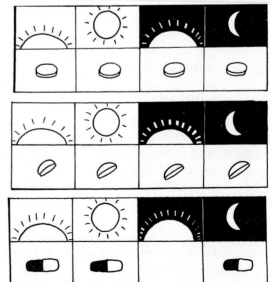

Esto quiere decir 'tomar una tableta 4 veces al día'—una en la madrugada, una a mediodía, una en la tarde y una en la noche.

Esto quiere decir 'tomar media tableta 4 veces al día'.

Esto quiere decir 'tomar una cápsula 3 veces al día'.

Quién no debe tomar cierta medicina

Algunas medicinas pueden ser peligrosas para ciertas personas, o durante ciertas temporadas de la vida. Usted debe tener mucho cuidado si...

- está **embarazada** o está **dando pecho**. Muchas de las medicinas que una mujer toma durante el embarazo o cuando está dando pecho llegan al bebé. **Antes de tomar cualquier medicina, averigüe si podría hacerle daño a su bebé.** En este libro, las medicinas que pueden ser dañinas durante el embarazo o si está dando pecho aparecen marcadas con una advertencia.

CUIDADO = lea cuidadosamente si está embarazada

Pero, si usted está enferma, es importante que reciba tratamiento. Tome medicamentos para tratar las enfermedades graves y la anemia. Es posible encontrar medicinas que no le harán daño a su bebé.

CUIDADO = lea cuidadosamente si está dando pecho

= no la tome si está embarazada

- usted tiene **enfermedades** *crónicas* del *hígado* o de los *riñones*. El hígado y los riñones se encargan de eliminar la medicina del cuerpo. Si no están funcionando bien, la medicina se puede acumular y volverse venenosa.

= no la tome si está dando pecho

- usted tiene una **úlcera del estómago** o padece de *acidez* **(agruras)** con frecuencia. Las medicinas como la aspirina y el ibuprofeno pueden causar sangrado en el estómago y también ardor o dolor. Si necesita tomar una medicina que le causa malestar del estómago, tómela con comida.

➤ *En las "Páginas verdes", las medicinas que pueden hacer daño durante el embarazo o cuando una mujer está dando pecho aparecen marcadas con los símbolos de arriba.*

- usted es **alérgica** a una medicina. Si usted ha tenido cualesquiera de estas señas después de tomar una medicina, usted probablemente es alérgica a esa medicina:
  - ronchas (abultadas, rojas y que pican, usualmente con hinchazón)
  - hinchazón
  - dificultades para respirar o tragar

El ser alérgica quiere decir que su cuerpo lucha en contra de la medicina en vez de usarla para combatir una enfermedad. Las reacciones alérgicas suceden más comúnmente con los antibióticos de las familias de la penicilina y de las sulfas. Evite tomar medicinas que sean de la misma familia que la medicina a la cual usted es alérgica. Puede que usted también sea alérgica a ellas. Vea la página 480 para mayor información acerca de los antibióticos y sus familias.

545

IMPORTANTE *Si usted tiene una reacción alérgica a una medicina, nunca vuelva a usar esa medicina. La próxima vez podría causarle una reacción más grave o incluso la muerte.*

tratamiento de las reacciones alérgicas y del choque alérgico

IMPORTANTE *Consiga ayuda médica de inmediato si, después de tomar una medicina, usted tiene cualquiera de estos problemas: muchas ronchas, hinchazón de la boca, dificultades para respirar o tragar.*

¡TRANSPORTE!

EFECTOS SECUNDARIOS

Las medicinas combaten enfermedades, pero también pueden producir otros efectos en el cuerpo. Algunos de éstos son molestos pero inofensivos. Otros son dañinos. Por ejemplo, el metronidazol produce un mal sabor en la boca, lo cual es molesto pero inofensivo. En cambio, algunos antibióticos muy potentes, como la gentamicina y la kanamicina, pueden dañar los riñones y la audición permanentemente si se toman en exceso.

Antes de tomar una medicina, averigüe qué efectos secundarios puede producir. Cuando use las medicinas en este libro, usted puede consultar las "Páginas verdes" para obtener esa información.

IMPORTANTE *Si usted tiene señas raras, como mareo, zumbido en los oídos, o respiración rápida, y esas señas no aparecen en la lista de los efectos secundarios de la medicina que está tomando, consulte a un trabajador de salud que tenga capacitación para recetar medicinas. Estas señas pueden indicar que está tomando demasiada medicina.*

ADVERTENCIAS

Algunas medicinas tienen advertencias específicas y usted debe estar enterada de ellas. Pero también debe consultar a un trabajador de salud antes de usar una medicina, si...

- **está tomando otras medicinas.** Algunas medicinas que son seguras cuando se toman solas, pueden ser dañinas (o menos eficaces) cuando se toman con otra medicina.

- **la medicina es para un niño.** Los niños tienen cuerpos más pequeños y, por lo tanto, pueden necesitar menos medicina. Pregunte a un boticario o a un trabajador de salud cuál es la dosis correcta para un niño.

- **es una persona ya mayor.** Los ancianos a veces necesitan dosis más pequeñas, porque la medicina permanece más tiempo en su cuerpo.

- **es una persona muy pequeña o delgada, o si está desnutrida.** Puede que necesite una dosis más pequeña de ciertas medicinas, como las medicinas para la *tuberculosis*, para la presión alta, para las convulsiones (ataques) y para otros problemas.

INFORMACIÓN QUE USTED DEBE TENER

Las medicinas y los alimentos

Con la mayoría de las medicinas, usted puede seguir comiendo los mismo alimentos que de costumbre. Algunas medicinas funcionan mejor si se toman con el estómago vacío—una hora antes o dos horas después de comer.

Las medicinas que causan malestar del estómago deben tomarse con comida o justo después de comer. Si usted tiene náusea o vómitos, tome la medicina con algún alimento seco que le calme el estómago—como arroz, pan o una tortilla.

EL TOMAR DEMASIADA MEDICINA

Algunas personas piensan que tomando más medicina se curarán más pronto. ¡Eso no es cierto y puede ser peligroso! Si usted toma demasiada medicina de un solo golpe, si toma una medicina con demasiada frecuencia, o si toma ciertas medicinas por demasiado tiempo, la medicina le puede hacer daño.

¿Se me quitará el dolor si tomo más?

Nunca tome más medicina de la que se le haya recetado.

El tomar demasiada medicina puede producir diferentes señas. Éstas son algunas de las más comunes:

- náusea
- vómitos
- dolor de estómago
- dolor de cabeza
- mareos
- zumbido en los oídos
- respiración rápida

Pero estas molestias también pueden ser efectos secundarios de algunos medicamentos. Si usted tiene una o más de estas señas y no son efectos secundarios comunes de la medicina que está tomando, consulte a un trabajador de salud que tenga capacitación para recetar medicinas.

Envenenamiento. El tomar una cantidad muy grande de una medicina (por ejemplo, media botella o más) puede envenenar a una persona, y en especial a un niño. Usted debe hacer lo siguiente:

- Trate de hacer que la persona vomite. Tal vez ella pueda expulsar la medicina de su cuerpo antes de que le haga más daño.
- Dé carbón activado (vea pág. 494). El carbón activado puede absorber ciertos tipos de medicinas e impedir que envenenen a la persona.
- Consiga ayuda médica de inmediato.

¡TRANSPORTE!

Tipos de medicinas

Se usan diferentes medicinas para tratar diferentes problemas. Algunas curan el problema en sí, y otras sólo se deshacen de las señas del problema. A veces, no podrá tomar la mejor medicina para un problema, por diferentes razones, por ejemplo si...

- La medicina no se consigue donde usted vive.
- La medicina no es segura si se está embarazada o dando pecho.
- Usted es alérgica a la medicina.
- La medicina ya no es eficaz en su área, porque la enfermedad se ha vuelto resistente a ella (vea la página siguiente).

Cuando eso suceda, podrá sustituir una medicina por otra, pero sólo cuando esté segura de que la otra medicina servirá. Para los tratamientos en este libro, muchas veces damos diferentes opciones, en caso de que no pueda usar el mejor medicamento.

LOS ANTIBIÓTICOS

Se usan los antibióticos para combatir infecciones causadas por *bacterias*. No combaten a los *virus*, ni sirven para curar el catarro (resfriado) común y corriente. Pero no todos los tipos de antibióticos combaten todos los tipos de infecciones. Se dice que diferentes antibióticos 'son de la misma familia' cuando comparten la misma estructura química. Es importante saber de las familias de los antibióticos porque:

1. Los antibióticos de la misma familia muchas veces sirven para tratar los mismos problemas. Eso quiere decir que usted puede usar una medicina diferente de la misma familia.

2. Si usted es alérgica a un antibiótico de una familia, será alérgica a otros miembros de la misma familia de antibióticos. Eso quiere decir que usted tendrá que tomar una medicina de otra familia.

Las siguientes son las principales familias de antibióticos que usamos en este libro:

Penicilinas: amoxicilina, ampicilina, penicilina benzatínica, bencilpenicilina, dicloxacilina, penicilina procaína y otras.

Las medicinas de la familia de las penicilinas son muy eficaces contra una variedad de infecciones. Tienen muy pocos efectos secundarios y se pueden tomar sin peligro durante el embarazo y el amamantamiento. Son baratas y fáciles de conseguir. Vienen en diferentes presentaciones: unas que se toman y otras que se inyectan. Por otro lado, causan más reacciones alérgicas que muchas otras medicinas. Se han abusado de ellas y, por eso, ahora algunas enfermedades son resistentes a las penicilinas.

Macrólidos: azitromicina, eritromicina y otras

La eritromicina es un antibiótico antiguo que se usa comúnmente y es fácil de conseguir. Es eficaz para muchas de las mismas infecciones que la penicilina y la doxiciclina. Muchas veces es un buen sustituto para la doxiciclina cuando una mujer está embarazada o dando pecho o cuando alguien es alérgico a la penicilina.

Tetraciclinas: doxiciclina, tetraciclina

Tanto la tetraciclina como la doxiciclina se usan para tratar muchas infecciones diferentes y son baratas y fáciles de conseguir. No deben tomar ninguna de estas dos medicinas las mujeres embarazadas ni los niños menores de 8 años. Las mujeres que están dando pecho no deben tomar la tetraciclina. Las mujeres que están dando pecho también deben evitar tomar la doxiciclina a largo plazo, pero pueden tomarla por un tiempo limitado para tratar las infecciones.

Sulfas (sulfonamidas): sulfametoxazol (parte del cotrimoxazol), sulfisoxazol

Estas medicinas combaten muchos tipos diferentes de infecciones, y son baratas y fáciles de conseguir. Pero hoy en día son menos eficaces porque algunas infecciones se han vuelto resistentes a ellas. Causan más reacciones alérgicas que otras medicinas. Pueden tomarse durante el embarazo, pero es mejor tomar otra medicina justo antes del parto y durante las primeras semanas de vida del bebé. Deje de usar las sulfonamidas de inmediato si le producen señas de alergia (vea pág. 483).

Aminoglucósidos: gentamicina, estreptomicina y otras

Son eficaces y potentes, pero la mayoría de ellas pueden causar efectos secundarios serios y sólo se pueden dar mediante inyecciones. Sólo se deben usar cuando una infección sea grave y no se pueda conseguir ninguna medicina más segura.

Cefalosporinas: cefixima, ceftriaxona, cefalexina y otras

Ésta es una familia grande de medicinas nuevas y potentes que sirven para tratar muchas de las infecciones de la mujer que se han vuelto resistentes a los antibióticos más antiguos. Muchas veces son más seguras y producen menos efectos secundarios que los antibióticos más antiguos, pero pueden ser muy caras y difíciles de conseguir. Se pueden usar sin peligro durante el embarazo y el amamantamiento.

Quinolones: ciprofloxacina, norfloxacina y otras

La ciprofloxacina y la norfloxacina son antibióticos nuevos y potentes. Son caros y pueden ser difíciles de conseguir. No deben usarlos las mujeres que están embarazadas, las madres que están dando pecho, ni los niños menores de 16 años.

Use antibióticos sólo cuando sean necesarios

Muchos antibióticos, sobre todo la penicilina, se usan con demasiada frecuencia. Use antibióticos sólo cuando sean necesarios porque...

- mientras que los antibióticos matan a algunos microbios, permiten que otros—que normalmente se encuentran en el cuerpo y que por lo general son inofensivos—se multipliquen demasiado. Eso puede causar problemas como la diarrea e *infecciones de moniliasis* (hongos) en la vagina.

- algunos antibióticos pueden producir reacciones alérgicas y efectos secundarios graves.

- la práctica de usar antibióticos cuando no son necesarios o para enfermedades que no pueden curar ha hecho que algunos microbios dañinos se vuelvan resistentes a la medicina. Esto quiere decir que la medicina ya no puede curar ciertas enfermedades.

Por ejemplo, antes era fácil curar la gonorrea (una infección sexual) con penicilina. Pero la penicilina se ha usado incorrectamente y con demasiada frecuencia para muchos otros problemas menos graves.

medicinas para curar la gonorrea

microbios de gonorrea

Ahora hay nuevos tipos de gonorrea que son resistentes a la penicilina y a otros antibióticos. Estos nuevos tipos son más difíciles y más caros de curar.

MEDICINAS PARA EL DOLOR

El dolor es una seña de un problema, como por ejemplo de una herida o de una infección. Así que es muy importante tratar el problema que esté causando el dolor, y no sólo el dolor en sí. Durante el tratamiento para el problema, es posible aliviar el dolor con medicinas que son específicamente para eso. El dolor que da con algunas enfermedades incurables, como el SIDA y el cáncer, puede ser incapacitante y durar mucho tiempo.

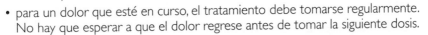

Cuando trate el dolor:

- intente encontrar y tratar la causa del dolor.
- primero vea si dan resultado las medicinas más suaves para el dolor y sólo use medicinas más fuertes si es necesario.
- para un dolor que esté en curso, el tratamiento debe tomarse regularmente. No hay que esperar a que el dolor regrese antes de tomar la siguiente dosis.
- piense en otras maneras de calmar el dolor: ejercicios de relajación, dígito-presión, o aplicación de frío o de calor en el área adolorida (vea páginas 423 y 546).

Para dolor leve o regular, como el dolor de la regla o el dolor de cabeza:

El acetaminofén es barato y fácil de conseguir. Es la medicina para el dolor más segura para las mujeres embarazadas y las madres que están dando pecho. También sirve para bajar la fiebre (calentura). No la tome con alcohol ni la use para quitarse una cruda (resaca, goma, guayabo). Tampoco la use si tiene problemas del hígado o de los riñones.

La aspirina también es barata, fácil de conseguir y sirve bien para bajar la fiebre, para tratar el dolor y la hinchazón en músculos y coyunturas, y para el dolor de la regla. Las madres que están dando pecho pueden usar aspirina cuando su bebé haya cumplido una semana, pero las mujeres embarazadas deben usar acetaminofén en vez de aspirina. La aspirina es segura cuando se toma en las cantidades correctas, pero puede irritar el estómago, así que no la deben tomar las personas que tienen úlceras del estómago. La aspirina impide que la sangre cuaje como es normal, así que no la debe tomar alguien que esté sangrando. Tampoco debe usarse antes de una operación.

El ibuprofeno es fácil de conseguir, pero es más caro que el acetaminofén y que la aspirina. Al igual que la aspirina, sirve bien en dosis pequeñas para calmar el dolor de la regla y para el dolor y la hinchazón en músculos y coyunturas. El ibuprofeno también es una buena medicina para el dolor crónico de la artritis. Puede irritar el estómago y causar problemas de sangrado. Así que no la deben usar quienes tienen úlceras del estómago o las personas que se van a operar. Las madres que están dando pecho pueden tomar ibuprofeno, pero las mujeres embarazadas no deben usar esta medicina durante los últimos 3 meses del embarazo.

Para dolor regular o fuerte:

Puede ser eficaz **el ibuprofeno** en dosis más grandes (hasta 800 mg, 3 ó 4 veces al día).

La codeína es una medicina de la familia de los opiatos que se usa para el dolor después de las operaciones o para el dolor de las heridas. Si se toma por demasiado tiempo, puede producir una adicción.

Para el dolor muy fuerte:

La codeína se puede usar en dosis más grandes para el dolor muy fuerte.

La morfina es una medicina muy fuerte de la familia de los opiatos que sirve bien para el dolor durante las últimas etapas del cáncer o del SIDA. La morfina es difícil de obtener a menos que usted esté en un hospital, pero a veces se puede conseguir con una receta médica. Es sumamente adictiva.

MEDICINAS PARA EL SANGRADO FUERTE POR LA VAGINA DESPUÉS DE UN PARTO O DE UN ABORTO

La ergometrina, oxitocina y misoprostol son medicinas que causan contracciones de la matriz y de los vasos sanguíneos que se encuentran en ella. Son medicinas importantes para controlar el sangrado fuerte después del parto.

La ergometrina se usa para evitar o controlar el sangrado fuerte **después de que la placenta ha salido.** No inyecte ergometrina en la vena. Se debe inyectar en un músculo grande. ¡Nunca dé esta medicina antes de que el bebé nazca o de que la placenta salga! No dé esta medicina a una mujer que tenga la presión alta.

La oxitocina se usa para ayudar a detener el sangrado fuerte de la madre **después de que el bebé ha nacido**. Es muy raro que la oxitocina se necesite antes de que el bebé nazca. En ese caso, sólo debe ser dada en la vena por un doctor o por una partera capacitada. El uso de la oxitocina para apurar el parto o para darle fuerza a la madre durante el parto puede ser peligroso, tanto para la madre como para el bebé.

El misoprostol fue desarrollado para el sangrado que proviene de las úlceras en el estómago, pero también se usa para parar el sangrado después de un parto o un aborto. No es caro y las pastillas se pueden tomar por la boca o pueden ser insertadas en el recto (vea pág. 508).

MEDICINAS PARA LAS REACCIONES ALÉRGICAS

Una persona puede ser alérgica a medicinas, alimentos, o cosas que ella aspire o toque. Las reacciones pueden ser leves—con comezón, ronchas o estornudos—o pueden ser más fuertes. Algunas reacciones pueden empeorar y producir un choque alérgico. Las reacciones muy fuertes y el choque alérgico pueden amenazar la vida y deben ser tratados.

En este libro, mencionamos cómo algunas medicinas pueden causar reacciones alérgicas. Es importante que una persona deje de tomar cualquier medicina que le produzca una reacción alérgica, aunque la reacción sea leve. La persona nunce debe volver a tomar esa medicina.

Dependiendo de qué tan fuerte sea, una reacción alérgica se puede tratar con 1, 2 ó 3 tipos de medicinas:

1. **Antihistamínicos**, como difenhidramina, hidroxicina o prometazina. Ninguna de estas medicinas es buena para las mujeres embarazadas ni para las madres que están dando pecho, pero la prometazina es la menos peligrosa. Generalmente, la difenhidramina es la más barata y la más fácil de conseguir.

2. **Esteroides**, como la dexametasona o la hidrocortisona. La dexametasona es una mejor opción para las mujeres embarazadas y para las madres que están dando pecho.

3. **Epinefrina** o **adrenalina**. Estas medicinas son seguras para las mujeres que están embarazadas o que están dando pecho.

545

cómo tratar
las reacciones
alérgicas y el
choque alérgico

Medicinas que pueden salvar la vida de una mujer

Una forma en que usted puede ayudar a salvarles la vida a algunas mujeres en su área es creando un botiquín de medicinas para la comunidad. Las medicinas que aparecen en el cuadro de abajo le ayudarán a empezar un tratamiento hasta que se pueda conseguir otro tipo de ayuda médica. Asegúrese de que las medicinas estén en su botiquín o en la clínica más cercana. Si es necesario comprarlas, vea si puede reunirse con los líderes de su comunidad. Explíqueles por qué las medicinas son importantes y vean si juntos pueden encontrar maneras de comprarlas.

Qué incluir en un botiquín de medicinas:

Problema	Medicina
infección pélvica	tabletas: amoxicilina, azitromicina, cefixima, doxiciclina, eritromicina o metronidazol para inyección: ceftriaxona, espectomicina
infección de los riñones	tabletas: cefixima, ciprofloxacina, cotrimoxazol para inyección: gentamicina, ceftriaxona
sangrado después de un parto, aborto o malparto	oxitocina, ergometrina, misoprostol
infección después de un parto, aborto o malparto	tabletas: ampicilina, cefixima, doxiciclina, metronidazol para inyección: ampicilina, ceftriaxona, clindamicina, gentamicina
eclampsia durante o después del parto	diacepam o sulfato de magnesio
prevención de embarazos en casos de emergencias (después de una violación, si se rompe un condón, u otra emergencia)	pastillas anticonceptivas como *Lo-Femenal* (de dosis baja) u *Ovral* (de dosis alta) o *Postinor* (una pastilla especial para emergencias) Vea las páginas 523 a 524 para otras marcas de fábrica comunes.
reacción alérgica a un antibiótico	epinefrina, difenhidramina, hidrocortisona o dexametasona

CÓMO USAR LAS PÁGINAS VERDES

Esta sección da información sobre las medicinas que mencionamos en este libro. Para información general sobre las medicinas, asegúrese de leer el capítulo sobre el uso de medicinas para la salud de la mujer, que empieza en la página 468. Para información específica sobre cada medicina, usted puede consultar la presente sección. Las medicinas aparecen bajo su nombre genérico (científico), igual que en los capítulos. Las medicinas están organizadas en orden alfabético, o sea en este orden:

a b c d e f g h i j k l ll m n ñ o p q r rr s t u v w x y z

Por ejemplo, si usted está buscando 'hidroxicina', aparece después de 'doxiciclina', pero antes de 'metronidazol'.

Usted también puede encontrar una medicina en las páginas verdes usando...

- **el índice de problemas** en la página 486. Este índice enumera los problemas de salud que discutimos en este libro, al igual que las medicinas para tratarlos. El índice indica el número de la página donde usted puede hallar información sobre el problema médico en cuestión. Asegúrese de leer la información acerca del problema antes de tratarlo con medicina. Recuerde: ¡la buena salud no sólo depende de las medicinas! La 'medicina' más importante para la buena salud es la buena información.

- **la lista de medicinas** en la página 488. Este índice presenta los nombres genéricos de las medicinas, al igual que algunas marcas de fábrica comunes. Si hay alguna medicina que usted quiera usar, la puede buscar en ese índice para encontrar la página que proporciona más información sobre esa medicina.

Ambos índices están organizados en orden alfabético.

Información sobre medicinas específicas

La información sobre medicinas específicas comienza en la página 490.

La información sobre cada medicina aparece en un cuadro como éste:

El nombre genérico aparece en **negrilla:**

Algunos nombres de fábrica aparecen en *letra cursiva:*

Estos dibujos aparecen junto con la palabra **CUIDADO** cuando las mujeres que están embarazadas o las madres que están dando pecho necesitan tener especial cuidado con la medicina en cuestión. Si las mujeres que están embarazadas o dando pecho no deben usar la medicina, los dibujos aparecen tachados.

En esta sección aparece información general sobre la medicina.

El resto del cuadro da información adicional importante para usar la medicina de maneras seguras.

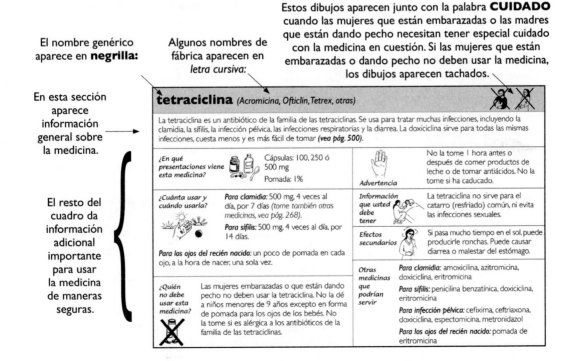

tetraciclina *(Acromicina, Ofticlin, Tetrex, otras)*

La tetraciclina es un antibiótico de la familia de las tetraciclinas. Se usa para tratar muchas infecciones, incluyendo la clamidia, la sífilis, la infección pélvica, las infecciones respiratorias y la diarrea. La doxiciclina sirve para todas las mismas infecciones, cuesta menos y es más fácil de tomar *(vea pág. 500).*

| ¿En qué presentaciones viene esta medicina? | Cápsulas: 100, 250 ó 500 mg
Pomada: 1% | *Advertencia* | No la tome 1 hora antes o después de comer productos de leche o de tomar antiácidos. No la tome si ha caducado. |

| ¿Cuánta usar y cuándo usarla? | *Para clamidia:* 500 mg, 4 veces al día, por 7 días *(tome también otras medicinas, vea pág. 268).*
Para sífilis: 500 mg, 4 veces al día, por 14 días. | *Información que usted debe tener* | La tetraciclina no sirve para el catarro (resfriado) común, ni evita las infecciones sexuales. |
| | | *Efectos secundarios* | Si pasa mucho tiempo en el sol, puede producirle ronchas. Puede causar diarrea o malestar del estómago. |

Para los ojos del recién nacido: un poco de pomada en cada ojo, a la hora de nacer, una sola vez.

| ¿Quién no debe usar esta medicina? | Las mujeres embarazadas o que están dando pecho no deben usar la tetraciclina. No la dé a niños menores de 9 años excepto en forma de pomada para los ojos de los bebés. No la tome si es alérgica a los antibióticos de la familia de las tetraciclinas. | *Otras medicinas que podrían servir* | *Para clamidia:* amoxicilina, azitromicina, doxiciclina, eritromicina
Para sífilis: penicilina benzatínica, doxiciclina, eritromicina
Para infección pélvica: cefixima, ceftriaxona, doxiciclina, espectomicina, metronidazol
Para los ojos del recién nacido: pomada de eritromicina |

Índice de problemas

Ésta es una lista de los problemas médicos que discutimos en este libro y que a veces se tratan con medicinas. Los problemas aparecen en orden alfabético, en la columna del lado izquierdo. La columna de en medio da los números de las páginas de este libro que contienen información sobre cada problema. Usted debe leer esas páginas antes de tomar cualquier medicamento. La columna de la derecha contiene los nombres de las medicinas que se pueden usar para cada problema de la columna del lado izquierdo. Para obtener más información sobre una medicina, consulte los cuadros que empiezan en la página 490.

Lista de medicinas

Esta lista de medicinas contiene dos tipos de nombres: marcas de fábrica y nombres genéricos (científicos). Usted puede buscar aquí el nombre de una medicina que quiera usar para encontrar la página de esta sección donde aparece la información acerca de esa medicina. Las marcas de fábrica aparecen en *letra cursiva como ésta*. Después de cada marca de fábrica aparece también el nombre genérico de la medicina.

acetaminofén o **paracetamol** (Datril, Tempra, Tylenol, Winasorb, otras)

Acetaminofén y paracetamol son dos nombres diferentes para la misma medicina que se usa para calmar el dolor y para bajar la fiebre (calentura). Es una de las medicinas para el dolor más seguras. No irrita el estómago y por eso la pueden usar quienes tienen úlceras del estómago. También la pueden usar las mujeres embarazadas. *Vea paracetamol en la página 511.*

acetato de medroxiprogesterona (Cycrin, Depo Provera, Provera) CUIDADO

El acetato de medroxiprogesterona es una forma química de la progesterona, una hormona que produce el cuerpo de la mujer. Se puede usar para tratar el sangrado irregular causado por cambios hormonales, especialmente alrededor del cambio de vida (menopausia). *Para mayor información vea el Capítulo 8, sobre las mujeres mayores de edad. Para información sobre la planificación familiar, vea el Capítulo 13.*

¿En qué presentaciones viene esta medicina?	Pastillas: 2, 5, 5 ó 10 mg Líquido para inyecciones: 150 ó 400 mg por cada ml	*¿Quién no debe usar esta medicina?*	No deben tomar esta medicina las mujeres que tienen hepatitis o cáncer de los pechos o del cérvix.
¿Cuánta usar y cuándo usarla?	*Para sangrado fuerte:* Tome 10 mg una vez al día, por 10 días. Si el sangrado continúa, tome por 10 días más.	Advertencia	Si el sangrado continúa después de 20 días de tratamiento, consulte a un trabajador de salud. Podría tener un problema grave.

aciclovir (Cicloferon, Espen, Laciken, Rapivir, Zovirax) CUIDADO

El aciclovir es una medicina que mata a los virus. Se usa para el herpes, un mal que puede producir ampollas dolorosas en los genitales, en el ano y en la boca. También se usa para el herpes zóster, una infección que es muy común para las personas con VIH. El aciclovir no impide que el herpes regrese, pero sí lo hace menos doloroso y evita que se extienda.

¿En qué presentaciones viene esta medicina?	Pastillas: 200, 400 u 800 mg Pomada: 5%	*¿Quién no debe usar esta medicina?*	Alguien que tenga daño de los riñones.
¿Cuánta usar y cuándo usarla?	*Para el herpes genital o para 'fuegos' en la boca:* Tome 200 mg por la boca, 5 veces al día, por 7 días. *Para 'fuegos':* Pomada: Póngase pomada en las llagas, 6 veces al día, por 7 días. Lávese las manos. *Para herpes zoster:* Tome de 600 a 800 mg por la boca, 5 veces al día, por 7 a 10 días.	*Información que usted debe tener*	Las pastillas son mucho más eficaces y menos costoso que la pomada. Tómelas con mucha agua.
		Efectos secundarios	A veces puede causar dolor de cabeza, mareo, náusea y vómitos.
		Señas de haber usado demasiada	Dolor de cabeza, pérdida de la memoria, náusea, no poder orinar.

ácido tricloroacético, ácido bicloroacético

Tanto el ácido tricloroacético como el ácido bicloroacético se pueden usar para tratar las verrugas genitales.

¿En qué presentaciones viene esta medicina?	Líquidos de concentraciones entre 10% y 35%	Advertencia	Use esta medicina con mucho cuidado. Puede quemar la piel tanto que puede dejar cicatrices.
¿Cuánta usar y cuándo usarla?	Ponga el líquido sólo en la verruga, 1 vez a la semana, de 1 a 3 semanas, según sea necesario.	*Información que usted debe tener*	Primero proteja la piel alrededor de la verruga con vaselina. Luego aplique el ácido tricloroacético. Dolerá como por 15 ó 30 minutos. Si se derrama sobre la piel sana, enjuáguela con agua y jabón. También puede poner talco para bebé o bicarbonato en el área donde se derrame.
Efectos secundarios	El ácido tricloroacético daña o destruye la piel sana, por eso es importante no derramarlo.	*Otras medicinas que podrían servir*	podofilina

adrenalina o epinefrina

Adrenalina y epinefrina son 2 nombres diferentes para la misma medicina. Se usa para las reacciones alérgicas fuertes y para el choque alérgico (por ejemplo, para una reacción alérgica a la penicilina). También se usa para los ataques muy fuertes de asma. *Vea epinefrina en la página 500.*

amoxicilina *(Amoxifur, Amoxil, Hidramox, Penamox)*

La amoxicilina es una medicina de la familia de las penicilinas. Se usa para tratar infecciones sexuales, pulmonía y otras infecciones. Actualmente se usa en muchos lugares en vez de la ampicilina. Dado los altos niveles de resistencia a la medicina, hoy es menos útil de lo que antes era.

¿En qué presentaciones viene esta medicina?	Pastillas: 250 y 500 mg Líquido: 125 ó 250 mg por cada 5 ml	

Efectos secundarios: Puede causar diarrea, ronchas, náusea o vómitos. Puede producir infecciones de moniliasis (hongos) en las mujeres y rozadura de pañal en los bebés.

¿Cuánta usar y cuándo usarla?

Para clamidia: 500 mg por la boca, 3 veces al día, por 7 días *(las combinaciones de medicinas para tratar el desecho vaginal aparecen en la pág. 266 y 268, para infección pélvica, en la pág. 275).*

Información que usted debe tener: Si no empieza a mejorarse en 3 días, consiga ayuda médica; tal vez necesite una medicina diferente. Tome la medicina con alimentos.

Para infección pélvica: 500 mg por la boca, 3 veces al día, por 14 días *(las combinaciones de medicinas para tratar la infección pélvica aparecen en la pág. 275).*

Otras medicinas que podrían servir:

Para infecciones de la vejiga o de los riñones: cefixima, ceftriaxona, ciprofloxacina, cotrimoxazol, gentamicina, nitrofurantoína

Para infecciones de los pechos: cefalexina, dicloxacilina, eritromicina

¿Quién no debe usar esta medicina? No la tome si es alérgica a medicinas de la familia de las penicilinas.

amoxicilina con potasio clavulánico *(Amoxidav, Augmentín, Clavulin, Eumetinex)*

La amoxicilina con potasio clavulánico es un antibiótico de la familia de las penicilinas que se usa para tratar la gonorrea y otras infecciones. Sin embargo, en algunos lugares, la gonorrea ahora es resistente a esta medicina. Para ciertas infecciones es mucho más eficaz que la amoxicilina sola, pero es cara y muchas veces es difícil de conseguir fuera de los países ricos. Por desgracia, el potasio clavulánico no se puede comprar solo para combinarse con la amoxicilina común.

¿En qué presentaciones viene esta medicina?

Pastillas: 125, 200, 250, 400, 500 y 875 mg
Líquido: 125, 200, 250 ó 400 mg por cada 5 ml

¿Quién no debe usar esta medicina? No la use si es alérgica a las medicinas de la familia de las penicilinas.

¿Cuánta usar y cuándo usarla?

Para gonorrea: Tome 3 gramos de amoxicilina con potasio clavulánico (*Augmentín*) más un gramo de probenecid, una sola vez.

Otras medicinas que podrían servir

Para gonorrea: vea las combinaciones de medicinas en la pág. 268.

ampicilina *(Binotal, Lampicin, Omnipen, Penbritin)*

La ampicilina es un antibiótico de la familia de las penicilinas, que se usa para tratar muchos tipos de infecciones. Dado a los altos niveles de reistencia a la droga, hoy es menos útil de lo que antes era.

¿En qué presentaciones viene esta medicina?

Pastillas y cápsulas: 250 ó 500 mg

Líquido: 125 ó 250 mg por cada 5 ml

Polvo que se mezcla para inyecciones: 500 mg

Efectos secundarios

Puede causar malestar del estómago y diarrea. Puede producir ronchas.

Si no empieza a mejorarse en 3 días, consiga ayuda médica; puede que necesite una medicina diferente.

Advertencia

¿Cuánta usar y cuándo usarla?

Para infección después del aborto o infección de la matriz: Inyecte 2 gramos en el músculo o la vena una vez, después inyecte 1 gramo, 4 veces al día, *(vea pág. 257 para las combinaciones de medicinas usadas para tratar la infecciones del aborto y pág. 97 para la infección de la matriz).*

Información que usted debe tener

Tome esta medicina antes de comer.

Para fiebre durante el parto: Tome 2 g, 4 veces al día, hasta que pueda obtener atención médica. También tome metronidazol.

Otras medicinas que podrían servir

Para infecciones después del aborto: vea pág. 256 y 257 para las combinaciones de medicinas usadas.

Para fiebre durante el embarazo: vea pág. 97 para las combinaciones de medicinas usadas.

¿Quién no debe usar esta medicina?

No use ampicilina si es alérgica a medicinas de la familia de las penicilinas.

---

aspirina *(ácido acetilsalicílico, ASA, otras)*   **CUIDADO**

La aspirina sirve para el dolor, para la hinchazón y para la fiebre (calentura).

¿En qué presentaciones viene esta medicina?

Pastillas: 300 mg, 500 mg y otras

Efectos secundarios

Puede causar malestar del estómago, dolor de estómago o problemas de sangrado.

¿Cuánta usar y cuándo usarla?

Para dolor, hinchazón o fiebre: De 300 a 600 mg por la boca, no más de 6 veces al día, según sea necesario.

Información que usted debe tener

La aspirina sirve para tratar algunas enfermedades, como la artritis y ciertos problemas del corazón, pero generalmente se usa para calmar el dolor y bajar la fiebre. Es importante encontrar y tratar la causa del dolor o de la fiebre. Si el dolor dura más de 10 días, o la fiebre dura más de 3 días, consiga ayuda médica.

¿Quién no debe usar esta medicina?

Las mujeres no deben tomar aspirina durante los últimos 3 meses del embarazo. Las personas que tienen úlceras del estómago o problemas de sangrado tampoco deben tomar aspirina. No se debe usar antes de una operación. Las mujeres que están dando pecho no la deben usar la primera semana de vida del bebé. No se debe dar a niños.

Señas de haber usado demasiada

Zumbido en los oídos, dolor de cabeza, mareo, confusión, respiración rápida.

Otras medicinas que podrían servir

Para dolor o fiebre: paracetamol

Para dolor, fiebre o hinchazón: ibuprofeno

Para dolor fuerte: codeína

azitromicina *(Azitrocin)*

La azitromicina es un antibiótico de la familia de los macrólidos que se usa para tratar muchas infecciones sexuales. Puede ser cara y muchas veces es difícil de encontrar, pero sirve bien para las infecciones sexuales que causan desechos vaginales o llagas genitalescuando muchos otros antibióticos fallan. Se puede usar durante el embarazo y cuando está dando pecho.

¿En qué presentaciones viene esta medicina?		Cápsulas: 250 mg

¿Cuánta usar y cuándo usarla?

Para clamidia o chancro blando: Tome 1 gramo (1.000 mg) por la boca, una sola vez *(también tome otras medicinas, vea págs. 268 y 271).*

Para infección pélvica: Tome 1 gramo (1.000 mg) por la boca, en una sola dosis. Tome una segunda dosis en 1 semana (7 días) *(también tome otras medicinas, vea pág. 275).*

¿Quién no debe usar esta medicina?		Las personas alérgicas a la eritromicina o a otros antibióticos de la familia de los macrólidos.

Efectos secundarios		Diarrea, náusea, vómitos, dolor en el abdomen.

Información que usted debe tener

Si está tomando la dosis semanal, hay que tomarla junto con la comida.

Otras medicinas que podrían servir

Para clamidia: vea pág. 268 para las combinaciones de medicinas.

Para chancro blando: vea pág. 271 para las combinaciones de medicinas.

Para infección pélvica: vea pág. 275 para las combinaciones de medicinas.

---

bencilpenicilina *(penicilina G postásico o sódica) (Pengesod)*

La bencilpenicilina es un antibiótico de la familia de las penicilinas que se usa para tratar muchas infecciones graves.

¿En qué presentaciones viene esta medicina?		Polvo que se mezcla para inyecciones: 1 ó 5 millones de Unidades

¿Cuánta usar y cuándo usarla?

Para tétano en los recién nacidos: Inyecte 100.000 de Unidades /kg en el músculo, 4 veces al día, por 10 días.

¿Quién no debe usar esta medicina?		Las personas que sean alérgicas a medicinas de la familia de las penicilinas.

Advertencia

Esté pendiente de las reacciones alérgicas y de las señas del choque alérgico.

Otras medicinas que podrían servir

Para infecciones graves después del aborto: ampicilina, cefixima, ceftriaxona, clindamicina, doxiciclina, gentamicina, metronidazol (vea págs. 256 y 257 para las combinaciones de medicinas).

carbón activado

El carbón activado es un tipo de carbón preparado de una forma especial, que se usa para tratar ciertos tipos de envenenamiento con medicinas como la aspirina, el acetaminofén y el fenobarbital, otras medicinas o sustancias químicas y los hongos venenosos. Después de dar el carbón activado, consiga ayuda médica de inmediato.

¿En qué presentaciones viene esta medicina?		Líquido: 25 g por 120 ml Polvo: 15 g	Efectos secundarios		Excrementos negros, vómitos, diarrea.
¿Cuánta usar y cuándo usarla?		Tome de 30 a 100 g por la boca, de una sola vez, y tan pronto como sea posible.			Consiga ayuda médica de inmediato. Las personas que toman una cantidad excesiva de una medicina pueden enfermarse mucho y pueden necesitar mucho más que carbón activado.
¿Quién no debe usar esta medicina?		No use carbón activado si ha ingerido líquido para encendedor, queroseno o productos de petróleo.	Advertencia		

cefalexina *(Ceporex, Keflex, Naxifelar)*

La cefalexina es un antibiótico de la familia de las cefalosporinas que se usa para tratar infecciones de los pechos, bronquitis y algunos tipos de infecciones de la piel.

¿En qué presentaciones viene esta medicina?		Pastillas: 250 ó 500 mg Líquido: 125 ó 250 mg por cada 5 ml	Advertencia		Esté pendiente de las reacciones alérgicas.
¿Cuánta usar y cuándo usarla?		*Para infecciones de los pechos y de la piel e infección después de la circuncisión femenina:* 250 mg por la boca, 4 veces al día, por 7 días.	Información que usted debe tener		Si le empieza a dar diarrea sangrienta con fiebre, deje de tomar cefalexina y tome metronidazol *(vea pág. 507)*.
¿Quién no debe usar esta medicina?		No tome cefalexina si es alérgica a los antibióticos de la familia de las cefalosporinas.	Otras medicinas que podrían servir		*Para infecciones de los pechos y de la piel:* eritromicina, dicloxacilina, amoxicilina, penicilina. *Para infecciones después de la circuncisión femenina:* dicloxacilina, eritromicina
Efectos secundarios		Náusea, vómitos y diarrea. Muy pocas veces, el comienzo de una diarrea sangrienta y con fiebre.			

cefixima *(Denvar, Novacel)* CUIDADO

La cefixima es un antibiótico de la familia de las cefalosporinas que se usa para tratar muchas infecciones, incluyendo la gonorrea, la infección pélvica, infección después del parto, infección después del aborto y otras.

¿En qué presentaciones viene esta medicina?

 Pastillas: 200 ó 400 mg
Líquido: 100 mg en 5 ml

Efectos secundarios Náusea, diarrea, dolor de cabeza.

¿Cuánta usar y cuándo usarla?

Para la gonorrea, la infección pélvica y la infección después del aborto: Tome 400 mg por la boca una sola vez *(las combinaciones de medicinas aparecen en las págs. 256 a 257, 268 y 275).*

Para infección después del parto: Tome 400 mg por la boca, 2 veces al día, hasta 2 días después de que ha desaparecido el fiebre.

Para infección de los riñones: Tome 400 mg por la boca, 2 veces al día, por 10 días.

Advertencia Esté pendiente de las reacciones alérgicas. Las personas que tienen problemas del hígado deben ser vigiladas cuidadosamente cuando tomen cefixima.

Otras medicinas que podrían servir

Para gonorrea: cefixima, ceftriaxona, espectinomicina

Para infección pélvica: azitromicina, ceftriaxona, doxiciclina, eritromicina, espectinomicina, metronidazol, tetraciclina.

Para infección después del aborto: ampicilina, ceftriaxona, clindamicina, doxiciclina, gentamicina, metronidazol.

Para infección después del parto: ampicilina, doxiciclina, gentamicina, metronidazol.

Para infección de los riñones: ceftriaxona, ciprofloxacina, cotrimoxazol, gentamicina.

¿Quién no debe usar esta medicina? Las personas que sean alérgicas a antibióticos de la familia de las cefalosporinas.

---

ceftriaxona *(Benaxona, Cefaxona)* CUIDADO

La ceftriaxona es un antibiótico muy fuerte de la familia de las cefalosporinas que se inyecta en el músculo o la vena. Se usa para muchas infecciones, incluyendo la gonorrea, la infección pélvica, las infecciones de los riñones y las infecciones graves después del aborto, del parto o de una pérdida del embarazo.

¿En qué presentaciones viene esta medicina?

En ampolletas para inyección: 250 mg, 500 mg, 1 gramo, 2 gramos y 10 gramos

¿Quién no debe usar esta medicina? No tome ceftriaxona si es alérgica a los antibióticos de la familia de las cefalosporinas o si ha tenido una reacción fuerte a la penicilina.

¿Cuánta usar y cuándo usarla?

Para infecciones después del aborto o infección pélvica: Inyecte 250 mg en un músculo, una sola vez *(para las combinaciones de medicinas para infección después del aborto, vea págs. 256 y 257; y para la infección pélvica, vea pág. 275).*

Para la gonorrea: Inyecte 125 mg en un músculo, una sola vez *(para las combinaciones de medicinas, vea pág. 268).*

Para la infección de los riñones: Inyecte 1 gramo en la vena, una vez al día.

Para el chancro blando: Inyecte 250 mg en un músculo, una sola vez *(para las combinaciones de medicinas, vea pág. 271).*

Advertencia Esté pendiente de reacciones alérgicas.

Cuando inyecte antibióticos, siempre esté lista para tratar las reacciones alérgicas y el choque alérgico.

Otras medicinas que podrían servir

Para infección pélvica o infección después del aborto: ampicilina, amoxicilina, azitromicina, cefixima, clindamicina, doxiciclina, eritromicina, espectinomicina, gentamicina, metronidazol (vea págs. 256, 257 y 275).

Para gonorrea: cefixima, espectinomicina

ciprofloxacina *(Ciproxina, Kenzoflex, Ossina)*

La ciprofloxacina es un antibiótico fuerte de la familia de los quinolones. Se usa para tratar infecciones de la piel y de los riñones, al igual que algunas infecciones sexuales, como el chancro blando.

¿En qué presentaciones viene esta medicina?
Pastillas: 250, 500 ó 750 mg

¿Cuánta usar y cuándo usarla?

Para chancro blando o diarrea con sangre y fiebre: 500 mg por la boca 2 veces al día por 3 días *(vea pág. 271 para las combinaciones de medicinas usadas para tratar las llagas genitales).* Tome por 7 días si también tiene VIH.

Para infección de los riñones: Tome 500 mg por la boca, 2 veces al día, por 10 días.

¿Quién no debe usar esta medicina?
No la use si está embarazada o dando pecho, o si es menor de 16 años.

Efectos secundarios
Náusea, diarrea, vómitos, dolor de cabeza.

Advertencia
Esta medicina reacciona con la cafeína (en el café, el chocolate, ciertas sodas, etc.) y hace a la cafeína aún más fuerte. No la tome junto con productos de leche.

Información que usted debe tener
Tome mucha agua. Puede comer al mismo tiempo que tome la ciprofloxacina; simplemente evite los productos de leche.

Otras medicinas que podrían servir
Para chancro blando: azitromicina, ceftriaxona, eritromicina
Para infección de los riñones: cefixima, ceftriaxona, cotrimoxazol, gentamicina
Para diarrea con sangre y fiebre: cotrimoxazol, norfloxacina

clindamicina *(Dalacin, Dalacin C)*

CUIDADO

La clindamicina es un antibiótico de la familia de la lincosamida que se usa para tratar infecciones en la vagina, la pelvis, el abdomen, la piel y el aparato respiratorio.

¿En qué presentaciones viene esta medicina?
Cápsulas: 25 mg, 75 mg, 150 mg, 300 mg
Líquido para la inyección: 150 mg/ml
Crema: 2%

¿Cuánta usar y cuándo usarla?

Para una infección de vaginosis bacteriana: Tabletas: Tome 300 mg, por la boca, 2 veces al día por 7 días.
Crema: Inserte 5 g muy adentro de la vagina cada noche a la hora de dormir por 7 días.

Para una infección después del aborto: Inyecte 900 mg en la vena 3 veces al día *(vea pág. 257 para combinaciones de drogas para infecciones después del aborto).*

Para paludismo durante los primeros 3 meses del embarazo: Tome 300 mg por la boca, 4 veces al día por 7 días. También tome quinina, 600 mg por la boca, 3 veces al día por 7 días.

¿Quién no debe usar esta medicina?
Si está dando pecho y esta medicina provoca diarrea en su bebé, deje de usarla.

Efectos secundarios
Nauseas, vómitos y diarreas pueden ocurrir después de las primeras semanas de tomar esta medicina. Si la clindamicina le da sarpullido, deje de usarla y consulte con la promotora de salud.

Advertencia
El uso por más de 30 días puede causar algodoncillo e infecciones de cándida y puede causar daños a las personas que tienen problemas con los riñones o con el hígado. La crema vaginal puede debilitar al condón durante 3 días después de haberla utilizado.

Información que usted debe tener
El uso de esta medicina junto con la eritromicina o cloranfenicol puede dar como resultado que ambas drogas sean menos efectivas. Si está usando la crema durante su regla, no debe usar tampones porque estos absorberían la medicina.

Otras medicinas que podrían servir
Para vaginosis bacteriana: metronidazol
Para infección de la matriz o infección después del aborto: ampicilina, cefixima, ceftriaxona, doxiciclina, eritromicina, gentamicina, metronidazol

cloranfenicol *(Chloromycetin, Clorafen, Paraxin, Quemicetina)*

El cloranfenicol es un antibiótico muy fuerte que se usa para infecciones graves después del parto, de una pérdida del embarazo o de un aborto. Sólo debe usarse cuando las medicinas menos peligrosas no sean eficaces o cuando la persona no pueda tomar otras medicinas con seguridad. En forma de pomada, también se usa para los ojos de los bebés cuando no hay pomada de eritromicina o de tetraciclina.

¿En qué presentaciones viene esta medicina?	Cápsulas: 250 mg Líquido: 150 mg por cada 5 ml Polvo que se mezcla para inyecciones: 1 g Pomada: 1% Líquido para los ojos: 0,5%	*Advertencia*	De ser posible, use otros antibióticos. El cloranfenicol puede dañar la sangre permanentemente o incluso puede ser mortal.
¿Cuánta usar y cuándo usarla?	*Para los ojos del bebé:* ponga un poquito en cada ojo cuando el bebé nazca.	*Información que usted debe tener*	Para las infecciones graves, el cloranfenicol se debe tomar junto con 10 millones de Unidades de bencilpenicilina.
¿Quién no debe usar esta medicina?	Las mujeres que están embarazadas o dando pecho.	*Señas de haber usado demasiada*	A la persona le salen moretones fácilmente, ella sangra con facilidad o tiene problemas de la vista.
Efectos secundarios	Malestar del estómago, problemas de la vista.	*Otras medicinas que podrían servir*	*Para los ojos del bebé:* las pomadas de tetraciclina o de eritromicina son mejores.

codeína

CUIDADO

La codeína es una medicina para el dolor, de la familia de los opiatos, que también calma la tos y sirve para relajarse y para dormir. Sólo use codeína para calmar las toses muy fuertes, después de haber tratado la causa de la tos. Sólo use codeína para el dolor cuando las medicinas más suaves no funcionen.

¿En qué presentaciones viene esta medicina?	Líquido: 15 mg por cada ml Pastillas: 15, 30 ó 60 mg Jarabe para la tos: diferentes concentraciones 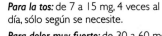	*Señas de haber usado demasiada*	Sueño, atontamiento, coma.
¿Cuánta usar y cuándo usarla?	*Para la tos:* de 7 a 15 mg, 4 veces al día, sólo según se necesite. *Para dolor muy fuerte:* de 30 a 60 mg, de 4 a 6 veces al día, según se necesite.	*Tratamiento para quien haya tomado demasiada*	Se puede dar una inyección de naloxone (*Narcan*) a alguien que haya tomado demasiada codeína. Consiga ayuda médica.
Efectos secundarios	Causa estreñimiento (dificultades para obrar) e inhabilidad de orinar temporalmente. Náusea, vómitos, comezón, dolores de cabeza.		
Información que usted debe tener	La codeína produce adicción, o sea, es enviciante. Si la usa por más de unos cuantos días, necesitará más y más para que surta efecto.	*Otras medicinas que podrían servir*	*Para el dolor:* acetaminofén, aspirina, ibuprofeno *Para dolor muy fuerte:* morfina *Para la tos:* tome mucha agua, use jarabe para tos casero (vea pág. 303).

---

cotrimoxazol (trimetoprim-sulfa) = trimetoprima + sulfametoxazol
(Anatrim, Bactrim, Ectaprim, Kelfiprim, Septrin, otras)

CUIDADO

El cotrimoxazol es una combinación de 2 antibióticos (uno de la familia de las sulfas) que se usa para tratar infecciones de la vejiga y de los riñones. También sirve para prevenir la diarrea, la pulmonía y otras infecciones en las personas que tienen VIH.

¿En qué presentaciones viene esta medicina?	Pastillas: 120 mg (20 mg de trimetoprima + 100 mg de sulfametoxazol) 480 mg (80 mg de trimetoprima + 400 mg de sulfametoxazol) 960 mg (160 mg de trimetoprima + 800 mg de sulfametoxazol) Líquido: 240 mg (40 mg de trimetoprima + 200 mg de sulfametoxazol) por cada 5 ml

¿Cuánta usar y cuándo usarla?

Para infección de la vejiga: Tome 2 pastillas de 480 mg, por la boca, 2 veces al día por 3 días.

Para infección de los riñones: Tome 2 pastillas de 480 mg por la boca, 2 veces al día por 10 días.

Para prevención de pulmonía, diarrea y otras infecciones en personas que tienen VIH: Tome 2 pastillas de 480 mg cada día.

Para diarrea con sangre y fiebre en personas que tienen SIDA: Tome 2 pastillas de 480 mg por la boca, 2 veces al día, por 7 días.

Para pulmonía en personas que tienen SIDA: Tome 4 pastillas de 480 mg por la boca, 3 veces al día por 21 días.

Para los niños que nacen de madres con VIH: Darles 120 mg (2,5 ml de líquido por la boca) a los bebés que tienen 6 meses o menos; 240 mg (5 ml de líquido por la boca) a los niños de 6 meses a 6 años de edad, cada día.

¿Quién no debe usar esta medicina?	Las mujeres que estén en los últimos 3 meses del embarazo no deben tomar esta medicina. Si es alérgica a las sulfas, no tome esta medicina.
Efectos secundarios	Deje de tomar esta medicina si le produce una reacción alérgica como comezón o ronchas. También puede causar náusea y vómitos.
 Advertencia	Tome esta medicina con mucha agua.
Señas de haber usado demasiada	Náusea, vómitos, diarrea, confusión, sudores.
Otras medicinas que podrían servir	**Para infecciones de la vejiga y de los riñones:** cefixima, ceftriaxona, ciprofloxacina, gentamicina, nitrofuratoína **Para diarrea con sangre y fiebre en quienes tienen SIDA:** ciprofloxacina, norfloxacina

---

dexametasona *(Alin, Decadron)*

La dexametasona es un tipo de esteroide que se usa para tratar el choque alérgico *(vea pág. 545).*

¿En qué presentaciones viene esta medicina?	Pastillas: 0,25, 0,5, 0,75, 1, 1,5, 2, 4 ó 6 mg Líquido: 0,5 mg por cada 5 ml, ó 1 mg por cada ml Para inyectar: 4, 8, 10, 16 ó 20 mg por cada ml
¿Cuánta usar y cuándo usarla?	**Para choque alérgico:** Inyecte 20 mg en un músculo. Si las señas regresan, tome 20 mg por la boca, y repita esa dosis una vez más, de ser necesario.

Efectos secundarios	Si la persona tiene diabetes, la medicina la puede empeorar por unas cuantas horas. También puede elevar la presión de la sangre.
Otras medicinas que podrían servir	**Para choque alérgico:** hidrocortisona

diacepam *(Alboral, Diatex, Valium)*

CUIDADO

El diacepam es un tranquilizante que se usa para tratar y prevenir convulsiones. Calma las angustias y ayuda a dormir.

¿En qué presentaciones viene esta medicina?
Pastillas: 5 ó 10 mg
Para inyecciones: 5 mg por cada ml ó 10 mg por cada 2 ml

¿Cuánta usar y cuándo usarla?
Para convulsiones: Ponga 20 mg de diacepam en el ano, usando una jeringa **sin aguja** *(vea pág. 87)*. De ser necesario, repita usando 10 mg después de cada convulsión dejando por lo menos 20 minutos entre cada dosis. Si no tiene diacepam inyectable, use pastillas molidas y mezcladas con agua.

Para evitar convulsiones en un alcohólico que esté tratando de dejar de beber: Tome de 10 a 20 mg por la boca. Repita después de 1 hora, si es necesario. Si las señas siguen, dé cada 4 ó 5 horas mientras consigue ayuda médica.

Para la ansiedad o insomnio: Tome de 2,5 a 5 mg por la boca.

¿Quién no debe usar esta medicina?
Las mujeres que están embarazadas o dando pecho sólo deben usar diacepam para tratar las convulsiones.

Efectos secundarios
Durante el embarazo, las dosis grandes o frecuentes de diacepam pueden causar defectos de nacimiento.

Advertencia
El diacepam produce adicción, o sea, es enviciante. Evite tomarlo con otras medicinas que den sueño y sobre todo con alcohol.

Información que usted debe tener
El diacepam no sirve para el dolor. Es muy enviciante.

Señas de haber usado demasiada
Sueño, pérdida del equilibrio, confusión.

Otras medicinas que podrían servir
Para convulsiones: sulfato de magnesio
Para dormir: difenhidramina
Para la ansiedad: hidroxicina

---

dicloxacilina *(Posipen)*

La dicloxacilina es un antibiótico de la familia de las penicilinas. Se usa para tratar infecciones de los pechos y de la piel.

¿En qué presentaciones viene esta medicina?
Cápsulas: 125, 250, ó 500 mg
Líquido: 62,5 mg por cada 5 ml

¿Cuánta usar y cuándo usarla?
Para infecciones de los pechos, de la piel y otras infecciones: Tome 500 mg, 4 veces al día, por 7 días.

¿Quién no debe usar esta medicina?
No tome esta medicina si usted es alérgica a la penicilina.

Efectos secundarios
Náusea, vómitos, diarrea.

Advertencia
Esté pendiente de las reacciones alérgicas y del choque alérgico.

Otras medicinas que podrían servir
Para infecciones de los pechos o de la piel: cefalexina, eritromicina, penicilina

---

difenhidramina *(Tzoali)*

CUIDADO

La difenhidramina es un antihistamínico que seca el moco de la nariz y que también da sueño. Es útil para tratar la comezón y los problemas para dormir. También sirve para tratar las reacciones alérgicas y el choque alérgico.

¿En qué presentaciones viene esta medicina?
Pastillas o cápsulas: 25 ó 50 mg
Jarabe: 12,5 mg por cada 5 ml
Ampolletas para inyecciones: 10, 30 ó 50 mg en 1 ml

¿Cuánta usar y cuándo usarla?
Para alergias, reacciones alérgicas, o comezón: Tome 25 mg por la boca, 3 ó 4 veces al día, según sea necesario.
Para choque alérgico: Inyecte 50 mg en un músculo, y repita en 8 horas o menos, si es necesario *(vea pág. 545)*.
Para dormir: Tome de 25 a 50 mg a la hora de acostarse.

¿Quién no debe usar esta medicina?
Las mujeres que están embarazadas o dando pecho no deben usar esta medicina para tratar las alergias a largo plazo. Las personas que padecen de asma no deben tomarla.

Efectos secundarios
Ganas de dormir, boca reseca. A veces produce náusea y vómitos. En pocos casos, tiene el efecto opuesto y agita a la persona en vez de calmarla.

Advertencia
No la use si necesita estar alerta. Aumenta de manera peligrosa los efectos de los tranquilizantes y del alcohol.

Información que usted debe tener
Sólo inyecte la difenhidramina en casos de reacciones alérgicas fuertes o de choque alérgico.

Otras medicinas que podrían servir
Para alergias: hidroxicina, prometazina
Para dormir: diacepam

doxiciclina *(Vibramicina)*

La doxiciclina es un antibiótico de la familia de las tetraciclinas. Se usa para tratar muchos tipos de infecciones, incluyendo las infecciones sexuales, las infecciones pélvicas y las infecciones después del aborto. Se usa en vez de la tetraciclina.

¿En qué presentaciones viene esta medicina? Pastillas: 50 y 100 mg

¿Cuánta usar y cuándo usarla?

Para desecho vaginal causado por una infección sexual (clamidia): Tome 100 mg por la boca, 2 veces al día, por 7 días *(también tome otras medicinas, vea pág. 268).*

Para sífilis en sus inicios: 100 mg por la boca, 2 veces al día, por 14 días.

Para infección pélvica: Tome 100 mg por la boca, 2 veces al día, por 14 días *(también tome otras medicinas para la infección pélvica, vea pág. 275).*

Para evitar una infección después del aborto o de desinfibulación: Tome 100 mg 2 veces al día, por 1 día.

Para infecciones después del aborto (por boca): Tome 100 mg, 2 veces al día, por 14 días *(también tome otras medicinas, vea pág. 256).*

Para infecciones después del aborto (por inyección): Inyecte 100 mg en el músculo o la vena 2 veces al día *(también tome otras medicinas, vea pág. 257).*

Para infecciones después del parto: Tome 100 mg por la boca 2 veces al día hasta que no haya tenido fiebre por 2 días enteros *(también tome otras medicinas, vea pág. 97).*

¿Quién no debe usar esta medicina? Las mujeres que están embarazadas y los niños menores de 8 años. La doxiciclina puede dañar los huesos y los dientes de los bebés y los niños. Las mujeres que están dando pecho pueden tomar doxiciclina por un tiempo limitado para tratar las infecciones, pero deben evitar tomarla a largo plazo.

Efectos secundarios Diarrea o malestar del estómago. A algunas personas les salen ronchas después de pasar mucho tiempo en el sol.

Advertencia No la tome si está embarazada. Es mejor evitar tomarla mientras está dando pecho. No use doxiciclina que esté vieja o que haya caducado. No la tome con productos de leche ni con antiácidos.

Información que usted debe tener No la tome justo antes de acostarse. Siéntese cuando tome las pastillas y beba mucha agua para evitar la irritación que esta medicina puede producir al tomarla.

Otras medicinas que podrían servir

Para sífilis: eritromicina, penicilina benzatínica, tetraciclina

Para gonorrea: cefixima, ceftriaxona, espectinomicina

Para clamidia: amoxicilina, azitromicina, eritromicina, tetraciclina

Para prevenir una infección después del aborto: eritromicina

Para una infección después del aborto: vea págs. 256 y 257

Para una infección después de la circuncisión: eritromicina

epinefrina o adrenalina

Epinefrina y adrenalina son dos nombres que se le dan a la misma medicina. Se usa para las reacciones alérgicas o para el choque alérgico, como por ejemplo el choque alérgico causado por la penicilina. También se usa para los ataques de asma muy fuertes.

¿En qué presentaciones viene esta medicina? Ampolletas para inyección: 1 mg en cada ml

¿Cuánta usar y cuándo usarla?

Para asma, una reacción alérgica regular o choque alérgico: Inyecte ½ mg (½ ml) justo bajo la piel (no en el músculo) de la parte de arriba del brazo. De ser necesario, se puede dar una segunda dosis en 20 ó 30 minutos, y una tercera dosis después de otros 20 ó 30 minutos *(también dé otras medicinas, vea pág. 545).*

Efectos secundarios Temor, desasosiego, angustias, tensión, dolores de cabeza, mareos, pulso más rápido.

Advertencia Tenga cuidado de nunca dar más de la dosis recomendada. No ponga la inyección en las nalgas, sino en la parte de arriba del brazo, por detrás.

Información que usted debe tener Tome el pulso de la persona antes de dar la inyección. No dé más de 3 dosis. Si el pulso aumenta por más de 30 latidos por minuto después de la primera inyección, no dé otra dosis.

Señas de haber usado demasiada   Presión alta, pulso rápido, derrame cerebral (embolia).

ergometrina, ergonovina *(Methergin)*

La ergometrina hace que la matriz y los vasos sanguíneos dentro de la matriz se contraigan. Se usa para controlar el sangrado fuerte después del parto o del aborto. La ergometrina y la ergonovina son la misma medicina. Después de dar esta medicina, consiga ayuda médica.

¿En qué presentaciones viene esta medicina?

Pastillas: 0,2 mg

Para inyecciones: 0,2, 0,25 y 0,5 mg en frasquitos de 1 ml

¿Cuánta usar y cuándo usarla?

Para sangrado fuerte después del parto: Después de que la placenta haya salido, inyecte 0,2 mg en el músculo, o dé 1 pastilla (0,2 mg) por la boca, cada 2 ó 4 horas en el caso de sangrado grave o cada 6 ó 12 horas cuando el sagrado no sea tan fuerte. Siga dándole la ergometrina hasta que haya parado el sagrado y haya endurecido la matriz, usualmente después de 48 horas.

Para sangrado fuerte debido a complicaciones después del aborto: Dé una inyección de 0,2 mg en el músculo; después dé una pastilla de 0,2 mg o una inyección de 0,2 mg cada 6 horas, durante 24 horas.

Efectos secundarios

Náusea, vómitos, mareos, sudores.

Advertencia

No use estos medicamentos para hacer que el parto comience o que se vuelva más fuerte. Nunca dé estas medicinas antes de que el bebé y la placenta hayan salido.

Información que usted debe tener

No use esta medicina para provocar un aborto porque podría matar a la mujer antes de hacerla abortar. *(Para información sobre el aborto, vea el Capítulo 15.)*

Otras medicinas que podrían servir

oxitocina, misoprostol

eritromicina *(Ilosone, Optomicin, Pantomicina)*

La eritromicina es un antibiótico de la familia de los macrólidos que se usa para tratar muchas infecciones, incluyendo algunas infecciones sexuales, infecciones respiratorias e infecciones de la piel. Se puede usar con seguridad durante el embarazo y es fácil de conseguir.

¿En qué presentaciones viene esta medicina?

Pastillas o cápsulas: 200, 250 ó 500 mg

Pomada: 1%

Polvo para solución: 125 mg por cada 5 ml

¿Cuánta usar y cuándo usarla?

Para clamidia: 500 mg por la boca, 4 veces al día, por 7 días *(en la pág. 268 aparecen las combinaciones de medicinas para tratar el desecho vaginal causado por infecciones sexuales).*

Para infecciones de los pechos, infección pélvica o infecciones después del aborto o después de la circuncisión femenina o desinfibulación: 500 mg por la boca, 4 veces al día, por 7 días.

Para chancro blando o infecciones de la piel: 500 mg por la boca, 4 veces al día, por 7 días *(también use otras medicinas, vea la pág. 271).*

Para la sífilis: 500 mg por la boca, 4 veces al día, por 15 días.

Para los ojos del recién nacido: Use pomada al 1% una sola vez.

Para infecciones de la piel: 250 mg por la boca, 4 veces al día por 7 a 10 días.

¿Quién no debe usar esta medicina?

No la use si es alérgica a los antibióticos de la familia de los macrólidos.

Efectos secundarios

Puede causar malestar del estómago, náusea, vómitos, diarrea.

Información que usted debe tener

La eritromicina funciona mejor si se toma 1 hora antes o 2 horas después de una comida. Si eso le causa mucho malestar del estómago, tome la medicina con un poco de comida. No parta las pastillas. Muchas pastillas tienen una capa que evita que los jugos fuertes del estómago deshagan el medicamento antes de que pueda empezar a funcionar.

Otras medicinas que podrían servir

Para infección de los pechos: cefalexina, dicloxacilina

Para infección después de una circuncisión: cefalexina, doxiciclina

Para infecciones sexuales: vea las combinaciones de medicinas en las páginas 268 y 271.

Para los ojos del bebé: pomada de tetraciclina, pomada de cloranfenicol

Para infecciones de la piel: dicloxacilina

espectinomicina

La espectinomicina es un antibiótico aminociclitol fuerte que es usado para tratar la mayoría de los tipos de gonorrea, pero no es efectiva para la gonorrea de la garganta. Es especialmente útil para las personas que son alérgicas a la penicilina y a los antibióticos cefalosporinos.

¿En qué presentaciones viene esta medicina?	Ampollas inyectables: 2 gramos	***Efectos secundarios*** Escalofríos, dolor o irritación en el lugar de la inyección, mareos, náusea.

¿Cuánta usar y cuándo usarla?

Para la gonorrea o la infección pélvica: Inyecte 2 g (2.000 mg) en el músculo, una sola vez. *(Vea págs. 268 y 275 para las combinaciones de medicinas para tratar estos problemas.)*

Otras medicinas que podrían servir

Para gonorrea: cefixima, ceftriaxona

Para infección pélvica: azitromicina, cefixima, ceftriaxona, doxiciclina, metronidazol, tetraciclina

estreptomicina *(Estrepto-Monaxin)*

La estreptomicina es un antibiótico de la familia de los aminoglucósidos que se usa para tratar la tuberculosis (TB). Sólo se da en forma de inyección en el músculo. Se usa para la TB junto con otras medicinas. **Vea el Capítulo 25.**

¿En qué presentaciones viene esta medicina?

Líquido para inyecciones: 500 mg por cada ml

Efectos secundarios Puede dañar la audición y el equilibrio, y puede producir ronchas (salpullido) y dificultad en orinar.

¿Cuánta usar y cuándo usarla?

Las dosis para las medicinas contra la tuberculosis varían de una región a otra. Consulte a un trabajador de salud. *(Tome la estreptomicina junto con otras medicinas, vea la pág. 389.)*

Información que usted debe tener

Use guantes si usted toca esta medicina con frecuencia, pues puede causar un salpullido grave.

Es muy importante que usted complete todo el tratamiento que se le recete para la tuberculosis. De lo contrario, podría infectar a otras personas o volver a enfermarse con un tipo de TB muy difícil de curar.

¿Quién no debe usar esta medicina?

Las mujeres embarazadas no deben usar estreptomicina porque puede causar sordera en el bebé. Las personas que son alérgicas a los antibióticos de la familia de los aminoglucósidos, como la gentamicina, no deben tomar estreptomicina. Las personas con problemas de los riñones deben tener cuidado si la usan.

estrógeno

Hay formas químicas del estrógeno que se usan en las pastillas y las inyecciones anticonceptivas. Son parecidas al estrógeno (una hormona) que produce el cuerpo de la mujer. El estrógeno se puede usar para tratar el sangrado anormal. Ya no se debe usar para problemas de menopausia *(vea el Capítulo 8)*. Para mayor información, vea la sección sobre pastillas e inyecciones anticonceptivas y planificación familiar de emergencia *(vea el Capítulo 13 y las págs. 522 a 524)*.

etambutol *(Ecox, Manzida, Myambutol, Sural, Tibutol)*

El etambutol se usa para tratar la tuberculosis (TB), sobre todo cuando otras medicinas para la TB ya no son lo suficientemente fuertes. El etambutol se usa en combinación con otras medicinas. ***Vea el capítulo 25.***

¿En qué presentaciones viene esta medicina?	Pastillas: 100 ó 400 mg Jarabe: 25 mg por cada ml

¿Cuánta usar y cuándo usarla?

Las dosis para las medicinas contra la tuberculosis varían de una región a otra. Consulte a un trabajador de salud. *(Tome el etambutol junto con otras medicinas, vea la pág. 389.)*

¿Quién no debe usar esta medicina?

Las personas con problemas graves de la vista, incluyendo cataratas, no deben tomar esta medicina. Tampoco deben tomarla las personas que tengan problemas graves de los riñones.

Efectos secundarios

El etambutol con frecuencia causa cambios de la vista en uno o ambos ojos. Quizás reduzca el área de lo que se puede ver, o tal vez produzca manchas oscuras en el campo de la vista. Estos efectos generalmente desaparecen cuando se deja de tomar el medicamento.

Información que usted debe tener

Es muy importante que usted tome todo el tratamiento que se le recete para la tuberculosis, aunque el tratamiento dure un año. De lo contrario, usted podría infectar a otras personas o volver a enfermarse con un tipo de TB muy difícil de curar.

fluconazol *(Baten, Diflucan)*

El fluconazol es una medicina anti hongos muy fuerte que se usa para tratar el algodoncillo y otras infecciones de cándida y hongos. Solo se debe usar si se tiene VIH y si otros remedios no funcionan.

¿En qué presentaciones viene esta medicina?

Cápsula: 50 mg

Líquido: 50 mg por 5 ml

Solución para la inyección intravenosa: 2 mg/5 ml en ampolla

¿Cuánta usar y cuándo usarla?

Para infecciones de cándida en la boca o garganta (algodoncillo): Tome 400 mg por la boca una sola vez. Después tome 200 mg cada día, por 14 días. Si no ha mejorado en 3 ó 5 días, aumente la cantidad a 400 mg al día.

Para infecciones de hongos en la piel (moniliasis, cándida): Tome 100 a 200 mg por la boca, por 7 a 14 días.

¿Quién no debe usar esta medicina?

No se debe utilizar cuando está embarazada o dando pecho. Además, una persona con hepatitis, enfermedad en el hígado o problemas en los riñones no debe utilizar esta medicina.

Efectos secundarios

Puede causar nausea, vómitos.

Otras medicinas que podrían servir

ketoconazol, nistatina

gentamicina *(Garamicina)*

CUIDADO

La gentamicina es un antibiótico muy fuerte de la familia de los aminoglucósidos que se usa para tratar la gonorrea, las infecciones de los riñones y otras infecciones graves. También se usa junto con otras medicinas para la infección pélvica. Esta medicina sólo se debe usar cuando la mujer esté vomitando y no pueda retener otras medicinas en el estómago, o cuando no sea posible conseguir otros antibióticos.

¿En qué presentaciones viene esta medicina?

En frasquitos para inyecciones: 10 ó 40 mg por cada ml

¿Cuánta usar y cuándo usarla?

Para infección de los riñones, infección de la matriz, infección después de un aborto o infección durante el parto: Dé esta medicina en base al peso de la mujer: inyecte en el músculo 1,5 mg por cada kg de peso, 3 veces al día por 5 a 10 días; o *use la siguiente dosis promedio:* inyecte 80 a 100 mg en el músculo la primera vez, y luego dé inyecciones de 60 mg, 3 veces al día, por 5 a 10 días *(también use otras medicinas, vea págs. 97 y 257).*

¿Quién no debe usar esta medicina?
Las mujeres embarazadas y las personas con daño o problemas de los riñones deben usar esta medicina con mucho cuidado. No la use si usted es alérgica a otros antibióticos de la familia de los aminoglucósidos.

Efectos secundarios
Esta medicina puede dañar los riñones o causar sordera.

Advertencia
Use una medicina diferente si empieza a tener problemas de los oídos o si empieza a oír zumbido. Tome la medicina con bastante líquido.

Información que usted debe tener

Debido a los efectos secundarios peligrosos de esta medicina y la dificultad de calcular la dosis, esta medicina sólo debe usarse cuando no sea posible conseguir antibióticos más seguros.

Señas de haber usado demasiada

La persona tiene zumbido en los oídos u oye peor que antes. Los problemas de los riñones son otra seña.

Otras medicinas que podrían servir
Para una infección después del aborto: ampicilina, cefixima, ceftriaxona, clindamicina, doxiciclina, metronidazol
Para infección de los riñones: cefixima, ceftriaxona, ciprofloxacina, cotrimoxazol

Para infección de la matriz o infección pélvica: amoxicilina, ampicilina, azitromicina, cefixima, ceftriaxona, doxiciclina, eritromicina, espectinomicina, metronidazol

---

hidrocortisona *(Aquanil, Flebocortid, Locoid, Westcort, otras)*

CUIDADO

La hidrocortisona es una crema contra la hinchazón y la comezón que se usa para los salpullidos y las ronchas. También sirve para tratar las hemorroides (almorranas). En forma de pastillas e inyecciones es una medicina importante para tratar el choque alérgico.

¿En qué presentaciones viene esta medicina?

Crema o pomada: 1%
Pastillas: 5, 10 y 20 mg
Líquido para inyecciones y polvo que se mezcla para inyecciones: diferentes concentraciones

¿Cuánta usar y cuándo usarla?

Para ronchas, comezón o hemorroides: Póngase la crema directamente en la piel, 3 ó 4 veces al día.
Para choque alérgico: Inyecte 500 mg en el músculo y repita en 4 horas, si es necesario *(dé también otras medicinas, vea pág. 545).* Si las señas regresan más tarde, tome de 500 a 1000 mg por la boca y repita una vez, si es necesario.

Efectos secundarios

Si la crema se usa por más de 10 días, puede hacer que la piel se adelgace y forme cicatrices.

Advertencia

No use la crema junto con un vendaje. Las mujeres que están embarazadas o dando pecho deben usar las pastillas con cuidado, pero pueden usar la crema sin peligro.

Señas de haber usado demasiada

Tener la presión alta, orinar más de lo usual.

Otras medicinas que podrían servir
Para el choque alérgico: dexametasona, difenhidramina
Para alergias o comezón: difenhidramina

hidroxicina

CUIDADO

La hidroxicina es un antihistamínico que se usa para las reacciones alérgicas, para controlar la comezón y, a veces, para tratar las náuseas, los vómitos y la ansiedad (angustias).

¿En qué presentaciones viene esta medicina?	Pastillas: 25, 50 ó 100 mg Para inyecciones: 25 ó 50 mg por cada 5 ml Jarabe: 10 ó 25 mg por cada 5 ml	**¿Quién no debe usar esta medicina?**	No use esta medicina en los primeros 3 meses del embarazo. Durante el resto del embarazo o cuando esté dando pecho, úsela sólo si no hay otra opción. No use esta medicina si usted necesita estar alerta.
¿Cuánta usar y cuándo usarla?	**Para la comezón:** Tome de 25 a 50 mg por la boca, 3 ó 4 veces al día. **Para la ansiedad:** Tome de 25 a 50 mg por la boca, 4 veces al día. **Para reacciones alérgicas regulares o para el choque alérgico:** Inyecte en el músculo: 25 mg para los niños; 50 mg para los adultos *(también use otras medicinas, vea pág. 545).*	**Efectos secundarios**	Boca reseca, sueño y posiblemente pérdida del apetito.
		Señas de haber usado demasiada	Sueño
		Otras medicinas que podrían servir	**Para comezón, alergias o choque alérgico:** difenhidramina, prometazina **Para la ansiedad:** diacepam

ibuprofeno *(Advil, Citalgan, Days, Motrin, Tabalon 400, otras)*

CUIDADO

El ibuprofeno sirve para el dolor, la hinchazón y la fiebre. Es muy útil para las molestias de la regla y para el dolor de la artritis y del SIDA.

¿En qué presentaciones viene esta medicina?	Pastillas: 200 mg y más Líquido: 100 mg por cada 5 ml	 **Advertencia**	Evite tomar esta medicina una semana antes de una operación.
¿Cuánta usar y cuándo usarla?	Tome de 200 a 400 mg, de 4 a 6 veces al día. No tome más de 2400 mg al día.	**Información que usted debe tener**	La mejor forma de tomar esta medicina es junto con bastante comida y especialmente con productos de leche.
¿Quién no debe usar esta medicina?	Las personas con úlceras del estómago. Las mujeres durante los últimos 3 meses del embarazo.	**Otras medicinas que podrían servir**	**Para dolor, hinchazón y fiebre:** aspirina **Para dolor y fiebre:** acetaminofén **Para dolor muy fuerte:** codeína, morfina
Efectos secundarios	Puede causar irritación o dolor en el estómago.		

isoniacida

La isoniacida se usa junto con otras medicinas para tratar la tuberculosis (TB). *Vea el Capítulo 25.* Las personas que tienen VIH pueden usar isoniacida para prevenir la TB latente (TB que no tiene señas) para que no se convierta en una TB activa.

¿En qué presentaciones viene esta medicina?	Pastillas: 100 ó 300 mg Jarabe: 50 mg por cada 5 ml	**Efectos secundarios**	Puede causar dolor o entumecimiento en los brazos y en las piernas. A veces la isoniacida puede causar una hepatitis grave, con señas como cansancio, pérdida del apetito, náusea, vómitos, orina oscura y ojos que se ponen amarillos. Si eso sucede, deje de tomar isoniacida de inmediato.

¿Cuánta usar y cuándo usarla?

Las dosis de las medicinas para tratar la TB varían de una región a otra. Consulte a un trabajador de salud. *(Tome la isoniacida junto con otras medicinas, vea pág. 389.)*

Para prevenir la TB en adultos con VIH: Tome 300 mg por la boca, 1 vez al día, por 6 meses a 3 años.

Información que usted debe tener

Nunca tome más de 300 mg al día si la toma todos los días. Si la toma 3 veces a la semana, nunca tome más de 900 mg al día. Es importante completar el tratamiento entero que se le recete para la tuberculosis. Si no, podría infectar a otras personas o volver a enfermarse con un tipo de TB muy difícil de curar.

¿Quién no debe usar esta medicina?

No debe usar esta medicina cualquier persona que tenga hepatitis o problemas del hígado, o alguien que antes haya usado isoniacida y haya tenido problemas del hígado.

Señas de haber usado demasiada

Náusea, vómitos, mareos, balbuceo, vista borrosa. Si toma demasiada medicina, tome 1 g o más de piridoxina (vitamina B6).

ketoconazol *(Akorazol, Conazol, Fungoral, Nizoral, Termizol, Tiniazol, otras)*

El ketoconazol es una medicina fuerte contra hongos que se usa para tratar el algodoncillo y otras infecciones de moniliasis. Úsela sólo si tiene VIH y otros remedios no le dan resultado.

¿En qué presentaciones viene esta medicina?

Pastillas: 200 mg
También viene en forma de crema para la piel de 2% y de champú de 1%

Advertencia

No use esta medicina si está embarazada o dando pecho. No se ponga crema ni champú en la vagina. Tome la medicina con comida. Si la toma en pastillas, puede que sufra de ataques de calor si también toma bebidas alcohólicas.

¿Cuánta usar y cuándo usarla?

Para infección de hongos de la piel: Tome 200 mg por la boca, una vez al día, por 10 días.

Para infección de hongos en la boca (algodoncillo): Tome 200 mg por la boca, 2 veces al día, por 14 días.

Información que usted debe tener

Esta medicina sirve mejor si se toma con jugo de naranja u otra fruta cítrica.

Efectos secundarios

Puede causar náusea y vómitos.

Otras medicinas que podrían servir

Para infecciones de moniliasis sin infecciones sexuales: clotrimazol, miconazol, nistatina, vinagre, violeta de genciana

metilergometrina *(Methergin)*

La metilergometrina hace que la matriz y los vasos sanguíneos dentro de la matriz se contraigan. Se usa para controlar el sangrado fuerte después del parto. Es la misma medicina que la ergometrina y ergonovina. *Vea ergometrina en la página 500.*

metronidazol *(Flagenase, Flagyl, Selegil, Vertisal)*

El metronidazol se usa para las infecciones vaginales causadas por los hongos y las tricomonas. También es eficaz contra algunas bacterias y para la disentería amibiana *(vea **Donde no hay doctor**)*.

¿En qué presentaciones viene esta medicina?

Pastillas: 200, 250, 400 ó 500 mg

Supositorios: 375, 500 mg

Para inyecciones en la vena: 500 mg en 100 ml

¿Cuánta usar y cuándo usarla?

Para infección pélvica: Tome 400 a 500 mg por la boca, 3 veces al día, por 14 días *(tome junto con otras medicinas; vea pág. 275)*.

Para infección después del parto: Tome 400 a 500 mg por la boca, 3 veces al día, por 10 días *(tome junto con otras medicinas; vea pág. 97)*.

Para infecciones vaginales leves: Ponga un supositorio de 500 mg en la vagina, 2 veces al día, por 5 días.

Para tricomonas o vaginosis bacteriana: Tome 2 g por la boca, 1 sola vez, a menos que esté embarazada. *Si está embarazada:* Tome 400 a 500 mg por la boca, 2 veces al día, por 7 días *(para tratar el desecho anormal, ya sea debido a infecciones sexuales o no, vea las combinaciones de medicinas en las págs. 266 y 268)*.

Para una infección grave después del aborto o parto: Dé 500 mg por la boca, 3 veces al día, o inyecte 400 a 500 mg en la vena, 3 veces al día *(vea las combinaciones de medicinas recomendadas para infección depués del aborto en las págs. 256 y 257 y para infección después del parto en la pág. 97)*.

Para diarrea sangrienta sin fiebre: 500 mg, 3 veces al día, por 7 días.

Para tétano: 7,5 mg/kg, 4 veces al dia por 10 días.

Para fiebre durante el parto: Tome 400 a 500 mg por la boca, 3 veces al día. También tome ampicilina.

¿Quién no debe usar esta medicina?

Las personas con problemas del hígado, como ictericia (piel y ojos amarillos).

Efectos secundarios

Sabor metálico en la boca, orina oscura, malestar del estómago o náuseas, dolor de cabeza.

Advertencia

Deje de tomar esta medicina si siente hormigueo o entumecimiento, o si tiene mareos. Si está en los primeros 3 meses del embarazo, trate de no usar esta medicina. Si tiene que tomarla, no use la dosis única grande durante el embarazo. Pero si está dando pecho, la forma más segura de tomar la medicina es en una sola dosis grande.

Información que usted debe tener

Su compañero sexual también debe ser tratado. No beba nada de alcohol, ni siquiera una cerveza, cuando esté tomando metronidazol. Le producirá muchas náuseas.

Otras medicinas que podrían servir

Para vaginosis bacteriana y tricomonas: clindamicina, tinidazol

---

miconazol *(Aloid, Daktarin, Dermifun, Neomicol)*

Se usa el miconazol para tratar las infecciones vaginales de moniliasis y otras infecciones de hongos.

¿En qué presentaciones viene esta medicina?

Crema: 2%, 4%

Supositorios: 100 mg, 200 mg y 1.200 mg

¿Cuánta usar y cuándo usarla?

Para infecciones de moniliasis:
Crema: Ponga 5 g en la vagina cada noche, por 7 días.
Supositorios de 100 mg: Ponga uno en la vagina cada noche, por 7 días.
Supositorios de 200 mg: Ponga uno en la vagina cada noche, por 3 días.

¿Quién no debe usar esta medicina?

Las mujeres que estén en los primeros 3 meses del embarazo.

Efectos secundarios

Irritación.

Advertencia

Si el miconazol le produce irritación, deje de usarlo. Deje de tener relaciones sexuales durante 3 ó 4 días para no pasarle la infección a su pareja. Tenga cuidado de que el miconazol no le entre en los ojos.

Otras medicinas que podrían servir

Para infecciones de moniliasis: nistatina, violeta de genciana o ketoconazol

mifepristona *(Mifegyne, Mifeprex)* y misoprostol *(Cytotec)*

La mifepristona se usa para un aborto médico. Bloquea los efectos de la hormona que mantiene el embarazo. Cuando se toma junto con el misoprostol antes de las 9 semanas de embarazo, la mifepristona hace que se contraiga la matriz y expulse al embarazo.

Si se toma el misoprostol solo es efectivo, pero es más efectivo cuando ambas medicinas se toman juntas. El misoprostol se puede usar para parar el sangrado después del parto y después de un aborto incompleto o si la placenta tarda más de 1 hora en salir. También se usa para las úlceras en el estómago.

Antes de tomar estas medicinas, lea el capítulo "Aborto y complicaciones del aborto", especialmente la página 251.

¿En qué presentaciones viene esta medicina?	mifepristona: Tabletas, 200 mg misoprostol: Tabletas, 100 ó 200 mcg

Cómo tomar mifepristona con misoprostol

Para un aborto médico hasta las 9 semanas (63 días) del embarazo: Tome 1 tableta (200 mg) de mifepristona. Después de 1 a 2 días (24 a 48 horas), disuelva 4 tabletas de 200 mcg (un total de 800 mcg) de misoprostol en la boca, junto a la mejilla o debajo de la lengua. Déjelas disolver de 20 a 30 minutos y trague lo que quede de las tabletas.

Cómo tomar misoprostol solo:

Para un aborto médico: Disuelva 4 tabletas (800 mcg) en la boca junto a la mejilla o debajo de la lengua por 20 a 30 minutos y después trague lo que quede de las tabletas. 3 horas después tome otras 4 tabletas de misoprostol (800 mcg) en la misma forma. Si el sangrado no empieza dentro de 3 horas, tome 4 tabletas más (800 mcg) para un total de 12 tabletas (2.400 mcg).

Para el sangrado fuerte después del parto, si la placenta tarda más de 1 hora en salir o para un aborto incompleto: Tome 600 mcg por la boca (ponga las tabletas en la parte inferior de las mejillas o bajo la lengua hasta que se disuelvan y luego tráguese lo que queda). También puede insertar 600 mcg de misoprostol en el recto para detener el sangrado fuerte. Utilice guantes.

Efectos secundarios

Es normal tener retorcijones y sangrado fuerte con coágulos durante 3 a 6 horas después de tomar misoprostol. También podría sufrir nauseas, vómito, diarrea, dolor de cabeza y una pequeña calentura en las primeras horas. Estas señas desaparecerán solas. El sangrado dura de 2 a 4 semanas, pero es menor después de las primeras 1 ó 2 semanas.

Advertencia

No debe tomar estas medicinas si no puede llegar a una clínica u hospital dentro de una hora, especialmente si tiene más de 9 semanas de embarazo o si cree que tiene un embarazo en las trompas *(vea pág. 73).*

Si el sangrado fuerte continúa (empapando más de 2 trapos o toallas sanitarias grandes en una hora durante 2 horas seguidas) especialmente si se siente mareada o débil, busque atención médica inmediatamente. Podría haber tenido un aborto incompleto (vea pág. 251) y quizá necesite realizar un aborto mediante succión o una D y C *(vea pág. 244).*

Información que usted debe tener

Tomar misoprostol con o sin mifepristona es más efectivo si se toma al inicio del embarazo. Después de 9 semanas es menos efectivo y hay más efectos secundarios, especialmente un fuerte sangrado vaginal.

nistatina *(Micostatin)*

La nistatina es una medicina contra hongos que se usa para tratar las infecciones de moniliasis en la boca (algodoncillo), en la vagina o en la piel.

¿En qué presentaciones viene esta medicina?	Supositorios: 100.000 U Pastillas para chuparse: 200.000 U Crema: 100.000 U por cada gramo Líquido: 100.000 U por cada ml	**Advertencia**	Si la nistatina le produce irritación, deje de usarla. No tenga relaciones sexuales durante 3 ó 4 días para no pasarle la infección a su pareja.

¿Cuánta usar y cuándo usarla?

Para infecciones de la boca o de la garganta: Póngase 1 ml de líquido en la boca, 3 ó 4 veces al día. Enjuáguese toda la boca con el líquido por un minuto y luego tráigueselo. **Haga esto durante 5 días.**

Para infecciones de la piel: Mantenga el área seca y póngase pomada 3 veces al día hasta que haya desaparecido el salpullido.

Para infecciones vaginales: Ponga crema dentro de la vagina, 2 veces al día, por 10 a 14 días; o ponga un supositorio de 100.000 U dentro de la vagina, a la hora de acostarse, durante 14 noches.

Para desecho vaginal que no se deba a una infección sexual: Ponga un supositorio de 100.000 U dentro de la vagina, a la hora de acostarse, durante 7 noches.

Información que usted debe tener

La nistatina sólo es eficaz contra las infecciones de moniliasis (Cándida), mientras que el miconazol también sirve para otras infecciones de hongos.

Otras medicinas que podrían servir

Para infecciones de moniliasis: miconazol, ketoconazol, vinagre o violeta de genciana

---

nitrofurantoína *(Furadantina, Macrodantina)*

CUIDADO

La nitrofurantoína es un antibiótico que se usa para tratar las infecciones de la vejiga y de los riñones.

¿En qué presentaciones viene esta medicina?	Pastillas: 25, 50 ó 100 mg Líquido: 25 mg por cada 5 ml	**Información que usted debe tener**	Si no se siente mejor en 2 días (48 horas), puede haber una resistencia a la medicina en su área. Si es posible, consulte con una promotora de salud o tome otras medicinas.
¿Cuánta usar y cuándo usarla?	**Para infecciones de la vejiga:** 100 mg, 2 veces al día, por 5 días.		
¿Quién no debe usar esta medicina?	Las personas que ya tenían problemas de los riñones antes de que les diera la infección. Las mujeres que estén en el último mes del embarazo.	**Señas de haber usado demasiada**	Vómitos, dolores en el pecho. La orina puede ser color amarillo oscuro o café.
Efectos secundarios	Náusea o vómitos, dolores de cabeza, ventosidad. Para limitar estos efectos, tómela con leche o con comida.	**Otras medicinas que podrían servir**	**Para infecciones de la vejiga:** cotrimoxazol, norfloxacina

norfloxacina *(Difoxacil, Floxacin, Noroxin)*

La norfloxacina es un antibiótico de la familia de los quinolones que se usa para tratar las infecciones de la vejiga y de los riñones y los casos graves de diarrea.

| ¿En qué presentaciones viene esta medicina? | Pastillas: 400 mg | Efectos secundarios | Puede causar mareos y aumentar los efectos de la cafeína. Para reducir estos efectos secundarios, tome la norfloxacina 1 hora antes ó 2 horas después de comer. |

| ¿Cuánta usar y cuándo usarla? | **Para infecciones de la vejiga:** Tome 1 pastilla 2 veces al día, por 3 días.

Para infecciones de los riñones: Tome 1 pastilla 2 veces al día, por 10 días, ya sea 1 hora antes ó 2 horas después de comer. | Advertencia | Tome esta medicina con mucha agua. No tome esta medicina cuando esté usando antiácido o vitaminas que contengan hierro o zinc. Si la norfloxacina le produce una reacción alérgica, deje de tomarla. |

| ¿Quién no debe usar esta medicina? | Las mujeres que están embarazadas o dando pecho, o que son menores de 16 años no deben tomar esta medicina. Tampoco la deben tomar quienes son alérgicos a los antibióticos de la familia de los quinolones. | Otras medicinas que podrían servir | **Para infecciones de la vejiga o de los riñones:** cefixima, ceftriaxona, ciprofloxacina, cotrimoxazol, gentamicina |

oxitocina *(Syntocinon, Xitocin)*

La oxitocina hace que la matriz y los vasos sanguíneos dentro de la matriz se contraigan. Se usa para controlar el sangrado fuerte después del parto o si la placenta se tarda más de 1 hora en salir.

| ¿En qué presentaciones viene esta medicina? | Para inyecciones: 10 Unidades en cada ml | Advertencia | No use esta medicina para provocar un aborto, porque podría matar a la mujer antes de hacerla abortar. *(Vea el Capítulo 15, sobre el aborto.)* |

| ¿Cuánta usar y cuándo usarla? | Inyecte 10 Unidades en el músculo de la madre después de que el bebé nazca. Si es necesario, repita después de 10 minutos. | | El uso de la oxitocina para acelerar el parto o para darle fuerza a la madre durante el parto, puede ser peligroso tanto para ella como para el bebé. No dé esta medicina antes de que el bebé salga. |

| Efectos secundarios | La oxitocina puede hacer que la matriz se contraiga con tal fuerza que después no pueda relajarse. Es posible que incluso cause que la matriz se desgarre. La oxitocina también puede causar presión alta. | Otras medicinas que podrían servir | **Para sangrado fuerte después del parto:** ergometrina, misoprostol |

paracetamol o acetaminofén *(Datril, Neoclol, Tempra, Tylenol, otras)*

Paracetamol y acetaminofén son dos nombres diferentes para la misma medicina que se usa para calmar el dolor y para bajar la fiebre (calentura). Es una de las medicinas para el dolor más seguras. No irrita el estómago y, por eso, quienes tienen úlceras del estómago la pueden usar en vez de aspirina o ibuprofeno. También la pueden usar las mujeres embarazadas y, en dosis más pequeñas, es segura para los niños.

¿En qué presentaciones viene esta medicina?	Pastillas: 100, 325 y 500 mg Líquido: 120 ó 160 mg por cada 5 ml Supositorios: 30, 120, 300, 325 ó 650 mg Gotas: 80 mg por cada 0,8 ml	**Información que usted debe tener**	El paracetamol no cura la enfermedad, sólo calma el dolor o baja la fiebre. Es importante encontrar la causa del dolor o de la fiebre y tratarla.
¿Cuánta usar y cuándo usarla?	Tome 500 a 1000 mg por la boca, 4 a 6 veces al día, pero no tome más de 4.000 mg en un día.	**Señas de haber usado demasiada**	Náusea, vómitos, dolor de estómago.
¿Quién no debe usar esta medicina?	No tome paracetamol si tiene problemas o daño del hígado o de los riñones.	**Otras medicinas que podrían servir**	**Para dolor, fiebre o hinchazón:** aspirina, ibuprofeno (no tome cualquiera de las dos si está embarazada). **Para dolor muy fuerte:** codeína
  Advertencia	Si la fiebre o el dolor le dura más de 3 días, consiga ayuda médica. El paracetamol puede dañar el hígado si se toma en exceso o si se toma después de beber alcohol, o junto con el alcohol. La sobredosis puede ser muy peligrosa.		

penicilina *(Anapenil, Pen-Vi-K, Pota-Vi-Kin)*

La penicilina es un antibiótico que se usa para tratar infecciones de la boca, los dientes, la piel y muchas otras infecciones. Lamentablemente, se ha desarrollado mucha resistencia a la penicilina y hoy es menos útil de lo que antes era.

¿En qué presentaciones viene esta medicina?	Pastillas: 250 ó 500 mg Líquido: 125 ó 250 mg por cada 5 ml	**Efectos secundarios**	Ronchas (salpullido)
¿Cuánta usar y cuándo usarla?	**Para llagas:** 500 mg por la boca, 4 veces al día, por 10 días.	 *Advertencia*	Esté pendiente de las señas de una reacción alérgica o del choque alérgico *(vea pág. 541)*.
¿Quién no debe usar esta medicina?	No la tome si usted es alérgica a cualquier antibiótico de la familia de las penicilinas.	**Otras medicinas que podrían servir**	**Para infección de la piel:** dicloxacilina, eritromicina

penicilina benzatínica *(Benzanil, Benzetacil)*

La penicilina benzatínica es un antibiótico de acción prolongada, de la familia de las penicilinas. Se usa para tratar la sífilis, las úlceras genitales y otras infecciones, incluyendo algunas de la garganta. Siempre se da en forma de una inyección en el músculo.

¿En qué presentaciones viene esta medicina?	Polvo que se mezcla para inyecciones: 1,2 ó 2,4 millones de Unidades en ampolletas de 5 ml	*¿Quién no debe usar esta medicina?*	Las personas que son alérgicas a medicinas de la familia de las penicilinas.
¿Cuánta usar y cuándo usarla?	**Para la sífilis:** Si hay una llaga, inyecte 2,4 millones de Unidades en el músculo, una sola vez. Si hay un examen de sangre o si las llagas han desaparecido, entonces dé cada 7 días por 3 semanas.	**Advertencia**	Tenga epinefrina a la mano siempre que dé una inyección de penicilina. Esté pendiente de las señas de una reacción alérgica o del choque alérgico, que podrían empezar en 30 minutos o menos.
		Otras medicinas que podrían servir	**Para sífilis:** doxiciclina, tetraciclina, ertiromicina. También dé tratamiento para el chancro blando, vea la página 271.

penicilina procaína *(Penicil)*

La penicilina procaína es un antibiótico que se usa para tratar diferentes infecciones, incluyendo las de la matriz.

¿En qué presentaciones viene esta medicina?	Para inyecciones: Frasquitos de 300.000, 400.000 ó 600.000 Unidades. Polvo que se mezcla para inyecciones: 1 gramo = 1 millón de Unidades	**Advertencia**	Use esta medicina con cuidado si tiene asma. No la use junto con tetraciclina. Nunca la inyecte en la vena.
¿Cuánta usar y cuándo usarla?	**Para fiebre durante el embarazo:** Inyecte 1,2 millones de Unidades cada 12 horas, mientras lleva a la mujer por tratamiento médico. Para reducir el dolor, no la inyecte en el mismo lugar dos veces.	*Información que usted debe tener*	Cuando se toma junto con probenecid, la cantidad de penicilina en la sangre aumenta y dura por más tiempo, lo cual hace que el tratamiento sea más eficaz.
¿Quién no debe usar esta medicina?	No tome esta medicina si usted es alérgica a los antibióticos de la familia de las penicilinas.	*Otras medicinas que podrían servir*	**Para fiebre durante el embarazo:** ampicilina

piracinamida

La piracinamida se usa para tratar la tuberculosis *(vea el Capítulo 25)*.

¿En qué presentaciones viene esta medicina?	Pastillas: 500 mg. Líquido: 30 mg por cada ml	*Efectos secundarios*	Piel u ojos amarillos, salpullido, fiebre, pérdida del apetito, cansancio, hígado delicado, gota o artritis. Si tiene cualquiera de estos problemas, consiga ayuda médica.
¿Cuánta usar y cuándo usarla?	Las dosis para las medicinas contra la tuberculosis varían de una región a otra. Consulte a un trabajador de salud. *(Tome la piracinamida junto con otras medicinas, vea la pág. 389.)*	**Advertencia**	Las mujeres que están embarazadas o dando pecho no deben usar esta medicina, dado que no se sabe cuáles sean sus efectos sobre el bebé. Es muy importante que tome todo el tratamiento que se le recete para la tuberculosis. De lo contrario, podría infectar a otras personas o volver a enfermarse con un tipo de TB muy difícil de curar.
¿Quién no debe usar esta medicina?	No debe tomar esta medicina si tenga problemas o daño del hígado o hepatitis.		

podofilina

La podofilina es un líquido que se puede poner directamente sobre las verrugas genitales para encogerlas.

¿En qué presentaciones viene esta medicina?	Líquido: 10% a 25%	

¿Cuánta usar y cuándo usarla? Aplique el líquido a las verrugas con un algodón o con un trapito limpio enrollado de forma que tenga una puntita. Quite el líquido con cuidado, usando agua y jabón, después de 4 horas. Úselo una vez a la semana, por 4 semanas.

¿Quién no debe usar esta medicina? No use esta medicina si está embarazada o si está dando pecho.

Efectos secundarios La podofilina puede irritar mucho la piel.

Advertencia No la debe poner en las verrugas sangrantes, en las marcas de nacimiento, en los lunares, en las verrugas que tienen pelo o en la boca. Si causa mucha irritación de la piel, no la vuelva a usar.

Información que usted debe tener La podofilina irrita mucho la piel sana. Utilice solamente un poquito (0,5 ml o menos) cada vez que la use. Antes de usarla, proteja el área alrededor de la verruga con vaselina.

Señas de haber usado demasiada Náusea, vómitos, dolor de barriga, diarrea. Usada en exceso, puede hacer que la piel se adelgace, se raje y sangre.

Otras medicinas que podrían servir ***Para las verrugas genitales:*** ácido tricloroacético, ácido bicloroacético

probenecid *(Benecid)*

CUIDADO

Cuando se usa con ciertos antibióticos de la familia de las penicilinas, el probenecid aumenta la cantidad de penicilina en la sangre y hace que dure más tiempo, lo cual aumenta la eficacia del tratamiento.

¿En qué presentaciones viene esta medicina? Pastillas: 500 mg

¿Cuánta usar y cuándo usarla? Tome de 500 mg a 1 gramo por la boca, cada vez que use un antibiótico de la familia de las penicilinas.

¿Quién no debe usar esta medicina? No dé probenecid a los niños menores de 2 años.

Efectos secundarios A veces causa dolor de cabeza, náusea o vómitos.

Advertencia Quienes tienen úlceras del estómago y las mujeres que están embarazadas o dando pecho deben usar esta medicina con cuidado.

Señas de haber usado demasiada Vómitos

progesterona

La progesterona es una sustancia química que se usa en las pastillas y las inyecciones anticonceptivas y que es parecida a la hormona del mismo nombre que produce el cuerpo de la mujer. También se usa para tratar el sangrado irregular causado por los cambios en los niveles de hormonas. ***Para información acerca de las pastillas y las inyecciones anticonceptivas, al igual que las pastillas de emergencia, vea el Capítulo 13 y las páginas 522 a 524.***

prometazina

CUIDADO

La prometazina es un antihistamínico que seca el moco y produce sueño. Se usa para las reacciones alérgicas, para dormir por la noche y para ayudar a detener los vómitos incontrolables.

¿En qué presentaciones viene esta medicina?	Pastillas: 10, 12,5 , 25 ó 50 mg Jarabe: 5 mg por cada 5 ml Inyecciones: ampolletas de 25 ó 50 mg en cada ml Supositorios para el recto: 12,5, 25 ó 50 mg	*¿Quién no debe usar esta medicina?*	Las mujeres que están embarazadas o dando pecho no deben usar esta medicina a largo plazo. No tome prometazina si necesita estar alerta.
¿Cuánta usar y cuándo usarla?	**Para reacciones alérgicas regulares:** Tome 25 mg por la boca o inyecte en un músculo, y repita en 8 horas o menos, si es necesario.	*Efectos secundarios*	Con frecuencia produce resequedad de la boca y visión borrosa. Raras veces produce pequeños movimientos repentinos del cuerpo, de la cara o de los ojos.
	Para choque alérgico: Inyecte 50 mg en el músculo. Repita en 8 horas o menos, si es necesario. *(Para información sobre cómo tratar las reacciones alérgicas y el choque alérgico, vea la pág. 541.)*	*Advertencia*	Las mujeres que están embarazadas o dando pecho deben tener cuidado al usar esta medicina. No maneje ni use maquinaria pesada si está tomando esta medicina.
	Para vómitos: Inyecte de 25 a 50 mg, cada 6 horas, según sea necesario.	*Señas de haber usado demasiada*	Pérdida del conocimiento, convulsiones, ataques.
	Para dormir: Tome de 25 a 50 mg por la boca, a la hora de acostarse.	*Otras medicinas que podrían servir*	**Para alergias o reacciones alérgicas:** difenhidramina, hidroxicina

rifampicina *(Pestarin, Rifadin, Rimactan)*

CUIDADO

La rifampicina es un antibiótico que se usa para tratar la tuberculosis *(vea el capítulo 25)* y otros tipos de infecciones, incluyendo la lepra (mal de Hansen, 'lazarín').

¿En qué presentaciones viene esta medicina?	Pastillas: 150 ó 300 mg Líquido: 20 mg por cada ml, 50 mg por cada 5 ml Ampolletas para inyecciones: 600 mg	*Efectos secundarios*	• Náusea, vómitos, pérdida del apetito, diarrea, calambres • Cara caliente, comezón, ronchas • Dolores de cabeza, fiebre, escalofríos, dolor en los huesos • Piel u ojos amarillos
¿Cuánta usar y cuándo usarla?	Las dosis para las medicinas contra la tuberculosis varían de una región a otra. Consulte a un trabajador de salud. *(Tome la rifampicina junto con otras medicinas, vea la pág. 389.)*	Con excepción de la piel o los ojos amarillos, estos efectos secundarios generalmente aparecen de 2 a 3 horas después de tomar la medicina y a veces se pueden evitar tomando la medicina con comida.	
¿Quién no debe usar esta medicina?	No deben usar esta medicina las personas que tengan cualquier problema o mal del hígado.	*Información que usted debe tener*	La medicina puede hacer que la orina, los excrementos, las lágrimas, el sudor o la saliva se pongan de un color entre rojo y anaranjado. También mancha los lentes de contacto. Es muy importante que usted complete todo el tratamiento que se le recete para la tuberculosis. De lo contrario, podría infectar a otras personas o volver a enfermarse con un tipo de TB muy difícil de curar. No tome más de 600 mg en un día.

sulfato de magnesio

El sulfato de magnesio es la mejor medicina para prevenir las convulsiones en las mujeres embarazadas (eclampsia).

¿En qué presentaciones viene esta medicina?	Inyecciones de solución al 10%, 12,5%, 25% ó 50%	

¿Cuánta usar y cuándo usarla? **Para convulsiones:** Inyecte 10 g en el músculo.

¿Quién no debe usar esta medicina? Las mujeres que tienen problemas de los riñones no deben tomar esta medicina.

 Advertencia Sólo use esta medicina si la presión de una mujer es de más de 160/110. Después de darla, siga revisando la presión. En exceso, esta medicina puede hacer que la respiración se vuelva más lenta, ¡o que incluso se detenga!

Información que usted debe tener Para inyectar una dosis grande se requiere una aguja grande y eso puede ser incómodo. Quizás sea mejor dividir la dosis a la mitad y dar 2 inyecciones más pequeñas: una en cada cadera.

Señas de haber usado demasiada Sudores, presión baja, debilidad, problemas para respirar.

Otras medicinas que podrían servir **Para convulsiones:** diacepam

tetraciclina *(Acromicina, Ofticlin, Tetrex, otras)*

La tetraciclina es un antibiótico de la familia de las tetraciclinas. Se usa para tratar muchas infecciones, incluyendo la clamidia, la sífilis, la infección pélvica, las infecciones respiratorias y la diarrea. La doxiciclina sirve para todas las mismas infecciones, cuesta menos y es más fácil de tomar *(vea pág. 500)*.

¿En qué presentaciones viene esta medicina? Cápsulas: 100, 250 ó 500 mg
Pomada: 1%

¿Cuánta usar y cuándo usarla? **Para clamidia:** 500 mg, 4 veces al día, por 7 días *(tome también otras medicinas, vea pág. 268).*
Para sífilis: 500 mg, 4 veces al día, por 14 días.

Para los ojos del recién nacido: un poco de pomada en cada ojo, a la hora de nacer, una sola vez.

¿Quién no debe usar esta medicina? Las mujeres embarazadas o que están dando pecho no deben usar la tetraciclina. No la dé a niños menores de 9 años excepto en forma de pomada para los ojos de los bebés. No la tome si es alérgica a los antibióticos de la familia de las tetraciclinas.

 Advertencia No la tome 1 hora antes o después de comer productos de leche o de tomar antiácidos. No la tome si ha caducado.

Información que usted debe tener La tetraciclina no sirve para el catarro (resfriado) común, ni evita las infecciones sexuales.

Efectos secundarios Si pasa mucho tiempo en el sol, puede producirle ronchas. Puede causar diarrea o malestar del estómago.

Otras medicinas que podrían servir
Para clamidia: amoxicilina, azitromicina, doxiciclina, eritromicina
Para sífilis: penicilina benzatínica, doxiciclina, eritromicina
Para infección pélvica: cefixima, ceftriaxona, doxiciclina, espectomicina, metronidazol
Para los ojos del recién nacido: pomada de eritromicina

tinidazol *(Fasigyn)* **CUIDADO**

El tinidazol se usa para infecciones vaginales causadas por tricomonas. También es efectivo para combatir algunas amebas, parásitos y giardia. Es similar a la metronidazol, pero no tiene que tomarse durante tanto tiempo.

¿En qué presentaciones viene esta medicina? Tabletas: 250 mg, 500 mg

¿Cuánta usar y cuándo usarla? **Para tricomonas:** Tome 2 gramos por la boca una sola vez, pero solamente si no está embarazada.
Si está embarazada: Tome 500 mg por la boca 2 veces al día por 5 días.

Efectos secundarios Sabor metálico en la boca, malestar en el estómago, náusea, dolor de cabeza.

 Advertencia Su pareja sexual también debe ser tratada. No debe tomar alcohol, ni siquiera una cerveza, mientras tome tinidazol ni 3 días después. Le hará sentir muchas nauseas. Evite esta medicina en los primeros 3 meses del embarazo.

Información que usted debe tener Tome un vaso con agua después de tomar esta medicina.

Otras medicinas que podrían servir **Para tricomonas:** metronidazol

vacuna para la hepatitis B *(Engerix-B, H-B-Vax II, Heberbiovac HB, Recombivax HB)*

Esta vacuna provee una inmunidad de por vida contra la hepatitis B. Se toma en 3 dosis: la segunda dosis se da 1 a 2 meses después de la primera; y la tercera dosis se da de 4 a 12 meses después de la segunda dosis. *Tiene que ser almacenada a 2° ó 3° C o pierde su fuerza.*

La dosis para estas 2 marcas de vacunas son diferentes:
Engerix-B: niños de 0 a 11 años, 10 ucg; los niños de 12 a 19 años de edad y adultos, 20 ucg;
Recombivax HB: los niños de 0 a 11 años de edad, 2,5 ucg; los niños de 12 a 19 años de edad, 5 ucg; adultos 10 ucg

vacuna para el tétano o **toxoide tétanos** *(Tetanol Behring, Tetinox, otras)*

Toxoide tétanos es una inmunización que se da para prevenir una infección de tétano. La vacuna para el tétano se puede dar durante o después del embarazo, o después de un aborto. Si una mujer recibe 2 inyecciones (o aún mejor, 3 inyecciones) durante el embarazo, su recién nacido también estará protegido contra esta infección mortal.

¿En qué presentaciones viene esta medicina?	Líquido para inyecciones: 4, 5, ó 10 U por cada 0,5 ml	**Información que usted debe tener**

¿En qué presentaciones viene esta medicina?
Líquido para inyecciones: 4, 5, ó 10 U por cada 0,5 ml

¿Cuánta usar y cuándo usarla?
Para estar protegida contra el tétano de por vida, debe recibir una serie de 5 vacunas, y después una vacuna cada 10 años.

Para cada vacuna: Dé 1 inyección de 0,5 ml en el músculo de la parte de arribe del brazo.

Efectos secundarios
Dolor, enrojecimiento, calor y un poco de hinchazón en el área de la inyección.

Información que usted debe tener
La vacuna contra el tétano se le debe dar a toda la gente, empezando en la niñez. Muchos niños reciben la vacuna contra el tétano como parte de 'la triple' (DPT), y las 3 vacunas DPT equivalen a las primeras 2 inyecciones contra el tétano. Los adolescentes y los adultos pueden ser vacunados con 'la triple' DPT.

El siguiente programa indica el tiempo mínimo que hay que dejar pasar entre cada vacuna para los adultos.

Primera . . . . .lo más pronto posible
Segunda . . . . .4 semanas después de la primera
Tercera . . . . .6 meses después de la segunda
Cuarta . . . . .1 año después de la tercera
Quinta . . . . .1 año después de la cuarta
Vacuna de refuerzo . .Cada 10 años después de la última inyección.

violeta de genciana

La violeta de genciana es un desinfectante que se usa para ayudar a combatir infecciones de la piel, la boca y la vagina.

¿En qué presentaciones viene esta medicina?
Líquido: 0,5%, 1%, 2%
Tintura: 0,5%
Cristales: 1 cucharadita en medio litro de agua produce una solución al 2%

¿Cuánta usar y cuándo usarla?
Para infecciones vaginales de moniliasis: empape un algodón limpio con líquido al 1% y métalo en lo profundo de la vagina toda la noche, durante 3 noches. Saque y tire el algodón cada mañana.

Para infecciones de hongos en la boca (algodoncillo): Enjuáguese la boca con líquido al 1% durante 1 minuto, 2 veces al día, pero no se trague el líquido.

Para infecciones de la piel: Primero lave con agua y jabón, y seque. Luego unte el líquido en la piel, la boca o la vulva, 3 veces al día, por 5 días.

Para las infecciones de la piel de las personas con SIDA: Primero lave con jabón y agua y después séquela. Luego pinte la piel, la boca o la vulva con violeta de genciana 2 veces al día hasta que desaparezca el sarpullido.

Efectos secundarios
El uso a largo plazo causa irritación. Si se usa en una llaga o en piel abierta, la piel podría quedar manchada de morado ya que sane.

Advertencia
No tenga relaciones sexuales cuando esté usando la violeta de genciana para una infección vaginal. Así evitará pasarle la infección a su pareja. Deje de usar la violeta de genciana si le empieza a causar irritación. Mantenga fuera de los ojos.

Información que usted debe tener
Después de ponerle violeta de genciana a un bebé en la boca, voltee al bebé boca abajo, para que no trague mucha de la medicina. La violeta de genciana mancha la piel y la ropa.

Otras medicinas que podrían servir
Para infecciones de la piel: pomadas antibióticas, yodo

Para algodoncillo en la boca: limón (no para bebés), nistatina

Para infecciones vaginales de moniliasis: nistatina, miconazol

Medicinas para el SIDA – Terapia Antirretroviral (TAR)
(vea también las páginas 291 y 292)

Ciertas medicinas pueden ayudar a las personas con VIH a vivir más tiempo y tener vidas más saludables. Cuando se toma cada día en combinación con al menos 3 medicinas, se le llama Terapia Antirretroviral, o TAR.

Los programas de TAR

El VIH es una enfermedad complicada que afecta a todas las partes del cuerpo. En cuanto reciba el diagnóstico de que usted es VIH positiva, trate de encontrar un programa que brinde cuidados para las personas con VIH que pueda proveerle medicinas para prevenir y tratar las enfermedades del VIH, asesoramiento y otros tipos de apoyo. Esto puede ayudarle a empezar la TAR y manejar los posibles efectos secundarios. Obtener medicinas de un programa de TAR es más confiable y menos caro que comprarlas de una fuente privada.

¿Cuándo es necesaria la TAR?

Las personas que son VIH positivas y muestran señas de que su sistema inmune se está debilitando necesitan una TAR. Un examen de sangre que se llama "CD4" hace un recuento de las células para medir el funcionamiento del sistema inmune. Si su recuento de células CD4 está debajo de 350, aun si usted se siente bien, debe hablar con la promotora de salud sobre la posibilidad de iniciar la TAR.

Antes de iniciar la TAR es importante hablar sobre los siguientes puntos con su promotora de salud:

- ¿Ha tomado la TAR antes? Esto podría afectar los tipos de medicinas que debe tomar ahora.
- ¿Tiene algunas enfermedades o infecciones serias como por ejemplo pulmonía? Primero hay que tratarlas.
- ¿Sabe algo de los beneficios, riesgos y posibles efectos secundarios de la TAR? Si es posible, hable con alguien que haya estado usando la TAR y con su promotora de salud.
- ¿Puede tomar las medicinas todos los días y a la hora indicada? Esto es necesario para que la TAR funcione.
- ¿Están disponibles las suficientes medicinas necesarias para realizar la TAR?
- ¿Le ha contado a por lo menos una persona que usted tiene VIH? Ella o él posiblemente le pueda ayudar en el caso que usted no pueda conseguir o tomar sus medicinas.
- ¿Existe un grupo de apoyo para personas con VIH que le pueda dar información y ayuda?

NO debe empezar a tomar la TAR sin ayuda. Podría seleccionar medicinas que no sean las indicadas para usted, lo cual tendría efectos secundarios muy serios o podrían crear una resistencia a las drogas.

NO debe compartir las medicinas de la TAR con otras personas. Estas medicinas no funcionan si no se toma la dosis recomendada.

NO debe comprar la TAR de alguien que no sea parte de un programa aprobado para brindar atención a personas con VIH o aplicar la TAR.

IMPORTANTE *Cuando empiece a tomar la TAR debe continuar durante el resto de su vida o el virus va a multiplicarse en su cuerpo nuevamente y volverá a estar enferma. Si no toma la TAR todos los días a la hora indicada, el virus puede crear una resistencia y las medicinas dejarán de funcionar para usted y para otras personas de su comunidad.*

Cómo tomar la TAR

La TAR es efectiva solamente en combinaciones (regímenes) de por lo menos 3 medicinas. Algunas medicinas son combinadas con 1 a 2 tabletas o cápsulas para que tenga que tomar menos pastillas.

Esto facilita el hecho de tomar medicinas todos los días. Las 4 combinaciones descritos en la siguiente página están ampliamente disponibles, tienen pocos efectos secundarios y son los más seguros. Dependiendo de lo que esté disponible, pueden haber otras combinaciones de medicinas en el lugar donde usted vive.

- Sin importar la combinación que usted elija, **tome cada medicina todos los días a la misma hora.**
- Las medicinas que se toman 2 veces al día deben ser tomadas cada 12 horas. Por ejemplo, si toma la primera dosis a las 6:00 a.m., entonces la segunda dosis debe ser tomada a las 6:00 p.m. Algunas medicinas solamente se toman una vez al día (vea pág. 476).

Efectos secundarios de la TAR

La TAR puede tener efectos secundarios. Algunos efectos secundarios disminuyen y pueden desaparecer con el tiempo. Otros aparecen solamente después de tomar la medicina durante mucho tiempo. Algunos efectos secundarios comunes son molestias que no son serias, por ejemplo diarrea, cansancio, dolor de cabeza y problemas del estómago. Hable con su promotora de salud sobre cómo tratar estos problemas. Pero tome todas sus medicinas hasta que su promotora de salud le diga que puede cambiar la receta o dejar de tomarlas.

Otros efectos secundarios pueden amenazar la vida, por ejemplo problemas severos en el hígado; cansancio severo con falta de aliento; alergias en la piel y sarpullido; hormigueo o ardor en las manos y en los pies; y anemia. **Si tiene efectos secundarios serios, hable con una promotora de salud inmediatamente.**

Resistencia a las medicinas—combinaciones de primera y segunda línea

La TAR con que se empieza se llama *combinación de primera línea*. Durante un periodo largo de años, el VIH puede volverse resistente a la TAR (vea pág. 481). Muchas personas tienen que cambiarse a una *segunda línea de medicinas*. Son más caros y menos disponibles, pero podrían ser necesarios para algunas personas que tienen VIH para que sigan viviendo y estén sanas. El programa de atención a personas con VIH donde usted consigue sus medicinas tendrá información sobre los tipos de medicinas que funcionan en su área y si es necesario que usted se cambie a otras. **Vea las recomendaciones actualizadas en la página 521.**

Combinaciones TAR para mujeres con el VIH (no son para niños)

Combinación 1

Medicinas	Dosis	Advertencias y efectos secundarios	Ventajas de la combinación
zidovudina (AZT)	250 a 300 mg 2 veces al día	Anemia Baja cantidad de glóbulos blancos	• Mayormente usada y disponible • No presenta peligro a mujeres embarazadas
lamivudina (3TC)	150 mg 2 veces al día, o 300 mg una vez al día		
nevirapina (NVP)	200 mg una vez al día por 14 días, luego 200 mg 2 veces al día	Irritación de la piel Problemas en el hígado	

Combinación 2

Medicinas	Dosis	Advertencias y efectos secundarios	Ventajas de la combinación
tenofovir (TDF)	300 mg una vez al día	Puede causar problemas en los riñones Sólo para mayores de 18 años	• Menos efectos secundarios • No presenta peligro a mujeres embarazadas • Combinación para las mujeres con HIV y hepatitis B
lamivudina (3TC)	150 mg 2 veces al día, o 300 mg una vez al día		
nevirapina (NVP)	200 mg una vez al día por 14 días, luego 200 mg 2 veces al día	Irritación de la piel Problemas en los riñones	

Combinación 3

Medicinas	Dosis	Advertencias y efectos secundarios	Ventajas de la combinación
zidovudina (AZT)	250 a 300 mg 2 veces al día	Anemia Baja cantidad de glóbulos blancos	• Combinación para las mujeres que están tomando rifampicina para TB
lamivudina (3TC)	150 mg 2 veces al día, o 300 mg una vez al día		
efavirenz (EFV)	600 mg una vez al día	Mareos, confusión, cambios de humor No se debe tomar en los primeros 3 meses de embarazo; puede causar malformaciones congénitas	

Combinación 4

Medicinas	Dosis	Advertencias y efectos secundarios	Ventajas de la combinación
tenofovir (TDF)	300 mg una vez al día	Puede causar problemas en los riñones Sólo para mayores de 18 años	• Puede estar disponible como una sola pastilla, tomada una vez al día • Combinación para las mujeres que están tomando rifampicina para TB • Combinación para las mujeres con HIV y hepatitis B
lamivudina (3TC)	150 mg 2 veces al día, o 300 mg una vez al día		
efavirenz (EFV)	600 mg una vez al día	Mareos, confusión, cambios de humor No debe tomarse en los primeros 3 meses del embarazo; puede causar malformaciones congénitas	

¡ADVERTENCIA! *Muchas personas todavía toman stavudina (d4t) en lugar de zidovudina en las Combinaciones 1 y 3. Sin embargo, la stavudina puede causar efectos secundarios graves al usarse por mucho tiempo. La mayoría de programas de tratamiento del VIH están reemplazando staduvina con otras medicinas más seguras. Si usted usa staduvina, tome la dosis baja de 30 mg 2 veces al día.*

TAR para las mujeres embarazadas

Todas las mujeres embarazadas con un recuento de CD4 igual o menor a 350, o quienes tengan SIDA, deben iniciar la TAR para mejorar su salud. La TAR también ayuda a prevenir la transmisión del VIH al bebé.

Las mujeres embarazadas pueden tomar la misma TAR que otros adultos según lo especificado en el cuadro de la página 519, pero no pueden tomar efavirenz en los primeros 3 meses del embarazo. Una vez que una mujer embarazada empieza un régimen de TAR, debe continuar durante el resto de su vida. Una mujer que ya está realizando una TAR cuando se embaraza debe continuar tomándola durante su embarazo, el parto, cuando está dando pecho y después.

Cómo prevenir una transmisión materno-infantil o PTMI

Las mujeres que no están enfermas con SIDA o que tienen un recuento CD4 de más de 350 no tienen que tomar la TAR. Pero para prevenir que el VIH se transmita a su bebé, una mujer embarazada con VIH necesita tomar unas medicinas de la TAR durante su embarazo, trabajo de parto y mientras está dando pecho. El bebé también necesitará medicinas. **Estas se llaman profilaxis (prevención) antirretroviral. Se da solamente durante un periodo limitado, no es para toda la vida.** Las medicinas solamente representan una parte de la prevención de una transmisión materno-infantil. El parto seguro y la alimentación cuidadosa también son importantes (vea pág. 293).

Las medicinas TAR para prevenir la transmisión materno-infantil del VIH

Si la madre ya está tomando la TAR debe continuar tomando las medicinas y también dar al bebé las medicinas listadas en la opción 2. Pero no se debe tomar EFV (efavirenz) en los primeros 3 meses del embarazo.

Si la madre no está tomando la TAR para su propia salud, ella y su bebé deben tomar las medicinas listadas en la opción 1 ó la opción 2 para prevenir el contagio del VIH al bebé. Averigüe qué está disponible y qué se recomienda en su país.

Opción 1

PARA LA MADRE

Durante el embarazo, empiece tan pronto como sea posible a las 14 semanas de embarazo

- ella debe tomar AZT, 300 mg, 2 veces al día.

Durante el trabajo de parto

- ella debe tomar AZT, 600 mg, en una dosis única cuando empieza el parto.

Si ella no ha tomado AZT durante el embarazo, o la ha tomado por menos de 4 semanas, también tome:

- NVP (nevirapina), 200 mg, en una dosis única cuando empieza el parto, **y**
- 3TC (lamivudina), 150 mg, cuando el parto comience y cada 12 horas hasta que nazca el bebé.

Si ella le está dando pecho, debe seguir tomando:
- AZT, 300 mg, 2 veces al día por 7 días, **y**
- 3TC (lamivudina), 150 mg, 2 veces al día por 7 días.

PARA EL BEBÉ

Inmediatamente después del nacimiento, al bebé se le debe dar:

- NVP (nevirapina), 2 mg/kg suspensión oral (ó 6 mg), en una dosis única.

Si no está tomando pecho, al bebé se le debe dar:

- AZT, suspensión oral, 4 mg/kg, 2 veces al día por 6 semanas, **o**
- NVP (nevirapina), suspensión oral, 2 mg/kg, una vez al día por 6 semanas.

Si está tomando pecho, al bebé se le debe dar:

- NVP (nevirapina), suspensión oral, 2 mg/kg, una vez al día a partir del nacimiento, hasta una semana después de que el bebé ha dejado el pecho totalmente.

Opción 2

PARA LA MADRE

Debe empezarse una de las combinaciones de TAR en la página 494 tan pronto como sea posible después de 14 semanas de haberse embarazado. Es necesario tomar las medicinas cada día hasta una semana después de que el bebé ha dejado el pecho totalmente.

PARA EL BEBÉ

Sin importar si está dando pecho o no, se debe darle:

- AZT, suspensión oral, 4 mg/kg, 2 veces al día por 6 semanas, **o**
- NVP (nevirapina), suspensión oral, 2 mg/kg, una vez al día por 6 semanas.

Cómo prevenir la transmisión del VIH inmediatamente después de que una mujer ha sido expuesta

Cuando una mujer es expuesta al VIH, por ejemplo cuando una trabajadora de salud se pincha con una aguja o una mujer es violada por alguien que probablemente tiene VIH, a veces podrá prevenir la transmisión tomando la TAR por un período de tiempo corto. Esto se llama Profilaxis Post-Exposición (PEP, por sus siglas en inglés).

Si cree que fue expuesta al VIH (vea la pág. 285 sobre cómo se transmite el VIH), hable con un trabajador de salud de confianza tan pronto como le sea posible sobre la posibilidad de empezar la PEP y si es la mejor decisión para usted. La PEP funciona mejor si usted empieza a tomar las medicinas dentro de las primeras horas después de ser expuesta, y no más de 3 días después. Empiece una de las combinaciones TAR descritas en la página 519, preferiblemente la combinación 2 ó la combinación 4. Otras combinaciones también pueden estar disponibles y ser recomendadas para su región. Cualquier combinación que use, tome las medicinas por 28 días.

Recomendaciones actualizadas para la TAR

Estas recomendaciones para la TAR están basadas en la información más actual del año 2012.

Cambios en las medicinas: Muchas personas que están tomando la TAR toman stavudina (d4T) sola o con una pastilla combinada que se llama *Triomune*. La stavudina puede causar efectos secundarios muy severos después de usarla durante mucho tiempo. Los programas de tratamiento para el VIH están dejando de recetar stavudina y prefieren otras medicinas que tienen menos efectos secundarios, tales como zidovudina y tenofovir. Mientras tanto, todos los adultos que toman stavudina solamente deben tomar pastillas con 30 mg de stavudina, si es posible. Nadie debe tomar 40 mg de stavudina, sin importar su peso.

Cambios sobre cuándo iniciar: Las personas que tienen VIH deben empezar la TAR a veces cuando todavía se sientan sanas para evitar una enfermedad grave. Las personas VIH positivas que se sientan enfermas con SIDA deben empezar el tratamiento incluso si aún no han tenido un examen de CD4. Para empezar temprano, necesitan un examen de CD4 para saber si su recuento es de 350 ó menos.

Cambios en cuanto a quién debe ser tratado: Todas las mujeres VIH positivas embarazadas y con un recuento de CD4 menor a 350 deben empezar el tratamiento. La TAR debe ser iniciada con cualquier persona VIH positiva que tenga una infección activa de TB o hepatitis B, sin importar su recuento de CD4 y sin importar si la enfermedad del VIH está avanzada.

ANTICONCEPTIVOS ORALES (PASTILLAS ANTICONCEPTIVAS)

La mayoría de las pastillas anticonceptivas contienen 2 hormonas que son parecidas a las que produce el cuerpo de la mujer. Estas hormonas se llaman estrógeno y progesterona. Las pastillas se consiguen bajo muchas marcas diferentes y tienen diferentes combinaciones de las 2 hormonas y diferentes potencias. Algunas de las marcas aparecen en las listas a continuación.

Generalmente, las marcas que contienen una cantidad más pequeña de ambas hormonas son las más seguras y las que mejor funcionan para la mayoría de las mujeres. Estas pastillas de "dosis baja" se encuentran en cada uno de los siguientes 3 grupos:

Grupo 1 - Pastillas trifásicas

Éstas contienen cantidades pequeñas de estrógeno y progesterona en una mezcla que va cambiando a lo largo del mes. Como las cantidades van cambiando, es importante tomar las pastillas en orden.

Marcas de fábrica:	Modutrol	Triquilar	Trolit
	Trinordiol	Trifas	

Grupo 2 - Pastillas de dosis baja

Éstas contienen pequeñas cantidades de estrógeno (35 µcg del estrógeno llamado "ethynil estradiol" o 50 µcg del estrógeno llamado "mestranol") y de progesterona en una mezcla que no cambia a lo largo del mes.

Marcas de fábrica:

Combignor	Noriday 1 + 50	Ortho-Novum 1/35, 1/50
Norace	Norinyl 1 + 35, 1 + 50	

Grupo 3 - Pastillas de dosis baja

Estas pastillas son altas en progesterona y bajas en estrógeno (30 ó 35 µcg de "ethinyl estradiol").

Marcas de fábrica:	Lo-Ovral	Microvlar	Nordette
Lo-Femenal	Microgynon 30	Nordet	Norvetal

Tome las pastillas a la misma hora cada día para asegurar su eficacia y para evitar tener pequeños sangrados fuera de los días de la regla. Un horario consistente es de especial importancia para las pastillas con cantidades bajas de hormonas. Si usted sigue teniendo pequeños sangrados irregulares después de 3 ó 4 meses, pruebe una de las marcas del Grupo 3. Si después de otros 3 meses, sigue teniendo los pequeños sangrados, pruebe una marca del Grupo 4 (vea la página siguiente).

En general, las mujeres que toman pastillas anticonceptivas tienen reglas menos pesadas. Eso puede ser bueno, sobre todo para las mujeres que tienen anemia. Pero si una mujer no tiene la regla por varios meses o se preocupa por tener un sangrado muy ligero, ella puede cambiar a una marca con más estrógeno del Grupo 4.

Para una mujer que tiene reglas muy pesadas o cuyos pechos se ponen muy adoloridos antes de la regla, puede ser mejor una marca baja en estrógeno pero alta en progesterona. Estas pastillas se encuentran en el Grupo 3.

Las mujeres que siguen teniendo pequeños sangrados irregulares o que dejan de tener la regla cuando usan una marca del Grupo 3, o que antes se embarazaron cuando estaban usando otro tipo de pastilla, pueden cambiar a una pastilla con un poco más estrógeno. Estas pastillas de "dosis alta" se encuentran en el Grupo 4.

Grupo 4 - Pastillas de dosis alta

Estas pastillas contienen más estrógeno (50 µcg de "ethynil estradiol") y la mayoría también son altas en progesterona.

Marcas de fábrica

Denoval	Neogynon	Norlestrín	Primovlar
Eugynon	Nordiol	Ovral	

Las mujeres que no usan pastillas regularmente debido a los dolores de cabeza o a la leve presión sanguínea alta pueden optar por una pastilla que contenga únicamente progestina. Las pastillas de progestina son seguras para mujeres que están dando pecho, incluyendo a las mujeres a quienes aun no les ha bajado la leche. Las pastillas del Grupo 5 también se conocen como "mini píldoras".

Grupo 5 - Pastillas que sólo tienen progesterona

Estas pastillas, que sólo contienen progesterona, también reciben el nombre de "mini-píldoras".

Marcas de fábrica:

Exluton

Levonorgestrel

Microlut

Micronor

Microval

Ovrette

Se pueden usar estas marcas también para la planificación familiar de emergencia—vea la página siguiente

---

Es necesario tomar estas pastillas que sólo tienen progesterona a la misma hora todos los días, incluso durante la regla. La regla muchas veces es irregular. Además, hay un mayor riesgo de embarazarse si uno se olvida de tomar hasta una sola pastilla.

PLANIFICACIÓN FAMILIAR DE EMERGENCIA (CONTRACEPCIÓN DE EMERGENCIA)

Puede usar píldoras anticonceptivas o píldoras de emergencia para prevenir el embarazo durante los primeros 5 días después de haber tenido relaciones sexuales sin protección. La cantidad de pastillas que necesita tomar depende de la cantidad de estrógeno o progestina que cada pastilla contenga. Hay muchas marcas de estas pastillas y algunas marcas se usan más que otro tipo de píldora. Este cuadro incluye algunas de las marcas más comunes para cada tipo de pastilla. Debe averiguar la cantidad de hormonas contenida en cada pastilla antes de usarla para una emergencia.

208

estrógeno y progesterona

226

métodos de planificación familiar de emergencia

Cómo tomar las píldoras para la planificación familiar de emergencia

Píldoras para la planificación familiar de emergencia	Primera dosis	Segunda dosis (12 horas después)
Píldoras de alta dosis que contienen 50 mcg de etinil estradiol (*Ovral, Neogynon, Nordiol*)	Tome 2 píldoras	Tome 2 píldoras más
Píldoras de baja dosis que contienen 30 ó 35 mcg etinil estradiol (*Lo-Femenal, Microgynon, Nordette*)	Tome 4 píldoras	Tome 4 píldoras más
Píldoras de baja dosis que contienen 20 mcg etinil (*Femexin, Miranova*)	Tome 5 píldoras	Tome 5 píldoras más
Píldoras que solamente contienen progestina (mini píldoras), 75 mcg levonorgestrel (*Ovrette*)	Tome 40 píldoras, en una sola dosis, *o* 20 píldoras en una dosis y 20 píldoras más 12 horas después.	
Píldoras que solamente contienen progestina (mini píldoras), 30 mcg levonorgestrel (*Microval, Microlut*)	Tome 50 píldoras, en una sola dosis, *o* 25 píldoras en una dosis y 25 píldoras más 12 horas después.	
Píldoras especiales para la emergencia que contienen 1.500 mcg levonorgestrel (*Postinor 1*)	Tome una sola pastilla, una sola dosis	
Píldoras especiales para emergencia que contienen 750 mcg levonorgestrel (*Glanique, Postinor, Postinor-2, Post-Day, Pregnon*)	Tome 2 píldoras, una sola dosis	

Con un paquete de 28 píldoras, use las primeras 21 para contracepción de emergencia. No debe usar las últimas píldoras en el paquete de 28 días porque no contienen hormonas.

Las píldoras que solamente contienen progestina y las píldoras especiales para emergencias tienen menos efectos secundarios (dolor de cabeza y náuseas) que las píldoras combinadas cuando son utilizadas para una planificación familiar de emergencia.

Técnicas para la atención de la salud

En este libro nos referimos a ciertas técnicas que le pueden ayudar a una persona a dar mejor atención a un enfermo. Entre otras cosas, hablamos de las técnicas para prevenir infecciones, para obtener información acerca del cuerpo de una persona, para dar líquidos que pueden salvar la vida y para poner inyecciones.

Esta sección da información más completa acerca de estas técnicas. Cualquier persona puede desarrollar estas aptitudes con el tiempo y la práctica. Algunas técnicas, como las que se usan para hacer un *examen* o poner una *inyección*, se aprenden mejor mediante la práctica, bajo la supervisión de una persona calificada. Todas ellas le ayudarán a una persona cuidadosa que las domine bien a atender a la gente de formas mejores y más seguras.

Prevención de infecciones

Las *infecciones* producen muchos tipos diferentes de enfermedades. Las personas que ya están enfermas o heridas corren un mayor riesgo de contraer una infección. Si eso les sucede, se pueden enfermar mucho más. Por eso es importante que usted haga todo lo posible por evitar que se desarrollen las infecciones. También es importante que usted se proteja contra las infecciones que pueda contraer de quienes atienda.

Las infecciones son causadas por microbios, tales como las bacterias y los virus, que son tan pequeños que no se ven a simple vista. Todas las personas portan bacterias en la piel, en la boca, en los *intestinos* y en los *genitales*, todo el tiempo. Estos microbios generalmente no causan problemas, pero sí pueden causar infecciones si son transmitidos a personas enfermas. Los microbios también viven en el equipo y en los instrumentos que se usan para atender a los enfermos, y mediante dichos instrumentos, pueden pasar fácilmente de una persona a otra.

Usted puede *prevenir* infecciones siguiendo las recomendaciones que aparecen en este capítulo. Para información sobre otras maneras de prevenir infecciones, vea la página 149.

IMPORTANTE *Usted debe seguir las recomendaciones cada vez que atienda a alguien, ya sea que use las manos, instrumentos o equipo especial. De lo contrario, usted podría contraer una infección peligrosa o pasar una infección a quien esté atendiendo.*

LAVARSE LAS MANOS

Lávase las manos antes y después de atender a una persona. Es la forma más importante de matar a las bacterias que usted tiene en la piel. Usted necesita lavarse las manos aún más cuidadosamente y por más tiempo...

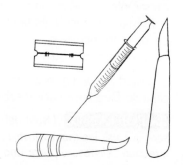

En vez de usar una toalla, deje que las manos se le sequen al aire. No toque nada hasta que tenga las manos secas.

- antes y después de ayudarle a una mujer a dar a luz.
- antes y después de tocar una herida o cortada.
- antes y después de poner una inyección, o de cortar o agujerear cualquier parte del cuerpo.

Use agua que esté corriendo.

- después de tocar sangre, orina, *excremento*, *moco* o líquido de la *vagina*.
- después de quitarse unos guantes.

Use jabón para quitar la mugre y los microbios. Cuente hasta 30 mientras se restriega las manos completamente con jabón espumoso. Use un cepillo o un palito suave para lavarse bajo las uñas. Luego enjuáguese las manos. Use agua que esté corriendo. No use agua usada si necesita tener las manos muy limpias.

Se puede hacer un bote fácil de verter. Le ayudará a ahorrar agua y a tener disponible una fuente de agua limpia para lavarse las manos.

1. Exprima y pegue ambos lados de la agarradera aquí, usando unas pinzas calientes o un cuchillo caliente.

2. Haga un hoyito en la agarradera, justo arriba de donde la selló.

3. Para colgar la botella, haga otros 2 hoyitos del otro lado de la botella y pase un hilo por ellos. Ahora la puede colgar de una clavija o de la rama de un árbol.

4. Llene la botella de agua limpia, y vuelva a ponerle la tapadera.

5. Cuando incline la botella hacia adelante, el agua saldrá y usted podrá lavarse las manos. No haga el hoyo demasiado grande para no esperdiciar agua.

Use una botella de plástico, grande y limpia, que tenga agarradera. Usted también puede colgar una barra de jabón del hilo.

CÓMO DESINFECTAR EQUIPO E INSTRUMENTOS

Al proceso que se usa para deshacerse de casi todos los microbios que están en el equipo y en los instrumentos se le llama *desinfección de alto nivel*.

Es necesario **primero lavar** y **después desinfectar** los instrumentos que se vayan a usar para...

- cortar, agujerear o tatuar la piel.
- poner una inyección.
- cortar el cordón del ombligo de un bebé durante el parto.
- examinar la vagina, sobre todo durante o después de un parto, de un *malparto* o de un *aborto*.
- dar líquidos por el *recto*.

Los 3 pasos de la desinfección de alto nivel

Usted debe llevar a cabo los primeros 2 pasos justo después de usar los instrumentos. Trate de no dejar que se les sequen la sangre y el moco. Lleve a cabo el tercer paso justo antes de volver a usar los instrumentos. Usted puede llevar a cabo todos los pasos de una sola vez si usted puede guardar sus instrumentos en algún lugar donde permanecerán desinfectados (vea la página siguiente).

1. **Remojar:** Remoje sus instrumentos durante 10 minutos. De ser posible, use una solución de cloro al 0,5%. El remojar sus instrumentos en cloro primero ayudará a protegerla contra infecciones cuando los limpie después. Si no tiene cloro, remoje sus instrumentos en agua.

Cómo hacer una solución desinfectante de cloro al 0,5%

Si su cloro dice:		*Use:*
2% de cloro disponible	....	1 parte de cloro y 3 partes de agua
5% de cloro disponible	....	1 parte de cloro y 9 partes de agua
10% de cloro disponible	....	1 parte de cloro y 19 partes de agua
15% de cloro disponible	....	1 parte de cloro y 29 partes de agua

Por ejemplo:

Si su cloro dice 5% de cloro disponible, use esta cantidad de cloro: *y esta cantidad de agua:*

Sólo mezcle suficiente solución para un día. **No la vuelva a usar al día siguiente.** Ya no será lo suficientemente fuerte para matar a los microbios.

2. **Lavar:** Lave todos los instrumentos con agua jabonosa y un cepillo hasta que cada uno se vea muy limpio. Luego enjuague los instrumentos con agua limpia. Tenga cuidado de no cortarse con las puntas o con las orillas filosas. De ser posible use guantes gruesos, o cualesquiera guantes que tenga.

3. **Desinfectar:** Hierva o cueza los instrumentos al vapor durante 20 minutos (o tanto tiempo como le tome cocer arroz).

Para cocerlos al vapor, usted necesita una olla con tapadera. No es necesario que el agua cubra los instrumentos, pero use suficiente agua para que salga vapor por los lados de la tapadera durante 20 minutos.

Para hervirlos, no necesita llenar la olla con agua. Pero usted debe asegurarse de que el agua cubra todos los instrumentos todo el tiempo. De ser posible, póngale tapadera a la olla.

Para ambos procesos, empiece a contar los 20 minutos ya que el agua esté hirviendo completamente. No añada nada a la olla una vez que empiece a contar.

IMPORTANTE *Nunca use un instrumento para más de una persona sin lavar y desinfectar cada una de sus partes entre cada uso.*

Cómo guardar sus instrumentos

Si guarda sus instrumentos apropiadamente, podrá desinfectarlos completamente de una sola vez y tenerlos listos para cualquier momento en que los necesite. Siga estas instrucciones:

- Después de hervir sus instrumentos, saque el agua de la olla y deje que los instrumentos se sequen solos. No los seque con un trapo. Tape la olla con una tapadera o con un pedazo de tela delgada y limpia para proteger los instrumentos contra el polvo y las moscas. Asegúrese de dejar que los instrumentos se sequen por completo. Los objetos de metal se oxidan si no están secos.

- No toque los instrumentos con las manos ni permita que éstos toquen cualquier cosa.

- Guarde los instrumentos en un envase tapado que haya sido desinfectado. Usted puede usar la olla y la tapadera que haya usado para hervir o cocer los instrumentos al vapor. O puede usar un frasco de vidrio y una tapadera que hayan sido hervidos. Para mayor protección contra el polvo, de ser posible ponga todo en una bolsa limpia de plástico.

Asegúrese de que el envase y la tapa que use para guardar sus instrumentos también hayan sido desinfectados.

Cómo desinfectar agujas, jeringas, guantes y vendajes

Agujas y jeringas. Si una aguja y una jeringa se pueden volver a usar (es decir, no son desechables), con la aguja puesta, jale cloro o agua jabonosa con la jeringa y luego suelte el cloro o el agua por la aguja. Haga esto 3 veces, justo después de usar la jeringa y la aguja. Luego desarme todo y siga los pasos 2 y 3 de la página anterior. Guarde la jeringa con cuidado, hasta que la vuelva a usar. Asegúrese de no tocar la aguja ni el émbolo (la parte de la jeringa que se mueve—vea pág. 543).

Si usted no puede guardar sus instrumentos en un lugar limpio y seco, hiérvalos o cuézalos al vapor otra vez antes de usarlos.

Si una aguja y una jeringa sólo se pueden usar una vez (es decir, son desechables), póngalas cuidadosamente en un envase tapado que la aguja no pueda perforar y entierre el envase en un hoyo profundo. Si usted no puede deshacerse de la aguja de una manera segura, enjuáguela con cloro, de la manera ya descrita, 3 veces.

¡Las agujas usadas son peligrosas!

¡NO!

¡SÍ!

Guantes

Los guantes la protegen a usted y protegen a quienes usted atiende contra la propagación de infecciones. Si usted no tiene guantes, tápese las manos con bolsas limpias de plástico.

A veces está bien usar guantes que están limpios, pero que no han sido desinfectados—siempre y cuando no los haya usado ya antes. Pero usted **siempre debe usar guantes que hayan sido desinfectados a alto nivel cuando...**

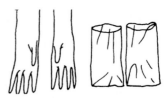

Si no tiene guantes, puede taparse las manos con bolsas limpias de plástico.

• meta las manos en la vagina de una mujer durante un examen de emergencia antes o después de un parto o de un aborto.

• toque piel que esté abierta.

Cómo usar guantes desinfectados a alto nivel:

Tenga cuidado de no tocar otros guantes cuando saque un par del envase donde estén guardados.

Cuando se ponga los guantes, tenga cuidado de no dejar que algo toque cualquier parte de los guantes que vaya a entrar en contacto con la persona.

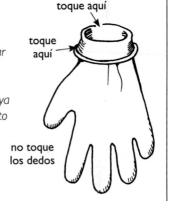

toque aquí

toque aquí

no toque los dedos

➤ *Si usted tiene un par de guantes esterilizados en un paquete, guárdelos para alguna ocasión en que tenga que tener especial cuidado de no propagar una infección.*

Si usted va a usar un par de guantes más de una vez, necesita limpiarlos, desinfectarlos y guardarlos como se explica en las páginas 527 y 528. Siempre revise los guantes que haya remojado y si encuentra cualesquiera que estén rotos o desgarrados, tírelos.

Es mejor cocer los guantes al vapor que hervirlos, porque así se pueden quedar en la olla donde fueron esterilizados hasta que estén secos. Si usted tiene que hervir los guantes, trate de dejar que se sequen al sol. Para hacer eso, usted probablemente tendrá que tocarlos y por lo tanto ya no estarán desinfectados, pero sí estarán limpios. Guárdelos en un lugar limpio y seco.

Vendajes de tela

Si usted no tiene gasa estéril, use vendajes de tela. Desinfecte y guarde los vendajes como se explica en las páginas 527 y 528. Seque los vendajes al sol, pero no los ponga cerca del suelo y protéjalos contra el polvo, las moscas y otros insectos.

Hay que deshacerse con cuidado de todos los artículos desechables que hayan tocado sangre o algún otro líquido del cuerpo (orina, excremento, semen, líquido de la bolsa de aguas, pus). Es importante que ni los niños ni los animales los encuentren. Haga lo mismo con los materiales no desechables que ya no sean útiles, pero que estén contaminados, como jeringas o guantes rotos.

Cómo medir la temperatura, el pulso, la respiración y la presión de la sangre

Cuando una persona está enferma o tiene algún problema médico, sus señas físicas básicas pueden cambiar. Las siguientes cuatro páginas explican cómo revisar estas señas para saber si una persona tiene un problema.

TEMPERATURA

Si necesita saber la temperatura de una persona, pero no tiene un termómetro, toque la piel de la persona con el dorso de una de sus manos y compárela con su propia piel. Si la piel de la otra persona se siente bastante más calientita, ella probablemente tiene fiebre (calentura). Para saber qué hacer para fiebre, vea pág. 297.

Si tiene un termómetro, le puede tomar la temperatura a una persona en la boca, en la axila (arca) o en el recto. Normalmente, la temperatura de una persona es un poco más baja en la axila, un poco más alta en la boca y aún más alta en el recto. Hay dos tipos de escalas para medir la temperatura.

He aquí una comparación de ambas:

Los niveles normales y de fiebre que aparecen aquí son para temperaturas tomadas por la boca.

Centígrado (C)

Fahrenheit (F)

34 35 36 37 38 39 40 41 42

normal | Algo de fiebre | Fiebre alta

92 94 96 98 100 102 104 106 108

Cómo tomar la temperatura   (usando un termómetro marcado en centígrados—°C)

1. Limpie bien el termómetro con jabón y agua fría, o con alcohol. Sosténgalo de la punta que no sea plateada (o roja) y sacúdalo con fuerza hasta que marque menos de 36 grados.

2. Ponga el termómetro…

… bajo la lengua (con la boca cerrada), o…

… en la axila, si hay algún peligro de que la persona muerda el termómetro, o…

… cuidadosamente, en el recto (primero mójelo o póngale vaselina).

3. Déjelo allí por 3 ó 4 minutos.

4. Revise qué temperatura marca (vea arriba).

5. Lave bien el termómetro con agua fría y jabón. Luego, si puede, remójelo durante 20 minutos en una solución de cloro (vea pág. 527) y enjuáguelo con agua limpia.

Los termómetros de vidrio contienen mercurio, un metal venenoso. Tenga cuidado con los termómetros de vidrio y si se quiebran, no recoja el mercurio con sus manos.
Recoja el mercurio en un envase de vidrio y entiérrelo.
No deje que los niños jueguen con termómetros o mercurio. Consiga un termómetro digital si es posible.

termómetro digital

Pulso

El pulso indica qué tan rápidamente está latiendo el corazón y cuánto está trabajando. Después del ejercicio o del trabajo pesado, el corazón de una persona sana late rápidamente, pero regresa a su velocidad normal después de unos cuantos minutos. Generalmente, el corazón late 20 veces más por minuto con cada grado (C) más de fiebre.

Un pulso de entre 60 y 90 latidos por minutos es normal para un adulto. Un pulso rápido puede ser seña de:

- pérdida de sangre, pérdida de líquido, o *choque* (vea pág. 254).
- fiebre e infección.
- problemas de los pulmones y del sistema respiratorio, o del corazón.
- problemas de la *tiroides*.

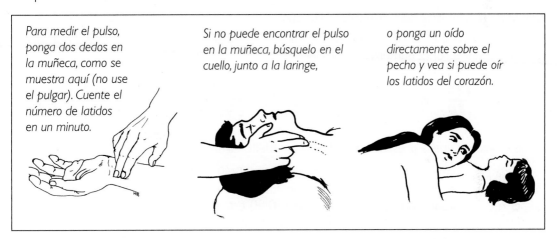

Para medir el pulso, ponga dos dedos en la muñeca, como se muestra aquí (no use el pulgar). Cuente el número de latidos en un minuto.

Si no puede encontrar el pulso en la muñeca, búsquelo en el cuello, junto a la laringe,

o ponga un oído directamente sobre el pecho y vea si puede oír los latidos del corazón.

Respiración

El número de respiraciones por minuto da información sobre la salud de los pulmones y del sistema respiratorio de una persona. También es una indicación de la salud general. Para medir la respiración fíjese cómo sube y baja el pecho de la persona cuando ella está en descanso. Es normal para un adulto tener de 12 a 20 respiraciones completas por minuto (una respiración completa consiste en tomar y soltar aire una vez).

La respiración generalmente se acelera (junto con el pulso) cuando la persona tiene una infección, fiebre, pérdida de sangre o *deshidratación*, choque, problemas de los pulmones u otras emergencias.

Una respiración y un pulso muy lentos en una persona muy enferma pueden indicar que ella está por morir.

La respiración rápida y poco profunda puede ser seña de una infección del sistema respiratorio. Una persona que respira más de 30 veces por minuto podría tener *pulmonía* (vea pág. 304).

Presión de la sangre

La presión de la sangre (presión sanguínea o presión arterial), es una medición de la fuerza con que la sangre empuja en contra del interior de los vasos sanguíneos.

Es útil saber cuál es la presión de la sangre de una mujer en las siguientes ocasiones:

- durante el embarazo, el parto, un malparto o un aborto.
- si ella está usando o planeando usar pastillas anticonceptivas.
- en emergencias, como cuando ella está en estado de choque, tiene dolor fuerte en el abdomen o está teniendo un parto difícil.

Lo que los números quieren decir

Para medir la presión de la sangre o presión arterial (PA) hay que tomar 2 lecturas y por eso la presión se indica con 2 números:

$$\text{PA } \frac{120}{80} \quad \text{ó} \quad \text{PA } 120/80$$

120 es la lectura sistólica

_____

80 es la lectura diastólica

Se considera que la **presión normal** para un adulto es entre 90/60 y 120/80.

Si una persona tiene la presión de la sangre entre 90/60 y 120/80, no hay que preocuparse. Si su presión está entre 120/80 y 140/90, la persona debe hacer ejercicio, bajar de peso y comer menos sal. Si la presión está arriba de 140/90, esta persona también debe tomar medicinas. Una persona que tiene diabetes o cardiopatía debe tomar medicinas si su presión está arriba de 130/80.

Una mujer embarazada que tiene la presión arriba de 140/90 debe consultar a una promotora de salud sobre las medicinas que son seguras para el embarazo.

Una **baja repentina de la presión** es una seña de peligro, sobre todo si la presión cae a menos de 90/60. Ésté pendiente de cualquier baja repentina de la presión en personas que están sangrando o que corren el riesgo de caer en estado de choque. Si usted le toma la presión a una persona y el resultado es muy bajo, pero usted no cree que la persona esté en estado de choque, espere unos cuantos minutos y vuelva a medirle la presión.

Muchas veces será necesario que usted vigile la presión de una persona a lo largo de una temporada (por ejemplo, durante el embarazo de una mujer) para ver cómo va cambiando. Será útil que usted lleve un registro:

sep 13	100/60
oct 12	110/62
nov 15	90/58
dic 10	112/60
ene 12	110/70

Este cuadro muestra cómo la presión de una mujer sube y baja un poquito de un mes a otro. Eso es normal.

Cómo medir la presión de la sangre

Hay diferentes tipos de equipo para medir la presión de la sangre. Algunos tienen una escala alta que se ve como un termómetro. Otros tienen un manómetro redondo.

El equipo para medir la presión generalmente incluye un estetoscopio.

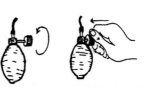

perilla

manguito de la presión arterial

Para tomarle la presión a una persona, primero explíquele lo que usted va a hacer. Luego siga estos pasos:

1. 'Amarre' el manguito arriba del codo (el brazo debe estar destapado).

2. Cierre la válvula de la perilla de hule, dándole vuelta al tornillo hacia la derecha. El tornillo se verá más corto.

3. Busque el pulso justo abajo del codo, por el lado de adentro del brazo. Ponga allí el estetoscopio. A veces no podrá encontrar el pulso. Entonces ponga el estetoscopio sobre el centro del doblez que está en medio del brazo.

4. Apriete la perilla varias veces para llenar el manguito de aire.

5. A medida que apriete la perilla, verá que la aguja del manómetro se mueve. Deje de bombear aire cuando la aguja llegue a 200.

6. Entonces abra la válvula un poquito para que el aire empiece a salir despacito.

7. La aguja empezará a bajar. (Si la válvula está cerrada, se quedará en 200.)

A medida que el aire vaya saliendo, empezará a oír el pulso de la persona a través del estetoscopio. Fíjese dónde está la aguja (o la línea plateada) cuando empiece a oír el pulso (ése será el número de arriba) y cuando el pulso desaparezca o se vuelva muy suave (ése será el número de abajo).

Si usted no oye nada cuando la aguja está aquí...

o aquí...

pero empieza a oír el pulso como por aquí

y luego lo deja de oír cuando la aguja está aquí

...entonces la presión de la sangre es de 100/70.

Cómo examinar el abdomen

Si una mujer tiene dolor en la parte baja del *abdomen*, primero lea el capítulo sobre ese problema y hágale a la mujer las preguntas de la página 357.

Luego examínele el abdomen:

1. Pídale que se desvista de modo que usted pueda verle el abdomen desde justo abajo de los pechos hasta el área vellosa entre las piernas.

2. Pídale que se acueste boca arriba sobre una cama firme, una mesa o un piso limpio. Ella debe tener las rodillas dobladas y los talones cerca de las nalgas. Pídale que relaje los músculos del abdomen lo más que pueda. Eso le puede ser difícil a una persona que tiene dolor.

3. Ponga un oído sobre el abdomen y fíjese si puede oír sonidos burbujeantes. No oír nada durante 2 minutos es seña de peligro (vea pág. 354).

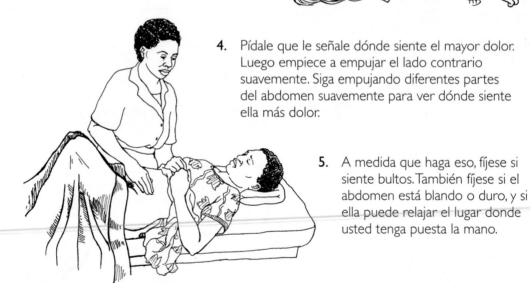

4. Pídale que le señale dónde siente el mayor dolor. Luego empiece a empujar el lado contrario suavemente. Siga empujando diferentes partes del abdomen suavemente para ver dónde siente ella más dolor.

5. A medida que haga eso, fíjese si siente bultos. También fíjese si el abdomen está blando o duro, y si ella puede relajar el lugar donde usted tenga puesta la mano.

6. Para asegurarse de que la mujer no tenga un problema como *apendicitis*, una infección del intestino o una *infección pélvica*, empújele con cuidado pero con firmeza, la *ingle* del lado izquierdo. Empújela hasta causar un poco de dolor y luego quite la mano rápidamente. Si la mujer siente un dolor muy fuerte cuando usted quita la mano (dolor de rebote), ella podría tener una infección muy grave. Llévela de inmediato a un centro médico o a un hospital para averiguar si necesita una operación. Si ella no tiene dolor de rebote, siga examinándola. Revísele los genitales por fuera, para ver si tienen llagas, si les está saliendo *desecho* o sangre, o si tienen alguna otra seña de una *infección de transmisión sexual*. Para información sobre las señas y el tratamiento de dichas infecciones, vea el Capítulo 16. Haga un examen pélvico, si sabe cómo (vea la página siguiente).

Cómo examinar los genitales de una mujer (el examen pélvico)

El saber cómo examinar los genitales de una mujer puede salvar vidas. Es necesario para poder proporcionar ciertos tipos de *planificación familiar* y para poder descubrir muchos problemas médicos graves de la mujer, como el *embarazo tubárico*, el *cáncer* del *cérvix* y de la *matriz*, muchas infecciones sexuales y las complicaciones del aborto. No es difícil aprender a examinar los genitales, y con práctica, la mayoría de las mujeres o de los trabajadores de salud pueden...

- examinar los genitales externos.
- sentir los *órganos reproductivos* dentro del abdomen.

Pero sólo haga un examen *pélvico* cuando sea realmente necesario. Cada vez que usted pone algo dentro de la vagina de una mujer, aumenta el riesgo de ella de contraer una infección.

IMPORTANTE *No haga un examen pélvico...*

- *cuando una mujer embarazada está sangrado o si su bolsa de aguas se ha roto.*
- *después de un parto normal o de un aborto sin complicaciones.*

Antes de empezar:

1. Pida a la mujer que orine.
2. Lávese bien las manos con agua limpia y jabón.
3. Pídale que se afloje la ropa. Use una sábana o la ropa de la mujer para taparla. Siempre examine a una mujer en una lugar fuera de la vista de los demás.
4. Pídale que se acueste boca arriba, con las rodillas dobladas y los talones cerca de las nalgas. Explíquele lo que está a punto de hacer.
5. Póngase un guante limpio en la mano que vaya a usar para el examen.

Siempre examine a una mujer donde nadie más pueda verla.

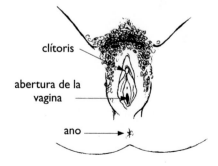

clítoris

abertura de la vagina

ano

Examine los genitales externos

Usando la mano enguantada para tocar a la mujer cuidadosamente, revise si ella tiene bultos, hinchazón, un desecho fuera de lo normal, llagas, desgarros o cicatrices alrededor de los genitales y entre los pliegues de piel de la *vulva*. Algunas enfermedades producen señas que aparecen en la parte externa de los genitales (vea el Capítulo 16, sobre infecciones sexuales).

Cómo hacer un examen con un espéculo

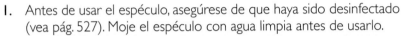

Un *espéculo* es un instrumento para examinar el cérvix y la vagina. Si usted tiene uno, siga los pasos que aparecen a continuación y luego continúe con el examen como se describe en la página siguiente. Si usted no tiene un espéculo, simplemente pase a la página siguiente y siga las instrucciones que se dan allí. Usted podrá obtener mucha de la misma información que si usara el espéculo.

1. Antes de usar el espéculo, asegúrese de que haya sido desinfectado (vea pág. 527). Moje el espéculo con agua limpia antes de usarlo.

2. Ponga el dedo índice de su mano enguantada en la vagina de la mujer. A medida que meta el dedo, empuje suavemente hacia abajo el músculo que rodea la vagina. (Trabaje lentamente, dándole tiempo a la mujer de relajar los músculos.) Use el dedo para hallar el cérvix, el cual se siente como la punta de la nariz.

3. Con la otra mano, sostenga unidas las hojas del espéculo entre su dedo índice y su tercer dedo. Voltee las hojas de lado y métalas en la vagina. (Tenga cuidado de no oprimir el hoyito de la orina ni el *clítoris*, puesto que son áreas muy sensibles.) Cuando ya esté adentro la mitad del espéculo, dele vuelta para que la agarradera quede hacia abajo. Saque el dedo enguantado.

4. Con cuidado, abra un poco las hojas y busque el cérvix. Mueva el espéculo lenta y suavemente hasta que pueda ver el cérvix entre las hojas. Apriete el tornillo del espéculo para que éste no se mueva.

5. Revise el cérvix. Debe verse rosado, redondo y liso. Fíjese si la abertura está abierta o cerrada y si hay cualquier tipo de desecho o de sangrado. Si usted está examinando a la mujer porque está sangrando por la vagina después de un parto, de un aborto o de un malparto, fíjese si hay carne saliendo de la abertura del cérvix. Si piensa que la mujer podría tener una infección, revise si hay desecho verde o amarillo y si el cérvix está sangrando. Si la mujer ha estado teniendo goteo de orina o excremento, voltee el espéculo con cuidado para ver las paredes de la vagina. Cierre un poco las hojas para hacer eso.

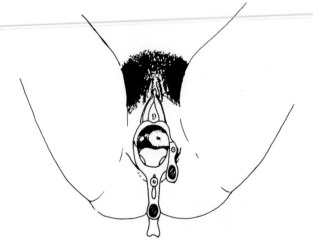

6. Para sacar el espéculo, jálelo suavemente hasta que las hojas hayan librado el cérvix. Luego junte las hojas y saque el espéculo cuidadosamente. Asegúrese de volver a desinfectar su espéculo.

Cómo sentir los órganos reproductivos dentro del abdomen

1. Meta el dedo índice de su mano enguantada en la vagina de la mujer. A medida que meta el dedo, empuje suavemente hacia abajo el músculo que rodea la vagina. Cuando el cuerpo de la mujer se relaje, meta también el tercer dedo. Voltee la palma de su mano hacia arriba.

2. Sienta la abertura de la matriz (cérvix) para ver si está firme y redonda. Luego ponga un dedo de cada lado del cérvix y muévalo un poco. El cérvix debe moverse fácilmente, sin causar dolor. Si sí causa dolor, la mujer podría tener una infección de la matriz, de las *trompas* o de los *ovarios*. Si el cérvix se siente blando, ella podría estar embarazada.

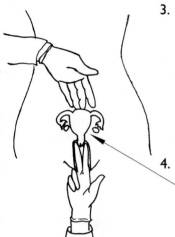

Mueva el cérvix suavemente, de lado a lado.

3. Para sentir la matriz, con la otra mano empuje el abdomen suavemente por fuera. Eso traerá a la matriz, las *trompas* y los *ovarios* más cerca de la mano que usted tiene adentro. La matriz puede estar inclinada hacia adelante o hacia atrás. Si usted no la siente enfrente del cérvix, levante el cérvix suavemente y tiente a su alrededor para hallar el 'cuerpo' de la matriz.

4. Cuando encuentre la matriz, sienta su forma y su tamaño. Para hacerlo, mueva los dedos que tiene adentro hacia los lados del cérvix y luego haga que sus dedos de afuera 'caminen' alrededor de la matriz. Ésta debe sentirse firme, lisa y más pequeña que un huevo de gallina.

Si la matriz...

- se siente blanda y grande, la mujer probablemente está embarazada.

- se siente abultada y dura, ella podría tener un *fibroma* u otro tumor (vea pág. 380).

- se siente adolorida cuando la toca, ella probablemente tiene una infección por dentro.

- no se mueve con facilidad, ella podría tener cicatrices de una infección antigua (*infección pélvica*, vea pág. 274).

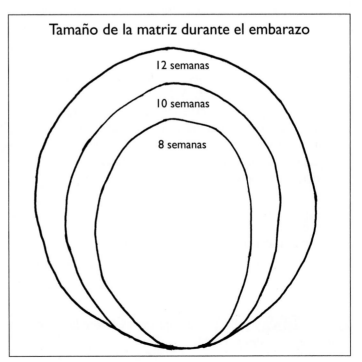

Tamaño de la matriz durante el embarazo

12 semanas

10 semanas

8 semanas

5. Sienta las trompas y los ovarios. Si no tienen ningún problema, serán difíciles de sentir. Pero si usted siente cualquier bulto que sea más grande que una almendra (de este tamaño) o que produce dolor muy fuerte, ella podría tener una infección u otra emergencia. Si la mujer tiene un bulto doloroso y se le retrasó la *regla*, ella podría tener un embarazo tubárico. Ella necesita atención médica de inmediato.

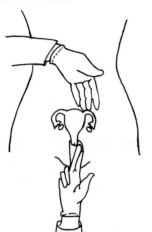

6. Mueva los dedos y vaya sintiendo el interior de la vagina. Si la mujer tiene goteo de orina o de excremento, revise si hay algún desgarro (vea pág. 370). Asegúrese de que no haya ninguna llaga ni ningún bulto anormal.

7. Saque los dedos de la vagina y pídale a la mujer que tosa o que puje como si fuera a obrar. Fíjese si algo sobresale de la vagina. De ser así, la mujer podría tener la matriz o la *vejiga* caídas (vea pág. 131).

8. Cuando termine, limpie y desinfecte su guante (vea pág. 527). Lávase bien las manos con agua y jabón.

Atención para quemaduras

Las quemaduras son un tipo de herida común entre las mujeres y los niños (vea la pág. 394). Todas las quemaduras primero deben ser enfriadas durante 15 minutos con hielo, agua fría, o trapos remojadas en agua fría. Después del enfriamiento, el tratamiento dependerá de qué tan grave sea la quemadura. Es muy importante mantener las quemaduras tan limpias como sea posible. Protéjalas de la mugre, del polvo, de las moscas y de otros insectos. Para que sanen mejor, nunca les ponga grasa, manteca, pieles de animales, café, hierbas y mucho menos excrementos. Es importante que las personas que se han quemado coman *proteínas*. No es necesario evitar ningún tipo de alimentos.

Hay 3 tipos básicos de quemaduras:

1. Quemaduras leves (de primer grado)

Estas quemaduras no producen ampollas, pero la piel se pone más oscura o roja. Después de enfriar el área quemada, no se necesita ningún otro tratamiento. Use aspirina o paracetamol para el dolor.

IMPORTANTE *Para evitar infecciones, lávese las manos con cuidado antes de atender a alguien que se haya quemado.*

2. Quemaduras que producen ampollas (de segundo grado)

Después de enfriar la quemadura, no abra las ampollas. No haga un hoyito en la ampolla ni saque el líquido que tenga por dentro—ni siquiera con una aguja y una jeringa que hayan sido desinfectadas. Si la ampolla se rompe por cualquier razón, use tijeras desinfectadas para quitar con cuidado toda la piel muerta. Luego limpie la quemadura con cuidado, usando un jabón suave y trapos desinfectados o gasas y algodones estériles remojados en agua hervida y enfriada. También puede usar *agua oxigenada*. Quite cualquier piel quemada que quede sobre o alrededor de la quemadura, hasta que vea abajo la piel rosada, nueva. Cubra esa piel con un pedazo de gasa estéril o con un trapo desinfectado. Si cuando usted quiera quitar el trapo encuentra que está pegado a la quemadura, mójelo con agua hervida, enfriada.

Para evitar que se infecte el área de la quemadura, póngale por 15 minutos, 3 veces al día, una gasa estéril o un trapo desinfectado que haya remojado en una solución de agua salada. Cada vez que cambie el trapo, quite la piel y la carne muertas cuidadosamente con pincitas muy limpias, hasta que vea la piel rosada, nueva.

Para hacer una solución de agua salada:

Use una cucharadita de sal por cada litro de agua. Hierva tanto el agua como el trapo antes de usarlos, y enfríelos antes de ponerlos sobre la quemadura.

Si la quemadura de cualquier forma se infecta, dolerá aún más, se hinchará más, y la piel a su alrededor se pondrá dura y roja. Use un *antibiótico*, por ejemplo 250 mg de dicloxicilina ó 250 mg de cefalexina, 4 veces al día, de 7 a 10 días. Dele bastante líquido a la persona.

3. Quemaduras profundas (de tercer grado)

Éstas son quemaduras que destruyen la piel y dejan expuesta carne que se ve negra y achicharrada. **Estas quemaduras siempre son graves**. Lleve a la persona de inmediato a donde pueda recibir atención médica. Mientras tanto, envuelva el área quemada con una toalla o un trapo desinfectado y húmedo. Asegúrese de que el agua que se haya usado para remojar la toalla haya sido hervida y enfriada. Dele a la persona bastante líquido.

Si es imposible conseguir ayuda médica, trate la quemadura como una de segundo grado. Para protegerla del polvo y de los insectos, tápela con una tela o una sábana suelta de algodón, que haya sido esterilizada. Cambie la tela por lo menos 4 veces al día, o sólo 2 veces al día si se mantiene seca.

Dé suero para tomar (vea pág. 540) tan seguido como sea posible, hasta que la persona esté orinando con frecuencia. Si la persona está *inconsciente* o no puede tragar, póngale el suero por el recto (vea pág. 541).

Una persona que se ha quemado mucho puede caer fácilmente en estado de choque, debido a la pérdida de los líquidos que se van escurriendo de la quemadura.

Consuele y tranquilice a la persona quemada y, si es necesario, dele tratamiento para choque. Dele cualquier medicina fuerte para el dolor que esté disponible. El lavar las heridas abiertas con agua fría y un poco salada también ayuda a aliviar el dolor.

Cómo dar líquidos para tratar el choque

Una mujer puede caer en estado de choque (vea pág. 254) si ella pierde mucha sangre—por ejemplo, durante el parto, después de un aborto o un malparto con complicaciones o después de quemarse gravemente.

Cuando eso sucede, la mujer debe recibir líquidos rápidamente para no morir. Si ella está despierta y puede beber líquido, pídale que lo haga. Además, usted puede empezar a darle suero por la vena, si sabe cómo hacerlo. En una emergencia, en lugar de suero intravenoso se puede usar una lavativa o enema (vea la página siguiente). Pero las lavativas sólo se deben usar en emergencias. El usarlas demasiado puede ser dañino.

CÓMO PREPARAR EL SUERO PARA TOMAR

Dos maneras de hacer suero para tomar

Si puede, añada media taza de jugo de fruta, agua de coco, o plátano maduro machacado a cualquiera de las dos bebidas. Esas cosas contienen potasio, un mineral que ayuda a una persona enferma a aceptar más alimentos y bebidas.

1. **Con azúcar y sal.** (Se puede usar rubia, piloncillo o melaza en vez de azúcar.)	2. **Con cereal en polvo y sal.** (Lo mejor es el arroz en polvo. Pero puede usar maíz molido, harina de trigo o de sorgo, o papas cocidas y molidas.)
En un litro de AGUA limpia ponga media cucharadita rasa de SAL y 8 cucharaditas rasas de AZÚCAR.	En un litro de AGUA limpia ponga media cucharadita rasa de SAL y 8 cucharaditas copeteadas de CEREAL en polvo.
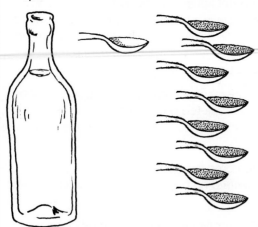	Hierva de 5 a 7 minutos hasta que el cereal espese un poco. Enfríelo rápidamente y empiece a dárselo a la enferma. 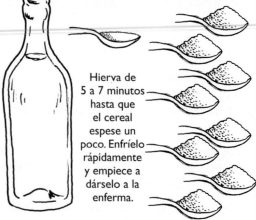
CUIDADO: Antes de añadir el azúcar, pruebe la bebida y asegúrese de que esté menos salada que las lágrimas.	*CUIDADO:* Pruebe la bebida cada vez que se la vaya a dar a la enferma para asegurarse de que no se haya echado a perder. Cuando hace calor, este tipo de bebida se puede echar a perder en unas cuantas horas.

El suero para tomar (o suero de rehidratación) también sirve para prevenir y tratar la deshidratación, sobre todo cuando la persona tiene mucha *diarrea* aguda.

CÓMO PONER LÍQUIDOS POR EL RECTO

Usted necesitará:

- una bolsa limpia para lavativas o una lata con un tubo.
- una toalla para poner bajo la persona.
- 600 ml (un poco más de medio litro) de agua potable tibia (no caliente). En su lugar puede usar suero hecho con azúcar y sal o una bolsa de solución intravenosa.

Qué hacer:

1. Dígale a la mujer lo que está haciendo y por qué lo está haciendo.
2. Lávese las manos.
3. Pida a la mujer que se acueste del lado izquierdo, si ella puede. Su cuerpo debe estar un poco más elevado que su cabeza.
4. Si usted tiene guantes limpios, póngaselos.
5. Deje que el agua baje hasta la punta del tubo para sacar el aire. Luego apriete el tubo para que no s alga el líquido.

Asegúrese de que su cuerpo esté más elevado que su cabeza.

6. Moje la punta del tubo con agua y métala en el ano. Pida a la mujer que tome aire lenta y profundamente para que se relaje.

No meta el tubo más de esto.

7. Sostenga la bolsa o la lata a la altura necesaria para que el agua fluya muy lentamente dentro del recto (como al nivel de las caderas de la mujer). Debe tomar como 20 minutos para que toda el agua entre al recto. Si el agua empieza a salir del recto, tal vez la bolsa esté demasiado alta. Bájela para que el agua fluya más lentamente.
8. Saque el tubo con cuidado. Pida a la mujer que trate de retener el agua y explíquele que en poco tiempo se le quitarán las ganas de obrar. Si la mujer está inconsciente, usted puede sostenerle las nalgas juntas.
9. Limpie y seque a la mujer. Luego quítese los guantes y lávese las manos.
10. Lleve a la mujer a donde haya ayuda médica de inmediato. Si la mujer sigue en estado de choque, usted puede ponerle otra lavativa una hora después. Si no está en estado de choque, dele sorbitos de suero para tomar en el camino.

Cómo poner una inyección

Las inyecciones no se necesitan con mucha frecuencia. Muchas medicinas que a veces se dan inyectadas podrían tomarse con más seguridad por la boca. Pero puede ser necesario poner una inyección...

- cuando una medicina no viene en una presentación que pueda tomarse por la boca.
- cuando la persona no puede tragar o está vomitando.
- en algunas emergencias, como cuando una mujer está sangrando o tiene una infección después del parto o después de un aborto.

Es importante poner bien las inyecciones. Pueden ser peligrosas si se ponen en el lugar equivocado, de una manera incorrecta o sin lavarse las manos o limpiar bien la jeringa y el sitio de la inyección. Siga con cuidado todas las instrucciones para poner inyecciones que aparecen en la página 544.

Prevención de infecciones

Las agujas y las jeringas que no se limpian y no se desinfectan adecuadamente pueden pasar enfermedades como el *VIH* o la *hepatitis* de una persona a otra. También pueden producir infecciones graves en el lugar donde se ponga la inyección o en la sangre.

- **Nunca** use la misma aguja y la misma jeringa para inyectar a más de una persona sin primero desinfectar la aguja y la jeringa. Siga los pasos de la página 528.
- Después de que haya hervido la aguja, no permita que toque nada que no haya sido desinfectado.
- Si las agujas son desechables, vea la pág. 528, donde explicamos cómo deshacerse de ellas con seguridad.

DÓNDE PONER UNA INYECCIÓN

Hay 2 tipos básicos de inyecciones

- inyecciones que se ponen en el músculo (intramusculares)
- inyecciones que se ponen en la capa grasosa bajo la piel (subcutáneas).

La mayoría de las medicinas inyectadas que recomendamos en este libro deben ponerse mediante inyecciones en el músculo. Se pueden poner en un músculo grande de las nalgas o de la parte de arriba del brazo o del muslo. Es mejor poner una inyección en la nalga o en el muslo en vez de en el brazo si...

- hay que inyectar más de 2 ml de medicina. (Sin embargo, nunca hay que inyectar más de 3 ml en una sola dosis. Ponga 2 inyecciones en vez de una.)
- es probable que la medicina cause dolor al ser inyectada.
- la persona que recibirá la inyección es muy pequeña o está desnutrida.

Cuando ponga una inyección en las nalgas, siempre póngala en uno de los cuadros de arriba y afuera.

Para poner una inyección en la parte de arriba del brazo, mantenga el brazo relajado contra el cuerpo. Mida el ancho de 2 dedos y ponga la inyección a esa distancia de la punta del hombro.

En el muslo, ponga la inyección en la parte de arriba y de afuera. (Ésta es la mejor forma de inyectar a los bebés.)

Cómo preparar una jeringa para poner una inyección

Antes de preparar una jeringa, **lávese las manos con agua y jabón.** Si la jeringa se puede usar más de una vez, empiece con el primer paso. Si la jeringa es desechable, abra el paquete con cuidado y empiece con el segundo paso.

1. Siga las instrucciones para desinfectar jeringas que aparecen en la página 528.

2. Arme la aguja y la jeringa, tocando sólo la base de la aguja y la punta del émbolo.

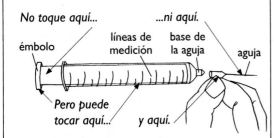

No toque aquí...   *...ni aquí.*

émbolo   líneas de medición   base de la aguja   aguja

Pero puede tocar aquí...   *y aquí.*

3. Algunas medicinas vienen listas para usarse. Si usted tiene ese tipo de medicina, siga los pasos 4, 5 y 10. Si la medicina necesita ser mezclada con agua destilada, siga los pasos 4 a 10.

4. Limpie la ampolleta de medicina o de agua destilada. Luego quiébrele el cuello para abrirla.

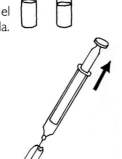

5. Llene la jeringa. Tenga cuidado de que la aguja no toque la ampolleta por fuera.

6. Limpie la tapa de hule del frasco de medicina con un trapito o algodón limpio que haya remojado con alcohol o agua hervida.

7. Inyecte el agua destilada en el frasco de medicina en polvo.

8. Agite el frasco hasta que la medicina se haya mezclado completamente con el agua.

9. Vuelva a llenar la jeringa.

10. Saque todo el aire de la jeringa. Para hacerlo, sostenga la jeringa con la aguja para arriba y dele golpecitos aquí para que suba cualquier burbuja de aire que tenga. Entonces empuje el émbolo suavemente hasta que todo el aire salga por la aguja.

Tenga mucho cuidado de no tocar la aguja con nada—ni siquiera con el trapito o el algodón remojado en alcohol. Si la aguja toca cualquier cosa, **vuelva a hervirla.**

Cómo poner una inyección en el músculo (inyección intramuscular)

Los dibujos a continuación muestran cómo poner una inyección en la nalga. Para poner una inyección en el brazo o en el muslo, siga los pasos 2 a 6.

1. La persona debe sentarse o acostarse. Pídale que trate de juntar las puntas de los dedos de un pie con las puntas de los dedos del otro pie. Eso relajará el músculo donde usted pondrá la inyección.

2. Limpie la piel con alcohol o agua y jabón. (Si usted permite que el alcohol se seque antes de poner la inyección, ésta causará menos dolor.)

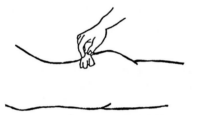

3. Meta la aguja toda de una vez. Si lo hace con un solo movimiento rápido, la inyección dolerá menos.

4. Antes de inyectar la medicina, con cuidado jale el émbolo hacia afuera un poco (no jale hasta que el émbolo salga de la jeringa). Si entra sangre a la jeringa, saque la aguja y vuelva a meterla en otro lugar dentro del área que haya limpiado.

5. Vuelva a jalar el émbolo un poco. Si no entra sangre, inyecte la medicina lentamente.

6. Saque la aguja y limpie la piel otra vez.

Cómo poner una inyección bajo la piel (inyección subcutánea)

- Agarre la parte gordita de abajo del brazo y sostenga la piel así
- Ponga la aguja bajo la piel en el ángulo que muestra el dibujo. Asegúrese de que la aguja no entre en el músculo.

ESTÉ LISTA PARA TRATAR UNA REACCIÓN ALÉRGICA O EL CHOQUE ALÉRGICO

Algunas medicinas, sobre todo los antibióticos como la penicilina y la ampicilina, pueden producir reacciones alérgicas, generalmente en menos de 30 minutos después de una inyección. Una reacción alérgica puede avanzar y convertirse en choque alérgico, lo cual es una emergencia. Para evitar las reacciones alérgicas y el choque alérgico, antes de dar una inyección, pregunte a la persona: —¿Alguna vez ha tenido una reacción a esta medicina, como ronchas, comezón, hinchazón o dificultades para respirar? Si la persona contesta que sí, no use esa medicina, en ninguna de sus presentaciones, ni use ninguna otra medicina de la misma familia. Siempre que inyecte medicinas, esté pendiente de las señas de las reacciones alérgicas y del choque alérgico. Tenga a la mano medicinas para tratar esos problemas.

Reacción alérgica leve

Señas:
- comezón
- estornudos
- ronchas o salpullido

Tratamiento:

Dé 25 mg de difenhidramina por la boca, 3 veces al día, hasta que las señas desaparezcan.

Para las mujeres que están embarazadas o que están dando pecho puede ser mejor aguantar las molestias de una reacción alérgica leve que enfrentar los riesgos de tomar un antihistamínico.

Reacción alérgica regular o fuerte

Señas:
- comezón
- ronchas
- boca y lengua hinchadas
- dificultad para respirar

Tratamiento:

1. Inyecte inmediatamente 0,5 mg de epinefrina bajo la piel. Vea el dibujo de la página anterior. Dé una segunda inyección en 20 minutos si las señas no han mejorado.

2. Dé 25 mg de difenhidramina o de prometazina por la boca o mediante una inyección en el músculo. Repita en 8 horas o menos, si las señas no han mejorado.

3. Observe a la persona por lo menos durante 4 horas, para asegurarse de que la reacción no avance y se convierta en choque alérgico.

Choque alérgico

Señas:
- comezón o ronchas
- palidez repentina o piel que de repente se pone fresca y húmeda
- boca y lengua hinchadas
- dificultad para respirar
- pérdida del conocimiento
- pulso o latido de corazón débil o rápido (más de 100 latidos cada minuto para un adulto)

Tratamiento:

1. Inyecte inmediatamente 0,5 mg de epinefrina bajo la piel. Vea el dibujo de la página anterior. Ponga una segunda inyección en 20 minutos si las señas no han mejorado.

2. Inyecte 50 mg de difenhidramina o prometazina en un músculo. Repita en 8 horas o menos si las señas no han mejorado.

3. Inyecte 500 mg de hidrocortisona en un músculo y repita en 4 horas, si es necesario. O inyecte 20 mg de dexametasona en un músculo y repita en 6 horas, si es necesario.

4. Observe a la persona de 8 a 12 horas para asegurarse de que las señas no regresen. Déjele esteroides que pueda tomar por la boca en caso de que las señas le vuelvan a dar. Debe tomar de 500 a 1000 mg de hidrocortisona, y repetir la dosis después de 4 horas, si es necesario. O puede tomar 20 mg de dexametasona y repetir esa dosis después de 6 horas, si es necesario.

Dígito-presión

La presión aplicada en ciertos puntos especiales del cuerpo puede ayudar a aliviar algunas de las molestias comunes de la mujer. Estos puntos vienen de un método de curación chino muy antiguo llamado dígito-presión. Puede que los curanderos de su área conozcan otros tipos de masaje.

Use su propio juicio para decidir por cuánto tiempo y con qué frecuencia presionar los puntos (el tiempo promedio es de 3 a 10 minutos). En muchas mujeres esos puntos son muy sensibles. Si cierto punto es muy sensible para usted, tenga cuidado de no irritarlo. No use dígito-presión en un área que esté lastimada.

A veces varios puntos sirven para aliviar el mismo problema. Usted puede probarlos todos. Si uno le parece más sensible o la hace sentirse mejor, concéntrese en él. De no ser así, use todos los puntos, en cualquier orden.

IMPORTANTE *El aplicar presión en algunos de estos puntos puede causar problemas durante el embarazo. Si usted está embarazada, preste atención a las advertencias que damos.*

Para el dolor general de la regla

(Para información sobre la regla, vea la página 48.)

1. Para ayudar a evitar las molestias generales que dan con la regla, como pechos adoloridos, cansancio y una sensación de pesadez en la parte baja del vientre:

2. Para tener menos dolor y menos cólicos durante la regla, sostenga y sobe con firmeza el punto sensible de la mano que usted hallará entre su pulgar y su dedo índice. El presionar ese punto puede aliviar muchos tipos de dolor.

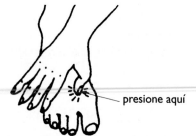

presione aquí

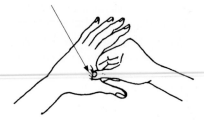

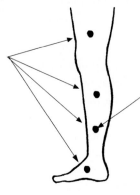

Usted también puede presionar estos puntos en el interior de la pierna y del pie.

Sin embargo, no presione este punto con demasiada fuerza, porque podría lastimar a la persona. No presione este punto si una mujer está embarazada. Podría hacer que el parto comenzara.

El siguiente masaje también es útil para aliviar el dolor y los cólicos, al igual que las señas del síndrome pre-menstrual. Vea la página 51.

Sobe las áreas entre los dedos de los pies y alrededor de los huesos de los tobillos. También sobe hacia arriba el lado de afuera de los tobillos. Busque las áreas que sean más sensibles y sóbelas más tiempo. **Si una mujer está embarazada, no le sobe la parte de afuera del dedo gordo, la parte de en medio de la planta de los pies ni el lado de afuera de las pantorrillas más arriba de los tobillos. Eso podría hacer que el parto comenzara.**

El masaje de las manos, las muñecas y las orejas también puede ayudar a aliviar el dolor o las señas del síndrome pre-menstrual.

Para el embarazo y el parto

(Vea el capítulo sobre el embarazo y el parto, que empieza en la página 67.)

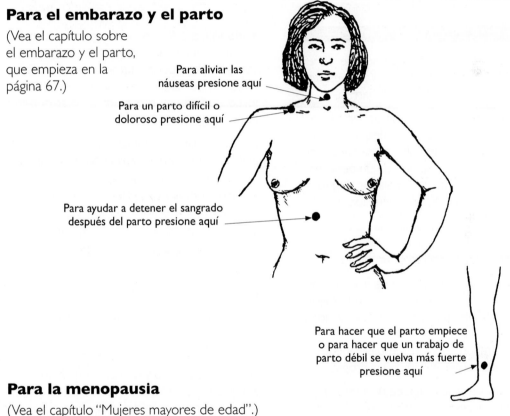

Para aliviar las náuseas presione aquí

Para un parto difícil o doloroso presione aquí

Para ayudar a detener el sangrado después del parto presione aquí

Para hacer que el parto empiece o para hacer que un trabajo de parto débil se vuelva más fuerte presione aquí

Para la menopausia

(Vea el capítulo "Mujeres mayores de edad".)

Presionar los siguientes puntos como una vez al día por 10 minutos para aliviar las molestias generales.

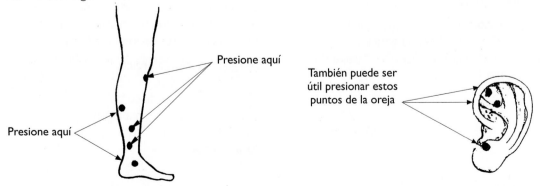

Presione aquí

Presione aquí

También puede ser útil presionar estos puntos de la oreja

GLOSARIO

La siguiente es una lista de palabras que podrían ser difíciles de entender. El saber lo que estas palabras quieren decir, podría ayudarle a usted a usar mejor este libro.

Algunas de las palabras que incluimos aquí, aparecen explicadas en los capítulos, pero muchas no. La primera vez que una de estas palabras aparece en un capítulo, está escrita en este tipo de letra. Algunas de las explicaciones en este vocabulario también contienen palabras escritas en este tipo de letra. Eso indica que también hay una explicación para esas palabras en esta lista.

Este vocabulario aparece en orden alfabético, o sea en este orden:

A B C CH D E F G H I J K L LL M N Ñ O P Q R S T U V W X Y Z

A

abdomen La parte del cuerpo que contiene el estómago, el *hígado*, los *intestinos* y los *órganos reproductivos*. La barriga.

aborto Acción y efecto de ponerle fin a un embarazo a propósito. Aunque la palabra "aborto" a veces también se usa para describir la *pérdida* natural de un bebé, en este libro sólo usamos la palabra aborto para describir una acción planeada.

absceso Bola o bulto hinchado, rojo y doloroso en la piel, que está lleno de *pus* (por ejemplo, un nacido o furúnculo).

abuso Acción y efecto de herir el cuerpo de otra persona (abuso físico), de humillar o insultar a otra persona (abuso emocional) o de forzar a otra persona a hacer cosas sexuales (abuso sexual). También puede referirse al uso excesivo de las drogas.

acceso (a servicios médicos) Entrada o paso. Hay acceso a los servicios médicos cuando éstos están disponibles y una persona tiene la libertad, el dinero y el tiempo necesarios para usarlos.

acidez estomacal Una sensación de ardor en el pecho y en la garganta que pasa cuando el ácido digestivo escapa del estómago. Con frecuencia da a fines del embarazo.

ácido fólico o folato Una *vitamina* B, que ayuda al cuerpo a producir glóbulos rojos sanos. Es de especial importancia que una mujer embarazada consuma suficiente ácido fólico, puesto que eso ayuda a evitar que su bebé tenga ciertos *defectos de nacimiento*.

acoso sexual Comentarios, caricias y otras atenciones de índole sexual no deseadas. Muchas veces una mujer sufre el acoso sexual dispensado por su patrón u otra persona con autoridad.

adicción Necesidad muy fuerte del cuerpo de usar alcohol u otras *drogas*. Enviciamiento.

agotamiento Muchísimo cansancio.

agua oxigenada Una *sustancia química* que mata a los *microbios* y que con frecuencia se usa para limpiar heridas.

agudo Repentino y de corta duración; además generalmente también fuerte o grave—por ejemplo, dolor agudo o *infección* aguda. Compare con *crónico*.

alcahuete Hombre que se encarga de encontrarle clientes a una *trabajadora de sexo*, y que con frecuencia se queda con todo o con parte de lo que ella gana.

alergia, reacción alérgica Problema o problemas, tales como comezón, estornudos, ronchas y a veces dificultades para respirar o choque, que afectan a algunas personas cuando ellas aspiran, comen, se inyectan o tocan ciertas cosas.

alfabetización   Proceso mediante el cual se enseña a alguien a leer y escribir.

algodoncillo   *Infección* de hongos que causa dolor y manchas blancas en la piel dentro de la boca, en la lengua y en el *esófago*.

alimentación   El proceso de dar o tomar comida. La buena alimentación consiste en comer una cantidad suficiente de los alimentos apropiados para que el cuerpo pueda crecer y mantenerse saludable.

almorranas   Vea *hemorroides*.

alucinaciones   Acción y efecto de ver cosas raras que otras personas no ven, o de oír voces que otras personas no oyen.

anemia   Enfermedad en la cual la sangre se vuelve más débil y 'aguada' por falta de glóbulos rojos. Sucede cuando el cuerpo no puede reemplazar la sangre con la misma rapidez con que ésta se pierde o se destruye a través de sangrado o enfermedad.

anestesia   La anestesia general consiste en dormir a una persona con medicamentos durante una *operación*, para evitar que ella sienta dolor. La anestesia local es una inyección que se da en un lugar específico para evitar que la persona sienta dolor en esa área.

ano   La abertura en el *intestino* por donde el excremento (caca) sale del cuerpo.

ansiedad   Sensaciones de nerviosismo o preocupación. Angustia.

antiácido   Medicina que se usa para controlar un exceso de ácido en el estómago y para calmar el malestar del estómago. Vea *acidez estomacal*.

antibiótico   Medicina que se usa para combatir *infecciones* causadas por *bacterias*.

anticonceptivos   Cualquiera de los métodos que se usan para evitar el embarazo. Vea *planificación familiar*.

anticuerpos   Sustancias que el cuerpo produce para combatir *infecciones*.

apéndice   Una bolsita en forma de dedo, pegada al *intestino* grueso.

apendicitis   Una *infección* del *apéndice*.

área pélvica   Área del cuerpo de la mujer que se halla entre las caderas y que contiene los *órganos reproductivos*.

aréola   El área oscura del pecho o seno que rodea al *pezón*.

arterias   Canales o tubos delgados que llevan sangre del corazón al resto del cuerpo. Las arterias tienen pulso. Las *venas*, que regresan la sangre al corazón, no tienen pulso.

artritis   Condición que causa dolor e hinchazón en las coyunturas.

asesoramiento   Servicio que da una persona capacitada para ayudar a alguien a pensar en su situación o a decidir cómo tomar decisiones. Por ejemplo, hay asesores específicamente capacitados para ayudar a las personas que tienen *VIH* a seguir adelante con la vida.

asma   Una enfermedad de los pulmones que produce ataques que dificultan la respiración. Muchas veces se oye un silbido cuando la persona suelta aire.

B

bacterias   *Microbios* que causan diferentes *enfermedades infecciosas*. Las bacterias son tan pequeñas que no se pueden ver sin un *microscopio*.

bilharzia   Vea *esquistosomiasis*.

bilis   Líquido que se halla en la *vesícula biliar* y que ayuda a digerir los alimentos grasosos.

biopsia   Procedimiento que consiste en tomar una muestra de *tejido* o de líquido del cuerpo para examinar si está sano o enfermo.

bocio   Agrandamiento de la *tiroides* causado por una falta de *yodo* en la dieta. La tiroides se ve como una bola grande en la parte delantera del cuello.

bolsa de aguas El saco (o saco amniótico) dentro de la *matriz* que contiene al bebé. Cuando el saco se rompe y suelta líquido, generalmente es una indicación de que el parto ha comenzado.

bronquitis Una *infección*, causado por *bacteria*, de los tubos que llevan aire a los *pulmones*. Se puede curar con *antibióticos*.

C

cafeína *Droga* que se encuentra en el café, en el té negro y en los refrescos (gaseosas) de cola. Hace que el corazón lata más rápidamente y que la persona se sienta más despierta.

calambres Una contracción o un espasmo doloroso de un músculo.

calcio *Mineral* que contienen algunos alimentos y que ayuda a fortalecer los huesos y los dientes.

cálculos Pequeñas bolitas o piedritas de material duro que se forman en la *vesícula biliar* o en los *riñones*. Pueden causar dolor sumamente fuerte.

cáncer Enfermedad grave que produce tumores, haciendo que las *células* cambien y crezcan de maneras anormales. El cáncer puede afectar muchas partes del cuerpo.

cánula Tubito que se usa para vaciar la *matriz*, por ejemplo, cuando se realiza un aborto.

cataratas Problema que hace que el lente del ojo se vaya nublando, lo cual cada vez causa mayores dificultades para ver. La parte central, oscura y redonda del ojo (la pupila) se ve gris o blanca cuando se hace brillar una luz sobre ella.

célula La unidad más pequeña de materia viva en el cuerpo.

cérvix El cuello de la *matriz*.

cesárea *Operación* que se le hace a una mujer cuando es peligroso que tenga a su bebé por la *vagina*. Consiste en abrir el *abdomen* de la mujer para sacar al bebé por allí.

ciclo mensual La temporada entre el comienzo de una *regla* y el principio de la siguiente. Como dos semanas después de que una mujer empieza a tener su regla, uno de sus *ovarios* suelta un huevo, y como dos semanas después, ella empieza a tener su próxima regla.

circulación El flujo de la sangre por las *arterias* y las *venas* del cuerpo.

circuncisión (en el hombre) Procedimiento que consiste en cortar la punta del prepucio del *pene*.

circuncisión (en la mujer) Procedimiento que consiste en cortarle a una mujer los *genitales* externos, ya sea parcial o totalmente.

clamidia Una *infección de transmisión sexual*.

clítoris La parte más sensible de la *vulva* de la mujer. Cuando se toca, causa excitación sexual.

coágulos de sangre Bultitos que se encuentran en la sangre; son suaves y de color rojo oscuro y brillante, como el *hígado*.

cólera *Enfermedad infecciosa* grave que produce vómitos fuertes y *diarrea* con sangre.

complicaciones Problemas o dificultades; cosas que pueden salir mal.

compresa Tela doblada que se remoja en agua fría o caliente y que se pone en alguna parte del cuerpo.

concepción La unión de un huevo y de un *esperma*, que es el comienzo del desarrollo de un bebé.

condón (preservativo, profiláctico, forro) Bolsita angosta de hule delgado que se usa para cubrir el *pene* durante las relaciones sexuales. La bolsita atrapa los espermas del hombre para impedir que lleguen a la matriz de la mujer y la embaracen. Los condones también ayudan a prevenir la transmisión de infecciones sexuales.

condón femenino Pieza delgada de hule que cubre la *vagina* por dentro, al igual que los pliegues externos de la *vulva*. Ayuda a evitar que los *espermas* del hombre lleguen a la *matriz* de la mujer.

contagioso Se dice de una enfermedad que puede pasar de una persona a otra. Pegadizo.

contaminado Se dice de los instrumentos médicos o de los alimentos que contienen *microbios* dañinos.

contracciones (dolores del parto) Apretamiento y endurecimiento repetitivo de la matriz. Las contracciones abren el *cérvix* y ayudan a expulsar al bebé de la *matriz*.

coyunturas Articulaciones. Las partes flexibles del cuerpo que conectan los huesos como la rodilla o el tobillo.

cretinismo Vea *hipotiroidismo*.

crónico Frecuente o de larga duración. Compare con *agudo*.

cucharilla Pequeño instrumento que se usa para raspar la capa de adentro de la *matriz* cuando se hace el procedimiento llamado *dilatación y curetaje* (D y C).

CH

choque Una condición peligrosa que presenta las siguientes señas: mucha debilidad o *pérdida del conocimiento*, sudores en frío y *pulso* rápido y débil. Puede deberse a la *deshidratación*, a un sangrado fuerte, a heridas o quemaduras, o a una enfermedad grave.

choque alérgico El choque alérgico es un tipo de reacción alérgica muy grave.

D

D y C Vea *dilatación y curetaje*.

defectos de nacimiento Problemas físicos o mentales que un niño tiene al nacer. Ejemplos son el labio partido, el paladar partido y un dedo adicional en una mano o en un pie.

demencia Condición que causa que la persona tenga muchas dificultades para recordar las cosas y para pensar con claridad. Locura.

dependencia Necesidad mental irresistible de usar una *droga*.

depresión Condición mental en que una persona se siente sumamente triste o no siente nada.

derrame cerebral Pérdida repentina del conocimiento o de la capacidad de sentir o de moverse, causada por una *hemorragia* o un *coágulo de sangre* en el cerebro. Embolia, accidente cerebral.

desecho (de la vagina) El líquido que sale por la *vagina*.

deshidratación Pérdida excesiva de líquido del cuerpo.

desinfección Método para limpiar los instrumentos y el equipo médico. Se deshace de casi todos los microbios.

desnutrición Condición del cuerpo que se da cuando éste no recibe una cantidad suficiente de los alimentos que necesita para mantenerse saludable.

diabetes Exceso de azúcar en la sangre.

diafragma Copa de hule suave que se usa para cubrir el *cérvix* durante las relaciones sexuales, con el propósito de evitar el embarazo. Generalmente, uno llena el diafragma con crema o jalea *anticonceptiva*.

diarrea Condición en que uno tiene excrementos aguados y sueltos, 3 veces o más en un día.

digestión   Proceso mediante el cual el estómago y los *intestinos* 'deshacen' los alimentos para que el cuerpo utilice ciertas partes de ellos y deseche otras.

dilatación y curetaje (D y C) Procedimiento que consiste en abrir el *cérvix* lentamente y después raspar la capa de adentro de la *matriz*. Con frecuencia se usa para llevar a cabo un *aborto* o para encontrar la causa de un *sangrado anormal* de la *vagina*.

discapacidades   Limitaciones físicas o mentales que afectan la vida diaria.

discriminar   Tratar mal o no hacerle caso a una persona simplemente en base a quien ella es (por ejemplo, porque la persona es vieja, es pobre o es mujer).

disentería   *Diarrea* con moco o sangre; generalmente se debe a una *infección*.

dispositivo intra-uterino (DIU)   Pequeño objeto que se coloca en la *matriz* para evitar el embarazo. El 'aparato'.

divorcio   Acción y efecto de acabar legalmente con un matrimonio.

dosis   La cantidad de una medicina que se debe tomar cada vez.

drogas   Sustancias, como el alcohol o la cocaína, que se pueden usar para alterar la mente, para sentirse bien o para escapar de los problemas de la vida.

E

eclampsia   Condición peligrosa que puede afectar a una mujer durante el embarazo, y que puede producir convulsiones.

efectos secundarios   Cambios en el cuerpo producidos por el uso de medicinas o métodos de planificación familiar más allá de los cambios necesarios para combatir enfermedades o evitar el embarazo.

embarazo tubárico   Embarazo que crece fuera de la *matriz*, por ejemplo, en una de las *trompas de Falopio* o en el *cérvix*.

enema   Vea *lavativa*.

enfermedad infecciosa   Enfermedad causada por *microbios* o *parásitos* que puede pasar de una persona a otra.

enfisema   Una enfermedad grave y crónica de los pulmones que dificulta la respiración y la circulación de oxigeno al cuerpo. Es más común en las personas que fuman durante muchos años.

epilepsia   Enfermedad que produce convulsiones (ataques) y *pérdida del conocimiento*.

episodio de retorno al pasado   Recuerdo repentino de un evento del pasado que es tan real que la persona siente como si el evento le estuviera sucediendo en la actualidad.

escroto   Bolsa que se encuentra entre las piernas del hombre. Contiene los *testículos*.

esófago   El tubo que conecta la boca con el estómago y por el cual pasa la comida.

espéculo   Pequeño instrumento de plástico o de metal que se usa para mantener abierta la *vagina*, por ejemplo, durante un *examen pélvico*.

espermas   Organismos pequeñísimos que se hallan en el *semen* del hombre y que pueden atravesar la *vagina* nadando, llegar hasta un huevo y fertilizarlo. Así es como comienza un embarazo.

espermicida   Crema o jalea que mata a los *espermas* y así ayuda a evitar el embarazo. También puede ayudar a evitar algunas *infecciones de transmisión sexual*.

esquistosomiasis   Una *infección* causada por un tipo de lombrices (trematodos) que entran a la sangre.

esterilización   *Operación* que se le hace a un hombre o una mujer para que ya nunca vuelva a tener hijos.

esterilizado   Se dice de algo que está completamente limpio y que no contiene *microbios*.

esteroides   Tipo de medicinas que se usa para tratar muchos problemas médicos diferentes. Los esteroides pueden producir *efectos secundarios* graves si se usan por mucho tiempo.

estreñimiento   Dificultades para obrar o defecar.

estrógeno   Una *hormona* femenina.

examen   Revisión del cuerpo realizada por un doctor, una enfermera u otro trabajador de salud. Consiste en mirar, escuchar o tocar diferentes partes del cuerpo para averiguar si hay algún problema.

examen pélvico   Revisión de los *genitales* externos e internos de la mujer. A veces, una parte del examen pélvico se realiza con un *espéculo*.

excrementos   Los desechos del cuerpo que salen por el *ano*. Caca.

eyacular   Soltar *semen* por el *pene* durante la cumbre del placer sexual.

F

fértil   Que puede embarazarse.

fetoscopio   Instrumento que se usa para escuchar y para contar los latidos del corazón de un bebé que aún se halla en el vientre de su madre.

fibra   Las partes de ciertas plantas que cuando se comen ayudan al cuerpo a obrar.

fibromas   Bultos o tumores en la *matriz* que pueden causar sangrado anormal de la *vagina*, dolor y *malpartos* repetidos.

fiebre   Calentura. Una temperatura del cuerpo elevada. Generalmente es una seña de infección.

fiebre rompehuesos   Enfermedad grave causada por un *virus* que transmiten ciertos mosquitos. Dengue.

fístula vesico-vaginal   Hoyo entre la *vagina* y la *uretra* o el *recto* que puede resultar de un parto bloqueado o una violación muy violenta. Cuando una mujer tiene una fístula, gotea libremente orina o *excremento* de la vagina.

flexibilidad   Capacidad de los músculos y de las coyunturas de moverse fácilmente, sin rigidez ni dolor.

'fuegos'   Vea *herpes*.

G

gangrena   Condición en la cual la piel y el *tejido* mueren por falta de sangre.

genitales   Las partes sexuales que se encuentran tanto dentro como fuera del cuerpo.

glándulas   Pequeños sacos en el cuerpo que producen líquido.

glaucoma   Una enfermedad del ojo en la cual se acumula demasiada presión en el globo del ojo y la visión se daña. El glaucoma se puede desarrollar lentamente (glaucoma *crónico*) o repentinamente (glaucoma *agudo*).

gonorrea   Una *infección de transmisión sexual*.

grasas   Alimentos que le dan energía al cuerpo, como por ejemplo, los aceites y la mantequilla.

grupos de apoyo   Grupos de personas que comparten ciertos problemas y que se reúnen para ayudarse mutuamente.

H

hemorragia   Sangrado fuerte.

hemorroides   Bolitas o bultitos dolorosos que se encuentran en la orilla del *ano* o dentro de él. Son un tipo de *venas* hinchadas que pueden causar ardor, dolor o comezón.

hepatitis   Una enfermedad grave del *hígado* causada por un *virus*. Algunos tipos de hepatitis pueden transmitirse sexualmente.

herbicidas *Sustancias químicas* que se usan para matar plantas no deseadas.

herpes Enfermedad causada por un *virus*, que de vez en cuando produce llagas en la boca o en los *genitales*. El herpes puede transmitirse sexualmente.

hierro *Mineral* hallado en ciertos alimentos que ayuda a mantener saludable la sangre y a evitar la anemia.

hígado *Órgano* grande hallado bajo las costillas más bajas del lado derecho del cuerpo. Se encarga de limpiar la sangre y de deshacerse de venenos.

himen Una capa delgada de piel que cubre parcialmente la abertura de la *vagina*. Muchas mujeres no lo tienen, y el himen puede desgarrarse por causas no relacionadas al sexo. Sin embargo, en algunas comunidades a una mujer no se le considera ya *virgen* si el himen se le ha desgarrado.

hipotiroidismo Tipo de retraso mental que puede afectar a los bebés a cuyas madres les faltó *yodo* durante el embarazo.

histerectomía *Operación* que consiste en quitar la *matriz*. En una histerectomía total también se quitan las *trompas* y los *ovarios*.

hormonas *Sustancias químicas* dentro del cuerpo que le indican a éste cómo y cuándo crecer. El *estrógeno* y la *progesterona* son dos de las hormonas de la mujer.

I

ictericia Color amarillento de la piel y de los ojos. La ictericia puede afectar a los recién nacidos y también puede ser seña de *hepatitis*.

implantación Proceso mediante el cual un huevo fecundado se prende de la pared de la *matriz* al comienzo del embarazo.

implantes Pequeños tubitos con *hormonas* que se colocan bajo la piel del brazo de la mujer para evitar el embarazo.

inconsciente Se dice de una persona que está enferma o herida y que parece estar dormida, pero que no puede ser despertada.

infección Una enfermedad causada por *bacterias*, *virus* u otros seres vivientes. Las infecciones pueden afectar una parte del cuerpo o el cuerpo entero.

infección de moniliasis *Infección* vaginal que produce *desecho* blanco y grumoso, comezón y ardor. Este tipo de infección comúnmente da durante el embarazo y al tomar *antibióticos*.

infección de transmisión sexual (infección sexual) Una *infección* que una persona le pasa a otra mediante las relaciones sexuales. Una enfermedad venérea.

infección pélvica *Infección* de los *órganos reproductivos* de la mujer. Puede ser causada por una infección sexual. También por un parto, un aborto o una pérdida incompletos o hechos bajo condiciones no muy limpias.

infertilidad Incapacidad de embarazarse a pesar de tener relaciones sexuales regularmente por lo menos durante un año. También se dice que una mujer es infértil si ella pierde varios embarazos seguidos.

infibulación Un tipo de *circuncisión* femenina que consiste en cortar los *genitales* externos y en coser la abertura de la *vagina* hasta casi cerrarla por completo.

ingle La parte delantera y más alta de la pierna, donde ésta se une al tronco, cerca de los *genitales*.

intestino El canal que lleva comida, y finalmente desechos, del estómago al *ano*. Tripa.

intramuscular Se dice de algo que está o que se da dentro del músculo, como por ejemplo, una inyección intramuscular.

intravenoso Se dice de algo que está o que se da dentro de una *vena*.

inyección Meter medicina o una vacuna en el cuerpo por medio de una aguja con jeringa.

J

jaquecas Dolores de cabeza muy fuertes que también hacen que la visión se ponga borrosa. Migrañas.

jeringa Instrumento que se usa para poner *inyecciones*.

L

laboratorio Lugar donde se analizan las pruebas de salud para identificar enfermedades.

látex Material parecido al hule delgado. Con frecuencia se usa para hacer *condones* y guantes.

lavativa Solución de agua que se pone por el *ano* para hacer que una persona obre o para aumentar la cantidad de líquido en el cuerpo.

laxantes Medicinas que se usan para el *estreñimiento*. Hacen que los *excrementos* sean más suaves y frecuentes.

letrina Un hoyo que se hace en la tierra para poder *orinar* u obrar allí. Un tipo de excusado o retrete.

ligamentos Fibras fuertes dentro del cuerpo de una persona que ayudan a mantener los huesos y los músculos en su lugar.

lubricantes Sustancias resbalosas (como cremas o jaleas) que se usan para humedecer una superficie seca. Hay lubricantes que se pueden usar para humedecer los *condones* o la *vagina* durante las relaciones sexuales.

LL

llagas de presión Llagas que se forman sobre las partes huesudas del cuerpo, cuando una persona pasa mucho tiempo sentada o acostada sobre esas partes, sin moverse.

M

malparto La pérdida de un bebé que aún se está desarrollando en la *matriz* y que aún no puede sobrevivir fuera de allí.

marca de fábrica Nombre que una compañía le da a cierto producto, como por ejemplo, una medicina. Compare con *nombre genérico*.

masaje Forma de tocar o sobar el cuerpo con el propósito de aliviar el dolor, la tensión u otros problemas. El masaje dado en el vientre puede ayudar a la *matriz* a contraerse y a dejar de sangrar mucho, después de un parto, una *pérdida del embarazo* o un *aborto*.

mastitis *Infección* dentro de un pecho que puede ser muy dolorosa para la madre y que puede dificultar que el bebé chupe el *pezón*.

masturbación Acción de tocarse el cuerpo con el fin de producirse placer sexual.

matriz Saco formado de músculo fuerte que se halla dentro del vientre de la mujer. El sangrado de la *regla* proviene de la matriz, y un bebé crece en la matriz durante el embarazo. Útero.

matriz caída Vea *prolapso de la matriz*.

membrana Capa delgada de piel o de *tejido* cuya función es cubrir un *órgano* u otra parte del cuerpo. Un ejemplo es la bolsa o saco que cubre y protege a un bebé que aún se halla en el vientre de su madre.

menopausia Fin natural y permanente de la *regla* de la mujer. Climaterio.

menstruación Vea *regla*.

método del moco Método para evitar el embarazo. Consiste en que la mujer se revise el *moco* de la *vagina* todos los días para saber cuándo está ella *fértil*.

método de días fijos   Método para evitar el embarazo que consiste en que la mujer cuente los días de su *ciclo mensual* durante varios meses para determinar cuándo está ella más *fértil*. Entonces ella evita tener relaciones sexuales durante ese tiempo.

métodos de barrera   Métodos de *planificación familiar* que evitan que los *espermas* lleguen al huevo.

microbios   Pequeñísimos seres vivos que pueden crecer en el cuerpo y causar ciertas *enfermedades infecciosas*.

microscopio   Instrumento que hace que los objetos muy pequeños se vean más grandes.

minerales   Sustancias que se encuentran en la tierra y en los alimentos, que ayudan al cuerpo a combatir diferentes males y a recuperarse de heridas y enfermedades. Algunos ejemplos son el *hierro*, el *calcio* y el *yodo*.

moco   Líquido espeso y resbaloso que el cuerpo produce para proteger el interior de la *vagina*, la nariz, la garganta, el estómago y el *intestino*.

moniliasis   Vea *infección de moniliasis*.

muestra   Una cantidad pequeña de fluidos o de células del cuerpo que se analiza en un laboratorio para diagnosticar una enfermedad.

N

náusea   Ganas de vomitar. Basca o mareos. Durante los 3 ó 4 primeros meses del embarazo, muchas mujeres tienen náusea, sobre todo por las mañanas.

nodos linfáticos   Pequeños bultos bajo la piel, hallados en diferentes partes del cuerpo, que se encargan de atrapar *microbios*. Los nodos linfáticos se ponen hinchados y adoloridos cuando se infectan.

nombre genérico   El nombre del ingrediente principal que contiene una medicina.

nutrición   Vea *alimentación*.

O

operación   Procedimiento que un médico lleva a cabo para reparar una herida o corregir algún problema del cuerpo. Durante una operación, muchas veces es necesario cortar y abrir una parte del cuerpo.

órgano   Una parte del cuerpo que en sí es más o menos independiente y que lleva a cabo una tarea específica. Por ejemplo, los pulmones son órganos para respirar.

orgasmo   La cumbre del placer sexual.

orinar   Hacer que salga del cuerpo el desecho líquido que producen los *riñones* y que se almacena en la *vejiga*. Hacer pipí.

osteoporosis   Desgaste de los huesos que hace que éstos se debiliten y se rompan fácilmente. La osteoporosis es más común en las mujeres ya mayores.

ovarios   Dos órganos pequeños de la mujer que están encargados de producir los huevos que se pueden unir con los *espermas* del hombre para producir un bebé. Son como del tamaño de una almendra o una uva y hay uno a cada lado de la *matriz*.

ovulación   Acción que realiza un *ovario* al soltar un huevo a mediados del *ciclo mensual* de la mujer.

oxígeno   Un gas que se halla en el aire y que es necesario para la vida.

P

paludismo *Infección* que produce escalofríos y fiebre (calentura) muy alta. Se transmite por medio de mosquitos. Cuando un mosquito pica a una persona infectada, le chupa la sangre, la cual contiene los *parásitos* del paludismo. Cuando pica a la siguiente persona, le inyecta los parásitos, transmitiendo así la enfermedad. Malaria.

papel sexual La forma en que una comunidad define lo que significa ser hombre o mujer.

paperas Una enfermedad *contagiosa*, causada por un *virus*, que comúnmente da en la niñez. Uno puede evitar esta enfermedad vacunándose.

parálisis Pérdida de la capacidad de mover una parte del cuerpo o el cuerpo entero.

parásitos Lombrices y pequeñísimos animalitos dañinos que pueden vivir sobre o dentro de una persona (o animal) y causar enfermedades.

parto de nalgas Salida de las nalgas o de los pies de un bebé antes de la cabeza, durante el nacimiento. Esto puede ser peligroso para el bebé.

pastillas anticonceptivas Pastillas con *hormonas*, que sirven para evitar el embarazo. La 'píldora'.

pélvico Se dice de todo lo relacionado con la pelvis, que es el área del cuerpo de la mujer que se halla entre sus caderas y que contiene los *órganos reproductivos*. Vea también *examen pélvico*.

pene El *órgano* sexual del hombre, por donde también pasa la orina. El pene se endurece durante las relaciones sexuales y suelta un líquido llamado *semen*, que contiene *espermas*.

pérdida del conocimiento Desmayo. Vea también *inconsciente*.

pérdida o pérdida del embarazo Vea *malparto*.

pezón El centro de la parte oscura de cada pecho de la mujer. Es por donde sale la leche de pecho.

piojos Insectos pequeñísimos que se pegan a la piel o al pelo de la gente o de los animales.

placenta *Órgano* esponjoso que se encuentra dentro de la *matriz* de una mujer embarazada y que le proporciona al bebé todo lo que él necesita para desarrollarse durante el embarazo. El bebé está conectado a la placenta mediante el cordón del ombligo. Después de que el bebé nace, la placenta también sale de la matriz.

plaguicidas *Sustancias químicas* venenosas que se usan para matar a los insectos que destruyen las cosechas.

planificación familiar Cualquier método usado para evitar el embarazo. La planificación familiar le permite a una mujer tener el número de hijos que desea y cuando los desea.

pólipos Bultos o tumores que muchas veces se encuentran en la *matriz*, pero que casi nunca son de *cáncer*.

prenatal Se dice de la temporada entre el momento en que una mujer se embaraza y el momento en que ella da a luz.

presión sanguínea La fuerza o presión que la sangre ejerce contra las paredes de los vasos sanguíneos (*venas* y *arterias*). La presión varía con la edad y el estado de salud de una persona. También se le conoce como presión arterial.

progesterona *Hormona* que produce el cuerpo de la mujer. Se le da también el nombre de progesterona a una hormona, producida en el laboratorio, que es muy parecida a la progesterona natural. Se usa en algunos métodos de *planificación familiar*.

prolapso de la matriz Condición en la cual se debilitan los músculos que sostienen a la *matriz* y ésta cae hasta la *vagina*.

prostituta   Vea *trabajadora de sexo*.

proteína   Tipo de alimento que el cuerpo necesita para estar fuerte y para desarrollarse adecuadamente.

prueba de Pap (Papanicolaou)   Prueba que se usa para detectar los inicios del *cáncer* del *cérvix*. Consiste en raspar algunas *células* del cérvix durante un *examen pélvico* y en examinarlas bajo un *microscopio*.

pubertad   Temporada durante la cual una jovencita empieza a tener la *regla* y pasa a la edad adulta, o durante la cual un muchacho se convierte en un adulto.

pulmones   Un par de órganos ubicados en el pecho. Son como globos y se usan para respirar.

pulmonía   *Infección* de los tubitos para la respiración que se encuentran en el fondo de los pulmones.

pulso   Serie de latidos que se pueden sentir en diferentes partes del cuerpo, como en el cuello o en el interior de la muñeca. El pulso indica la rapidez y la fuerza con que está trabajando el corazón.

purificar   En el caso del agua, quitar o matar a todos los *microbios* dañinos, para poder beber el agua sin peligro.

pus   Líquido blanco o amarillo, lleno de *microbios*, que con frecuencia se halla en un desgarro o herida infectado.

R

radiación   Rayos de energía que emiten (sueltan) ciertos elementos. La radiación es dañina porque mata a las *células* del cuerpo. Sin embargo, puede usarse como tratamiento para el *cáncer*, porque mata a las células anormales.

radiografías   'Fotografías' de las partes internas del cuerpo, como los huesos o los pulmones. No es necesario cortar y abrir el cuerpo para tomarlas. Rayos X.

recto   La parte final del *intestino* que está conectada al *ano*.

regla (menstruación)   Sangrado por la *vagina* que la mujer tiene más o menos una vez al mes y que dura unos cuantos días. Es una de las funciones naturales del cuerpo de la mujer.

resistencia   La capacidad de defenderse o de oponerse a algo. Muchas *bacterias* se han vuelto resistentes a los efectos de ciertos *antibióticos*.

reproductivo   Se dice de todo lo relacionado con la reproducción, o sea el proceso mediante el cual un hombre y una mujer producen un bebé.

riñones   Dos *órganos* grandes hallados en la parte baja de la espalda. Se encargan de limpiar la sangre y de producir orina.

rubéola   Una enfermedad causada por un *virus*, que puede causarle daño a un bebé que aún se halla en el vientre de su madre. Sarampión alemán, 'peluza'.

S

saneamiento   La limpieza comunitaria relacionada con el agua potable, con cómo tratar la basura y cómo mantener las áreas comunales libres de excremento y otras fuentes de enfermedad.

sangrado anormal   Sangrado que es diferente a lo usual o natural.

sarna   Enfermedad *contagiosa* de la piel, causada por un *parásito*.

semen   El líquido que el hombre suelta por el *pene* al *eyacular*, y que contiene *espermas*.

sexo anal   Contacto sexual entre el *pene* de un hombre y el *ano* de otra persona.

sexo con protección   El tener relaciones sexuales evitando el contacto directo con los *genitales*, la sangre, el *semen* o el flujo vaginal de la otra persona.

sexo oral   Contacto de la boca de una persona con los *genitales* de otra, con el propósito de producir placer sexual.

sexo sin protección   Relaciones sexuales en que hay contacto directo con los *genitales*, la sangre, el *semen* o el flujo vaginal de la otra persona.

SIDA (Síndrome de Inmuno-Deficiencia Adquirida)   Una enfermedad causada por el *virus VIH*. Una persona tiene SIDA (y no sólo una infección de VIH) cuando su *sistema inmunitario* se debilita tanto que ya no puede combatir *infecciones* y enfermedades comunes.

sífilis   Una *infección de transmisión sexual*, que puede ser mortal si no es tratada.

sistema inmunitario   El sistema de defensas del cuerpo, o sea, las partes del cuerpo que reconocen a los *microbios* dañinos y que tratan de combatir las *infecciones*.

sobredosis   Cantidad excesiva de una *droga* o de una medicina. Las sobredosis pueden envenenar el cuerpo o incluso causar la muerte.

sustancias químicas   Sustancias que se encuentran en todos los seres vivos y en casi todos los objetos. Muchas de las sustancias químicas que las mujeres usan en su trabajo pueden ser dañinas para el cuerpo.

T

tampones   Rollitos de algodón, de tela o de esponja que se colocan dentro de la *vagina* para absorber el sangrado de la *regla*, antes de que éste salga del cuerpo.

tejido   Material que forma los músculos, la grasa y los *órganos* del cuerpo.

termómetro   Instrumento que se usa para medir la temperatura del cuerpo.

testículos   Las dos *glándulas* que se hallan en el *escroto* y que producen *espermas*. Son parte de los *genitales* del hombre.

tétano   Enfermedad grave causada por un *microbio* que vive en los *excrementos* de la gente o de los animales. El tétano puede entrar al cuerpo a través de una herida.

tiroides   *Glándula* que se encuentra en la parte delantera de la garganta y que produce *hormonas* que afectan el crecimiento y el desarrollo del cuerpo. Una persona necesita consumir suficiente *yodo* para que la tiroides le funcione bien.

toxemia   Ver *eclampsia*.

tóxico   Se dice de una sustancia que puede dañar o matar al cuerpo, al entrar en él.

transfusión de sangre   Proceso mediante el cual se le da a una persona la sangre de otra, por una *vena* y usando una aguja especial. El propósito es reemplazar la sangre que haya perdido la persona que esté recibiendo la transfusión.

trauma   Choque emocional que puede sufrir una persona cuando algo terrible le sucede a ella o a uno de sus seres queridos.

tricomonas   Organismos pequeñísimos que producen una enfermedad de los *genitales*.

trompas (de Falopio)   Las trompas que van de los *ovarios* a la *matriz*. Cuando un ovario suelta un huevo, éste viaja por las trompas hasta llegar a la matriz.

trabajadora de sexo   Cualquier mujer que tiene relaciones sexuales con otra persona a cambio de dinero, favores, bienes o servicios.

tuberculosis (TB)   Una enfermedad causada por una bacteria que muchas veces destruye los pulmones.

tumor   Un crecimiento anormal de las células del cuerpo.

U

úlcera Llaga abierta, *crónica*, que se puede encontrar en la piel, en el estómago o en el *intestino*.

ultrasonido Tecnología que se usa para ver el cuerpo por dentro, sin necesidad de cortarlo y abrirlo. Las máquinas de ultrasonido con frecuencia se usan durante el embarazo, para ver al bebé dentro del vientre de la madre.

uncinaria Un tipo de lombriz que infecta los *intestinos*. Lombriz de gancho.

uréteres Tubos que llevan la orina de los *riñones* a la *vejiga*.

uretra Tubo o canal *urinario*. Tubo corto que va desde la *vejiga* hasta el hoyito por donde la orina sale del cuerpo.

urinario Todo lo que tiene que ver con el proceso de orinar.

V

vacuna Una sustancia que enseña al cuerpo a combatir una infección. Hay vacunas contra el tétano, algunos tipos de hepatitis y otras enfermedades varias.

vagina Tubo o canal que va desde la abertura de los *genitales* de la mujer hasta el *cérvix*.

vaginosis bacteriana Una *infección* de la *vagina* producida por *bacterias*.

várices *Venas* muy hinchadas, muchas veces torcidas y llenas de bultos. Generalmente aparecen en las piernas de las personas ya mayores, de las mujeres embarazadas y de las mujeres que han tenido muchos hijos. A veces, a las mujeres embarazadas también les salen várices en los *genitales*.

vejiga La bolsa dentro de la barriga donde se almacena la orina. A medida que la vejiga se llena, se va estirando y se agranda.

venas Tubitos delgados que llevan la sangre de regreso al corazón. Vea también *arterias*.

verrugas genitales Bultos en los *genitales*, causados por un *virus* que pasa de una persona a otra durante las relaciones sexuales.

vulva Todas las partes de los *genitales* de la mujer, que se encuentran por fuera del cuerpo, entre sus piernas.

Y

yodo *Mineral* hallado en la tierra y en algunos alimentos (especialmente en la sal yodada). La falta de yodo puede resultar en un *bocio* o en el retraso mental de niños a cuyas madres les faltó durante el embarazo.

Recursos para mayor información

Hé aquí una selección breve de organizaciones y publicaciones que le puede ayudar a encontrar información útil sobre la salud de la mujer. Tratamos de incluir tantas organizaciones y materiales como posible sobre los tópicos de que se trata este libro, y de incluir grupos trabajando en muchas regiones distintas.

Alcohólicos Anónimos

AA World Services
PO Box 459,
New York, NY 10163 EEUU
Tel: 1-212-870-3400
www.aa.org
Fuera de los EEUU, diríjanse a la Oficina de Servicios Generales más cercana.

Información sobre el alcoholismo y materiales en como comenzar groups comunitarios de apoyo para las personas con problemas del alcohol o de las drogas.

Asociación de Mujeres "Flor de Piedra"

9ª Calle Oriente #920,
San Salvador, El Salvador
Tel/Fax: 503-222-3951
flordep@netcomsa.com

La organización brinda servicios de prevención y atención en salud, educación, capacitación y formación vocacional y apoyo legal para trabajadoras del sexo. También facilita procesos organizativos de las trabajadoras del sexo.

CISAS (Centro de Información y Servicios de Asesoria en Salud)

Canal 2 de TV, 1c. al sur y 75 vrs. al oeste,
Bolonia Managua, Nicaragua
Tel: 505-2-268-5969
Fax: 505-2-266-2237
info@cisas.org.ni
www.cisas.org.ni

Trabaja en los siguientes campos de acción: niñez, salud infantil, educación/capacitación, salud, capacitación sobre la salud, salud materno-infantil, mujer, educación popular, atención primaria de la salud, ayuda a la infancia, y medicina popular.

Centro de Promoción de la Rehabilitación Integral (CEPRI)

Plaza España 3 c. abajo, 2 c. al lago, ½ abajo
Managua, Nicaragua
Tel: 505-2-254-5013
ft.add@cam.org.ni

Surge como opción para brindar soluciones a los discapacitados en el área de la salud, basándose en el autocuido médico a lesionados medulares, capacitación en rehabilitación integral con base en la comunidad con pequeños apoyos solidarios.

Centro de Vida Independente do Rio de Janeiro (CVI-RJ)

Rua Marquês de São Vicente, 225
Estacionamento da PUC-Rio-Gavea
Rio de Janeiro–RJ 22451-041 Brasil
Tel: 55 (21) 2512-1088
Fax: 55 (21) 2239-6547
cvirio@cvi.puc-rio.br
www.cvi-rio.org.br

El CVI-RJ promueve el fortalecimiento personal y la inclusión social de los individuales discapacitados.

Publicación: El boletín Superação—sobre los acontecimientos y las noticias relacionadas a los individuales discapacitados (en portugués).

Coalición de Salud Ambiental

2727 Hoover Ave., Suite 202
National City, CA 91950 EEUU
Tel: 1-619-474-0220
Fax: 1-619-474-1210
ehc@environmentalhealth.org
www.environmentalhealth.org/

Monitoriza las acciones del gobierno y de la industria que causan polución, educa las comunidades sobre la reducción del uso de toxinas, y faculta las comunidades a reunirse en la lucha para el ambiente.

Toxinformer—un boletín bilingüe y bimestral sobre la salud ambiental y las toxinas.

Comisión Internacional de los Derechos Humanos de los Gays y las Lesbianas
Av. Callo 330 Piso 5
Buenos Aires, Argentina
Tel/Fax: 54-11-4665-7527
mferreya@iglhrc.org
www.iglhrc.org

Fortalece el movimiento internacional gay y lesbiano, ayuda la afirmación de asilo político, cambia las estruturas institucionales, educa sobre la violaciones de los derechos humanos, y sirve como una base de datos de información. Mantiene contacto con varias organizaciones de gays y lesbianas en América Latina.

Consejo Mundial de Iglesias
Servicio de Refugiados y Migrantes
150 Route de ferney PO Box 2100
1211 Ginebra 2, Suiza
Tel: 41-22-791-6111
Fax: 41-22-791-0361
www.oikoumene.org/es/cmi.html

Las iglesias miembros del CMI y las organizaciones ecuménicas llevan más de 50 años esforzándose para responder a las necesidades de las personas desarraigadas. Esas actividades han sido coordinadas por el Servicio de Refugiados y Migrantes del CMI y por sus oficinas predecesoras.

La Federación Internacional de la Cruz Roja
Information Resource Centre
PO Box 372, 1211 Ginebra 19, Suiza
Tel: 41-22-7330-4222
Fax: 41-22 733 0395
irc@ifrc.org
www.ifrc.org/es/

La mayoría de las operaciones de la Cruz Roja incluye la ayuda a las populaciones refugiadas en la forma de distribuición de comida, transporte, programas de higienización y programas médicos.

Federación Internacional de Planificación Familiar (IPPF)
Western Hemisphere Regional Office (WHR)
IPPF WHR Inc, 125 Maiden Lane 9th Floor
New York, NY 10038 EEUU
Tel: 212-248-6400
Fax: 212-248-4221
info@ippfwhr.org
www.ippfwhr.org

La IPPF promueve y apoya las actividades de planificación familiar en el mundo entero, y también publica información en todos los aspectos de planificación familiar.

Fempress
Casilla 16637, correo 9, Santiago, Chile
Fax: 56-2-233-3996
fempress@bellsouth.cl

Una red de información y comunicación latinoamericana con la meta de visibilizar los problemas de la mujer y contribuir a una mejor equidad entre hombres y mujeres. Póngase en contacto para un lista de publicaciones sobre varios asuntos relacionados con la mujer (tales como la violencia de género, alcohol y drogas, y los derechos humanos de las mujeres).

Fondo Global para las Mujeres
222 Sutter Street, Suite 500
San Francisco, CA 94108 EEUU
Tel: 1-415-248-48--
Fax: 1-415-248-4801
gfw@globalfundforwomen.org
www.globalfundforwomen.org/start

Concede pequeñas becas a los grupos de mujeres basados en la comunidad, especialmente aquellos que trabajan en asuntos controversiales y en situaciones difíciles. Areas de interés especial son derechos humanos, tecnología de comunicación, y la independencia económica. Póngase en contacto para más información sobre la solicitud de beca.

Instituto Latinoamericano de Salud Mental y Derechos Humanos (ILAS)

Portugal N° 623 Of. 9
Santiago, Chile
Tel/Fax: 56-2-222-8578
ilasong@terra.cl
www.ilas.cl

Desarrolla un trabajo solidario, al nivel clínico, de investigación y intercambio, en relación a las consecuencias de las violaciones de los derechos humanos en América Latina. También produce materials muy útiles. Pida una lista de las publicaciones disponibles.

International Development Research Centre (IRDC)

PO Box 8500, Ottawa, ON KIG 3H9, Canada
Tel: 1-613-236-6163
Fax: 1-613-238-7230
info@idrc.ca
www.idrc.ca

Revistas, boletines, películas, y otras publicaciones en salud, agricultura, y desarrollo. Materiales en inglés, español, francés, y árabe, algunos sin custo. Escríbalo para un catálogo.

Ipas-México

Nebraska 38, Depto. 2, Col. Nápoles,
C.P. 03810, México DF, México
Tel: 52-55-1107-6969
Fax: 52-55-1107-6984
ipasmexico@ipas.org
www.ipas.org/countries/Mexico.aspx

Ipas focaliza en todos los aspectos del aborto y las consecuencias de ello. Tiene publicaciones de instrucción en los servicios del aborto en la internet http://www.ipas.org/ipas/arch/index.html

ISIS International

Simon Bolivar 3798 Ñuñoa Santiago, Chile
Tel/Fax: 56-2-269-5506
isis@isis.cl
www.isis.cl/

Servicios de información y comunicación. Tiene contacto con varios grupos de mujeres del mundo entero. Publicaciones, ayuda técnica, y instrucción en comunicación y administración.

Organización Internacional del Trabajo
Oficina Regional para América Latina y el Caribe

Las Flores 275 San Isidro
Apartado Postal 14-124 Lima Peru
Tel: 511-615-0300
oit@oit.org.pe
www.oit.org.pe/

Una agencia de la Naciones Unidas que promueve normas internacionales para el trabajo en: igualdad, justicia, derechos humanos, seguridad y salud del trabajador, protección del trabajo y cuidado para las embarazadas, y la jornada de los niños trabajadores.

Organización Panamericana de la Salud

Oficina Regional de la
Organizacion Mundial de la Salud
525 Twenty-third Street, NW
Washington, DC 20037 EEUU
Tel: 202-974-3000
Fax: 202-974-3663
www.paho.org

Proviene información útil, gratis, y confidencial a quien pregunte sobre el VIH. Tiene una línea gratuita de información, publicaciones, programas de alcance comunitario, y apoyo para los asuntos relacionados al VIH y SIDA.

Oficina Sanitaria Panamericana

Avenida de las Palmas No. 530,
Lomas de Chapultepec, C.P. 11000,
Apartado Postal 10-880
México, DF, México

Una división de la Organización Mundial de Salud que tiene várias publicaciones sobre la salud de la mujer y de la madre, incluso la Revista Panamericana de Salud Pública. Esta revista presenta los avances más recientes en las investigaciones de salud pública de las Américas.

Program for Appropriate Technology in Health

PO Box 900922
Seattle, WA 98121 EEUU
Tel: 206-285-3500 Fax: 206-285-6619
info@path.org www.path.org

El PATH trabaja junto con los gobiernos nacionales y las agencias locales para asesar los problemas de salúd de la mujer y del niño, e identificar y implementar soluciones creativas y efectivas.

Publicación: Outlook—*publicación trimestral que se concentra en la salud reproductiva y anticoncepción. Es de interés para los directores de programas de planificación familiar en los paises todavía desarrollándose, trabajadores de clínicas, y funcionarios del gobierno.*

Project Inform

1375 Mission Street
San Francisco, CA 94103 EEUU
Tel: 800-822-7422 Fax: 415-558-0684
outreach@projinf.org
www.projectinform.org/espanol/

Proporciona información confidencial a los pacientes y al personal médico sobre los distintos tratamientos disponibles para el SIDA y los enfermedades oportunistas asociadas con el SIDA.

Publicaciones:

PI Perspectiva—*un boletín trimestral que da información sobre los tratamientos para el SIDA. También trata de temas políticos, científicos y legislativos que se relacionan con la enfermedad.*

FactSheets—*descripciones de los tratamientos específicos para el SIDA.*

Puntos de Encuentro

De la Rotonda de Plaza España,
4 c. abajo, 1c. al lago, Apartado Postal RP 39,
Managua, Nicaragua
Tel: 505-2-268-1227 Fax: 505-2-266-6305
puntos@puntos.org.ni www.puntos.org.ni

Trabaja para cambiar la relación de poder entre jóvenes y adultos de los dos géneros para que todos tengan iguales derechos y oportunidades.

Publicaciones:

La Boletina—*una revista que se trata de la violencia, de la masculinidad, y de los jóvenes.*

Somos diferentes ... Somos iguales
Construyendo alianzas entre jóvenes—*un libro escrito por 200 jóvenes nicaragüenses sobre los asuntos que les afectan, entre ellos*

adultismo, racismo, machismo, relaciones sexuales, discriminación hacia personas con limitaciones y heterosexismo.

Red de la Salud de las Mujeres Latinoamericanas y del Caribe

Casilla 50610, Santiago 1, Santiago, Chile
Tel: 56-2-223-7077 Fax: 56-2-223-1066
secretaria@reddesalud.org
www.reddesalud.org

Coordina al nivel regional las actividades de los grupos miembros en torno a objetivos y estrategias de acciónes comunes, dirigidos a promover la salud y los derechos de las mujeres, en especial sus derechos sexuales y reproductivos.

Publicaciones: Revista Mujer Salud y Cuadernos Mujer Salud.

Servicios Integrales para la Mujer—Sí Mujer

IBM, Montoya 1 c. al este, Managua, Nicaragua
Tel: 505-2-682-695 Tel/Fax: 505-2-680-038
direccion@simujer.org.ni

Una clínica que ofrece servicios de ginecología, obstetricia, psicología, educación sexual, capacitación en salud reproductiva, y recomendaciones para otros servicios médicos. También ofrece consejo a los hombres en el área de salud reproductiva.

Solidez (Solidaridad Internacional con los Discapacitados)

Del puente El edén 1 c. abajo, 15 vrs. al lago
Managua, Nicaragua
Tel: 505-2-498-422
info@fundacionsolidez.org, solidez@yahoo.com

El objetivo de la Solidez es: crear puestos de trabajo accesibles para personas con discapacidades, a fin de lograr una rehabilitación integral en el sector laboral.

WABA (World Alliance for Breastfeeding Action) América Latina - Cefemina

Apto 5355, 1000 San Jose, Costa Rica
Fax: 506-2-243-986
cefemina@sol.racsa.co.cr
www.waba.org.my

Una red mundial de ONGs y individuales los cuales tienen la meta de promover, apoyar, y proteger el amamantamiento. Póngase en contacto con la WABA para más información de los grupos locales que le pueden ayudar.

Índice

Este índice es una lista de los temas que cubre el libro, en orden alfabético:

A B C CH D E F G H I J K L LL M N Ñ O P Q R RR S T U V W X Y Z

Las medicinas incluídas en las Páginas Verdes se encuentran en la Lista de Medicinas, página 488.

J

W, X, Y

Z

NOTAS

NOTAS

Otros libros de Hesperian

Un manual de salud para mujeres con discapacidad por Jane Maxwell, Julia Watts Belser y Darlena David. Las mujeres con discapacidad frecuentemente descubren que el estigma social de una discapacidad y la falta de servicios son barreras más grandes para la salud que la discapacidad misma. Este libro les ayudará a ellas a superar estos obstáculos y mejorar su salud en general, su autoestima y su habilidad para cuidarse a sí mismas y para participar en sus comunidades. 384 páginas.

Donde no hay doctor, por David Werner con Carol Thuman y Jane Maxwell, es quizás el manual de salud más utilizado en todo el mundo. El libro da información vital y accesible sobre cómo reconocer y curar los problemas médicos y enfermedades comunes con un énfasis especial en la prevención. 470 páginas.

Un libro para parteras por Susan Klein, Suellen Miller y Fiona Thomson utiliza un lenguaje accesible y centenares de dibujos para enseñar a parteras y comadronas cómo cuidar a las mujeres durante el embarazo y parto. El libro es una herramienta valiosa para las capacitaciones tanto como para la práctica. 528 páginas.

Donde no hay dentista por Murray Dickson, enseña a cuidarse los dientes y las encías. Con actividades participativas, aprenderá a examinar los dientes y la boca, diagnosticar problemas comunes, hacer y usar equipo dental, poner anestesia local, tapar muelas, sacar dientes y tratar problemas de salud oral de las personas viviendo con VIH y SIDA. 302 páginas.

Vea todos los libros y recursos a:
www.español.hesperian.org

hesperian
guías de salud

1919 Addison Street #304
Berkeley, California 94704 EE.UU.
tel: 1-510-845-1447
fax: 1-510-845-9141
libros@hesperian.org

El niño campesino deshabilitado por David Werner, contiene un tesoro de información sobre las discapacidades comunes de la niñez, como son: la polio, la artritis juvenil, la parálisis cerebral, la ceguera y la sordera. El autor explica cómo hacer, a bajo costo, una variedad de aparatos de ayuda. 672 páginas.

Ayudar a los niños sordos por Sandy Neimann, Devorah Greenstein y Darlena David. Durante los primeros 5 años de vida, los niños aprenden a comunicarse y a entender el mundo. Las actividades que aparecen en este libro ayudarán a personas que cuidan a los niños sordos a enseñarles a comunicarse lo mejor que pueda. 250 páginas.

Ayudar a los niños ciegos por Sandy Niemann y Namita Jacob. Un libro práctico para los padres, trabajadores de salud y otras personas que cuidan a niños ciegos durante los primeros 5 años de vida. Este libro utiliza un lenguaje sencillo y muchas ilustraciones para mostrar actividades que ayudan a niños con problemas de la vista a desarrollar los otros sentidos —el oído, el tacto, el olfato y el gusto— y así explorar, aprender y participar en el mundo. 200 páginas.

Guía comunitaria para la salud ambiental, por Jeff Conant y Pam Fadem, es un compendio de información práctica y accesible sobre una variedad de temas que incluyen la agricultura sostenible, la purificación del agua, los sanitarios ecológicos, los desechos medicos y cómo reducir el daño causado por la minería, el petróleo y la producción de energía. 637 páginas.

Aprendiendo a promover la salud por David Werner y Bill Bower. Un libro de métodos, materiales e ideas para promotores de salud que trabajan en el campo, basándose en las necesidades y los recursos de la gente. Explica cómo planificar un programa de capacitación, hacer materiales de enseñanza, usar cuentos y sociodramas, y más. 640 páginas.